U0542078

"法学研究生高级教材"编辑委员会名单

顾　问： 王家福　刘海年　梁慧星

主　任： 李　林　陈　甦

编　委（按姓氏汉语拼音为序）：

陈　洁	陈　甦	陈泽宪	邓子滨	管育鹰	胡水君
蒋小红	李洪雷	李　林	李明德	李　忠	廖　凡
刘洪岩	刘敏东	刘仁文	柳华文	吕艳滨	莫纪宏
穆林霞	沈　涓	孙世彦	孙宪忠	田　禾	席月民
谢海定	谢鸿飞	谢增毅	熊秋红	徐　卉	薛宁兰
张广兴	张　生	赵建文	周汉华	朱晓青	邹海林

编辑部主任： 席月民

法学研究生高级教材

保险法

INSURANCE LAW

邹海林 著

社会科学文献出版社
SOCIAL SCIENCES ACADEMIC PRESS (CHINA)

法，在法学博士研究生、法学硕士研究生和法律硕士研究生教育中传递法学知识、厚植法律文化和培固法治信仰，为中国的法治建设事业持续培养了大量的品学兼优、知能兼具的法治人才。两所及其科研人员在科研活动与教学活动中积淀下来的法治理想追求、法律阐释能力和法学研究积累，需要凭借一套好的法学教材予以彰显、传承和扩展，这就是两所及其科研人员尽力尽责编写好"法学研究生高级教材"的创作期待与努力方向。

建构中国特色法学的学科体系、学术体系和话语体系，法学教材体系居于重要地位并发挥独特作用，因为法学教材是这"三个体系"最显内涵、最为现实和最有效率的表达方式、信息载体与传播工具。两所及其科研人员在编写"法学研究生高级教材"时，将以系列教材形式努力建构体现中国法学特色、反映中国法治实践经验和凝聚中国法学创新成果的法学教材体系。在教材编写过程中，切实贯彻习近平总书记在《在哲学社会科学工作座谈会上的讲话》中提出的要求，即"要按照立足中国、借鉴国外、挖掘历史、把握当代、关怀人类、面向未来的思路，着力构建中国特色哲学社会科学，在指导思想、学科体系、学术体系、话语体系等方面充分体现中国特色、中国风格、中国气派"。"法学研究生高级教材"的组织者和编写者希望通过这套系列教材的编写，在其中融入编写者对中国法治实态的观察心得与分析思考，对中国法学成果的评价判断与归纳梳理，对中国法学教育理念的实践经验与更新探索。因此，"法学研究生高级教材"的组织者和编写者将努力追求教材内容的在地性、现实性、前沿性和效用性，在地性以中国的法治实践与法学研究为基本面向，现实性以中国法治重大理论与实践问题为阐释重点，前沿性旨在系统反映中国法学研究的最新课题，效用性旨在成为法学教育及研究生学习实践的有用文本。相信"法学研究生高级教材"的编写过程能够成为中国法学研究成果和法学教育经验的一个切实而有益的选萃过程与创新过程，能够成为建构中国特色法学的学科体系、学术体系和话语体系的一个具体而有效的实践过程与形成过程。

作为法学教材，应当系统而准确地汇聚和反映法治通识、法学通说

总　　序

　　法治体系是一个社会性的有机系统，法律制度、法治人才、法学知识是其中的关键性要素，而法学教材则是法律制度、法治人才、法学知识三者之间最为重要的联结体和转化器。法学教材阐释法律制度，而法律制度则是法学知识的规范表达，依靠法治人才运作；法学教材培育法治人才，使法治人才充盈法学知识素养并信奉、掌握和运作法律制度；法学教材传承法学知识，使法学知识与法律制度内化为法治人才的价值体系和应用知能。因此，编写一套好的法学教材于法律制度阐释、法治人才培养、法学知识传承均极为重要，这就是中国社会科学院法学研究所和国际法研究所集科研人员之精华、合学术团队之能量，尽力尽责编写"法学研究生高级教材"的目的与动因。

　　中国社会科学院法学研究所和国际法研究所是专门从事法学研究的科研机构，其目标定位是建成马克思主义法学和中国特色社会主义法治理论的坚强阵地、法学基础理论与法治重大现实问题研究的最高殿堂、党和国家在民主法治人权领域最重要的思想库和智囊团。几十年来，两所坚持正确的政治方向、学术导向和价值取向，以科研强所、人才强所、管理强所和教学强所为治所方针，几代学人坚持学问之道、奉行学术伦理、恪守学者责任，为当代中国的法学繁荣和法治进步贡献了丰硕厚重的理论成果与卓有成效的对策建议，从而以其卓异的法学理论建树和独特的单位文化气质赢得了广泛的学界口碑和社会认可。与此同时，两所也把开展高级法学教育作为重要的机构职责，长期坚持法学研究与法学教学相结合，以教学相长的理念、勤勉尽责的态度和科学创新的方和法律通解。"法学研究生高级教材"将力求博采众家学术观点、广积中外法治经验、吸收各种教材优点,在此基础上,也给编写者充分发挥其学科专长、展示其学术创新、彰显其学者个性的空间。因此,"法学研究生高级教材"系列并不强调形式划一与风格一致,而力求以内容取胜、质量取胜和效用取胜,成为高质量、好使用、有品位的法学教材品种。

对于教材的读者预设和课程应用,"法学研究生高级教材"并不刻意局限于某一类法学研究生教学体系中。无论是旨在学术型法治人才培养还是应用型法治人才培养,只要是达到或具备法学研究生知识水准和研究能力的人,甚至凡是有志于成为法治人才、热衷法治知识、追求法治理想的人,都可以从本系列"法学研究生高级教材"中领悟法治理念启发、汲取法学理论素养和获得法律技能参照。因此,本系列"法学研究生高级教材"的潜在读者将极为广泛,潜在学术效益和社会效益将十分广泛,组织者和编写者将为之保持学术创造能力并恪守学术伦理约束。

一本好的法学教材,是法律人成长过程中最好的同道伴侣。法治是现代文明社会的普遍实践活动,法治的实践主体应当是拥有法治信仰、法治理念、法治思维、法学知识和法律技能的人。法学教材的编创过程和使用过程同时也是法治人才群体间的交流过程,尤其对法学研究生而言是其法治人格的形成过程。希望"法学研究生高级教材"能够在新时代中国特色社会主义法治建设中,发挥应有的作用并产生应有的影响,组织者与编写者将为之持续努力。

陈甦

2017 年 10 月于北京

目　录

第一章　导论 ··· 1
要点提示 ··· 1
第一节　保险制度与保险业 ··· 1
一　保险制度 ··· 1
二　保险业的历史 ·· 2
三　我国保险业的现状 ··· 4
第二节　保险的意义 ·· 5
一　保险的经济意义 ·· 5
二　保险的法律意义 ·· 7
案例参考1　保险人对被保险人承担的保险责任 ··················· 9
第三节　保险的分类 ·· 10
一　保险的分类标准 ·· 10
二　人身保险和财产保险 ··· 13
三　自愿保险和强制保险 ··· 15
四　定额保险和补偿保险 ··· 18
案例参考2　医疗保险的补偿性 ·· 21
第四节　保险法 ·· 23
一　保险法的含义 ·· 23
二　保险法的渊源 ·· 23

三　保险法的域外状况 …………………………………… 27
四　我国保险法 …………………………………………… 28
　　思考题 …………………………………………………… 36
　　扩展阅读 ………………………………………………… 36

第二章　保险合同 ……………………………………… 37
　　要点提示 ………………………………………………… 37

第一节　诚实信用原则 …………………………………… 37
一　诚实信用原则的意义 ………………………………… 37
二　保险法上的诚实信用原则 …………………………… 38
三　诚实信用原则在保险法上的适用 …………………… 40
　　案例参考 3　伪造证明骗取保险金 ………………… 44
　　案例参考 4　承保前保险事故已经发生 …………… 45

第二节　保险合同的概念 ………………………………… 46
一　保险合同的含义 ……………………………………… 46
二　保险合同为有名合同 ………………………………… 47
　　案例参考 5　保险合同的法律适用 ………………… 48

第三节　保险合同的特征 ………………………………… 49
一　保险合同的双务性 …………………………………… 49
二　保险合同的有偿性 …………………………………… 49
三　保险合同的机会性 …………………………………… 50
四　保险合同的格式化 …………………………………… 50
五　保险合同的涉他性 …………………………………… 51
　　案例参考 6　保险合同中的无效格式条款 ………… 52

第四节　保险合同的当事人 ……………………………… 54
一　当事人的范围 ………………………………………… 54
二　保险人 ………………………………………………… 55

三　投保人 … 56

　　　案例参考 7　投保人订立保险合同的意思表示 … 59

第五节　保险合同的关系人 … 62

　　一　关系人的范围 … 62

　　二　被保险人 … 62

　　三　受益人 … 66

　　　案例参考 8　分期付款信用保险的保险给付请求权人 … 68

第六节　保险合同的内容 … 71

　　一　保险标的 … 71

　　二　保险费 … 72

　　三　保险期间 … 72

　　四　保险金额 … 74

　　五　保险责任 … 75

　　六　保险给付 … 76

　　　案例参考 9　保险人诉请财产保险费的交纳 … 77

　　　案例参考 10　保险人对保险期间内发生的保险事故承担
　　　　　　　　　责任 … 79

第七节　保险合同的形式 … 80

　　一　形式自由原则 … 80

　　二　口头形式 … 81

　　三　书面形式 … 82

　　　案例参考 11　财产保险合同的形式 … 85

第八节　保险合同的条款 … 86

　　一　保险合同的条款之意义 … 86

　　二　格式保险条款和商定保险条款 … 86

　　三　基本险条款和附加险条款 … 87

　　四　特约条款 … 88

案例参考 12　违反保险公司内部承保规则签发保险单 ……… 89
思考题 …………………………………………………………… 90
扩展阅读 ………………………………………………………… 90

第三章　保险合同的效力 ……………………………………… 91
要点提示 ………………………………………………………… 91
第一节　保险合同的成立 …………………………………… 91
一　投保和承保规则 ………………………………………… 91
二　保险要约和承诺 ………………………………………… 92
三　以确认书订立保险合同 ………………………………… 98
四　以签字盖章订立保险合同 ……………………………… 99
五　保单交付 ………………………………………………… 99
六　保险合同的生效 ………………………………………… 100
案例参考 13　卡式保险合同自保险卡售出时成立 ……… 101
案例参考 14　人寿保险合同成立的法律事实 …………… 102
案例参考 15　保险费的交纳和保险责任的承担 ………… 104
第二节　说明义务 …………………………………………… 106
一　保险人的说明义务 ……………………………………… 106
二　保险合同内容的说明 …………………………………… 108
三　格式保险条款的说明 …………………………………… 110
四　免除保险人责任条款的提示和明确说明 ……………… 111
五　刚性说明义务制度 ……………………………………… 114
案例参考 16　保险人未履行明确说明义务 ……………… 115
案例参考 17　保险合同附生效条件的说明义务 ………… 117
案例参考 18　保险合同中的保证条款的说明义务 ……… 119
案例参考 19　医疗费用保险给付条款的解释和说明 …… 121
第三节　告知义务 …………………………………………… 124

一　如实告知义务的性质……………………………………… 124
  二　询问告知的原则………………………………………… 125
  三　告知义务人……………………………………………… 126
  四　如实告知的事项………………………………………… 126
  五　告知与保险人的调查…………………………………… 128
  六　如实告知义务履行的时点……………………………… 128
  七　违反如实告知义务……………………………………… 129
  八　对保险人的救济………………………………………… 131
  九　违反如实告知义务的弃权……………………………… 132
   案例参考20　订约时被保险人不符合承保条件………… 134
   案例参考21　保险人订约时未询问投保人……………… 135
   案例参考22　被保险人对体检医生的询问告知不实…… 136
   案例参考23　保险人解除保险合同的限制……………… 138
   案例参考24　保险人除斥期间经过后不得解除保险合同… 140
   案例参考25　拒绝赔付抗辩权以解除合同为必要………… 142

第四节　保险利益……………………………………………… 145
  一　保险利益的含义………………………………………… 145
  二　保险利益的特征………………………………………… 146
  三　保险利益与保险标的的区别…………………………… 147
  四　立法例规定的保险利益………………………………… 148
  五　保险利益制度的功能区分……………………………… 149
   案例参考26　投保人对保险标的具有其他法律上承认的
   　　　　　　利益……………………………………… 151

第五节　保险合同的变更……………………………………… 153
  一　保险合同变更的意义…………………………………… 153
  二　可变更的保险合同内容………………………………… 153
  三　保险合同变更的方式…………………………………… 155

四　保险合同变更的效果……………………………………………155
　　　　案例参考27　保险合同约定的保险费变更………………………156
第六节　保险合同的解除……………………………………………………157
　　一　保险合同解除的意义……………………………………………157
　　二　保险合同解除权…………………………………………………158
　　三　任意解除权及其行使……………………………………………160
　　四　保险人的法定解除权……………………………………………162
　　五　保险合同解除的方式……………………………………………166
　　六　保险合同解除的效果……………………………………………166
　　　　案例参考28　投保人因保险人违约而解除合同……………………168
　　　　案例参考29　投保人解除人身保险合同…………………………169
　　　　案例参考30　保险人解除保险合同………………………………170
第七节　保险合同的无效……………………………………………………172
　　一　保险合同无效的意义……………………………………………172
　　二　保险合同无效的原因……………………………………………173
　　三　保险合同无效的救济……………………………………………175
　　　　案例参考31　保险合同的目的违法………………………………176
　　　　案例参考32　订立保险合同的代理人无资质……………………177
　　　　案例参考33　保险合同格式条款的部分无效……………………179
　　思考题………………………………………………………………180
　　扩展阅读……………………………………………………………181

第四章　保险合同的履行………………………………………………………182
　　要点提示……………………………………………………………182
第一节　保险责任……………………………………………………………182
　　一　保险责任的意义…………………………………………………182
　　二　基本给付…………………………………………………………183

三　附加给付……………………………………………………… 183

　　　四　保险事故……………………………………………………… 184

　　案例参考 34　非除外责任的外来原因造成保险标的损失属于

　　　　　　　　　保险事故 ……………………………………… 186

第二节　除外责任…………………………………………………………… 190

　　　一　除外责任的意义……………………………………………… 190

　　　二　除外责任的表现形式………………………………………… 191

　　　三　法定除外责任………………………………………………… 193

　　案例参考 35　机动车辆保险合同的除外责任 …………………… 195

第三节　近因规则…………………………………………………………… 197

　　　一　近因的意义…………………………………………………… 197

　　　二　近因规则……………………………………………………… 197

　　　三　近因的判断…………………………………………………… 199

　　　四　近因与保险责任的承担……………………………………… 200

　　案例参考 36　多个原因造成保险标的损失 ……………………… 202

　　案例参考 37　连续发生多个原因时的近因 ……………………… 203

第四节　保险给付请求权…………………………………………………… 206

　　　一　保险给付请求权人…………………………………………… 206

　　　二　保险事故的通知……………………………………………… 208

　　　三　保险给付请求权时效………………………………………… 209

　　　四　索赔…………………………………………………………… 212

　　案例参考 38　被保险人向责任保险人索赔的时效 ……………… 213

第五节　保险责任的承担…………………………………………………… 215

　　　一　保险责任的承担条件………………………………………… 215

　　　二　保险责任的核定……………………………………………… 215

　　　三　保险责任的承担方式………………………………………… 216

　　　四　保险人的违约责任…………………………………………… 217

案例参考 39　保险事故与保险责任的承担…………… 218

第六节　保险弃权………………………………………… 219
一　保险弃权的意义……………………………………… 219
二　保险弃权的适用……………………………………… 221
案例参考 40　保险人放弃保险合同生效条件………… 223

第七节　保险合同的解释…………………………………… 224
一　保险合同的解释对象………………………………… 224
二　保险合同的解释原则………………………………… 226
三　保险合同的解释方法………………………………… 227
四　保险合同的不利解释………………………………… 231
五　合理期待原则与保险合同的解释…………………… 232
案例参考 41　保险合同条款中的用语之文义解释…… 233
案例参考 42　保险合同中的用语歧义………………… 236
思考题………………………………………………………… 237
扩展阅读……………………………………………………… 237

第五章　人身保险………………………………………… 239
要点提示……………………………………………………… 239

第一节　人身保险的特殊性………………………………… 239
一　人身保险的特征……………………………………… 239
二　人身保险的特有条款………………………………… 240
三　死亡保险的特别要件………………………………… 246
案例参考 43　死亡保险合同的成立与生效…………… 248
案例参考 44　人寿保险合同的无效与保险费退还…… 251

第二节　人身保险利益……………………………………… 254
一　人身保险利益法定主义……………………………… 254
二　人身保险利益的表现形式…………………………… 255

案例参考 45 投保人对其雇员具有保险利益 ……………… 256

第三节 受益人 …………………………………………………… 258

一 受益人的法律地位 ………………………………………… 258

二 受益人的指定 ……………………………………………… 260

三 受益顺序和受益份额 ……………………………………… 262

四 受益人的变更 ……………………………………………… 263

五 受益权的消灭 ……………………………………………… 264

案例参考 46 投保人未经被保险人同意指定受益人无效 … 265

第四节 保险事故与保险金给付 …………………………………… 267

一 保险事故的类型 …………………………………………… 267

二 除外责任 …………………………………………………… 269

三 人身保险的保险金额 ……………………………………… 270

四 人身保险金的给付 ………………………………………… 271

案例参考 47 人身保险的保险事故之确认 ………………… 274

第五节 人身保险合同的转让 ……………………………………… 275

一 人身保险合同转让的意义 ………………………………… 275

二 保险人转让人身保险合同 ………………………………… 276

三 人身保险单证的转让 ……………………………………… 277

案例参考 48 人身保险给付请求权的转让 ………………… 278

第六节 人身保险合同的复效 ……………………………………… 280

一 人身保险合同复效的概念 ………………………………… 280

二 人身保险合同复效的条件 ………………………………… 281

三 人身保险合同复效的效力 ………………………………… 281

案例参考 49 人身保险合同复效后的保险事故 …………… 282

案例参考 50 保险人以行为接受复效申请 ………………… 284

案例参考 51 复效时的如实告知义务及其违反的后果 …… 286

第七节 人寿保险 …………………………………………………… 288

一　人寿保险的意义 ·· 288
　　二　人寿保险的保险事故 ·· 289
　　三　人寿保险的定额给付 ·· 289
　　四　人寿保险费的交纳 ·· 289
　　五　人寿保险单的现金价值 ······································ 290
　　六　生存保险、死亡保险和生死两全保险 ················ 290
　　七　终身人寿保险和定期人寿保险 ·························· 290
　　八　年金保险 ·· 291
　　　案例参考 52　人寿保险合同的解除与现金价值的退还 ······ 293
　　　案例参考 53　人寿保险单现金价值的确定 ······················ 295
　第八节　伤害保险 ··· 298
　　一　伤害保险的意义 ·· 298
　　二　保险事故和除外责任 ·· 298
　　三　伤害保险的种类 ·· 299
　　　案例参考 54　意外伤害保险的保险事故 ·························· 303
　第九节　健康保险 ··· 304
　　一　健康保险的意义 ·· 304
　　二　健康保险的保险期间 ·· 305
　　三　保险事故和除外责任 ·· 306
　　四　保险给付 ·· 307
　　　案例参考 55　疾病保险合同约定的重大疾病的认定 ········ 309
　　　案例参考 56　医疗保险的补偿性 ······································ 311
　思考题 ··· 313
　扩展阅读 ··· 313

第六章　财产保险 ··· 315
　要点提示 ··· 315

第一节 财产保险的类型化 ·· 315
一 财产保险的意义 ·· 315
二 财产保险的类型化 ·· 316
三 财产损失保险 ·· 317

案例参考 57 财产损失保险的保险事故与保险责任范围 ··· 318

第二节 填补损失原则 ·· 320
一 填补损失原则的概念 ·· 320
二 填补损失的范围 ·· 320
三 填补损失的方式 ·· 321

案例参考 58 被保险人请求赔偿保险标的损失的权利 ······ 322

第三节 财产保险利益 ·· 325
一 财产保险利益的归属 ·· 325
二 财产保险利益的表现形式 ···································· 325
三 现有利益 ··· 326
四 期待利益 ··· 327
五 责任利益 ··· 327

案例参考 59 货运代理人的保险利益 ······························ 328

第四节 保险价值 ··· 330
一 保险价值的意义 ·· 330
二 保险价值的确定方式 ·· 331
三 足额保险 ··· 332
四 不足额保险 ·· 333
五 超额保险 ··· 333
六 定值保险 ··· 334

案例参考 60 约定保险标的实际价值的计算方法 ············· 336
案例参考 61 保险事故发生时保险标的的实际价值 ········· 337

第五节 危险程度显著增加 ·· 341

一　保险标的危险程度的变化 …………………………………………… 341
　　二　保险标的危险程度的变化的效果 …………………………………… 342
　　三　保险标的危险程度显著增加 ………………………………………… 342
　　四　危险程度显著增加的通知义务 ……………………………………… 344
　　五　危险程度显著增加时的权利义务分配 ……………………………… 344
　　　　案例参考 62　保险标的危险程度显著增加 ……………………… 345

第六节　保险标的的转让 ……………………………………………………… 346
　　一　保险标的转让的意义 ………………………………………………… 346
　　二　保险标的转让的法律效果 …………………………………………… 348
　　　　案例参考 63　保险标的转让与保险责任的终止 ………………… 350

第七节　重复保险 ……………………………………………………………… 352
　　一　重复保险的意义 ……………………………………………………… 352
　　二　重复保险的制度目的 ………………………………………………… 353
　　三　重复保险的成立要件 ………………………………………………… 354
　　四　重复保险通知义务 …………………………………………………… 356
　　五　重复保险各保险人的责任分担 ……………………………………… 358
　　　　案例参考 64　重复保险的构成要件 ……………………………… 362

第八节　保险代位权 …………………………………………………………… 365
　　一　保险代位权的意义 …………………………………………………… 365
　　二　保险代位权的功能 …………………………………………………… 365
　　三　保险代位权的性质 …………………………………………………… 366
　　四　保险代位权的成立 …………………………………………………… 367
　　五　保险代位权的行使 …………………………………………………… 367
　　六　保险代位权的抗辩事由 ……………………………………………… 370
　　七　保险代位权的适用限制 ……………………………………………… 371
　　　　案例参考 65　保险代位权的行使及其条件 ……………………… 372
　　　　案例参考 66　保险人行使保险代位权的依据 …………………… 375

案例参考 67　保险代位权行使的相对人之抗辩事由 ……… 377

思考题 …………………………………………………………… 379

扩展阅读 ………………………………………………………… 379

第七章　责任保险 ……………………………………………… 380

要点提示 ………………………………………………………… 380

第一节　责任保险合同 ………………………………………… 380

一　责任保险的定义 ………………………………………… 380

二　责任保险的历史与现状 ………………………………… 381

三　责任保险的特征 ………………………………………… 384

四　责任保险的标的 ………………………………………… 385

案例参考 68　责任保险人的赔偿责任 ……………………… 386

第二节　责任保险的类型化 …………………………………… 388

一　责任保险类型化的基础 ………………………………… 388

二　雇主责任保险 …………………………………………… 389

三　产品责任保险 …………………………………………… 391

四　公众责任保险 …………………………………………… 393

五　专家责任保险 …………………………………………… 395

六　环境责任保险 …………………………………………… 399

七　机动车责任保险 ………………………………………… 401

案例参考 69　雇主责任险的保险责任范围 ………………… 405

案例参考 70　公众责任险的保险责任承担 ………………… 406

第三节　责任保险第三人 ……………………………………… 409

一　责任保险第三人的含义 ………………………………… 409

二　责任保险第三人的范围 ………………………………… 409

三　责任保险第三人的法律地位 …………………………… 410

四　责任保险第三人的请求权 ……………………………… 411

案例参考71　责任保险第三人的赔偿利益……………… 412

第四节　保险责任和除外责任…………………………………… 414
　一　保险责任的约定…………………………………………… 414
　二　责任保险人的给付限度…………………………………… 416
　三　责任保险的除外责任……………………………………… 418
　　　案例参考72　责任保险的免责条款及其效力认定……… 420

第五节　抗辩与和解的控制……………………………………… 423
　一　责任保险第三人索赔的抗辩与和解……………………… 423
　二　抗辩与和解的保险人控制………………………………… 423
　三　抗辩与和解的控制条款…………………………………… 424
　四　保险人的抗辩与和解义务………………………………… 425
　五　抗辩与和解费用的负担…………………………………… 426
　　　案例参考73　被保险人对责任保险人行使索赔参与权的协助
　　　　　　　　　义务…………………………………………… 427
　　　案例参考74　责任保险人对被保险人的和解赔偿额的给付
　　　　　　　　　责任…………………………………………… 429

第六节　交通事故责任强制保险………………………………… 430
　一　交通事故责任强制保险的含义…………………………… 430
　二　保险责任限额法定………………………………………… 431
　三　保险责任范围……………………………………………… 431
　四　交通事故受害人的请求权………………………………… 432
　五　保险人的追偿权…………………………………………… 433
　　　案例参考75　交通事故责任强制保险的每次事故赔偿限额… 435
　　　案例参考76　醉酒驾驶的免责事由不得对抗交通事故
　　　　　　　　　受害人………………………………………… 438
　　　案例参考77　交通事故责任强制保险的先行赔付………… 440
　　　案例参考78　交通事故所致精神损害抚慰金的保险理赔… 443

思考题 …… 446

扩展阅读 …… 446

第八章 信用保险和保证保险 …… 447

要点提示 …… 447

第一节 信用保险 …… 447

一 信用保险的概念 …… 447

二 信用保险的地位和作用 …… 448

三 信用保险的当事人 …… 448

四 信用保险的保险事故 …… 449

五 国内商业信用保险 …… 450

六 出口信用保险 …… 452

七 投资保险 …… 454

案例参考79 出口信用保险项下的保险责任承担 …… 455

第二节 保证保险 …… 458

一 保证保险的意义 …… 458

二 保证保险的性质 …… 458

三 保证保险的投保人和被保险人 …… 461

四 保证保险的保险责任 …… 462

五 确实保证保险 …… 463

六 诚实保证保险 …… 466

案例参考80 保证保险被保险人的权利及其法律适用 …… 469

思考题 …… 471

扩展阅读 …… 471

第九章 再保险 …… 472

要点提示 …… 472

第一节　再保险的意义…………………………………………………… 472
　　一　再保险的概念……………………………………………… 472
　　二　再保险的功能……………………………………………… 473
第二节　再保险的性质与特征…………………………………………… 474
　　一　再保险的性质……………………………………………… 474
　　二　再保险的特征……………………………………………… 477
第三节　再保险的类型化………………………………………………… 478
　　一　再保险的分类……………………………………………… 478
　　二　广义再保险和狭义再保险………………………………… 479
　　三　临时再保险与合约再保险………………………………… 480
　　四　比例再保险与非比例再保险……………………………… 481
第四节　再保险人的责任与承担………………………………………… 482
　　一　再保险人的给付责任……………………………………… 482
　　二　再保险人的给付限度……………………………………… 483
　　三　再保险人的索赔参与权…………………………………… 483
　　思考题…………………………………………………………… 484
　　扩展阅读………………………………………………………… 484

第十章　保险从业者…………………………………………………… 485
　　要点提示………………………………………………………… 485
第一节　保险从业者的组织形式………………………………………… 485
　　一　保险从业者的范围………………………………………… 485
　　二　主营保险业者的类型……………………………………… 487
　　三　保险从业者的组织形式法定主义………………………… 489
第二节　保险公司………………………………………………………… 490
　　一　保险公司的设立条件……………………………………… 490
　　二　保险公司的设立批准……………………………………… 492

三　保险公司的营业登记……494

　　四　保险公司的分支机构……495

　　五　保险公司的变更……496

　　六　保险公司的解散……496

　　七　保险公司的清算……499

　　八　外资保险公司……502

第三节　保险代理人……503

　　一　保险代理人的概念……503

　　二　保险代理人的从业方式……504

　　三　保险代理关系……504

　　四　保险代理人的权限……505

　　五　保险代理人的登记管理……506

第四节　保险经纪人……506

　　一　保险经纪人的概念……506

　　二　保险经纪人的从业方式……507

　　三　保险经纪人佣金的收取……508

　　四　保险经纪人的责任……508

第五节　保险公估人……510

　　一　保险公估人的概念……510

　　二　保险公估人的从业方式……510

　　三　保险公估人的责任……512

　　思考题……513

　　扩展阅读……513

第十一章　保险营业的监督管理……514

　　要点提示……514

第一节　保险营业的监督管理基本制度……514

一　保险营业的范围…………………………………………………514
　　二　保险营业的监督管理的意义…………………………………515
　　三　保险监督管理机构……………………………………………516
　　四　保险营业的准入许可制度……………………………………518
　　五　保险分业经营制度……………………………………………518
　第二节　保险条款和费率的审批与备案制度…………………………522
　　一　审批与备案制度的法律依据…………………………………522
　　二　人身保险条款和费率的审批与备案…………………………522
　　三　财产保险条款和费率的审批与备案…………………………524
　第三节　营业报告和营业检查制度……………………………………526
　　一　营业报告制度…………………………………………………526
　　二　营业检查制度…………………………………………………526
　第四节　保险公司的偿付能力…………………………………………527
　　一　保险公司的偿付能力的意义…………………………………527
　　二　影响保险公司的偿付能力的因素……………………………528
　　三　保险公司偿付能力监管体系…………………………………529
　　四　最低偿付能力…………………………………………………530
　　五　维持保险公司偿付能力的措施………………………………531
　第五节　保险准备金……………………………………………………535
　　一　保险准备金的提取……………………………………………535
　　二　人寿保险的未到期责任准备金………………………………536
　　三　非人寿保险的未到期责任准备金……………………………537
　　四　未决赔款准备金………………………………………………538
　第六节　保险公司的资金………………………………………………539
　　一　保险资金的意义………………………………………………539
　　二　保险资金的运用原则…………………………………………539
　　三　保险资金的投资范围和比例限制……………………………541

第七节　保险保障基金 …… 546
一　保险保障基金的意义 …… 546
二　保险保障基金公司 …… 547
三　保险保障基金的筹集 …… 548
四　保险保障基金的管理和使用 …… 549

第八节　保险公司的整顿 …… 549
一　保险公司整顿的意义 …… 549
二　保险公司整顿的条件 …… 550
三　保险公司整顿的实施 …… 550
四　保险公司整顿的终结 …… 551

第九节　保险公司的接管 …… 551
一　保险公司接管的意义 …… 551
二　保险公司接管的条件 …… 552
三　保险公司接管的实施 …… 552
四　保险公司接管的终止 …… 553

思考题 …… 553
扩展阅读 …… 554

第一章 导论

要点提示

- 保险制度
- 保险业
- 保险的法律意义
- 人身保险和财产保险
- 定额保险和补偿保险
- 保险法
- 保险法的渊源

第一节 保险制度与保险业

一 保险制度

危险与人类社会的发展相伴。不论科学技术发展到何等水平和人为进化做出多少主观努力，客观存在的危险在相当程度上都是无法彻底消除的。相对于危险造成的不利益局面而言，群体的力量较之个人在应对危险上更有效果，"抱团取暖"这个朴素的道理已经融入社会生活的方方面面。在防范乃至减少危险的领域，实现社会成员群体的"抱团取暖"，需要有经济上可行并且高效的方式。保险即其中的典型代表。

保险首先是一种社会经济现象。保险这种社会现象的起源和发展过程表明，为确保经济和社会生活的安定，需要有一种手段（即通过社会大众集体协作的力量）来建立具有相当规模的基金，对特定的社会成员或群体因为特定危险事故或者特定事件受到的损失给予经济上的补偿，以实现经济的互助。所以，保险在经济学的意义上就是一种经济互助形式，体现为一种互助经济制度，使得保险成为抵御和防范危险的一种特殊的经济互助工具。分散危险和消化损失为保险的基本目的和固有功能，更是保险的本质特征。保险就是这样一种制度：在自己遇到灾害时，保险因借助他人救助而具有"人人为我"（all for one）的功效；在自己平安无事而他人遇到灾害时，保险可以济助他人而具有"我为人人"（one for all）的功德。[①]

通过保险这种经济互助制度参与人的友好合作，以合理分担费用为基础，建立社会共济或者补偿基金，可以将集中于个别社会成员或群体的危险，在可能遭遇同类危险的成员群体之间予以分担，或者以计入产品成本或者服务费用的方式在全社会进行分担。基于如此制度理念建立的保险及其运用，可以有效地满足转移或者分摊危险的绝大多数社会需求。

二 保险业的历史

保险的基本理念在于经济上的互助，以共同基金或者合作基金抵御自然灾害或者社会危局。保险业是一种以实现保险制度为目的开展的营业及与该营业相关的活动所构成的行业。保险业作为一种行业，其历史要比保险的历史短得多。

经济上的互助观萌芽于人类社会的远古时代，并被付诸实践。例如，我国公元前2500年前后产生的"礼运大同"观念；公元前2500年巴比伦王国实行的"征收赋金，以备救济火灾及其他天灾损害之用"的措施。[②] 人类社会的这些早期的经济互助观及相应的实践活动，多以道义或宗教观念作为基础，目的在于谋求经济生活的安定，只是非常原始的政治思想或措施，并非近现代才发展起来的保险制度的雏形，属于类似于保险的观念和措施。

一般认为，近现代意义上的保险起源于欧洲中世纪末期的海上保险。海上保险起源于意大利中世纪的海上冒险借贷（bottomry）。[③] 海上冒险借贷则是公元4世纪希腊城邦国家通行的船舶押款契约的延续。船

[①] 参见吴荣清《财产保险概要》，三民书局，1992，第5页。
[②] 参见袁宗蔚《保险学》，合作经济月刊社，1981，第82页。
[③] 参见陈云中《保险学》，五南图书出版公司，1984，第20页。

主或者货主在船舶开航之前，从资本主那里融通资金，以船舶或者货物的风险作为融通资金的条件：如果船舶或者货物在航海期间遭遇海难，则依照其损害程度相应免除船主或者货主负担的债务之全部或者部分；如果船舶或者货物安全到达目的地，则船主或者货主应当向资本主偿还本金和利息。在古罗马法复兴的时期，海上冒险借贷又被发展成以船舶抵押为担保的高利借贷，经意大利沿海的城邦国家于12世纪颁布的《康索拉多海事法例》（III Consolato del Mare）吸收规范，形成了具有近代风格和特征的海上保险。到14世纪，意大利沿海的城邦国家允许成立相互保险组织，专门经营海上贸易中的船舶或者货物的借贷业务，出现了保险业的雏形。保险业得以生存和发展的制度工具为保险单或者保险合同，而有记载的海上保险合同的早期形式，主要有14世纪中叶的"无偿贷借"（mutuum gratis et amore）和"空买卖契约"（emptio venditio）。在形式和内容上比较规范的海上保险合同，应当首推1384年签发的"比萨保单"。值得注意的是，欧洲中世纪才发展起来的早期海上保险，均为商人经营的副业。

随着海上贸易中心的发展变迁，意大利伦巴第商人经由葡萄牙、西班牙将保险经营的理念和措施逐步传播到了欧洲大陆的其他国家，保险的观念和实践开始向海上保险以外的领域渗透。14世纪以后，在城市中出现的基尔特（guild）制度和年金（annuity）制度，成为人寿保险的雏形。其后，从基尔特制度中分化并形成了专门以基尔特的社员及其配偶的死亡、年老、疾病为保障目的的救助措施，尚处于启蒙阶段的人寿保险的运作开始进行观念和组织上的准备。自15世纪末期开始，商人中开始分化出专营保险业务的保险商人，例如专业经营船舶保险的相互保险组织，这有力地促成了具有行业特征的保险业的产生。在这一时期，欧洲各国的城市化推动了火灾互助救济组织的建立，更为火灾保险的运作和发展提供了契机。

随着保险业在不同领域的拓展，到17世纪以后，除了专营保险业务的商人外，辅助保险商人开展营业的保险经纪人，也逐步成为专门的职业，促使保险业获得了更快的拓展，火灾保险公司大量出现，使火灾保险业务成为保险业的主导产业之一。例如，1720年，英国先后建立了皇家交易保险公司（Royal Exchange Assurance Corporation）和伦敦保险公司（London Assurance Corporation）等。这一时期，以合理计算为基础的保险业已经形成专业化和规模化的产业，发展成为资本主义生产经营活动的一个重要环节。

19世纪初期，英国首先完成工业革命，其他欧洲国家紧随其后，资本主义经济取得重大发展，保险业随之急剧扩张。到19世纪中叶，由于保险公司过多，竞争日益激烈，保险公司的倒闭成为保险业发展过程中的一大现象，这促使各国开始对保险业的经营予以直接或者间接的监督管理。这样，近代产生的保险业开始向现代保险业转型。在西方的自由经济国家，保险业在经济生活中具有稳定经济和金融秩序的举足轻重的作用。

我国的保险业开始于清朝末期。1805年，保险制度随着"通商"开始传入我国，但当时的保险业均由外国保险公司经营。1835年，英国商人在香港设立了保安保险公司，承保船舶和运输保险；1836年，英国商人又成立了广东保险公司。直到19世纪后半叶，我国才开始有完全由国人经营的保险公司。大清王朝招商局1876年创办了上海"仁和"保险公司，经营水火保险业务，开创了我国民族保险业的先河。1878年，招商局又设立"济和"保险公司。1885年，招商局将上述两家保险公司合并，设立"仁济和"保险公司，经营水火保险业务。中华民国成立后，我国的民族保险业有了一定的发展，由民族资本设立的保险公司最多时达百余家。据1937年的《中国保险年鉴》统计，外国资本的保险公司及其代理机构设在上海的共有126家，而民族资本的保险公司仅有24家；外国资本的保险公司在数量上占有绝对优势。在1949年前，我国的保险业经历了不断的国内战争和外敌入侵的考验，却仍然顽强地发展着。到1947年3月底，全国保险从业机构的总数为507家，其中保险公司的总公司有129家，保险公司的分支机构有378家，合法注册的外国资本保险公司有50家。保险机构的设置已经从上海等地延伸到其他口岸和内地商埠，保险业务不再是纯粹的国内业务，还扩展到了国际业务，民族资本的保险公司开始走向联合经营管理。相对而言，在我国近代保险业的发展过程中，虽有众多民族资本经营的保险公司，但各保险公司的资金规模普遍较小，根本无法与外国资本经营的保险公司抗衡，始终未能发展壮大。

三　我国保险业的现状

经济的发展、国民财富的积累、危险管理的技术提升、保险制度的健全、保险观念的进一步普及，逐步促成了我国保险业在20世纪后的全面发展。尤其是责任保险、保证保险、人身保险开始得到推广和普及，保险业已经演变为我国经济和社会发展不可或缺的特种保障事业。

中华人民共和国成立后，1949年10月20日，中国人民保险公司在北京宣告成立，开办财产保险和人身保险等业务，并逐步取得保险业的国营主导地位。其后，政府接收了官僚资本保险公司，采取措施逐步改造私营保险公司，并于1956年8月实现了保险全行业的公私合营，完成了保险业的社会主义改造。但因为众所周知的原因，我国保险业直到"改革开放"前都没有发展起来，甚至处于停滞状态。

改革开放后，我国开始恢复国内保险业务，并积极拓展国际保险业务。此后，我国的保险业有了长足发展，保险业务量急剧上升，保险服务的领域不断扩大，已经形成保险市场开放的新格局。例如，2006年全国保费收入达到5,641亿元，是2002年的1.8倍，在世界排名第9位，比2000年上升了7位。截至2007年年底，我国共有保险公司110家，其中外资公司43家，比2002年年底的22家公司增加了21家；我国全国保费收入达7035.8亿元，是2002年的2.3倍，同期，外资保险公司保费收入达420亿元，是2002年的9.1倍；外资保险占全国市场份额的5.9%，比2002年增加了4.4个百分点。尤其是，我国保险业近年来发展得更加迅猛，而且规模更大。例如，2008年全国各地区实现保费收入9784.1亿元；2009年，全国各地区保费收入突破万亿元，达到11137.3亿元；2010年，全国各地区保费收入更达到14527.97亿元。总体而言，我国保险业已经发展为我国金融体系的重要组成部分，并将在社会保障、农业保障、防灾减损、社会管理等亟须风险管理的领域发挥更加积极的作用。

第二节　保险的意义

一　保险的经济意义

什么是保险？回答这个问题，不能绕开保险所具有的功能，即"分散危险和消化损失"的经济互助功能。关于保险的学说，众说纷纭，但大体上可以归类为"损失说"、"统一不能说"和"非损失说"三种。[①]

[①] 参见李玉泉《保险法》（第二版），法律出版社，2003，第1~7页；温世扬主编《保险法》，法律出版社，2003，第1~5页。

损失说认为，保险是补偿偶然发生的事件或者危险造成的损失的制度或工具。但对于损失补偿的方法或者实现途径又有不同的理解，由此出现了目的补偿说、损失分担说和风险转嫁说。目的补偿说认为，保险是一种赔偿合同，目的在于补偿偶然发生的事件或者危险所造成的实际损失。损失分担说认为，保险是众多人合作分担偶然发生的事件或者危险所造成的损失的一种经济补偿制度。风险转嫁说认为，保险的本质是风险转移，被保险人将个人承担的风险转移给保险人，而保险人则将相同属性的危险集中起来转移给多数人团体平均分摊。在这三种学说之间，并没有本质的对立内容。它们都强调保险的补偿损失的本质或者功能，仅仅是对补偿损失的理解有所不同而已。目的补偿说注重对保险的补偿损失的功能的解释，保险就是补偿意外事故造成的损失的合同，至于意外事故造成的损失是如何被他人分担或者转移给他人的，并非保险这种合同的内容。损失分担说以互助关系为基础来解释保险具有的补偿损失的功能，风险转移说则以分散危险的方法来解释保险的补偿损失的功能。

统一不能说，又被称为"二元说"，是关于保险应当区分人身保险和财产保险而分别解释其本质的学说。统一不能说认为，财产保险和人身保险具有不同的性质，财产保险以填补损失为目的，人身保险以定额给付为目的，难以对二者作出统一的解释。统一不能说对于财产保险，均承认其为填补损失的合同，不存在分歧；但对于人身保险，产生了不同的认识，有两种对立的观点："人身保险否定说"和"择一说"。人身保险否定说不承认人身保险为保险，因为人身保险不具有填补损失的根本属性，而将人身保险归入带有储蓄或投资性质的金钱支付合同。择一说认为，人身保险是不同于财产保险的保险，财产保险为补偿损失的合同，人身保险为给付一定金额的合同，但不具有填补损失的目的。

非损失说认为，围绕损失的补偿来解释保险，具有一定的局限性。在损失说之外，学者提出了技术说、欲望满足说、所得说、经济确保说、财产共同准备说、相互金融机关说等多种解释保险的本质的学说。非损失说并不否认保险在相当程度上具有补偿损失的功能，但它们在解释保险的本质时，更加注重保险作为一种营业的存在基础和保险营业的制度价值，在经济学意义上寻求解释保险的本质的合理或有效元素，与保险法上规定的作为一种补偿损失合同的"保险"没有多少关联。

显然，对于什么是保险的问题，不同的人站在不同的角度所进行的阐述或说明必然会有所差异，由此形成对保险的不同认识或者学说。但这些学说都是围绕着保险所具有的功能进行解释的，各自都有理论上的合理成分，很难说哪种学说具有绝对的优势。但若从保险作为法律制度的规范目的上考虑，损失说是较为契合保险这一法律行为所涵盖的权利义务关系内容的学说。

二 保险的法律意义

什么是保险？在法律意义上，回答这一问题就是回答保险的定义或概念。保险是一种分散危险的法律行为，即投保人依照约定向保险人支付费用，保险人在约定的保险事故发生时依照约定承担给付责任的法律行为。

关于保险的定义，我国学界存在一些争论。争论主要源自我国《保险法》（1995年）第2条的规定："本法所称保险，是指投保人根据合同约定，向保险人支付保险费，保险人对于合同约定的可能发生的事故因其发生所造成的财产损失承担赔偿保险金责任，或者当被保险人死亡、伤残、疾病或者达到合同约定的年龄、期限时承担给付保险金责任的商业保险行为。"该条规定立足于人身保险和财产保险的区分，有关保险的定义则直接将保险等同于保险合同。如此规定，受到了某些学者的批评。

有学者认为，《保险法》（1995年）第2条以"择一说"为基础对保险下定义，混淆了保险和保险合同的区别，将保险与保险合同等同，这是不能接受的。保险的概念，应当从两个方面进行分析，一方面，从社会角度看，保险是分散危险和消化损失的一种经济制度；另一方面，从法律角度看，保险是一种产生权利义务关系的契约。[①]《保险法》（1995年）第2条对保险采取"择一说"的定义方法，在形式上对保险的概念作了综合阐述，但在内容上只揭示了财产保险与人身保险的种差，并未抽象出二者的共同属性。保险的定义应当表述为：保险是指投保人根据合同约定向保险人支付保险费，保险人依约定向投保人或合同指定的其他人支付保险金的商业行为。[②]

另有学者认为，保险作为分散危险和消化损失的经济制度，具有补偿被保险人损失或者帮助被保险人安定生活的功能。这是不受投保人和

[①] 参见李玉泉《保险法》（第二版），法律出版社，2003，第8页。
[②] 参见温世扬主编《保险法》，法律出版社，2003版，第5页。

保险人的意思表示左右的客观存在。在经济制度的层面上看待保险，保险的内涵和外延均有不确定性，我国保险法不能用内涵和外延不确定的"经济补偿制度"给保险下定义。但是，不论人们对保险的定义或者本质如何争议，作为法律行为的"保险"，其内涵和外延应当是确定的，这是保险法能够规范"保险"的基础，也是保险法能够监管"保险"这一法律行为的基础。我国保险法关于保险的定义，将保险等同于保险合同，具有妥当性。但是，上述法律规定只区分了财产保险和人身保险的差异，对保险进行统一的描述，并没有抽象概括出保险的本质特征，在方法上有失科学性。[1] 尽管上述规定区分财产保险和人身保险的场合，对于保险的权利义务关系作的是分别的描述，没有抽象出财产保险和人身保险所具有的本质共性，如因为保险事故的发生而产生保险人的给付义务，但这并不影响我国《保险法》（1995年）第2条对保险的定义之理解，这或许正是我国保险法历次修改都没有对此作出变动的原因。[2]

保险（insurance）一词源于 sigurare 一词，为14世纪意大利沿海商业城市在商业文件中经常使用的术语，具有抵押、担保、保护、负担等意思。但在14世纪后期因为海上商业的发展，为适应海上保险的需要，该术语的含义扩充而具有了"保险"的意思。保险在语义上始终没有脱离权利义务的法律观念。保险的权利义务关系的纽带为保险事故，投保人因为保险事故发生的不确定性，要向保险人支付保险费。保险事故发生的不确定性，使得保险人承担合同约定的保险责任（给付义务）具有不确定性。保险事故在财产保险和人身保险的场合，具体表现形式（保险事故的外延）有所不同，如财产保险因为意外发生损失，人身保险的被保险人"生、老、病、死、伤、残"等，但保险事故的内涵，即引起保险人承担保险责任的事由对财产保险和人身保险而言是确定的。保险人承担的合同约定的保险责任，在财产保险中具有填补损失的意义，在人身保险中不具有填补损失的意义，但在保险责任的定性上，性质相同，都是基于合同约定而产生的"给付义务"。保险人承担给付责任的代价，为投保人向其支付的保险费，合同约定的保险事故的发生为保险人承担给付责任的条件。

---

[1] 参见常敏《保险法学》，法律出版社，2012，第5~6页。
[2] 参见邹海林《保险法学的新发展》，中国社会科学出版社，2015，第28页。

> 案例参考 1

保险人对被保险人承担的保险责任

2002年11月28日，某银行和保险公司签订个人汽车消费贷款保证保险合作协议及补充协议各一份，协议有效期为1年。双方约定：某银行向投保人提供贷款，作为投保人购买汽车的部分款项，同时投保人向保险公司购买汽车消费贷款保证保险和机动车辆保险，保险公司同意在履约还款保险责任范围内向某银行赔偿因投保人在个人汽车消费借款合同项下违约所造成的某银行损失，并赋予某银行第一优先受益人的地位。双方约定：保险公司负责偿还投保人所有尚未偿还的本金及截至赔付之日为止的应收利息，最高不超过保险金额。第8条第5款约定：保险条款与协议不一致时，以协议为准。在补充协议中，双方约定：补充协议中对应收利息的定义，为贷款期间借款人应获得的权利收入。同时约定补充协议系主协议不可分割之部分，与主协议具有同等法律效力。

2003年1月14日，薛某为购买汽车向某银行借款，并向保险公司投保了机动车辆保险；同年1月17日，薛某向保险公司投保，保险公司签发了以某银行为被保险人的个人分期付款购车保证保险单，保险金额为248400元。保险单所附保险条款第4条约定，投保人连续3个月未按汽车消费贷款合同或分期付款购车合同履行按期还款义务的，保险人按本保险单规定负责偿还投保人应偿还而未偿还的本金及截至出险之日为止的利息（不包括罚息、违约金逾期利息），但最高不超过保险金额。2003年3月6日，薛某与某银行签订了个人汽车消费借款合同，某银行为薛某购买汽车提供借款248400元，并办理了车辆抵押手续，抵押权人为保险公司。

某银行放贷后，薛某逾期付款已连续超过3个月，至2005年12月31日共欠某银行本息合计人民币157042.73元，某银行遂要求保险公司根据合作协议及保险单的约定支付上述款项，保险公司支付了其中的151319.57元，但对剩余的12612.98元本金及利息拒绝支付，某银行诉请保险公司支付保险赔偿款14840.78元（其中本金12612.98元、利息278.35元、罚息1904.91元、复息44.54元，计算至2008年8月10日）。

审理本案的法院认为，某银行和保险公司签订的个人汽车消费贷款保证保险合作协议及补充协议系双方真实意思表示，合法有效，双方均应按约履行。保险公司在发生保险事故后,应按某银行和保险公司订立的协议及保险合同约定,承担保险责任。某银行要求保险公司赔付的金额未超过双方保险单中约定的保险金额,其诉请合理、合法,应予支持。依照《合同法》第 60 条、第 107 条、《保险法》(2002 年)第 2 条、第 10 条的规定,判决保险公司支付某银行保险赔偿金 14840.78 元。①

> **案例分析指引**

1. 涉案保险合作协议书和补充协议是否具有保险合同的属性?本案中,为什么法院以《保险法》(2002 年)第 2 条作为判决的依据?

2. 什么是保险法律关系?认定保证保险合同为保险,应以本案中的哪些法律事实为依据?

3. 本案中,保险公司依照涉案保险合作协议和分期付款保证保险单对某银行所承担的责任是否为保险责任?

第三节 保险的分类

一 保险的分类标准

(一) 分类标准的相对性

保险的分类标准,是指将保险进行不同区分的原因或者依据。

区分保险类型,与保险的历史、目的、制度结构、内容等诸多因素有关。保险实务中,一般按照保险承保的危险种类,将保险区分为火灾保险、盗窃保险、陆空保险、责任保险、海上保险、人寿保险、健康保险、伤害保险等。保险法的生命力在于保险合同的成长与发展,实务上的保险合同基本上是按照上述分类来拟定并投入市场的,故保险法的理论研究不能忽视这样的实务分类,而且在相当程度上还要按照这样的分类评价和分析保险法制度。

这里所称的保险,仅以保险公司经营的商业保险为限,不包括社会保险。保险的分类,也仅仅是对商业保险的分类。事实上,现代保险业的发展已经使得保险的理念和功能发生了不少的变化,人们对保险的认识也日益复杂,很难形成一个符合所有人的意图的保险分类标准。虽然

---

① 参见浙江省宁波市海曙区人民法院(2008)甬海民二初字第 933 号民事判决书。

保险业已历经数百年的发展，但许多因为历史原因（如海上货物运输保险）而遗留的传统因素，对保险的分类仍然发挥着积极的引领或限制作用，对保险予以分类，不能脱离保险业发展的历史或传统。同时，更有许多涉及保险业制度或方法的创新，对保险分类的传统因素提出了挑战。因此，面对日趋复杂的现代保险业，在理论和实务上很难只用一个标准，对保险作出所有人都能够接受的分类。保险的分类永远是相对的，因为选取的分类原因不同，保险在理论和实务上就具有了更多的分类。保险分类的相对性，是由保险分类标准的相对性所决定的。

在这里，应当格外强调的是，对保险的分类以及分类标准的选取，只要尊重了保险业发展的历史或传统，都是可以接受的，因为这些分类或分类标准已然构成保险业生存和发展的基础。同时，我们也必须清醒地认识到，保险的许多制度或方法的创新，对基于传统的分类标准形成的保险的分类也提出了挑战，但挑战本身并不是要否定保险的分类之历史发展惯性，而是要在保险的分类上消除那些不能适应发展变化的生活样态的陈旧观念。例如，不能将人身保险绝对地理解为定额给付保险，否则会阻断赋予不同种类的人身保险为适应新形势而应当具有的新鲜内涵的法律解释路径。所以，保险的分类只是一个相对的分类，不论在任何情形下，都应当避免对保险的分类作绝对化的理解。①

（二）保险分类的多样性

1. 私营保险和公营保险

以保险营业的主体性质为标准，保险可以分为私营保险和公营保险。私营保险，是指由保险公司经营的各种保险业务。保险公司具有营利性，可以经营所有的商业保险。公营保险，是指由政府专设的特种保险机构经营的各种保险业务。某些商业保险的险种，风险大盈利水平低，不宜由普通的保险公司经营，国家应当设立专门的特种保险组织予以经营，例如强制保险、政策性保险等。

2. 自愿保险和强制保险

以保险合同的成立方式为标准，保险可以分为自愿保险和强制保险。自愿保险，是指投保人和保险人在自愿、平等、互利的基础上，经协商一致而订立的保险合同。自愿保险，又被称为任意保险。强制保险，是指依据法律规定而在投保人和保险人之间强制订立的保险合同。强制保险，又被称为法定保险。

---

① 参见邹海林《保险法学的新发展》，中国社会科学出版社，2015，第32~33页。

3. 人身保险和财产保险

以保险标的的种类为标准，保险可以分为人身保险和财产保险。人身保险，是指以人的寿命或者身体为保险标的的保险。财产保险，是指以财产以及同财产有关的利益为保险标的的保险。财产保险和人身保险的分类方法具有保险业务发展的历史传承逻辑，而且也为我国保险立法和司法实务所普遍认同。

4. 定额保险和补偿保险

以保险给付的目的为标准，保险可以分为定额保险和补偿保险。定额保险，是指在发生保险事故时，保险人依照保险合同约定的保险金额全额或者比例金额承担给付责任的保险。定额保险，又被称为定额给付保险或者非补偿性保险。定额保险不以填补被保险人的损害为保险给付的目的，不论被保险人所发生的实际损失或者损失数额是多少，保险人均应当给付保险合同约定的金额。补偿保险，是指在保险事故发生时，保险人以保险合同约定的保险金额为限，仅承担补偿被保险人所发生的实际损害的给付责任的保险。补偿保险，又被称为补偿给付保险或者损害保险，以填补被保险人的实际损害为保险给付的目的。

5. 定值保险和不定值保险

以财产保险的保险价值的确定方式为标准，保险可以分为定值保险和不定值保险。定值保险，是指投保人和保险人明示约定保险标的的固定价值，并将之载明于保险合同而成立的保险。对于定值保险，发生保险事故时，保险人按照约定的保险金额承担保险责任。不定值保险，是指投保人和保险人对保险标的的价值不作明示约定、仅载明保险事故发生后再按照一定的方式确定保险价值而成立的保险合同。对于不定值保险，发生保险事故时，保险人以约定的保险金额为限，对被保险人所发生的实际损失承担保险责任。

6. 其他保险分类

除上述以外，保险还可以按照其他的诸多标准分类。例如，经常使用的其他保险分类主要有：（1）单保险和重复保险。按照承保同一风险的保险人的人数划分，保险可以分为单保险和重复保险。单保险，是指投保人对于同一保险标的、同一保险利益、同一保险事故，与一个保险人订立的保险合同。重复保险，是指投保人对同一保险标的、同一保险利益、同一保险事故与数个保险人分别订立数个保险合同。（2）原保险和再保险。按照保险责任发生的先后次序划分，保险可以分为原保险和再保险。原保险，是指保险人和投保人之间订立的、作为再保险标的的保险合同。再保险，是指保险人以其承担的保险责任的一部分或者全部为保险标的，向其他保险人转保而订立的保险合同。(3) 特定保险与总括保险。按照保险标的是否特定为标准，保险可以分为特定保险与总括保险。特定保险，是指基于特定的保险标的订立的保险合同。总括保险，又称为概括保险或统括保险，是指无特定保险标的、仅以在以一定标准所限定的范围内的某种保险利益或某类保险标的作为承保对象订立的保险合同。

二　人身保险和财产保险

(一) 人身保险

人身保险的原始形态和基本形式为人寿保险。现代意义上的人身保险，所承保的危险覆盖了被保险人的"生、老、病、伤、残、死"等各种风险。人身保险因此被具体分为人寿保险、意外伤害保险和健康保险等3种。[①]

人身保险的保险标的，为被保险人的生命或者身体，人身保险具有保险标的人格化的特征。而被保险人的人格利益，不能用金钱价值予以准确衡量，故保险人在发生保险事故时，只能按照保险合同预先约定的固定金额向被保险人或者受益人赔付，人身保险的保险给付具有定额化的特征。人身保险的标的人格化和给付定额化特征，使得保险固有的填补损失原则，不能适用于人身保险。由此，作为贯彻填补损失原则的制度工具，如超额保险、重复保险、保险代位权等，同样不能适用于人身保险。

人身保险的标的为被保险人的生命和身体，被保险人的人身安全备受保险业关注。为了被保险人的生命或者身体免受来自保险赔付的道德危险侵害，保险利益作为防控道德危险的重要工具在人身保险的场合具有特别重要的意义。在订立人身保险合同时，投保人对被保险人的身体或者生命没有保险利益的，合同无效；以死亡为给付保险金条件的人身保险合同，未经被保险人同意并认可保险金额的，合同无效。[②]

人寿保险的保险费形成保险合同的现金价值，为被保险人的利益而存在，投保人是否交纳保险费，仅与投保人的意愿有关而与其所承担的保险费交纳义务没有"必须履行"的对应关系，故当投保人不交纳或

---

① 参见《保险法》(2015年) 第95条第1款。
② 参见《保险法》(2015年) 第31条第3款和第34条第1款。

者迟延交纳保险费时，保险人不得以诉讼要求投保人交纳人寿保险费。人寿保险以外的其他人身保险合同，若为长期合同，依照当事人在合同中的约定或者当事人的意思表示具有现金价值的，也不得以诉讼要求投保人交纳保险费。

(二) 财产保险

财产保险的原始形态和基本形式为海上保险。现代意义上的财产保险，起源于海上保险，构造了填补被保险人损失的制度结构，承保现实生活中影响被保险人的"财产及财产利益"安全的各种损失风险。我国保险法将财产保险具体划分为财产损失保险、责任保险、信用保险和保证保险等4种。[①] 海上保险构造了财产保险的制度目的：填补被保险人发生的实际损害。而海上保险以外的其他保险则对损害填补做出了发展。

财产保险的标的，为被保险人的财产或者财产上的利益。财产或财产上的利益，均可以用金钱予以估价；发生保险事故造成的保险标的损失，亦可以用金钱估价而将之换算成一定量的货币额。保险人在财产保险项下所承担的保险责任，以及财产保险补偿被保险人损失的限度，均以保险标的和损失的可估价性作为基础。这就是著名的财产保险之填补损失原则，或财产保险的至理名言"无损失无保险"。保险事故发生后，被保险人仅得按其实际所受之损失请求保险人赔偿，不得因保险而获取超过实际损失的利益；保险人以被保险人实际所发生的损失为限，按照合同约定承担保险责任。

填补损失为财产保险的目的，财产保险因此被称为损害保险或者补偿保险。保险人给付保险金的责任，以保险合同约定的保险金额为限，被保险人所发生的损失超出保险金额的，保险人对超出的损失部分不承担给付保险金的责任。再者，财产保险合同约定的保险金额不得超过保险标的的保险价值，超过保险价值的保险金额部分，不论是否为重复保险，不发生效力。被保险人所发生的损失应当由第三人承担赔偿责任的，保险人对该第三人有保险代位权。

财产保险的投保人所承担的交纳保险费义务，为保险人承担保险合同约定的保险责任的对价，保险人对投保人所享有的保险费交纳请求权，为保险人的财产或收益的组成部分。相对于被保险人而言，财产保险也不具有现金价值。财产保险的投保人不交纳或者迟延交纳保险费

[①] 参见《保险法》(2015年) 第95条第1款。

的，保险人可以诉讼方式要求投保人交纳保险费。

（三）区分人身保险和财产保险的意义

人身保险和财产保险因其保险标的的性质差异而在权利义务关系的构造上存在性质上的差异。法律行为的性质和内容的不同，如人身保险和财产保险的合同条款、费率理算基础、保险费的交纳方式、保险期间长短、保险事故以及保险给付的目的等的不同，表明法律行为的内容解释以及法律适用也需要区别对待。

区分人身保险和财产保险，是我国保险法分别规定不同的行为规范和裁判规范的基础。人身保险和财产保险的规范，不能交互适用。我国保险法的结构和制度设计，源自人身保险和财产保险的分类。保险法关于保险的定义，就是区分人身保险和财产保险的典型：相关条文的前段叙述的是财产保险，后段叙述的是人身保险。这样规定至少表明了一种立场，人身保险和财产保险有所不同。保险法有关保险合同的表达，以人身保险和财产保险的分类为基础，将保险合同区分为人身保险合同和财产保险合同，并分别作出规定。我国保险法以保险标的为标准，分别规定人身保险和财产保险规范，在现阶段具有十分明显的实践效用，凸显了人身保险和财产保险的区别性特征。当然，人身保险和财产保险的区别是相对的，基于人身保险和财产保险的分类，在规范制度的设计上会有不周延性存在。例如，人身保险不适用保险代位权的规定，因为人身保险存在定额保险和损害保险这样两种不同的保险类型，应当存在例外。[①]

保险业者开展业务，因为人身保险和财产保险的性质上的差异，必然形成对保险营业监管的不同制度要求。我国保险法将保险公司的业务主要划分为人身保险业务和财产保险业务，实行相对严格的保险分业经营制度，同一保险人原则上不得同时经营人身保险业务和财产保险业务，我国以此为基础对经营不同保险业务的保险公司实行不同的营业监管措施。区分人身保险和财产保险，至少在现阶段构成我国保险营业监管制度建设的基础。

三　自愿保险和强制保险

（一）自愿保险

保险合同已经实现了普遍格式化，极大地减少了投保人与保险人协商保险条件的空间，但保险合同的意思自治并未有实质性的改变。保险

[①] 参见《保险法》（2015年）第46条和第60条。

实务中，占主导地位的保险业务均为自愿保险。投保人可以自行决定是否参加保险、投保何种保险、投保的保险金额和保险期间，甚至可以和保险人协商各项保险条件。保险人可以决定是否承保风险、承保风险的条件以及如何收取保费。在自愿保险的场合，保险合同的成立完全出于当事人自愿；维持保险合同的约束力在相当程度上还依赖于投保人的意愿。在保险合同成立后，除非法律另有规定或者保险合同另有约定，投保人可以随时解除保险合同。

这里应当注意的是，自愿保险并不表明法律对保险合同的订立和内容不进行干预。在许多情形下，法律会直接干预保险合同的订立和内容。例如，保险法关于保险人准备的保险格式条款中"免除保险人责任条款"的说明义务之规定，财产保险的被保险人危险增加的通知义务的规定，投保人不得解除货物运输保险合同和运输工具航程保险合同的规定等，均构成法律对自愿保险的干预。保险法有关保险合同的订立、内容和效力的强制性规定，并不影响自愿保险的性质。

（二）强制保险

为维护社会公众的利益，依照法律的明文规定可以实行强制保险。强制保险是对自愿保险的限制，限制了保险合同当事人的选择订立合同和决定合同内容的自由。就强制保险而言，投保人有投保的义务，保险人则有承保的义务。

保险或多或少事关公众利益或者社会公共利益。国家基于公共政策的考虑，有可能也有必要在某种程度上对保险合同的订立、内容和效力予以强制，以便更有力地保护被保险人乃至公众的利益。例如，在保险公司的偿付能力的维持问题上，为防止保险公司超出承保能力承担风险而损害其偿付能力，促进保险业的公平竞争和稳健发展，国家有必要对保险公司实行法定再保险。再如，为保障商业银行的信用和支付水平，防范在商业银行清算时不能支付储户存款所可能引发的社会危机，国家有必要实行法定的存款保险。除此以外，国家基于公共政策的考虑，强制保险合同的当事人订立合同，限制保险合同当事人的契约自由，更重要的目的在于保护保险合同以外的不特定公众的利益，在责任保险的领域依法实行强制保险，对因被保险人而受损害的第三人提供及时、有效的救济。

强制保险依照其发生效力的方式不同，分为自动生效的强制保险和经投保生效的强制保险。

1. 自动生效的强制保险

只要符合法律规定的条件，不论投保人是否履行了投保手续，或者交纳保险费或者履行续保手续，保险的效力在投保人和保险人之间依法当然发生。我国自 20 世纪 50 年代后长期实行的铁路、轮船、飞机旅客意外伤害强制保险，均为自动生效的强制保险。自动生效的强制保险，适用的范围狭小，不具有普遍性和代表性。

自动生效的强制保险具有以下特点。（1）保险适用的普遍性和无差别性。凡属法律规定必须投保的任何人（标的），均受强制保险的保障；并且不论其具体情形，对于所有的投保人均实行统一的保险保障标准。（2）保险条件、期间和标准法定。强制保险的成立条件、保险期间、保险金额及其给付标准，均由法律或者行政法规加以明确规定，保险人不得通过保险条款加以变更，投保人也不得和保险人协商变更强制保险的法定标准。（3）保险法律关系自动发生。凡属于强制保险范围的保险标的的，不论投保人是否办理了投保手续，也不论投保人是否已经交纳了保险费，只要保险标的符合强制保险保障的条件，强制保险自动发生效力。

2. 经投保生效的强制保险

经投保生效的强制保险，并不当然发生效力。这种强制保险取决于投保人投保的意思，其经保险人承保而发生效力。经投保生效的强制保险，若投保人不依法投保，则不发生保险的效力。但是，符合法律规定条件的投保人负有向保险人投保的义务，投保人违反投保的义务将承担相应的法律上的责任。对于经投保生效的强制保险，投保人对是否投保，没有选择的权利；投保人向保险人作出投保的意思表示，保险人非有正当理由，不得拒绝承保。我国保险公司推行的承运人旅客法定责任保险、机动车交通事故责任强制保险等，均为经投保生效的强制保险。

经投保生效的强制保险，除投保人有投保的义务外，还有如下三个特点。（1）法定的费率和费率浮动制度。强制保险的基础费率由法律统一规定，保险合同不得对之随意变更；法律同时规定基础费率的上下浮动基准，保险人可以依照法律规定的费率浮动基准，选择对投保人适用的费率。（2）法定的保险责任限额。对于投保人应当依照法律规定投保的保险，其保险金额或者责任限额不得低于法律规定的最低限额。（3）解除保险合同的限制。强制保险合同成立后，维持保险合同的效力对于保护相关的公共利益至关重要。除强制保险法对保险合同的解除另有规定外，投保人和保险人均不得解除强制保险合同。

（三）区分自愿保险与强制保险的意义

区分自愿保险和强制保险的主要意义，是要依法建立强制保险制度，以规范强制保险行为，并以特定目的来解释强制保险合同和适用法律。保险作为一种分散危险的法律行为，其核心要素为当事人的意思，意思自治为保险发生效力的基础。但是，相对于自愿保险而言，强制保险更多地借用了社会保险的理念和方法，从而具有了不同于自愿保险的区别性特征。强制保险非有法律的明文规定，不得推行；国家推行强制保险，应当颁布专门的强制保险法。强制保险在性质上仍属于商业保险，但有关强制保险的事项，应当适用强制保险法的规定；仅在强制保险法没有规定时，对强制保险才可以适用保险法的规定。

四　定额保险和补偿保险

（一）定额保险

定额保险的给付金额，是保险合同事先约定的。在发生保险事故时，如被保险人死亡、伤残或者疾病时，或者被保险人生存到保险合同约定的年龄时，保险人按照保险合同约定的保险金额，向被保险人或者受益人给付保险金。人寿保险为典型的定额保险。意外伤害保险约定的给付死亡保险金、残疾保险金的内容，健康保险约定的给付疾病保险金、死亡保险金或者残疾保险金的内容，也是定额保险。

定额保险的本质特征在于保险给付的定额化。这一特征使得保险固有的填补损失原则，不能适用于定额保险。由此，作为贯彻填补损失原则的制度工具，如超额保险、重复保险、保险代位权等，同样不能适用于定额保险。

意外伤害保险和健康保险约定的医疗费用给付的内容，是否为定额保险？这在我国的理论和实务上始终存在争议。

有一种观点认为，在费用报销型的健康保险中，保险合同所约定的保险金等，只能在被保险人所遭受的损失范围内，根据保险合同的具体约定予以支付，这使得这类保险带有了损失补偿的性质，但这类保险不属于定额保险或定额给付性保险。在费用报销型的健康保险中，即使在保险事故为第三人造成的情形下，保险公司在支付保险金后，也不能向第三人请求赔偿保险金，而只能由被保险人或受益人予以追偿。[1]

另有一种观点认为："人寿保险合同是典型的定额保险合同。意外

---

[1] 参见王伟《保险法》，格致出版社、上海人民出版社，2010，第150页。

伤害保险为所约定的死亡保险金、残疾保险金给付的保险，健康保险为所约定的疾病保险金、死亡保险金或者残疾保险金给付的保险，均为定额保险。至于意外伤害保险和健康保险所约定的医疗费用给付保险是否为定额保险，依照当事人在保险合同的意思加以确定：合同条款对于保险人的给付以'津贴'、'补贴'或者'保险金'等术语表述的，且与被保险人享受医疗服务所支出的实际费用没有关联的，为定额保险。"[1]

意外伤害保险和健康保险约定的医疗费用给付的内容，是否为定额保险，应当基于对保险合同的条款的解释作出最终的判断。例如，中国人寿保险股份有限公司《国寿爱心呵护住院定额给付医疗保险利益条款》第 4 条规定："在本合同保险期间内，被保险人因意外伤害或者自本合同生效之日起九十日后因疾病在二级以上（含二级）公立医院或本公司认可的其他医疗机构住院诊疗，本公司按投保人在投保时与本公司约定的日定额给付标准与被保险人住院日数的乘积给付住院津贴保险金，每个保单年度的最高给付日数以三十日为限。"

（二）补偿保险

补偿保险的给付金额，不以保险合同事先约定的金额为基础，而以保险事故发生时被保险人所发生的损失的评估额或者评价额为基础。在保险事故发生时，对于被保险人经评估而发生的实际损失，保险人在合同约定的保险金额范围内，以保险赔偿金填补被保险人所发生的实际损失。学者又称补偿保险为评价保险。

财产保险均为补偿保险。但是，补偿保险并不限于财产保险，其可以延展到人身保险的领域。人身保险约定的医疗费用给付的内容是否为补偿保险，尤为引人关注。对于人身保险约定的医疗费用给付内容，应当依照当事人在保险合同中的意思确定其是否为补偿保险，合同条款对于保险人的给付与被保险人享受医疗服务所支出的实际费用产生关联的，如按照被保险人实际支付的医疗费用的约定比例赔付，则为补偿保险。[2] 例如，中国人寿保险股份有限公司《国寿长久呵护住院费用补偿医疗保险利益条款》第 4 条规定："在本合同保险期间内，被保险人遭受意外伤害或在本合同生效九十日（按本合同约定续保的，不受九十日的限制）后因疾病在二级以上（含二级）医院或本公司认可的其他医疗机构住院诊疗，对被保险人自住院之日起九十日内所发生

---

[1] 参见常敏《保险法学》，法律出版社，2012，第 16 页。
[2] 参见常敏《保险法学》，法律出版社，2012，第 16 页。

并实际支出的，符合当地公费医疗、社会医疗保险支付范围的医疗费用，本公司在扣除当地公费医疗、社会医疗保险和其他途径已经补偿或给付的部分以及本合同约定的免赔额后，对其余额按本合同约定给付比例给付住院医疗保险金。住院医疗保险金的免赔额及给付比例，分别按照被保险人是否参加当地公费医疗、社会医疗保险的情况在保险单上载明。在每一保单年度内，本公司累计给付的医疗保险金以本合同约定的保险金额为限。当被保险人住院治疗跨二个保单年度时，本公司以被保险人开始住院日所在保单年度本合同约定的保险金额为限给付医疗保险金。"

补偿保险的保险人承担的保险责任以合同约定的保险金额为限，被保险人所发生的损失超出保险金额的，保险人对超出的损失部分不承担给付保险金的责任。补偿保险以填补被保险人所发生的损失为目的，禁止被保险人通过保险获取不正当利益，保险合同约定的保险金额不得超过保险标的的保险价值，超过保险价值的保险金额部分，不论是否为重复保险，不发生效力。被保险人所发生的损失应当由第三人承担赔偿责任的，补偿保险的保险人对该第三人有代位权。

（三）区分定额保险和补偿保险的意义

在世界范围内，定额保险和补偿保险分类的思想，对于保险立法和保险实务均产生了积极的影响。在我国，定额保险和补偿保险分类的思想也已经被学者认同，对于保险实务也正在产生积极的影响。不论怎样讨论定额保险和补偿保险，都无法回避一个核心问题，即财产保险固有的填补损失原则对于所有种类的保险的适应性问题：人身保险中有无填补损失原则的适用？

财产保险的填补损失原则，以填补被保险人所发生的损失为目的，禁止被保险人通过保险获取不正当利益，保险合同约定的保险金额不得超过保险标的的保险价值，超过保险价值的保险金额部分，不论是否为重复保险，不发生效力。被保险人所发生的损失应当由第三人承担赔偿责任的，保险人对该第三人有代位权。因为填补损失原则的以上固有逻辑，在人身保险的场合实难发挥作用，故在保险实务和理论上就产生了脱离财产保险，并有自身区别性特征的人身保险的产生和发展。财产保险和人身保险的分立，为填补损失原则的适用留下了争论的空间。在这里，需要特别说明的是，定额保险与补偿保险的分类，恐怕就是要"科学精准地"诠释基于财产保险的填补损失原则在保险给付上的适用空间。①

  定额保险和补偿保险的分类，原本属于对保险所作的学理上的分类。通过对保险目的变迁的认识，以及对财产保险和人身保险的区别性特征的分析，在保险法理论上，就逐步产生了定额保险和补偿保险的分类学说。之所以在理论上做如此的划分，目的有二：一方面，在相当程度上可以说明保险的给付目的或者性质；另一方面，在相当程度上可以合理地解释财产保险和人身保险的分类方法难以解释的诸多个别性问题，例如填补损失原则的例外、保险代位的例外等。如此一来，保险法理论遂将定额保险对应于人寿保险或者生命保险，将补偿保险对应于财产保险和健康保险与意外伤害保险中的医疗费用给付保险。

案例参考 2

医疗保险的补偿性

  江某起诉保险公司，要求保险公司向其给付意外伤害医疗保险金人民币 13115.75 元（合同约定的最高保险金额 2 万元扣除保险公司先期给付的意外伤害医疗保险金 6884.25 元的差额）。保险公司认为，本案争议的保险合同为费用补偿型短期健康保险，承保被保险人因意外事故住院治疗而实际支出的合理医疗费用，保险人承担的保险责任就是补偿被保险人实际支出的合理医疗费用。在扣除社保统筹支付和政策自付部分的医疗费用后，已经向江某给付 6884.25 元的住院医疗保险金，完全履行了合同义务，江某无任何理由要求保险公司再行补付 13115.75 元。

  原审法院审理查明：2012 年 11 月 13 日，江某与保险公司签订了一份人身保险合同，约定承保江某的意外伤害，期限 1 年，保险赔偿限额 100000 元；附加 1 年期短期意外伤害医疗费保险，保险赔偿限额 20000 元。该附加意外伤害医疗保险条款第 2 条第 2 款规定了"补偿原则"，即若被保险人已从其他途径（包括社会医疗保险、公费医疗、工作单位、本公司在内的任何商业保险机构等）取得补偿，则保险公司在保险金额的限额内对剩余部分按附加险合同的约定承担相应的保险责任。2013 年 10 月 13 日下午，江某意外发生人身损害保险事故。事故发生后，江某立即向保险公司报案，并经保险公司同意，送医抢救治疗，住院时间从 2013 年 10 月 13 日起至 10 月 30 日止，花去医疗费人

---

① 参见邹海林《保险法学的新发展》，中国社会科学出版社，2015，第 44 页。

民币27450.25元,其中个人自费人民币2940.38元。社会医疗保险机构在扣除江某个人自费人民币2940.38元后,已为江某报销了75%的医疗费计人民币18007.40元,未报销6502.47元。江某个人实际支付了医疗费9442.85元(个人自费2940.38元加未报销6502.47元)。事后,江某向保险公司提出人身保险理赔,保险公司支付了江某人身保险意外医疗保险金人民币6884.25元。

原审法院认为:江某与保险公司签订的人身保险合同,是双方当事人的真实意思表示,其内容合法有效,应受法律保护。江某发生的人身损害事故,是在保险合同期限内,保险公司应按照保险合同的约定赔偿江某遭受的人身损害的损失。根据保险公司为江某承保的附加1年期短险,意外医疗费赔偿限额为20000元,依照附加意外伤害医疗保险条款第2条第2款的规定,保险公司应以社会保险机构未报销医疗费人民币6502.47元和个人自费部分人民币2723.18元为依据,合计支付江某人身损害保险赔偿金人民币9225.65元。鉴于保险公司已支付了江某保险赔偿金人民币6884.25元,保险公司还应支付江某保险赔偿金人民币2341.40元。判决保险公司支付江某人身保险赔偿金人民币2341.40元。

江某不服原审判决,提起上诉,要求保险公司给付意外伤害医疗保险金人民币10774.35元,即合同约定的保险金限额2万元扣除保险公司先期给付的意外伤害医疗保险金6884.25元和保险公司一审判决后给付医疗保险金2341.40元的差额。二审法院经审理查明,原审法院查明事实属实,予以确认。

二审法院认为,本案江某购买的是意外医疗费保险,保险赔偿限额为2万元。保险合同约定的补偿原则,即"若被保险人已从其他途径(包括社会医疗保险、公费医疗、工作单位、本公司在内的任何商业保险机构等)取得补偿,我们在保险金额的限额内对剩余部分按本附加险合同的约定承担相应的保险责任"。根据以上补偿原则,一审判决被上诉人支付上诉人2341.40元,即上诉人的医疗费已全部赔偿。江某上诉请求再支付10774.35元,没有法律依据和事实依据,判决驳回上诉,维持原判。①

---

① 参见广东省惠州市中级人民法院(2015)惠中法民二终字第338号民事判决书。

案例分析指引

1. 医疗保险是否为人身保险？医疗费用给付保险具有补偿性吗？

2. 应当依照什么条件或者方法认定医疗费用给付保险具有补偿性？补偿性医疗费用给付保险具有什么特点？

3. 本案中，涉案保险合同就保险人给付义务的约定是否能够清楚地表达该保险项下的医疗费用给付具有补偿性质？

第四节 保险法

一 保险法的含义

保险法，是指用于调整和规范保险法律关系、保险营业以及与保险营业相关联的行为的法律规范的总称。就保险法的规范内容而言，其由保险合同法和保险业法构成。保险合同法是规范保险合同当事人及其关系人的权利义务关系的法律、法规。保险业法是有关保险业者和保险营业的监督和管理的法律、法规。

在不同的场合，保险法因为法律渊源的不同而具有不同的含义。一般而言，因为保险法调整的法律关系的范围不同，将保险法区分为广义保险法和狭义保险法。广义保险法，是包括有关保险业者、保险营业及与保险营业相关的活动、保险合同、特种或强制保险等事项的全部法律规范的总称。广义保险法因其调整的法律关系范围较广，具有较为丰富的法律渊源。狭义保险法，仅包括作为调整保险合同关系的保险合同法，或者调整保险合同和保险营业监督管理关系的基本法形式的保险法。在保险合同与保险营业的监督管理分别立法的法域，狭义保险法或者指保险合同法，或者指保险业法。

二 保险法的渊源

（一）法律渊源

法律渊源是法律的表现形式。保险法的法律渊源，即保险法的表现形式。在我国，保险法的渊源，一般包括宪法中有关保险的规定、保险法律、保险行政法规与地方性法规。宪法是国家的根本大法。宪法有关我国基本经济制度、公民的基本权利等规定，为我国保险法的存在和发展的重要基础；以任何形式表现的保险成文法，均应当以宪法为依据，不得与宪法相抵触。保险法律，是指我国依照宪法颁布的有关保险的专门法律以及包含调节保险关系内容的其他法律。有关保险的专门法律，主要有《保险法》；其他包含调节保险关系内容的法律，主要有《民法总则》、《海商法》、《合同法》、《道路交通安全法》等。《保险法》为我国调整保险关系的基本法。在保险法律之外，我国以适用保险法律为目的，还颁布有调整保险关系的行政法规，如国务院颁布的《中华人民共和国外资保险公司管理条例》、《中华人民共和国道路交通安全法实施条例》和《机动车交通事故责任强制保险条例》等。

在保险法领域，除保险业法以外，人们特别注重我国立法机关制定的法律，也会经常感受到保险法律供给的短缺，尤其是在保险法第二次修订之前，总是可以听到这样的说法：有关保险的诸多事项，这个没有法律规定那个也没有法律规定，或者法律规定不足。实际上，除保险业法以外，保险法为私法，其规范不论来自何种法律渊源，保险契约当事人均可以自治以确定其相互间的权利义务关系，有无成文的保险法规范并不十分重要。这是否说明，在理论和观念上，人们对保险法的法律渊源仍旧保守，而没有充分注意到我国保险实务界在这个方面所做出的努力（向社会公众供给具有规范属性的保险条款），尽管这个努力也还不充分。在一定意义上说，保险实务界所做出的努力，应当成为我国保险法研究的非常重要的"法源"。

（二）法律渊源的扩张

我国保险法的渊源，是否包括保险法司法解释、保险规章、保险惯例（习惯）和保险公司使用的保险格式条款？司法解释、保险规章、保险惯例（习惯）和保险格式条款具有规范的特点，并具有相应的约束力，在我国的保险法治生活中发挥着非常重要的作用。在这个意义上，司法解释、保险规章、保险惯例（习惯）和保险条款足以构成保险法渊源的补充：不属于保险法的渊源但发挥着保险法的渊源的作用。

1. 保险法司法解释

在我国，最高人民法院的司法解释不是立法，司法解释的活动亦非立法活动，有关保险的司法解释不属于法律渊源，但可为裁判规范。最高人民法院对法律有解释权，其发布的有关保险法的解释性意见、指示、批复等，对各级人民法院审理保险纠纷案件适用法律具有非常重要的指导作用，甚至具有相当程度的约束力。最高人民法院作出的关于保险的司法解释，如最高人民法院《关于审理海上保险纠纷案件若干问题的规定》（2006年）、《关于适用〈中华人民共和国保险法〉若干问题的解释（一）》（2009年）、《关于保险金能否作为被保险人遗产的批复》（2010年）、《关于适用〈中华人民共和国保险法〉若干问题的解释（二）》（2013年）和《关于适用〈中华人民共和国保险法〉若干问题的解释（三）》（2015年）等，应当构成我国保险法渊源的重要补充。

同时，我们可能还要注意到最高人民法院公布的"指导案例"的作用。在英美法系国家，保险判例是保险法的主要渊源或存在形式。但在大陆法系国家，一般不承认"判例"的法律地位，法院的判决只对个案有约束力。我国不承认法院的判决具有法律渊源的地位，法院不能直接援引其他法院或者上级法院的判决裁判。但是，最高人民法院所公布的有关保险的"指导案例"，其规范要旨往往对下级法院审理同类案件或者解释法律具有指导或者引导作用，类似于司法解释而成为我国保险法渊源的补充。

2. 保险规章等规范性文件

保险监督管理机构为贯彻保险法律和行政法规，依照法律规定和国务院的授权，制定和发布了400多件部门规章和规范性文件。中国保险监督管理委员会制定了大量的部门规章，如《保险公司管理规定》、《保险公司股权管理办法》、《保险经纪机构监管规定》、《保险专业代理机构监管规定》、《保险公估机构监管规定》、《再保险业务管理规定》、《保险资金运用管理暂行办法》、《保险保障基金管理办法》、《保险公司偿付能力管理规定》、《人身保险公司保险条款和保险费率管理办法》、《保险公司设立境外保险类机构管理办法》、《中国保险监督管理委员会行政处罚程序规定》等，上述规章成为保险监督管理机构监管保险业的重要执法依据。再者，中国保险监督管理委员会还发布了一系列规范性文件，如《关于调整保险公司投资政策有关问题的通知》（2010年）、《关于改革完善保险营销员管理体制的意见》（2010年）等，以指导、引导或规范保险公司的保险营业活动。保险监督管理机构制定和发布的保险规章等规范性文件，构成我国保险业法渊源的重要补充。

3. 保险惯例

许多法域承认商事习惯为法律的重要渊源。例如，日本《商法典》第1条规定："关于商事，在本法无规定的情况下，适用商习惯法，在没有商习惯法的情况下适用民法。"我国民商事立法在一定程度上承认商事习惯所具有的法律渊源地位。例如，《民法通则》第142条规定，中华人民共和国法律和中华人民共和国缔结或者参加的国际条约没有规定的，可以适用国际惯例。《海商法》第 268 条第 2 款规定，中华人民共和国法律和中华人民共和国缔结或者参加的国际条约没有规定的，可以适用国际惯例。《合同法》则充分肯定"交易习惯"在补充和解释合同内容方面所具有的法律渊源地位。《民法总则》第 10 条已将习惯规定为我国私法的源渊。对于将交易习惯或者惯例直接作为我国法律渊源的，在法律上和理论上似乎都没有问题。究竟什么规范构成交易习惯或惯例，并没有一个明确的标准。就我国的保险法律渊源而言，交易习惯充其量具有补充意义，即在补充或者解释保险合同的内容方面具有意义。

4. 保险公司使用的保险格式条款

保险公司向保险监督管理机构报请审批或者备案的格式条款，一旦使用，便构成保险合同的内容，即对保险合同的当事人产生约束力，并构成被保险人或者受益人享有和行使权利的依据。格式条款虽不及部门规章等规范性文件，但在保险权利义务关系的确定上却发挥着实实在在的效用。

当事人之间的契约就是法律，在保险的场景下，格式条款就是法律，虽然并不受我国理论和实务的强力支持，但尊重当事人的意思自治和选择毕竟是我国法律倡导的基本价值。格式条款已经成为表述保险合同内容的基本形式，相比于保险法等法律规范，其对于当事人之间的权利义务的安排更为详尽和细密，具有约束保险合同当事人行为的规范特点。再者，保险合同的条款，不仅仅应当具有约束当事人的效力，更重要的是其构成法院或仲裁机构裁断当事人之间所发生争议的依据，从而具有裁判规范的特点；法院或仲裁机构依照保险合同的条款就可以作出裁断，而不必在合同约定之外再去寻找什么"法律规定"。这里特别需要说明的是，保险合同的格式条款反映的保险的社会需求和发展现状，要比保险法的渊源更具有生命力，保险法治的理念和制度的发展无法脱离保险格式条款的使用和创新，格式条款可以说是保险活动的"活法"。[①] 在这些意义上，保险公司使用的保险格式条款构成我国保险法渊源的重要补充。

---

① 参见常敏《保险法学》，法律出版社，2012，第 19 页。

三 保险法的域外状况

最早的保险立法为意大利沿海的城邦国家12世纪颁布的《康索拉多海事法例》和1266年颁布的《奥龙海法》等。但是，真正具有近现代观念的保险立法，则开始于14世纪以后，海上保险立法先于陆上保险立法，损失保险立法先于人身保险立法获得了发展。

在14世纪以后，海上保险业的发展促使欧洲沿海商业城市开始颁布专门的海上保险法规。西班牙巴塞罗纳1435年颁布的《有关海上保险承保规则和损害赔偿手续的法令》（以下简称"巴塞罗纳法令"），被公认为世界上最早的海上保险法典，其较为具体地规定了海上保险的承保规则与理赔程序。其后的许多有关海上保险的立法，或多或少继承了巴塞罗纳法令，例如，意大利威尼斯1468年制定的《有关法院保证保单实施及防止诈欺的法令》，意大利佛罗伦萨1523年制定的《海上保险法令》等。

17世纪后，欧洲各国普遍性地开始了海上保险立法运动。比较有影响的海上保险立法主要有：英国的伊丽莎白女王1601年颁布的《海上保险法》，法国国王路易十四1681年颁布的《海事敕令》，德国汉堡1731年制定的《保险及海损条例》以及普鲁士1766年制定的《保险条例》等。其中，法国颁布的《海事敕令》采取分编结构，第三编比较全面地专门规定了海上保险，开创了其后大陆法系诸国制定商法典规定海上保险规范的先例。法国1807年颁布《商法典》，该法典继承了《海事敕令》的结构范式，关于保险的规定共有65条，对于其后的大陆法系诸国制定的商法典产生了非常重要的积极影响。在同一时期，英国更是开始了陆上保险的立法活动，比较有影响的陆上保险立法有1774年《人寿保险法》（Life Insurance Act 1774）、1774年《城市火灾防止法》（Fires Prevention Metropolis Act 1774）和1867年《保险合同法》（Policies of Insurance Act 1867）等。

1906年，英国颁布《海上保险法》。英国《海上保险法》是推动现代保险立法发展而代表现代保险立法精神的功勋卓著的保险立法。该法的颁布，促成了资本主义各国现代保险立法的浪潮，形成了以英国、法国和德国为代表的三大保险法系：英美保险法系、法国保险法系和德国保险法系。

英美法系保险法以判例为基础，但是英国和英联邦国家却非常重视保险成文法的创建。例如，英国1906年就颁布有成文法——《海上保险法》。以英国为代表的英美法系国家，对于陆上保险，也以成文法进行表达，例如，英国 1930 年颁布的《针对保险的第三人权利法》（Third Parties Right Against Insurance Act 1930）以及澳大利亚联邦颁布的《保险合同法》等。

对于海上保险，大陆法系国家多以商法典的形式予以表达，如法国和德国的保险立法均以商法典为基础，专门规定了海上保险编。对于海上保险以外的其他保险，大陆法系国家则多以单行保险契约法的形式进行调整。德国 1908 年颁布《保险合同法》，共计 5 章 194 条，分别就通则、财产保险、人寿保险、伤害保险和附则等事项，对于海上保险以外的保险予以规范。法国 1930 年颁布《保险合同法》，共计 4 章 86 条，分别就通则、财产保险、人身保险和程序等方面，对海上保险以外的保险予以规范。但是，仿效德国法而发展起来的日本法，有关保险的立法则有其自己的特点。日本 1899 年颁布的《商法》对于海上保险和海上保险以外的保险均有规定，其中第 3 编的商行为第 10 章规定有财产保险和人寿保险，第 4 编的海商第 6 章规定有海上保险。2008 年 5 月，日本将有关保险合同的规范从《商法》中分离出来，统一制定了《保险法》，该法共计 5 章 112 条，分别规定了总则、损害保险、生命保险、伤害疾病定额保险和附则等。

对于保险营业，在世界范围内均实行准入许可制度。不同的法域为实行保险准入许可制度，均制定有监督管理保险业者和保险营业的法律。例如，日本 1900 年颁布的《保险业法》、英国 1909 年颁布《保险公司法》（Insurance Companies Act 1909）和 1933 年颁布《保险公司解散法》、法国 1905 年颁布《人寿保险事业监督法》、德国 1931 年制定的《民营保险法》和 1951 年制定的《保险机构监督法》等。保险法在美国则以州判例法的形式著称，但有关保险准入许可的制度，各州均制定有各自的"州保险法"，专门用于规范保险公司的设立、经营、管理、解散等事项。其中，最完备的要数《纽约州保险法》，该法共 18 章 631 条，较为全面地规定了保险公司的设立、经营、被保险人利益的维护、保险营业的监督管理以及保险业者偿付能力的维持等事项。

四 我国保险法

（一）我国保险法的创制

早在清朝末期，我国便开始引进保险业，并同时引进近代资本主义国家的保险立法。1907 年，我国近代史上涉及保险的第一部法律草案

《保险业章程草案》起草完成。1909年我国完成《海船法草案》的起草，1911年完成《商律草案》。清末《商律草案》曾经仿照日本《商法典》，在商行为编中设有损害保险和人寿保险2章。但清末的保险立法活动，最终并没有形成法律。中华民国成立伊始，北洋政府草拟了"保险契约法草案"，计有4章共109条；1917年，北洋政府还拟订了"保险业法案"。国民政府金融管理局于1928年拟定了《保险条例（草案）》，共9章29条。1929年，国民政府公布了我国历史上第一部保险法，以保险合同关系作为该法的调整对象；该法共计3章82条。1935年，国民政府还颁布了《保险业法》、《简易人寿保险法》和《简易人寿保险章程》。1937年，国民政府修订公布了《保险法》、《保险业法》和《保险业法施行法》。

1949年后，我国废除了国民政府时期颁布的《六法全书》，使国民政府时期颁布的《保险法》和《保险业法》退出了我国的法治舞台。与此同时，我国政府接收了官僚资本保险公司，全面改造了私营保险业，并成立了中国人民保险公司，开办了财产保险和人身保险等业务。但在当时的历史条件下，或许不具备构建我国保险法治的基础，我国中央政府和相关的立法机构仅在规范保险业方面颁布了一些涉及民生的保险法规，例如，政务院1951年发布的《飞机旅客意外伤害强制保险条例》、《铁路旅客意外伤害强制保险条例》、《轮船旅客意外伤害强制保险条例》等。在其后的社会主义建设时期，我国保险法治没有任何进展；尤其是在1956年社会主义公有制改造完成以后，直至1978年改革开放的期间，我国的保险法治事实上处于停滞阶段。

1978年，我国开始推行改革开放的政策。此后，我国的经济体制逐步发生变化，保险业也随之获得发展，保险司法、立法以及保险制度的运行也走上了"从恢复到逐步完善"的道路。在保险合同方面，1981年颁布的《中华人民共和国经济合同法》（1993年曾修订一次，后为1998年颁布的《合同法》所取代）为我国财产保险合同的订立和履行规定了基本行为规范。1983年，国务院发布《中华人民共和国财产保险合同条例》，为执行《中华人民共和国经济合同法》规定的财产保险合同规范提供了更为细致的依据。1992年颁布的《中华人民共和国海商法》，对海上保险合同的订立、变更、转让，当事人的权利和义务，以及海上保险赔偿责任等作出了明确具体的规定。在保险业的监督管理方面，国务院1985年发布《中华人民共和国保险企业管理暂行条例》，对我国保险企业的设立和管理、中国人民保险公司的地位、保险企业的偿付能力和保险准备金、再保险等事项作出了原则性规定。为适应上海市对外开放和经济发展的需要，加强对外资保险机构的管理，中国人民银行1992年专门制定了《上海外资保险机构暂行管理办法》，对于外资保险机构的设立与登记、资本金和业务范围、业务管理、资金的运用（投资）、清理与解散等事项作出了规定。

为了使我国的保险业能够建立在法治基础上，充分保护保险活动当事人的合法权益，中国人民银行1991年10月成立了《保险法》起草小组，开始起草《中华人民共和国保险法（草案）》。八届全国人大常委会于1995年6月30日通过了《中华人民共和国保险法》。《保险法》（1995年）共有8章152条。一方面，该法对于我国政府规范保险活动、调控保险市场的竞争设定了规则，构成保险监督管理机构监管保险业的行动指南，具有十分重要的意义。另一方面，该法是所有保险活动的参与者应当遵循的行为规范，是法院保护被保险人、受益人乃至保险人利益的裁判规范。

《保险法》（1995年）将保险合同法和保险业法规定于一部法律中。除第2章保险合同和第1章总则中的部分规范以外，该法的其他规定几乎均涉及保险业。第1章总则，共计8条，规定的内容包括立法目的、适用范围、保险活动的原则以及有关保险业管理的基本规定。总则部分对于《保险法》其余各章的规范适用和解释具有普遍的指导意义。第2章保险合同，共计3节60条，分为保险合同的一般规定、财产保险合同规范和人身保险合同规范三部分内容。第3章保险公司，共计23条，规定的内容主要有保险公司的组织形式、设立保险公司的条件、保险公司的分支机构、保险公司的清算以及保险公司的保险等事项。第4章保险经营规则，共计16条，分别规定了保险公司的业务范围、再保险业务以及保险公司开展保险和再保险业务活动的基本行为准则。第5章保险业的监督管理，共计16条，分别规定了保险险种的条款和费率的审批和备案、保险公司的业务和财务监督、保险公司的整顿与接管等制度。第6章保险代理人和保险经纪人，共计10条，分别规定了保险辅助人的地位、保险辅助人的业务活动准则，以及对保险辅助人的监督管理等事项。第7章法律责任，共计16条，分别规定了违反《保险法》从事保险活动应当承担的行政责任和刑事责任等事项。第8章附则，共计6条，分别规定了海上保险的法律适用、外商投资保险公司的法律适用、农业保险的法律适用、保险公司以外的保险组织、现存保险公司的改制，以及《保险法》的施行日期。

(二) 保险法的第一次修订

自我国颁布《保险法》（1995年）至2001年，保险业的外部环境和内部结构都发生了深刻变化：保险业务规模不断扩大，市场的年保费收入从1995年的683亿元增加到2001年的2109亿元；竞争主体不断增加，保险公司由1995年的9家增加到50余家，并有外国保险公司参与我国的保险市场竞争；保险业监管不断加强，成立了保险监督管理委员会，以对商业保险实行统一监管；保险公司经营管理水平和自律能力有所提高；特别是在我国加入世界贸易组织（WTO）后，我国保险业的对外开放和市场化进程有所加快。这些深刻的变化，使得《保险法》（1995年）存在的问题和不足日益显露，对其进行修改完善成为我国保险业改革和发展的必然要求。

2002年10月28日，全国人民代表大会常务委员会通过《关于修改〈中华人民共和国保险法〉的决定》，对《保险法》（1995年）予以修改。修改涉及除《保险法》（1995年）第2章第2节以外的其他所有章节，修改和补充的条文有38个，但并没有对《保险法》（1995年）的结构作出调整，主要还是为了应对保险业发展形势的变化而集中修改了保险业的监管制度。与《保险法》（1995年）相比，《保险法》（2002年）已经具有了许多不同，主要可以概括为以下三个方面。

1. 强调了诚实信用原则在保险法上的应用

《保险法》（2002年）将《保险法》（1995年）第4条拆分成两个条文，即《保险法》（2002年）第4条与第5条。其中第5条专门规定："保险活动当事人行使权利、履行义务应当遵循诚实信用原则。"将诚实信用原则作为规范保险活动的基本原则，单独规定为一条，具有十分重要的意义。诚实信用原则在保险法上的应用，应当有其特殊性，并与保险作为防范危险的法律行为的特质结合起来，从而具有自己的内涵。故《保险法》（2002年）第5条的规定，不单纯是对民法规定的诚实信用原则的简单复述，而是通过这一规定为我国保险法的未来发展和完善提供广阔的空间。而且，该条规定为法院审理保险案件、妥当解释和适用保险法提供补充法律漏洞的空间，为最高法院解释保险法相关条文创造了更为有利的条件，也为我国保险法的学术研究和理论创新提出了新的课题。[①]《保险法》（2002年）第5条单独规定诚实信用原则，实际上有力地提升了诚实信用原则在保险法上的应用水准。该法第17

---

① 参见邹海林《评中国大陆保险法的修改》，《月旦法学》2003年第99期。

条所规定的保险人的说明义务和投保人的如实告知义务，为诚实信用原则在保险法上的核心价值；此外，该法对于保密义务、危险增加的通知义务、保险事故的通知义务、索赔的协助义务、道德危险不予承保等方面的规定，相应地丰富了诚实信用原则的应有内容，并作出了以下的补充或增加：（1）保险人对被保险人或受益人负担理赔通知义务；（2）保险人的保密义务的扩张，即保险人和再保险人承担保密义务的范围有所扩大，受保密义务保护的当事人的范围也有所扩大；（3）人身保险合同和准备金的转让，不得损害被保险人或受益人的利益。

2. 提供了保险业发展的更加合理的制度性基础

保险业的发展离不开保险法规定的制度性基础，而这些制度性基础因《保险法》（1995年）的规定不尽合理，在相当程度上阻碍了保险业的发展或者限制保险业的发展空间。《保险法》（2002年）在相当程度上降低了保险法规定的制度性基础对保险业发展的不合理限制，主要体现为：（1）以分业经营的例外弱化了保险公司严格的分业经营制度，即允许经营财产保险业务的保险公司经核定后，经营短期健康保险业务和意外伤害保险业务；（2）丰富了保险业的组织形式，即就外国保险公司进入我国保险市场的运作方式作出了更为明确的规定；（3）有限度地放松了对保险资金运用的限制，弱化了保险公司的资金向企业投资的严格限制，使得我国的保险公司可以在保险业的范围内进行投资设立企业。

3. 重点改革了保险业监管的方式和内容

政府对保险业必须进行监管，这里涉及的问题不是应否监管，而是应当如何监管。《保险法》（1995年）对于保险业监管的方式和内容的规定具有计划经济时代的色彩，过度干预了保险公司的行为。同时，该法对保险监督管理委员会监管保险公司的偿付能力欠缺全面具体的规定，致使保险监督管理委员会无法具体落实对保险公司的偿付能力的监管；缺少保险监督管理委员会宏观调控保险业的具体授权，保险监管的灵活性较差，透明度不高。《保险法》（2002年）通过改革保险业监管的方式和内容，完善了相关的监管制度，提高了保险业监管的透明度和效率。

（三）保险法的第二次修订

为了应对我国加入世贸组织后保险业的监管制度所面临的改革，我国经修订颁布《保险法》（2002年）。就保险合同法部分而言，该法相对于《保险法》（1995年）几乎没有作出修改，存在的明显法律漏洞甚多，不能满足我国保险实务处理纠纷的要求。而且，在保险业法的规范层面上，《保险法》（2002年）虽然在我国保险业发展的制度性基础、保险业的监管方式和内容方面已经有所改善，但与我国保险业迅速发展的要求之间仍然存在很大的差距。《保险法》（2002年）开始实施之日，也就提出了继续修改的课题，"有必要通过修改现行保险法，进一步规范保险公司的经营行为，加强对被保险人利益的保护，加强和改善保险监管机构对保险市场的监管，有效防范和化解保险业风险，促进保险业持续稳定快速健康发展"。[①] 2009年2月28日，第十一届全国人民代表大会常务委员会第七次会议修订通过《中华人民共和国保险法》，同日公布，并决定自2009年10月1日起施行。

1. 保险法整体布局的变化

保险法的第二次修订没有实质性改变保险法的总体结构，仍然采取保险合同法与保险业法相结合的单行法模式。但是，保险法的第二次修订在法律规范的局部结构上有所调整，例如，《保险法》（2009年）第2章保险合同的第2节，用人身保险合同替代了财产保险合同，突出人身保险在保险实务中的地位以及强调了对人身利益的保护。同时，保险法的第二次修订，在增加和修改条文的范围和内容上比较全面：不仅对保险合同规范作出了比较全面的增加和完善，而且对保险业法规范也作出了实质性的修正。

《保险法》（2009年）分为8章，分别为总则、保险合同、保险公司、保险经营规则、保险代理人和保险经纪人、保险业监督管理、法律责任和附则，共计有187条。除个别条文外，其对《保险法》（2002年）的条文事实上均有所修订。保险法的第二次修订总共涉及《保险法》（2002年）的145个条文，新增加48个条文，删除19个条文，修改126个条文。

2. 关于保险合同规范的修订

保险法的第二次修订提高了保护被保险人利益的层次，并着眼于保险合同规范的可操作性，以利于保险实务的遵守，并为保险纠纷的预防和解决提供尽可能便捷的解决方案。该法经修改的主要内容有以下几项。（1）完善了保险利益制度。实行人身保险和财产保险区分的保险利益制度，在一定程度上达到了缓和保险利益对保险合同的效力进行否

[①] 参见吴定富《关于〈中华人民共和国保险法（修订草案）〉的说明》，第十一届全国人民代表大会常务委员会第四次会议，北京，2008年8月25日。

定评价的效果,并相应地扩大了人身保险利益范围。(2)健全了保险人解除保险合同的约束机制。以法定的期间限制保险人因违反投保人如实告知义务而解除保险合同,并建立了保险人弃权的新规则。(3)强化了保险人的说明义务。该法扩大了保险人订立合同时免除责任条款的明确说明义务的范围,并增加了保险人对格式条款的提示义务。(4)明确了保险合同格式条款的解释方法。以通常的理解作为保险合同格式条款发生争议的解释方法,并将"不利解释"限定于格式条款所发生的歧义,使得保险合同的解释更加合理。(5)缩小了道德危险的范围。将受益人故意造成被保险人死亡或者伤残的情形,排除于保险人不承担保险责任的法定事由之外,以保护被保险人的保险合同利益。(6)确立保险合同随标的转让而转让的规则。保险标的转让时,保险合同的受让人承继保险合同约定的权利和义务,在相当程度上有助于减少纠纷。(7)加强了对责任保险第三人的保护。明确责任保险的保险人有保护第三人的利益的义务,第三人有条件地取得对保险人的直接请求权;被保险人尚未对第三人的损害作出赔偿的,保险人不得向被保险人给付保险赔偿金。

3. 关于保险业规范的修订

保险法的第二次修订进一步完善了保险业监管的各项制度,主要有:(1)进一步明确了保险公司设立条件和审批程序,内容更具体,增强了可操作性;(2)健全了保险公司的信息披露制度,并对保险公司的关联交易建立制度性的管控措施;(3)进一步放宽了保险公司运用资金的限制,增加了保险公司资金运用的项目;(4)对保险业者的从业人员提出了更加具体的要求,规定了具体的不得在保险活动中实施的不符合诚实信用原则的行为;(5)丰富了保险辅助人各项制度的内容,增加了保险公估人制度;(6)国家监管保险业的方式和措施更加多样化,并趋于灵活,以适应不断变化的保险业的需求;(7)对于违法行为的查处更具有针对性,处罚力度有所提高。

(四) 保险法的第三次修订

2014年8月31日,第十二届全国人民代表大会常务委员会第十次会议通过了《关于修改〈中华人民共和国保险法〉等五部法律的决定》,对《保险法》(2009年)中有关保险从业者的个别事项作出了修改。具体修改内容有两项。

(1)将第82条中的"有《中华人民共和国公司法》第一百四十七条规定的情形"修改为"有《中华人民共和国公司法》第一百四十六

(2) 将第 85 条修改为："保险公司应当聘用专业人员，建立精算报告制度和合规报告制度。"

我国保险法依照上述决定作相应修改，并重新公布。《保险法》(2014 年) 分为 8 章，分别为总则、保险合同、保险公司、保险经营规则、保险代理人和保险经纪人、保险业监督管理、法律责任和附则，共计有 187 条。

(五) 保险法的第四次修订

2015 年 4 月 24 日，第十二届全国人民代表大会常务委员会第十四次会议通过了《关于修改〈中华人民共和国计量法〉等五部法律的决定》，对《保险法》(2014 年) 中有关保险从业者的监督管理事项作出了修改。具体修改内容有以下十三项。

(1) 删去第 79 条中的"代表机构"。

(2) 将第 111 条修改为："保险公司从事保险销售的人员应当品行良好，具有保险销售所需的专业能力。保险销售人员的行为规范和管理办法，由国务院保险监督管理机构规定。"

(3) 删去第 116 条第 8 项中的"或者个人"。

(4) 删去第 119 条第 2 款、第 3 款。

(5) 将第 122 条修改为："个人保险代理人、保险代理机构的代理从业人员、保险经纪人的经纪从业人员，应当品行良好，具有从事保险代理业务或者保险经纪业务所需的专业能力。"

(6) 删去第 124 条中的"未经保险监督管理机构批准，保险代理机构、保险经纪人不得动用保证金"。

(7) 删去第 130 条中的"具有合法资格的"。

(8) 删去第 132 条。

(9) 将第 165 条改为第 164 条，并删去第 6 项中的"或者代表机构"。

(10) 删去第 168 条。

(11) 将第 169 条改为第 167 条，并删去其中的"从业资格"。

(12) 将第 173 条改为第 171 条，修改为："保险公司、保险资产管理公司、保险专业代理机构、保险经纪人违反本法规定的，保险监督管理机构除分别依照本法第一百六十条至第一百七十条的规定对该单位给予处罚外，对其直接负责的主管人员和其他直接责任人员给予警告，并处一万元以上十万元以下的罚款；情节严重的，撤销任职资格。"

(13) 将第 174 条改为第 172 条,并删去第 1 款中的"并可以吊销其资格证书"和第 2 款。

我国保险法依照上述决定作相应修改,并重新公布。《保险法》(2015 年) 分为 8 章,分别为总则、保险合同、保险公司、保险经营规则、保险代理人和保险经纪人、保险业监督管理、法律责任和附则,共计有 185 条。

思考题

1. 如何认识保险的各种学说?
2. 如何理解保险承保的危险?
3. 为什么保险的分类标准具有相对性?
4. 区分人身保险和财产保险有哪些法律意义?
5. 为什么要将保险区分为定额保险与补偿保险?
6. 我国保险法规定的主要内容有哪些?
7. 我国保险法的渊源有哪些表现形式?

扩展阅读

1. 陈荣宗:《保险法》,三民书局,1995,第 3~16 页(绪论)。
2. 李玉泉主编《保险法学——理论与实务》,高等教育出版社,2007,第 3~28 页(绪论)。
3. 梁宇贤:《保险法新论(修订新版)》,中国人民大学出版社,2004,第 1~15 页(绪论)、第 16~25 页(保险之概念)。
4. 邹海林:《保险法学的新发展》,中国社会科学出版社,2015,第 25~52 页(保险的类型化)。

第二章 保险合同

要点提示

- 保险法上的诚实信用原则及其适用
- 保险合同的意义与特征
- 保险合同当事人的法律地位
- 保险合同关系人的法律地位
- 保险标的
- 保险期间
- 保险责任
- 保险合同的形式
- 格式保险条款

第一节 诚实信用原则

一 诚实信用原则的意义

诚实信用原则要求所有的民事主体，在进行民事活动时，应当具有诚实人格的道德标准，在不损害他人利益和社会公共利益的前提下追求自己的利益。参与民事活动的主体在作出某一行为时，若不以起码的诚实信用约束自己，一方面会损害行为相对人的利益，另一方面则更可能侵害社会公共利益，直接影响和破坏市场经济秩序或者社会秩序。法律规定的诚实信用原则，对于当事人订立和履行合同具有基础评价意义，为合同法所倡导和贯彻的基本原则。

诚实信用（bona fide）原则起源于古罗马法，此为民法学的通说。古罗马法创立并发展起来的诚实信用原则，为近现代民法的最为重要的原则之一，被学者誉为"帝王原则"。诚实信用原则有力地促进和规范着近现代民法的发展，为实现民法所追求的公平正义理念发挥了巨大的作用。在我国，诚实信用原则首先为《民法通则》第4条所规定，其后颁布的《合同法》第6条也对诚实信用原则作出规定，《合同法》还指明了诚实信用原则发挥作用的某些情形，如当事人在履行合同时，应当遵循诚实信用原则，根据合同的性质、目的和交易习惯履行通知、协助、保密等义务（第60条第2款）；合同的权利义务终止后，当事人应当遵循诚实信用原则，根据交易习惯履行通知、协助、保密等义务（第92条）。

二 保险法上的诚实信用原则

保险合同被称为最大诚信合同，诚实信用原则在保险合同的缔结、存续和终止等诸多环节扮演着非常重要的角色。因此，诚实信用原则为保险合同法的基本原则。依照我国保险法的规定，保险活动当事人行使权利、履行义务应当遵循诚实信用原则。[①]

诚实信用原则为保险法的基本原则，构成我国保险法的立法、司法实务以及理论研究的基石。在一般观念中，诚实信用原则不仅支配保险合同法的诸项制度设计，而且亦为解释和适用保险法规范的工具。对诚实信用原则的认识是否充分将直接影响我国保险法在调整保险人和投保人、被保险人或受益人之间的相互关系时的制度定位。

起初，诚实信用原则在保险法上的运用，主要在于约束投保人的行为从而帮助保险人有效实现其控制危险的各种方法。最早规定诚实信用原则的保险立法例，为英国《1906年海上保险法》，该法第17条规定："海上保险契约是在最大信守诚实的基础上成立的契约，如果任何一方不遵守最大信守诚实原则，他方得宣告契约无效。"保险合同为射悻合同，保险人所承担的责任依赖于保险人在订立合同时对未来危险责任的估计，而保险人在估计危险时主要依靠投保人的陈述以及其自身的经验。如果投保人对保险标的的危险状况有所隐瞒或者故意为不真实陈述，则将可能导致保险人对危险程度的判断错误。诚实信用原则成为保险人管控危险的重要制度工具。诚实信用原则因海上保险的实践而被赋

[①] 参见《保险法》（2015年）第5条。

予了其特有的内涵，并随着保险实务的发展而日渐丰富，目前已经远远超出了约束投保人如实告知的范围。

同样因为保险合同具有机会性，诚实信用原则在保险法上更具有了自己的特点。例如，保险合同的约束力相对较弱，除非保险法另有规定或者保险合同另有约定，投保人可以解除保险合同。再者，诚实信用原则在保险法上，因为保险活动自身的特点而具体化为众多的用以控制危险的制度，例如，告知义务、危险增加的通知、保险事故的通知、保险事故调查的协助等。因此，诚实信用原则在保险法上，具有不同于我国民商法（私法）上所称的"诚实信用原则"的诸多差异性特点。"民法之诚实信用原则当然适用于保险法，保险法诚信原则实为民法诚信原则在保险法领域之具体体现，当然，基于保险关系之特殊性，其运用之细微处当有所区别。"[①] 诚实信用原则作为保险法的基本原则，并非我国民法或合同法诚实信用原则的简单复制。

另外，我国保险法理论经常使用"最大诚信原则"，并将之作为保险法的特有原则，以示与民法上的诚实信用原则有别。在我国的法律语境中，"最大诚信原则"毕竟是一个外来语，如果我们非要强调保险法上的诚实信用原则，的确有别于民商法（私法）上的诚实信用原则，也没有必要突出"最大"这个限定词。保险法上的诚实信用原则，有别于私法上的诚实信用原则，根源在于保险法的具体制度设计。当我们在评价或者比较保险法上的诚实信用原则时，尤其是将私法上的诚实信用原则放置于保险法的语境体系中时，使用"最大诚信原则"这一用语也仅仅是表述上的差异，对私法上的诚实信用原则在保险法上所具有的内涵并没有产生实质性的影响，也就没有必要将"最大诚信原则"当作"异物"抨击。"最大诚信原则"原本与私法上的诚实信用原则并无质的差异，仅是以不同表述来表达保险法上的诚实信用原则。[②]

我国保险法独条规定诚实信用原则，在相当程度上已经表达了诚实信用原则在保险法上所具有的特殊意义或价值：诚实信用原则在保险法上全面支配着保险合同及其条款的效力、保险条款内容的解释以及当事人之间利益的平衡。在我国，保险法上的诚实信用原则，一方面表现为私法上的诚实信用原则在保险法上的具体应用和发展。订立保险合同时，投保人与保险人相互间应当遵守诚实信用原则；在保险合同成立

---

① 参见徐卫东主编《商法基本问题研究》，法律出版社，2002，第291页。
② 参见邹海林《保险法学的新发展》，中国社会科学出版社，2015，第58页。

后，其相互间更应当遵守诚实信用原则。保险合同的当事人受诚实信用原则的全面约束，当事人因为保险合同的订立和履行负有相互协助、通知、说明、照顾、保护等各项法定义务。另一方面更应强调，认识保险法上的诚实信用原则，不能脱离保险合同为分散危险的机会性行为这一特殊场景，诚实信用原则在内涵上有别于私法上的诚实信用原则。保险法上的诚实信用原则具有附随于保险合同之特性的独有内涵。例如，保险合同对于当事人的约束力相对弱化，投保人可以随意解除合同，但保险人不得随意解除合同；甚至保险合同当事人以外的关系人，如被保险人，也可以解除合同。在我国司法实务上，法院在审理普通的民事争议案件时援引诚实信用原则裁判案件的现象还是较多的，这和我国民商立法尚不十分完备有直接的关系。但当法院在审理保险争议案件时，若保险法没有相应的规范可资援引，当事人在保险合同中的约定又不明确，法官是否可以直接援用保险法上的诚实信用原则来裁判案件，恐怕是尤为值得慎重思考的问题，因为保险合同争议案件与普通的民事争议案件存在着相当大的差异。

三　诚实信用原则在保险法上的适用

保险法上的诚实信用原则，应当具体化为相应的制度规范，诸如说明、告知、保证、弃权等。

（一）保险人的说明

订立保险合同时，保险人应当将保险合同涉及的条款内容（特别是格式条款中的免除保险人责任条款）向投保人作出提示并予以说明。为了解决保险合同订立以及履行时的"信息不对称"问题，要求保险人在订立合同时，向投保人说明保险合同的内容，具有正当性。说明义务是保险人依照诚实信用原则而承担的法定义务。

依照我国保险法的规定，订立保险合同，采用保险人提供的格式条款的，保险人向投保人提供的投保单应当附格式条款，保险人应当向投保人说明合同的内容。对保险合同中免除保险人责任的条款，保险人在订立合同时应当在投保单、保险单或者其他保险凭证上作出足以引起投保人注意的提示，并对该条款的内容以书面或者口头形式向投保人作出明确说明；未作提示或者明确说明的，该条款不产生效力。[①]

[①] 参见《保险法》（2015年）第17条。

(二) 投保人的如实告知

订立保险合同时，经保险人询问，投保人应当将有关保险标的的危险情况如实告知保险人。投保人的如实告知，对于保险人判断危险状况和决定是否承保与收取多少保险费具有决定性的影响。如实告知的义务为投保人的法定义务。投保人对保险人承担如实告知的义务，不论保险合同是否有所约定。

订立保险合同，保险人就保险标的或者被保险人的有关情况提出询问的，投保人应当如实告知。投保人故意或者因重大过失未履行如实告知义务，足以影响保险人决定是否同意承保或者提高保险费率的，保险人有权解除合同。前述合同解除权，自保险人知道有解除事由之日起，超过30日不行使而消灭。自合同成立之日起超过2年的，保险人不得解除合同；发生保险事故的，保险人应当承担赔偿或者给付保险金的责任。投保人故意不履行如实告知义务的，保险人对于合同解除前发生的保险事故，不承担赔偿或者给付保险金的责任，并不退还保险费。投保人因重大过失未履行如实告知义务，对保险事故的发生有严重影响的，保险人对于合同解除前发生的保险事故，不承担赔偿或者给付保险金的责任，但应当退还保险费。[①]

(三) 保险弃权

保险弃权，是指保险人依法或依约有解除保险合同的权利或有拒绝承担保险责任等抗辩权时，明示或者默示地放弃该等权利，以致最终丧失解除保险合同的权利或者对抗被保险人或受益人的给付请求的权利的情形。在发生保险事故时，保险人通常会利用违反条件或者保证而拒绝对被保险人承担保险责任，此时，保险弃权开始有效于保险人，成为保险人主张利益或者行使权利的负担。

保险弃权源自英美保险法上的"弃权"（waiver）和"禁止抗辩"（estoppel）。在我国保险法上没有相对应的概念，仅在有关法律条文的表述和司法实务上存在类似制度的价值判断。例如，保险人在合同订立时已经知道投保人未如实告知的情况的，保险人不得解除合同；发生保险事故的，保险人应当承担赔偿或者给付保险金的责任。[②] 我国法律因为不存在英国法的衡平法与普通法的分类，在保险实务上没有区分"弃权"和"禁止抗辩"的必要性；再者，我国保险立法对"弃权"

---

① 参见《保险法》（2015年）第16条。
② 参见《保险法》（2015年）第16条第6款。

与"禁止抗辩"没有明确具体的规定,而且"弃权"与"禁止抗辩"的区分在我国有无实践基础,更是值得讨论的。所以,基于保险法上的诚实信用原则,可以用保险弃权来概括保险人放弃主张、利益和权利以救济被保险人或受益人利益的所有情形。

(四) 保证制度

保险法上的"保证",是指投保人在保险合同中作出的一项承诺,将投保人或者被保险人在保险合同的效力期间为或者不为特定的行为,或者某种事实状态的确定存在,作为保险人受保险合同约束并承担保险责任的条件。围绕这一行为建构的制度为保证制度。保证制度的核心内容为保险合同约定的"保证条款"。

保证制度为保险法上的特殊制度。投保人或者被保险人违反保证,保险人取得解除保险合同或者不承担保险责任的地位。保证制度为保险人控制危险的主要措施之一,其理论基础源自诚实信用原则,其制度逻辑依赖于当事人的意思自治。保险法上的保证,可以区分为明示保证和默示保证。不论保证的形式如何,保证都构成保险合同的基础,投保人或者被保险人违反保证,均会导致保险合同失去约束力。

事实上,我国保险法并没有明文规定保证制度,保险实务上也很少使用"保证条款"这样的术语,在实务上如何解释保险合同约定的投保人或被保险人在合同中的"承诺"是否构成"保证条款"就会成为保险法上的诚实信用原则关注的具体问题。有学者提出:"保证条款的构成,应当满足以下三个要素:(1)保险合同明文约定的一种条款;(2)该条款的内容与投保人、被保险人、受益人的行为相关,通常表述为投保人、被保险人或者受益人不得有保险合同约定的行为;(3)该条款的遵守构成保险合同效力维持或存续的条件,通常表述为投保人、被保险人或者受益人'违反'该条款约定的内容,保险人有权解除保险合同或者拒绝给付保险(赔偿)金。保证条款是保险合同中特有的一种限制保险合同约束力的条款。我国保险实务中并不使用'保证条款'这样的术语,但保险合同中约定的诸多限制或者免除保险人责任的条款(诸如财产保险合同经常约定的'被保险人的义务'条款),符合上述要素的,应当归入保证条款的范围。"[①]

(五) 不保危险制度

保险合同不能予以承保的危险,为不保危险。不保危险在形式上包

---

① 参见常敏《保险法学》,法律出版社,2012,第54页。

括道德危险和已经发生的危险。不保危险存在的正当性基础为保险法上的诚实信用原则,其属于强行法制度,合同当事人不得以意思表示予以变更。如果允许保险合同当事人以意思表示分散道德危险或者已经发生的危险,将无法避免行为人在订立与履行保险合同时作出"逆选择",将直接有害于相对人的利益,更有害于社会公共利益,有悖于诚实信用,更有悖于保险的本质。

1. 道德危险不保

道德危险,是指被保险人故意造成保险事故的发生而引起保险责任的危险。被保险人故意造成的危险,是被保险人有意追求并能够控制其确定发生与否的危险。诚实信用原则要求行为人在不损害他人利益的前提下追求自己的利益。如果允许将被保险人故意造成的保险事故约定为保险事故,则被保险人势必放任其行为而毫不顾忌保险人的利益,违背诚实信用原则的基本要求。凡是被保险人故意造成保险事故发生的,违反诚实信用,保险人不承担保险责任。[①] 再者,被保险人或者受益人在未发生保险事故的情况下,谎称发生了保险事故,提出赔偿或者给付保险金的请求,或者投保人、被保险人或者受益人故意制造保险事故,保险人有权解除保险合同,或者不承担相应的给付责任。保险事故发生后,投保人、被保险人或者受益人以伪造、变造的有关证明、资料或者其他证据,编造虚假的事故原因或者夸大损失程度的,保险人对其虚报的部分不承担赔偿或者给付保险金的责任。另外,除法律另有规定外,订立保险合同时,投保人和保险人不得将道德危险约定为保险事故。例如,被保险人"自杀"本属于道德危险,保险人对因为"自杀"引起的事故,不承担保险责任;但是,保险合同订立后超过2年的,保险人对被保险人的"自杀"应当承担保险责任。[②]

2. 已经发生的危险不保

保险仅对将来不确定的危险提供保险保障,已经发生的危险属于确定发生的危险,不能通过保险予以分散;否则,极为容易诱发道德危险而违反诚实信用原则。订立保险合同时,保险事故已经发生的,投保人不得隐瞒其事实而与保险人订立保险合同。保险事故已经发生,被保险人对保险标的所具有的利益已经消灭,其所受到的损害不能转嫁于对未来不确定的危险承担责任的保险人。投保人已知或应当知道已经发生保

---

① 参见《保险法》(2015年)第27条和第45条。
② 参见《保险法》(2015年)第44条第1款关于"自杀"的规定。

险事故的,不得向保险人投保。对已经发生的危险,即便保险人予以承保也不发生保险的效力,但依照法律规定具有溯及效力的保险,不在此限。

案例参考3

伪造证明骗取保险金

1999年3月9日,李某向保险公司投保自己所有的货车的车辆损失险、第三者责任险和车上人员责任险。保险公司同意承保,并签发了保险单。保险期限为1年。1999年9月30日,保险公司接到被保险人李某的电话报案,称被保险人货车与一辆拖拉机相撞,已向事故发生地的交警队报了案。保险公司当即决定派人去事故现场查勘。当保险公司的业务员到达事故现场时,肇事车辆已被拖离事故现场,送到了某汽车修理厂。保险公司了解到,1999年9月30日,被保险货车由南向北正常行驶,迎面驶来一辆拖拉机,为躲避一个横穿马路的骑车人,货车司机向左打方向盘过猛,撞上拖拉机,将拖拉机撞出路基而翻倒,拖拉机驾驶员和拖拉机上的一名乘员受伤。被保险车辆发生事故属实,但交警队尚未进行责任认定。

1999年11月2日,李某带着各种证明和资料来保险公司办理索赔手续,其中有出事经过、事故责任认定书、损失赔偿调解书、道路交通事故经济赔偿凭证、协议书、医院医疗费收据、车辆定损单等证明材料。保险公司在审核有关单证时,发现李某提供的交通事故责任认定书、调解书、经济赔偿凭证上所盖公章异常。保险公司决定派员再度赴事故发生地调查。经过调查,保险公司发现李某提供的事故责任认定书、损失赔偿调解书、道路交通事故经济赔偿凭证均系伪造,医院医疗费收据等证明材料也是伪造的,实际发生的医疗费用远低于李某提供的医疗费收据记载的金额。保险公司认为李某有伪造证明骗取保险金的行为,拒绝了李某的所有赔偿要求。①

---

① 参见邹海林《保险法教程》(修订第二版),首都经济贸易大学出版社,2004,第254页。

第二章 保险合同

案例分析指引

1. 投保人或被保险人所为道德危险对保险人承担保险责任会产生什么影响？本案中，被保险人李某的索赔行为是否属于道德危险？

2. 本案中，被保险人李某伪造保险事故证明骗取保险金，保险公司拒赔有无法律上的依据？

3. 保险人因为被保险人伪造保险事故证明拒赔的，其拒赔的效力是否及于被保险人的保险给付请求权之全部？

案例参考 4

承保前保险事故已经发生

投保人吕某于1996年7月29日，向保险公司填写了投保单，投保主险20万元人寿保险，附加意外伤害20万元。次日，吕某交纳了300元的体检费，业务员开具了"人身保险费暂收收据"。

因保险标的金额较大，保险公司的业务员按公司的有关规定告知吕某必须体检，体检合格并经核保同意承保后，300元体检费可以转为首期保费的一部分。同年8月7日，吕某依约到公司体检，业务员告诉吕某，若身体有问题，公司可能拒保，也可能有条件承保，吕某即告诉业务员，如果加费承保的，在1000元内可由业务员自行处理。

按保险公司的承保条件，吕某按标准体承保应交纳保费15460元。吕某与业务员约定，8月9日晚6时30分，业务员在吕某家收取保费。8月9日，业务员到吕某家，吕不在，遂从其母手中取得保费15160元。据吕母讲，这笔钱是吕某下午出门时交给她的，并说明已约好某保险公司的业务员来取。业务员收款后，开具了编号为0088737的"人身保险费暂收收据"，标明保费总额为15460元，并收回了先期开出的300元的体检押金收据。

同年8月10日和11日，公司休息。8月12日，业务员将吕某的保费交至公司，核保人员在审核保单内容后，在"投保书"上的"核保意见与结论"中提出"右肾积水，EM：+75%承保"的结论，并发出了《新契约投保事项审核通知书》，指出吕某因右肾积水，需作为次标准体承保，"加费400元"。业务员为吕某垫交了这笔加费400元。8月14日，保险公司签发了吕某的正式人寿保险单，保单上载明保额为20

万元，附加人身意外险 20 万元，扩展医疗险 5 万元，受益人为黄某（未成年人），投保人吕某，保险责任自 1996 年 8 月 12 日中午 12 时起。

1996 年 8 月 15 日，保险公司业务员送达正式保单时，得知被保险人吕某已经死亡。经法医鉴定，被保险人吕某被人杀害，死亡时间为 8 月 9 日晚 8 时许。保险公司于 1996 年 9 月 3 日发出"撤保通知"。受益人的监护人对此不服，向法院提起诉讼，要求赔付保险金 40 万元。[1]

┌─ 案例分析指引 ─┐

1. 本案中，吕某和保险公司之间的人身保险合同是否已经成立？哪些法律事实足以认定涉案人身保险合同成立？

2. 本案中，被保险人吕某的死亡是否发生在涉案人身保险合同成立之前？

3. 保险合同成立前已经发生保险事故的，应当如何对待已经成立的保险合同？

4. 本案中，保险公司向被保险人的受益人发出"撤保通知"具有什么法律意义？

第二节 保险合同的概念

一 保险合同的含义

保险合同，是指投保人与保险人就保险权利义务关系达成的合意。投保人，是指与保险人订立保险合同，并按照合同约定负有支付保险费义务的人。保险人，是指与投保人订立保险合同，并按照合同约定承担赔偿或者给付保险金责任的保险公司或其他保险组织。

保险权利义务关系，是指投保人和保险人通过保险合同对投保人、被保险人（受益人）和保险人相互间的权利享有和义务承担所作出的安排。投保人在保险合同中承担缴纳保险费的义务，是否享有保险合同项下的权利，则依赖于保险合同的约定；被保险人以其财产或人身为保险标的，享有保险合同项下的保险给付请求权，但不参与保险合同的订

---

[1] 参见邹海林《保险法教程》（修订第二版），首都经济贸易大学出版社，2004，第 256 页。

立，也不承担交纳保险费的义务；保险人则享有要求投保人交纳保险费的权利，并在保险事故发生时向被保险人（受益人）承担保险责任。

保险合同为投保人和保险人的双方法律行为。依法成立的保险合同，对投保人和保险人具有约束力。保险合同是基于对不确定危险的估计作出的权利义务安排，投保人缺乏对危险的判断或控制能力或经验，允许投保人在合同成立后适时调整其对保险合同的期待，以决定是否解除保险合同而免受约束，符合保险法上的诚实信用原则。因此，除非法律另有规定或者保险合同另有约定，投保人可以随时解除保险合同而免受保险合同的约束。[①]

二　保险合同为有名合同

保险合同为保险法规定的"有名合同"。有名合同，是指法律规定其名称并限定其适用范围的合同。保险合同虽为合同的一种，具有合同的所有属性，但因保险法将之规定为有名合同，应当注意其以下的三个属性。

第一，保险合同是特别法规定的有名合同。除当事人的意思外，保险合同由保险法规范。保险合同的内容，因为当事人的意思不明或者意思表示无效的，原则上应当适用保险法的规定或者依照保险惯例予以确定。

第二，保险合同的名称仅能用于保险营业。保险营业实行准入许可制度，在法定的保险营业之外，不得使用"保险合同"这一名称。例如，未经保险监督管理机构的批准，任何公司、企业或者其他组织均不得开展名为"保险"的营业，其与相对人订立的合同也不得使用"保险合同"名称。

第三，保险合同项下的权利义务关系配置具有特殊性。保险合同具有涉他性，投保人为合同当事人，应当具有民事行为能力；而被保险人作为受保险合同保障的利害关系人，则不以其具有民事行为能力为必要，保险合同项下的权利在投保人和被保险人之间，依照保险的分散危险的目的或当事人的意思分配。保险合同的保险人只能是依照保险法设立并存续的专营保险业务的保险公司或其他组织，对投保人享有要求其支付保险费的权利，对被保险人承担保险合同约定的保险责任。

[①] 参见《保险法》（2015年）第15条。

> 案例参考 5

保险合同的法律适用

2003年8月25日，郑某某和某银行签订汽车消费贷款合同，约定郑某某从该行借款人民币196000元用于购买机动车，期限2年，发放次月起需按月归还贷款本息。郑某某又就该购车借款协议向保险公司投了机动车辆消费贷款保证保险，被保险人为该行。因郑某某违约未还借款，2008年11月24日，保险公司向某银行交付了郑某某的欠款24193.62元。2010年11月23日，保险公司以邮政快递的方式向一审法院邮寄了本案的起诉材料。保险公司于2011年8月8日向一审法院提起诉讼，请求判令郑某某支付保险公司垫付的24193.62元。

一审法院审理认为：保险公司和郑某某所签订的合同不违反法律法规的强制性规定，确认其效力。郑某某逾期未向银行归还借款，保险公司按法律规定和合同约定承担了保证责任，有权向债务人追偿。依据《担保法》第31条判决郑某某支付保险公司垫付的24193.62元。

郑某某不服一审法院判决，以保证保险合同不成立为由，提起上诉。二审查明的事实与一审法院查明的事实一致。

二审法院认为，在一审中，保险公司提供了机动车辆消费贷款保证保险保险单正本、副本以及保险业务专用发票，而且还提供了有郑某某亲笔签名的机动车辆消费贷款保证保险投保单两份，因此，双方的保险合同已成立。一审判决认定事实清楚，适用法律正确，判决驳回上诉，维持原判。[①]

> 案例分析指引

1. 保险合同是否为有名合同？有名合同应当如何适用法律？
2. 因保险合同发生争议，是否可以适用保险法以外的其他法律规定？
3. 本案中，法院是否将郑某某和保险公司之间订立的"车贷险"合同认定为保险合同？保险公司向某银行所为给付具有承担保险责任的性质吗？

---

① 参见浙江省金华市中级人民法院（2011）浙金商终字第1597号民事判决书。

4. 本案中,法院为什么以担保法作为处理本案争议的法律依据?

5. 本案中,保险公司赔付后对郑某某行使偿权已为机动车辆消费贷款保证保险合同明文约定,依照合同的约定处理保险公司对郑某某的求偿权是否理由更充分?

第三节 保险合同的特征

一 保险合同的双务性

保险合同的双务性,是指保险合同的当事人互负给付义务。因投保人和保险人互负给付义务,保险合同为双务合同。

双务合同,是当事人双方约定互负对待给付义务的合同。双务合同的一方当事人承担的合同义务,构成他方当事人履行合同义务的对价或条件。

保险合同的当事人为投保人和保险人。在保险合同成立后,投保人承担向保险人交纳保险费的合同义务。保险费的交纳为投保人承担的保险合同约定的基本义务。一般而言,投保人的保险费交纳义务和保险人的保险给付义务,彼此关联而形成对待给付义务。除此以外,投保人依照保险合同的约定,还承担保险标的安全防损、危险增加的通知、保险事故的通知等诸多义务。在发生保险事故时,保险人有按照保险合同约定向被保险人或受益人给付保险赔偿金或保险金的义务。

二 保险合同的有偿性

保险合同的有偿性,是指保险合同具有营利性特征或者以营利为目的。虽然保险合同的基本目的,在于分散被保险人的财产或者人身危险,被保险人不得由保险合同获取多余其损失的利益,但保险人向被保险人提供保险保障却为一种实实在在的营业行为,以营利为目的。保险合同的营利目的通过向投保人收取保险费来实现。以保险合同为基础的保险业,主要依靠收取保险费生存和发展。

保险人依照保险合同的约定向投保人收取保险费,使得保险人有能力在发生合同约定的保险事故时,向被保险人或者受益人给付保险赔偿金或保险金。依照保险合同的约定,保险人有收取保险费的权利,相应地须承担保险责任;投保人有支付保险费的义务,被保险人或者受益人相应取得要求保险人承担保险责任的合同利益。保险合同的有偿性,使其受保险法的特别规制。

但应当注意的是，保险合同的有偿性并不表明保险合同的当事人之间的利益交换具有等价性。投保人交付保险费于合同订立时确定发生，但保险人所承诺的保险责任则将依赖于保险事故的"发生或然性"，保险事故未发生的，保险人无保险责任。保险合同为非等价交换的有偿合同。

三 保险合同的机会性

保险合同的机会性，是指保险合同约定的权利义务之实现具有或然性，即保险合同约定的权利和义务以不确定的危险之发生作为条件。保险合同的机会性，使得投保人在条件成就前可以解除合同而免受保险合同约束，保险人因为条件未成就而取得投保人交纳的保险费收益，因为条件成就而对被保险人或受益人承担保险责任。被保险人或者受益人依照合同享有的保险给付的权利和利益，保险人依照合同承担的保险责任，均因为合同约定的保险事故发生的不确定性而成为一种预期或机会。

保险合同的当事人的权利之享有和义务之履行，取决于合同约定的机会或者不确定事件的发生或者不发生，合同目的的实现具有或然性。因为这个特点，保险合同被称为机会性合同（contracts of chance）或射幸合同。

四 保险合同的格式化

保险合同的格式化，是指当事人订立保险合同时普遍使用保险业者制定的保险格式条款。保险业历经数百年的发展，使得保险业者有能力和条件制定供投保人选择的格式保险单和保险条款，并将格式保险条款印在投保单或者保险单的背面，作为保险合同的内容。使用格式保险条款，不仅是保险展业的要求，因为规模化的保险展业可以大量节省成本，更是保险业向公众提供规范和标准的保险服务的标志。现代保险业已经全面实现了保险合同的格式化。

我国《合同法》第39条第2款规定："格式条款是当事人为了重复使用而预先拟定，并在订立合同时未与对方协商的条款。"订立保险合同时使用保险人制定的保险格式条款，已经成为保险合同的常态。应当注意的是，格式保险条款由保险人单方面预先拟定，实现了保险合同内容的标准化，所规定的事项为保险人向公众提供的各险种的基本事项，经投保人选择订入保险合同，对保险合同当事人产生相应的法律约束力。因为保险合同的格式化，保险合同被称为附合合同或格式合同，即投保人事实上只能服从、接受或者不能拒绝保险人提出的条件而成立的合同。

订立保险合同时使用格式条款，将直接限制投保人的缔约自由，保险法有必要对格式条款的使用加以规制。一般而言，使用格式保险条款订立保险合同的，保险人应当遵循公平原则确定保险合同约定的权利和义务，保险合同中免除保险人依法应当承担的责任，排除投保人、被保险人或受益人依法享有的权利的格式条款无效。[1] 使用格式保险条款订立保险合同的，保险人应当以合理的方式提请投保人注意免除保险人责任的条款，并对该条款的内容予以说明。[2] 对于保险合同中的格式保险条款的理解发生争议的，应当按照通常的理解解释该条款；如果该条款所用文字有两种以上解释的，应当作不利于保险人的解释。[3] 保险合同使用的格式保险条款和非格式条款不同或者存在冲突，应当以非格式条款为准。

五　保险合同的涉他性

保险合同的涉他性，是指保险合同的目的在于分散合同当事人以外的被保险人之危险。保险合同的涉他性具体表现为，保险责任以被保险人的利益为基础，保险人承担的给付义务为被保险人的利益而存在。

投保人为订立保险合同的当事人，以其意思表示形成保险权利义务关系。一般而言，投保人可以为自己的利益投保，亦可以为他人的利益投保。在投保人为他人利益投保的意义上，保险合同又被称为"为第三人利益的合同"。但这样理解保险合同并不全面，至少对于投保人为自己利益投保的，可否称其为"为第三人利益的保险"，不无疑问。而我们必须注意的现象是，不论投保人为谁的利益投保，投保人始终是订立保险合同、确立保险权利义务关系的合同当事人，而在此之外，保险合同中均应当约定享有保险给付请求权的被保险人（或受益人），而被保险人并不参与保险合同的订立，其可以是投保人，也可以是投保人以外的他人。十分清楚的是，保险合同约定的保险事故始终是与被保险人

---

[1] 参见《保险法》（2015年）第19条。
[2] 参见《保险法》（2015年）第17条。
[3] 参见《保险法》（2015年）第30条。

的利益（人身或财产）相关的危险，保险合同项下的保险给付请求权则为被保险人的利益而存在。不论被保险人与投保人是否为同一人，在投保人之外，保险合同都不能缺少被保险人。在这个意义上，保险合同是为分散投保人以外的他人（被保险人）所面对的危险之保险合同。

保险合同的涉他性，使得保险合同区别于普通的民事合同。保险合同项下的权利义务是在投保人和保险人之间进行分配的，分配的依据或为保险法的规定，或为保险合同的约定。原则上，对于财产保险而言，被保险人对保险标的应当具有保险利益，被保险人是保险合同约定的给付利益的享有者，投保人不能主张保险合同约定的给付利益。对于人身保险而言，被保险人以其身体或者寿命作为保险标的，除投保人本人为被保险人或受益人外，保险合同所约定的权利或利益，专属于被保险人（受益人），未经被保险人（受益人）的同意，投保人不得以其为保险合同的当事人或者保险单持有人为由，主张保险合同约定的保险给付权利或利益。

案例参考6

保险合同中的无效格式条款

2006年6月19日，投保人黄某某与保险公司订立人身保险合同一份，约定被保险人为黄某某，受益人为法定。依该合同约定，黄某某购买了终身寿险、附加提前给付重大疾病险和太平一世终身寿险3个险种；其中，终身寿险的保险金额为20000元，保险费为870元/年；附加提前给付重大疾病险的保险金额为20000元，保险费为244元/年；太平一世终身寿险的保险金额为20000元，保险费为680元/年。合同签订当日，黄某某交纳了首期保费，并在此后依约交纳了保费。2008年9月25日，黄某某突发脑出血入院治疗，经抢救无效于2008年9月27日死亡。2008年11月5日，黄某某之妻王某到保险公司办理理赔事宜。保险公司向王某支付了终身寿险、太平一世终身寿险两个险种的理赔金及分红共计40076.46元。保险公司以附加提前给付重大疾病险为主险种终身寿险的附加险，在王某支付了主险种的理赔金后主合同效力终止，支付附加险理赔金的义务随之免除，且黄某某所患脑出血不属附加提前给付重大疾病险保险条款第13条规定的重大疾病为由，不予赔付。以上事实，经一审法院审理查明。

另查明，附加提前给付重大疾病险保险条款第13条对中风（脑血管意外）定义如下：任何脑血管的突发性病变持续超过24小时导致神经系统机能障碍，包括脑组织梗死、脑出血和源于颅外因素造成的脑栓塞。诊断必须经脑神经科主任证实的具有永久性神经系统机能障碍超过90日的证据，于发病90日后保险公司才受理理赔。

一审法院认为，依法成立的合同，对当事人具有法律约束力，当事人应当按照约定履行自己的义务。黄某某与保险公司签订的保险合同是双方当事人的真实意思表示，依法成立有效。黄某某依约交纳3个险种的保费，全面履行了自己的合同义务。在黄某某病故后，保险公司仅向合同约定的法定受益人王某履行了支付终身寿险、太平一世终身寿险两个险种保险金的义务，未履行支付附加提前给付重大疾病险保险金的义务，应当承担支付保险金的义务。附加提前给付重大疾病保险条款第4条已规定自本附加合同生效日或最后复效日（以较迟者为准）起90天后被保险人首次发病并经医院确诊初次患上一项或多项本附加合同第13条所定义的重大疾病的，按照本附加合同的保险金额给付重大疾病保险金，同时本附加合同的效力终止，主合同的基本保险金额随之扣除本附加合同的基本金额。此合同条款实则排除了投保人在履行交纳3份保险费的义务后享有的得到相应保险金的合同权利，且该合同条款为保险公司提供的格式条款。《保险法》（2009年）第19条明确规定了如下内容。采用保险人提供的格式条款订立的保险合同中的下列条款无效：（1）免除保险人依法应承担的义务或者加重投保人、被保险人责任的；（2）排除投保人、被保险人或受益人依法享有的权利的。因此，上述格式条款无效，保险公司称其按主合同的约定向王某承担理赔责任后其附加合同的责任随之免除的理由不能成立。保险公司另辩称：黄某某所患疾病不属保险条款第13条所列重大疾病之范围。庭审已查明，黄某某患脑出血入院治疗后经抢救无效死亡，但保险公司提供的格式保险条款将已经医院确诊的脑出血疾病排除在重大疾病之外。依照《保险法》（2009年）第30条的规定，按通常理解，黄某某所患疾病为合同约定的重大疾病范围，保险公司此项辩称理由不能成立。判决保险公司向王某支付保险金2万元及利息。

保险公司不服一审判决，提出上诉。二审法院经审理查明的事实与一审判决认定的事实相一致。二审法院认为，依法成立的合同对双方具有约束力，投保人黄某某与保险公司签订保险合同后，黄某某依约交纳3个险种的保费，完全履行合同约定的义务，在黄某某身故后，保险公司仅向该合同的法定继承人支付了两险种的保险金，而对附加提前给付重大疾病险的保险金不予赔偿，未全面履行合同约定的义务。附加提前给付重大疾病险保险条款第 4 条的规定，排除了投保人在履行交纳 3 份保险费的义务后，依法应享有的得到相应保险金的合同权利，同时，免除了保险人依法应承担的义务，加重了投保人、被保险人的责任，违反了《保险法》的相关规定。一审认定该格式条款无效是正确的。黄某某因患脑溢血经抢救无效死亡，依据保险公司提供的格式条款第 13 条，已将经医院确诊的脑出血疾病排除在重大疾病之外，一审法院适用《保险法》（2009 年）第 30 条的规定并无不当。对此，保险公司不应以与保险合同约定不符为由拒绝支付附加提前给付重大疾病险的保险金。一审判决认定事实清楚，适用法律正确，判决驳回上诉，维持原判。①

┤ 案例分析指引 ├

1. 如何认识保险合同的格式条款？
2. 我国保险法对保险格式条款的内容规制有什么特别要求？
3. 本案中，法院认定涉案附加提前给付重大疾病险保险条款第 4 条属于无效的格式条款，主要基于什么理由？
4. 本案中，法院在解释涉案附加提前给付重大疾病险保险条款第 13 条约定的重大疾病时，其解释方法和逻辑是否符合我国保险法的规定？

第四节　保险合同的当事人

一　当事人的范围

保险合同的当事人，是指依法订立保险合同并受合同约束的利害关系人。依照我国保险法的规定，保险合同的当事人有投保人和保险人。

作为保险合同的当事人，其法律地位具体表现为以下两种。第一，订立保险合同的行为人。当事人是做出订立保险合同的意思表示而形成保险权利义务关系的人。第二，受保险合同约束的人。保险合同的当事人受其订立保险合同的意思表示的约束，并应当履行其依照保险合同所

---

① 参见河南省平顶山市中级人民法院（2010）平民二终字第 352 号民事判决书。

承担的义务。

二 保险人

保险人，又称承保人，是指与投保人订立保险合同并受保险合同约束而承担合同约定的保险责任的人。保险人以依法成立专营保险业务的保险公司或者其他保险组织为限。[①] 具体言之，保险人作为当事人，其法律地位表现为以下几种。

第一，保险人是作出承担保险合同约定风险的意思表示并受其约束的人。保险合同订立后，保险人作为合同当事人，受合同的约束。未有保险法规定的解除合同的法定事由或者保险合同约定的解除合同的事由，保险人不得解除保险合同。依照保险合同约定，保险人对投保人有收取保险费的权利，对被保险人或者受益人负有承担保险责任的义务。除保险法另有规定外，保险人依照保险法的规定或者保险合同的约定解除合同的，对被保险人或者受益人不承担保险责任，并应当依法或依约退还已收取的全部或部分保险费，或者退还保险单的现金价值。

第二，保险人以经国家保险监督管理机构核准的经营保险业务的保险公司或者其他保险组织为限。因为保险业的准入许可制度，商业保险业务在我国只能由依法设立的保险公司或者其他保险组织经营，保险公司或者其他保险组织以外的任何机构或者个人，均不得经营商业保险业务。[②] 经保险监督管理机构批准设立的保险公司或者其他保险组织，具有订立保险合同并承担保险责任的当事人能力。其他任何民事主体，均不能成为保险合同的保险人。

第三，保险人是保险责任的承担者。保险责任，是指保险人依照保险合同对被保险人或者受益人承担的保险给付义务。在发生保险事故时，保险人应当依照保险合同约定向被保险人或者受益人给付合同约定的保险（赔偿）金。保险人以发生保险合同约定的保险事故作为承担保险责任的条件，并以保险合同约定的保险金额为限对被保险人或者受益人承担保险责任。就补偿保险而言，因为第三者对保险责任范围内的损害应当承担赔偿责任的，保险人自向被保险人承担保险责任后，依法或者依照合同约定对该第三者有保险代位权。

[①] 参见《保险法》（2015年）第10条第3款。
[②] 参见《保险法》（2015年）第6条。

三 投保人

(一) 投保人的定义

投保人,又称要保人,是指与保险人订立保险合同并负担交纳保险费义务的人。[1] 投保人可以自己的人身或者财产利益为标的,为自己的利益订立保险合同,或者以自己的人身或者财产利益为标的,为他人的利益订立保险合同,或者以有保险利益的他人的人身或者财产利益为标的,为自己的利益或者他人的利益订立保险合同。投保人参与保险合同的订立,受保险合同约束并承担保险合同约定的保险费交纳义务,作为保险合同的当事人,在理论和实务上似无疑问。

(二) 投保人的合同当事人地位的理论表达

但是,投保人并不当然享有保险合同约定的利益,这对于投保人的合同当事人地位会有什么影响呢?我国学者有关投保人的法律地位之解读是多种多样的,但主要有两种观点。一种观点认为,保险合同的当事人不以投保人为限,投保人不是仅有的保险合同的当事人,投保人与被保险人共同成为保险合同的当事人。投保人并非保险合同的当事人之全部,仅将投保人当作保险合同的当事人是不完整的,投保人和被保险人共同享有保险合同法律关系中的所有权利。[2] 另一种观点认为,保险合同的当事人仅有投保人,其法律地位源自保险合同的订立以及法律的规定。[3]

事实上,作为保险合同当事人的投保人,其法律地位的核心要素应当包括什么内容,在学理上不能以类比普通合同的当事人法律地位的方法进行解读。投保人是否享有保险合同约定的权利,并不取决于其当事人地位,而是在相当程度上依赖于保险法的规定或者保险合同的约定。[4] 投保人作为保险合同的当事人,因为保险合同的特殊性,如保险分散危险的本质属性、保险合同的机会性和涉他性等,其权利的享有和义务的承担亦具有特殊性,保险合同项下的权利义务需要在投保人和不

---

[1] 参见《保险法》(2015年修订)第10条第2款。
[2] 参见李玉泉《保险法》(第二版),法律出版社,2003,第119页;王伟:《保险法》,格致出版社、上海人民出版社,2010,第93页。
[3] 参见温世扬主编《保险法》,法律出版社,2003,第67页;邹海林:《保险法教程》(修订第二版),首都经济贸易大学出版社,2004,第47页;任自力主编《保险法学》,清华大学出版社,2010,第89页。
[4] 参见常敏《保险法学》,法律出版社,2012,第45~46页。

同的利害关系人之间进行分配，投保人仅能享有保险合同项下的部分权利。或许正是因为投保人在保险合同中的地位较为特别，其承担支付保险费的义务以维持保险合同的效力，却不能享有保险合同约定的给付利益；以此观之存在利益失衡之处，故保险法赋予投保人保险合同解除权，以为利益平衡。对于作为合同当事人的投保人法律地位的理解，切不可以"当事人"就应当如何，将其并不享有的权利予以包括或者扩充，而只能依照保险法的规定以及保险合同的约定以"具体化"投保人的权利和义务；也只有这样，基于保险合同而产生的权利义务关系在不同利害关系人之间的分配才会是清晰的，适用法律以保护被保险人的利益才会最有效果。保险合同约定的权利（哪怕是基本权利）不属于投保人，并不影响投保人作为保险合同当事人的法律地位。[①]

（三）投保人的合同当事人地位的特殊性

1. 投保人的订约人地位

投保人是作出订立保险合同的意思表示的人。投保人可以自己或者他人的人身或者财产利益为标的，为自己或者他人的利益订立保险合同。投保人作为保险合同的订约人，应当具有缔约能力；无行为能力人或者限制行为能力人不能作为保险合同的投保人。任何具有合同缔约能力的自然人或者法人，均可以作为投保人，与保险人订立保险合同。投保人以他人的身体或者生命作为保险标的订立保险合同的，对被保险人应当具有保险利益。订立保险合同时，投保人和保险人没有明确约定被保险人以外的他人享有保险合同项下的权利的，则视为投保人为被保险人的利益投保。

2. 投保人的保险费交纳义务

作为保险合同的当事人，投保人对保险人承担保险费交纳义务。投保人承担的保险费交纳义务，产生于投保人订立保险合同的意思表示所得以发生的私法上的效果，构成投保人依照保险合同约定承担的基本义务。但是，投保人的交纳保险费义务，与投保人是否享有保险合同约定的保险给付利益，并不存在条件与结果的关系。投保人是否享有保险合同约定的保险给付利益，依赖于保险法的规定或者保险合同的约定。投保人可否享有保险合同约定的保险给付利益，不取决于投保人的合同当事人地位。这就是说，投保人作为保险合同的当事人，仅有交纳保险费义务，并无保险合同约定的给付权利或利益。

[①] 参见邹海林《保险法学的新发展》，中国社会科学出版社，2015，第100~101页。

3. 投保人的法律地位专属性

投保人的当事人地位专属于提出保险要求的意思表示并受其约束的人。如我国保险法对投保人的描述，投保人的当事人地位因为保险合同订立的意思表示而发生，仅在"保险合同的订约人"和"交纳保险费义务"这两种场合表达投保人的法律地位。[①] 鉴于投保人为"与保险人订立合同"并承担支付保险费义务的人，订立保险合同的意思表示一旦发生效力，投保人的地位便永久"固定"。"投保人是指与保险人订立合同并承担支付保险费义务的人，订立保险合同的意思表示已经'固定'了投保人的独有法律地位，没有订立保险合同的意思表示的其他任何人（包括投保人之继承人），不能称为'保险合同的投保人'。"[②] 这就是说，作为保险合同的订约人地位是专属于投保人的，不会发生变更、继承或消灭的问题。再者，保险合同不同于普通的民事合同，投保人和保险标的在保险合同成立后，事实上也不存在投保人和保险标的变更的问题。因此，保险合同一经订立，投保人的当事人地位便永久固定；投保人死亡或其民事主体地位终止的，不影响保险合同的存续和效力。

（四）投保人取得保险合同约定权利或利益的依据

投保人作为保险合同的当事人，在保险合同项下并不享有权利。但实际情况却是，投保人能够享有保险合同项下有限的、经约定才能享有的部分或全部合同权利。例如，人身保险合同约定投保人在解除保险合同时，有要求保险人返还保险单的现金价值的权利。

投保人享有保险合同项下的某些权利，其依据不在于投保人的当事人地位，而在于保险合同的涉他性，投保人依照保险合同的约定可以取得投保人以外的他人应当享有的权利或利益。

例如，在人身保险的场合，被保险人以其身体或者寿命作为保险标的，除投保人本人为被保险人或受益人外，保险合同所约定的权利或利益，专属于被保险人或受益人，未经被保险人或受益人的同意，投保人不得以其为保险合同的当事人或者其持有保险单为由，主张保险合同约定的保险给付权利或利益。长期人身保险单所具有的现金价值，只不过是被保险人享有的保险给付利益的"替代物"，应当归属于被保险人，在保险合同解除时，保险人应当将保险单的现金价值支付给被保险人。

---

① 参见《保险法》（2015 年）第 10 条第 2 款。
② 参见邹海林《保险法学的新发展》，中国社会科学出版社，2015，第 108 页。

但是，所有的人身保险合同均可以约定投保人享有保险给付利益或保险单的现金价值，但这已经是"为他人利益的合同"所面对的问题，并非保险合同的当事人问题。

（五）投保人的保险合同解除权

保险合同成立后，除非保险法另有规定或者保险合同另有约定，投保人可以解除保险合同。① 投保人解除保险合同的权利，不以保险合同的约定为必要，而是来自保险法的明文规定，学者称其为投保人的"法定解除权"；投保人依照保险法的规定解除保险合同的权利，其行使不附加任何条件，学者又称其为投保人的"任意解除权"。这里要说明的是，投保人的保险合同解除权，并不产生于投保人的合同当事人地位，更非投保人作为保险合同当事人的固有权利。

投保人的保险合同解除权，不以特定法律事实的存在作为条件，这是合同法上不存在的合同解除规则。合同一经成立，即对当事人产生约束力，当事人不得单方解除合同；当事人解除合同的应当有法定或者约定的正当事由。投保人的保险合同解除权，与合同法所规定的法定解除权相比，具有性质上的巨大差异，不能将二者混同。投保人的保险合同解除权，并非法律赋予其终止保险合同效力的救济性权利，而是投保人依照保险合同的机会性特征所享有的固有权利，这种权利是"凸显保险合同约束力极度弱化的专属性权利，不得让与和继承，也不具有救济性。"② 无论有无保险法的规定，投保人均有保险合同解除权。这是保险合同约束力的例外。与此相对应，能否限制或者排除投保人的保险合同解除权，要取决于保险法的规定或者保险合同的约定，即保险法规定或者保险合同约定投保人不得解除保险合同的，保险合同成立后，投保人不得解除合同。

> **案例参考 7**

投保人订立保险合同的意思表示

2007 年 3 月 23 日，焦某某和保险公司订立人身保险合同，投保人和被保险人为焦某某、受益人为陈某某。该合同包含 3 个险种：两全保险、综合意外伤害保障计划、附加重大疾病保险。其中，两全保险和附

---

① 参见《保险法》（2015 年修订）第 15 条。
② 参见邹海林《投保人法律地位的若干问题探讨》，《法律适用》2016 年第 9 期。

加重大疾病保险的保险期间自2007年3月24日零时起至2036年3月23日二十四时止，或该合同列明的终止性保险事故发生时止。两全保险约定的保险费为1314元/年，身故保险金为1856元×已缴保险费期数。附加重大疾病保险的保险费为542元/年。综合意外伤害保障计划的保险期间自2007年3月24日零时起至2008年3月23日二十四时止或该合同列明的终止性保险事故发生时止，保险费为88元/年，意外伤害身故、残疾的保险金额为50000元。保险合同签订的同时，双方还签订了客户委托转账代收代付授权书，保险合同签订后焦某某向保险公司交纳首期保险费1944元。2008年2月22日和2009年3月14日，焦某某两次分别将3238元存入指定的邮政储蓄账户以支付保费（其中焦某某1944元、陈某某1294元）。2008年3月23日和2009年3月23日，保险公司通过邮政储蓄账户两次划款均为1856元（1314元+542元）。2009年6月17日，焦某某意外身故。以上事实，经一审法院审理查明。

焦某某之妻陈某某要求保险公司给付焦某某的身故保险金和意外伤害保险金共计55568元，认为综合意外伤害保障计划是人身保险合同的一个险种，是随长期合同捆绑销售的附加险；客户须知第3条属于格式条款，字体明显小于正文字体，该条不具有法律效力，保险公司应按约定向受益人支付保险金。保险公司认为综合意外伤害保障计划的保险期间为1年，期满后是否续保应由投保人向保险公司提出而不应由保险公司提出，并且该保险期间不属于《保险法》（2002年）第18条规定的格式条款，保险合同条款第5条已通过黑体字加以提示，故保险公司不应赔偿陈某某意外伤害保险金50000元。

一审法院认为，焦某某和保险公司订立的人身保险合同，内容真实有效，受法律保护。该合同包含了3个险种：两全保险、综合意外伤害保障计划和附加重大疾病保险。三个险种的保险期间不同，其中两全保险、附加重大疾病保险的保险期间均为自2007年3月24日零时起至2036年3月23日二十四时止或该合同列明的终止性保险事故发生时止。而综合意外伤害保障计划的保险期间为自2007年3月24日零时起至2008年3月23日二十四时止或该合同列明的终止性保险事故发生时止。在综合意外伤害保障计划的保险期间到期后，虽然焦某某仍将该保险费用存在双方指定的银行账户，但因焦某某未能与保险公司续签该险种，保险公司未划该款。对于保险期间届满后是否续保，应由投保人自己选择，该责任应由焦某某自行承担，保险公司不应承担责任，判决驳回陈某某要求保险公司支付意外伤害保险金50000元的诉讼请求，保险公司向陈某某给付身故保险金 5568 元。

陈某某不服上述判决，提起上诉。陈某某认为，综合意外伤害保障计划有自动续期功能，不需要投保人再续签合同。投保人分别于 2008 年 2 月 22 日和 2009 年 3 月 14 日在指定的保险费交纳账户分别存入 3238 元，以交费的事实明确表示续保。保险公司则认为，一审判决事实认定清楚，陈某某的上诉理由没有事实及法律依据，不能成立。二审法院总结本案争议焦点为：综合意外伤害保障计划 1 年期后是否需续保，焦某某将保险费存入其指定账户的性质如何，是否视为续保。二审法院审理查明的事实与一审法院查明的事实相同。

二审法院认为，焦某某和保险公司订立的人身保险合同，合法有效，应受法律保护。对于不保证续保的 1 年期人身保险，一般不应作为长期人身保险的附加险。若作为附加险，保险公司应在订立保险合同时明确告知投保人该产品不保证续保，并要得到投保人或被保险人的书面认可。焦某某同时向保险公司购买了 3 个险种：两全保险、综合意外伤害保障计划和重大疾病保险。其中综合意外伤害保障计划为附加险，在订立合同时保险公司未得到投保人焦某某和被保险人陈某某的书面认可。且焦某某向双方指定的邮政储蓄账户内存入了足额费用，保险公司未扣划属工作失误，该责任应由保险公司承担。综上，一审判决认定事实有误，处理不妥，应依法予以纠正。依照《保险法》（2002 年）第 10 条之规定，判决保险公司给付陈某某保险金 55568 元。[①]

案例分析指引

1. 投保人的权利和义务应当如何理解？短期人身保险是否可以作为长期人身保险的附加险？

2. 本案中，二审法院认为，对于不保证续保的一年期健康保险，一般不应作为长期人身保险的附加险。若作为附加险，保险公司应在订立保险合同时明确告知投保人该产品不保证续保，并要得到投保人或被保险人的书面认可。如何认识这个观点？

3. 保险合同到期的，投保人不再承担交纳保险费的义务。本案中，综合意外伤害保障计划的保险期间届满，投保人仍然将保险费存入保险公司收取保险费的指定账户，是否属于投保人订立保险合同的意思表示

---

① 参见河南省南阳市中级人民法院（2009）南民二终字第 1009 号民事判决书。

错误？其结果应否由保险公司承担？

第五节　保险合同的关系人

一　关系人的范围

保险合同的关系人，是指并未参与保险合同的订立但享受保险合同约定的利益的人，包括被保险人和受益人。

保险合同的主体被区分为当事人（投保人和保险人）和关系人（被保险人和受益人）两类。作为分散危险的保险合同，常为第三人的利益而存在，或者涉及第三人的利益，故在当事人之外，保险合同还有"关系人"一说。保险合同的关系人与保险合同的当事人，法律地位有所不同。前者并没有参与保险合同的订立，故其在合同原理上并不受保险合同的约束，他们只是因为保险合同的约定或者法律的规定而取得了保险合同约定的权利或者利益。

二　被保险人

（一）被保险人的定义

被保险人，是指以自己的财产或者人身利益享受保险保障，在保险事故发生时，对保险人享有保险给付请求权的人。[1] 被保险人并没有参与保险合同的订立，其在保险合同上的地位源自投保人订立合同的意思表示，投保人的订约行为赋予了被保险人的财产或者人身受保险合同保障的私法上的效果，被保险人因此取得请求保险人依照保险合同约定给付保险（赔偿）金的权利。

（二）被保险人的法律地位限定

我国保险法的规定，并没有将被保险人与投保人混同，更没有将被保险人的法律地位表述为保险合同的当事人。涉及被保险人的法律地位的因素有两个。其一，被保险人与保险标的具有利害关系，即保险合同承保的标的为被保险人的财产或者人身。对保险标的没有保险利益的人，不能成为保险合同的被保险人。其二，被保险人对保险人享有保险给付请求权。在这个意义上，被保险人的法律地位应当说是非常清楚的。

---

[1] 参见《保险法》（2015年）第12条第5款。

但是，在保险法理论上，人们会将被保险人和投保人作类比，似乎只有将被保险人的法律地位提升至保险合同当事人的高度，才能对被保险人提供更充分的保护。例如，投保人作为相对于保险人的保险合同的一方当事人，其权利和义务是不完整的，而被保险人在保险合同由始而终的过程中，却身负对应于保险人的众多权利和义务，投保人与被保险人合一而构成相对于保险人的具有完全的权利和义务的一方当事人。再者，在我国的保险实务上，"被保险人"一语使用得过于广泛，甚至在许多场合与投保人混用。保险合同是投保人订立的，但保险合同中却有专门规定"被保险人义务"的条款，被保险人不是保险合同的当事人，如何会受保险合同的约束？不区分被保险人和投保人的现象，是否因我国保险法理论将被保险人与投保人理解为保险合同的当事人而产生？还是说，因为保险实务中存在被保险人和投保人混用的现象，才导致保险法理论对被保险人和投保人的理解混同？

实际上，在理论和实务上将被保险人当作保险合同当事人对待的现象，是没有区分投保人和被保险人的法律地位、将被保险人视作保险合同的当事人才产生的结果。投保人是保险合同的当事人，被保险人仅仅是保险合同的关系人（当事人以外的第三人），被保险人具有完全不同于投保人的法律地位，这已为我国《保险法》所明文规定。这决定了，被保险人所享有的权利和承担的义务，与投保人完全不相同。就被保险人的权利而言，我国保险法仅将其表述为保险给付请求权，并没有对被保险人是否为合同当事人作出任何表述或者暗示。[1] 在这个意义上，如果我们对被保险人和投保人不进行法律地位上的区分，恐怕很难消除理论和实务上混用被保险人和投保人的现象。

因保险合同的涉他性，被保险人的法律地位仅能够表述为保险合同的关系人，而非保险合同的当事人。投保人作为保险合同当事人的法律地位，并不适用被保险人，被保险人不受保险合同的约束，从而没有向保险人交纳保险费的义务，更不承担投保人在保险合同中约定的投保人应当承担的其他义务。

（三）被保险人的范围限定

已如上述，被保险人首先应当是对保险标的具有保险利益的人。保险合同订立时，被保险人对保险标的具有保险利益，但在保险事故发生时失去保险利益的，不能要求保险人给付保险赔偿金，但保险利益的受

---

[1] 参见常敏《保险法学》，法律出版社，2012，第47页。

让人取得被保险人的地位的，有权请求保险人给付保险赔偿金。①

投保人本人可以为被保险人，投保人以外的第三人也可以为被保险人；被保险人法律地位的取得，与其有无民事行为能力无关。完全民事行为能力人、限制民事行为能力人以及无民事行为能力人，都可以成为保险合同的被保险人。但是，为有效保护无民事行为能力人的生存利益，保险法原则上禁止投保人以无民事行为能力人为被保险人，订立以死亡为给付保险金条件的保险合同。投保人不得为无民事行为能力人投保以死亡为给付保险金条件的人身保险，保险人也不得承保。但是，父母为其未成年子女投保的人身保险，不在此限。②

（四）被保险人基于关系人地位的权利

保险合同为被保险人的利益而存在，被保险人享有保险合同约定的"保险给付"权利或者利益似无疑问。基于保险法上的诚实信用原则，在以下情形中，被保险人以其关系人地位还享有如下的权利。

1. 被保险人代交保险费的权利

投保人拒绝或者迟延交纳保险费，足以影响保险合同的效力维持的，被保险人可以代替投保人向保险人交纳保险费，保险人不得拒绝。被保险人代替投保人交纳保险费的，并非被保险人有保险合同约定的交纳保险费义务，而是被保险人基于诚实信用原则采取的"避免其保险合同利益受到损害"的避险措施。③

2. 被保险人对抗投保人解除保险合同的权利

具有现金价值的人身保险，合同的标的与合同约定的利益专属于被保险人。投保人可以解除保险合同，但解除具有现金价值的人身保险合同时，对被保险人的专属利益产生妨碍或者损害的，被保险人可以拒绝投保人解除保险合同；投保人解除保险合同未征得被保险人的同意的，其解除的意思表示对被保险人不发生效力。我国保险法对此没有相应的规定，以上论述尚未获得我国司法实务的认同。④ 但是，对于这个问题，学者多作限制投保人解除合同以保护被保险人利益的解释。投保人的保险合同解除权并非基于其当事人地位，而是源自保险合同的机会性特征以及投保人在保险合同项下的利益失衡，其只是法律赋予投保人免

---

① 参见《保险法》（2015年）第12条第2款、第48条和第49条第1款。
② 参见《保险法》（2015年）第33条。
③ 参见常敏《保险法学》，法律出版社，2012，第47页。
④ 参见最高人民法院《关于适用〈中华人民共和国保险法〉若干问题的解释（三）》第17条。

受保险合同约束的一项权利。投保人行使保险合同解除权，应当符合诚实信用原则，不应当损害他人（被保险人或受益人）之利益。投保人解除保险合同，一方面将消灭被保险人（受益人）的保险给付请求权，另一方面则有可能依照合同约定取得退保金或保险单的现金价值，在相当程度上违反诚实信用原则。权利人有保险合同解除权，但其不得滥用权利，若以损害他人（被保险人或受益人）的目的解除保险合同所得的利益微小而使他人（被保险人或受益人）遭受重大损失的，构成权利滥用。投保人行使保险合同解除权，若有害于被保险人（受益人）的利益的，其解除保险合同的意思表示不应当发生效力。①

3. 被保险人的保险合同解除权

被保险人不是保险合同的当事人，其有无保险合同解除权，因为保险法未有明文规定，是一个问题。已如前述，投保人为保险合同的当事人，但保险合同解除权并非其作为当事人的固有权利，而是因为保险合同的机会性特征以及诚实信用原则，使得投保人具有了解除合同免受保险合同约束的地位。被保险人是否有保险合同的解除权，与被保险人是否为保险合同的当事人亦无关系。再者，被保险人虽非保险合同的当事人，但其在事实上却享有较投保人更多更广的权利。因此，保险法可以并应当规定被保险人有保险合同解除权，使之在保险合同的解除事项上具有与投保人相同的地位。即使保险法没有明文规定，基于被保险人与保险标的之间不可分割的利益关系，被保险人也应当具有较投保人解除合同更优势的地位，在终止合同效力的方式选择上，通过司法解释赋予被保险人保险合同解除权，也是可行的。同时考虑到被保险人并非保险合同的当事人，不受保险合同的约束但享有保险合同约定的权利和利益，在司法解释上赋予被保险人保险合同解除权，等同于被保险人放弃其在保险合同项下的权利和利益。因此，不论我国保险法是否规定被保险人的保险合同解除权，被保险人均有保险合同解除权。②

（五）被保险人的法定义务

被保险人不是保险合同的当事人。订立保险合同时，投保人和保险人不能为被保险人约定合同上的义务。因此，对于作为保险合同关系人的被保险人来说，并不存在承担保险合同约定的义务之问题。但这并不表明，被保险人不承担义务。作为保险合同的关系人，被保险人在享有

---

① 参见邹海林《投保人法律地位的若干问题探讨》，《法律适用》2016年第9期。
② 参见邹海林《保险法学的新发展》，中国社会科学出版社，2015，第123~124页。

保险合同项下的权利时，没有合同约定的义务，但依照诚实信用原则或者保险法的规定仍应当承担相应的义务。这些义务在性质上属于法定义务而非保险合同义务。

例如，财产保险的被保险人应当承担的法定义务，包括但不限于以下几项。（1）防损义务。财产保险的被保险人，对保险标的的安全应当尽法定的注意义务，要采取措施维护保险标的的安全，防止保险事故的发生。（2）危险增加的通知义务。财产保险的保险标的危险程度显著增加的，被保险人应当及时通知保险人。（3）减损义务。保险事故发生后，财产保险的被保险人应当采取必要的措施，防止保险标的的损害进一步扩大。（4）事故通知义务。保险事故发生后，被保险人知其事实的，应当及时通知保险人。（5）协助义务。在发生保险事故后，被保险人对于保险人查勘保险事故现场、判定保险事故发生的原因和程度或者行使保险代位权，应当予以必要的协助等。①

三 受益人

受益人，是指人身保险合同中列明的享有保险金请求权的人。② 理论上一般认为，受益人是我国保险法上特有的保险合同关系人，其法律地位总体上因为制度设计而具有以下三个特征：第一，仅有人身保险合同才会存在受益人问题，故受益人是人身保险特有的关系人；第二，受益人的地位，源自被保险人或者投保人的指定；第三，受益人取代被保险人享有保险合同约定的保险金给付请求权。

受益人是被保险人或者投保人指定的享有保险金请求权的人，应当列明于人身保险合同。我国保险法对受益人的范围、人数、权利份额或者顺序，并没有限制性的规定，故人身保险的受益人可以为自然人，也可以为法人，投保人、被保险人或者第三人均可以作为受益人；被保险人或者投保人指定数人为受益人的，被保险人或者投保人可以意思表示确定各受益人的受益顺序和受益份额，未确定受益顺序或者受益份额的，受益人按照同等顺序或者相等份额享有受益权。

我国保险法在有关指定或变更受益人的权利归属方面，实行"双轨制"，即被保险人和投保人均有权指定或变更受益人。但观保险法规

---

① 参见《保险法》（2015年）第51条、第52条、第57条、第21条、第22条和第63条。
② 参见《保险法》（2015年）第18条第3款。

定之内容，投保人指定或变更受益人的，应当征得被保险人的同意，而被保险人指定或者变更受益人（包括投保人指定的受益人），则无须投保人的任何意思表示。由此，指定或变更受益人的真正权利人为被保险人。有学者认为："指定受益人的权利配置给被保险人较为妥当，因为投保人虽然是同保险人签订保险合同并交付保费的人，但是保险合同却并不是为投保人的利益而存在的，而主要是为被保险人的利益而存在，在发生保险事故时，被保险人当然享有保险金的请求权。受益人仅仅享有保险金的请求权，这种请求权应当来源于被保险人，而不是投保人。"①

我国保险法对于财产保险，并没有规定或者暗示"受益人"的存在。但是，财产保险有无"受益人"，在我国的保险实务和理论上实实在在是个问题。在我国的保险实务上，投保人在财产保险合同中指定债权人（如银行）为"受益人"已是不争的事实，且得到了保险人与保险管理机构的认可。如此的保险实务，也获得了保险法理论相当程度的支持。有观点认为："广义上的保险受益人不仅存在于人身保险合同中，而且存在于财产保险合同中，泛指保险事故发生后，有权请求和受领保险金的人。""财产保险合同中通常并无保险受益人的概念，请求和受领保险金的权利一般属于被保险人；仅在保证保险、信用保险等保险合同中偶尔使用保险受益人的概念，但其主要指有权请求和受领保险金的债权人，因此不同于狭义上的保险受益人。"②

受益人是有其特定内涵的。并非享有保险合同约定的利益的任何人，都能被称为受益人。享有保险合同约定的给付利益的人，诸如被保险人、人身保险的受益人、责任保险的受害人（第三人）、财产保险标的物的担保权人，其法律地位各不相同，不能以"受益人"加以概括。若受益人没有特定的内涵，则受益人的外延就会是不确定的。③ 尤其应当注意的是，财产保险不存在受益人问题。"财产保险契约之本质，既在'禁止得利'，则于保险事故发生时，受填补损失之人不得因而得利，除被保险人之外，则别无所谓受益人。被保险人即受益人，受益人即被保险人。要保人与被保险人（受益人）同一人，称之为自己利益保险。要保人与被保险人（受益人）不属同一人，则称之为他人利益

---

① 参见王伟《保险法》，格致出版社、上海人民出版社，2010，第178页。
② 参见张秀全《保险受益人研究》，《现代法学》2005年第4期。
③ 参见邹海林《保险法学的新发展》，中国社会科学出版社，2015，第127页。

保险。享有赔偿请求权之人，除被保险人外，并无另有所谓受益人存在。"① 总之，受益人是人身保险项下的特有关系人，不适用于财产保险。

案例参考 8

分期付款信用保险的保险给付请求权人

1999年7月，燕京支行与亚飞公司签订了汽车消费贷款业务合作协议书，协议有效期3年。约定该合作业务的特约汽车经销商应承诺在其推荐的购车人获得燕京支行的消费贷款后，即成为购车人不可撤销的第三方保证人，亚飞公司保证要求购车人购买分期付款信用保险、机动车辆损失险等保险，以上保险的第一受益人为燕京支行。

1999年7月15日，人保东城支公司和亚飞公司签订了机动车分期付款售车信用保险协议，协议约定有效期1年。依照协议约定，人保东城支公司承诺提供最长不超过三年的售车信用保险；条款采用机动车辆分期付款售车实用保险条款；该保险协议是售车信用保险合同的特别约定，与条款不一致之处，以保险协议为准；协议约定，仅为购车的自然人（不包括单位）办理机动车分期付款售车信用保险，并且在未付完购车全款前必须要求购车人在人保东城支公司办理机动车辆损失保险、第三者责任险、盗抢险、不计免赔险及其相关的附加险，人保东城支公司同意亚飞公司将第一受益人的权益转让给燕京支行。对于亚飞公司向购车人以分期付款方式出售的车辆，如购车人未按合同规定履行分期付款义务，则人保东城支公司根据与被保险人、购车人签订的信用保险单、"条款"及保险协议的规定，负责赔偿。2000年6月16日，人保东城支公司和亚飞公司签订了一份与上述协议内容相同的保险协议，约定协议有效期1年，期限届满后，如双方无异议，协议自动顺延。

2002年3月28日，燕京支行与于某某签订了个人消费贷款借款合同，该合同约定：于某某向燕京支行申请贷款人民币71000元，贷款期限3年，贷款月利率6.30‰，合同项下的贷款本息分36期归还，逾期还款，应当支付罚息。2002年3月28日，亚飞公司与杨某某签订个人借款保证合同，约定杨某某为保证人，为借款人于某某提供不可撤销的

---

① 参见杨仁寿《从财产保险契约之本质论为他人利益保险》，《法令月刊》第46卷第9期，第5页。

连带保证责任。同日，亚飞公司与燕京支行签订个人借款保证合同，约定亚飞公司作为保证人，为借款人于某某提供不可撤销的连带保证责任。

2002年3月28日，人保东城支公司签发机动车辆分期付款信用保险单，载明被保险人为亚飞公司、购车人为于某某、担保人为杨某某、投保金额为71000元、保险费为人民币944.30元，保险期限自2002年3月29日零时起至2005年3月28日二十四时止。特别约定该保险为分期付款购车信用保险，不得退保。该保险单所附机动车分期付款售车信用保险条款记载有以下内容：本保险为机动车辆保险的一种特别约定保险；本保险条款的投保人、被保险人是分期付款的售车人；本保险条款中提及的担保人指按照被保险人的要求，受分期付款购车人的请求，为分期付款购车人所欠债务承担连带责任者；对超出保险金额或保险期限的任何欠款，保险人不承担任何赔偿责任；如购车人在规定的还款期限到期3个月后未履行或仅部分履行规定的还款责任，则保险人负责偿还该到期部分的欠款或其差额；如购车人连续未偿还到期欠款，保险人代购车人向被保险人清偿第1期欠款后，于第2期还款期限到期3个月后，向被保险人清偿购车人的所有欠款，赔款金额为欠款金额的80%。

2002年3月28日，燕京支行向于某某发放贷款71000元，用于于某某的个人购车。于某某未按约定归还借款，截至该案庭审之日，于某某尚欠燕京支行借款本金34983元、利息1411.94元及相应的罚息。燕京支行要求人保东城支公司承担未能收回的贷款本金34983元和利息1411.94元的80%赔偿责任。

审理本案的法院认为，燕京支行与亚飞公司之间签订的汽车消费贷款业务合作协议书意思表示真实。依据上述协议，双方共同确定为汽车消费贷款业务提供汽车财产保险和售车信用保险的保险公司为人保东城支公司。上述协议还约定，当购车人连续2个月不能按照借款合同规定归还贷款时，如果亚飞公司因不可抗拒原因不能代偿购车人欠款，则由燕京支行作为保险第一受益人要求保险公司履行相应保险责任，同时燕京支行将对购车人及保证人的追偿权和抵押权转让给保险公司。亚飞公司与人保东城支公司之间签订的机动车分期付款售车信用保险协议，也系签约双方的真实意思表示，内容亦不违反法律规定。根据上述协议内容可以确认人保东城支公司向亚飞公司提供最长不超过五年的售车信用保险；双方约定仅为购车的自然人（不包括单位）办理机动车辆分期付款信用保险，并且在未付完购车全款前必须指定购车人在人保东城支公司办理机动车辆损失保险、第三者责任险、盗抢险、不计免赔险及其相关的附加险，人保东城支公司同意亚飞公司将第一受益人的权益转让给燕京支行。

人保东城支公司所出具的机动车辆分期付款信用保险单，系人保东城支公司的真实意思表示，内容亦不违反法律规定，应属合法有效。由于人保东城支公司所出具的机动车分期付款信用保险单所设立保险责任与借款合同纠纷密切相关，凭借汽车消费贷款业务合作协议书、机动车分期付款信用保险协议，足以认定人保东城支公司在签署相关协议时已明知共同合作汽车消费贷款业务的贷款银行为燕京支行。汽车消费贷款业务合作协议书、机动车分期付款信用保险协议中均涉及将第一受益人的权益转让给燕京支行的内容。"第一受益人"的概念不是我国现行法律制度中的法律概念，系由本案三方当事人自行创设形成。根据上述协议内容，燕京支行在具有第一受益人的身份后，即有权在购车人未按约还清贷款的情况下向人保东城支公司主张机动车分期付款信用保险受益人的权利。本院认为"第一受益人"的概念并不违反法律禁止性规定，应当认定为合同当事人对自身权利义务的处分，应属合法有效。因保险条款中并未约定人保东城支公司应当对逾期付款的利息承担赔偿责任，故燕京支行作为第一受益人有权要求人保东城支公司按照相关协议及机动车分期付款信用保险单的约定对燕京支行所发放的汽车信贷专项贷款本金承担信用保险赔偿责任。2008年9月10日，人保东城支公司与燕京支行就欠贷问题进行协商时，人保东城支公司以函件的形式，提出的按当时实际已发生的机动车分期付款信用保险客户欠款金额承担60%的损失的意见，系其自愿履行部分赔偿责任的意思表示。据此，判决人保东城支公司赔偿燕京支行借款本金20989.80元。①

案例分析指引

1. 分期付款保证保险或信用保险的当事人如何确定？信用保险的被保险人是否应以债权人为限？

2. 本案争议的法律关系有哪些？其中涉及分期付款信用保险的法律关系的主要法律事实有哪些？

---

① 参见北京市西城区人民法院（2009）西民初字第12213号民事判决书。

3. 本案中，亚飞公司可以为分期付款信用保险的投保人和被保险人吗？燕京支行是否应当为涉案保险合同的被保险人？

4. 本案中，分期付款信用保险的保险给付请求权人应当如何确定？燕京支行请求人保东城支公司履行涉案保险合同项下的保险责任的请求权基础是什么？

第六节　保险合同的内容

一　保险标的

保险标的，或称保险合同的标的，或称保险合同的客体，是指受保险合同保障的被保险人的财产和财产利益、被保险人的身体和寿命，即保险合同双方当事人权利和义务指向的对象。因保险标的被区分为财产和人身，故保险合同相应地被分为财产保险和人身保险。财产保险围绕被保险人的财产或财产利益形成权利义务关系，人身保险围绕被保险人的身体或者寿命形成权利义务关系，故作为保险标的的被保险人的财产或者人身构成保险合同不可或缺的要素。不同的保险标的，决定着保险合同的种类和性质。

作为保险合同的客体，保险标的是否应在合同中约定，取决于保险合同的种类。不论保险合同是何种类，保险标的都是特定的，非特定的财产或人身不能作为保险标的，故合同约定保险标的，只是将财产或者人身特定为保险标的的方法。财产保险的标的非经约定，无法特定，保险合同亦无法成立；人身保险的标的为被保险人的身体或者寿命，只要能够确定受保险合同保障的被保险人，就可以固定其保险标的。人身保险合同的保险标的究竟为被保险人的身体或者寿命，抑或身体和寿命二者，依照保险合同的条款内容足以确定。保险标的作为保险合同应当约定的内容，更多地出现在财产保险合同上。

在财产保险合同中明确保险标的，一方面有助于查明被保险人对保险标的有无保险利益；另一方面可以明确保险人承担保险责任的范围，即使是对于法律允许约定为保险标的的财产或者利益，保险合同也可以约定缩小受保险保障的标的物的范围。再者，保险标的不同，保险危险的种类和危险程度也会不同，保险费率也就不同。但是，对于法律规定不得为保险标的的财产或者利益，例如违法财产、违章建筑物等，投保人和保险人不得将之约定为保险合同的标的。①

二 保险费

保险费，是指保险合同约定的投保人应当向保险人支付的对价或金钱。一般而言，保险人依照保险合同约定承担保险责任，以投保人向其交纳保险费作为条件。交纳保险费是投保人的基本合同义务。

保险费通常由保险人的风险成本（风险保险费）、经营费用（费用附加保险费与异常风险附加保险费）以及合理利润（利润附加保险费）三个部分构成。保险费中的风险保险费，被称为"净保费"（net premium），是保险人依照保险期间预期可能发生的全部损失计算出的每一风险单位或被保险人应当分担的份额。但对于长期人身保险合同，除上述三个部分以外，保险费还包括投保人依照约定交纳的具有投资性质的储蓄的部分资金。保险合同一般会对保险费的构成（保险费的计算方法）作出约定。另外应当注意的是，对不以营利为目的的保险公司而言，例如相互保险公司（mutual insurance company），保险人向投保人收取的保险费，主要由保险人的风险成本和经营费用两部分构成而不包括合理利润。投保人所支付的全部保费，被称为毛保费（gross premium）。

但是，保险费的交纳与否，并非保险合同的成立或者生效要件，亦非保险人承担保险责任的先决条件，除非保险合同另有约定。保险费应当一次付清还是分期付清，一般由保险合同加以约定。保险合同约定一次付清保险费的，投保人应当按照约定一次付清保险费；保险合同约定分期支付保险费的，投保人应当在保险合同成立时或成立后依照约定付清第一期保险费，并依照保险合同的约定交纳其余各期的保险费。同时，保险合同应当对保险费的支付地点和方式作出明确的约定。

三 保险期间

保险期间，是指保险人承担保险责任的起讫期间。只有保险事故发生在保险期间内，保险人才应当依照约定向被保险人或者受益人给付保险（赔偿）金。保险期间决定着保险合同当事人的权利义务和关系人的权利的存续与否，并为保险人计算收取保险费的基础，构成保险合同的重要内容。保险合同必须约定保险期间或者保险期间的计

---

① 参见常敏《保险法学》，法律出版社，2012，第51页。

算方法。

例如，保险合同可以约定保险期间自保险单送达之日起起算。以合同约定自送达时起算保险期间的，如果保险合同约定有保险单送达的日期，则以保险单约定的送达日期为保险期间的起算日期，而不论保险单是否已经实际送达。如果保险合同对保险单的送达日期没有约定，则保险期间的起算以投保人或被保险人签收保险单之日为准。具体而言，以邮寄方式送达保险单的，保险期间自保险单到达投保人或被保险人之日起算；以数据电文形式送达保险单的，投保人指定特定系统接收数据电文的，保险期间自该数据电文进入该特定系统之日起算，未指定特定系统的，保险期间自该数据电文首次进入投保人或被保险人的任何系统之日起算。①

除非保险合同另有约定或法律另有规定，保险人的保险责任随着保险期间的起算而开始，保险人的保险责任随着保险期间的届满或完成而终止。保险合同可以约定计算保险期间的具体日期，而不论保险合同的成立日期或生效日期。不同的保险合同对保险期间的约定会有不同，特别是不同的险种会影响保险合同对保险期间的约定。

一般而言，保险期间的始期，即保险人开始承担保险责任的时间。保险合同成立后，投保人按照约定交付保险费；保险人按照约定的时间开始承担保险责任。② 这里所称的保险人开始承担保险责任的"约定的时间"，即保险期间的始期。保险合同对保险期间已有约定，但对保险人开始承担保险责任的时间另有意思表示的，保险人依照其意思表示确定开始承担保险责任的日期。例如，如果保险合同约定有保险期间，并同时约定"在投保人交纳首期保险费之日前，保险人不承担保险合同约定的保险责任"，那么保险人开始承担保险责任的日期，并非该保险合同约定的保险期间的始期，而是投保人交纳首期保险费之日。如果保险合同对保险期间的起算没有作出具体规定，则可以将保险合同的成立日期（一般为保险人出具保险单的日期）作为保险期间的起算日。保险合同的成立日期为事实问题，应当依照保险合同的具体情形加以判断。

保险合同约定的保险期间届满的，保险合同终止，保险人不再承担保险责任。但这并不具有绝对的意义，应当注意以下三点。第一，对于

---

① 参见《合同法》第 16 条。
② 参见《保险法》（2015 年）第 14 条。

保险期间所发生的保险事故，被保险人或者受益人在保险期间届满后要求保险人给付保险（赔偿）金的，保险人不得以保险期间届满予以抗辩。第二，在保险期间发生事故造成保险标的损失，而该损失延续或持续到保险期间届满后仍未结束，保险人对于保险标的在保险期间届满后连续发生的损失，应当承担保险责任。第三，保险期间届满后，保险人对于事故型责任保险（liability insurance on an occurrence basis）的被保险人，仍然负有保险给付责任。事故型责任保险，是指保险人仅以被保险人致人损害的行为或者事故发生在责任保险单的有效期间作为条件，向被保险人承担保险给付责任的保险，而不论第三人的索赔是否发生在保险单的有效期间。对于事故型责任保险，只要保险事故发生在保险期间，即使保险期间届满才发生索赔事件，保险人也应当承担保险责任。①

四　保险金额

保险金额，是指保险合同约定的保险人向被保险人或者受益人给付保险（赔偿）金的基准额。人身保险和财产保险承保的标的虽有不同，但不能不约定保险金额。财产保险不论是否为定值保险，人身保险不论是否为定额保险，均应当约定保险金额。

保险金额作为保险人承担保险给付责任的基准额，其所发挥的作用因人身保险和财产保险而有所不同。人身保险合同约定保险金额，除了为了将其作为计算保险费的依据外，更重要的是将其作为保险人向被保险人或受益人给付保险金的计算依据。人身保险合同约定的保险金额，并不是保险人承担保险给付责任的最高限额，其常被称为"基本保险金额"，构成保险人承担保险给付责任的最低额。财产保险合同约定的保险金额，不仅用于计算保险费，而且用于识别超额保险，保险人仅在保险金额范围内对被保险人所发生的实际损失承担给付保险赔偿金的责任。因此，财产保险合同约定的保险金额，为保险人承担保险给付责任的最高限额；以此为原则，责任保险合同约定的保险金额，又被称为"责任限额"，构成保险人对被保险人致人损害的赔偿责任承担的保险赔偿金的最高限额。

---

① 参见邹海林《保险法教程》（修订第二版），首都经济贸易大学出版社，2004，第82页。

五 保险责任

(一) 保险责任

保险责任,是指保险人依照保险合同约定对被保险人或者受益人应当承担的保险给付义务。保险责任的承担,以被保险人或者受益人为相对人,以保险事故的发生为必要;没有保险事故的发生,就没有保险责任。

保险人仅就保险合同约定的保险事故,对被保险人或者受益人承担保险责任。保险标的因保险事故以外的原因所发生的任何不利益,保险人均不承担保险责任。

(二) 保险事故

保险事故,是指保险合同约定的、引起保险人承担保险责任的偶然发生的事件。保险事故本质上为保险标的所面临的不确定危险,但保险人不可能对保险标的面临的所有危险承担责任,其仅对保险合同约定的特定范围或种类的危险承担保险责任。所以,保险合同必须约定保险责任范围。保险责任范围经保险人和投保人约定,将保险人的责任限定于特定的风险范围。

保险合同对保险事故没有约定或者约定不明,且由以下危险原因造成保险标的损害的,应当认定为保险事故。第一,意外事故造成损害的。除非保险合同另有明文限定,因被保险人不可预料的事件或者不可抗力造成的保险标的的损害,属于保险事故。第二,自己过失造成损害的。除非保险合同另有约定,因投保人或被保险人或其代理人或其受雇人的过失造成保险标的的损害,属于保险事故。第三,履行道德义务造成损害的。投保人或被保险人因履行道德上的义务所造成的保险标的的损害,属于保险事故。履行道德义务,属于社会善良行为,受法律的保护和鼓励,由此造成的保险标的的损害,与道德危险具有性质上的不同,可以而且应当借助于保险分散或消化履行道德义务所造成的损害。[①] 第四,履行防损义务而支出费用的。被保险人在保险事故发生后,为防止或者减少保险标的的损失而支付必要的、合理的费用的,属

---

① 我国澳门特别行政区《商法典》第982条规定:"一、对于被保险人或受益人故意造成之保险事故之损害,保险人不承担赔偿责任。二、上款之规定不适用于彼此为履行道德或社会义务,或为保护彼等与保险人之间之共同利益而造成之保险事故。"

于保险事故。①

(三) 除外责任

除外责任,是指保险合同约定的保险人不承担保险责任的事由。一般而言,除外责任为保险合同约定的限制保险人的给付责任的特有条款,构成保险合同内容的重要组成部分,又可被称为"除外条款"、"责任免除条款"或"不保危险条款"等。前述所称保险人依照约定不承担责任的事由,包括但不限于保险法规定的保险人不承担保险责任的事由,例如被保险人的故意等道德危险。

保险合同为高度自治的合同。保险人和投保人可以在合同中将特定种类的意外事件,如战争、罢工、骚乱等,约定为除外责任;也可以将被保险人的重大过失或者过失约定为除外责任。

在我国保险实务上,凡保险合同约定的保险人不承担保险责任的所有事故、事件、危险或者原因,均被称为除外责任,而不论这些保险人不承担保险责任的事由是否为保险法所规定。例如,我国保险法规定的被保险人故意造成保险标的损害,即法定之保险人不承担保险责任的事由,但保险合同条款在约定除外责任时,还是会将这样的事由作为除外责任写入保险合同。保险法规定的保险人不承担保险责任的法定事由,被称为"法定除外责任",但其效力并非源自保险合同的约定,与保险合同约定的除外责任性质不同,应当予以注意。对于保险合同将"法律、行政法规中的禁止性规定情形"约定为格式条款中免除保险人责任的事由,只要保险人对该条款作出了提示,则被保险人或者受益人不得以保险人订约时未履行明确说明义务为由主张该条款不生效力。②

六 保险给付

保险给付,是指保险人向被保险人或者受益人履行保险责任的行为。保险人应当依照保险合同约定的承担保险责任的条件、数额、时间、方式和地点为保险给付;迟延给付的,应当承担违约责任。

保险合同对保险给付的时间和方式有约定的,保险人为保险给付应当从其约定;没有约定的,应当依保险法的规定。例如,保险人收到被保险人或者受益人的赔偿或者给付保险金的请求后,应当及时作出核

---

① 参见《保险法》(2015 年) 第 42 条。
② 参见最高人民法院《关于适用〈中华人民共和国保险法〉若干问题的解释 (二)》第 10 条。

定；情形复杂的，应当在 30 日内作出核定，但合同另有约定的除外。保险人应当将核定结果通知被保险人或者受益人；对属于保险责任的，保险人应在与被保险人或者受益人达成赔偿或者给付保险金的协议后 10 日内，履行赔偿或者给付保险金义务。保险合同对赔偿或者给付保险金的期限有约定的，保险人应当按照约定履行赔偿或者给付保险金义务。①

保险给付以金钱给付为原则，以替代给付为例外。保险合同对替代给付没有约定的，保险人不得以替代给付为保险给付，应当以金钱给付履行保险给付义务。

金钱给付，为保险给付的基本方式，即向被保险人或受益人支付合同约定的保险赔偿金或保险金。

除非保险给付在性质上不能以替代给付为之，保险人可以依照保险合同的约定，以替代给付的方式履行保险给付义务。替代给付，是指保险合同约定的、不以金钱给付履行保险给付义务的其他方式，例如，恢复原状、更换保险标的或提供特定目的的服务等。替代给付的主要方式为恢复原状（例如修理）和更换。例如，保险合同约定在发生保险事故后，应当修理或者修复保险标的的，保险人可以修理受损保险标的而使其恢复到受损前的状态，以履行保险给付义务。

案例参考 9

保险人诉请财产保险费的交纳

1995 年 11 月 25 日，某钟表公司向保险公司提出财产保险要求，投保楼宇结构等不动产人民币 280 万元；投保机器设备、用具、工具、库存物、成品半成品等动产，计美元 90 万元。保险公司同意承保并签发了保单，附明细表及保险条款。明细表注明：保险费率为 0.35%，即不动产的保险费为人民币 9800 元，动产的保险费为美金 3150 元。保险期限为 1995 年 11 月 28 日至 1996 年 11 月 27 日。保单未明确规定保险费付费方法及保险责任开始时间，但在保单首部确定，鉴于被保险人已向保险公司付清明细表上指定的保险费，保险公司同意根据保险条款，在保险期间，如保险财产因意外灭失、毁坏或损毁，赔偿被保险人保险财产在其发生灭失或损毁时的实际价值，或给予受损毁保险财产，

---

① 参见《保险法》（2015 年）第 23 条第 1 款。

或受损毁部分以修复或更换作为赔偿（以下简称"鉴于条款"）。被上诉人某钟表公司未签收保单。1996年7月26日，被上诉人支付上诉人保险公司保险费人民币9800元，保险费美金3150元未付。保单背面所附保险单条款第15条约定有仲裁条款，1997年，保险公司致函被保险人，就欠交保费争议选择法院管辖征求被保险人是否同意。1997年7月22日，被保险人传真同意选择法院管辖。保险公司诉至法院请求被保险人交纳欠交的动产部分的保险费美金3150元。

一审法院认为，被保险人提出保险要求，保险公司同意承保并签发了保单，虽然被保险人未签收，但事后被保险人按保单规定付清了不动产部分的保险费，并就争议同意选择法院管辖，视作被保险人已收到保单，故保险合同成立。由于合同未明确保险费付费日期及保险责任开始的具体日期，而保险单首部的"鉴于条款"应视作以被上诉人先付清保险费为生效条件的保险合同。附条件的民事行为在符合所附条件时生效，鉴于被上诉人付清了不动产部分的保险费，对于动产部分的保险费，被上诉人未付，故保险合同中有关不动产的部分已生效，而有关动产的部分并未生效，上诉人要求被上诉人支付动产部分的保险费依据不足，不予支持。据此判决驳回保险公司要求被保险人支付保险费美金3150元的诉讼请求。保险公司不服一审判决，提起上诉。

二审法院经审理认为，被保险人提出保险申请，保险公司同意承保，并签发保单，被上诉人按保单规定的保险费率付清了不动产部分的保险费，并就争议同意选择法院管辖，本案争议的保险合同成立，依法有据。一审法院将保险单注明的"鉴于条款"视作本案争议的保险合同的生效条件，并以被保险人未付动产部分的保险费为由认定保险合同中有关动产的部分未生效，无事实与法律依据。被保险人在保险合同成立后，未向保险公司提出退保要求，故被保险人应按约支付保险费。保险公司要求被上诉人支付动产部分的保险费并无不当，应予支持。故判决撤销一审法院的民事判决，被保险人应于判决生效之日起10日内给付保险公司保险费美金3150元。[1]

案例分析指引

1. 财产保险的保险人是否可以诉请投保人交纳保险费？

---

[1] 参见上海市第一中级人民法院（1998）沪一中经终字第487号民事判决书。

2. 本案争议的财产保险合同是否成立？本案中能够支持保险合同成立的法律事实主要有哪些？

3. 交纳保险费和保险合同的成立或生效有什么关系？本案争议的财产保险的投保人未交纳保险费的事实是否具有否定保险合同效力的效果？

4. 保险合同成立并生效的，投保人交纳保险费的义务应当如何履行？

5. 本案中，投保人直到保险期间届满都没有交纳保险费，而保险人也没有要求投保人交纳保险费，考虑到本案争议的"鉴于条款"，又该得出什么意见呢？

案例参考 10

保险人对保险期间内发生的保险事故承担责任

2012年9月，甲保险公司签发以张某某为被保险人的意外伤害保险单，保险期间1年。2013年9月，乙保险公司签发以张某某为被保险人的人寿保险单。2013年6月17日，张某某在保险期间内不慎被热滚轮挤压伤右手中指，在某医院就诊并入院治疗，所花费的医疗费基本已经由甲保险公司给付。其后，因需要二次手术，张某某再次住院治疗，又花去医疗费46378.70元，连同第一次住院治疗尚未理赔的246.30元，共计46625元。张某某第二次住院治疗时，甲保险公司承保的意外伤害险的保险期间已过，但乙保险公司承保的人寿保险的保险期间尚未届满。张某某多次就第二次住院医疗费事宜，向甲保险公司和乙保险公司要求理赔，要求甲保险公司在约定的保险责任限额内承担保险责任，余额由乙保险公司承担保险责任。甲保险公司认为，张某某第二次住院治疗已超出保险期间，不予理赔；乙保险公司认为，张某某遭受的意外伤害不属于其承保的险种约定的保险期间内的保险事故，其不承担保险责任。

审理本案的法院认为，张某某和保险公司双方签订的保险合同，系双方当事人的真实意思表示，不违反法律、行政法规的强制性规定，合法有效。合同签订后，被保险人张某某受到意外伤害系在甲保险公司承保的意外伤害险的保险期间内，对于住院治疗产生的费用，应在合同双方约定的责任数额63000元内进行赔付。保险公司已经赔付了张某某第一次医疗费39727.67元，余额23272.33元亦应赔付。

张某某第二次住院虽不在意外伤害险的保险期间内，但其所受意外伤害系在保险期间内，二次住院治疗系对意外伤害之伤的治疗，故甲保险公司应予赔偿。张某某所受意外伤害发生在乙保险公司签发人寿保险单之前，该保险并未约定意外伤害险的项目，因此乙保险公司不应对张某某承担保险责任。①

案例分析指引

1. 什么是保险期间？对于保险期间内发生的事故，保险人是否都应当承担责任？

2. 什么是保险事故？保险人对保险事故造成的被保险人的不利益是否应当承担保险责任？

3. 本案中，张某某所受意外伤害发生在保险期间，是否为保险事故？张某某的第二次医疗支出费用是否属于意外伤害保险约定的保险事故？

4. 本案中，张某某因为第二次就医而花费的医疗费用，是否为在人寿保险合同约定的保险事故中产生的应当由保险公司承担的寿险项下的保险责任？

第七节 保险合同的形式

一 形式自由原则

保险合同的形式自由，为我国保险法贯彻合同自由原则的重要内容之一。投保人和保险人可以采用口头、书面或者其他形式订立保险合同。

在民法理论上，合同有要式合同和非要式合同之别。要式合同的成立，以当事人采用特定的形式为要件；对于非要式合同，合同的成立不以当事人采用特定形式为要件，当事人可以采用任何形式订立合同。依照我国保险法的规定，保险合同为非要式合同。②

---

① 参见《张某某诉大地财产保险、中国人寿保险股份公司意外伤害保险合同纠纷案》，中国法院网，http://www.chinacourt.org/article/detail/2014/11/id/1491402.shtml。

② 参见《保险法》（2015年）第13条。

保险单或者其他保险凭证，为保险合同的基本形式。但应当注意的是，保险单或保险凭证并非保险合同的唯一形式，即使订立保险合同采用保险单载明保险合同的内容，投保人填妥并签名的投保单所记载的内容，也同样构成保险合同的权利义务的组成部分，投保单也是保险合同的形式。所以，保险合同的形式具有多样化的特点，包括了投保人和保险人在订立保险合同过程中所采用的各种形式，如口头形式、投保单、保险单、保险凭证、合同书、确认书等。

二　口头形式

理论上，保险合同可以采用口头形式订立。保险合同成立后，保险人应当及时向投保人签发保险单或者其他保险凭证。保险单或者其他保险凭证应当载明当事人双方约定的合同内容。当事人也可以约定采用其他书面形式载明合同内容。① 虽然保险合同应当采用像保险单或其他保险凭证这样的书面形式，但保险法并没有规定投保人和保险人不得口头订立保险合同。

一般而言，以口头形式订立合同，具有交易简便、交易迅捷、节约交易成本等诸多优点。人们在现实生活中进行即时交易或者小额交易时广泛采用口头合同的形式。但口头合同因为欠缺记载合同内容的载体，在当事人之间发生争议时，对于合同是否成立以及当事人约定的合同内容如何，因证据的采集有相当的难度，对当事人难以提供充分有效的救济。对于不能即时完成的交易或者金额较大的交易，并不适宜采用口头合同。保险实务中，保险合同为机会性合同，所涉及的利益为将来的利益，权利义务关系极具复杂性，采用口头合同，若发生纠纷，对被保险人、受益人和保险人均难以提供有效的救济。保险合同对于保险责任的承担更有众多的条款限制，如免除保险人的责任，若以口头形式订立保险合同，几乎难以完成投保人和保险人意思表示交换这一复杂过程。

保险合同采用口头形式，在个别情形下还是具有意义的。投保人通过电话或者对话向保险人的代理人提出保险要约，保险代理人按照投保人的要求确定保险费率和保险条件后，口头通知投保人接受承保，保险合同也能够成立。但是，在口头保险合同成立后，如果保险人依照保险法的规定签发书面的保险单或保险凭证，则当事人在保险单或保险凭证签发前所形成的口头合同或承诺的证据意义，原则上均告失效。再者，

---

① 参见《保险法》（2015年）第13条。

被保险人或受益人主张口头合同项下的保险权利或利益时，应当承担举证责任。当书面保险合同的约定不明确或者有多种解释时，被保险人可以口头保险合同作为其主张权利或进行抗辩的理由；在极为特殊的情况下，口头保险合同还可以用来补充或解释书面保险合同。

三　书面形式

保险实务中，保险合同一般采用书面形式，常用的书面形式主要有投保单、保险单、保险凭证、暂保单、保险合同书等。

（一）投保单

投保单，又称为投保书，是指保险人预先备制的、供投保人提出保险请求时使用的格式书据。投保单一般会载明投保人订立保险合同的主要条件，诸如投保人及被保险人（受益人）的姓名和住址、保险标的、保险金额、保险费率、保险期限等。当保险人使用格式条款订立保险合同时，投保单还应当附上格式保险条款。

为便于投保人履行如实告知义务，投保单通常还包括保险人就保险标的或者被保险人的情况所提出的询问事项；投保人在填写投保单时，应当一并如实回答保险人的询问。

投保单本身并非保险合同的书面形式，而只是投保人向保险人提出保险要约的书面形式。但是，投保人填妥并签名的投保单，在呈交保险人后，经保险人同意承保，保险合同成立，投保单即构成保险合同的组成部分，成为书面保险合同的一部分。

保险合同因保险人接受投保人的投保请求而成立，投保单记载的内容属于保险合同的组成部分。原则上，投保单记载的内容优先于保险单或保险凭证的记载。保险单记载的内容与投保单记载的内容不一致时，除非保险合同不成立或者投保人与保险人另有意思表示，应当按照投保单的记载解释保险合同。[①] 我国司法实务也认为，投保单的记载与保险单或者其他保险凭证不一致时，以投保单为准；但不一致的情形系经保险人说明和投保人同意的，以投保人签收的保险单或者其他保险凭证载明的内容为准。[②]

[①] 参见邹海林《保险法教程》（修订第二版），首都经济贸易大学出版社，2004，第66页。

[②] 参见最高人民法院《关于适用〈中华人民共和国保险法〉若干问题的解释（二）》第14条。

(二) 保险单

保险单，简称保单，是指保险人交付给投保人的、记载保险权利义务关系的正式书面凭证。保险单应当记载保险合同的全部内容，包括保险人、投保人，以及被保险人的名称（姓名）和住所，有受益人时，受益人的姓名（名称）和住所；保险标的或者保险种类；保险危险和除外责任；约定保险期限的，期限的计算方法；保险金额或保险责任限额；保险费及其支付方式；保险金给付方式，以及订立保险合同的时间；等等。通常，在保险单的背面，印刷有适用于该保险的格式保险条款。

保险单是保险人在保险合同成立后签发的，其内容应当与投保单记载的内容一致。保险单的签发，不仅具有证明保险合同已经成立的证据效力，而且具有解释保险合同的内容以确定当事人权利义务关系的证据效力。

实际上，保险单并非保险合同形式的全部，其仅仅是保险合同形式的一部分。保险单可以用于证明保险合同的成立，但其并非保险合同成立的要件。订立保险合同时，除非投保人和保险人约定保险单的签发为保险合同成立或者生效的条件，保险单签发之前发生保险事故的，保险人依照保险合同应当承担保险责任。保险合同成立后，保险人有及时交付保险单的法定义务。保险单一经交付投保人，除非有打印错误或者保险单记载的内容不同于投保单的记载的情况，应当以保险单所载明的条款或条件来解释保险合同的内容。

保险单是否为有价证券？一般而言，具有现金价值的人身保险单为有价证券，可以转让或者设定担保。财产保险单不具有交换价值，不得转让或者设定担保；但是，在保险标的发生保险事故后，财产保险单具有价值，可以转让或者供作担保。

(三) 保险凭证

保险凭证，又称小保单，是指简化了内容和格式的保险单。对于某些险种，依照保险惯例，可以简化订立保险合同的单证手续，保险人会向投保人出具保险凭证。保险凭证不列明具体的保险条款，只记载投保人和保险人约定的险种名称和主要保险内容。

虽然保险凭证没有记载保险合同的全部内容，但其和保险单具有相同的法律效力。保险人向投保人出具保险凭证的，不再签发保险单。保险凭证未记载的内容，以相应险种的保险条款的记载为准。保险凭证记载的内容和相应险种的保险条款载明的内容不一致的，以保险凭证的记载为准。

(四) 暂保单

暂保单,又称临时保单,是指保险人或者其代理人在同意承保风险之前临时向投保人签发的保险凭证。保险人签发暂保单,仅对被保险人提供临时性的保险保障。暂保单的内容,与投保人向保险人提交的投保单的记载可能有所不同,故不能用暂保单来证明保险人已经同意承保投保人在投保单中要求的保险。

暂保单适用于保险人已收到投保要求但尚未作出承保决定之前。投保人向保险人提交投保单后,保险人愿意为被保险人提供临时保障的,可以签发暂保单,保险权利义务关系应当依照暂保单的记载予以确定。暂保单一旦签发,即为独立有效的保单,只不过保险人所提供的保障期限较短、保险金额可能较低,甚至保险责任范围可能更为狭小。在这个意义上,暂保单是投保人和保险人之间成立的临时保险合同的唯一书面形式。投保人填妥并签名的投保单,不能用以解释暂保单的内容。暂保单的期限一般较短,保险人在出具保险单之前,可以随时通知投保人终止暂保单的效力。

订立保险合同一般不用暂保单。保险实务中,保险人使用暂保单的情形主要有:(1) 保险代理人争取到保险业务但尚未向保险人办妥保险单或保险凭证之前;(2) 保险公司的分支机构接受投保而在程序上须请示保险公司审批的;(3) 保险人和投保人就标准保险单的条款达成一致,但就标准保单记载以外的个别事项尚未达成一致,而保险人原则上又同意承保的。

保险人在保险合同成立后向投保人签发保险单的,暂保单所载的各项条件,均被保险单的记载吸收,暂保单自动失效。

(五) 其他书面形式

保险合同的其他书面形式,主要是指保险合同书或者保险协议书。保险合同书是保险人与投保人签字盖章、用以记载保险权利义务关系的书面合同或协议。采用保险合同书订立保险合同的,应当约定以下各项内容:保险人的名称和住所;投保人、被保险人的姓名或者名称和住所,以及人身保险的受益人的姓名或者名称和住所;保险标的;保险责任和责任免除;保险期间和保险责任开始时间;保险金额;保险费以及支付办法;保险金赔偿或者给付办法;违约责任和争议处理以及订立保险合同的日期等。[①]

[①] 参见《保险法》(2015年)第18条。

第二章　保险合同

> 案例参考 11

财产保险合同的形式

1996 年 2 月 10 日，某造纸厂向保险公司投保企业财产险。双方约定保险期限自 1996 年 2 月 11 日 0 时起至 1997 年 2 月 10 日 24 时止。某造纸厂遂填具了投保单，投保单上注明的其要投保的企业财产项目及保险金额分别为：固定资产，保险金额 500 万元人民币；流动资产，保险金额 300 万元人民币，其中包括原材料、燃料和低值易耗品各 100 万元人民币。保险公司当日收到某造纸厂的投保单后经审查同意承保，其经办人员王某在该投保单上签字盖章。某造纸厂交纳保险费后，保险公司即出具了保险单。由于王某的疏忽，保险单上所列的某造纸厂的投保财产项目中"流动资产"一栏，未按投保单上的内容载明其原材料、燃料和低值易耗品三个项目。某造纸厂亦未提出异议。1996 年 7 月 13 日，某造纸厂因电线起火发生火灾，虽然组织人员努力扑救，但仍烧毁价值 28 万元人民币的财产。事故发生后，某造纸厂即向保险公司提出索赔，要求保险公司支付其 28 万元人民币的全部财产损失。保险公司则以产品即 10 类纸张不属于保险范围规定的流动资产为由拒付保险金。为此双方发生纠纷，某造纸厂诉至法院。

法院经公开审理后认为，某造纸厂和保险公司双方于 1996 年 2 月 10 日订立的企业财产保险合同为有效合同。某造纸厂投保的企业流动资产 300 万元人民币，虽未在保险单上载明其财产具体形式，但投保单上却记载明确，故应以投保单所载明内容为准。某造纸厂因火灾导致的 8 万元人民币的 10 类纸张的产品损失并非投保单上所标明的企业流动资产，某造纸厂主张保险公司支付 28 万元人民币的全部财产损失缺乏依据。遂判决保险公司支付某造纸厂固定资产损失 20 万元人民币，驳回某造纸厂的其他诉讼请求。①

> 案例分析指引

1. 投保单和保险单是否为保险合同的当然组成部分？投保单和保

---

① 参见刘文华主编《银行业务票据保险案例精选精析》，法律出版社，1999，第 80 页下。

险单记载不一致时,如何确定保险合同的内容?

2. 本案中,投保单和保险单记载了涉案财产保险合同的什么法律事实?

3. 本案中,投保单记载的内容对于解释涉案财产保险合同的内容有什么法律意义?

第八节　保险合同的条款

一　保险合同的条款之意义

保险合同的条款,是指经保险人和投保人约定而载明于保险合同或者并入保险合同、作为其内容和用以明确投保人和保险人、被保险人(受益人)相互间的权利和义务分配的条文。保险合同的条款,形成于投保人和保险人订立保险合同的意思表示的合意。

原则上,保险合同的条款是保险权利义务关系的表达形式,为保险人承担保险责任、被保险人或者受益人享受权利和利益的依据。

二　格式保险条款和商定保险条款

按照条款的不同形成方式,保险合同的条款可以分为格式保险条款和商定保险条款。

(一) 格式保险条款

格式保险条款,是指订立保险合同时,保险人事先拟定的、投保人只能表示接受而被加入合同的条款。现代保险业已基本实现了保险合同的格式化,格式保险条款成为表达保险合同内容的基本形式。格式保险条款的运用实现了保险合同作为服务产品的规格化,足以降低保险运营的成本。

格式保险条款具有四个主要特征:第一,保险条款由保险人单方面预先拟定;第二,保险条款实现了标准化,是定型化或格式化的条款;第三,保险条款规定各险种的基本事项;第四,保险条款一经订入保险合同,即对双方当事人产生相应的法律约束力。[1]

就格式保险条款而言,因为长期的保险业务实践形成了众多的常见

---

[1] 参见温世扬主编《保险法》,法律出版社,2003,第73~74页。

保险条款，包括但不限于如实告知义务条款、不可争议条款、保证条款①、保险事故通知条款、保险索赔条款、保险理赔条款、保单终止效力条款、附加保险条款、保险弃权条款等；在人身保险的场合，还有保险单转让条款、保单复效条款、保单质借条款、自杀条款、年龄误保条款、交费宽限期条款等；在财产保险的场合，还包括防灾减损条款、危险程度显著增加条款、免赔额条款、无赔款优惠条款、不论是否灭失条款、保险标的转让条款、保险代位权条款等。

订立保险合同时，投保人对格式保险条款只能表示接受，不能提出更改。但投保人可以和保险人协商以商定条款取代格式保险条款。格式保险条款之所以能够被纳入保险合同而具有约束力，前提条件是投保人订立保险合同时具有接受格式保险条款的意思表示。订立保险合同时，格式保险条款经投保人接受而直接被纳入保险合同发生效力。

格式保险条款在订约时限制了投保人意思表示的自由，保险法对保险人使用格式保险条款附加了多方面的限制：保险人制定的格式保险条款，应当在保险监督管理机构备案或者经批准；订立保险合同时，保险人向投保人提供的投保单应当附格式保险条款，且格式保险条款的内容应当公平、合理；格式保险条款发生争议的，按照通常理解有两种以上的解释时，应当作有利于被保险人或者受益人的解释。

（二）商定保险条款

商定保险条款，又称意定保险条款，是指投保人和保险人订立保险合同时通过协商载明于保险合同中的条款。商定保险条款是当事人经过"协商"而达成合意的产物。订立保险合同时，在性质上只能经当事人协商才能达成一致的条款，例如确定被保险人或受益人的条款、确定保险标的的种类或者范围的条款、保险金额条款、确定保险费的条款等，必须为商定保险条款。商定保险条款是投保人和保险人意思表示一致的结果，故投保人和保险人可以约定任何形式和内容的保险条款，只要这些条款不违反保险法的强制性规定或者社会公共利益。

另外，凡格式保险条款没有规定的事项，投保人和保险人只能以商定保险条款对此作出约定，例如保险合同中经常使用的"特别约定"。

三 基本险条款和附加险条款

按照条款在保险合同中的独立地位与否，保险合同的条款可以分为

---

① 关于保证条款，参见本书第42页。

基本险条款和附加险条款。

（一）基本险条款

基本险条款，是指保险合同中就承保的特定风险而约定的保险责任条款。投保人和保险人订立保险合同，原则上都是就基本险条款而展开的。当事人就基本险条款达成一致的，形成独立的保险合同。

（二）附加险条款

附加险条款，是指依据投保人的要求，保险人在基本险条款之外增加承保危险的条款。附加险条款的约定，实际上扩大了保险合同约定承保的特定危险的范围。对于保险人在保险合同中不予承保的危险，可以附加险条款的方式将其纳入保险人的承保危险范围。在这个意义上，附加险条款是相对于基本险条款而言的。没有附加险条款，也就没有基本险条款；没有基本险条款，更无从谈起附加险条款。

投保人和保险人不能单独约定附加险条款，只能在约定基本险条款的基础上适用附加险条款。在保险合同中使用附加险条款，能够适应投保人分散保险标的危险的多种需求，对于补充保险人已经适用的定型化保险合同以增加承保的保险危险和扩大保险业务规模，均有现实意义。

四 特约条款

特约条款，是指投保人和保险人在保险合同中就有关保险的任何权利、义务或者条件作出特别约定的条款。特约条款只是保险合同的条款的一部分，仅以商定保险条款为限。特约条款的意义主要在于，通过保险合同当事人的特别约定，提高保险合同已有的各种条款的约束力。只有特约条款获得了有关利害关系人的遵守，保险合同分散保险标的危险的目的才能有效达成。

一般而言，就下列事项可以成立特约条款：第一，有关保险合同约定的当事人或者关系人的权利；第二，有关保险合同约定的当事人的义务或者"被保险人的义务"（事实上是投保人对保险人的保证）；第三，有关确认特定事实的约定。我国保险法对特约条款的性质或者使用未作任何描述，实务中使用的保险单"特别约定"部分所填写的内容，是否均为特约条款，也是值得讨论的。保险实务中，特约条款主要用于补充保证条款，可以通过特约条款增加保证条款的内容。如此一来，特约条款构成保险合同的"保证条款"的补充或附加，或者是对格式保险条款的替代或变更。特约条款未能获得满足的，保险人有权解除保险合同，或者在发生事故时对被保险人或者受益人不承担保险责任。因特约条款具有以上意义，故保险合同中的特约条款，其效力优先于保险合同中的其他条款。

案例参考 12

违反保险公司内部承保规则签发保险单

1999年11月2日，孙某夫妇每人向保险公司申请了投保保险金额为100万元的人寿保险，并缴纳了保险费。11月3日，保险公司同意承保并签发了正式保单。保单约定保险公司开始承担保险责任的时间为11月3日零时。11月4日，孙某夫妇在外出途中发生车祸，当场死亡。保单受益人孙某夫妇的父母向保险公司索赔。保险公司认为，根据该公司有关投保的规定，人身保险合同金额巨大的，应当报总公司批准并且必须经过体检后方可承保。孙某夫妇的投保违反了保险公司关于投保方面的规定，故该保单并没有发生法律效力。保险公司据此作出了拒赔决定。孙某夫妇的父母不服，向法院起诉，要求保险公司承担给付保险金的责任。

在审理过程中，存在两种不同的意见。一种意见认为，企业内部的规定，只要不与法律、法规相抵触，就应当是有效的，可以作为判案的依据。该案中的保险合同的成立，违反了保险公司的投保规定，因此，保险合同无效，保险公司不承担给付保险金的责任。另一种意见认为，保险公司的内部规定，投保人并不知晓，因此对投保人不具有约束力，该保险合同应为有效合同，保险公司应承担给付保险金的责任。

审理本案的法院认为，该案中的保险合同违反了保险公司的投保规定，故保险合同无效，保险公司应将预收的保险费返还孙某夫妇的父母，驳回孙某夫妇父母的诉讼请求。在法院判决后，保险公司出于人道主义的考虑，给予了孙某夫妇的父母80万元的一次性通融赔付。孙某夫妇的父母表示接受并放弃了上诉。

案例分析指引

1. 本案争议的保险合同是否已经成立？其法律事实如何？
2. 已经成立的保险合同会因为什么原因而无效？本案中，涉案保险合同是否有法定或者约定的无效原因?

3. 保险公司的内部承保规则如何才能订入保险合同？本案中，保险公司的内部承保规则是否为格式保险条款？是否为格式保险条款的组成部分？是否已经依照当事人的意思订入保险合同？

4. 本案中，有关保险公司承担保险责任与否的正当性理由分析是否具有说服力？

5. 应当以什么法律规定作为处理本案争议的依据？

思考题

1. 如何理解和适用保险法上的诚实信用原则？
2. 保险合同有哪些主要特征？
3. 如何认识投保人的法律地位？
4. 如何认识被保险人的法律地位？
5. 保险期间的法律意义有哪些？
6. 什么是格式保险条款？

扩展阅读

1. 江朝国：《保险法基础理论》，中国政法大学出版社，2002，第31~46页（保险契约之概念）。

2. 梁宇贤：《保险法新论》（修订新版），中国人民大学出版社，2004，第98~109页（保险契约之内容）。

3. 〔美〕小罗伯特·H. 杰瑞、〔美〕道格拉斯·R. 里士满：《美国保险法精解》（第四版），李之彦译，北京大学出版社，2009，第145~156页（被保险人）。

4. 邹海林：《保险法学的新发展》，中国社会科学出版社，2015，第99~112页（投保人的法律地位）、第98~140页（保险合同的要素论）。

第三章　保险合同的效力

> **要点提示**
> - 保险合同的成立
> - 保险人的说明义务
> - 格式保险条款的说明
> - 免除保险人责任条款的明确说明
> - 询问和如实告知义务的履行
> - 保险合同因违反告知义务而解除
> - 保险利益的意义和特征
> - 保险给付请求权
> - 投保人的合同解除权
> - 保险人的合同解除权

第一节　保险合同的成立

一　投保和承保规则

投保人提出保险要求，经保险人同意承保，保险合同成立。保险合同成立后，保险人应当及时向投保人签发保险单或其他保险凭证。保险单或其他保险凭证应当载明当事人双方约定的合同内容。依法成立的保险合同，自成立时生效。[①] 这是我国保险法对保险合同的成立作出的一

[①] 参见《保险法》（2015年）第13条。

般性表述，没有直接涉及保险合同成立的法律事实。

保险合同究竟应当如何成立？依照保险法的规定，尚难以作出具体的判断。保险法所称"投保"和"承保"是否与合同法上所称合同成立之意思表示"要约"和"承诺"具有相同的意义，也是值得讨论的。在理论和实务上，合同法有关合同成立的要约与承诺规则以及其他合同成立的规则，应当适用于保险合同的成立。

原则上，保险合同的订立应当经过保险要约与承诺这样一个意思表示交换的过程，受要约人对保险要约作出承诺，为保险合同成立的标志。以承诺生效为条件订立保险合同的，保险合同的成立时间原则上为承诺的生效时间。以签订确认书为条件订立保险合同的，保险合同成立于签订确认书之时。以签字或盖章为条件订立保险合同的，保险合同成立于投保人和保险人在合同书上签字或盖章之时。除非保险人和投保人另有约定，保险合同的成立不以保险人交付保险单或者保险凭证为条件。[1]

应当特别注意的是，目前在我国的保险实务中出现了一种简易便捷的订立保险合同的形式——以卡式电子保单订立合同。保险人将某个险种做成保险卡，凡符合保险人规定条件的投保人均可以购买保险卡，按照保险卡的提示、说明或要求，将投保人和被保险人的个人资料上传至保险人接受信息的网络终端或平台，"激活"保险卡生成电子保险单。一般而言，以卡式电子保单订立保险合同，具有方便、快捷和成本低廉的特点；但是，保险人将保险合同订立时的条款之说明和重要事实的告知全部放置于收取保险费后的保险卡"激活"阶段，使得保险合同的成立和生效更具不确定性，容易引发纠纷。

二 保险要约和承诺

通常而言，保险合同的成立要经过"保险要约"与"承诺"这样的过程。以保险要约和承诺订立保险合同的，受要约人对保险要约作出承诺，为保险合同成立的标志。保险合同的成立时间，原则上为承诺的生效时间。[2] 依法成立的保险合同，对投保人和保险人产生合同成立的约束力，当事人双方不得任意变更保险合同的内容。

---

[1] 参见邹海林《保险法教程》（修订第二版），首都经济贸易大学出版社，2004，第55~56页。

[2] 参见《合同法》第25条。

（一）保险要约

要约是要约人向受要约人提出的订立合同的意思表示。提出订立合同的意思表示的当事人，为要约人；收到要约人订立合同的意思表示，并可以决定是否与要约人订立合同的当事人，为受要约人。《合同法》第 14 条规定："要约是希望和他人订立合同的意思表示，该意思表示应当符合下列规定：（一）内容具体确定；（二）表明经受要约人承诺，要约人即受该意思表示约束。"

保险要约，是指保险要约人向保险受要约人提出订立保险合同的意思表示。通常情形下，保险要约人是投保人。

（二）保险要约人

原则上，投保人为保险要约人。保险人是否可以发出要约而成立保险合同？我国保险法未有规定。实际上，保险要约为意图订立保险合同的意思表示，其并不以投保人所为意思表示为限。保险合同的订立，通常由投保人发出要约。

但以下情形的意思表示，即使是保险人发出的，也可以成立保险要约。

1. 保险人提出的反要约

保险人就投保人提出的保险要约，附加新条件或者变更投保人在投保单上填写的内容，签发保险单或者作出接受投保的意思表示，构成投保人的保险要约的反要约。保险人对投保人提出的投保条件，包括但不限于保险标的、保险价值、保险金额、保险期间、保险责任范围、保险赔偿的给付、纠纷的解决办法等，作出不同但表示接受的任何意思表示，属于保险人提出的反要约。

2. 保险人所为迟延承诺的意思表示

投保人向保险人提出投保请求后，投保人确定的承诺期间或者合理的期间已经届满，保险人才作出接受投保的意思表示的，不具有承诺的效力，除非投保人及时通知保险人该承诺有效，此时成立新要约。[①] 于此情形，保险人迟延承诺的意思表示，为保险要约。

3. 保险人依要约邀请所为意思表示

投保人发出的希望保险人提出订立保险合同的意思表示，例如保险招标公告，不得以要约对待，应当认定其为保险要约邀请。[②] 保险人依

[①] 参见《合同法》第 28 条。
[②] 参见《合同法》第 15 条第 1 款。

照投保人提出的保险要约邀请，向投保人发出订立保险合同的意思表示的，如果该意思表示符合要约条件，则构成保险要约。

4. 视为要约的保险商业广告

保险人在保险展业过程中所发出的商业广告，如果该商业广告的内容或条件已经确定，或者该商业广告符合要约条件，则该保险商业广告应当被视为保险要约。[①]

（三）保险要约的成立要件

保险要约的成立，应当符合以下条件。

1. 保险要约仅以要约人向受要约人所为的意思表示为限

保险要约仅限于要约人向受要约人作出的包含订立保险合同全部条件的意思表示。要约人向不特定的人作出的包含订立保险合同全部条件的意思表示，不构成保险要约。要约人为投保人时，其可以是任何民事主体，至于其是自然人、法人还是合伙企业，其是本人还是代理人，在所不问；但受要约人必须是依法设立的经营保险业务的保险公司或其他保险组织。

2. 保险要约的内容应当具体确定

保险要约的内容具体确定，是指要约人提出的订立保险合同的意思表示所包含的订立合同的各项条件具体、明确和完整。保险要约一般应当包括以下条件：保险人和投保人的姓名（名称）、住所，被保险人或受益人（如有）的姓名（名称）、住所，保险标的，保险金额或者保险责任限额，保险责任范围，保险费及其交付，保险期间，保险金给付，订约的时间和地点等。

3. 保险要约应当有订立保险合同的目的

有订立保险合同的目的，为保险要约区别于投保人或保险人的其他意思表示（如要约邀请）的重要特征。首先，保险要约应当反映要约人的内心意思，即要约人具有订立保险合同的主观目的。其次，保险要约还应当反映要约人作出意思表示的效果意思，即经受要约人承诺而受自己所为意思表示的约束。

4. 要约人具有民事行为能力

要约人具有民事行为能力，为要约生效的条件。投保人提出保险要约的，投保人应当有缔结合同的民事行为能力。投保人的民事行为能力，依民法规定的行为能力制度确定。没有行为能力或者行为能力受限

---

① 参见《合同法》第15条第2款。

制的人，不具有提出保险要约的能力，其向保险人提出的订立保险合同的意思表示，不产生保险要约的效力。

5. 投保人对被保险人具有保险利益

这是保险要约成立的特别要件。对于人身保险合同而言，投保人对被保险人具有保险利益，为保险合同的成立要件，投保人对被保险人没有保险利益的，其订立的保险合同无效。[①] 投保人提出订立人身保险合同的保险要约，若被保险人非投保人本人，则投保人对被保险人应当具有保险利益。投保人对被保险人没有保险利益而提出订立人身保险合同的意思表示，不产生保险要约的效力。

（四）保险要约的形式

保险合同非要式合同，要约人可以其认为适当的任何形式提出保险要约。保险要约的形式，包括但不限于口头形式、书面形式（包括数据电文）等形式。但在实务上，因为保险合同的格式化，保险要约一般采用书面形式。投保人向保险人索取投保单、并依其所列事项逐一填写和签名。投保人将填写完整并签名的投保单呈交保险人的行为，称为投保，通常也是保险要约。保险要约原则上以书面形式为之。

（五）保险要约的生效

保险要约于其到达受要约人时发生效力。因为保险要约采用的方式不同，所以保险要约生效的时间会有所不同。

1. 以对话方式作出的保险要约

以对话方式所为的保险要约是口头要约。要约人提出口头保险要约时，因为没有其他形式可以佐证要约人的意思表示到达受要约人，所以只能以受要约人了解口头要约的内容之时点，作为判断要约到达受要约人的依据。以对话方式作出的保险要约，自受要约人了解其内容时起生效。

2. 以非对话方式作出的保险要约

以非对话方式作出的保险要约，自要约的信件、电报等送达受要约人可以了解其内容的控制场所（如通常的收件信箱、住所、营业场所、办公场所）时起生效。

3. 以数据电文形式发出的保险要约

以数据电文形式发出保险要约，受要约人指定特定系统接收数据电文的，该数据电文进入该特定系统时生效；未指定特定系统的，受要约

---

① 参见《保险法》（2015 年）第 12 条第 1 款和第 31 条第 3 款。

人知道或者应当知道该数据电文进入其系统时生效。①

（六）承诺

经保险要约与承诺订立保险合同的，承诺为保险合同成立的标志。承诺，是指受要约人同意接受保险要约所提出的条件而成立保险合同的意思表示。在保险理论和实务上，投保人提出保险要约，保险人作出接受保险要约的意思表示的，称为承保。一般而言，保险人的承保的意思表示，即保险合同成立的承诺。

（七）承诺的生效条件

一项有效的承诺，应当具备以下条件。

1. 受要约人对保险要约作出接受的意思表示

保险要约在到达受要约人时生效，受要约人取得承诺的资格或者地位。只有受要约人才能对保险要约作出承诺。受要约人以外的任何第三人，即使对保险要约作出接受的意思表示，也不能构成承诺。承诺可以由受要约人本人作出，也可以由受要约人的代理人作出。保险实务中，承保的意思表示通常由保险人作出，保险人的代理人不能作出承保的意思表示，除非保险人授权该代理人作出承保。

2. 承诺应当向要约人作出

受要约人作出承诺的意图在于订立保险合同。保险合同的成立应当在要约人与受要约人之间进行。因此，承诺的意思表示只有向要约人作出，才能发生承诺的效果。受要约人向要约人以外的其他人为接受保险要约的意思表示，不发生承诺的效果。

3. 承诺的内容应当与保险要约的内容一致

承诺是受要约人接受保险要约的意思表示，即按照保险要约提出的条件与要约人订立保险合同的意思表示，在内容上应当与保险要约的内容保持一致。受要约人在接受保险要约时，对保险要约的内容加以扩张或者限制或者作出实质性的变更，构成反要约，不发生承诺的效果，从而不能成立保险合同。受要约人接受保险要约的意思表示，只有与保险要约的内容一致，才能有效成立承诺。②

---

① 参见《民法总则》第 137 条第 2 款。
② 但是，为了满足交易的需要并有助于促进交易的进行，受要约人在作出接受保险要约的意思表示时，对保险要约的内容作出非实质性的变更，除非要约人及时表示反对或者保险要约表明承诺不得对要约作任何变更，可以构成一项有效的承诺。参见《合同法》第 31 条。

第三章 保险合同的效力

4. 受要约人应当在承诺期限内作出接受保险要约的意思表示

承诺必须在保险要约的承诺期限内作出，并以保险要约的承诺期限为限，送达要约人，才有法律意义。我国《合同法》第 23 条规定："承诺应当在要约确定的期限内到达要约人。要约没有确定承诺期限的，承诺应当依照下列规定到达：（一）要约以对话方式作出的，应当即时作出承诺，但当事人另有约定的除外；（二）要约以非对话方式作出的，承诺应当在合理期限内到达。"

（八）承诺的方式

受要约人作出接受保险要约的承诺，原则上应以通知的方式为之。我国《合同法》第 22 条规定："承诺应当以通知的方式作出，但根据交易习惯或者要约表明可以通过行为作出承诺的除外。"依照上述规定，除非保险要约对承诺的方式已有要求，受要约人可以口头、书面或者其他方式，通知要约人其承诺的意思表示；受要约人还可按照交易习惯以行为表示承诺。

保险实务中，保险人对投保人的投保要求予以承保，主要有以下形式。

1. 保险人在投保单上签字盖章，并通知投保人

在收到投保人填妥并签名的投保单后，保险人经必要的审核或者与投保人协商保险条件，没有其他疑问而在投保单上签字盖章的，构成承诺，但保险人应当通知投保人。

2. 保险人签发正本保险单

保险人接受投保要求，除非其已经通知投保人，保险人向投保人签发正本保险单的，正本保险单的签发构成对保险要约的承诺。这里所称正本保险单的签发，是指保险人将其制作和打印的保险单正本送达投保人的行为。

3. 保险人收取保险费

除非保险人已明确表示收取保险费不构成承诺，保险人在收到投保人填妥并签名的投保单时或之后，向投保人收取保险费的，保险人收取保险费的行为，属于一项有效的承诺。例如，我国司法实务认为，保险人接受了投保人提交的投保单并收取了保险费，尚未作出是否承保的意思表示即发生保险事故，被保险人或者受益人请求保险人按照保险合同承担赔偿或者给付保险金责任，符合承保条件的，保险人应当承担保险责任；不符合承保条件的，保险人不承担保险责任，但应当退还已经收取的保险费。①

（九）承诺的生效

依照我国合同法的相关规定，受要约人对保险要约作出的承诺，其生效有以下四种情形。

1. 以对话方式作出的承诺

受要约人向要约人以对话方式进行承诺时，以要约人了解承诺的内容，作为判断承诺到达要约人的依据。以对话方式作出的承诺，自要约人了解其内容时起生效。

2. 以非对话方式作出的承诺

以非对话方式作出的承诺，于承诺的信件、电报等送达要约人得以了解其内容的控制场所（如通常的收件信箱、住所、营业场所、办公场所）时生效。

3. 以数据电文形式作出的承诺

以数据电文形式发出承诺，要约人指定特定系统接收数据电文的，该数据电文进入该特定系统时生效；未指定特定系统的，要约人知道或者应当知道该数据电文进入其系统时生效。②

4. 以行为作出的承诺

要约人在发出要约时，已经声明受要约人可以特定的行为作出承诺的，受要约人依照要约人的声明为该行为时，发生承诺的效力。再者，要约人在发出保险要约时，并没有声明受要约人可以行为作出承诺，但是按照要约人和受要约人间业已形成的某种交易习惯，受要约人以符合该交易习惯的行为表示接受保险要约而不需要进行通知的，受要约人在作出该行为时，发生承诺的效力。③

三 以确认书订立保险合同

投保人和保险人采用信件、数据电文等形式订立保险合同的，任何一方均可以要求对方签订确认书来订立合同。以确认书订立保险合同的，不论当事人的意思表示如何达成一致，均以确认书的签订时间作为保险合同的成立时间。我国《合同法》第33条规定："当事人采用信

---

① 参见最高人民法院《关于适用〈中华人民共和国保险法〉若干问题的解释（二）》第4条第1款。
② 参见《民法总则》第137条第2款。
③ 参见《合同法》第26条第1款。

件、数据电文等形式订立合同的,可以在合同成立之前要求签订确认书。签订确认书时合同成立。"

四 以签字盖章订立保险合同

投保人和保险人可以采用合同书的形式订立保险合同。投保人和保险人采用合同书订立保险合同的,不论其相互间的意思表示如何交换并达成一致,均以当事人在合同书上签字或盖章作为保险合同成立的标志。我国《合同法》第32条规定:"当事人采用合同书形式订立合同的,自双方当事人签字或者盖章时合同成立。"除非当事人另有意思表示,以合同书订立保险合同的,投保人和保险人应当在保险合同书上签字或盖章,保险合同自投保人和保险人在保险合同书上签字或盖章时成立。当事人在保险合同书上按手印的,具有与签字或者盖章同等的法律效力。①

五 保单交付

保单交付,是指保险人在保险合同成立后向投保人(被保险人)交付正本保险单或者其他保险凭证的行为。保单交付是保险人在保险合同成立后对投保人(被保险人)负担的法定义务。没有正当理由,保险人不交付或者怠于交付保险单或其他保险凭证的,投保人(被保险人)可以请求保险人交付。

保险单或者其他保险凭证的交付,并非保险合同成立的必要条件。但是,保险单或者其他保险凭证作为被保险人或者受益人向保险人主张权利的凭据,记载着被保险人或受益人对保险人享有的保险给付请求权,具有重要的证据意义。投保人提出保险要求,保险人同意承保,双方就合同的条款达成协议,保险合同成立。保险人应当及时向投保人签发保险单或者其他保险凭证,并在保险单或者其他保险凭证中载明当事人双方约定的合同内容。

原则上,保险合同成立后,保险人应当向投保人(被保险人)交付保险单,不得以交付其他保险凭证代替交付保险单。保险人交付的保险单或者其他保险凭证,应当加盖保险公司的印章。

保险法或者保险合同对保险人交付保单规定期间的,保险人应当在法定或者约定的期间内向投保人(被保险人)交付保单。保险法及保

---

① 参见最高人民法院《关于适用〈中华人民共和国合同法〉若干问题的解释(二)》第5条。

险合同对交付保单均没有规定期间的，保险人应当在保险合同成立后及时向投保人（被保险人）交付保单。这里所称及时，应当理解为"保险合同成立后的合理期间"。合理期间属于保险合同成立的个案事实判断问题。

六 保险合同的生效

保险合同的生效，是指保险合同对投保人和保险人开始产生法律上的约束力。对于与保险合同的生效有关的法律事实，我国保险法曾规定"投保人按照约定交付保险费"，"保险人按照约定的时间开始承担保险责任",[①] 但并没有表明保险合同在什么情况下生效，因此，在理论和实务上的确有些疑问：保险合同的生效可否适用合同法关于合同生效的规定？目前，我国保险法对保险合同的生效已有明文规定，即"依法成立的保险合同，自成立时生效。投保人和保险人可以对合同的效力约定附条件或者附期限"。[②] 这样，保险合同的成立并生效，为我国保险合同生效的基本规则。

保险合同生效于保险合同成立时，但保险合同另有约定的，依照其约定。[③] 保险合同对其生效另有约定的，其约定包括但不限于保险合同当事人"对合同的效力约定附条件或者附期限"。有学者提出，保险合同当事人在合同中约定附生效条件的，保险合同的生效与否取决于所附条件是否成就；保险合同当事人在合同中约定附生效期限的，保险合同自生效期限届满时起发生效力，在生效期限截止前发生保险事故的，不论保险人是否已经收取保险费或者签发保险单，均无须承担保险责任。[④]

这里有必要注意，保险合同的生效与普通民事合同的生效存在很大差异。成立并生效的保险合同，对于合同当事人的约束力是不同的。投保人对于已经生效的保险合同，可以随时解除合同而免受约束。人身保险合同的投保人未交纳保险费的，保险人也无权强制投保人交纳保险费。再者，保险合同的生效并不表明保险人应当对被保险人承担保险责任，有关保险合同生效后的保险责任承担问题，通常是由保险合同当事

[①] 参见《保险法》（2002年）第14条。
[②] 参见《保险法》（2015年）第13条第3款。
[③] 参见常敏《保险法学》，法律出版社，2012，第63页。
[④] 参见温世扬主编《保险法》，法律出版社，2003，第102~103页。

人另行约定的;仅在当事人没有约定保险人何时开始承担保险责任时,保险人才应当自保险合同生效时起开始承担保险责任。

案例参考 13

卡式保险合同自保险卡售出时成立

2013年6月24日,某村农民刘某伟在某人寿保险公司业务员赵某平的引荐下,购买了该公司"生命福星高照终身寿险"和"生命福星保险卡"各一份,并交纳了保费。交付时,刘某伟发现"生命福星保险卡"包装袋已被打开、保险卡密码涂层也被刮开,赵某平声称是代刘某伟向某人寿保险公司激活,该保险合同已经生效。

同年7月11日,刘某伟因交通事故死亡。后其两个女儿刘某月、刘某燕到某人寿保险公司理赔。当月29日,某人寿保险公司按"生命福星高照终身寿险"理赔给刘某月、刘某燕各2.5万元及利息。但对刘某伟所投保的"生命福星保险卡"不予理赔,理由是该保险卡未被激活,保险合同未生效。刘某月、刘某燕遂将某人寿保险公司起诉到法院,要求某人寿保险公司赔偿其保险金5万元。

一审法院经审理认为,刘某伟将保费交给某人寿保险公司业务员赵某平,赵某平将保险卡交给刘某伟,该保险合同成立。某人寿保险公司应按照约定的时间开始承担保险责任。某人寿保险公司称保险卡需本人激活,已尽到告知和提醒义务,刘某月、刘某燕称赵某平已将该卡激活,双方对此条款有争议,应按通常理解予以解释。刘某伟交纳保费,赵某平交付保险卡,该保险合同应当已经成立。刘某伟作为一农民,家中有无电脑、是否上网、本人是否会操作登录公司网站激活保险卡均是问题,而某人寿保险公司将该义务强加给刘某伟,有违保险法的规定。赵某平代为办理保险业务的行为,应由某人寿保险公司承担责任。刘某伟因交通意外事故死亡,某人寿保险公司应在保险合同约定的保险限额内予以赔偿。遂判决某人寿保险公司赔偿刘某月、刘某燕共计5万元。

某人寿保险公司不服一审判决,提出上诉。二审法院经审理后,判决驳回上诉,维持判决。[1]

---

[1] 参见李冰《卡式保单被保险公司代为激活后的法律责任》,《人民法院报》2014年10月23日,第6版。

案例分析指引

1. 什么是卡式保险合同？卡式保险合同的成立和生效有什么特点？
2. 保险合同的成立和生效有什么不同？本案中，法院为何认定涉案卡式保险合同自投保人交纳保险费时起成立？
3. 本案中，涉案卡式保险合同的"激活"具有什么法律意义？
4. 未经投保人本人"激活"的卡式保险合同是否不发生效力？

案例参考 14

人寿保险合同成立的法律事实

2008年5月8日，王某某填写了保险公司的个人保险投保单，投保人和被保险人为王某某，受益人为郭某某，投保险种为康宁终身保险，保险金额为30000元，交费年限为20年，标准保险费为2370元/年。同日，王某某向保险公司交纳了首期保险费2370元，保险公司向王某某出具了康宁终身保险首期暂收保费发票。同年5月16日保险公司向王某某发出了客户通知书，因王某某从事驾驶员职业每期加费270元，交费期为20年，并征询投保人的意见。同年5月20日，投保人王某某签复，不同意加费，表示如被保险人在驾车期间发生责任事故，则属于除外责任。2008年7月31日，王某某在黄河游泳时溺水身亡。事故发生后，郭某某以受益人身份向保险公司申请理赔，保险公司以保险合同未成立而拒赔。

一审法院认为，王某某于2008年5月8日向保险公司提交投保单，同时也交纳了保险费，保险公司出具了暂收保费发票。保险公司虽向王某某发出了客户通知书，王某某也已作了答复，但保险公司在此后的时间内既未与投保人签订保险合同，也未作出拒保处理决定，以致签约过程较长，直至王某某在2008年7月31日意外溺水而亡，保险公司的行为属缔约过失，应当承担缔约过失赔偿的主要责任。赔偿参照保险条款应赔数额确定。鉴于王某某在签约过程中没有积极与保险公司完善保险手续，其亦应承担相应的责任。由于双方未正式形成保险合同关系，保险公司收取王某某预交的保险费应予以退还。依据《合同法》第42条第（3）项和《民法通则》第92条之规定，判决保险公司赔偿郭某某损失60000元，返还郭某某保险费预交款2370元。

郭某某和保险公司均不服一审判决，提起上诉。二审法院查明的事实与一审相同。另查明：王某某2008年5月8日填写的投保单，写明投保险种为康宁终身保险，保险金额为30000元，标准保费为2370元/年等，保险公司有关审核人员李某某等人在投保单上盖章。该保险的保险条款第4条规定"被保险人身故，保险公司按基本保额的三倍给付身故保险金"。

二审法院认为，本案双方当事人的争议是王某某与保险公司是否存在保险合同关系。郭某某认为保险合同关系成立，保险公司应按投保的基本保险金额的3倍赔偿。保险公司认为保险合同关系未成立，不同意进行理赔。从争议保险的保险条款内容看，王某某符合该保险条款的投保对象，虽然王某某与保险公司未正式签订保险合同，但保险公司已进行审核，并按规定收取保险费，双方已正式履行保险合同中约定的权利和义务，应视为保险合同关系成立，故被保险人出现驾驶事故外的其他事故后，保险公司应按投保单中双方的约定进行理赔。该案中，保险公司内部的报批审核程序导致被保险人王某某与保险公司未能及时签订保险合同，投保人不存在任何过错。一审以投保人与保险公司未签订保险合同，保险公司存在缔约过失行为，应当承担缔约过失赔偿的主要责任，判决由保险公司承担缔约损失60000元有误，依法应予改判。郭某某要求保险公司承担逾期付款的利息损失，与法无据，不予支持。据此，根据《保险法》（2002年）第14条、第52条之规定，判决保险公司给付受益人郭某某身故保险费90000元。[①]

案例分析指引

1. 保险合同的成立应当具备什么条件？

2. 原则上，可否将保险人预收人身保险费的行为作为保险合同成立的法律事实？本案中，保险公司向王某某预收投保单中标明的首期保险费，并开具暂收保险费收据，属于什么性质的行为？两审法院对此行为是否有定性分析？

3. 本案中，王某某向保险公司提交投保单后，保险公司以客户通知书的方式要求王某某增加保险费或者增加除外责任事由，这个法律事实会产生什么后果？

---

① 参见榆林市中级人民法院（2009）榆中法民三终字第62号民事判决书。

4. 本案中，基于法院查明的事实，是否足以认定王某某与保险公司之间的人寿保险合同已经成立？

5. 本案中，如果涉案保险合同未成立，保险公司是否应当承担缔约过失责任？

案例参考 15

保险费的交纳和保险责任的承担

石化公司和保险公司于 2007 年 6 月 11 日签订机器损坏险保险单，约定：保险期限为自 2007 年 6 月 13 日 0 时起至 2008 年 6 月 12 日 24 时止，保险费为 256000 元。合同订立后，石化公司直至保险期间届满，都未交纳合同约定的保险费。2008 年 1 月 24 日，石化公司和保险公司签订承诺书，载明："石化公司于 2007 年 6 月 11 日在保险公司投保，因石化公司目前资金较为紧张，本着双方友好合作、真诚互信的原则，双方承诺：（1）保险公司承诺在石化公司保险费未支付前，保证所有保单自投保之日起持续有效，并对所有保单所载保险项目负有全部保险责任；（2）石化公司承诺在资金状况得到缓解后即补缴保单所载所有保险费用。"

一审法院认为，石化公司和保险公司签订的保险单是合同双方真实意思表示，保险合同依法成立。保险合同成立后，被保险人按照约定交付保险费，保险人按照约定的期限承担保险责任。被保险人交纳保险费系保险合同的生效要件。但由于双方所补签的承诺书是合同双方真实意思表示，合法有效，应视其为对原保险合同的补充协议，故该保险合同依据该承诺书而生效。被告未交付保险费系违约行为，应承担违约责任。判决石化公司给付保险公司保险费 256000 元及利息。

石化公司不服一审判决，提起上诉，认为涉案保险合同属于附条件生效的合同，即被保险人交纳保险费系保险合同的生效要件，那么由于石化公司未交纳保险费，本案保险合同从未生效。二审法院查明的事实与一审判决认定的事实基本一致。另查明，涉案保险单所附机器损坏险条款第 6 条第 1 款第（2）项规定："被保险人或其代表应根据本保险单明细表和批单中的规定按期缴付保险费。"机器损坏险条款第 7 条第 1 款规定："被保险人严格地遵守本保险单的各项规定，是本公司在本保险单项下承担赔偿责任的先决条件。"

二审法院认为，涉案保险单的双方意思表示真实，内容不违反相关法律强制性规定，应为有效。在保险公司签发保单后，石化公司没有交付保险费。案涉保险单所附机器损坏险条款第6条第1款第（2）项和第7条第1款实际约定了保险人开始承担保险责任的条件，即保险人承担保险责任以投保人交纳保险费为条件。石化公司与保险公司于2008年1月24日签订承诺书时，案涉保单约定的保险期限已履行7个月，因此双方当事人签订承诺书后，保险公司才开始承担保险责任。在本案中，保险公司实际承担保险责任的保险期限是2008年1月24日至2008年6月12日，因此保险公司要求石化公司按保险单所约定的保险费数额交纳保险费有违公平原则，同时亦违反了保险法上的最大诚信原则，根据权利义务相一致原则，石化公司应交纳案涉保险单从2008年1月24日至2008年6月12日共130天的保险费91178.08元。判决石化公司给付保险公司保险费91178.08元。

保险公司不服二审判决，申请再审，认为案涉保险单自签发日起成立并生效，保险合同生效，是保险人承担保险责任的前提条件，从保险合同生效开始保险人就承担保险责任及赔付风险。再审法院查明的事实与一审判决认定事实一致。

再审法院认为，保险合同成立后，投保人按照约定交付保险费，保险人按照约定的时间开始承担保险责任。本案双方在机器损坏险投保单中已经约定，"同意从保单签发之日起保险成立"。依此约定，保险公司向石化公司签发了保险单，保险合同成立并生效，保险公司对自2007年6月13日0时起至2008年6月12日24时止的保险责任期间内的保险事故承担赔偿责任，石化公司亦应交纳保险单所约定的全部保险费用。双方于2008年1月24日签订的承诺书是对原保险合同的补充，是双方的真实意思表示，不违反法律、行政法规的强制性规定，合法有效，双方均应严格履行。保险公司在该承诺书中进一步明确在对方未支付保险费前"对所有保单所载保险项目负有全部保险责任"，同时，石化公司亦"承诺在资金状况得到缓解后即补缴保单所载所有保险费用"。故一审判决石化公司未交付保险费系违约正确，应予维持。判决石化公司给付保险公司保险费256000元及利息。①

---

① 参见辽宁省高级人民法院（2013）辽审四民提字第51号民事判决书。

> 案例分析指引

1. 保险合同的成立、生效与保险人开始承担保险责任有什么不同？投保人交纳保险费是否会影响保险合同的成立、生效和保险人责任的承担？

2. 本案中，涉案保险合同是否依照保险单的约定，从保单签发之日起保险成立，投保人未交保险费会对保险合同的成立产生影响吗？

3. 本案中，涉案保险合同对于该合同的生效是否有特别约定？没有特别约定的，该合同是否应当自其成立时生效？

4. 本案中，应当如何理解涉案保险合同机器损坏险条款第6条第1款的约定？依照该约定，投保人石化公司依约定交纳保险费是否构成保险公司承担保险责任的先决条件？

5. 本案中，石化公司和保险公司2008年1月24日订立的承诺书具有什么法律意义？

第二节　说明义务

一　保险人的说明义务

（一）说明义务的依据

订立保险合同时，保险人有义务向投保人说明保险合同的内容。依照《保险法》的规定，订立保险合同，采用保险人提供的格式条款的，保险人向投保人提供的投保单应当附格式条款，保险人应当向投保人说明合同的内容。对保险合同中免除保险人责任的条款，保险人在订立合同时应当在投保单、保险单或者其他保险凭证上作出足以引起投保人注意的提示，并对该条款的内容以书面或者口头形式向投保人作出明确说明；未作提示或者明确说明的，该条款不产生效力。[①]

（二）说明义务的性质

依照上述规定，说明义务是保险人订立保险合同时对投保人承担的法定义务。

投保人在相当程度上是基于对保险人的信赖，即相信保险人对保

---

① 参见《保险法》（2015年）第17条。

条款的内容所作的描述、解释或者说明,才会决定受保险合同的约束,并向保险人支付保险费的。保险人就保险合同使用的保险条款向投保人作出说明,构成保险人和投保人意思表示一致而成立保险合同的基础。因此,不论在何种情况下,保险人均有义务在订立保险合同前或订立保险合同时,向投保人说明保险合同的各项条款,并对投保人提出的有关保险合同条款的询问作出直接、真实的回答,就投保人的有关保险合同条款的疑问予以准确无误的解释,特别是要对保险合同中的免除保险人责任条款作出明确说明。保险人不得以格式保险条款限制或者免除保险人的说明义务。

(三) 说明义务的分类

保险人的说明义务有一般说明义务和特别说明义务之别。保险人的一般说明义务和特别说明义务没有性质上的差别,仅有保险人的说明"明确与否"的程度上的差异以及法律救济方法上的差异。

一般说明义务,是指保险人对保险合同内容应当予以说明的义务,包括但不限于对保险合同约定的限制或者免除保险人责任条款的说明。在保险法上,不论保险人对保险合同的内容是否说明以及作出了什么样的说明,对保险合同的成立和生效都不会产生影响。保险人对保险合同内容的说明只不过是保险人在保险合同成立前"对保险合同条款内容向投保人作出的解释"。[①] "保险人对保险合同的内容有说明义务,但该义务属于保险人依照诚实信用原则承担的单方义务。保险人没有说明的,并不会产生不利于保险人的法律后果。但是,保险人对保险合同的内容向投保人作出说明的,应当对其说明承担法律上的责任,例如,保险人或其代理人就保险合同的内容所为说明有误,应当承担说明不实的责任。"[②]

特别说明义务,是指保险人对保险合同中的免除保险人责任条款应当予以明确说明的义务。因为我国保险法规定有刚性条款,即保险人对免除保险人责任条款,未作提示或者明确说明的,相应的条款不产生效力,所以特别说明义务在法律后果上有别于一般说明义务。明确说明义务,为保险人承担的积极义务及产生相应法律后果的义务。保险人对保险合同中的免除保险人责任条款,消极对待而不为说明的,将承担法定的不利后果。

---

① 参见李玉泉主编《保险法学——理论与实务》,高等教育出版社,2007,第65页。
② 参见常敏《保险法学》,法律出版社,2012,第64~65页。

二 保险合同内容的说明

（一）保险人说明的对象

这是保险人应当"说什么"的问题。订立保险合同时，我国保险法要求保险人对保险合同的内容予以说明。除免除保险人责任条款外，保险人究竟应当对保险合同的哪些内容作出说明，在理论和实务上都是有疑问的。①

我国保险法有关保险人说明义务的规定，与《合同法》第39条之规定有所不同，并没有规定保险人在投保人就保险合同的内容提出疑问或者说明要求时，保险人才有义务进行说明。所以，保险人对保险合同内容的说明，无须投保人的询问或者请求，保险人应当主动进行说明。一般而言，保险人并无义务对保险合同的所有内容或条款予以说明。对于保险合同中的普通人均能理解的意思清楚的条款，以及并不直接关涉保险合同当事人或关系人的权利之条款，似乎没有说明的必要。保险人说明的对象仅是保险合同中的部分条款或内容，而非保险合同的全部。

说明对象的取舍，在相当程度上是对保险合同的内容所作价值判断的结果。保险人说明义务之履行，目的在于消除投保人对保险合同的疑虑，帮助投保人理解保险合同的内容。凡对投保人是否决定投保以及投保后的权益安排有影响的合同内容和信息，不论其是否为格式保险条款所记载，订立保险合同时，保险人均有义务向投保人说明。再者，投保人提出的有关保险合同的任何疑问或询问，均构成投保人想要了解的重要信息，不论其是否为保险合同的条款，保险人应当对之予以回复或解答。所以，保险人在订立合同时应当说明的对象，并不限于格式条款或保险合同记载的内容，有可能包括保险合同内容记载以外的重要信息。②

（二）保险人说明的方式

保险人说明的方式涉及的是保险人"如何说"的问题。

一般而言，保险人可以书面或者口头的方式对保险合同的内容向投保人作出说明，也可以亲自或者通过代理人向投保人作出说明。在实务

---

① 参见温世扬主编《保险法》，法律出版社，2003，第43页；吴庆宝主编《保险诉讼原理与判例》，人民法院出版社，2005，第186页；李玉泉主编《保险法学——理论与实务》，高等教育出版社，2007，第65页；于海纯、吴民许：《日本法上保险人说明义务制度及其启示》，《保险研究》2009年第8期。

② 参见邹海林《保险法学的新发展》，中国社会科学出版社，2015，第180页。

上，保险人一般是通过提示投保人注意保险合同的约定或条款的方式，对保险合同的内容予以说明。

应当注意到，我国保险法在规定保险人的说明义务时，同时规定了格式条款的出示以及免除保险人责任条款的提示。有学者认为，保险人的说明义务应当从保险人的提醒投保人注意的义务（包括提供保险合同条款、提醒投保人注意去阅读、提醒投保人注意他们有权利监督自己对条款的说明义务之履行）、保险人的主动说明与回答询问义务这样的不同层面进行理解。① 有学者认为，在理论上和实务操作中，保险人的说明不仅应包括提示格式条款为保险合同的内容，还应包括对条款的内容进行的说明。② 还有学者认为，保险人的说明不以投保人事实上已经理解保险合同的内容为必要条件，但投保人对保险合同的内容存在疑问，或者要求保险人继续说明的，保险人应当就投保人的疑问或者要求作出解释性的答复。保险人一般是通过提示投保人注意保险合同内容的方式，对保险合同的内容予以说明的。③

在保险人说明保险合同的内容时，其可以采用的方式具有多样性。我国保险法没有要求保险人必须在投保单上或者以其他书面形式对保险合同的内容作出说明。保险人可以选择任何承载说明内容的媒介，对保险合同的内容予以描述、解释或者澄清。保险人对保险合同的内容予以说明的方式，包括但不限于口头、书面（包括数据电文）形式等。除此以外，保险人出示格式条款或者提请投保人注意或阅读保险合同的相关条款，亦为保险人对保险合同的内容予以说明的重要方式。在绝大多数情形下，保险人出示格式条款或者提示投保人注意或阅读保险合同的相关条款，都是保险人谨慎营业并帮助投保人理解保险合同内容的成本最低和效果最佳的方式。④

另外，不能把保险人的"沉默"当作说明。对于保险合同的内容，保险人未作合同内容的解释或澄清，或者未对投保人的疑问或要求作出解释、澄清或者回应，都不表明保险人对该等事项进行了说明。

(三) 保险人说明的作用

这是一个涉及保险人"说了什么"的问题。保险人的说明是保险

---

① 参见曹兴权《反差与调适：保险人说明义务的履行》，《求索》2005年第2期。
② 参见张雪楳《保险人说明义务若干问题探析》，《法律适用》2010年第8期。
③ 参见常敏《保险法学》，法律出版社，2012，第64页。
④ 参见邹海林《保险法学的新发展》，中国社会科学出版社，2015，第175~176页。

人对保险合同内容、条款或合同使用的术语所为描述、解释与澄清。保险人的说明以达到帮助投保人理解保险合同的内容之目的为必要。

保险人对投保人所为说明，如果达到完整、客观、真实、清楚的程度，自然是一个完美的说明，符合保险人的说明义务的目的。然而我们要求保险人对保险合同的每一个条款，哪怕是那些免除保险人责任条款，都作出完整、客观、真实、清楚的说明，客观上并不现实。对于保险合同的内容而言，保险人在说明具体事项方面是具有相当大的弹性的。但是，保险人一旦选择对保险合同的内容作出具体描述、解释或者澄清疑问的说明时，其说明相对于投保人的理解而言，就应当是具体、客观、完整和清楚的。也就是说，保险人在说明保险合同的具体内容时，不得隐瞒、遗漏或者虚构。保险人在说明保险合同的内容时，也不得以隐晦的方式描述保险合同的条款或者使用引人误解的语言。在这个意义上，凡对保险合同的内容进行说明的，保险人的说明都应当是明确的。

保险人对保险合同的内容向投保人作出说明的，应当对其说明承担法律上的责任。例如，保险人或其代理人就保险合同的内容所为说明有误，应当承担说明不实的责任。

三　格式保险条款的说明

采用格式保险条款订立保险合同的，保险人在订立保险合同时应当向投保人出示格式保险条款，提请投保人注意免除保险人责任条款，并就其内容向投保人作出说明。具体而言，订立保险合同时，保险人应当将格式保险条款与投保单一并提供给投保人，并"在投保单、保险单或者其他保险凭证上作出足以引起投保人注意的提示"。[①]

订立保险合同时，采用格式保险条款的，保险人有将该格式保险条款提供给投保人或者在向投保人提供的投保单上附格式保险条款的义务，这被称为保险人的出示义务。保险人提请投保人注意格式保险条款中的免除保险人责任条款的义务，即在投保单、保险单或者其他保险凭证上作出足以引起投保人注意的提示的义务，被称为保险人的提示义务。就格式保险条款而言，订立保险合同时，保险人向投保人履行出示义务和提示义务，构成保险人说明保险合同内容的基础。在这个意义上，保险人的出示义务和提示义务的履行，为保险人法定之保险合同的

[①] 参见《保险法》（2015年）第17条。

说明义务的最低要求。①

订立保险合同时,保险人未尽出示义务,是否会发生格式保险条款未被纳入保险合同的后果?例如,订立保险合同时,保险人向投保人提供的投保单上未附格式保险条款,但向投保人签发的保险单上附有格式保险条款,保险单上附具格式保险条款发生在保险合同成立后,即保险人订约时未向投保人出示格式保险条款,保险合同能否成立?或者说,保险单上所附格式保险条款是否已经加入保险合同?在我国合同法理论上,格式条款能否订入合同中,主要取决于格式条款的使用人是否以合理的方式提请相对方注意格式条款的存在,包括但不限于"出示"格式条款。②在我国,因为保险法规定保险人有格式保险条款的出示义务,问题相对有些复杂。

此外,为了保护投保人、被保险人或者受益人的利益,保险法特别要求保险人就保险合同中规定的免除保险人责任条款履行提示义务,该要求有其合理成分。对于格式保险条款中的免除保险人责任条款,订立保险合同时,保险人应当对投保人履行提示义务。但应当注意,我国保险法规定,订立保险合同时,保险人就保险合同中的免除保险人责任条款应当履行提示义务,未履行提示义务的,该条款不产生效力。③因此,对于格式保险条款中的免除保险人责任条款,保险人订立保险合同时未尽提示义务的,该条款不产生效力。订立保险合同时,保险人就格式保险条款中的免除保险人责任条款是否已尽提示义务,应当以是否采取了"足以引起投保人注意的措施"为判断标准,即"合同订立时采用足以引起对方注意的文字、符号、字体等特别标识"。④例如,在格式保险条款中以加重颜色的文字(如粗体字、黑体字)来突出免除保险人责任条款,以示其与保险合同的其他条款有所区别。

四 免除保险人责任条款的提示和明确说明

(一) 免除保险人责任条款的范围

在我国保险法上,免除保险人责任条款的范围,曾经有过一个演变

---

① 参见邹海林《保险法学的新发展》,中国社会科学出版社,2015,第167页。
② 参见王利明、崔建远《合同法新论·总则》(修订版),中国政法大学出版社,2000,第194页。
③ 参见《保险法》(2015年)第17条第2款。
④ 参见最高人民法院《关于适用〈中华人民共和国合同法〉若干问题的解释(二)》第6条。

的过程。《保险法》(1995年)第18条称其为"责任免除条款"。我国学者对于"责任免除条款"的理解,一般是将之等同于保险合同中约定的"除外责任条款"。保险实务中,保险公司使用的保险条款也逐渐将原先惯常使用的"除外责任"相应改成了"责任免除"。但是,有学者对《保险法》(1995年)规定的"责任免除条款"作了不同的解释,保险合同中的责任免除条款,包括但不限于保险单或者保险条款所约定的"除外责任条款",凡保险合同中约定的保险人免于承担保险责任的条款,诸如被保险人违反保险条件、保险合同的成立或生效条件等条款,均属之。[1]

《保险法》(2009年)第17条第2款将上述"责任免除条款"修改为"保险合同中免除保险人责任的条款"。文字表达的不同凸显了立法者的立场,显然是要突破我国保险法理论和实务对于"责任免除条款"的一般认知。"免除保险人责任的条款"在文义和外延上均要比"责任免除条款"为广。因为缺乏具体的立法理由,免除保险人责任条款的外延边界应当如何确定,引起了保险法理论和实务界的普遍关注。[2]

我国法院的司法实务认为,免除保险人责任条款应当包括"保险人提供的格式合同文本中的责任免除条款、免赔额、免赔率、比例赔付或者给付等免除或者减轻保险人责任的条款",不包括"保险人因投保人、被保险人违反法定或者约定义务,享有解除合同权利的条款"。[3]上述见解,是否有助于问题的根本解决,仍有讨论的空间。"保险合同的性质本身就是限制保险人责任的法律行为,保险人不可能而且也不会对所有的风险承担责任,保险人仅能依照保险条款的选择对其所能控制的有限风险承担责任。……这无异于表明,保险合同的全部内容都是围绕保险人不承担或不应当承担责任而展开的。因为保险合同有了这个特点,我们若要在保险合同的条款中,真正找出哪些条款是免除保险人责任条款,几乎是不可能的事情。"[4]

需要说明的是,应当将保险合同约定的"法定免除保险人责任的"内容,排除于免除保险人责任条款之范畴。保险合同约定的免除保险人

---

[1] 参见邹海林《保险法教程》,首都经济贸易大学出版社,2002,第49页。
[2] 参见邹海林《保险法学的新发展》,中国社会科学出版社,2015,第182~186页。
[3] 参见最高人民法院《关于适用〈中华人民共和国保险法〉若干问题的解释(二)》第9条。
[4] 参见邹海林《保险法学的新发展》,中国社会科学出版社,2015,第186~187页。

责任的条款，若其内容源自保险法或者其他法律的强制性规定，则不论保险合同对之是否有约定，保险人均不承担保险责任。例如，被保险人故意造成保险事故的，保险人不承担保险责任。

(二) 提示义务的履行

订立保险合同时，保险人对保险合同中的免除保险人责任条款应当履行提示义务，未履行提示义务的，该条款不产生效力。① 保险人是否履行了提示义务，应以保险人是否采取了"足以引起投保人注意的措施"为判断标准。例如，有学者提出："足以引起投保人注意的提示，不以投保人订立合同时已经注意到免除保险人责任的条款为必要，仅以保险人客观上采取了提请投保人注意的措施为必要。保险实务中，足以引起投保人注意的提示，一般可以采取两种方式：其一为保险人使用了加重颜色的文字（如粗体字、黑体字）来突出免除保险人责任的条款，以示与保险合同的其他条款有所区别；其二为保险人以特殊的方式（如在投保单或者其他保险凭证上）单独列明保险合同中的免除保险人责任的条款，并专门提请投保人注意或者阅读这些条款。"②

依照我国的司法实务，保险合同订立时，保险人应当在投保单或者保险单等其他保险凭证上，对保险合同中的免除保险人责任条款，以足以引起投保人注意的文字、字体、符号或者其他明显标志作出提示。③ 例如，订立保险合同时，保险人以"特别约定"、"批注"或者"批单"的方式来表述免除保险人责任条款，应当认为保险人履行了提示义务。

(三) 明确说明的标准问题

在订立合同时，保险人对免除保险人责任条款承担特别说明义务，即应当以书面或者口头形式向投保人对免除保险人责任条款作出完整、具体、客观和清楚的说明。保险人的明确说明，不以投保人能够理解免除保险人责任条款为必要，但说明应当是具体的、完整的、客观的和清楚的。

关于明确说明的判断标准，在保险法理论上是有争议的。例如，有学者认为，理论上对于保险人的说明之判断有主观说与客观说。前者以

---

① 参见《保险法》（2015年）第17条第2款。
② 参见常敏《保险法学》，法律出版社，2012，第65页。
③ 参见最高人民法院《关于适用〈中华人民共和国保险法〉若干问题的解释（二）》第11条第1款。

说明人的自我感觉为判断标准，后者则以相对人对合同条款的理解为标准。从保险人的说明义务之目的考虑，判断保险人的说明应采取客观标准，即以相对人能够理解合同条款内容为标准。在实务上，应当以投保人所处阶层一般人的认识水平为标准，同时兼顾特定投保人的特殊个体状况，保险人若明知或应知特定相对人的认识水平或理解能力低于一般人，则须以更大的勤勉予以解释和说明。① 我国司法实务采取客观说，即保险人对保险合同中有关免除保险人责任条款的概念、内容及其法律后果向投保人"作出常人能够理解的解释说明"。②

保险合同订立时，保险人所为明确说明只有帮助投保人理解保险合同的内容之功效，并不具有解释或者确定保险合同内容的效果，但保险人"说了什么"，便应当对其所为说明负责，"说了什么"在保险合同成立后发生争议时，恰好能够成为解释保险合同的"证据"，尤其是作不利于保险人的解释时更具效果。所以，在订立保险合同时，并不需要对保险人的说明程度进行如此缜密的判断，只须考虑保险人的说明是否与保险合同的条款内容一致。对免除保险人责任条款，保险人是否已向投保人作出说明，或者说保险人的说明是否明确，属于事实判断问题。保险合同的利害关系人对此发生争议的，保险人应当承担举证责任。保险人的说明是否明确，实际上仅是一个举证的问题。③ 例如，依照我国的司法实务，保险人对其履行了明确说明义务负举证责任；订立保险合同时，保险人对免除其责任条款履行了提示义务，以书面或者口头形式向投保人作出常人能够理解的解释说明，投保人"在相关文书上签字、盖章或者以其他形式予以确认"的，应当认为保险人履行了明确说明的义务。④

五 刚性说明义务制度

刚性说明义务制度，是指保险合同中免除保险人责任条款以保险人的明确说明和提示作为生效条件的制度。依照我国保险法的规定，刚性说明义务制度由以下三个要素组成：第一，该制度仅适用于保险合同中

---

① 参见温世扬《保险人订约说明义务之我见》，《法学杂志》2001年第2期。
② 参见最高人民法院《关于适用〈中华人民共和国保险法〉若干问题的解释（二）》第11条第2款。
③ 参见邹海林《保险法学的新发展》，中国社会科学出版社，2015，第191页。
④ 参见最高人民法院《关于适用〈中华人民共和国保险法〉若干问题的解释（二）》第11条和第13条。

的免除保险人责任条款，对于其他保险条款不适用；第二，保险人对免除保险人责任条款承担明确说明义务和提示义务；第三，订立合同时，保险人未明确说明或者提示的，免除保险人责任条款不发生效力。[①]

刚性说明义务制度的前两个构成要素，在本质上均为保险人的说明义务制度之固有内容，而第三个要素则是对免除保险人责任条款生效与否附加的法定条件，为我国保险法所特有。刚性说明义务制度与保险人的说明义务制度是有区别的。

保险人说明义务制度，基于诚实信用原则和合同当事人意思表示合意的理论，其存在的合理性与妥当性毋庸置疑。订立保险合同时，对于免除保险人责任条款，保险人应当对投保人说明，这一规定并无不妥。不论法律对之是否有所规定，亦不论投保人订立保险合同时是否有所要求，保险人基于诚实信用原则的先合同义务，也应当将免除保险人责任条款的内容告知投保人，并提请投保人注意，甚至协助投保人准确理解。对于保险人而言，要求其对投保人承担免除保险人责任条款的说明义务，一点都不为过。但是，法律规定将保险人的说明和提示作为免除保险人责任条款发生效力的条件，是否已经偏离了保险人说明义务制度的基本目的，则是值得深入考虑的问题。

> **案例参考 16**

保险人未履行明确说明义务

2007年9月17日，某公司在财产险投保单及风险调查表上按要求进行填写并盖章，向保险公司投保。次日，保险公司向某公司签发财产基本险保险单，约定保险公司承保财产基本险和附加盗窃险，总保险金额为人民币14359261.21元，每次事故免赔额为3000元，保险期限自2007年9月19日0时起至2008年9月18日24时止，保险费为50257元。保险公司向某公司提交了保险单、企业财产保险特约条款A和财产基本险条款，并在这三份材料背面连体加盖保险公司骑缝章。保险公司未提供附加盗窃保险条款，该条款第3条责任免除规定：营业或工作期间发生盗窃所致的损失，保险公司不负责赔偿。某公司向保险公司支付了保费50257元。2008年3月1日下午14时许，某公司的大药房在营业时柜台内1198.3克冬虫夏草被盗。某公司当即向公安局报案，同

[①] 参见《保险法》（2015年）第17条第2款。

时通知保险公司。某公司诉请判令保险公司立即支付理赔款215694元。

一审法院审理认为，某公司与保险公司订立的保险合同合法有效，保险公司应当依照约定承担责任。附加盗窃保险条款的责任免除条款虽然规定了在营业期间发生盗窃所致的损失保险人不负责赔偿，但根据《保险法》（2009年）第18条规定，保险合同中规定有关于保险人责任免除条款的，保险人在订立保险合同时应当向投保人明确说明，未明确说明的，该条款不产生效力。保险公司认为其已明确说明了附加盗窃保险条款的责任免除条款，某公司在投保单上盖章就证明保险公司已就免责条款进行说明，附加盗窃保险条款已另行提交某公司；但保险公司向某公司提交保险单及保险条款时在背面连体盖章确认，骑缝章所及之处没有附加盗窃保险条款，也没有证据证明该条款已另行提交。投保单上投保人声明也是印刷体，没有具体列明责任免除部分的内容，不能证明保险公司已履行明确说明义务。因此，该责任免除条款不产生效力，某公司在营业期间失窃，保险公司也应承担赔偿责任。依照《保险法》（2009年）第14条、第18条、第24条的规定，判决保险公司赔偿某公司保险费212694元。保险公司对一审判决不服，提出上诉。

二审法院经审理认定的事实与一审判决认定的事实相一致。二审法院认为，保险公司与某公司签订的财产保险合同，内容合法，意思表示真实，主体适格，合同合法有效。某公司已按约向保险公司支付了保险费，对于其财产在保险期限内发生保险事故所造成的损失，保险公司应当按约承担保险责任。某公司投保的财产在营业期间发生失窃，根据附加盗窃保险条款第3条第4项规定，属于保险公司免责范围。保险公司向某公司提交保险单、财产保险条款时在背面连体盖章确认，骑缝章所及之处没有附加盗窃保险条款，有理由由此确定保险公司未向某公司提交附加盗窃保险条款。另外，保险公司对其已向某公司尽到保险免责条款的明确说明义务，负有举证责任，保险公司强调某公司投保时在其签订的财产险投保单及风险调查表中的"投保人声明"一栏中确认保险公司已就责任免除部分明确说明，虽然声明一栏中"包括责任免除部分、明确说明"的字体加粗，但缺乏免责条款的内容，保险公司仍未尽到应当履行的义务。一审判决事实清楚，适用法律正确，审判程序合法。据此，判决驳回上诉，维持原判。①

---

① 参见温州市中级人民法院（2009）浙温商终字第615号民事判决书。

第三章　保险合同的效力

> **案例分析指引**

1. 本案中，保险公司在订约时承担说明义务的法律依据如何？保险公司应当如何履行免除保险人责任条款的明确说明义务？

2. 保险人是否应当承担其履行明确说明义务的举证责任？什么样的法律事实可以证明保险人履行了明确说明义务？

3. 本案中，法院查明的事实可否证明保险公司履行了明确说明义务？

4. 保险人违反免除保险人责任条款的明确说明义务将会承担什么法律后果？

> **案例参考 17**

保险合同附生效条件的说明义务

2008年8月24日，蔡某某购买现代胜达2656cc越野车一辆，价税合计276000元，另缴纳车辆购置税24400元。2008年9月2日，蔡某某向保险公司投保了机动车全险（包括机动车盗抢险）。蔡某某按照约定于当日交付了保险费6316.17元。2009年1月2日早上，蔡某某的投保车辆被盗，其及时向公安机关和保险公司报了案。在确定被盗车辆无法找到的情况下，蔡某某按保险公司要求准备了各种材料交付保险公司，要求保险公司理赔，并于2009年5月6日签署机动车辆商业保险权益转让书，但随后保险公司一直未予理赔，导致诉讼发生。

一审法院认为：蔡某某2008年9月2日向保险公司投保机动车全险，保险公司同意承保并收取了全部的保险费，保险合同依法成立并生效。蔡某某在已扣除20%的免赔部分后诉请保险公司支付保险赔偿金240320元及迟延理赔期间的利息损失15897.6元，符合法律的规定和合同的约定，保险公司亦无异议，予以支持。对于保险公司关于有特别约定的抗辩，因蔡某某不予认可，保险公司也未提供证据予以证明，不予支持。判决保险公司向蔡某某支付车辆赔偿金240320元及利息15897.6元。

保险公司不服一审判决，以保险合同中关于盗抢险的条款并未生效为由，提出上诉。保险公司签发的保险单正本中的特别约定一栏中注明详细信息见清单，特别约定第4款约定：新车挂牌特别约定盗抢险自领取正式牌照并到保险公司办理牌照批改之日起生效,保险止期不变。蔡某某认为,保险单上的"特别约定"实质上是免责条款;保险公司没有告知蔡某某,也没有向蔡某某说明,该特别约定对蔡某某不产生效力。

二审法院认为,首先,该特别约定内容是保险公司对蔡某某权利的限制,对其自身的责任免除,应为免责条款。若要免责条款对蔡某某发生效力,保险公司不但应在保险单上提请蔡某某注意,还应履行法律规定的明确说明义务。保险公司未依据《保险法》(2002年)及《2001最高人民法院法研〔2000〕5号的批复》的规定,对该免责条款进行说明,除了在保险单上提示蔡某某注意外,应对有关免责条款的概念、内容及其法律后果等,以书面或口头形式向投保人蔡某某作出解释,以使其明了该条款的真实含义和法律后果,故该免责条款对蔡某某不发生效力。因此,保险公司不能免除对蔡某某的理赔责任。涉案全车损失,应在保险金额内按保险金额的免赔率的 20% 计算免赔金额。具体到本案,保险公司应赔付蔡某某的保险金数额为 220800 元。判决保险公司支付蔡某某车辆赔偿金 220800 元及利息 15897.6 元。①

案例分析指引

1. 我国《保险法》(2002 年)第 17 条规定的责任免除条款应当包括哪些事项?保险合同所附生效条件或解除条件是否属于责任免除条款的内容?

2. 什么是保险人承担的责任免除条款的明确说明义务?本案中,保险公司是否已经举证证明其履行了责任免除条款的明确说明义务?

3. 本案中,机动车辆盗窃险属于机动车损失险的附加险,订立保险合同时,保险人对附加险约定的责任免除条款承担的说明义务是否有所不同?

4. 保险人违反责任免除条款的明确说明义务将会承担什么法律后果?

---

① 参见河南省郑州市中级人民法院(2010)郑民三终字第 434 号民事判决书。

案例参考 18

保险合同中的保证条款的说明义务

2007年12月,搬家公司为该公司名下的机动车辆向保险公司投保。2007年12月26日,保险公司签发了商业性机动车辆保险单。其中,保险单记载了如下内容。(1)被保险人为搬家公司。(2)车辆损失保险,保险金额为50000元;车上人员责任保险(驾驶员),保险金额为10000元;不计免赔特约险。(3)保险期间自2008年1月16日起至2009年1月15日止。(4)车辆使用性质为"非营业货运"。

上述保险合同所使用的保险条款"通用条款"部分第9条约定:在保险期间内,保险车辆因改装、加装、变更用途后危险程度增加的,应当及时通知保险公司并办理批改、增加保险费手续。被保险人未履行通知义务的,对于因保险车辆危险程度增加而发生的保险事故,保险公司不承担赔偿责任。

保险条款的车辆损失保险部分约定:在保险期间内,被保险人及其允许的合法驾驶员在使用保险车辆过程中,因碰撞等原因造成的保险车辆损失,保险公司按照合同的规定负责赔偿。

保险条款的车上人员责任保险部分约定:在保险期间内,被保险人及其允许的合法驾驶员在使用保险车辆过程中发生意外事故,致使保险车辆车上人员遭受人身伤亡的,对依法应由被保险人承担的赔偿责任,保险公司按照保险合同的规定负责赔偿。

2008年8月18日,贾某驾驶保险车辆与杨某某驾驶的机动车辆发生交通事故,该事故造成被保险车辆损坏,并造成贾某受伤。公安交通管理机关认定,贾某负事故全部责任,杨某某无责任。保险事故发生后,搬家公司向保险公司提出了赔偿保险金的请求,保险公司以搬家公司的保险车辆存在变更用途的情形为由,拒绝承担保险责任。搬家公司认为,保险公司拒绝承担保险责任的理由不成立,诉请保险公司赔偿保险车辆修理费29915元、赔偿拖车费1380元、赔偿贾某医疗费10000元。

保险事故发生后,为将保险车辆及杨某某的车辆拖离事故现场,搬家公司支出了拖车费1360元、停车费20元。保险公司对保险事故造成的保险车辆的损失进行了核定,确定保险事故造成保险车辆损失金额为30015元。搬家公司对保险车辆进行了修理,支出修理费30015元,承保对方车辆的保险公司依照"互碰自赔"的理赔方法,已经向搬家公司赔偿了强制保险项下的无责财产保险赔偿限额100元。保险车辆驾驶员贾某因交通事故受伤,搬家公司已经负担了贾某的医疗费27969.64元。

本案在审理过程中,搬家公司向法院提交了一份由北京现代新程运输有限公司与北京环京物流有限责任公司签订的车辆租赁合同。该合同约定,北京现代新程运输有限公司将本案争议所涉及的保险车辆租赁给北京环京物流有限责任公司使用。搬家公司对此证据作出如下说明,北京现代新程运输有限公司擅自签订合同将保险车辆出租给北京环京物流有限责任公司使用,事先没有获得搬家公司的许可,因此该合同并未实际履行。

法院认为,本案争议焦点应当确定为,保险公司是否履行了对于格式条款的说明义务,保险公司的保险责任应当如何确定。

本案中,保险公司除口头向法庭陈述该公司向搬家公司提交了格式条款并作出说明外,并未就此提供其他证据予以佐证。按照证据的一般性规则,当事人的陈述,如对方不予认可,又没有其他证据加以证明,法院对该陈述不予采纳。因此,对保险公司的有关其向搬家公司提交了格式条款且作出说明的陈述不予采信,进而认定保险公司没有履行保险法规定的相关义务,保险条款中的免责条款不生效,不能成为保险公司拒绝承担保险责任的依据。前述"通用条款"部分的第9条属于免责条款,此条款不生效,保险公司拒绝承担保险责任的理由不成立。

保险公司对于搬家公司名下保险车辆的损失应当承担赔偿责任。保险事故发生之后,保险公司对于保险车辆的损失进行了核定,确定保险车辆损失金额为30015元,搬家公司按照上述金额对保险车辆进行了修理。保险公司在已经赔偿搬家公司100元的情况下,应当对其余损失29915元承担赔偿责任。保险事故发生后,搬家公司负担了保险车辆驾驶员的医疗费用,已经超过了车上人员责任保险(驾驶员)的保险金额1万元,保险公司应当以保险金额为限,对保险车辆驾驶员贾某的医疗费承担赔偿责任。搬家公司在保险事故发生之后,为将保险车辆及对方车辆拖离事故现场支付了拖车费、停车费共1380元,属于被保险人为防止或者减少保险标的损失所支付的必要的、合理的费用,应当由保险公司承担。依照《保险法》(2002年)第2条、第18条、第42条第2款、第50条的规定,判决保险公司赔偿搬家公司41295元。①

---

① 参见北京市西城区人民法院(2009)西民初字第14572号民事判决书。

第三章 保险合同的效力

案例分析指引

1. 《保险法》（2002年）第17条规定的责任免除条款应当包括哪些事项？保险人应当如何履行其责任免除条款的明确说明义务？

2. 什么是保证条款？本案中，涉案保险合同约定的保证条款，即涉案保险条款的"通用条款"部分第9条，是否属于责任免除条款？保险公司对此应当承担什么样的说明义务？

3. 本案中，法院以保险公司未履行明确说明义务为由认定涉案保险条款的"通用条款"部分第9条无效；但《保险法》（2002年）第37条的规定对本案的处理会有什么影响呢？

4. 本案中，法院应否对保险公司主张的保险标的变更用途的法律事实予以查明？案外第三人对保险车辆的"租赁合意"（性质上属于无权处分）是否会引起保险标的的危险增加？

案例参考19

医疗费用保险给付条款的解释和说明

2000年3月27日，戴某某向保险公司投保终身寿险附加意外伤害、意外医疗保险。意外医疗的保险金额为10000元。保险合同于2000年3月29日生效。2001年8月11日，戴某某的妻子汤某某向保险公司投保终身寿险附加意外伤害、意外医疗保险，意外医疗的保险对象包含汤某某配偶，保险金额为10000元，保险合同于2001年8月12日生效。2015年2月27日，戴某某因意外受伤住院治疗，花费医疗费30149.16元，其中职工医疗保险历年账户支付53.04元、统筹支付19686.54元，戴某某自行支付10409.58元。出院后，戴某某继续门诊治疗，共花费医疗费1712.60元。戴某某所受意外伤害住院治疗发生于保险期间，保险公司因本案保险事故向戴某某支付了保险金6776.63元。戴某某不同意该赔付金额，于2015年12月31日将该款项退还给保险公司。戴某某诉请保险公司支付保险赔偿金20000元及其利息。

另查明：戴某某持有保险公司签发的终身寿险附加伤害保险各二份。该保险条款第3条保险责任对于意外伤害医疗保险金约定：被保险人因遭受意外伤害事故，并自事故发生之日起180日内进行治疗的，保险公司就"其实际支出合理医疗费用"超过人民币100元的部分给付

"意外伤害医疗保险金";第4条责任免除约定,对于公费医疗管理部门规定的自费项目和药品,保险公司不负给付保险金责任。

法院认为,涉案终身寿险附加意外伤害、意外医疗保险合同,意思表示真实,合法有效。戴某某作为两份附加意外医疗保险的被保险人,有权主张保险金。本案中,戴某某发生保险事故,因就医共产生医疗费用31861.76元。对于保险公司应赔付的保险金金额,从以下两方面进行分析。

首先,涉案保险条款第3条约定,保险人就被保险人实际支出合理医疗费用超过人民币100元的部分给付意外伤害医疗保险金,而戴某某和保险公司对于"其实际支出合理医疗费用"是否包含职工医疗保险基金统筹支付的19686.54元存在争议。该合同条款属于格式条款,对于保险条款的理解发生争议的,应当按照通常理解予以解释,对合同条款有两种以上解释的,应作出不利于提供格式条款一方即保险公司的解释。因此,保险条款中"其实际支出合理医疗费用"应解释为因保险事故实际产生的合理医疗费用,包含职工医疗保险基金直接支付的款项。保险公司认为附加意外医疗保险属于费用补偿型医疗保险,并非定额给付型医疗保险,戴某某不能因保险事故获益。但是,《健康保险管理办法》规定,费用补偿型医疗保险是指根据被保险人实际发生的医疗费用支出,按照约定的标准确定保险金数额的医疗保险,同时规定保险公司设计费用补偿型医疗保险产品,必须区分被保险人是否拥有公费医疗、社会医疗保险的不同情况,在保险条款、费率以及赔付金额等方面予以区别对待。保监会《关于保险业参与基本医疗保障管理工作有关问题的通知》(保监发〔2008〕60号)第10条第2款规定,保险公司在销售费用补偿型医疗保险产品时未对投保人是否拥有和使用公费医疗、社会医疗保险进行区别对待的,理赔时也不应区别对待,即赔付时不得先行扣除公费医疗、社会医疗保险已经支付的费用。本案中没有证据表明戴某某因投保职工医疗保险而享受了意外医疗保险方面的区别对待,故保险公司在理赔时也不应先行扣除职工医疗保险基金支付的费用。此外,本案中意外医疗保险属于人身保险,不同于财产保险,不适用填补损失原则。综上,保险公司提出的统筹支付部分19686.54元不属于保险责任范围的抗辩不能成立。

其次,保险公司以涉案保险条款第4条为依据,认为戴某某医疗费用中自费部分5413.59元属于责任免除范围。对于该保险条款第4条约定的免责条款的效力问题,应按照当时施行的法律规定来确定。合同订立时施行的《保险法》(1995年)仅要求保险人对免责条款进行明确说明,并未要求保险人对免责条款作出足以引起投保人注意的提示,但1999年10月1日施行的《合同法》规定,提供格式条款的一方应采取合理的方式提请对方注意免除或者限制其责任的条款,按照对方的要求,对该条款予以说明。上述免责条款属于格式条款,保险公司未能举证证明其对责任免除条款已尽合理提示义务,根据《最高人民法院关于适用〈中华人民共和国合同法〉若干问题的解释(二)》第10条规定,应认定该条款为无效。

综上,戴某某因保险事故支出的合理医疗费用为31861.76元,其要求被告保险公司按合同约定支付保险金20000元的诉讼请求合理,应予以支持。依照《合同法》第39条第1款、第40条、第41条,《保险法》(2009年)第14条、第23条第1、2款和《最高人民法院关于适用〈中华人民共和国合同法〉若干问题的解释(二)》第10条的规定,判决保险公司支付戴某某保险金20000元。①

案例分析指引

1. 医疗费用保险定性为补偿性保险时,可否适用填补损失原则?本案中,涉案保险合同是否属于补偿性医疗费用保险?

2. 保险人依照补偿性医疗保险应当如何给付保险赔偿金?本案中,被保险人戴某某最终获得的医疗费用补偿是否超出了其实际支出的医疗费用?如果答案是肯定的,应当如何解释这种现象?

3. 本案中,应当如何解释涉案保险条款第3条所称"其实际支出合理医疗费用"?对此,是否存在解释的歧义?

4. 本案中,对于责任免除条款,依照《保险法》(1995年)第17条的规定,是否可以因保险公司未提请投保人注意而认定其不产生效力?

5. 本案中,《合同法》及最高人民法院《关于适用〈中华人民共和国合同法〉若干问题的解释(二)》的相关规定,是否足以使法院据此认定涉案保险条款第4条无效?

---

① 参见浙江省台州市椒江区人民法院(2016)浙1002民初778号民事判决书。

第三节 告知义务

一 如实告知义务的性质

（一）如实告知义务

如实告知义务，是指投保人订立保险合同时承担的将其知晓的有关保险标的的危险情况或与危险情况有关的事项，如实告知保险人的义务。订立保险合同时，保险人就保险标的或者被保险人的有关情况提出询问的，投保人应当如实告知。

保险合同的成立，以能测定危险、计算保险费为条件，投保人的告知义务由此成为保险人开展保险业务所必需的一项技术上的手段或措施。对于保险标的之危险情况或信息，在保险人和投保人之间存在严重的信息不对称问题，保险人需要借助投保人的协助来完成对保险标的之危险的估计，从而决定是否承保以及如何收取保险费。保险合同订立时，如实告知义务发挥着协助保险人测定风险和确定费率的重要作用，是保险人开展保险业务控制风险的措施之一。

在测定保险标的之风险时，如果保险人欠缺必要的技术手段，投保人的告知对于保险人测定风险就至关重要，投保人的告知遂与保险合同的约束力紧密联系在一起。投保人在订立合同时的告知或者陈述是否真实，对于保险人依照保险合同承担责任具有基础性作用。订立保险合同时，投保人对保险人的询问，有如实告知的义务。只要投保人所为陈述是真实的，其后所发生的任何变化，对已经成立的合同便不会产生影响；否则，保险人将不受保险合同的约束。

（二）如实告知义务的性质

如实告知义务为保险法规定之投保人所承担的法定义务。该义务存在于保险合同的订立阶段，在性质上不属于合同义务，具有先合同义务的特点。

在合同法上，订约双方相互承担先合同义务，在订立合同时一方违反先合同义务，另一方可以相应主张解除或者撤销合同，并可以主张信赖利益丧失的损害赔偿。但在保险法上，情形或许有所不同。

投保人是否对保险标的之重要情况作如实描述或者陈述，直接影响保险人测定和估计危险以及决定是否承保，影响保险人对保险费率的选择。这样，如实告知义务仅与保险人测定风险相关，至于风险测定有误所引起的不利益，保险人只需要解除保险合同即可获得救济，不存其他保险人的信赖利益损失问题。我国保险法将保险人解除保险合同作为投保人违反如实告知义务的唯一救济手段，不涉及合同法上的缔约过失责任的适用问题。因此，如实告知义务不同于合同法上的先合同义务，而仅仅是保险法限定其适用条件和效果的特殊先合同义务。投保人违反如实告知义务的，保险人只能寻求保险法规定的解除合同之救济，不得再主张合同法规定的撤销保险合同或者信赖利益赔偿的其他救济。

二　询问告知的原则

投保人对保险人并不承担无限告知义务。投保人在承担如实告知义务时，是否应当以保险人的询问为必要？对此，我国保险法规定了询问告知的原则。[①] 询问告知的原则，是指投保人仅对保险人询问的事项承担如实告知义务，对于保险人没有询问的事项，投保人无告知义务。

保险人经营保险业务，富有经验。订立保险合同时，哪些事项应当由投保人告知，保险人最为清楚，若其不向投保人进行询问，基于诚实信用的考虑，该事项对保险人而言，就是不重要的事项。再者，不考虑保险人的询问，要求投保人（被保险人）主动判断何者为重要事实并告知保险人，并将投保人未能告知的不利后果施加于投保人，将使保险人始终处于十分有利的地位，对投保人（被保险人）既不合理也不公平。因此，订立保险合同时，保险人就保险标的的危险状况所为之询问，具有"激活"或者提请投保人履行如实告知义务的效果。投保人应当如实告知保险人的事实，以保险人询问的事项为限，即投保人的告知义务限于保险人询问的范围和内容。[②] 保险人没有询问的，投保人不承担告知义务。当事人对询问范围及内容有争议的，保险人负举证责任。

保险人可以口头、书面或者其他形式进行询问。保险实务中，保险人往往根据不同的险种设计了投保单中的询问事项，对有的险种还专门设计了风险询问表（questionaire），要求投保人在投保时如实地逐项填写投保单或风险询问表，据此测定是否承保和采用何种费率。投保单与

[①] 参见《保险法》（2015年）第16条第1款。
[②] 参见最高人民法院《关于适用〈中华人民共和国保险法〉若干问题的解释（二）》第6条。

风险询问表具有相同的效果，属于保险人的书面询问。① 保险人的询问，不限于保险人本人所为之询问；保险人的代理人或者其业务人员在其权限范围内所为之询问，亦产生与保险人本人询问相同的效果。对于保险人的代理人或其业务人员所为之询问，投保人亦应对其询问的事项如实告知，如实告知的效果及于保险人本人。

三　告知义务人

一般而言，告知义务人限于与保险人订立保险合同的相对人，即投保人。但是，因为保险合同的权利义务关系的特殊分配机制，财产保险的被保险人受保险合同保障，并享受保险合同约定的给付利益；人身保险的被保险人以其身体或者寿命作为保险标的，并享受保险合同约定的给付利益。因此产生了一个问题，与保险合同承保的标的有直接利害关系的被保险人，对于保险人测定危险的措施是否应当承担相应的义务呢？

我国保险法理论的通说认为，告知义务人包括投保人和被保险人。将被保险人作为告知义务人，是扩大解释负有告知义务的投保人的结果。

对于告知义务人的理解，不应受保险合同的订约人（投保人）的局限。是否为保险合同的订约人，不是有无如实告知义务的判断标准。如实告知义务为保险人测定风险的一项重要措施，投保人对保险人承担如实告知义务，主要源自其订约人地位。被保险人虽不参与保险合同的订立，但并不表明其不承担如实告知义务。被保险人受保险合同的直接保障，对保险标的或其自身的情况最为了解，在诚实信用原则的维度内，被保险人没有理由拒绝回应或者回答保险人对其所为之询问，更没有理由就其隐瞒或者虚伪陈述的行为不承担任何后果。因此，当保险人在测定风险而询问被保险人时，被保险人应当承担如实告知义务。②

四　如实告知的事项

原则上，告知是投保人对保险人的询问所作的说明、答复或者陈述。投保人应当如实告知的事实，以保险人提出询问的范围为限，自无疑问。但是否保险人提出的所有询问，投保人均应当告知？这就涉及投

---

① 参见李玉泉《保险法》（第二版），法律出版社，2003，第61~62页。
② 参见邹海林《保险法学的新发展》，中国社会科学出版社，2015，第209~210页。

保人的告知事项的范围。

一般而言,投保人应当如实告知的事实,仅限于重要事实。"在保险人询问的事项中,凡属估计危险的事实,均为重要事实;与之相对应,保险人未询问的事项,不论该事项是否为估计危险的事实,均被排除于重要事实之外。因此,重要事实是保险人询问的估计危险的事实。订立保险合同时,投保人对于保险人询问以外的事项未如实告知,即使该事实在性质上构成估计危险的事实,保险人亦不得以投保人未如实告知为由,对保险合同的有效性提出争议。"[1] 投保人应当告知的重要事实主要有:(1)足以使承保危险增加的事实;(2)为特殊动机投保的,有关投保动机的事实;(3)表示承保危险的特殊性质的事实;(4)显示保险标的在某方面非正常的事实。

对于保险人判断保险标的的危险情况或者被保险人的有关风险事项并不重要的事实,投保人不必告知。在立法例和域外实践上,对于保险人询问的影响风险的事实,若基于诚实信用,对保险人判断是否接受承保或确定费率不产生影响的,投保人可以不告知。在解释上,对于下列事项,即使构成影响保险风险的重要事实,除非保险人"特别"询问,投保人也可以不告知:(1)保险风险降低的;(2)保险人已经知道或者在通常的业务活动中应当知道的;(3)经保险人申明不需告知的;(4)投保人按照默示或者明示担保条款不需告知的。

在我国的保险实务中,经常会面对这样一种"其他应当告知或说明……"的"兜底式"或者"模糊"询问。兜底式或模糊询问的内容指向不是十分清楚,但又不能认为保险人未询问。如果保险人询问的内容不够清晰或具体,投保人有无告知义务?"投保人的如实告知义务限于保险人询问的事项,对于保险人未询问的事项,投保人不负如实告知义务。保险人在询问表、告知书等上面采用'其他'、'除此以外'等询问方式的,视为没有询问。"[2] 因此,对于投保单询问表所列的"概括性条款",投保人无告知义务,是受到我国司法实务的支持的,保险人不得"以投保人违反了对投保单询问表中所列概括性条款的如实告知义务为由"解除保险合同。[3]

---

[1] 参见常敏《保险合同可争议制度研究》,《环球法律评论》2012年第2期。
[2] 参见山东省高级人民法院《关于审理保险合同纠纷案件若干问题的意见(试行)》(2011年)第4条。
[3] 参见最高人民法院《关于适用〈中华人民共和国保险法〉若干问题的解释(二)》第6条第2款。

此外，投保人的告知事项还受投保人的认知能力的限制。投保人对于其不知道的事项，以及投保人尽其注意义务而无法知道的事项，均不承担如实告知义务。在这个意义上，投保人应当如实告知的事项，限于投保人知道或者应当知道的事项。

五　告知与保险人的调查

投保人对保险人所询问的被保险人的有关情况承担告知义务，但保险人基于对测定风险的谨慎，往往会对投保人告知的事实进行相应的调查。

投保人的如实告知与保险人对危险状况的调查，均属于保险人控制风险的具体措施，但其具有不同的法律意义。如实告知是投保人履行如实告知义务的问题。保险人对危险状况所为调查，则是保险人控制风险所采取的另一项措施，与投保人履行如实告知义务没有关系，其目的并不在于验证投保人告知的事实是否属实，而在于自行搜集信息为保险人测定风险提供辅助。

保险人对保险标的的危险状况进行调查，不能免除投保人的如实告知义务。例如，保险合同订立时，被保险人根据保险人的要求在指定医疗服务机构进行体检，投保人的如实告知义务并不因此而免除。[①] 但是，如果保险人的调查结论或结果，与投保人订立保险合同时所为告知不同，是否应当视为保险人已知投保人未如实告知？在此情形下，保险人的调查虽然不影响投保人的如实告知义务，但保险人通过调查所获知的事实，若与投保人所为告知不同，则应当视为保险人已知其事实。在保险人已知投保人违反如实告知义务的情形下，仍与投保人订立保险合同，发生保险事故的，保险人应当承担保险责任。[②]

六　如实告知义务履行的时点

订立保险合同时，投保人应当履行如实告知义务。这就是说，在保险合同订立后，没有如实告知义务的履行问题。保险合同成立后，若保险标的的危险情况发生变化，则有危险增加的通知义务。告知义务与危

[①] 参见最高人民法院《关于适用〈中华人民共和国保险法〉若干问题的解释（三）》第5条第1款。

[②] 参见《保险法》（2015年）第16条第6款。最高人民法院《关于适用〈中华人民共和国保险法〉若干问题的解释（三）》第5条第2款。

险增加的通知义务具有性质上的不同,应当加以区别。

但是,订立保险合同时,投保人应当履行如实告知义务,并不是绝对的。有以下情形发生时,投保人应当履行如实告知义务。

第一,投保人和保险人变更已有的保险合同的内容之时。在保险合同成立后,投保人和保险人协商变更保险合同,如提高保险金额、调整保险费、增加承保风险、扩大保险标的的范围等,保险人就保险标的的危险状况提出询问的,投保人应当如实告知。

第二,财产保险合同期限届满而"续保"时。在我国的保险实务中,财产保险合同期限届满,投保人和保险人协商"续保"时,保险人对保险标的的危险状况提出询问的,投保人应当如实告知。财产保险合同的"续保",只是对已有的保险合同到期而另行订立一个新的保险合同的俗称,并非已有保险合同到期后的延续。在这个意义上,财产保险合同"续保"时,无异于订立一份新的财产保险合同,投保人应当承担如实告知义务。

第三,人身保险合同效力中止后复效时。中止效力的人身保险合同在复效时,保险人对被保险人的有关情况予以询问的,投保人应当如实告知。

七 违反如实告知义务

违反如实告知义务,是指投保人对保险人的询问,因为故意或重大过失未作出与事实相符的陈述或说明。

(一) 投保人的陈述不真实

投保人的告知独立于保险合同而存在。如实告知,表明投保人作出的陈述或者说明应当真实、客观,即与事实相符。相应而言,投保人作出的陈述或者说明不真实或者不客观,即与事实不相符,构成投保人的陈述不真实。投保人的陈述不真实,仅在投保人对重要事实的陈述不真实的情形,始能成立违反如实告知义务。投保人对非重要事实作出的陈述不真实,不能成立违反如实告知义务。

(二) 投保人主观上有过错

投保人对其陈述不真实存在过错,才能成立违反如实告知义务。过错包括投保人的故意和重大过失两种主观心理状态。[1]

投保人的故意,是指投保人明知某种事实的存在或者不存在而为与

---

[1] 参见《保险法》(2015 年) 第 16 条第 2 款。

该事实不相符的陈述或说明。投保人明知某种事实存在，但作出与其明知的事实状态不相符的陈述，即可成立投保人的故意。在具体判断投保人的故意时，不能过分强调投保人对事实存在的明知、对事实重大性的明知或者投保人的陈述不真实的意图。例如，当投保人已知事实存在而未将该事实告知保险人，或者告知保险人的事实与其已知的事实不同时，证明投保人具有不告知或不实告知的主观意图，对保险人而言几乎不可能，除非保险人依照投保人客观上的未告知或不实告知推论投保人具有这样的意图。因此，投保人已知某种事实存在而未告知保险人或不实告知的，应当构成违反如实告知义务的故意。① 根据证明责任规则，保险人主张投保人对陈述不真实存在故意的，应当承担举证责任。

  什么是投保人的重大过失？这或许真的是个问题。我国保险法将投保人的陈述不真实之过失程度提升为重大过失程度，② 具有限制保险人以投保人违反如实告知义务为由解除保险合同的效果，但未对重大过失的构成作出规定或说明，致使保险法理论和司法实务在理解重大过失时存在不小的障碍。③ 在我国的私法理论上，虽有过失和重大过失的区别，将重大过失介于故意和过失之间，但始终未能在操作性和适用性上对重大过失的判断作出精准的表达。④ 在保险法理论上，投保人的过失一般被理解为投保人对某种事实"应当知道"但疏于注意而未能知道时作出的陈述不真实，或者因为疏忽大意而为遗漏或不实说明。相应地，重大过失就包括了因为重大过失而不知道该事实的存在、因为重大过失而不知道该事实具有重要性、因为重大过失而为遗漏或者不实说明。⑤ 显然，理论和实务很难在投保人的过失和重大过失之间画出一道线。有必要强调的是，"重大过失应当是一种有认识的过失，但同时须在客观上制造了巨大的危险。它是一种偏主观的、行为人很大程度上可避免的过错，是一种具有较强道德可责难性的过错。它是介于故意与普通过失之间、更接近于故意的一种独立过错类型。"⑥ 我国保险法规定

---

① 参见邹海林《保险法学的新发展》，中国社会科学出版社，2015，第229页。
② 参见《保险法》（2002年）第17条第2款和第4款；《保险法》（2009年）第16条第2款和第5款。
③ 参见王冶英、任以顺《保险人合同解除权的立法反思》，《理论探索》2012年第3期。
④ 参见叶名怡《重大过失理论的构建》，《法学研究》2009年第6期。
⑤ 参见曹兴权《保险缔约信息义务制度研究》，中国检察出版社，2004，第196页。
⑥ 参见叶名怡《重大过失理论的构建》，《法学研究》2009年第6期。

投保人的重大过失，其意义并不在于强调投保人的过失程度，而是为限缩保险人的合同解除权提供更具操作性的证明责任分配路径。投保人的重大过失是仅次于投保人的故意之过错，当保险人不能证明投保人有故意时，只能证明投保人有重大过失；投保人存在重大过失以投保人知其事实为条件，在此条件下，其疏于应有的注意而作出了不真实陈述。有学者认为，投保人的重大过失，是指投保人知道某种事实的存在但疏于投保人的最为基本的注意义务而作出了不真实陈述。[1]

（三）违反如实告知义务的主要情形

投保人违反如实告知义务，主要表现为投保人的虚伪陈述、隐瞒和遗漏。一般而言，虚伪陈述和隐瞒对应于我国保险法上所称的投保人故意违反如实告知义务，而遗漏则对应于投保人因重大过失违反如实告知义务。

虚伪陈述，是指投保人明知其陈述和重要事实不符而仍向保险人作出与重要事实不符的陈述。例如，对于足以影响保险人决定是否同意承保或者提高保险费率的陈述，投保人明知其陈述与既存的事实不相符，仍向保险人作出其陈述。隐瞒，是指投保人明知某种事实的存在，经保险人询问，不向保险人揭示或陈述该事实的全部或者部分。隐瞒通常表现为投保人有目的的不作为。遗漏，是指投保人已知某种事实的存在但因为疏忽大意而未向保险人完整揭示或陈述该事实。遗漏可以是投保人的作为，也可以是不作为，其本身即投保人的重大过失。

八 对保险人的救济

投保人违反如实告知义务，我国保险法对保险人分别规定有合同解除权和拒绝赔付抗辩权两项救济。[2]

（一）合同解除权

投保人因故意或者重大过失而未告知或者不实告知重要事实的，保险人有权解除保险合同。在此情形下，保险人解除合同的，保险合同自始不发生效力，合同当事人应当承担恢复原状的义务，保险人已经收取的保险费，应当退还给投保人；但可以扣除保险人因为该合同的订立而支付的费用，如调查危险状况而支付的费用。

保险人的合同解除权，在性质上为形成权，受法定的除斥期间的限

---

[1] 参见常敏《保险法学》，法律出版社，2010，第69页。
[2] 参见《保险法》（2015年）第16条第2款、第4款和第5款。

制。保险人的合同解除权，自保险人知道有解除事由之日起，超过30日不行使而消灭；自合同成立之日起超过2年的，保险人亦不得解除合同，发生保险事故的，保险人应当承担赔偿或者给付保险金的责任。①

应当注意的是，上述法定的除斥期间，并非对保险合同各方当事人的权利进行同等限制，而是仅仅限制保险人单方解除合同的权利，这与民法或合同法规定的除斥期间有所不同。规定上述法定的除斥期间的目的，仅在于限制保险人的权利以扩张被保险人受保护的期间利益。因此，保险合同可以就上述法定的除斥期间作出更有利于被保险人受保护的利益的变更。例如，保险单可以不可争议条款约定保险人主张解除保险合同的"更短"期间。②

（二）拒绝赔付抗辩权

订立保险合同时，投保人违反如实告知义务的，如果发生保险事故，保险人将不承担赔偿或者给付保险金的责任，即保险人有拒绝赔付抗辩权。保险人主张拒绝赔付抗辩权，应当符合保险法规定的以下两个条件：第一，保险合同尚没有解除即发生保险事故的；第二，投保人故意对保险人询问的事项作出与事实不符的陈述，或者由于重大过失作出了"对保险事故的发生有严重影响的"与事实不符的陈述。③投保人违反如实告知义务，保险人依法享有的拒绝赔付抗辩权，是对抗被保险人或者受益人的保险给付请求权的永久抗辩权。

应当注意的问题是，保险人主张拒绝赔付抗辩权，是否应当以保险合同的解除为条件？对此，最高人民法院《关于适用〈中华人民共和国保险法〉若干问题的解释（二）》第8条规定："保险人未行使合同解除权，直接以存在保险法第十六条第四款、第五款规定的情形为由拒绝赔偿的，人民法院不予支持。但当事人就拒绝赔偿事宜及保险合同存续另行达成一致的情况除外。"这就是说，投保人违反如实告知义务，保险人依法主张拒绝赔付抗辩权的，应当先行解除保险合同；保险人不能以投保人违反如实告知义务为由解除保险合同的，不能行使拒绝赔付抗辩权。

九 违反如实告知义务的弃权

投保人违反如实告知义务，保险人已知其事实并订立保险合同的，

---

① 参见《保险法》（2015年）第16条第3款。
② 参见常敏《保险法学》，法律出版社，2012，第70页。
③ 参见《保险法》（2015年）第16条第4款和第5款。

不得以投保人违反如实告知义务为由解除保险合同。这是保险人对其以投保人违反如实告知义务为由解除保险合同的权利之放弃。依照我国保险法的规定，保险人在合同订立时已经知道投保人未如实告知的情况的，保险人不得解除合同；发生保险事故的，保险人应当承担赔偿或者给付保险金的责任。①

依照上述规定，保险人的弃权以保险人订立合同时"知道"投保人违反如实告知义务作为条件；其中的"知道"与保险人"已知"或者"明知"同义，但不包括保险人"应当知道"这样的主观心理状态，也不包括保险人"在保险合同订立后知道"投保人违反如实告知义务的情形。上述规定以诚实信用原则为基础，以限制保险人滥用合同解除权或者保险合同约定的不可争议条款为目的，② 使得保险人以投保人违反如实告知义务为由行使保险合同解除权的空间极度缩小。

在保险合同成立后，保险人知道投保人违反如实告知义务，却仍然向投保人收取保险费，或者通知投保人加收保险费的，其行为是否构成合同解除权的弃权？在英国保险法上，被保险人（insured）对于影响危险的事实，在合同订立时有不实陈述（misrepresentation）、隐瞒（consealment）或不完整陈述（incomplete disclosure）的行为的，其通知保险人该事实后，如果保险人继续收取保险费，则保险人丧失解除保险合同的权利。③ 依照保险法上的诚实信用原则，在保险合同成立后，保险人知道投保人在订立合同时违反如实告知义务，如投保人通知保险人其违反如实告知义务的事实的，保险人相应取得保险合同的解除权，但若保险人以继续收取保险费或者加收保险费的意思表示，放任保险合同的存续，则表明其愿意受保险合同的约束，这与其在订立合同时知道投保人违反如实告知义务而订立合同的行为，性质相同。在解释上应当认为，保险合同成立后，保险人知道投保人违反如实告知义务，仍然收取或者加收保险费的，构成保险合同解除权的弃权，保险人不得解除保险合同，发生保险事故的，保险人应当承担保险责任。④

---

① 参见《保险法》（2015 年）第 16 条第 6 款。
② 参见常敏《保险法学》，法律出版社，2012，第 70 页。
③ See Raoul Colinvaux, *The Law of Insurance* (Sweet & Maxwell, 1984), p.93.
④ 参见最高人民法院《关于适用〈中华人民共和国保险法〉若干问题的解释（二）》第 7 条。

案例参考 20

订约时被保险人不符合承保条件

1985年5月12日,食品公司职工方丰荣因病住院,经诊断为膀胱癌,治疗后继续上班。1986年8月,食品公司动员职工参加简易人身保险,并讲明了投保条件。方丰荣自愿投保简易人身保险5份,保险期限为15年。保险单载明癌症等疾病患者不能投保。保险公司发给方丰荣简易人身保险证。1987年5月8日,方丰荣急诊住院,诊断为上消化道出血(复化性溃疡),膀胱癌术后转移,尿路感染,全身衰竭,于8月19日病故。之后,方丰荣之子方某某凭保险证向保险公司申请给付保险金。保险公司以方丰荣隐瞒投保条件,带病投保,不属保险责任范围为由,只退还保险费,不给付保险金。方某某不服,遂向法院起诉。

一审法院认为,方某某之父方丰荣投保前虽曾患有膀胱癌,但手术后能上班工作。医院认定方丰荣的死因并非仅为膀胱癌转移,保险公司以方丰荣投保时隐瞒投保条件为由,主张保险合同无效是不妥的。依照《民法通则》第85条、第84条第2款的规定,依法成立的合同,受法律保护。债权人有权要求债务人按照合同的约定履行义务。根据简易人身保险条款(甲种)第5条第1款第2项关于"被保险人在保险有效期间因疾病或意外伤害事件而致身故,给付保险金全数"的规定,被告应给付原告保险金全数。一审法院据此判决保险公司应给付方丰荣指定的受益人方某某保险金全数。保险公司不服一审判决,提出上诉。

二审法院认为,保险公司与方丰荣签订的简易人身保险合同明确记载,凡属患癌症等疾病者,不得投保。方丰荣投保前已患癌症,虽经手术治疗,但并未根治,不久便病情恶化死亡。方丰荣的健康状况,不符合投保条件。方丰荣隐瞒病情,参加人身保险,根据简易人身保险条款第7条关于被保险人或投保人对投保条件有隐瞒或欺骗情事,保险公司不给付保险金的规定,其民事行为无效。依照《民法通则》第61条第1款的规定,方丰荣的民事行为被确认为无效后,保险公司不负因方丰荣身故给付保险金的责任,但应退还投保人所交纳的保险费。二审法院据此判决撤销一审判决,保险公司应付给方某某退保金人民币60元。①

---

① 参见《方泽波诉惠来县保险公司简易人身保险金纠纷案》,《中华人民共和国最高人民法院公报》1990年第4期。

案例分析指引

1. 本案争议发生时应当适用的法律依据如何？
2. 本案中，被保险人的身体健康状况不符合投保条件，应当理解为保险合同无效的法律事实还是保险合同解除的法律事实？
3. 本案中，二审法院为什么判决保险公司向方某某支付退保金60元？

案例参考 21

保险人订约时未询问投保人

2008年5月4日，罗某某与保险公司签订人身保险合同，投保该公司的终身寿险（万能型）险种，合同生效日期为2008年5月5日零时。生存受益人为罗某某，身故受益人为毋某某。具体保险项目为终身寿险（万能型）、提前给付重大疾病保险、意外伤害保险，保险金额分别为50000元、10000元、30000元，保障年期分别为终身、终身、1年，交费年期分别为终身、终身、1年，交费类型均为年交，保险费为5000元。2008年12月1日，罗某某死亡，12月6日火化，12月8日注销了户口。毋某某向保险公司提出理赔申请后，保险公司出具理赔结案通知书，不予给付保险金，险种责任终止。保险公司拒付理由为被保险人投保前存在既往病史，投保人投保时未向保险公司履行如实告知义务，保险公司不承担赔偿责任，解除保险合同，不退还保费。

2009年12月17日，法院对证人贾炳义进行调查询问，贾炳义证实其作为被告的业务员，在给罗某某办理保单时，对保单中第3部分"告知事项"只让罗某某在最后的签字处签了字，其中内容的填写，均是其事后为完善业务手续自己做的，罗某某不知道。另查，终身寿险（万能型）条款第2.5项"意外身故特别保险金"的规定为：被保险人于年满65周岁的保单周年日前遭受意外伤害事故，并自事故发生之日起180日内以该事故为直接且单独的原因身故的，保险公司在给付上述身故保险金的基础上按基本保险金金额额外给付意外身故特别保险金，主合同终止。

法院认为，罗某某与保险公司签订的人身保险合同真实有效，保险关系依法成立。证人贾炳义证实其作为被告的业务员，在给罗某某办理保单时，对保单中第 3 部分"告知事项"只让罗某某在最后的签字处签了字，其中内容的填写，均是其事后为完善业务手续自己做的，罗某某不知道；保险公司虽然以罗某某投保时未向其履行如实告知义务为由拒赔，但除了保单第 3 部分有罗某某的签字外，不能证明其向罗某某进行了"询问"。于是，法院判决被告保险公司赔付毋某某保险金额100000 元。①

案例分析指引

1. 投保人应当如何履行如实告知义务？本案中，订立涉案保险合同时，投保人有无如实告知义务？

2. 订立合同时，保险人就被保险人的健康情况未询问投保人的，投保人是否承担如实告知义务？本案中，法院查明的事实可否证明保险公司在订立合同时对被保险人的健康情况进行了询问？

3. 投保人违反如实告知义务的举证责任如何分配？本案中，法院查明的事实可否证明投保人隐瞒了被保险人的既往病史而违反如实告知义务？

案例参考 22

被保险人对体检医生的询问告知不实

2007 年 5 月 30 日，刘某某以其母卓某某为被保险人向保险公司投保人身保险，保险期间为被保险人终身。投保当天，刘某某及其母在投保单的"声明与授权"栏内亲自签上姓名，注明"……所填投保单各项及告知事项均属事实并无欺瞒……"。投保单的告知事项所涉内容，均系保险公司原经办人王某填写。2007 年 6 月 5 日，保险公司书面通知投保人于 2007 年 6 月 20 日前到公司指定医院对被保险人进行体检。2007 年 6 月 12 日，刘某某与其母到某中医院体检，医生按照《体检报告》告知事项内的内容逐项向刘某某及其母询问时，刘某某及其母对有关是否受过治疗，或症状、疾病的内容均回答为否定。2007 年 6 月 30 日，刘某某向保险公司交付保险费 8700 元。2008 年 3 月 8 日，被保险人不幸患肝癌病故。

---

① 参见许昌市魏都区人民法院（2009）魏民二初字第 195 号民事判决书。

第三章 保险合同的效力

刘某某依约找保险公司理赔，保险公司经调查核实：2001年12月23日至2002年1月15日，被保险人在某附属医院住院被诊断为"胆总管结石伴胆管炎"，进行了手术；2006年7月16日至2006年8月6日，被保险人在某附属医院住院被诊断为"壶腹周围癌，胆总管结石"。2008年8月11日，保险公司出具拒赔通知书。刘某某起诉保险公司，认为其在被保险人经保险公司审查医检后，按保险公司的规定投保了涉案保险，交付了保险费，要求保险公司履行合同，向刘某某支付保险金90000元。保险公司则称，刘某某在为其母卓某某投保的过程中，隐瞒被保险人患壶腹周围癌、住院进行手术治疗的事实；在保险公司要求被保险人体检，体检医生询问被保险人健康状况时，刘某某及其母均未如实告知被保险人的健康状况，保险公司按照保险合同的约定，对刘某某拒赔，符合约定和相关法律规定。

审理本案的法院认为，刘某某和保险公司订立的终身保险合同，属于最大诚信性质的合同，且是双方的真实意思表示，合同对双方均约定了如实告知的义务，保险人对合同条款及免责条款有向投保人和被保险人解释和告知的义务，投保人和被保险人也有向保险人如实告知被保险人的健康状况包括病史的义务。刘某某在向保险公司投保的过程中，对被保险人曾患癌治疗的事实，在投保和体检医生向其询问时均未如实告知保险人，违反诚信原则和合同的约定，属于故意隐瞒不如实告知。保险公司因刘某某隐瞒被保险人病患，依约拒赔，符合合同的约定和法律规定。依照《保险法》（2002年）第2条、第17条的规定，判决驳回刘某某的诉讼请求。①

案例分析指引

1. 订立保险合同时，投保人有如实告知义务，被保险人有无如实告知义务？

2. 本案中，保险公司的业务员仅让投保人（被保险人）在投保单上签名，而自行填写告知事项，是否构成未询问？投保人据此是否承担告知义务？

3. 本案中，保险公司委托的体检医生就被保险人的健康状况对被保险人作出的询问，是否属于订立合同时的保险人的询问？投保人和被

---

① 参见重庆市铜梁县人民法院（2009）铜法民初字第208号民事判决书。

保险人均对被保险人的病史作出否认回答,是否违反如实告知义务?

4. 被保险人依照保险人的要求在保险人指定的医疗服务机构进行体检,是否具有免除投保人(被保险人)如实告知义务的法律效果?

5. 被保险人订立合同时隐瞒事实而未如实告知的,保险人在什么情况下可以解除保险合同或者不承担保险责任?

案例参考 23

保险人解除保险合同的限制

2010年7月24日,何某某向保险公司投保终身寿险以及附加重大疾病保险各18份,约定被保险人为何某某,重大疾病保险金额为每份10000元。保险期限从2010年7月24日至终身。合同订立后,何某某依约交纳各年度的保险费。

重大疾病保险条款第2.3条关于保险责任约定:"在主险合同有效且本附加合同有效期内,保险公司承担下列保险责任:(1)若被保险人因遭受意外伤害,或在附加险合同生效日或最后复效日起180日后因意外伤害以外的原因,被确诊初次发生本附加合同约定的重大疾病,我们按本附加险合同保险金额给付重大疾病保险金,本附加险合同终止。主险合同继续有效,以后各期的年交保险费不再支付。"

2012年7月28日,何某某因痛风、尿毒症住院治疗,并向保险公司申请按照双方约定的重大疾病保险条款进行理赔,保险公司以何某某在投保前患有重大疾病、属于带病投保为由拒赔。何某某诉请保险公司支付保险金18万元,并承担本案诉讼费用。

投保前,何某某曾因患"痛风性肾炎、慢性肾衰竭、肾性高血压、痛风"等病症于2009年3月29日入住某医院住院治疗,于2009年4月4日治疗好转后出院。在投保时,何某某向保险公司的业务员赵某某告知了其患病情况,赵某某对此予以确认。在投保单有关投保人告知事项第5条"是否曾有下列症状、曾被告知患有下列疾病或因此接受治疗:E、肾炎、肾病综合症、肾功能异常、尿毒症、肾盂积水、肾囊肿、肾下垂、泌尿系结石、尿路畸形、前列腺等其它泌尿系统疾病"一栏内,业务员赵某某填写为"否"。

审理本案的法院认为,何某某与保险公司所签订的保险合同系双方自愿达成,合法有效,双方均应按约履行。我国《保险法》(2009年)第127条规定,保险代理人根据保险人的授权代为办理保险业务的行为，由保险人承担责任。何某某在签订保险合同时，已将其患病情况向保险公司的保险代理人赵某某明确告知，有赵某某当庭作证的证言予以证实。因此，何某某并不存在故意隐瞒病情的行为。此外，根据我国《保险法》（2009年）第16条"不可抗辩条款"的规定，投保人在投保时如果没有履行如实告知义务，保险人有权解除合同，该解除权自保险人知道有解除事由之日起，超过30日不行使而消灭，自合同成立之日起超过2年的，保险人不得解除合同；发生保险事故的，保险人应当承担赔偿或者给付保险金的责任。此2年属于除斥期间。该条款的设立是为了防止保险公司滥用合同解除权，有效保护被保险人长期利益。无论本案中的何某某在投保前是否隐瞒患病，在合同已经实际履行2年后，保险公司均不能要求解除合同。而且保险人在没有行使合同解除权的情况下，也不得直接以存在保险法第16条第4款、第5款规定的情形拒绝赔偿。因此，保险公司应当继续履行合同并按照有关约定给付保险金。保险公司应当按照重大疾病保险关于保险责任的约定条款给付何某某重大疾病保险金180000元。判决保险公司给付何某某重大疾病保险金180000元。①

案例分析指引

1. 订立保险合同时，投保人应当如何履行如实告知义务？本案中，依照法院查明的事实，投保人何某某是否履行了如实告知义务？

2. 本案中，保险公司以投保人违反如实告知义务为由而行使解除合同的权利是否已经超过法定的解除合同的除斥期间？

3. 本案中，对于法院查明的事实，即保险代理人填写投保书时对于投保人的询问事项填写"否"，但其承认投保人于订立合同时已告知其有关事实，是否应当认定保险代理人的行为为保险公司已知投保人告知的事实？

4. 本案中，保险代理人已知投保人告知的事实，但仍然代理保险公司订立保险合同，依照《保险法》（2009年）第16条第6款的规定，是否发生保险公司弃权的效果？

---

① 参见徐州市泉山区人民法院（2013）泉商初字第526号民事判决书。

案例参考 24

保险人除斥期间经过后不得解除保险合同

2010年1月7日，周某某在某医院确诊患有肾病。同年2月21日，周某某与保险公司签订保险合同一份，约定合同生效日期为2010年2月22日。依据合同约定，周某某购买了终身寿险（分红型和附加提前给付重大疾病保险两个险种）。其中，终身寿险（分红型）保险金额为200000元，保险费为4600元/年；附加提前给付重大疾病保险保险金额为200000元，保险费为1280元/年。保险条款约定：附加提前给付重大疾病保险赔付的重大疾病包括终末期（或称"慢性肾功能衰竭尿毒症期"）肾病。合同签订后，周某某依约向保险公司交纳了2010年、2011年、2012年的保险费。2012年1月前后，周某某在医院治疗确诊为慢性肾功能衰竭尿毒症。其后，周某某向保险公司提出理赔申请。2013年2月8日，保险公司以周某某未履行如实告知义务为由拒绝了周某某的理赔申请，并发出解除保险合同通知书。为此，双方产生纠纷。周某某诉请保险公司支付保险金200000元。

一审法院认为，依法成立的合同，对当事人具有法律约束力。本案中虽然周某某明知自身有肾病而与保险公司订立保险合同，但保险公司未提供证据证明周某某在订立保险合同时未履行如实告知义务。依据我国保险法司法解释的规定，投保人的如实告知义务仅限于保险人询问的范围和内容。我国保险法规定保险人自合同成立之日起超过2年的，保险人不得解除合同；发生保险事故的，保险人应当承担赔偿或者给付保险金的责任。周某某、保险公司订立的保险合同已成立3年之久，保险公司已不得解除保险合同，故保险公司解除合同的意思表示不发生法律效力。当周某某被确诊为慢性肾功能衰竭尿毒症时，保险公司应依照保险合同的约定承担200000元的赔偿责任。依照《保险法》（2009年）第16条第3款、第23条第1款、《最高人民法院关于适用〈中华人民共和国保险法〉若干问题的解释（二）》第6条第1款之规定，判决保险公司向周某某支付保险金200000元。

保险公司不服一审判决，提出上诉，认为周某某在投保时未尽到如实告知义务。周某某则认为，投保时保险公司业务员没有详细向投保人告知、询问。保险合同上的名字是周某某所签，其他内容都是业务员本人填写的。从合同成立之日起超过2年的，保险人不得解除合同。发生保险事故的，保险人应该承担赔偿或者给付保险金的责任。二审法院经审理查明的证据、事实与原审查明的证据、事实相一致。另查明：附加提前给付重大疾病保险条款第4条保险责任约定："一、重大疾病保险金：在本附加合同保险期内且本附加合同生效日或最后复效日（以较迟者为准）起90天后，被保险人首次发病并经医院确诊初次患上一项或多项本附加合同第十五条所定义的重大疾病，我们按本附加合同当时的保险金额给付重大疾病保险金，同时本附加合同的效力终止，主合同的基本保险金额随之扣除本附加合同的基本保险金额……。"

二审法院意见如下。（1）本案人身保险合同依法成立，投保人按照约定交付保险费，保险人按照约定的时间开始承担保险责任。本案中，周某某于2010年2月21日向保险公司购买终身寿险（分红型）和附加提前给付重大疾病保险两个险种系事实。周某某按照合同约定于2010年、2011年、2012年连续3年交纳了保险费，保险公司应当按照合同的约定承担保险责任。周某某于2012年2月11日被确诊患有"慢性肾功能不全尿毒症期"疾病，且该疾病属于附加提前给付重大疾病保险约定的重大疾病，保险公司应当按照合同的约定支付保险金。（2）关于保险公司上诉称周某某在投保时未尽到如实告知义务，存在重大过失，保险公司不应承担支付保险金责任的问题，依照《保险法》（2009年）第16条的规定：保险人的合同解除权，自保险人知道有解除事由之日起，超过30日不行使而消灭；自合同成立之日起超过2年的，保险人不得解除合同；发生保险事故的，保险人应当承担赔偿或者给付保险金的责任。本案中周某某虽明知自身有肾病而与保险公司订立保险合同，但根据上述法律规定，保险公司行使解除权的最长期限为保险合同成立后2年内，而周某某、保险公司订立的保险合同成立已超过2年，故保险公司不得行使解除权。发生保险事故时，保险公司应当承担给付保险金的责任。故一审判决保险公司向周某某支付200000元保险金并无不当。判决驳回上诉，维持原判。①

案例分析指引

1. 保险人因投保人违反如实告知义务而解除保险合同的权利是否因除斥期间届满而消灭？我国保险法是如何规定的？

---

① 参见河南省平顶山市中级人民法院（2014）平民金终字第52号民事判决书。

2. 本案中，法院查明的事实是否足以表明投保人周某某订立保险合同时违反如实告知义务？两审法院对此表明了周某某违反如实告知义务的立场了吗？

3. 本案中，两审法院均认为涉案合同成立后超过3年、保险公司主张解除保险合同不符合保险法有关2年除斥期间届满后不得解除合同的规定，对此应当如何认识？

4. 本案中，被保险人周某某2012年2月11日被确诊患有"慢性肾功能不全尿毒症期"疾病，据此可以认定涉案保险事故发生于涉案保险合同成立之日起2年内，应当如何适用《保险法》（2009年）第16条第2款、第3款、第4款和第5款的规定？

案例参考 25

拒绝赔付抗辩权以解除合同为必要

2012年10月24日，吴某某以其妻子苏某某为被保险人，与保险公司签订保险合同，投保终身重大疾病保险，约定每月交纳保费1786.5元，交费日期为每月的25日，交费期间为10年，保险期间为终身，保险金额为500000元，合同约定身故保险金受益人为投保人吴某某。合同中所附的终身重大疾病保险利益条款第7条约定："……本公司按下列约定给付身故保险金：被保险人于本合同生效（或最后复效）之日起一百八十天内因疾病身故，本合同终止，本公司按本合同所交保险费（不计利息）给付身故保险金；被保险人因前述情况以外身故，本合同终止，本公司按本合同基本保险金额给付身故保险金。"合同签订后，吴某某按照约定交纳保险费至2014年1月26日。2014年1月25日，被保险人苏某某因多种疾病死亡。2014年3月6日，保险公司出具了拒付保险金额通知书，以投保时未如实告知为由，拒赔并退还保险费28584元。吴某某认为保险合同签订后即发生效力，保险事故发生后保险公司应当按保险合同约定支付身故保险金500000元，诉请保险公司支付吴某某保险金额500000元。

同时查明，2011年3月22日至2011年3月25日，被保险人苏某某就诊于广西北流市人民医院，出院诊断为：（1）"系统性红斑狼疮?"（2）"上呼吸道感染"。2011年3月28日，被保险人苏某某的血清因临床可疑，被北流市疾病预防控制中心送检，2011年4月1日检验结论为HIV-1抗体阳性。

一审法院认为，吴某某和保险公司签订的保险合同，经依法成立而有效，双方当事人应按照合同约定全面履行各自义务。合同签订后，吴某某按约支付了保险费，保险公司应承担相应的保险责任。关于吴某某在投保时是否违反如实告知义务，依照《保险法》（2009年）第16条的规定，保险人就被保险人的有关情况提出询问，投保人应当如实告知。也就是说保险人向投保人提出询问的，投保人对询问未如实告知，是保险人不承担赔偿或者给付保险金的责任的事实基础。本案吴某某、保险公司签订的保险合同中，个人投保单中告知事项之后的内容均为打"√"选项，投保人和被保险人的投保申请日期是2012年10月8日，然后是保险公司经办人签字，受理日期是2012年10月9日。从形式上分析，是投保人、被保险人在2012年10月8日填写了保险单上的内容，投保单于2012年10月9日交由保险公司，保险公司经办人签字受理。从中看不出保险人就被保险人的有关情况向被保险人或者投保人进行询问的过程，保险公司提交的证据不能证明保险人向投保人及被保险人针对病史、诊疗、检查经历等内容进行了询问的事实，保险公司据此免责的理由，没有事实依据。其次，该法条进一步规定"投保人故意不履行如实告知义务的……"，也就是说，即使被保险人告知的事实有误，也仅限在故意不如实告知的范围内。被保险人苏某某是2011年3月22日至3月25日因疾病在广西北流市人民医院住院治疗，3月25日已出院。同年3月28日苏某某血清送检，4月1日检验结果为HIV-1抗体阳性，检验结果出具时苏某某已经出院，现有证据不能证实该检验结果已告知了苏某某。如果未告知，在苏某某自身并不知晓自己患有艾滋病的情况下，就不存在故意不履行如实告知义务的情形。另外，吴某某与苏某某，结婚的时间为2012年2月8日，晚于苏某某在广西北流市人民医院住院出院时间，若患者本人都不知道自己患有艾滋病，吴某某更是无从得知。即使苏某某知道，如其未告知吴某某，吴某某同样也不知道，作为投保人其也不存在故意不履行告知义务的情形。保险公司也无证据证明投保人吴某某已知晓苏某某投保前的身体情况，而故意不如实告知。因此，保险公司不能据此主张免责。根据双方合同第7条第4款的约定，现被保险人在保险期间确实已经因各种疾病死亡，保险公司应按合同约定向吴某某支付身故保险金500000元。判决保险公司支付吴某某身故保险金500000元。

保险公司不服一审判决，提起上诉。二审审理过程中，保险公司提交了被保险人苏某某于2012年9月12日至2012年9月20日于贵州省贞丰县人民法院就诊病历，及吴某某签字的住院记录等，欲证明：被保险人苏某某当时已被诊断出失血性贫血、乙肝病毒携带、HIV 感染等。吴某某已在住院记录上签字，说明吴某某已知晓被保险人苏某某患病治疗情况。经二审审理查明：2012 年 9 月 12 日至 2012 年 9 月 20 日，苏某某曾因失血性贫血于贵州省贞丰县人民法院进行诊治，吴某某作为病人亲属在住院记录上签字，其中，经吴某某签字的一份 2012 年 9 月 12 日下午 18：00 时的《受血者输血前九项检查结果》显示：Anti-HIV 阳性。其余事实与原判决认定的事实基本一致。

二审法院认为，依照《保险法》(2009 年) 第 16 条第 4 款之规定，合同解除权是在合同生效后一定期间内，保险人基于投保人或者被保险人不诚信等事由，产生的一种使合同终结的权利，一旦过了法定或约定的解除权行使期间，即便再次出现行使解除权的事由，按照禁反言原则，保险人也不得再行使，即解除权只能在合同约定的期限内，而非在贯穿合同有效期的全过程内可以反复行使。一旦发生保险事故，保险人应当承担保险责任，如果承担了保险责任后仍在保险合同确定的合同解除权行使期间内，则保险人仍有权行使合同解除权，但是，因解除权行使只对未来发生效力，不具有追溯力，保险人不能以此为由要求投保人、被保险人返还保险金。本案中，吴某某在投保时未将被保险人患病情况如实告知保险公司，且该内容对保险公司是否同意承保或者提高保险费率具有决定性影响，依照《保险法》(2009 年) 第 16 条第 2 款之规定，保险公司依法享有解除合同的权利。但是，依照该法第 16 条第 3 款之规定，保险人解除保险合同的期限受到两个方面的限制：(1) 保险人知道有解除事由之日起 30 日内；(2) 保险合同成立后 2 年内。即保险公司必须在知晓解除事由后 30 日内行使解除权，否则保险人不得解除合同并须对发生的保险事故承担赔偿或给付保险金的责任。本案中，保险公司在接受吴某某的理赔申请后，曾于 2014 年 2 月 26 日，委托其兄弟公司前往北流市人民医院调取被保险人苏某某的相关病历，此时，其应当已知晓投保人存在违反如实告知义务的情形。保险公司于 2014 年 3 月 6 日向吴某某出具拒绝给付保险金通知书虽表示拒绝承担保险责任，主张终止合同，但并未主张解除合同；之后，保险公司亦未在法定期限内依法行使解除权，其解除权因此丧失。本案所涉保险合同在未被解除的情况下，仍对双方当事人具有法律约束力，双方应当按照约定享有和承担相应的权利和义务。依照《最高人民法院关于适用〈中华人民共和国保险法〉若干问题的解释（二）》第 8 条"保险人未行使合同解除权，直接以存在保险法第 16 条第 4 款、第 5 款规定的情形为由拒绝赔偿的，人民法院不予支持。但当事人就拒绝赔偿事宜及保险合同存续另行达成一致的情况除外"之规定，保险公司拒绝理赔于法无据，但是，其此前已退还的保险费 28584 元应予扣除，即保险公司应付保险金为：500000 元 - 28584 元 = 471416 元。据此判决保险公司支付吴某某身故保险金 471416 元。①

案例分析指引

1. 投保人违反如实告知义务，在保险人尚未解除保险合同前发生保险事故的，如何对保险人进行救济？我国保险法有何规定？

2. 保险事故已经发生，保险人以投保人违反如实告知义务为由主张不承担保险责任的，是否应以解除保险合同作为条件？

3. 本案中，依照两审法院查明的事实，投保人吴某某在订立保险合同时是否违反如实告知义务？二审法院认为投保人违反如实告知义务，但保险公司因为 30 日除斥期间届满而不得解除合同，应当如何分析？

4. 如何理解《最高人民法院关于适用〈中华人民共和国保险法〉若干问题的解释（二）》第 8 条的规定？

5. 《保险法》（2009 年）第 16 条第 2 款（解除保险合同）和第 4 款、第 5 款（不承担保险责任）在适用条件上有什么不同？

6. 保险人不知投保人违反如实告知义务，保险合同成立后 2 年内发生保险事故，但到保险人调查知悉投保人违反如实告知义务的事实时已经超过了 2 年，或保险人知投保人违反如实告知义务的事实后经过 30 日，保险人是否能解除保险合同？

第四节　保险利益

一　保险利益的含义

保险利益，是指被保险人或投保人对保险标的具有的法律上承认的

---

① 参见贵州省贵阳市中级人民法院（2015）筑民二（商）终字第 249 号民事判决书。

利益。① 也有将保险利益称为被保险人或投保人对保险标的具有的利害关系或者有法律上认可的利益的。被保险人或投保人与保险标的之间的利益关系为保险利益的本质。不论是财产保险还是人身保险，对保险利益的抽象理解并无本质的差别。

另外，保险利益这一术语源自英国保险法上的术语 insurable interest，也有不少学者将其称为"可保利益"。因此，在我国的保险实务和理论上，保险利益和可保利益是经常混用的。

投保人或者被保险人与保险标的之间存在的法律上的利害关系为保险利益的识别要素。因此，对于人身保险，投保人对自己的寿命或者身体所具有的所属关系、与他人之间所具有的亲属关系或者信赖关系，可以成立保险利益；对于财产保险，被保险人对保险标的因保险事故的发生造成保险标的的不安全从而受到损害的利害关系，或者因保险事故的不发生而免受损害的利害关系，均可成立保险利益。

二 保险利益的特征

保险利益的特征并不因为人身保险利益和财产保险利益而存在区别，其应当反映保险利益的本质，即投保人或被保险人与保险标的之间的利害关系的本质。保险利益具有合法性、确定性和公益性三个特征。

（一）合法性

保险利益应当具备合法性。依照我国保险法的规定，保险利益必须是投保人或被保险人对保险标的具有的法律上承认的利益。适法的利益，可因法律的直接规定而产生，亦可因当事人的约定而发生。当事人依照约定取得的利益，不得违反法律的强制性规定或者社会公共利益。凡是违反法律强制性规定而取得的利益，以及违反公序良俗而取得的利益，投保人或被保险人对之虽有利害关系，但不具有保险利益。

（二）确定性

保险利益是法律所承认的已经确定或可以确定的利害关系。投保人或被保险人对保险标的所具有的利害关系，已经确定或者可以确定的，才能构成保险利益。已经确定的利益或者利害关系，为现有利益；尚未确定但可以确定的利益或者利害关系，为期待利益。但是，以被保险人的寿命或者身体作为保险标的的，投保人所具有的保险利益，必须为现

---

① 参见《保险法》（2015 年）第 12 条第 6 款。

有利益，即投保人和被保险人之间在订立保险合同时已经确定的既存利害关系，例如，既存的亲属关系、抚养关系、信赖关系等。

（三）公益性

保险利益的公益性，是指不得订立没有保险利益的保险合同。保险利益具有公益性，表明保险利益以及围绕保险利益而产生的法律关系为强行法。具体而言，人身保险的投保人在订立保险合同时，对被保险人应当具有保险利益；订立合同时，投保人对被保险人不具有保险利益的，合同无效。财产保险的被保险人在保险事故发生时，对保险标的应当具有保险利益；保险事故发生时，被保险人对保险标的不具有保险利益的，不得向保险人请求赔偿保险金。保险利益作为人身保险合同的效力要件或者财产保险的被保险人之保险给付请求权的行使要件，为社会公益所追求；在缺乏保险利益的情形下，法院均得依职权援引保险利益制度，判决保险合同无效，或者驳回财产保险被保险人的给付请求。例如，法院审理人身保险合同纠纷案件时，应主动审查投保人订立保险合同时是否具有保险利益，以及以死亡为给付保险金条件的合同是否经过被保险人同意并认可保险金额。[①]

三 保险利益与保险标的的区别

在我国保险法理论上，有一种倾向是将保险利益等同于保险标的，将保险利益视为保险合同的客体而成为保险合同不可或缺的要素。保险合同保障的对象并非保险标的本身，而是被保险人对其财产或者生命、健康所拥有的利益，即保险利益，因此，保险利益是保险合同的客体。[②] 这种说法对于我国的保险实务产生了直接的影响，在许多场合对保险利益和保险标的不加以区分。

保险标的是我国保险法上的特有概念，完全不同于保险利益。任何保险合同都不能没有保险标的，欠缺保险标的，保险合同不能成立；但保险合同的成立与生效，却可以没有保险利益。保险标的与保险利益在保险合同中的地位完全不同，这也是我国保险法赋予保险利益和保险标的不同内涵的原因，绝不能将二者混同。[③] 我国保险法明

[①] 参见最高人民法院《关于适用〈中华人民共和国保险法〉若干问题的解释（三）》第3条。
[②] 参见王伟《保险法》，格致出版社、上海人民出版社，2010，第95~96页。
[③] 参见《保险法》（1995年）第11条第4款和第3款；《保险法》（2002年）第12条第4款和第3款；《保险法》（2015年修订）第12条第3款、第4款和第6款。

确区分保险利益和保险标的这两个术语,保险利益仅仅解决被保险人(投保人)与保险标的之间的关系问题,并由此影响被保险人的权利或利益,但保险合同的权利义务关系并不指向保险利益:保险利益的有无,对于财产保险合同,不构成其成立和生效的条件;而对于人身保险合同,投保人对被保险人应当具有保险利益仅在合同订立时具有意义,合同成立后,保险利益的有无并不影响合同的效力和被保险人的权利。所以,保险利益不能也不可能构成保险合同的要素,故不能成为保险合同的客体。①

四 立法例规定的保险利益

历史上最早规定保险利益的成文法,为英国的1746年《海上保险法》(Marine Insurance Act 1746)。该法要求被保险人对保险标的应当具有保险利益。被保险人对被保险财产具有保险利益是成立具有法律约束力的海上保险合同的前提条件。1774年,英国国会通过《人身保险法》(Life Assurance Act 1774),对人身保险利益作出了规定。依照该法的规定:任何个人或者团体对被保险人不具有任何利益或者以赌博为目的,不得投保生命保险。而英国1906年《海上保险法》对保险利益所为之定义性描述,堪称经典。该法第5条规定:"当一个人与海上冒险有利益关系,即因与在冒险中面临风险的可保财产有着某种合法的或合理的关系,并因可保财产完好无损如期到达而受益,或因这些财产的灭失、损坏或被扣押而在利益上受到损失,或因之而负有责任,则此人对此项海上冒险就具有可保利益。"自英国保险法后,其他法域的保险立法例普遍承认保险利益在保险合同的订立过程中所具有的重要意义。

对保险利益的规定,保险立法例基本上采取两种方式:概括主义和列举主义。概括主义,是指保险法对保险利益仅作概括或抽象的描述,凡存在与法律的抽象描述相符的利害关系,即有保险利益。列举主义,是指保险法对于构成保险利益的各项利害关系作出明文列举,凡与保险法列举的各项利害关系相同的情况发生或存在,即有保险利益。保险利益的概括主义与列举主义并非保险法对保险利益的对立立法表达,列举主义往往是概括主义的具体化和补充。

我国保险法对于保险利益的抽象表述,包括对财产保险利益的表

---

① 参见邹海林《保险法学的新发展》,中国社会科学出版社,2015,第133~134页。

述，采取概括主义；但对于人身保险利益，则采取列举主义，以明确人身保险利益的具体形态，即"投保人对下列人员具有保险利益：（一）本人；（二）配偶、子女、父母；（三）前项以外与投保人有抚养、赡养或者扶养关系的家庭其他成员、近亲属；（四）与投保人有劳动关系的劳动者。除前款规定外，被保险人同意投保人为其订立合同的，视为投保人对被保险人具有保险利益。"[1]

五 保险利益制度的功能区分

保险利益为保险法上的特有制度。因为保险利益具有评价保险合同效力的作用，在理论上其长期被称为"保险利益原则"。保险利益原则使得保险利益取得了保险法制度设计上的较高地位。按照一般理解，保险利益原则的作用在于防止道德危险的发生，实现保险"分散危险和消化损失"的功能。长期以来，人们始终相信，保险利益原则的发展以及立法例以社会公共利益为本，坚持了两个基本目的：第一，禁止将保险作为赌博的工具；第二，防止故意诱发保险事故而牟利的企图。这样，保险利益成为评价保险合同的成立和效力维持的要件。

对于财产保险而言，在财产保险合同项下，保险利益被用于限制和评价损害赔偿的数额，贯彻填补损失原则，其可以充分实现防止赌博或者诱发道德危险的目的。被保险人对保险标的没有保险利益，发生保险事故造成保险标的损害，被保险人本身不可能有损害，不能借助保险获取不当利益。强调保险利益的存在，说明被保险人对保险标的有切身利害关系，保险标的发生的损害构成保险人给予赔偿的最高限额，被保险人用该保险标的进行赌博或者故意造成该保险标的的损害，无益于获取更多的利益。财产保险要求投保人或被保险人对保险标的具有保险利益，有助于对被保险人的损失进行评价，避免或者防止赌博行为，以及防范引发道德危险。因此，将保险利益的存在作为保险合同的效力及其存续要件，有助于实现保险利益的以上两个目的。

同样的解释也被运用于人身保险。对于人身保险合同，保险利益需要回答为什么被保险人或者受益人可以受领保险人的保险金给付？因此，保险利益具有评价保险人向被保险人给付保险金的工具作用，这多少有些牵强附会。在人身保险的场合，被保险人对于自己的身体或寿命拥有永久的无限利益，不存在被保险人对保险标的有无保险利益的问

---

[1] 参见《保险法》（2015年）第12条第6款、第31条第1款和第2款。

题；而问题恰恰在于投保人对被保险人有无利益，会否影响保险事故的发生，如被保险人的死亡、伤残、疾病或生存？于是，人们所看到的保险利益制度的真正作用，对人身保险而言，并不具有估价损害的意义，但确实具有避免或者排除投保人可能进行的赌博或者投机或者谋财害命行为的价值。在 18 世纪的英国，因为缺乏保险利益原则，以他人的生命投保死亡保险，几乎成为赌博的一种形式，经常诱发道德危险，发生谋财害命的事件，给社会造成了不小的动荡。为防止或减少此类事件的发生，英国国会 1774 年颁布《人寿保险法》（Life Assurance Act），开始严格执行保险利益原则。对于人身保险而言，投保人和被保险人有法律上的利害关系（亲属关系或者信赖关系），使得投保人在投保他人的死亡保险时具有了正当性。因此，保险利益原则是在防止道德危险的发生、维护被保险人的人身安全和社会的善良风俗方面，对人身保险合同发生作用的，保险利益成为人身保险合同的成立要件。

因为人身保险合同和财产保险合同的差异，保险利益原则也开始表现出巨大的差异性。尤其是，对于人身保险合同而言，保险利益并不具有解释保险人向被保险人给付保险金的正当性之工具作用，而是解决如何保护被保险人的人身安全这一基本问题；对于财产保险合同而言，只要解决了被保险人在发生保险事故时对保险标的具有保险利益这一问题，保险利益在其所具有的防止赌博和诱发道德危险、评价保险人向被保险人给付保险赔偿金的正当性方面的作用，便足以实现保险利益制度的目的，而无须过分强调保险利益对财产保险合同的效力评价具有的意义。我国保险法区分人身保险和财产保险，并没有绝对地将保险利益作为保险合同的效力要件，保险利益原则表现为：保险利益是人身保险合同的效力要件，是财产保险被保险人的保险给付请求权的行使要件。[①]

我国保险法将保险利益规定为人身保险合同的生效要件。订立保险合同时，投保人对被保险人没有保险利益的，保险合同无效。[②] 保险合同成立后，保险合同不为投保人的利益而存在，仅仅为被保险人或者受益人的利益而存在；在此状态下仍然强调投保人对被保险人具有保险利益，没有现实必要性，也是不合理的。因此，订立保险合同时，投保人对被保险人有保险利益，在保险合同成立后，投保人即便丧失对被保险人的保险利益，对保险合同的效力也不会产生影响。

---

① 参见常敏《保险法学》，法律出版社，2012，第 38 页。
② 参见《保险法》（2015 年）第 12 条第 1 款、第 31 条第 3 款。

对于财产保险,保险利益则被用以解释保险人向被保险人给付保险赔偿金的正当理由,成为贯彻财产保险填补损失原则的工具。财产保险的被保险人对保险标的具有保险利益,就使得被保险人没有利用保险进行赌博的冲动,也会阻止被保险人故意造成道德危险寻求保险赔偿。被保险人对保险标的没有保险利益,发生事故造成保险标的损害,被保险人本身并没有受到损害。保险给付在于填补被保险人受到的损害,被保险人无保险利益,无法借助保险获取不当利益。因此,我国保险法规定,保险事故发生时,被保险人对保险标的没有保险利益的,不得向保险人请求给付保险赔偿金。①

案例参考 26

投保人对保险标的具有其他法律上承认的利益

2006年4月4日,某贸易公司和保险公司订立财产保险综合险合同。保险公司签发的保险单载明,投保人和被保险人为某贸易公司,特别约定注明:"清单单位归属 ＊＊＊＊,作为共同被保险人独立索赔。"投保标的为固定资产,以评估价投保,保险金额为604375000元,费率为千分之二,保险费为1208750元,财产座落地址见附表,附表中标明了22处财产的具体座落地址。上述财产为＊＊＊＊及其投资企业所有或租赁。保险责任期限为自2006年4月5日至2007年4月4日。保险单所附《财产保险综合险条款》第1条规定:"下列财产可在保险标的范围以内:(一)属于被保险人所有或与他人共有而由被保险人负责的财产;(二)由被保险人经营管理或替他人保管的财产;(三)其他具有法律上承认的与被保险人有经济利害关系的财产。"所有和管理上述投保财产的＊＊＊＊,为某贸易公司的股东。2007年2月1日,某贸易公司申请解除合同,保险公司办理了退保手续,保险公司退还保险费205321元。

某贸易公司认为其投保的财产均不属于其所有或管理,对投保财产不具有保险利益,保险合同属于无效合同,诉请保险公司返还保险费1003428.1元,赔偿未退回保险费利息损失16164.96元。保险公司认为,本案投保标的为附表所列地址上的财产,这些财产属于某贸易公司的股东＊＊＊＊所有和管理,上述财产与某贸易公司存在保险利益;某

---

① 参见《保险法》(2015年)第12条第2款、第48条和第49条第1款。

贸易公司在保险期内退保的事实证明双方已解除合同关系，其不能再主张合同无效。

一审法院认为，某贸易公司申请投保，保险公司签发保单，某贸易公司与保险公司之间已形成财产保险合同关系。某贸易公司作为被保险人及投保人，其所投保财产主要为该公司股东＊＊＊＊所有或管理，＊＊＊＊作为共同被保险人系双方当事人的意思表示，参照财产保险综合险条款第1条第3项"（三）其他具有法律上承认的与被保险人有经济利害关系的财产"可在"保险标的范围以内"的规定，可以认定某贸易公司与保险标的之间存在经济利害关系，合同有效。据此，判决驳回某贸易公司的全部诉讼请求。

某贸易公司不服一审判决，提起上诉。二审法院认为：某贸易公司申请投保的投保单和保险公司向某贸易公司出具的财产保险综合险保险单（正本），均系双方当事人的真实意思表示，双方由此建立的保险合同关系，未违反法律和行政法规的强制性规定，应属有效。某贸易公司于保险单出具当日向保险公司支付了保险费，保险公司开始承担保险责任。2007年2月，经某贸易公司申请，保险公司办理了退保手续，双方当事人之间的保险合同关系已经解除。涉案投保单"特别约定"一栏注明："清单单位归属＊＊＊＊，作为共同被保险人独立索赔。"可见，在订立涉案保险合同时，双方当事人即明知投保财产并非某贸易公司所有。鉴于所有和管理投保财产的＊＊＊＊与某贸易公司之间存在事实上的投资与被投资关系，一审法院依据保险单所附财产保险综合险条款第1条第3项之约定"下列财产可在保险标的范围以内：……（三）其他具有法律上承认的与被保险人有经济利害关系的财产"，认定某贸易公司与保险标的之间存在经济利害关系，并无不当。某贸易公司援引《保险法》（2002年）第12条规定主张合同无效，缺乏事实和法律依据，不能成立，应予驳回。[①]

案例分析指引

1. 什么是保险利益？保险利益对保险合同的成立和效力有何影响？
2. 本案争议的保险合同成立时，我国保险法对保险利益是如何规定的？

---

① 参见北京市第二中级人民法院（2009）二中民终字第09281号民事判决书。

3. 本案中，某贸易公司对其投保的保险标的是否具有保险利益？应当如何理解"其他具有法律上承认的与被保险人有经济利害关系的财产"？

第五节　保险合同的变更

一　保险合同变更的意义

保险合同的变更，是指保险合同的内容所发生的变化，变化后的保险合同的内容取代保险合同原先约定的内容。例如，财产保险的保险标的发生权属变动的，会引起保险人的给付义务的变化；人身保险的受益人的变更，亦会引起保险人的给付义务的变化。保险合同的变更，仅以保险合同内容的变更为限。

二　可变更的保险合同内容

并非保险合同的所有内容均可以变更。如果变更保险合同的内容，将改变保险合同的性质或者存续效力，则不得变更。例如，保险标的本身不得变更。一般而言，可变更的保险合同内容主要有以下几种。

（一）保险标的范围变更

保险标的范围变更，是指对保险合同承保的保险标的的范围进行扩张或者限缩。保险合同成立后，投保人和保险人经过协商，可以变更保险标的的范围。经协商后，可以将原先未纳入被保险财产范围的财产，列入被保险财产的范围；或者将已经列入被保险财产范围的某些财产，剔除于被保险财产的范围。保险人对变更范围后的保险标的，承担保险责任。

（二）保险金额变更

保险金额变更，是指提高或者降低保险人承担给付义务的最高限额。对于财产保险，保险标的的价值因为保险事故或者其他原因显著减少的，保险金额应当相应减少，投保人和保险人可以协议降低保险金额；对于不足额保险，投保人和保险人可以协议将其变更为足额保险；对于足额保险，投保人和保险人也可以将其协议变更为不足额保险。保险标的的范围变更，并不一定要变更保险金额。对于人身保险，投保人可以依照被保险人的需要，与保险人协商提高或者减少保险金额。

（三）保险费变更

保险费变更，是指保险人应当收取的保险费数额或者费率的变更。保险费变更的，保险人按照变更后的保险费数额或者费率，向投保人收取保险费。保险合同约定的保险费，不仅与保险金额的多少成正比，而且同保险人所承担的危险程度相关联。在保险合同成立后，投保人与保险人可以根据具体情形，协商变更保险费。保险金额变更或者保险责任范围增项或减项的，投保人和保险人应当相应地协商变更保险费数额或者费率。

除上述以外，有以下情形发生时，投保人和保险人应当协商变更保险费。

（1）超额保险的保险费。投保人超额保险的，经投保人通知保险人超额保险的事实后，保险费应当按照保险标的的价值比例减少。

（2）危险增加或降低后的保险费。保险标的危险程度是依据保险标的的性质、使用状况、所处环境等多种情况加以确定的，保险人主要依据保险标的危险程度确定保险费率。保险标的危险程度发生变化，保险费也要发生变动。保险标的的危险增加而保险人要求增加保险费的，投保人应当相应增加保险费；保险标的危险程度明显降低的，保险人应当比例减少保险费。

（3）年龄误保时的保险费。长期人身保险合同的保险费，与被保险人的年龄密切相关，因年龄误保而使得投保人少交保险费的，保险人可以要求投保人补交保险费；投保人多交保险费的，保险人应当向其退还多收的保险费。

（四）保险责任范围的变更

保险责任范围的变更，是指保险合同约定的保险人承担保险责任的各项条件的变更，包括但不限于保险责任的构成、保险事故及其发生、除外责任以及保险人的给付义务等事项的增项或减项。保险责任范围的增项，表明扩张了保险人承担的责任；保险责任范围的减项，表明缩减了保险人承担的责任。保险合同成立后，投保人和保险人协商变更保险责任范围的，保险人按照变更后的保险责任范围承担保险责任。

（五）保险期间变更

保险期间变更，是指保险期间的延长或者缩短。延长或者缩短保险期间，原则上不影响保险合同的生效或者保险人开始承担保险责任的时间，但对于保险合同的效力存续将产生直接的影响，其或者推迟保险期间的终期，或者提前保险期间的终期。投保人和保险人协商变更保险期间的,保险人仅在变更后的保险期间内承担保险责任。

(六) 其他内容变更

保险合同约定的、可以变更的其他内容,诸如保证条款(投保人订立合同时承诺的条件)、保险给付的方法和时间、保险给付迟延的责任及承担、保险合同争议的解决方式和地点等内容,投保人和保险人可协商予以变更。

三 保险合同变更的方式

保险合同的变更,以保险合同当事人达成变更保险合同内容的合意为必要。

保险合同成立后,投保人和保险人可以协商变更保险合同的内容。变更保险合同的,应当由保险人在保险单或者其他保险凭证上批注或者附贴批单,或者由投保人和保险人订立变更的书面协议。① 保险人在保险单或者其他保险凭证上"批注"或者加贴"批单"的,可以直接在保险单或者其他保险凭证上以手写或打字的方式完成,但在加贴"批单"时,应当在"批单"和保险单或者其他保险凭证的粘接处签字盖章。

保险实务中,经常会看见保险人在保险单或者其他保险凭证上以"批注"或"批单"的方式变更保险合同的内容。但应当注意的是,保险人在保险单上的"批注"或"批单",并非保险合同内容的变更依据,而仅仅是保险人的单方行为,只是对投保人和保险人合意变更保险合同内容的确认。只有在投保人和保险人达成变更保险合同内容的口头或书面合意后,保险人才能在保险单上以"批注"或"批单"的形式变更保险合同的内容。

四 保险合同变更的效果

投保人和保险人协商变更保险合同的,以"批注"或者"批单"或者另行订立保险合同的内容变更协议的方式载明已经变更的内容的,其变更取代保险合同原先约定的相应内容。保险人和投保人按照保险合同变更后的内容行使权利并承担义务,被保险人或者受益人则按照保险合同变更后的内容,享有请求保险人给付保险(赔偿)金的权利。

---

① 参见《保险法》(2015年)第20条。

> 案例参考 27

保险合同约定的保险费变更

2008年4月11日,某公司向保险公司投保产品责任险,约定保险期限为自2008年7月1日0时起至2009年6月30日24时止;每次事故的赔偿限额为500万美元,预计某公司年销售额为3000万美元,预收保险费为148800美元,分3期支付。某公司向保险公司支付了第1期保险费59520美元。该产品责任险的保险条款第11条约定:本保险合同期满时,被保险人应将保险期内已经发生的实际销售额书面告知保险人,作为调整保险费的依据。但无论本保险合同因任何原因终止,保险人均按照被保险人在保险期内的实际销售额结算应收保险费。应收保险费与预收保险费的差额多退少补。但如果结算出的应收保险费低于保险单明细表列明的最低保险费,则保险人以最低保险费作为应收保险费,退还预收保险费多余的部分。

2008年12月,某公司向保险公司提出一份"关于产品责任险保费调整的情况说明",称预计在保单期限截止日的销售额为1200万美元。2008年12月15日,某公司向保险公司出具批改申请书,要求将上述保单项下的年销售额从2008年12月17日起改为1200万美元,须收最低保费82560美元,并退还保费66240美元。同年12月31日,保险公司以批单载明:因受国际金融危机影响,实际产品出口额没有达到保单预计的数字,兹经被保险人申请,同意将上述保险单项下的年销售额从2008年12月17日起改为1200万美元,须收最低保费82560美元,并退还保费66240美元,计算如下:148800美元-82560美元=66240美元。除此以外,保险单所载其他条件不变。

审理本案的法院认为:某公司与保险公司之间订立的产品责任险合同关系成立,该合同不违反法律、行政法规的禁止性规定,合法有效,双方应按约履行。某公司向保险公司投保了年预计销售总额为3000万美元的责任险,经协商双方将合同年预计销售总额变更为1200万美元,并相应调整了保险费,某公司应按保险条款支付约定的最低保费82560美元,但仅支付保费59520美元,尚欠保费23040美元,按汇率1美元兑6.831元人民币计,折算为157386.24元人民币,被告某公司应予清偿,并赔偿利息损失7648.9元(自2009年1月1日起至2009年6月30日止,以本金157386.24元按中国人民银行同期6个月的贷款基准利率 4.86% 计算）。依照《保险法》第 2 条、第 14 条、第 20 条的规定，判决某公司给付保险公司保费人民币 157386.24 元，并支付利息人民币 7649 元。①

> **案例分析指引**
>
> 1. 什么是保险合同的变更？变更保险合同采用何种方式？
> 2. 本案中，某公司和保险公司就保险费的收取是否达成保险合同变更的合意？当事人是否应当按照变更后的合同约定行使权利和承担义务？
> 3. 本案中，产品责任险约定的最低保险费条款具有什么法律意义？

第六节　保险合同的解除

一　保险合同解除的意义

保险合同解除，是指保险合同解除权人以其解除保险合同的意思表示使保险合同的效力归于消灭的法律事实。保险合同解除，与合同法上的合同解除，均因合同解除权人为合同解除的意思表示而发生效力，但其在解除条件以及解除权的取得上存在巨大差异，值得注意。

保险合同解除，在相当程度上为保险法上的特有问题，原则上不能适用合同法有关合同解除的一般规定。一方面，保险合同对于投保人具有约束力，但投保人或者被保险人解除保险合同，不以救济其权利为目的，仅以消灭保险合同的约束力为目的，故不存在因可归责于保险合同相对人的行为而解除保险合同的正当性问题。另一方面，除非保险法明文规定或者保险合同约定，保险人不得解除保险合同；保险人解除保险合同具有比合同法上的"合同解除"之正当性更高的要求。这就是保险法专门规定保险合同解除的缘由。所以，保险合同解除的原因（条件）、保险合同解除权的取得以及保险合同解除权人的范围，不能适用合同法有关合同解除的原理和规则。

---

① 参见浙江省台州市黄岩区人民法院（2009）台黄商初字第 2607 号民事判决书。

二　保险合同解除权

（一）保险合同解除权人的范围

保险合同解除权人，是指具有解除保险合同地位的人。什么人可以解除保险合同？

按照通常的理解，保险合同的当事人可以解除保险合同。合同对当事人具有约束力，当事人任何一方均不得解除合同，此为原则；仅在合同当事人一方因为合同效力的存续而受不利益时，为救济其权利，才可以解除合同，此为例外。因此，合同当事人解除合同，应以可归责于相对人的行为作为条件，使得合同解除具有正当性。除保险人解除保险合同外，投保人解除保险合同，不以可归责于保险人的行为作为条件。也就是说，投保人解除保险合同不以存在当事人解除合同的正当性理由为必要。这样，合同当事人可以解除合同，不能用以诠释保险合同的解除。

在保险法上，有权解除保险合同的人，不限于保险合同当事人。依照保险法或者保险合同的规定，保险人有解除保险合同的权利。保险人的保险合同解除权，为救济性权利，与合同法所称当事人的合同解除权具有相同的性质和效用，无须赘言。投保人虽为保险合同的当事人，但可以任意解除保险合同。保险合同的机会性特征以及诚实信用原则，赋予了投保人任意解除保险合同的地位，但投保人的保险合同任意解除权不是投保人的当事人权利，更非救济性权利。被保险人作为保险合同的关系人，具有较投保人任意解除合同更优势的地位。所以，保险合同解除权人有投保人、被保险人和保险人。

（二）保险合同解除权的类型

投保人、被保险人和保险人的保险合同解除权，因取得依据差异而有所不同。保险合同解除权可以划分为任意解除权、约定解除权和法定解除权三种类型。

1. 任意解除权

投保人或者被保险人随时解除保险合同的权利，为任意解除权。不论保险法或者保险合同有无规定，保险合同的机会性特征和诚实信用原则，使得投保人对保险合同有任意解除权；被保险人在保险合同权利分配结构上的优势地位以及被保险人对保险合同利益的合理期待，使得被保险人对保险合同亦有任意解除权。任意解除权的存在不以保险合同的解除具有正当性为必要。保险合同成立后，投保人或者被保险人可以随时解除保险合同，但保险法另有规定或者保险合同另有约定的，不在此限。

2. 法定解除权

保险人依照保险法的明文规定解除保险合同的权利，为法定解除权。保险人的法定解除权源自保险法的规定，与其他法律无关。保险人的法定解除权虽为形成权，却是保险人救济其保险合同利益免受损害的权利。保险人的法定解除权的取得和行使，以保险法规定的保险人解除保险合同的事由之发生为必要。在此意义上，保险人的法定解除权仅以保险法规定的保险人得以解除保险合同的情形为限，保险人不得以合同法规定的当事人解除合同的事由，主张解除保险合同。与保险人的法定解除权不同，投保人作为保险合同的当事人亦有法定解除权。投保人的法定解除权，是指投保人依照合同法的规定而享有的解除保险合同的权利，即以保险人的重大违约或根本违约作为条件而解除保险合同的权利。投保人行使法定解除权的，原则上应当依照合同法清理保险合同解除后的债权债务关系。

3. 约定解除权

约定解除权，是指保险人依照保险合同约定解除保险合同的权利。约定解除权是保险合同当事人意思自治的产物，但其约定不得违反法律的强制性规定。一般而言，保险合同中约定的保证条款，将直接赋予保险人以合同解除权；当保证条款约定的法律事实发生时，保险人可以解除保险合同。此外，保险合同可以约定，投保人违反保险合同约定的基本义务，保险人有权解除保险合同。例如，保险合同约定，投保人迟延交纳保险费或者经保险人催告后逾期仍未交纳届期保险费的，保险人可以解除保险合同。

（三）保险合同解除权的行使

保险合同的解除，以保险合同解除权人行使保险合同解除权为必要。保险合同解除权人不行使其权利的，不会发生保险合同解除的效果。保险合同解除权，不论其类型如何，均为形成权，解除权人应当在除斥期间内行使其权利。但是，投保人和被保险人行使任意解除权的，不在此限。

对于法定解除权和约定解除权而言，保险人在知道合同解除事由发生后应当及时行使其保险合同解除权。保险法规定或者保险合同约定解除权行使期限的，期限届满保险人不行使其权利的，其解除权消灭。[①]

[①] 参见《保险法》（2015 年）第 16 条第 3 款和第 58 条第 1 款。

保险法没有规定或者保险合同没有约定解除权行使期限的，保险人在知道解除事由发生之日起的合理期限内不行使的，其解除权消灭。① 保险人因怠于行使保险合同解除权而其解除权消灭的，不得再主张解除保险合同，发生保险事故的，应当承担保险责任。

三　任意解除权及其行使

（一）投保人的任意解除权

有效成立的保险合同，对当事人具有约束力；但保险合同作为特殊的一种机会性合同，对当事人的约束力因为当事人对于合同承保的危险的控制力的不同，存在十分明显的差异。保险人作为保险合同的当事人，对于保险合同承保的危险的控制具有技术和资金方面的优势，受保险合同的约束，不得解除保险合同，除非保险法另有规定或者保险合同另有约定。投保人作为保险合同的当事人，因其认知能力有限，在订立合同时，不仅难以充分认识保险合同承保的危险发生的概率，而且更不能充分地知晓保险合同是否满足其分散危险的需求，应当给予其不受保险合同约束而随时反悔的机会；除非保险法另有规定或者保险合同另有约定，投保人可以解除保险合同。

保险合同的机会性特征以及诚实信用原则，赋予了投保人解除保险合同的地位，但投保人的保险合同解除权不是投保人的当事人权利，更非救济性权利。投保人有解除保险合同的自由或者权利。② 任意解除权不以特定法律事实的存在作为条件。在这个意义上，投保人可以随时解除保险合同。

（二）被保险人的任意解除权

我国保险法没有规定被保险人可以解除保险合同，并不影响保险合同约定被保险人有权解除保险合同。保险合同具有涉他性，投保人和被保险人在保险合同项下的权利义务关系的分配结构，使得被保险人较投保人具有支配和影响保险合同效力的更优越地位。再者，被保险人以自己的身体或寿命作为保险标的承受保险合同约定的风险，在保险合同效力存续期间，被保险人基于保险的合理期待原则，有权决定不再受保险合同的保障而选择退出保险计划，解除保险合同是被保险人作为保险合同的给付请求权人的应有权利。

---

① 参见《合同法》第95条。
② 参见《保险法》（2015年）第15条。

因此，被保险人解除保险合同的权利，与其是否为保险合同的当事人没有关系，仅是被保险人免受保险合同保障的一种自由。

（三）投保人的任意解除权行使的限制

投保人有解除保险合同的自由，但自由是有边界的。首先，保险法规定投保人不得解除保险合同时，投保人无任意解除权。例如，货物运输保险合同和运输工具航程保险合同，保险责任开始后，投保人不得解除保险合同。① 其次，保险合同约定限制或者排除投保人的保险合同解除权的，投保人无任意解除权。在此情形下，投保人解除保险合同的，应当符合保险合同的约定。除上述以外，投保人行使任意解除权，还应当注意以下两点。

（1）保险标的发生部分损失时，投保人可否行使任意解除权？依照我国保险法的规定，保险标的发生部分损失的，自保险人赔偿之日起30日内，投保人可以解除合同。② 该规定是否为限制投保人解除合同的规定？依照该条文义，保险标的发生部分损失后，自保险人赔偿之日起30日内，投保人有解除保险合同的权利，并不存在投保人不得解除保险合同的任何表述或者暗示。那么，在发生特定的法律事实（保险标的发生部分损失、保险人给付赔偿）的情况下，在确定的期间（30日）内，投保人可以解除保险合同。超过确定的期间，投保人是否可以解除保险合同，成为疑问。在这种情形下，如果保险合同没有约定投保人不得解除保险合同，则投保人可以行使任意解除权。

（2）对于具有现金价值的人身保险合同，投保人解除合同是否应当征得被保险人的同意？在保险合同成立后，投保人有任意解除权。人身保险合同的标的为被保险人的身体或者寿命，人身保险合同为被保险人或者受益人的利益而存在，人身保险合同并非为投保人的利益而存在，投保人解除人身保险合同直接影响被保险人或者受益人的利益，尤其使得被保险人的寿命或者身体不再受保险保障。投保人行使任意解除权，不应当损害被保险人在保险合同中已经取得的现金价值权利。在法解释上应当认为，投保人解除人身保险合同时，应当征得被保险人的同意；被保险人不同意解除保险合同的，投保人不得解除人身保险合同。

---

① 参见《保险法》（2015 年）第 50 条。
② 参见《保险法》（2015 年）第 58 条。

四 保险人的法定解除权

保险合同对保险人具有约束力，除非保险法另有规定，保险人不得解除保险合同。保险人的法定解除权仅能源自保险法的规定。保险人依法行使法定解除权的，保险合同的效力归于消灭。

(一) 因投保人违反如实告知义务

投保人违反如实告知义务，即故意或者因重大过失未就保险人询问的事项进行如实告知，足以影响保险人决定是否同意承保或者提高保险费率的，保险人有权解除保险合同。[1] 再者，对于人身保险而言，投保人申报的被保险人年龄不真实，并且其真实年龄不符合合同约定的年龄限制的，保险人可以解除保险合同。[2]

保险人因投保人违反如实告知义务而享有的保险合同解除权，自其知道有解除事由之日起，超过30日不行使而消灭；自保险合同成立之日起超过2年的，因未行使而消灭。在以上期间届满后发生保险事故的，保险人应当承担赔偿或者给付保险金的责任。[3] 再者，订立保险合同时，保险人知道投保人违反如实告知义务，或者知道投保人申报的被保险人年龄不真实的，不得解除保险合同；发生保险事故的，应当承担赔偿或者给付保险金的责任。[4]

投保人违反如实告知义务，保险人解除保险合同的，保险合同自始不发生效力。合同当事人应当承担恢复原状的义务，保险人已经收取的保险费，应当退还给投保人。人身保险合同因为投保人申报的被保险人年龄不真实而解除的，保险人应当按照保险合同约定，退还保险单的现金价值。但是，投保人故意违反如实告知义务，保险人解除保险合同的，不承担退还保险费的义务。[5]

(二) 发生道德危险

谎称发生保险事故或者故意制造保险事故，均属于道德危险行为。道德危险不属于保险事故；有道德危险行为的，保险人有权解除保险合同。依照我国保险法的规定，未发生保险事故，被保险人或者受益人谎称发生了保险事故，向保险人提出赔偿或者给付保险金请求的，保险人

---

[1] 参见《保险法》（2015年）第16条第2款。
[2] 参见《保险法》（2015年）第32条第1款。
[3] 参见《保险法》（2015年）第16条第3款。
[4] 参见《保险法》（2015年）第16条第6款。
[5] 参见《保险法》（2015年）第16条第4款。

有权解除合同；投保人、被保险人故意制造保险事故的，保险人有权解除合同。①

被保险人或者受益人谎称发生保险事故，投保人或者被保险人故意制造保险事故，保险人解除保险合同的，不承担退还保险费的义务。②但是，投保人故意造成被保险人死亡、伤残或者疾病，保险人解除具有现金价值的人身保险合同的，应当按照合同约定向其他权利人退还保险单的现金价值。③ 被保险人或者受益人谎称发生保险事故，保险人解除具有现金价值的人身保险合同的，应当按照合同约定向其他权利人退还保险单的现金价值。

（三）人身保险中止效力而复效不能

人身保险合同因为投保人欠交保险费而中止效力的，自中止效力后2年内，保险人和投保人可以协商恢复保险合同的效力。但是，保险人和投保人就恢复中止效力的人身保险合同的效力，不能达成协议的，即人身保险合同复效不能的，保险人有权解除该人身保险合同。④

保险人解除中止效力的人身保险合同，以人身保险合同中止效力后经过2年仍复效不能为必要。人身保险合同中止效力未超过2年的，即使保险人和投保人协商仍不能复效，保险人也不得解除保险合同。保险人解除中止效力而复效不能的人身保险合同的，应当按照合同约定退还保险单的现金价值。

（四）保险标的危险程度显著增加

保险合同成立后，保险标的危险程度显著增加的，保险人有法定解除权。因保险标的危险程度显著增加的情形不同，保险人的法定解除权及其行使条件有所不同。

1. 保险标的危险程度显著增加的

在保险合同有效期内，保险标的危险程度显著增加的，保险人有权解除保险合同。⑤ 但问题是，我国保险法所称"按照合同约定增加保险费或者解除合同"之"解除合同"是否也受"按照合同约定"的限制？在解释上应当认为，当保险标的危险程度显著增加时，保险人有法定解除权，但保险人要求增加保险费（变更保险合同的内容）的，应当以

---

① 参见《保险法》（2015年）第27条第1款、第2款和第43条第1款。
② 参见《保险法》（2015年）第27条第1款和第2款。
③ 参见《保险法》（2015年）第43条第1款。
④ 参见《保险法》（2015年）第37条。
⑤ 参见《保险法》（2015年）第52条第1款。

保险合同的约定为必要，保险合同对增加保险费没有约定的，保险人不能要求投保人增加保险费；当保险合同对增加保险费有约定时，保险人要求投保人增加保险费的，不得再主张解除保险合同。

同时，保险标的危险程度显著增加的，被保险人负有危险增加的通知义务。需要注意的是，保险人的法定解除权不以被保险人通知保险人危险程度显著增加为必要，不论被保险人是否通知保险人保险标的危险程度显著增加的事实，保险人自保险标的危险程度显著增加的事实发生时起，即享有法定解除权。但是，被保险人怠于通知保险人保险标的危险程度显著增加的事实，以致保险人不知该事实而没有解除保险合同，发生保险事故的，保险人不承担保险责任。①

2. 因保险标的转让导致危险程度显著增加的

在保险合同有效期内，因保险标的转让导致危险程度显著增加的，保险人有权解除保险合同。② 因保险标的转让导致危险程度显著增加时，保险人有法定解除权，保险人要求增加保险费的，应当以保险合同的约定为必要，保险合同对增加保险费没有约定的，保险人不能要求投保人增加保险费。在此情形下，保险人行使法定解除权应当满足以下条件：（1）发生保险标的的转让；（2）被保险人或者受让人已将保险标的转让的事实及时通知保险人；（3）保险标的的危险程度显著增加；（4）保险标的的转让与保险标的的危险程度显著增加有因果关系。应当注意的是，保险标的的转让导致危险程度显著增加的，被保险人或者受让人仅负保险标的的转让的通知义务，并不承担危险增加的通知义务。

保险标的的转让的，被保险人或者受让人负有保险标的的转让的通知义务。保险人自收到保险标的的转让的通知时起 30 日内，有权解除保险合同。被保险人或者受让人怠于通知保险人保险标的的转让的事实，因转让导致保险标的的危险程度显著增加而发生保险事故的，保险人不承担保险责任。③

3. 保险合同解除的后果

保险标的的危险程度显著增加，保险人解除保险合同的，应当将已收取的保险费，按照合同约定扣除自保险责任开始之日起至合同解除之日

---

① 参见《保险法》（2015 年）第 52 条第 2 款。
② 参见《保险法》（2015 年）第 49 条第 3 款。
③ 参见《保险法》（2015 年）第 49 条第 4 款。

止应收的部分后,退还投保人。①

4. 法定解除权的消灭

保险标的危险程度显著增加,保险人解除保险合同的,应当在除斥期间届满前为之。保险标的转让导致危险程度显著增加的,保险人应当在收到保险标的转让的通知后 30 日内,行使法定解除权;保险人收到保险标的转让的通知后超过 30 日未主张解除合同的,其法定解除权消灭。② 但是,保险标的危险程度显著增加的,保险人在知其事实后,是否应当及时行使法定解除权,我国保险法未有规定。在此情形下,保险人知其事实,未及时或者在合理期间内行使法定解除权,是否发生权利消灭的效果,仍然存疑。在解释上不妨认为,保险标的危险程度显著增加,保险人解除保险合同的,应当在知其事实后 30 日内行使法定解除权。

(五) 被保险人违反防灾义务

财产保险的被保险人对保险标的承担防灾减损的法定义务。被保险人及其代表或者代理人,应当以谨慎的合理注意,如遵守国家有关消防、安全、生产操作、劳动保护等方面的规定,采取措施防止保险标的发生意外事故。被保险人疏于注意维护保险标的的安全的,保险人依照保险合同的约定可以要求其采取保险合同约定的措施消除保险标的的不安全因素或者隐患。被保险人未采取保险合同约定的维护保险标的安全的措施,保险人有权解除合同。③

(六) 保险标的发生部分损失

保险标的发生部分损失的,保险人在赔偿被保险人损失后的法定期间内,除非保险合同另有约定,可以解除保险合同。

依照保险法的规定,保险标的发生部分损失的,自保险人赔偿之日起 30 日内,投保人可以解除合同;除合同另有约定外,保险人也可以解除合同,但应当提前 15 日通知投保人。合同解除的,保险人应当将保险标的未受损失部分的保险费,按照合同约定扣除自保险责任开始之日起至合同解除之日止应收的部分后,退还投保人。④

---

① 参见《保险法》(2015 年) 第 52 条第 1 款和第 49 条第 3 款。
② 参见《保险法》(2015 年) 第 49 条第 3 款。
③ 参见《保险法》(2015 年) 第 51 条。
④ 参见《保险法》(2015 年) 第 58 条。

五 保险合同解除的方式

保险合同解除权人应当如何行使解除权，才能发生保险合同解除的效果？我国保险法对保险合同解除权的行使方式，没有任何规定。保险合同解除权具有形成权的性质，与我国合同法上的合同解除权性质相同，故保险合同解除权人可以按照我国《合同法》的有关规定，行使保险合同解除权。

保险合同解除权人主张解除保险合同的，应当通知保险合同的相对方。保险合同于解除通知到达相对方时解除。保险合同的相对方有异议的，可以请求法院或者仲裁机构确认保险合同解除的效力。[①] 解除保险合同的通知，可以采取口头形式，也可以采取书面形式（包括数据电文）等其他形式。

投保人解除保险合同的，解除通知应当送达保险人和被保险人，有受益人的，还应将其解除保险合同的通知抄送受益人。被保险人解除保险合同的，解除通知应当送达保险人和投保人，有受益人的，还应将其解除保险合同的通知抄送受益人。保险人解除保险合同的，解除通知应当送达投保人和被保险人，有受益人的，还应将其解除保险合同的通知抄送受益人。对于人身保险合同，若投保人和被保险人为同一人，且在保险事故发生后死亡，保险人如何行使保险合同的解除权，则存有疑问。此时，保险人行使保险合同解除权，是应当通知被保险人的全体继承人抑或受益人？依学者解释，保险人可径向受益人为解除保险合同的通知。[②]

对保险合同解除的通知有异议，保险合同约定异议期间的，相对方应当在约定的异议期间内提出合同解除的异议，在约定的异议期间届满后才提出异议的，异议不生效力；[③] 保险合同没有约定异议期间的，相对方应当在收到保险合同解除的通知后的合理期间内提出异议。

六 保险合同解除的效果

保险合同解除的效果，是指保险合同解除后因保险合同而发生的权

---

① 参见《合同法》第 96 条第 1 款。
② 参见江朝国《保险法基础理论》，中国政法大学出版社，2002，第 239 页。
③ 参见最高人民法院《关于适用〈中华人民共和国合同法〉若干问题的解释（二）》第 24 条。

利义务关系的变动或消灭。保险合同解除的效果，因保险合同解除权的情形不同，存在一定的复杂性。

（一）保险合同解除的一般效果

原则上，已经成立的保险合同所具有的约束力因其解除而消灭，对合同当事人不再具有约束力，保险人在保险合同项下承担的给付义务，相应消灭，合同解除后发生保险事故的，保险人不承担保险责任。但投保人和保险人依照诚实信用原则，并根据交易习惯，应当彼此相互承担通知、协助、保密等后合同义务。再者，保险合同约定的结算或者清理条款，如保险费的返还条款、保单现金价值条款、不得诉讼条款、争议纠纷仲裁条款、诉讼管辖条款等，不因保险合同的解除而受影响，继续有效。

（二）保险合同解除的溯及力问题

保险合同解除是否具有溯及力？我国保险法对此问题没有作出任何规定。我国保险法规定的保险合同解除，与合同法上的合同解除相比是有明显区别的，其仅是一个较为宽泛的提前终止保险合同约束力的制度。保险合同为持续管理和分散危险的合同，解除保险合同原则上不应当具有溯及力，其仅对将来发生效力。

一般而言，保险合同解除仅对将来发生效力。投保人解除具有现金价值的人身保险合同，保险人应当自收到解除合同通知之日起30日内，按照合同约定退还保险单的现金价值。[①] 保险责任开始前，投保人解除财产保险合同的，保险人应当退还已经收取的保险费，但可以收取保险合同约定的手续费；保险责任开始后，投保人解除财产保险合同的，保险人应当将已收取的保险费，按照合同约定扣除自保险责任开始之日起至合同解除之日止应收的部分后，退还投保人。[②]

但是，在某些特殊情形下，保险合同解除具有溯及力。例如，投保人违反如实告知义务的，保险人有权解除保险合同。我国保险法虽然没有规定，保险人因投保人违反如实告知义务解除保险合同具有溯及力，但是，投保人的如实告知是保险合同成立的基础，直接影响保险人是否同意承保和选择保险费率，保险人以投保人违反如实告知义务为由解除合同，就是为了自始不受保险合同的约束。因此，保险人以投保人违反如实告知义务为由解除保险合同的，保险合同自始无效，应当依法或依

---

① 参见《保险法》（2015年）第47条。
② 参见《保险法》（2015年）第54条。

约向投保人退还保险费。

保险合同解除是否具有溯及力,应当依照下列因素予以确定:保险合同解除是否具有保险合同自始无效的目的,或者保险合同解除是否发生恢复原状的效果。保险合同解除具有溯及力的,保险人自始不承担保险责任,应当向投保人退还已经收取的全部保险费。例如,投保人以保险人违反保险合同为由而依照合同法解除保险合同的,保险人应当退还已经收取的全部保险费。

案例参考 28

投保人因保险人违约而解除合同

2005年10月20日,李某某和保险公司订立人寿保险合同,投保人和被保险人为李某某,保险金额为人民币10000元,年交费840元,交费期间为20年。合同订立后,李某某依约交纳了保费3年,共计人民币2520元。2008年4月15日,保险公司根据李某某妻子黄某某的申请,将该保险合同的投保人变更为黄某某。李某某认为,保险公司未经其同意擅自变更保险合同,已构成严重违约,双方已失去了履约的基础。诉请法院确认保险公司的变更行为无效,并判决解除涉案保险合同,退回李某某已交的保费。

审理本案的法院认为,李某某和保险公司之间订立的人寿保险合同合法有效。保险公司未经李某某同意擅自变更合同已构成违约,李某某主张解除合同关系,保险公司表示同意,应予以采纳。李某某主张退还已交纳的保险费,应予以支持。据此,依照《保险法》(2002年)第15条、《合同法》第93条、第94条、第97条之规定,判决保险公司退还李某某保险费人民币2520元。[1]

案例分析指引

1. 保险合同的投保人可否变更?本案中,保险公司变更已经成立的人寿保险合同的投保人是否产生效力?

2. 如何认识投保人解除保险合同的权利?本案中,投保人行使保险合同解除权的法律依据如何?

---

[1] 参见莆田市城厢区人民法院(2010)城民初字第1358号民事判决书。

3. 投保人解除保险合同的，保险人对投保人应当如何承担责任？本案中，为什么法院依照合同法的规定判决保险公司退还李某某已交纳的保险费？

> **案例参考 29**

投保人解除人身保险合同

2003 年 6 月 29 日，刘某向保险公司投保终身重大疾病保险，保险单载明：投保人、受益人为刘某，被保险人为张某，张某的出生日期为 2001 年 4 月 23 日，保险费为 540 元/年，交费期限为 2003 年 7 月 1 日至 2023 年 6 月 30 日，交费方式为每年一交，保险期限为 2003 年 7 月 1 日至终身。该险种的保险条款第 2 条规定：凡 6 个月以上、50 周岁以下，身体健康者均可作为被保险人参加该保险。第 22 条规定：投保人要求解除合同的，自保险公司接到解除申请书之日起，保险责任终止；保险公司于收到上述证明和资料 30 日内退还该合同有效保险金额对应的现金价值。

2003 年 8 月 18 日，刘某又向保险公司投保了两全保险（分红型），保险单载明：投保人、受益人为刘某，被保险人为张某，张某的出生日期为 2001 年 4 月 23 日，保险费为 1000 元/年，交费期限为 2003 年 8 月 20 日至 2023 年 8 月 19 日，交费方式为每年一交，保险期限为 2003 年 8 月 20 日至 2023 年 8 月 19 日。该险种的保险条款第 2 条规定：凡出生满 6 个月以上、60 周岁以下，身体健康者均可作为被保险人参加该保险。投保人解除合同的处理方式，与终身重大疾病保险的条款一致。

上述保险合同签订后，刘某一直支付保险费至 2007 年，合计支付保险费 7700 元。2007 年 9 月，刘某为办理进京户口，将张某的出生日期更改为 2003 年 8 月 23 日。刘某随即要求保险公司将保险合同中被保险人张某的生日改为 2003 年 8 月 23 日，否则要求全额退保，保险公司拒绝更改。刘某起诉保险公司，要求与保险公司解除合同，退还保险费 7700 元。保险公司认为，刘某与其订立的保险合同合法有效，按照刘某的要求更改被保险人的年龄，将导致已经成立的保险合同缺少保险标的而无效，其无法接受刘某的变更申请；刘某要求解除保险合同，保险公司只能依约退还相应的现金价值。

审理本案的法院另查明，截至 2009 年 7 月 15 日，刘某投保的终身重大疾病保险的退保现金价值为 404.94 元；两全保险（分红型）的退保现金价值为 3624.78 元。

法院认为，刘某与保险公司签订的两份保险合同，系双方当事人真实意思表示，且未违反有关法律法规的强制性规定，应为有效合同。双方当事人均应依约履行各自义务。保险条款是保险合同的重要组成部分，对双方当事人均具有约束力。两款保险的保险条款都明确约定了投保的范围、投保人退保的处理办法，双方当事人都应遵守。刘某在保险期限内更改了被保险人张某的出生年月日，造成被保险人的年龄不符合两款保险条款约定的投保范围，保险公司不同意更改合同上被保险人的年龄的做法，没有过错，不应对此承担责任。投保人刘某要求退保，根据保险条款对于退保的约定，保险公司应当退还刘某保险金额所对应的现金价值。依照《保险法》（2002 年）第 15 条、第 69 条之规定，判决解除刘某与保险公司之间签订的终身重大疾病保险保险合同、两全保险（分红型）保险合同，保险公司退还刘某现金价值 4029.72 元。①

案例分析指引

1. 本案中，投保人要求解除的人身保险合同是否成立和生效？
2. 保险人在什么情况下，可以对被保险人的年龄予以变更？本案中，是否存在投保人申报被保险人年龄不实的法律事实？
3. 保险法对投保人解除保险合同有什么限制？
4. 投保人解除合同的，保险人对投保人承担什么义务？

案例参考 30

保险人解除保险合同

1995 年 4 月 20 日，某航运公司与保险公司订立了一份船舶保险合同。合同约定：由保险公司承保某航运公司所属"长城号"轮船的全损险，保险期限为 1 年，自 1995 年 4 月 21 日 0 时起至 1996 年 4 月 21 日 24 时止，保险金额为 30 万元人民币，保险费为 3000 元人民币，共分两次交纳，其中 1995 年 5 月 20 日前交纳 1500 元，1995 年 10 月 20 日前交纳 1500 元。合同签订后，某航运公司于 1995 年 5 月 10 日交纳了第一笔保险费 1500 元。但第二笔保险费到期后，虽然保险公司多次

---

① 参见北京市丰台区人民法院（2009）丰民初字第 15183 号民事判决书。

催要，但某航运公司一直迟迟未交。1996 年 2 月 18 日凌晨 2 时，某航运公司的"长城号"轮船在海上航行时不幸触礁沉没。次日晨，某航运公司即派人到保险公司交纳第二笔保险费 1500 元，并同时通知保险公司发生了保险事故，要求保险公司赔偿"长城号"轮船沉没的损失。保险公司当场拒收该笔保险费，并拒绝了某航运公司的索赔请求。为此双方发生纠纷，某航运公司以保险公司为被告向法院提起诉讼。

某航运公司诉称，其与保险公司订立的"长城号"轮船全损险保险合同合法有效，该轮触礁沉没事故属于保险公司的保险责任范围，并且在保险期限内，故保险公司应负赔偿责任，要求保险公司赔偿其损失 30 万元。保险公司辩称，其虽与某航运公司订有"长城号"轮船全损险保险合同，但经其多次催要，某航运公司均迟迟不交第二笔保险费，直到发生保险事故才来交纳，某航运公司已经违约，故保险公司有权拒收该笔保险费并终止合同，其拒收保险费的行为表明其已单方终止合同，故不应承担违约责任。

法院经审理认为，双方订立的保险合同合法有效。某航运公司未按合同约定交纳第二笔保险费，其行为构成违约，应承担违约责任。保险公司未通过法定程序解除合同，其辩称不能成立，"长城号"轮船触礁沉没属于保险合同规定的承保风险，且该保险事故发生在保险期限内，故保险公司应承担赔偿责任。遂判决保险公司支付某航运公司保险金 30 万元，某航运公司应补交保险公司保险费 1500 元及迟延利息。宣判后，双方均未上诉。[①]

案例分析指引

1. 保险人解除保险合同的法律依据如何？
2. 保险人依照合同约定解除保险合同的条件如何？
3. 投保人迟延交纳保险费可否成为保险人解除合同的理由？
4. 保险人应当如何行使其解除保险合同的权利？
5. 保险事故发生后，保险人可否解除保险合同？

---

① 参见刘文华主编《银行业务票据保险案例精选精析》，法律出版社，1999，第 114 页下。

第七节 保险合同的无效

一 保险合同无效的意义

保险合同无效，又称无效保险合同，是指已经成立的保险合同因为法定的无效原因而自始不发生法律效力的现象。保险合同无效，原本就不存在保险合同，在投保人、被保险人和保险人之间不会引起保险权利义务关系的发生与变动。

理论上，犹如保险合同与合同的同类性，保险合同无效与合同无效具有相同的法律机理。合同无效的理念与制度逻辑，可以用以解释保险合同无效。因此，保险合同无效，并非保险法上的特有现象，而本应属于合同法上的一个现象。

在我国合同法理论上，无效合同通常表述为：合同已经成立但因为在内容和形式上违反法律、行政法规的强制性规定和社会公共利益而自始不发生合同约束力（效力）的现象。[1] 无效合同相对于有效合同而言，不同于合同的不成立，也不同于可撤销合同与效力待定的合同，其仅是"违反生效要件的合同"的一种典型类型。无效合同制度是国家干预和纠正当事人意思自治的工具，故法律对合同无效的发生原因以及由此产生的法律后果均有明文规定；合同无效的原因以及效果之法律规定，成为无效合同制度的核心要素。保险合同无效，亦不例外。

因为法定的无效原因对当事人意思表示影响程度的差异，保险合同无效又可以区分为全部无效和部分无效。

保险合同全部无效，是指保险合同的全部内容自始不产生任何法律效力。例如，因为投保人没有民事行为能力而订立的保险合同、未经被保险人同意的死亡保险合同、以合法形式掩盖非法目的的保险合同等。

保险合同部分无效，是指保险合同的部分内容或个别条款不具有法律效力。保险合同的部分内容因为欠缺生效要件而无效的，不发生保险合同全部无效的后果，除欠缺生效要件的保险条款无效外，保险合同的其余部分仍然有效。例如，保险合同中的"免除保险人责任条款"因未提示或者明确说明而无效、保险合同中的"不公平格式条款"无效、

---

[1] 参见王利明、崔建远《合同法新论·总则》（修订版），中国政法大学出版社，2000，第 261 页下。

财产保险的"超额保险"部分无效,均为保险合同部分无效。

二 保险合同无效的原因

(一)保险法规定的保险合同无效原因

关于保险合同无效的原因,我国保险法仅有个别的规定,缺乏保险合同无效的原因之一般性规定。保险法规定的保险合同无效原因,属于保险合同无效的特别法规定。

1. 免除保险人责任条款未经提示或明确说明的

对于保险合同中的免除保险人责任条款,订立合同时,保险人未作出足以引起投保人注意的提示,或者未对该条款的内容以书面或者口头形式向投保人作出明确说明的,该条款不产生效力。[①]

2. 格式保险条款中有不公平条款的

订立保险合同采用保险人提供的格式保险条款,其中的不公平条款,如"免除保险人依法应承担的义务或者加重投保人、被保险人责任"的条款、"排除投保人、被保险人或者受益人依法享有的权利"的条款,无效。[②]

3. 投保人无人身保险利益的

订立人身保险合同时,投保人对被保险人没有保险利益的,保险合同无效。[③]

4. 被保险人未同意并认可保险金额的

以死亡为给付保险金条件的人身保险合同,订立保险合同时,投保人未经被保险人书面同意并认可保险金额的,保险合同无效。[④]

5. 超额保险的

订立财产保险合同时,投保人和保险人可以约定保险金额;但是,保险金额不得超过保险价值。财产保险合同约定的保险金额超过保险价值的,超过部分无效。[⑤]

(二)无危险的保险合同

无危险,是指保险合同订立时危险已经发生或者危险不存在。我国保险法没有明文规定,订立保险合同时危险不存在或者危险已经发生,

---

① 参见《保险法》(2015年)第17条第2款。
② 参见《保险法》(2015年)第19条。
③ 参见《保险法》(2015年)第31条第3款。
④ 参见《保险法》(2015年)第34条第1款。
⑤ 参见《保险法》(2015年)第55条第3款。

保险合同无效。① "无危险无保险"是一个公理性原则，违反该原则订立的保险合同，都应当是无效的。对已经发生的保险事故予以承保，或者承保根本不存在的危险，违反保险合同承保不确定的危险之基本理念，保险合同应属无效。

(三) 其他法律规定的保险合同无效原因

我国法律关于合同无效的一般性原因之规定，可以适用于保险合同。例如，《合同法》第 52 条规定："有下列情形之一的，合同无效：(一) 一方以欺诈、胁迫的手段订立合同，损害国家利益；(二) 恶意串通，损害国家、集体或者第三人利益；(三) 以合法形式掩盖非法目的；(四) 损害社会公共利益；(五) 违反法律、行政法规的强制性规定。"

1. 保险合同违反法律强制性规定的

保险合同的目的和内容，应当符合法律的强制性规定，违反法律的强制性规定，不能取得私法上受保护的效果，应属无效。这里所称法律的强制性规定，不以我国民法上的强制性规定为限，包括所有位阶的法律所规定的能够影响保险合同效力的强制性规定。

2. 保险合同违反社会公共利益或者公序良俗的

社会公共利益和公序良俗为评价私法上的行为是否受到保护的基准。保险合同的订立和履行不得违反社会公共利益或者公序良俗。保险合同的目的或者内容，违反社会公共利益或者公序良俗的，该保险合同无效。

3. 保险合同损害国家或者第三人利益的

投保人或者保险人以欺诈、胁迫的手段订立保险合同，损害国家利益的，该保险合同无效。投保人和保险人恶意串通订立保险合同，损害国家、集体或者第三人利益的，该保险合同无效。

4. 无权代理订立保险合同的

未经授权而擅自以他人名义订立保险合同，或者代理人超越代理权限订立保险合同，或者代理权消灭后仍为代理而订立保险合同的，该保险合同无效。

---

① 《海商法》第 224 条规定："订立合同时，被保险人已经知道或者应当知道保险标的已经因发生保险事故而遭受损失的，保险人不负赔偿责任，但是有权收取保险费；保险人已经知道或者应当知道保险标的已经不可能因发生保险事故而遭受损失的，被保险人有权收回已经支付的保险费。"

5. 订立保险合同双方代理的

保险人以投保人的名义同自己订立保险合同的，或者代理人以投保人的名义同自己代理的保险人订立保险合同的，或者代理人以保险人的名义同自己代理的投保人订立保险合同的，该保险合同无效。

三　保险合同无效的救济

保险合同无效，为自始无效，因为保险合同的订立而形成的权利义务关系发生恢复原状的法律效果，投保人、被保险人和保险人有权要求恢复原状的救济。

这里需要说明的是，保险合同部分无效的，如免除保险人责任条款无效，并不影响保险合同的效力，除保险人不能主张无效的保险条款所约定的利益外，其在保险合同中享有的权利和承担的义务，并不受影响。保险合同部分无效的，仅对因无效保险条款形成的权益变动发生恢复原状的效果。

保险合同无效后的恢复原状，表明投保人、被保险人和保险人因无效保险合同发生的利益得失，应当恢复到合同订立前的状态，即取得财产的人应当将其取得财产返还给受损失的人；对保险合同无效有过错的人应当赔偿无过错的人因此所受的损失，各自都有过错的，应当各自承担相应的责任。保险合同无效的，除非保险法另有规定或者保险合同另有约定，保险人已收取的保险费，应当返还给投保人；因为发生保险事故而给付保险（赔偿）金的，保险人可以依照合同无效的返还制度或者不当得利制度，请求被保险人或者受益人返还受领的保险给付金额。

保险合同无效的，投保人、被保险人和保险人之间所发生的利益变动，以恢复原状的方式处理，并无什么争议。但是，保险合同无效时，有过错的人应当如何赔偿无过错的人的损失，即缔约过失责任如何承担，就会是引起争议的问题。尤其是，因为保险人的过错导致保险合同无效的，保险人应当如何对被保险人或受益人承担缔约过失责任，在保险法理论上是存在争议的。有学者认为，我国司法实践的一般处理方法，是按照假设保险合同有效情形下的被保险人或受益人因为保险事故的发生所能获得之保险金数额，来认定被保险人或受益人因保险合同无效遭受的损失，保险人在该数额内承担合同无效的赔偿责任，但保险人在赔偿该数额时可以扣减其本应当返还的保险费。因为保险人的过错导致保险合同无效所造成的损失究竟是什么损失，上述司法实务的做法对此没有予以清楚的回答，这也是值得商榷的。①

案例参考 31

保险合同的目的违法

1999 年 11 月 2 日，某百货公司与保险公司签订团体增值养老保险合同，为所属员工胡某某等 31 人办理了金额不等的养老保险。保险总金额为 3153084.06 元；保费合计 2020000 元。同时，某百货公司为胡某某等 3 人办理了金额不等的养老保险，总保险金额为 701658.93 元，保费合计 480000 元。某百货公司当日即以支票转账方式缴足保费。同月 3 日，保险公司向某百货公司开具"新契约保费"收据，同月 4 日，保险公司向某百货公司出具保单及被保险人个人分单，保单特别约定：凭身份证明及个人分单办理领取。同日，保险公司亦接受了一份某百货公司提交的证明，上面载明："我公司同意被投保个人办理变更、退保或委托手续并按特别约定事项办理"，作为上款特别约定的补充。2000 年 2 月 18 日，某百货公司经理樊某某持胡某某等 29 名被保险人和胡某某等 3 名被保险人提交的退保申请、委托书及身份证等相关证件到保险公司要求退保，保险公司表示可以退保，在分别扣留 218203.72 元和 33938.34 元手续费后，将余款 1801796.28 元和 446061.66 元以转账支票形式汇入其各自在银行开立的户头，银行于同年 3 月 2 日接受保险公司的委托依其提供的名单及分配金额将上述款项分别存入 29 名和 3 名被保险人的活期存折。另有二人未申请退保。2000 年 8 月 22 日，29 名和 3 名被保险人将同年 3 月 2 日退回的保费同时原数返还给保险公司。

某百货公司以公司法人代表违反公司章程超越职权为少数人办理商业养老保险、保险公司违反国家有关法律法规为由，要求法院判决其与保险公司之间的保险合同为无效合同，保险公司应分别向其返还保险费 2020000 元和 480000 元并承担本案诉讼费，向法院提起诉讼。保险公司认为，双方签订的保险合同是双方真实意思表示，且内容合法，应为有效经济合同，若对方接受调解，愿意全额退还保费，否则请求法院驳回某百货公司的诉讼请求。

法院经审理认为，养老保险合同的根本目的是，待被保险人达到法定年龄后，由保险公司向其支付相应的保险金以解决养老之需。某百货

---

① 参见李玉泉主编《保险法学——理论与实务》，高等教育出版社，2005，第 132 页。

公司与保险公司在签订保险合同之初,已为如何退保作出约定,且在领取保单后3个多月时,29名和3名被保险人同时退保获取保费。这种以签订保险合同为形式,以实际占有保费为目的的迂回做法,不但避开了法律的规定,也改变了该项资金的使用目的及保险合同的性质,损害了公司和国家的利益。该保险合同系虚假合同,亦为无效合同。本案在审理过程中,尽管被保险人全部如数将收取的保费返还给保险公司,仍然不能改变合同的性质。对合同的无效,双方均有过错,应承担相应的责任。保险公司因该合同而扣留的手续费属不当利益应连同保费一并返还予百货公司。依据《合同法》第52条第3项、第58条的规定,判决某百货公司与保险公司签订的保险合同为无效经济合同,保险公司返还某百货公司款2020000元和480000元。①

案例分析指引

1. 本案争议的保险合同是否足以实现当事人订立该合同的目的?
2. 保险合同无效的原因主要有哪些?
3. 本案中,法院认为涉案保险合同目的违法之主要法律事实有哪些?
4. 目的违法的保险合同属于无效保险合同的正当性理由如何?
5. 具体到本案,应当如何寻找和适用涉案保险合同无效的法律依据?

案例参考32

订立保险合同的代理人无资质

1997年7月13日,某小学与某旅行社签订了一份旅游协议,由某旅行社组团,组织该校教师及家属赴山东青岛5日游,时间自7月16日起至7月21日止。刘某作为该校教师,参加了这次旅游。旅行社还为他们办理了旅游意外伤害保险,保险金额为每人8万元。每人700元的旅游费中包含5.6元的保险费。7月19日上午8时许,在从威海到烟台的旅游途中,刘某在汽车上突然休克,被送到威海市佛顶山医院就

---

① 参见邹海林《保险法教程》(修订第二版),首都经济贸易大学出版社,2004,第260~262页。

诊，经诊断为心肌缺血，由该校校长留下陪护，其余人员随团继续旅游。7月20日，刘某又随团上崂山旅游。7月21日上午7时，当旅行团从青岛返程，火车到达郑州终点站时，刘某再次休克，经急救中心抢救无效死亡。刘某死亡实际支出费用为6600元。7月22日，旅行社向保险公司提出刘某死亡索赔，保险公司以刘某死亡时合同未成立拒绝赔偿。

法院在审理中查明，某旅行社与某人寿保险公司于1996年4月18日签订了一份旅游保险代理协议。双方约定：保险公司委托某旅行社代理旅游保险，某旅行社应按规定为参加某旅行社旅游的全体旅游团体办理保险业务，保险费应在次月3日前按月与保险公司进行结算。某旅行社应于旅行团出发之前，将被保险人名单、身份证号码、旅行团编号、旅游路线及日程等加盖公章后传真给保险公司，保险公司接到传真后，加盖业务公章传真给某旅行社，以此作为投保凭证。保险公司每月以传真资料为依据向某旅行社收取保险费并承担保险责任。1996年7月19日，某旅行社将刘某所在旅游团保险人名单及有关事项加盖公章传真给保险公司后，保险公司加盖业务章又传真给了某旅行社。8月10日，保险公司向某旅行社收取了7月份的保险费，其中包括刘某所在旅行团的保险费。法院同时还查明，某旅行社未取得经营保险代理业务的许可证，也未在工商行政管理机关办理注册登记而领取营业执照。

审理本案的法院认为，某旅行社在未取得从事保险代理业务资格和未办理工商管理登记的情况下，与保险公司签订的旅游保险代理协议无效，其与投保人签订的保险合同亦无效。保险公司对收取刘某的保险费应予退还。保险公司未对某旅行社的代理资格进行审核，盲目授予其代理权。某旅行社和保险公司在本案中有重大过错，应连带承担死者的实际经济损失，并给予必要的补偿。刘某应当知道自己患有不宜长途旅游的疾病，在旅游中第一次发病后，应立即中止旅游，但第二天又继续登山，导致自己在返程途中死亡，本人也有过错，对自己的利益受到损害，应承担相应责任。据此，法院判决保险公司退还刘某保险费5.6元，某旅行社、保险公司连带向刘某的亲属支付刘某死亡的实际经济损失6600元、支付死亡补偿金1.2万元。[①]

---

① 参见邹海林《保险法教程》（修订第二版），首都经济贸易大学出版社，2004，第263~264页。

案例分析指引

1. 本案争议的保险合同是否已经成立？其法律事实如何？

2. 保险人的代理人订立保险合同是否以代理人具有保险代理资质为必要？没有保险代理资质的人经保险人授权订立的保险合同是否会不成立或者无效？有无法律依据？

3. 保险合同无效的，保险人对被保险人所发生的损害是否应当承担责任？对其性质应如何认识？

4. 本案中，以保险公司对保险合同的无效存在过错为由，要求保险公司对被保险人的死亡承担相应的责任，法院是如何分析并作出判断的？

案例参考 33

保险合同格式条款的部分无效

2011年1月6日，某公司在保险公司为 A 车投保。保险单中载明：被保险人为某公司，承保险种包括机动车损失保险，保险期间自 2011 年 1 月 7 日 0 时至 2012 年 1 月 6 日 24 时。机动车损失保险条款约定，保险人依据被保险机动车驾驶人在事故中所负的事故责任比例，承担相应的赔偿责任。被保险机动车方与对方负同等事故责任的，事故责任比例为 50%。

2011 年 7 月 9 日 22 时 30 分，张某某驾驶某公司的 A 车与安某某驾驶的大货车相撞，造成车辆损坏。此事故经交通管理部门依法认定张某某与安某某负同等责任。某公司因该事故支付 A 车的车辆修理费、拖车费共计 60530 元。某公司向保险公司报案后，保险公司进行了现场查勘，但拒绝赔偿某公司的全部损失，只同意按照保险合同中约定的"按责赔付"条款，对某公司主张的车辆维修费等损失承担 50% 的赔偿责任。

审理本案的法院认为，某公司与保险公司签订的保险单系当事人真实意思表示，内容不违反法律规定，合法有效，当事人均应自觉履行。在合同履行期间，某公司所投保车辆发生交通事故后，保险公司应承担相应的保险赔偿责任。本案的争议焦点为保险公司是否应当按照保险事故发生时保险车辆驾驶员在事故中的责任比例承担相应的赔偿责任。虽然双方约定有"按责赔付"条款，但根据《保险法》的相关规定，因第三者对保险标的的损害造成保险事故的，保险人自向被保险人赔偿保险金之日起，在赔偿金额范围内可以代位行使被保险人对第三者请求赔偿的权利。由此可见，在因第三者的行为对保险标的造成损害的保险事故中，保险人是否向被保险人赔偿保险金，并不以该保险事故发生时保险车辆驾驶员在事故中是否承担责任或者承担多少责任为标准。即使该保险事故发生时保险车辆驾驶员在事故中不承担任何责任，保险人依然可以通过对第三者的代位求偿在赔付被保险人保险金之后获得救济。同时，《保险法》并没有赋予保险合同订立各方在订立合同时对该法律规定另作约定的权利。因此，"按责赔付"的约定，系利用格式条款，免除保险人依法应承担的义务，排除被保险人依法应享有的权利，应当认定其为无效。故对于保险公司的抗辩不予采信。某公司的诉讼请求有充分的事实和法律依据，法院予以支持。①

案例分析指引

1. 本案争议的焦点究竟是保险合同条款的解释问题还是保险合同条款的无效问题？
2. 应当如何解释本案争议的机动车损失保险条款约定的按照驾驶人在事故中所负的事故责任比例承担赔偿责任的条款？
3. 本案中，法院为什么认为涉案保险合同约定的"按责赔付"条款无效？
4. 具体到本案的处理，应当如何解释和适用相关法律？

思考题

1. 如何理解保险合同的成立？
2. 我国保险法对格式条款的说明有哪些特别规定？
3. 投保人违反如实告知义务会产生何种法律后果？
4. 保险利益有哪些特征？
5. 如何理解保险利益制度的功能？
6. 如何理解投保人的任意解除权？
7. 保险合同无效的原因主要有哪些？

---

① 参见北京市房山区人民法院（2011）房民初字第10032号民事判决书。

扩展阅读

1. 江朝国：《保险法基础理论》，中国政法大学出版社，2002，第47~80页（保险利益）。

2. 梁宇贤：《保险法新论》（修订新版），中国人民大学出版社，2004，第56~91页（保险利益）。

3. 〔美〕小罗伯特·H.杰瑞、〔美〕道格拉斯·R.里士满：《美国保险法精解（第四版）》，李之彦译，北京大学出版社，2009，第101~144页（保险利益原则）、第30~51页（保险合同的成立）。

4. 汪华亮：《保险合同信息提供义务研究》，中国政法大学出版社，2011，第141~175页（保险人的信息提供义务）。

5. 常敏：《保险合同可争议制度研究》，《环球法律评论》2012年第2期。

6. 常敏：《保险法学》，法律出版社，2012，第35~41页（保险利益）。

7. 汪信君、廖世昌：《保险法理论与实务》，元照出版公司，2015，第29~67页（保险契约之成立与告知义务）。

8. 邹海林：《保险法学的新发展》，中国社会科学出版社，2015，第161~165页（财产保险利益）、第165~175页（说明义务的价值判断）、第193~201页（刚性说明义务制度的论争）、第206~225（如实告知的制度结构）。

9. 马宁：《保险人明确说明义务批判》，《法学研究》2015年第3期。

第四章 保险合同的履行

要点提示

- 保险责任与保险事故
- 除外责任
- 近因与保险责任的承担
- 保险给付请求权及其时效
- 保险合同的解释原则
- 保险合同的不利解释

第一节 保险责任

一 保险责任的意义

保险责任，又称保险给付义务，是指保险人依照保险合同约定对被保险人或者受益人承担的给付保险（赔偿）金的义务。给付保险（赔偿）金是保险人在保险合同项下的基本义务。除保险合同约定的保险（赔偿）金，保险人依照保险合同的约定或者保险法的规定，还要承担附加给付义务，如被保险人在保险事故发生后对保险标的进行施救而支付的"减损费用"，由保险人承担，构成保险给付基本义务的附加义务。

保险的目的和功能，在于消化损失和分散危险。保险人仅对特定的事件、原因或者损失承担保险责任。因此，并非被保险人所面临的任何危险，保险人都能承保并愿意承保。对于不能承保的被保险人面临的危险，如道德危险，往往由保险法事先予以排除；对于保险人不愿意承保的被保险人面临的危险，如被保险人因过失或者重大过失造成的危险或事故，可以通过保险合同的约定予以排除。因此，保险人仅对保险合同约定或选择的部分可保危险，即特定种类和范围的危险，所引起的被保险人利益或不利益承担保险责任。

二　基本给付

基本给付，是指保险人依照保险合同约定、以保险金额为限所承担的保险（赔偿）金给付义务。保险人的基本给付，因人身保险和财产保险有所不同。

保险人的基本给付，在人身保险项下为定额给付。人身保险合同约定的保险金，有生存保险金、死亡保险金、残疾保险金、伤害保险金和疾病保险金等多种形式，均为定额，保险人为给付时，应当按照合同约定的保险金数额向被保险人或者受益人为给付。但是，人身保险合同约定的保险金具有补偿性质的，属于定额给付的例外。例如，对于健康保险合同约定的"工资损失保险"的给付金额、"医疗费用保险"的给付金额，保险人可以按照实际发生的工资损失金额或者医疗费用金额，以合同约定的保险金额为限，向被保险人为给付。

保险人的基本给付，在财产保险项下则与保险标的所发生的实际损害成正比。在保险标的发生损害时，保险人的基本给付以合同约定的保险金额为限，按照保险标的的实际损失向被保险人给付全部保险金额或者比例保险金额。但是，在定值保险的场合，当保险标的发生全损时，保险人的基本给付为保险合同约定的保险金额全额；当保险标的发生部分损失时，保险人的基本给付为按照保险标的损失程度计算的保险合同约定的保险金额。

三　附加给付

附加给付，是指保险人在基本给付外依照保险合同约定或者保险法的规定承担的附加给付义务。保险人的附加给付，主要形式有：附加险约定的给付义务、减损费用给付义务和责任保险的索赔抗辩费用给付义务等。

（一）附加险约定的给付义务

依照当事人的意思，保险合同可以约定附加险。订立基本险合同时，为满足被保险人分散危险的需求，保险人可以承保附加险。例如，家庭财产保险附加盗窃险，人寿保险附加医疗保险等。约定附加险的保险合同，为主险或者基本险；主险约定的给付义务，为保险人的基本给付。只有在附加险承保的事故发生时，保险人才应当按照附加险的约定，承担附加给付义务。

（二）减损费用给付义务

保险事故发生时，被保险人应当采取必要的措施，防止或者减少损失；被保险人为防止或者减少保险标的的损失所支付的必要的、合理的费用，为减损费用，由保险人承担。保险人承担的减损费用的数额，应当在保险标的损失赔偿金额以外另行计算，但最高不超过保险金额的数额。

（三）保险事故的调查费用

为查明和确定保险事故的性质、原因和保险标的的损失程度所支付的必要的、合理的费用，属于调查费用，由保险人承担。

（四）责任保险的索赔抗辩费用给付义务

责任保险的被保险人造成第三人损害的，第三人对被保险人提起仲裁或者诉讼要求被保险人承担赔偿责任，被保险人由此支付的仲裁或者诉讼费用以及其他必要的、合理的费用，为责任保险的索赔抗辩费用，应当由保险人承担。但是，责任保险合同对索赔抗辩费用的给付另有约定的，从其约定。

（五）其他无偿服务

保险合同约定的保险人自己承担费用，为被保险人或者受益人提供的特定种类的服务，属于附加给付义务。例如，保险人自己承担费用，依照约定为被保险人的防损提供风险检视、安全建议等方面的服务。

四　保险事故

（一）保险事故的意义

保险事故，又称保险危险或者承保危险，是指保险合同约定的保险人承担保险责任的缘由和条件。保险合同一般以种类描述的方式限定保险事故，例如以列举性的方法对保险事故予以具体表述。但是，限定保险事故的种类，或者列明保险事故的具体形式，难以穷尽可能发生的所有危险；保险合同没有明文排除限定种类或者列明事故以外的危险，这些危险可能构成保险事故的，保险人对此应当承担保险责任。保险合同对保险事故应当有具体和明确的约定。

（二）保险事故的范围

理论上，保险人并不对所有的危险承担责任，而仅对保险合同选择或约定的危险承担保险责任。保险合同是将保险人的责任限定在特定危险范围内的法律行为。保险合同选择或约定的危险或者危险种类，均属于保险事故。在这个意义上，保险人对什么样的事故应当承担责任，只能取决于保险合同的约定。

保险事故的范围决定着保险责任的成立与承担。保险人仅以保险合同约定的保险事故为限，对被保险人或者受益人承担保险责任。对保险事故以外的原因所造成的任何不利益，保险人均不承担保险责任。

保险合同对保险事故的约定总是有局限性的。保险合同对保险事故没有约定或者约定不明的，以下事故或事件属于保险事故。

1. 意外致损的

不可抗力以及与被保险人的行为或意思无关的事件，对于被保险人而言，属于意外事件。由意外事件引起保险标的的损害或者不利益的，保险人应当承担保险责任。例如，我国台湾地区"保险法"第 29 条规定，"保险人对于由不可预料或不可抗力之事故所致的损害，负赔偿责任，但保险契约内有明文限制者，不在此限"。

2. 自己过失致损的

被保险人或其代理人或其受雇人因为过失造成保险标的损失或者不利益，该事件的发生虽与被保险人的行为或意思有关，但并非被保险人有意追求的结果，不属于道德危险，属于可保危险。由被保险人或其代理人或其受雇人的过失引起保险标的损害或者不利益的，保险人应当承担保险责任，但保险合同另有约定的，从其约定。

3. 履行道德义务致损的

被保险人履行道德义务，为社会善良行为，应受鼓励并受法律的保护。被保险人履行道德义务造成保险标的的损害或者不利益的，若保险合同将之列于保险事故之外，无异于阻止被保险人积极行善，有违公序良俗，更有悖于保险商业伦理。因此，被保险人履行道德义务造成保险标的损害或者不利益的，保险人应当承担保险责任。例如，我国澳门特别行政区《商法典》第 982 条规定，被保险人或受益人彼此为履行道德或社会义务，或为保护其与保险人之间的共同利益而造成的保险事故，保险人承担赔偿责任。应当注意的是，履行道德义务致损的，保险人应当承担保险责任，在相当程度上具有强行法的性质，对被保险人履行道德义务所致保险标的的损害或者不利益的，保险合同不得约定保险人不承担保险责任。

4. 履行防损义务而支出费用的

被保险人履行减轻损害义务而采取必要措施所支出的费用,应当由保险人承担。保险事故发生后,被保险人为防止或者减少保险标的损失所支付的必要的、合理的费用,由保险人承担;保险人所承担的费用数额,以保险金额为限,在保险标的损失赔偿金额以外另行计算。①

(三)保险事故的发生

保险事故的发生,又称出险,是指出现了保险合同约定的保险人应当承担保险责任的事件、事故或原因。例如,生死两全保险约定的"被保险人死亡"的事件或者"生存到保险合同约定的年龄"。保险事故的发生,为保险责任承担或者履行保险给付义务的先决条件。没有保险事故的发生,则不会涉及保险责任的承担问题。

案例参考 34

非除外责任的外来原因造成保险标的损失属于保险事故

1995年11月28日,丰海公司在海南人保投保了由印度尼西亚籍"哈卡"轮(HAGAAG)所运载的自印度尼西亚杜迈港至中国洋浦港的4999.85吨桶装棕榈油,投保险别为一切险,货价为3574892.75美元,保险金额为3951258美元,保险费为18966美元。投保后,丰海公司依约向海南人保支付了保险费,海南人保向丰海公司发出了起运通知,签发了海洋货物运输保险单,并将海洋货物运输保险条款附于保单之后。根据保险条款规定,一切险的承保范围除包括平安险和水渍险的各项责任外,还包括"被保险货物在运输途中由于外来原因所致的全部或部分损失"。该条款还规定了5项除外责任。上述投保货物是由丰海公司以CNF价格向丰益公司购买的。根据买卖合同约定,发货人丰益公司与船东代理梁国际签订了一份租约。该租约约定由"哈卡"轮将丰海公司投保的货物5000吨棕榈油运至中国洋浦港,将另1000吨棕榈油运往香港。

1995年11月29日,"哈卡"轮的期租船人、该批货物的实际承运人印度尼西亚PSI公司签发了编号为DM/YPU/1490/95的已装船提单。该提单载明船舶为"哈卡"轮,装货港为印度尼西亚杜迈港,卸货港

---

① 参见《保险法》(2015年)第57条。

第四章　保险合同的履行

为中国洋浦港，货物唛头为 BATCH NO.80211/95，装货数量为 4999.85 吨，清洁、运费已付。据查，发货人丰益公司将运费支付给梁国际，梁国际已将运费支付给 PSI 公司。1995 年 12 月 14 日，丰海公司向其开证银行付款赎单，取得了上述投保货物的全套（3 份）正本提单。1995 年 11 月 23 日至 29 日，"哈卡"轮在杜迈港装载 31623 桶、净重 5999.82 吨四海牌棕榈油启航后，由于"哈卡"轮船东印度尼西亚 BBS 公司与该轮的期租船人 PSI 公司之间因船舶租金发生纠纷，"哈卡"轮中止了提单约定的航程并对外封锁了该轮的动态情况。

为避免投保货物的损失，丰益公司、丰海公司、海南人保多次派代表参加"哈卡"轮船东与期租船人之间的协商，但由于船东以未收到租金为由不肯透露"哈卡"轮行踪，多方会谈未果。此后，丰益公司、丰海公司通过多种渠道交涉并多方查找"哈卡"轮行踪，海南人保亦通过其驻外机构协助查找"哈卡"轮。直至 1996 年 4 月，"哈卡"轮走私至中国汕尾被我海警查获。根据广州市人民检察院穗检刑免字（1996）64 号《免予起诉决定书》的认定，1996 年 1 月至 3 月，"哈卡"轮船长埃里斯·伦巴克根据 BBS 公司指令，指挥船员将其中 11325 桶、2100 多吨棕榈油转载到属同一船公司的"依瓦那"和"萨拉哈"货船上运走销售，又让船员将船名"哈卡"轮涂改为"伊莉莎 2"号（ELIZA II）。1996 年 4 月，更改为"伊莉莎 2"号的货船载剩余货物 20298 桶棕榈油走私至中国汕尾，4 月 16 日被我海警查获。上述 20298 桶棕榈油已被广东省检察机关作为走私货物没收上缴国库。1996 年 6 月 6 日丰海公司向海南人保递交索赔报告书，8 月 20 日丰海公司再次向海南人保提出书面索赔申请，海南人保明确表示拒赔。丰海公司遂诉至海口海事法院。

丰海公司是 1995 年 8 月 14 日开办的中外合资经营企业。该公司成立后，就与海南人保建立了业务关系。1995 年 10 月 1 日至同年 11 月 28 日（本案保险单签发前）就发生了 4 笔进口棕榈油保险业务，其中 3 笔投保的险别为一切险，另 1 笔为"一切险附加战争险"。该 4 笔保险均发生索赔，其中有因为一切险范围内的货物短少、破漏发生的赔付。

海口海事法院于 1996 年 12 月 25 日作出（1996）海商初字第 096 号民事判决：（1）海南人保应赔偿丰海公司保险价值损失 3593858.75 美元；（2）驳回丰海公司的其他诉讼请求。宣判后，海南人保提出上诉。海南省高级人民法院于 1997 年 10 月 27 日作出（1997）琼经终字第44号民事判决：撤销一审判决，驳回丰海公司的诉讼请求。丰海公司向最高人民法院申请再审。最高人民法院于2003年8月11日以(2003)民四监字第35号民事裁定，决定对本案进行提审，并于2004年7月13日作出(2003)民四提字第5号民事判决：撤销海南省高级人民法院(1997)琼经终字第44号民事判决；维持海口海事法院(1996)海商初字第096号民事判决。

最高人民法院认为：本案为国际海上货物运输保险合同纠纷，被保险人、保险货物的目的港等均在中华人民共和国境内，原审以中华人民共和国法律作为解决本案纠纷的准据法正确，双方当事人亦无异议。

丰海公司与海南人保之间订立的保险合同合法有效，双方的权利义务应受保险单及所附保险条款的约束。本案保险标的已经发生实际全损，对此发货人丰益公司没有过错，亦无证据证明被保险人丰海公司存在故意或过失。保险标的的损失是由"哈卡"轮船东BBS公司与期租船人之间发生租金纠纷，将船载货物运走销售和走私行为造成的。本案争议的焦点在于如何理解涉案保险条款中一切险的责任范围。

二审审理中，海南省高级人民法院认为，根据保险单所附的保险条款和保险行业惯例，一切险的责任范围包括平安险、水渍险和普通附加险（即偷窃提货不着险、淡水雨淋险、短量险、沾污险、渗漏险、碰损破碎险、串味险、受潮受热险、钩损险、包装破损险和锈损险），中国人民银行《关于〈海洋运输货物"一切险"条款解释的请示〉的复函》亦作了相同的明确规定。可见，丰海公司投保货物的损失不属于一切险的责任范围。此外，鉴于海南人保与丰海公司有长期的保险业务关系，在本案纠纷发生前，双方曾多次签订保险合同，并且海南人保还作过一切险范围内的赔付，所以丰海公司对本案保险合同的主要内容、免责条款及一切险的责任范围应该是清楚的，故认定一审判决适用法律错误。

根据涉案"海洋运输货物保险条款"的规定，一切险除了包括平安险、水渍险的各项责任外，还包括被保险货物在运输过程中由于各种外来原因所造成的损失。同时保险条款中还明确列明了五种除外责任，即：(1)被保险人的故意行为或过失所造成的损失；(2)属于发货人责任所引起的损失；(3)在保险责任开始前，被保险货物已存在的品质不良或数量短差所造成的损失；(4)被保险货物的自然损耗、本质缺陷、特性以及市价跌落、运输迟延所引起的损失；(5)承保公司的海洋运输货物战争险条款和货物运输罢工险条款规定的责任范围和除外

第四章 保险合同的履行

责任。从上述保险条款的规定看，海洋运输货物保险条款中的一切险条款具有如下特点。

（1）一切险并非列明风险，而是非列明风险。在海洋运输货物保险条款中，平安险、水渍险为列明的风险，而一切险则为平安险、水渍险再加上未列明的运输途中由外来原因造成的保险标的的损失。

（2）保险标的的损失必须是外来原因造成的。被保险人在向保险人要求保险赔偿时，必须证明保险标的的损失是运输途中外来原因引起的。外来原因可以是自然原因，亦可以是人为的意外事故。但是一切险承保的风险具有不确定性，要求其是不能确定的、意外的、无法列举的承保风险。对于那些预期的、确定的、正常的危险，则不属于外来原因的责任范围。

（3）外来原因应当限于运输途中发生的，排除了运输发生以前和运输结束后发生的事故。只要被保险人证明损失并非其自身原因，而是运输途中的意外事故造成的，保险人就应当承担保险赔偿责任。

根据保险法的规定，保险合同中规定有关于保险人责任免除条款的，保险人在订立合同时应当向投保人明确说明，未明确说明的，该条款仍然不能产生效力。据此，保险条款中列明的除外责任虽然不在保险人赔偿之列，但是应当以签订保险合同时，保险人已将除外责任条款明确告知被保险人为前提。否则，该除外责任条款不能约束被保险人。

关于中国人民银行的复函意见。在保监委成立之前，中国人民银行系保险行业的行政主管机关。1997年5月1日，中国人民银行在致中国人民保险公司《关于〈海洋运输货物保险"一切险"条款解释的请示〉的复函》中，认为一切险承保的范围是平安险、水渍险及被保险货物在运输途中由外来原因所致的全部或部分损失；并且进一步提出：外来原因仅指偷窃、提货不着、淡水雨淋等。1998年11月27日，中国人民银行在对《中保财产保险有限公司关于海洋运输货物保险条款解释》的复函中，再次明确一切险的责任范围包括平安险、水渍险及被保险货物在运输途中由外来原因所致的全部或部分损失。其中外来原因所致的全部或部分损失是指11种一般附加险。鉴于中国人民银行的上述复函不是法律法规，亦不属于行政规章。根据《中华人民共和国立法法》的规定，国务院各部、委员会、中国人民银行、国家审计署以及具有行政管理职能的直属机构，可以根据法律和国务院的行政法规、决定、命令，在本部门的权限范围内，制定规章；部门规章规定的事项应当属于执行法律或者国务院的行政法规、决定、命令的事项。因此，保险条款亦不在职能部门有权制定的规章范围之内，故中国人民银行对保险条款的解释不能作为约束被保险人的依据。另外，中国人民银行关于一切险的复函属于对保险合同条款的解释。而对于平等主体之间签订的保险合同，依法只有人民法院和仲裁机构才有权作出约束当事人的解释。为此，上述复函不能约束被保险人。要使该复函所作解释成为约束被保险人的合同条款，只能是将其作为保险合同的内容附在保险单中。之所以产生中国人民保险公司向主管机关请示一切险的责任范围，主管机关对此作出答复的情况，恰恰说明对于一切险的理解存在争议。而依据保险法第31条的规定，对于保险合同的条款，保险人与投保人、被保险人或者受益人有争议时，人民法院或者仲裁机关应当作有利于被保险人和受益人的解释。行业主管机关作出的对本行业有利的解释，不能适用于非本行业的合同当事人。

综上，应认定本案保险事故属一切险的责任范围。二审法院认为丰海公司投保货物的损失不属一切险的责任范围错误，应予纠正。丰海公司的再审申请理由依据充分，应予支持。①

案例分析指引

1. 什么是保险事故？保险合同未明确约定的意外事故是否应当认定为保险事故？

2. 本案中，海上货物运输保险合同中的"一切险"是如何约定保险事故的？又是如何约定除外责任的？

3. 本案中，应当如何解释"各种外来原因"？其除外责任的约定是否包括了本案争议的"外来原因"？

第二节　除外责任

一　除外责任的意义

除外责任，又称非保险事故，是指保险人依照保险合同约定或保险法的规定不承担保险责任的事件、事故、原因或者损失。某种事件、事

---

① 参见颜茂昆主编《中国案例指导》（总第3辑），法律出版社，2016，第258~262页。

故、原因或者损失的出现，虽然造成了保险标的的损害或者不利益，但保险合同约定保险人对此不承担保险责任，这些构成保险标的损害但保险人不承担保险责任的法律事实，即为除外责任。保险人对非保险事故造成的保险标的的任何损害，不承担保险责任。

依照保险法的规定，不得通过保险合同转嫁的风险，如道德危险，不论保险单对此是否有所约定，均不属于保险事故，保险人对其造成的保险标的损害或者不利益不承担保险责任。依照保险合同的约定，保险人不承担保险责任的事件、事故、原因或者损失，亦不属于保险事故。

保险合同关于保险事故的约定，已经限定了保险人承担保险责任范围。但是，限定保险事故的种类，或者列明保险事故的具体形式，保险合同是难以穷尽可能发生的所有危险的。对于保险合同没有明文排除的限定种类或者列明事故以外的危险，保险人要不要承担保险责任？对此，保险人是没有充分的理由拒绝的。保险合同不仅要有限定保险事故范围的约定，更要有排除保险人承担保险责任的事件、事故、原因或者损失的约定。排除保险人承担保险责任的约定，在保险合同中最为重要和典型的部分为除外责任条款。除外责任条款在客观上强化了保险合同对保险事故的限定，进一步缩小了保险人承担保险责任的空间。

二 除外责任的表现形式

(一) 除外责任的形式意义

除外责任，是指保险合同约定的保险人不承担保险责任的事由。除外责任条款是保险合同内容的组成部分，又称"责任免除条款"或者"不保危险条款"。因此，除外责任是基于保险合同当事人的意思而发生效力的。保险合同中均约定有特定的事件（事故）、原因或者损失作为除外责任的表现形式。

保险法理论对于除外责任存在包括的除外事故（exceptions）和不包括的除外事故（exclusions）的争议。

美国保险法学者彼德森（Patterson）认为，保险合同常以两种不同形式的约定来限制保险人的责任：其一，限制保险事故发生的原因（causes）；其二，限制保险事故引起的结果（consequences）。前者在性质上不属于引起保险事故发生的原因，被称为事故原因的除外危险（excepted causes）。后者在性质上不属于保险事故范围内的事件，被称为原本不属于事故的除外事故（excluded events）。① 依照上述认识，包括的除外危险（exceptions）是对保险事故发生原因的排除，而不包括的除外事故（exclusions）则是对保险事故本身的排除。

另一位美国保险法学者肯特（Keeton）先生认为，除外责任实际上由包括在内的除外事故（conclusive exclusions）和不包括在内的除外事故（inconclusive exclusions）组成；不论损失的发生是否还有其他原因，将特定原因造成的保险标的损失排除于保险责任范围，是包括的除外事故；将不以包括在内的原因为限所引起的保险标的损失排除于保险责任范围，是不包括的除外事故。②

我国台湾地区保险法学者桂裕先生认为："除外之危险，为原属包括在内之危险，若不明文予以除外，即应予以包括；不包括之危险，为原非包括在内之危险，因有明文予以包括，故在其列。若于本非'除外'之危险，而用'不包括'之字样者，其意义与'除外'相等。""统称'除外责任'者，兼指当然不包括之危险与非当然不包括之危险二项：辨别之，前者谓依法律或通例应不包括在内之危险，后者谓非经明示除外即应包括在内之危险。"③

在我国保险实务上，凡保险人不承担保险责任的事故或危险、原因和损失，均称为除外责任；至于除外责任的这些形式依其性质是除外原因（引起保险事故的原因）还是除外事故（非保险事故），并未有所区别。但在理论和实务上确实有必要将除外责任中不同的除外事件、原因和损失进行区分。例如，我国保险法规定的被保险人的故意行为，在性质上属于不包括的除外事故，而在实务上，保险人使用的格式保险条款中约定的除外责任，多为包括的除外事故。不包括的除外事故和包括的除外事故，在性质和表现形式上均有不同，在法律效果上也会存在差异。区分不包括的除外事故和包括的除外事故，有助于理清保险合同约定除外责任的脉络，并提供解释保险合同中的除外责任条款的合理路径。

（二）不包括的除外事故

不包括的除外事故，是指保险合同约定的特定保险事故或者承保的特定危险以外的其他事故或者危险。保险合同成立前已经发生保险事故

---

① See Edwin W. Patterson, "Essentials of Insurance Law," *Journal of Insurance* 25 (1957), p. 249.
② See Kenneth S. Abraham, *Insurance Law and Regulation* (The Foundation Press, Inc., 1990), p. 241.
③ 参见桂裕《保险法论》，三民书局，1984，第162页。

的，保险人不承担保险责任，此为保险的公理性原则；已经发生的事故，为不包括的除外事故，可以约定为除外责任。依照保险合同的性质，保险人没有明示承保的"危险"，为不包括的除外事故，可以约定为除外责任。

不包括的除外事故造成的保险标的损失或者不利益，保险人本不应当承担保险责任。保险合同将不包括的除外事故，约定为除外责任，将其明示排除于保险责任范围之外，使得保险责任范围更加清晰，足以避免引起不必要的争议。例如，以死亡为给付保险金条件的健康保险合同，约定的保险事故为"被保险人因为疾病死亡或者伤残"。被保险人因为意外死亡或者伤残与上列健康保险承保的危险性质不同，显然属于不包括的除外事故，保险人不承担保险责任。但是，若该健康保险合同对此不作约定，保险人对被保险人因为意外死亡或者伤残应否承担保险责任，至少是存在疑问的。为了消除这个疑问，健康保险合同也有必要将被保险人因为意外死亡或者伤残约定为除外责任。

再者，对于某些引起保险事故的原因，虽在性质上为可保危险，但因其具有特殊性，保险人不愿意承保的，不应当包括在保险事故范围内。例如，保险人依照测定风险发生的大数法则，难以算定危险发生概率的"异常危险"，包括但不限于军事行动、战争、暴动、核辐射等，除非保险合同另有约定，一般不包括在保险事故范围内。但保险合同通常会将这些"异常危险"作为不包括的除外事故，约定为除外责任。

（三）包括的除外事故

包括的除外事故，是指由保险事故或者承保危险引起的、保险人依照保险合同约定不承担保险责任的某些后果或者保险标的损失或不利益。除非保险合同特别约定，保险人不得以"包括的除外事故"为由拒绝承担保险责任。

保险人对保险事故造成的损害或者不利益，应当承担保险责任。但是，保险合同将保险事故造成的特定损害或者不利益，约定为除外责任的，保险人对之不承担保险责任。例如，保险事故造成的被保险人的间接损失、被保险人的过失造成的保险标的损失等，均为包括的除外事故，保险合同可以约定为除外责任。

三 法定除外责任

（一）法定除外责任的意义

法定除外责任，是指不论保险合同是否有所约定，保险人均不承担保险责任的事由。依照通常的见解，法定除外责任可因保险法的明文规定而发生效力，亦可因为保险习惯（默示条款）而发生效力。

（二）法定除外责任的情形

在保险法理论上，法定除外责任主要有以下情形。①

（1）已经发生的保险事故。已经发生的危险为不保危险，不能适用保险。对保险合同成立前已经发生的保险事故，保险人不承担保险责任。例如，我国《海商法》第224条规定，在保险合同成立前，被保险人已知保险标的已经发生保险事故的，保险人不承担保险责任。

（2）道德危险。道德危险或道德事故，是指投保人或者被保险人故意造成的保险事故。原则上，道德危险不属于保险危险，保险人对之不承担保险责任。② 保险合同不得将道德危险约定为保险责任范围，仅能约定为除外责任。但应当注意，人身保险合同成立2年后，被保险人自杀的，不属于道德危险，而是可保危险，除非保险合同约定保险人不承担保险责任，保险人应当承担保险责任。③

（3）怠于减损而扩大的损失。保险事故发生后，被保险人有减损义务，应当采取措施防止保险事故造成保险标的的损失扩大；被保险人怠于减损而扩大的损失，应当由被保险人自行承担，不得转嫁由保险人承担。例如，我国《海商法》第236条规定，因被保险人不履行防灾减损义务而造成保险标的扩大的损失的，保险人不承担保险责任。

（4）保险标的自身性状引起的损害。一般而言，因保险标的的自身缺陷或者特性引起的损失，保险人不承担保险责任，除非保险合同另有约定。例如，我国《海商法》第243条和第244条规定，保险人对于被保险货物的自然耗损、本身缺陷和自然特性以及其包装不当所引起的损失，或者被保险船舶的自然磨损或者锈蚀造成的损失，除非保险合同另有约定，保险人不负赔偿责任。

（5）异常危险。地震、战争、军事行动、核辐射、恐怖活动、社会动乱、罢工等事件，虽属意外事件，但其造成的损害难以预料，危险程度较其他危险为高，属于异常危险。除非保险合同另有约定，保险人对保险标的因为异常危险而受到的损害，不承担保险责任。例如，《意

---

① 参见邹海林《保险法教程》（修订第二版），首都经济贸易大学出版社，2004，第98～99页。
② 参见《保险法》（2015年）第27条。
③ 参见《保险法》（2015年）第44条第1款。

大利民法典》第1912条规定，除有相反的约定外，保险人对地震、战争、动乱或民众暴乱所导致的损害，不承担责任。我国保险法对异常危险没有一般性的规定，但对于被保险人的个别异常危险行为，则有相应的规定。例如，因被保险人故意犯罪或者抗拒依法采取的刑事强制措施导致其伤残或者死亡的，保险人不承担保险责任。[1]

（三）法定除外责任的性质

有法定除外责任的情形，不论保险合同对之有无约定，保险人均不承担保险责任。在这个意义上，法定除外责任在性质上属于不包括的除外事故。为防止不必要的争议发生，保险实务中，保险合同一般将法定除外责任的情形约定为保险合同的组成部分，与保险合同约定的保险人不承担保险责任的其他事由，共同构成保险合同的除外责任条款。

应当注意的是，法定除外责任的效力，源自保险法的规定而非保险合同的约定。法定除外责任作为不包括的除外事故，虽然可以由保险合同约定为除外责任，但其效力并不因保险合同的约定而发生变化。保险合同中的免除保险人责任条款若有法定除外责任，则即使保险人订立保险合同时对之未作提示亦未明确说明，也均不发生不生效力的问题。我国司法实务采取有条件地承认法定除外责任的效力之立场，还是值得商榷的：保险人将法律、行政法规中的禁止性规定情形作为保险合同免责条款的免责事由，只要保险人对该条款作出提示，投保人、被保险人或者受益人不得以保险人未履行明确说明义务为由主张该条款不生效力。[2]

> **案例参考 35**

机动车辆保险合同的除外责任

2008年7月2日，某公司与保险公司订立保险合同一份，约定：某公司以其所有的车辆向保险公司投保机动车损失保险、第三者责任险等险种，其中机动车损失保险的保险金额为304470.00元，保险期间自2008年7月3日0时起至2009年7月2日24时止。2009年6月18日19时许，某公司在使用被保险车辆过程中由于操作不当引起车辆倾覆，

---

[1] 参见《保险法》（2015年）第45条。
[2] 参见最高人民法院《关于适用〈中华人民共和国保险法〉若干问题的解释（二）》第10条。

产生车辆修理费用 13132 元、施救费 3600 元。事故经保险公司查勘，车辆损失定额为 12000 元。

一审法院认为，保险公司与某公司签订的保险合同合法有效，某公司享有在投保车辆损失后向保险公司索赔的权利，保险公司依法负有赔付的义务。某公司投保的车辆由于操作不当发生倾覆导致损失，根据保险合同第 5 条第 1 款第 1 项规定，因倾覆导致损失属于保险责任范围，某公司应依法理赔。某公司请求赔偿的数额 6240 元符合双方合同的约定，予以支持。保险公司所称倾覆是失去重心所致，但没有证据证明，要求免责不予支持。判决保险公司支付某公司保险赔偿金 6240 元。保险公司不服一审判决，提起上诉。

二审法院经审理查明的事实与原审法院认定的一致。二审法院认为，保险事故是指保险合同约定的保险责任范围内的事故，某公司和保险公司签订的保险合同约定，保险期间内，某公司允许的合法驾驶人在使用被保险机动车过程中，因倾覆原因造成被保险机动车的损失，保险公司负责赔偿。2009 年 6 月 18 日，某公司允许的合法驾驶人在使用被保险车辆过程中，因车辆倾覆造成车辆损失 15600 元，该事故发生在保险期间，保险公司应按保险合同的约定负责赔偿 6240 元。保险公司称车辆"倾覆"系作业中"车体失去重心"所致，保险公司按约可免责。"根据双方保险合同条款中对于保险责任和责任免除的约定，保险公司将作业中车辆'倾覆'与作业中'车体失去重心'作为两种不同的原因事件，一个导致赔偿，一个指向免责。但是，稍有物理常识的人都知道，车辆'倾覆'时必然存在'车体失去重心'，很难想象会出现这样一种情况，那就是在一辆车'倾覆'过程中'车体不失去重心'。所以，既然车辆'倾覆'与'车体失去重心'相伴相随，在车辆'倾覆'作为保险公司承担保险责任的一种原因时，保险公司把车辆'倾覆'时出现的'车体失去重心'现象作为免责事由，显然不能成立。"二审法院判决驳回上诉，维持原判。①

┌─────────────────┐
│ **案例分析指引** │
└─────────────────┘

1. 本案争议的保险人应否承担保险责任的法律事实是否已经清楚？

---

① 参见浙江省嘉兴市中级人民法院（2009）浙嘉商终字第 488 号民事判决书。

2. 应当如何解释保险合同中的保险责任条款和除外责任条款？保险合同的不同条款约定的内容指向同一原因、事件或结果，解释时这些条款是否应当考虑保险合同的目的？

3. 本案中，二审法院以"倾覆"和"车体失去重心"为基点对保险责任条款和免责条款所作的解释是否具有说服力？

4. 本案中，"车体失去重心"作为除外责任事由，指的是造成车辆"倾覆"的原因问题，二审法院是否对"车体失去重心"作出了解释？又当如何解释？

第三节 近因规则

一 近因的意义

近因，是指直接促成保险标的损害的原因。近因只在于回答保险人对被保险人承担保险责任有无正当性的问题。在确定保险人是否应当承担保险责任时，首先要查清致保险标的损失的原因。只有造成保险标的损失的原因属于保险事故，保险人才承担给付保险（赔偿）金的义务。保险责任的承担，以保险事故和保险标的的损失之间存在因果关系为必要。

成文保险法中首先使用近因这一术语的，为英国《1906年海上保险法》。该法第55条明文规定："根据本法规定，除保险单另有约定外，保险人对由其承保危险近因造成的损失，承担赔偿责任；但对非由其承保危险近因造成的损失，概不承担责任。"

当保险事故为保险标的损害的近因时，保险人应当对被保险人或者受益人承担保险责任；否则，不承担保险责任。

二 近因规则

近因规则，又称近因原则（principle of proximate cause），是指保险人仅对以保险事故为近因的保险标的的损失承担保险责任的规则。近因规则源自英美保险法的理论和司法实务。保险事故与保险标的的损害之间，不具有直接的因果关系的，保险人不承担保险责任；仅在具有直接的因果关系的情形下，保险人对保险标的的损害才应当承担保险责任。

我国保险法理论对于近因规则，尚未形成统一的理解，在术语表述上也存在多样性。① 近因规则所要解决的基本问题，为保险人对被保险人承担保险给付责任的正当性问题，即保险事故的发生与保险标的的损害之间存在因果关系。只有当保险事故的发生与损害结果之间存在近因关系时，保险人才应当对被保险人承担保险给付责任。因为近因规则仅仅解决保险人是否应当对被保险人的损害承担保险责任的问题，故其并非保险法（保险合同法）的基本原则，而只在保险事故发生时保险人应否承担保险责任的判断上发挥作用，充其量只是保险理赔环节应当遵循的基本规则。这里使用"近因规则"而非"近因原则"就是要表达这层意思。

我国保险法没有使用近因这个术语，也不存在类似于近因规则的表述。但这并不表明，在发生保险事故时，尤其在确定保险人是否应当承担保险责任时，我国的理论和实务不考虑保险事故和保险标的的损害之间的联系。相反，在发生保险事故后，究竟是什么原因造成了保险标的损害，是理论和实务都无法回避的问题；如果引起保险标的损害的原因不明，在相当程度上是无法确定保险人应否承担保险责任的。② 保险人仅对保险事故造成保险标的的损害承担保险责任，对非因保险事故造成的保险标的的损害以及保险合同已经明确排除的原因或事故造成的保险标的的损害，保险人不承担保险责任。发生保险事故时，保险人究竟有无保险责任，寻找保险标的的损害的原因就是至关重要的步骤，既可为保险人承担保险责任找到正当理由，也可为保险人不承担保险责任找到正当理由。"近因理论的目的并不在于确立保险人承担保险责任的条件或要件，仅在于找寻到保险人承担或者不承担保险责任的正当性理由。因此，在探讨或者识别保险法上的近因时，人们并不仅仅关注保险人承担保险责任这一要素；相反，人们更加关注的是，造成保险标的的损失的原因是否落入保险合同约定的'除外责任'范围。保险人对被保险人不承担保险责任的事实判断，为近因理论产生和适用的最为原始和直接的动因。在这个意义上，近因原本就是具有法律意义的，哪怕是否定保险人的保险责任。所以，保险标的损失的'近因'一旦成立，近因属于保险责任范围时，保险人应当承担保险责任；近因不属于保险责任范围时，保险人不承担保险责任。"③ 近因规则对指导我国保险实务查明保

---

① 参见邹海林《保险法学的新发展》，中国社会科学出版社，2015，第84~85页。
② 参见常敏《保险法学》，法律出版社，2012，第93页。
③ 参见邹海林《保险法学的新发展》，中国社会科学出版社，2015，第87页。

险标的损害的原因以合理确定保险责任的承担所具有的积极作用，在理论上是不容忽视的，在实务上是应当获得贯彻的。近因规则是对保险人有无保险责任作出价值判断的一种规则或方法。在我国，与近因规则相对应的术语为因果关系原则。

三 近因的判断

近因是否存在面对两个基本问题：什么是近因？如何找到近因？

（一）近因的构成

近因规则首先要回答对近因的理解问题。近因并不是引起保险标的损失、在发生时间上最接近的原因。近因是对造成保险标的损害起决定性作用的原因。

英国海上保险学者 Dover 对近因有如下的经典描述："损失的近因是最接近损失的原因，不一定是时间上的，但必须是最有效的。在决定损失原因时可以不考虑远因，但是，必须合理地解释近因原则，以便支持而不是反对合同当事人的意向。在近因与最终损失之间，必须有直接的、未经干预的顺序；如果在最初的原因与最终的结果之间产生新干预原因，这种新干预原因如果具有现实性、支配性和有效性，将排除对前因的考虑。"[1] 英国学者斯蒂尔先生解释："近因是指引起一系列事件发生，由此出现某种后果的能动的、起决定作用的因素；在这一因素的作用过程中，没有来自新的独立渠道的能动力量的介入。"[2]

在我国，近因通常被理解为直接造成保险标的损害的原因。直接造成保险标的损害的原因为保险事故的，保险人应当承担保险责任；直接造成保险标的损害的原因不是保险事故，而是不包括的除外事故或者包括的除外事故的，保险人不承担保险责任。

（二）近因的判断方法

近因的存在是客观的，不是主观的。人们经常会使用"直接"、"客观"、"决定性"、"支配力"以及"时间顺序性"等因素来寻找近因。但是，通过人的行为所寻找到的案件事实或结果，与案件的客观事实或真相之间总是会存在一定的差距，也就是说通过各种方法所寻找到的近因与实际造成保险标的损害的原因事实不可能完全吻合。所以，近

---

[1] 转引自陈欣《保险法》，北京大学出版社，2000，第146页。
[2] 约翰·T. 斯蒂尔：《保险的原则与实务》，孟兴国、徐韦译，中国金融出版社，1992，第40页。

因的判断问题恐怕不单纯具有客观性，同时也会具有主观性。在长期的保险业务实践中，寻找近因往往会成为平衡保险人与被保险人之间利益的一个价值判断工具。

关于近因的判断方法，有学者提出了如下的观点：

"引起保险标的损害的原因，往往是较为复杂的。这样一来，造成保险标的损害的原因，就具有了相对性和条件性。寻找何者为'近因'，就是要找出造成保险标的损害的最为直接、起决定性作用的原因。寻找'近因'的基本方法，是以动态和发展的逻辑去分析原因和结果之间的各种复杂关联，既可以通过原因去认识结果，也可以基于结果去寻找原因。

"当我们从原因去认识保险标的发生损害的结果时，有时看到的是单一的原因造成保险标的损害，而有时看到的则是诸多原因造成保险标的损害。当造成保险标的损害的原因只有一个时，这个唯一的原因就是'近因'。当造成保险标的损害的原因有多个时，则应当以多个原因的演变过程为认识的基础：如果发现多个原因的演变呈现连续状态，构成原因或事件链，即从第一个事件开始合乎逻辑地出现了最后一个事件，其间没有发生中断，那么第一个事件就是保险标的损害的'近因'；如果发现在事件链的演变过程中，出现其他事件而引起事件链的中断，则最初发生的事件就很可能不是保险标的损害的近因。

"当我们从结果去寻找引起保险标的损害的原因时，有时看到的是，保险标的的损害起因于单一的事件；而有时看到的则是，保险标的的损害起因于多个原因或事件。在基于结果去寻找原因的过程中，造成保险标的损害的原因只有一个时，该原因即为'近因'；造成保险标的损害的原因有多个时，则以最后发生的事件为起点，逆向逻辑判断事件链的演变过程，直至寻找到组成原因或事件链的最初的事件，该事件为'近因'。"①

四 近因与保险责任的承担

近因的存在，仅仅表明保险标的损害的原因关系，并不必然会导出保险人对被保险人应当承担保险责任的结论。近因的判断具有复杂性，而且还会夹杂着价值判断因素，这本身就为保险人是否应当承担保险责任增添了许多不确定性。如果近因是单一原因，那我们只要判断此原因

---

① 参见常敏《保险法学》，法律出版社，2012，第94~95页。

是否属于保险责任范围，就能确定保险人应否承担保险责任，问题并不具有复杂性。但是，如果造成保险标的损害的近因有多个，判断保险人对被保险人应否承担保险责任时，就会相当复杂了，在这种情形下，价值判断因素所起的作用更加显著。

（一）同时发生多个近因的

造成保险标的损害的多个原因均为近因，如果它们同时发生，表明这些原因在发生的时间上没有先后顺序，或者说没有事实表明这些原因存在前后继起的关系，保险人应当如何承担保险责任？

多个同时发生的近因，如果其中有些为保险事故，另一些不属于保险事故，不属于保险事故的那些原因亦非除外责任，那么原则上，保险人应当对保险标的的损害承担全部保险责任；但是，如果保险标的的损害能够依照不同的原因分别计算出来，则保险人仅对属于保险事故的那些原因所造成的保险标的的损失部分，承担保险责任。多个同时发生的近因，如果其中有些为保险事故，另一些属于保险合同约定的除外责任，但多个近因相互间彼此独立，即任何一个原因都会造成保险标的的损害，则保险人应当对属于保险事故的那些原因所造成的保险标的的损失部分，承担保险责任；但是，如果多个近因相互间彼此依存，即没有其他原因的发生，任何一个原因都不能单独造成保险标的的损害，那么属于除外责任的近因取得优先适用的地位，保险人对保险标的的损害，不承担任何保险责任。

（二）连续发生多个原因的

造成保险标的损害的多个原因的发生呈连续状态，表明这些原因在发生的顺序上有先有后，或者说这些原因是相继发生的，它们之间存在"前因"与"后因"的关系，此时，保险人应当如何承担保险责任？

连续发生的多个原因相互之间存在因果联系，而这些有因果联系的多个原因已经形成一个事件链，那么在寻找近因时，就只能去寻找具有决定性作用的那个原因。在这种情形下，近因就只能有一个。所以，对于连续发生多个原因造成保险标的损害的，保险人应否承担保险责任取决于对近因的判断，当找到互为因果联系的多个原因中的近因时，保险人是否承担保险责任的问题或许也就解决了。造成保险标的损害的近因，若属于保险合同约定的保险事故，则保险人应当承担保险责任。造成保险标的损害的近因，若不属于保险合同约定的保险事故，则保险人不承担保险责任。

（三）间断发生多个近因的

间断发生多个近因的，是指相互之间没有任何关联而分别发生的多个致损原因或事件。因此，间断发生的多个近因，彼此之间都是独立发生的。一般而言，间断发生的多个近因，均属于保险事故的，保险人应当承担保险责任；均不属于保险事故的，保险人不承担保险责任。

但是，间断发生的多个近因，部分属于保险事故，部分不属于保险事故或者部分属于除外危险的，保险人应当如何承担保险责任？多个近因间断发生导致保险标的损害的，保险人仅对属于保险事故的近因造成的保险标的的损害，承担保险责任；对保险标的因其他原因遭受的损害不承担保险责任。但保险标的因多个间断发生的近因所受损害，无法依照不同的近因分别计算出保险标的的损害程度的，保险人仅对属于保险事故的近因造成的保险标的的损害，按照该近因占多个近因的比例承担保险责任。

案例参考 36

多个原因造成保险标的损失

1996 年 11 月 10 日，地处我国南方的某果品公司依据其与东北客商订立的购销芦柑合同，通过铁路运输向东北客商发运两车皮芦柑，共计 3000 篓，价值 60000 元人民币。托运方某果品公司通过铁路承运部门向保险公司投保了货物运输综合险，并交付保险费 3000 元。11 月 15 日，保险公司出具了保险单。11 月 24 日，该批芦柑运抵目的地。收货人取货时发现，在装载芦柑的两节车皮中，第一节车皮的左侧车门被启开 0.75 米，靠近车门处有明显的撬痕，门口的保温被子被撕裂，裂口长 1.2 米，宽 0.8 米。货物卸完后，经清点实有芦柑 2910 篓，被盗 90 篓，另外，其中 210 篓被冻坏变质，造成直接经济损失 6000 元。经查，东北地区自 11 月 15 日至 11 月 25 日期间最低气温均在零下 18℃左右。

某果品公司知悉该情况后，即以被保险人身份向保险公司提出索赔请求，要求保险公司对其运输的芦柑所遭受的盗窃损失和冻坏损失共计 6000 元给以赔偿。保险公司认为，被盗的 90 篓芦柑损失属于其保险责任范围，可予以赔偿；而被冻坏的 210 篓芦柑，事故原因有三种，即盗窃、保温被子破损以及天气寒冷，而其中最直接的原因是天气寒冷而不是盗窃。盗窃本身并不引起保险标的芦柑被冻坏，只有天气寒冷才是造成保险标的冻坏损失的最有效的必要条件。依照货物运输综合险,天气寒冷不属于保险公司的保险责任范围,因此,对被冻坏的 210 篓芦柑损失不能赔偿。双方为此发生争议,某果品公司遂向法院提起诉讼。

法院经审理认为,造成保险标的芦柑被冻坏最直接的原因是盗窃,而不是天气寒冷,而盗窃属于货物运输综合险的保险责任范围,因此被告保险公司应对原告某果品公司的 300 篓芦柑损失负责。最后法院依法判决由保险公司赔偿某果品公司 6000 元货物损失并负担案件诉讼费用。宣判后,双方当事人均未上诉。①

案例分析指引

1. 本案中,保险标的受到损失的原因事实有哪些?其中哪些原因事实可以直接认定为保险事故?

2. 近因对于保险事故的认定有什么作用?应当以什么立场判断造成保险标的损害的近因?

3. 有无寻找近因的基本方法?本案中,以盗窃作为造成保险标的损失的近因的判断路径是否具有说服力?

案例参考 37

连续发生多个原因时的近因

2012 年 6 月 18 日,郭某某向保险公司投保商业机动车辆保险以及机动车交通责任强制保险,保险期间为 2012 年 6 月 19 日至 2013 年 6 月 18 日。前述保险条款第 2 章第 6 条第 (3) 款约定,保险车辆因遭水淹或因涉水行驶发动机损坏,保险人不负责赔偿。该免责条款列明于机动车商业险责任免除明确说明书中,并由郭某某签字确认明了知悉。2012 年 7 月 26 日,被保险车辆在天津某地驾驶时涉水熄火。当日,郭某某向保险公司报案,保险公司委托公估公司勘察现场,该公司出具现场勘察报告,明确事故受损属实,属保险责任,建议受理索赔时提供当天含有气象信息的报纸、有效证件、4S 店发票,发动机的损失不予赔付。2012 年 12 月 10 日,郭某某委托公估公司对涉案车辆损失进

---

① 参见刘文华主编《银行业务票据保险案例精选精析》,法律出版社,1999,第 91 页下。

行评估并出具保险公估报告书。郭某某与保险公司协商赔偿损失事宜未果。

一审法院认为，郭某某就涉案车辆向保险公司投保，双方之间的财产保险合同已依法成立生效。对于保险条款第2章第6条第（3）款，保险公司已通过书面说明形式告知该条款，郭某某亦予签字确认，且该条款并不符合无效情形，应属合法有效。涉案车辆所发生之事故属免责范围之内，因此发动机部分的损失，保险公司不予赔付。公估报告表述的属于发动机部分而免责的金额为123839.90元。公估报告中表述的涉及发动机拆装工时、安装地毯工时的损失项目，因发动机损害本属免责，保险公司不予赔付。公估报告表述为"腐朽"的损失项目，为郭某某未及时进行处理而造成的扩大损失，保险公司不予赔付。公估报告表述的非事故损失应扣减的金额为33296.52元。在郭某某单方委托评估前，其已向保险公司报案，但保险公司未及时定损付款，故相应评估费用应由双方按比例分摊。一审法院判决，保险公司赔偿郭某某保险金39264.81元及公估费2946.32元，驳回郭某某的其余诉讼请求。郭某某不服一审判决，提出上诉。

二审法院认为，郭某某与保险公司签订的商业机动车辆保险条款第2章第6条第（3）款为免赔范围条款，保险公司已通过书面说明形式告知该条款，郭某某亦予签字确认，该免责条款应认定为有效。驾驶员李某某在驾驶车辆时涉水熄火，造成发动机及相关部件损坏。事故当日，保险公司委托公估公司现场勘察，该公司出具的现场勘察报告也明确对发动机损失不予赔付，郭某某对此并未提出异议，一审判决对发动机及与发动机有关的相关部件损失不予赔偿并无不当，郭某某提出的赔偿发动机及与发动机有关的部件损失的要求，难以支持。关于涉案车辆其他部分损失的赔偿，一审法院的认定和判决亦无不当。总之，郭某某的上诉不能成立。二审法院判决，驳回上诉，维持原判。

郭某某申请再审，并向再审法院提供证据：天津市气象服务中心出具的实况资料证明；载明，2012年7月26日天津地区监测到降雨天气。其中天津市北辰区降雨量为123.5毫米，达到特大暴雨级别。该证据真实合法，与本案具有关联性，应予认定。除以上事实外，再审法院还认定了如下事实：车辆损失险保险金额为385380元；2012年7月26日，驾驶员李某某在天津某地驾驶涉案车辆时遭特大暴雨车辆熄火；涉案商业机动车辆保险条款第2章第1条约定，在保险期间内，被保险人或其允许的合法驾驶人在使用保险车辆过程中，因暴雨、洪水等原因造成保险车辆的损失，保险人按照本保险合同的规定负责赔偿；2012年12月10日，郭某某委托公估公司对涉案车辆损失进行评估并出具保险公估报告书，其中载明：经对事故分析，暴雨是造成此次事故发生的主要原因。

再审法院认为，本案再审的争议焦点是保险公司对涉案车辆的发动机损失是否应当承担保险责任。

涉案保险合同未将发动机排除在保险标的之外，如发生保险事故，发动机作为车辆不可缺少的部件，应予赔偿。商业机动车辆保险条款第2章第1条规定，在保险期间内，被保险人或其允许的合法驾驶人在使用保险车辆过程中，因暴雨、洪水等原因造成保险车辆的损失，保险人按照本保险合同的规定负责赔偿。该保险条款第6条第（3）款同时约定，保险车辆因遭水淹或因涉水行驶而发动机损坏，保险人不负责赔偿。由此可见，在保险合同约定暴雨致损应予赔偿与发动机因遭水淹或因涉水行驶免责的条款同时存在的情况下，如何认定保险责任范围存在不同解释。根据《保险法》（2009年）第30条，采用保险人提供的格式条款订立的保险合同，保险人与投保人、被保险人或者受益人对合同条款有争议的，应当按照通常理解予以解释。对合同条款有两种以上解释的，人民法院应当作出有利于被保险人和受益人的解释。本案中，根据现场勘察报告及保险公估报告书，结合天津市气象服务中心提供的实况资料证明，涉案车辆在正常行驶的过程中发动机受损，存在暴雨、遭水淹和涉水行驶等多个原因，而暴雨是造成车辆损失的最主要原因，虽然免责条款约定遭水淹或涉水行驶致使发动机损坏不属于保险责任范围，但遭水淹或涉水行驶导致车损的概念较宽泛，如果遭水淹或涉水行驶系由暴雨引起，会产生保险责任与责任免除事件同时存在的情形，而保险公司并未对此情形下的责任免除的概念、内容及其法律后果作出常人能够理解的解释说明，亦未进一步明确积水形成原因、积水深度、驾驶人员操作上是否存在过错等因素对遭水淹或涉水行驶事件认定的影响，故保险公司应按保险责任条款就暴雨引起的发动机损失承担保险责任。一审确认保险公估报告书中因属于发动机部分而免责的金额为123839.90元，加上保险公司应赔付郭某某非发动机部分的损失39264.81元，合计163104.71元，保险公司对上述认定不持异议，经审查予以确认。车辆公估费则按比例由双方承担。再审法院判决撤销一审和二审法院的判决，保险公司赔付郭某某车辆损失163104.71元，车辆公估费 12190 元，驳回郭某某其他诉讼请求。①

> **案例分析指引**

1. 本案中，是否已查明保险公司赔偿或者不赔涉案车辆的发动机损失的法律事实？

2. 本案中，由水淹或涉水行驶致使保险车辆发动机损坏的除外责任事由是否应当解释其内容？

3. 本案中，引起涉案车辆发动机损失的原因是否属于连续发生的多个原因？法院在处理本案争议时，是否利用了近因规则？

4. 本案中，暴雨作为涉案车辆发动机发生损失的原因之一，具有什么样的法律意义？

5. 本案中，法院认定暴雨为造成涉案车辆发动机损失（包括水淹、涉水行驶损失）的近因，有无足够的法律事实支持？

第四节　保险给付请求权

一　保险给付请求权人

保险人履行保险给付义务，应以保险给付请求权人为相对人。保险给付请求权人，是指对保险人享有给付保险（赔偿）金的权利的人，包括但不限于被保险人或受益人。保险给付请求权人所享有的权利，为保险合同约定的民事权利，原则上专属于被保险人或者受益人。

（一）人身保险的保险给付请求权

对于人身保险，保险给付请求权人为被保险人或者受益人。一般而言，人身保险的被保险人对保险人有请求给付保险金的权利，除非保险合同指定有受益人。

人身保险合同指定受益人的，受益人取代被保险人的地位，对保险人享有保险给付请求权；但是，保险合同约定的保险金在性质上专属于被保险人（例如合同约定的生存保险金）的，被保险人对保险人仍有保险给付请求权；若指定受益人的意思表示，限定受益人的权利后于被保险人，或限定受益人的受益份额，则被保险人对保险人仍有限定受益

---

① 参见浙江省高级人民法院（2016）浙民再 69 号民事判决书。

人的受益顺序和受益份额外的保险给付请求权。

再者，人身保险合同的受益人放弃受益权，或者故意造成被保险人死亡或者伤残而丧失受益权，或者先于被保险人死亡的，在没有其他受益人时，被保险人为保险给付请求权人。被保险人死亡的，其法定继承人继受取得保险给付请求权。

（二）财产保险的保险给付请求权

财产保险的被保险人享有保险给付请求权。在保险事故发生时，被保险人对保险标的没有保险利益的，由取得保险标的的受让人，承继被保险人的保险给付请求权。① 具体而言，保险标的在保险事故发生时已经转让的，保险标的的受让人自动取得保险给付请求权；保险事故发生时，被保险人死亡的，其法定继承人取得保险给付请求权；保险事故发生时，被保险人作为法人终止的，其财产的继受人取得保险给付请求权。

但是，责任保险的被保险人为加害行为，受害人依照保险合同的约定或者法律的规定，对保险人有保险给付请求权。责任保险的被保险人造成第三人损害的，保险人可以依照法律的规定或者合同的约定，直接向该第三人赔偿保险金；被保险人对第三人应负的赔偿责任确定的，根据被保险人的请求，保险人应当直接向该第三人赔偿保险金；被保险人怠于请求的，第三人有权就其应获赔偿部分直接向保险人请求赔偿保险金。② 再者，对于依法推行的强制责任保险，受害人在保险合同约定的责任限额范围内享有直接要求保险人给付赔偿金的权利。

第三人致被保险人损害而发生保险事故的，财产保险的被保险人对保险人有保险给付请求权，对加害的第三人有损害赔偿请求权。保险给付请求权和损害赔偿请求权，因不同的原因而发生，彼此独立。保险人不得以被保险人未要求第三人承担责任为由，对抗被保险人的保险给付请求权；财产保险的被保险人就其所受损失从第三人取得赔偿后的不足部分，仍可以请求保险人赔偿。③ 被保险人向保险人行使保险给付请求权，对其向存在加害行为的第三人行使损害赔偿请求权不产生影响；被保险人行使保险给付请求权，其所受的损害不能获得弥补的，仍可以继

---

① 参见《保险法》（2015年）第49条第1款。
② 参见《保险法》（2015年）第65条。
③ 参见最高人民法院《关于适用〈中华人民共和国保险法〉若干问题的解释（二）》第19条。

续请求为加害行为的第三人赔偿。

(三) 作为民事权利的保险给付请求权

保险给付请求权为保险合同约定的一项民事权利。在保险事故发生前，保险给付请求权仅为被保险人或者受益人的期待权，被保险人或者受益人不能请求保险人给付保险（赔偿）金，以实现其权利。

但是，在人身保险有现金价值的场合，作为期待权的保险给付请求权具有交换价值，被保险人或者受益人可以转让该人身保险合同或者以该人身保险合同设定担保。在财产保险的场合，作为期待权的保险给付请求权，不具有交换价值，被保险人或者受益人不得转让该保险合同或者以该保险合同设定担保。

保险事故发生后，保险给付请求权转化为具有交换价值的既得权，被保险人或者受益人可以将保险给付请求权让与他人或者为自己或他人设定担保。

二 保险事故的通知

保险事故的通知，是指保险事故的通知义务人将其知道保险事故发生的事实通知保险人的行为。保险给付请求权人对保险人承担保险事故发生的通知义务。依照我国保险法的规定，投保人、被保险人或受益人对保险人承担保险事故的通知义务。[①] 保险事故的通知义务为法定义务，不论保险合同对之是否有所约定。保险给付请求权人，同时为保险事故的通知义务人。但在保险实务中，格式保险条款一般都有保险事故的通知义务的规定。例如，中国人寿保险股份有限公司《个人保险基本条款》第6条规定："投保人、被保险人或受益人知道保险事故发生后，应及时通知本公司。若因故意或者因重大过失未及时通知，致使保险事故的性质、原因、损失程度等难以确定的，本公司对无法确定的部分，不承担给付保险金的责任，但本公司通过其他途径已经及时知道或者应当及时知道保险事故发生的除外。"保险给付请求权人履行保险事故的通知义务，以其知道保险事故的发生为必要。

保险给付请求权人知道保险事故发生后，应当及时通知保险人。故意或者因重大过失未及时通知，致使保险事故的性质、原因、损失程度等难以确定的，保险人对无法确定的部分，不承担赔偿或者给付保险金的责任，但保险人通过其他途径已经及时知道或者应当及时知道保险事

---

① 参见《保险法》（2015年）第21条。

故发生的除外。① 保险给付请求权人不知道保险事故发生的，不承担未及时通知保险人的责任。再者，保险给付请求权人中的任何一人，知道保险事故发生后及时通知保险人的，对其他保险事故的通知义务人发生效力，其他保险事故通知义务人承担的保险事故的通知义务相应免除。

保险给付请求权人知道保险事故发生后，为保险事故的通知"及时与否"，属于事实问题，因为保险合同的约定以及保险事故发生的具体情形，可能会有不同。保险合同约定有保险事故的通知期间的，保险给付请求权人知道保险事故发生后，应当在合同约定的期间内通知保险人；保险合同没有约定通知期间的，保险给付请求权人知道保险事故发生后，应当在合理期间内通知保险人。

保险事故的通知，不以书面通知为必要。保险给付请求权人可以其认为合适的任何形式，将保险事故发生的事实通知保险人。通知，不以保险给付请求权人本人作出的通知为限，其代理人所为通知亦同。再者，保险给付请求权人将保险事故发生的事实，通知保险人本人、其代理人或其任何营业场所，均发生通知的相同效力，除非保险合同对保险事故的通知场所有特别的要求。

保险给付请求权人未及时通知保险事故发生的事实，保险人不得以此为由拒绝承担保险责任。但是，保险事故的通知与否，对于保险人查明保险事故的性质、原因、损失程度等事关保险责任有无及其大小的事实，会产生至关重要的影响。因保险给付请求权人未及时通知保险事故发生的事实，保险人无法查明保险事故的性质、原因、损失程度的，仍要求保险人承担保险责任，有违保险法上的诚实信用原则。所以，除非保险人通过其他途径已经及时知道或者应当知道保险事故发生的，保险给付请求权人知道保险事故发生后，因故意或者重大过失未及时通知保险人，致使保险事故的性质、原因、损失程度等难以确定的，保险人对无法确定的损失部分不承担保险责任。

三 保险给付请求权时效

（一）保险给付请求权时效的意义

保险给付请求权时效，又称索赔时效，是指保险给付请求权人要求保险人履行保险给付义务的诉讼时效期间。

时效是法律规定的、产生或者消灭权利状态的期间制度，具体分为

---

① 参见《保险法》（2015年）第21条。

取得时效和诉讼时效。诉讼时效是与权利的不行使状态相关联的时效制度。诉讼时效，又称消灭时效，是指权利人逾法定期间不行使权利，其权利将归于消灭或者不受法律保护的期间制度。我国民法有关诉讼时效的规定，为诉讼时效制度适用的基本法源。诉讼时效主要适用于请求权，权利人请求法院保护其民事权利的，应当在法律规定的时效期间内行使权利，超过法律规定的时效期间行使权利的，不受法院的保护。

保险给付请求权产生于保险合同，为典型的债权请求权。诉讼时效适用于保险给付请求权的行使。保险给付请求权人请求保险人履行保险给付义务的，应当在法定的时效期间内为之。

（二）时效的法律适用

1. 特别法优先的法律适用原则

对于保险给付请求权时效，保险法有规定的，适用保险法的规定。保险法规定的保险给付请求权时效，仅以海商法没有规定者为限，可以适用于海上保险合同；但海商法对海上保险的保险给付请求权时效已有规定的，适用海商法的规定。有关保险给付请求权时效，保险法和海商法均没有规定的，适用我国民法关于时效的规定。

2. 海上保险项下的保险给付请求权时效

我国《海商法》就保险给付请求权时效的期间和计算、时效的中止和中断等事项作出了特别规定。例如，《海商法》第266条规定："在时效期间的最后六个月内，因不可抗力或者其他障碍不能行使请求权的，时效中止。自中止时效的原因消除之日起，时效期间继续计算。"第267条规定："时效因请求人提起诉讼、提交仲裁或者被请求人同意履行义务而中断。但是，请求人撤回起诉、撤回仲裁或者起诉被裁定驳回的，时效不中断。"

海上保险项下的保险给付请求权时效，适用《海商法》规定的2年短期诉讼时效期间。《海商法》第264条规定："根据海上保险合同向保险人要求保险赔偿的请求权，时效期间为二年，自保险事故发生之日起计算。"但是，《海商法》规定的2年短期诉讼时效期间，与保险法和我国民法关于时效起算的规定不同，仅以"保险事故发生之日"作为计算时效期间的基准。因此，自保险事故发生之日起超过2年的，不论被保险人是否知道或者应当知道保险事故的发生，若其未向保险人请求履行保险给付义务，则其保险给付请求权归于消灭。

3. 保险法规定的保险给付请求权时效

我国保险法对保险给付请求权时效的期间和计算，已有原则性的规定。人寿保险以外的其他保险的被保险人或者受益人，向保险人请求赔偿或者给付保险金的诉讼时效期间为2年，自其知道或者应当知道保险事故发生之日起计算。人寿保险的被保险人或者受益人向保险人请求给付保险金的诉讼时效期间为5年，自其知道或者应当知道保险事故发生之日起计算。①

依照上述规定，人寿保险，包括死亡保险、生存保险和生死两全保险等，被保险人或者受益人请求保险人给付保险金的时效期间，为5年长期时效期间。人寿保险以外的其他保险，包括财产保险、意外伤害保险以及健康保险，被保险人或者受益人请求保险人为保险给付的时效期间，为2年短期时效期间，但海上保险所产生的保险给付请求，不在此限。

保险法规定的保险给付请求权时效期间，自被保险人或者受益人知道或者应当知道保险事故发生之日起计算。自被保险人或者受益人知道或者应当知道保险事故发生之日起，超过保险法规定的短期或者长期时效期间，被保险人或者受益人的保险给付请求权消灭。这里应当注意，责任保险的被保险人对保险人的保险给付请求权具有其自身的特点，其时效期间应当自被保险人赔偿责任依法确定之日起计算。② 保险给付请求权人不知保险事故发生的，保险法规定的保险给付请求权时效期间因缺乏起算点而无法开始计算时效期间，应当适用我国民法规定的20年长期时效期间，自保险事故发生之日起超过20年的，保险给付请求权消灭。③

除上述以外，我国民法规定的诉讼时效的中止、中断、时效利益的抛弃等制度，适用于保险法规定的保险给付请求权时效。在保险给付请求权时效期间届满前的最后6个月内，保险给付请求权人因为不可抗力或者其他障碍不能行使保险给付请求权的，时效中止；从中止时效的原因消除之日起，时效期间继续计算。保险给付请求权人提起诉讼、向保险人提出保险给付要求、保险人同意为保险给付的，已经起算的保险给付请求权时效中断；从中断时起，时效期间重新计算。保险给付请求权时效期间完成后，保险人自愿履行保险给付义务的，不受时效的限制，不得以其不知时效完成为由，请求保险给付请求权人返还其所受领的保

---

① 参见《保险法》（2015年）第26条。
② 参见邹海林《责任保险论》，法律出版社，1999，第201页。
③ 参见《民法通则》第137条。

险给付利益。

四 索赔

(一) 索赔的意义

索赔，是指保险给付请求权人要求保险人支付保险（赔偿）金的意思表示或者行为。一般而言，被保险人或者受益人可以向保险人索赔，但依照法律或者保险合同的约定，其他享有保险给付请求权的人亦可向保险人索赔。保险给付请求权人有索赔的意思，应当将其意思通知保险人，或者以特定的方式让保险人知晓，如向法院起诉保险人履行保险给付义务。

(二) 索赔的特征

索赔具有两个显著的法律特征。

1. 索赔为行使保险给付请求权的法律事实

保险给付请求权人未向保险人索赔的，保险人并无义务主动履行保险给付义务。保险人履行保险给付义务，以索赔为必要。索赔作为保险给付请求权人行使权利的法律事实，保险人应当依其索赔的意思表示履行保险给付义务。再者，索赔发生中断保险给付请求权的诉讼时效的效力。保险给付请求权的诉讼时效，因为索赔而中断的，重新计算诉讼时效期间。

2. 索赔为判断保险人是否依约履行保险给付义务的法律事实

索赔是计算保险人核定保险责任的时间起点，并进而构成判断保险人是否依约履行保险给付义务的法律事实。保险人收到索赔的请求后，未能在法定期间内对保险责任的有无作出核定，或者未能依照法律规定或合同约定的期间向被保险人或受益人给付保险（赔偿）金的，将构成违约。

(三) 单证提示义务的履行

保险给付请求权人索赔的，应当对保险人承担法定的单证提示义务。索赔时，保险给付请求权人应当向保险人提供身份证明和与确认保险事故的性质、原因、损失程度等有关的证明和资料。依照我国保险法的规定："保险事故发生后，按照保险合同请求保险人赔偿或者给付保险金时，投保人、被保险人或者受益人应当向保险人提供其所能提供的与确认保险事故的性质、原因、损失程度等有关的证明和资料。"[1] 除

---

[1] 参见《保险法》（2015年）第22条。

非保险合同另有约定，且其约定是合理的，保险人不能要求保险给付请求权人在索赔时，向其提供"与确认保险事故的性质、原因、损失程度等"无关的证明和资料。

因索赔而提交的单证不完整的，保险人可以要求保险给付请求权人补充提交。为防止保险人以单证提交不全为由，拖延理赔，损害保险给付请求权人的利益，保险人只有一次要求补充提交单证的机会。按照合同的约定，保险人认为有关的证明和资料不完整的，应当及时一次性通知投保人、被保险人或者受益人补充提供。[1]

案例参考 38

被保险人向责任保险人索赔的时效

2002 年 2 月 7 日，林某某为其捷达轿车向保险公司投保。保险公司签发了机动车辆保险单，载明：车辆损失险的保险金额为 13.3 万元，第三者责任险的赔偿限额 10 万元，保险期限自 2002 年 2 月 8 日 0 时起至 2003 年 2 月 7 日 24 时止。机动车辆保险条款第 13 条约定："保险人依据保险车辆驾驶员在事故中所负责任比例，相应承担赔偿责任。"第 20 条约定："根据保险车辆在事故中所负责任，车辆损失险和第三者责任险在符合赔偿规定的金额内实行绝对免赔率：……负主要责任的免赔 15%……。"

2002 年 3 月 18 日，林某某驾驶车辆发生交通事故，造成李某某受伤。林某某负交通事故的主要责任。经司法鉴定李某某伤残指数为 20%。因赔偿问题，李某某曾诉至某区法院；2008 年 5 月 25 日，某区法院作出调解书，由林某某赔偿李某某各项经济损失共计 10 万元。林某某起诉要求保险公司给付第三者损失 10 万元。保险公司以林某某的诉请已经超过诉讼时效为由，拒绝赔偿林某某 10 万元损失。

一审法院认为，林某某与保险公司签订的机动车辆保险合同合法有效，当事人应当按照约定全面履行义务。保险公司不予履行属违约行为，应该承担违约责任。因林某某、李某某在发生交通事故后即向保险公司报案，李某某出院后，就其医疗费及二次手术费等问题一直找保险公司解决未果。2007 年，李某某放弃二次手术的治疗，并向某区法院提起民事诉讼；且林某某与保险公司间已签订了合法有效的保险合同，

---

[1] 参见《保险法》（2015 年）第 22 条第 2 款。

保险公司称林某某一直未行使理赔的权利，不符合常理，故保险公司主张林某某的诉讼请求已超过法定诉讼时效不能成立。林某某与李某某发生交通事故，给李某某造成了经济损失，林某某与李某某曾多次找到保险公司予以解决未果。后经法院主持调解，林某某赔偿李某某各项经济损失10万元。该数额并未超出林某某投保的第三者责任保险限额，系合法有效，故林某某应按合同的约定予以履行保险义务。遂判决保险公司给付林某某10万元。

保险公司不服一审判决，以林某某诉请超过诉讼时效期间为由，提出上诉。

二审法院认为，《保险法》（2002年）第27条规定："人寿保险以外的其他保险的被保险人或者受益人，对保险人请求赔偿或者给付保险金的权利，自其知道保险事故发生之日起二年不行使而消灭。"本案中，第三者责任保险的保险事故是指第三者请求被保险人承担法律责任，保险事故发生之日应指第三者请求被保险人承担法律责任之日。本案保险事故的发生之日应为某区法院作出民事调解书的生效之日。故林某某向保险公司提出有关支付第三者责任险理赔金的诉讼请求，未超过法律规定的诉讼时效期间。最高人民法院于2006年7月26日作出的法（民一）明传〔2006〕6号文中明确：2006年7月1日以前投保的第三者责任险的性质为商业保险。因此，在本案保险事故发生后，应依据保险公司与林某某订立的机动车辆保险条款的相关约定确定保险公司应承担的赔偿责任；根据上述保险条款中第13条及第20条的约定，以及林某某在事故中负主要责任，酌定该主要责任比例为70%，故本案保险公司应向林某某支付第三者责任险保险金5.95万元〔10万元×70%×（1-15%）〕。据此，二审法院判决保险公司向林某给付保险金人民币5.95万元。①

案例分析指引

1. 应当如何认识保险给付请求权的诉讼时效？

2. 本案中，被保险人请求保险公司给付保险赔偿的诉讼时效期间应当从何时起算？以什么起算点计算被保险人的请求权时效期间比较科学合理？

---

① 参见北京市第二中级人民法院（2009）二中民终字第02222号民事判决书。

3. 本案中,被保险人发生交通事故后,将其事实通知保险公司是否具有中断其请求权诉讼时效的效力?

4. 本案中,为什么一审法院和二审法院均认为被保险人的索赔未超过诉讼时效期间?

第五节 保险责任的承担

一 保险责任的承担条件

保险责任的承担,是指保险人按照保险合同的约定履行保险给付义务。保险人履行保险给付义务的,以保险合同约定的保险金额或者责任限额为限。保险给付义务,是指保险人依照保险合同的约定向被保险人或者受益人所承担的给付保险(赔偿)金的义务。人身保险项下的保险给付义务,是保险人按照合同约定向被保险人或者受益人给付保险金;财产保险项下的保险给付义务,是保险人按照保险合同的约定向被保险人给付保险赔偿金,或者为替代给付行为,如修理受损保险标的。

保险人承担保险责任以保险事故的发生为必要。没有发生保险事故,或者所发生的事故不属于保险合同约定的保险事故,保险人不承担保险责任。保险责任的承担,以被保险人或者受益人为相对人,以保险事故的发生为必要。没有保险事故的发生,就没有保险责任的承担问题。因此,保险事故的发生,为保险人履行保险给付义务的先决条件。

二 保险责任的核定

保险责任的核定,是指保险人对其应否承担保险责任的事实作出的判断或者认定。保险责任的核定为保险人的单方行为,起因为保险给付请求权人提出的索赔。只要保险给付请求权人提出索赔,保险人就应当开始保险责任的核定。

保险人在收到索赔的要求后,应当及时作出保险责任的核定。核定的及时与否,为事实问题,基本要求是保险人应当在索赔后的合理期间内作出核定。依照我国保险法的规定,在保险事故发生后,保险给付请求权人向保险人索赔的,保险人应当及时作出有无保险责任的核定;情形复杂的,应当在 30 日内作出核定,但合同另有约定的除外。① 前述 30 日的核定期间,应当自保险人初次收到索赔请求及保险给付请求权人提供的有关证明和资料之日起计算。但保险人以有关证明和资料不完整为由,要求保险给付请求权人补充提交的,可以扣除保险给付请求权人补充提供有关证明和资料的期间,扣除期间自保险人作出补充提交的通知到达保险给付请求权人之日起,至保险给付请求权人按照通知要求补充提供的有关证明和资料到达保险人之日止。② 保险人经核定,应当将保险责任的核定结果通知提出索赔的保险给付请求权人。保险责任的核定结果无非有两种:属于保险责任和不属于保险责任。保险人在核定保险责任时,只要无法作出属于保险责任的核定结论,就应当作出不属于保险责任的核定结论。保险人作出属于保险责任的核定,并将其核定结果通知索赔的保险给付请求权人的,不得再行反悔。

经保险人核定,属于保险责任的,保险人应当与索赔的保险给付请求权人订立保险给付协议,及时履行赔偿或者给付保险金义务;不属于保险责任的,保险人除应当将核定结果通知索赔的保险给付请求权人外,还应当在作出核定结果后 3 日内,向索赔的保险给付请求权人发出拒绝赔付通知书,并说明理由。③

三 保险责任的承担方式

经保险人核定属于保险责任的,保险人应当与索赔的保险给付请求权人订立保险给付协议,并按照协议的约定履行保险给付义务。保险给付协议对保险人向被保险人或受益人给付保险(赔偿)金的时间有约定的,保险人应当在约定的时间内履行保险给付义务;没有约定的,保险人应当在保险给付协议订立后 10 日内履行保险给付义务。④

如果保险人和索赔的保险给付请求权人经协商,就赔偿或者给付保险金的数额不能确定,而无法达成保险给付协议,则保险人应当依照保险法的规定,向索赔的保险给付请求权人先行给付部分保险(赔偿)金。保险人先行给付部分保险(赔偿)金的,不能超过保险人"自收到赔偿或者给付保险金的请求和有关证明、资料之日起 60 日内"的法

---

① 参见《保险法》(2015 年)第 23 条第 1 款。
② 参见最高人民法院《关于适用〈中华人民共和国保险法〉若干问题的解释(二)》第 15 条。
③ 参见《保险法》(2015 年)第 23 条第 1 款和第 24 条。
④ 参见《保险法》(2015 年)第 23 条第 1 款。

定期间,且先于给付的部分保险(赔偿)金的数额,为"根据已有证明和资料可以确定的数额"。①

保险给付协议应当约定保险人履行保险给付义务的方法。原则上,保险人向被保险人或者受益人为保险给付的,应当给付金钱。金钱给付,为保险给付的基本方式。除金钱给付以外,保险人可以依照保险合同或者保险给付协议的约定,以替代给付的方式履行保险给付义务。替代给付是保险合同或者保险给付协议约定的、以给付金钱以外的其他方式履行保险给付义务的方法,如恢复原状(保险人以修理受损保险标的的方式履行保险给付义务)和更换(以其他种类物的交付履行保险给付义务)。保险合同或者保险给付协议对替代给付没有约定的,保险人不得以替代给付履行保险给付义务,应当向被保险人或者受益人给付金钱。

四 保险人的违约责任

保险人迟延或者不履行保险给付义务的,除应当继续给付保险(赔偿)金外,还应当对被保险人或受益人承担违反合同的赔偿责任。依照我国保险法的规定,保险人未及时履行给付保险(赔偿)金义务的,除支付保险金外,还应当赔偿被保险人或者受益人因此受到的损失。②

我国保险法对保险人不履行或者迟延履行给付保险(赔偿)金义务的赔偿责任,没有规定具体的计算方法。在司法实务上,若被保险人或者受益人不能证明其因保险人违反保险给付义务所受到的损失,保险合同对于被保险人或者受益人的损失的计算方法亦没有约定,则法院可以按照银行贷款逾期还款的滞纳金标准,判决保险人向被保险人或者受益人承担违约赔偿责任。

这里有必要顺便提及,保险人的违约责任不限于其不履行或者迟延履行给付保险(赔偿)金义务产生的赔偿责任。只要保险人违反保险合同的约定,就应当承担相应的违约赔偿责任。例如,有以下情形发生时,保险人应当承担违约赔偿责任:(1)保险事故发生后,保险人拒绝保险给付请求权人的索赔要求,而其拒绝赔付的意思表示不能成立的;(2)在保险合同有效期间内,保险人没有保险法规定

---

① 参见《保险法》(2015年)第25条。
② 参见《保险法》(2015年)第23条第2款。

或者保险合同约定的正当理由解除或者终止保险合同的；（3）责任保险的保险人违反保险合同的约定，未向被保险人提供受害人索赔的抗辩与和解服务，致使被保险人遭受超出合同约定的责任限额外的损失的。

> 案例参考 39

保险事故与保险责任的承担

2008 年 4 月 26 日，张某与保险公司订立个人人身意外保险合同，合同有效期自 2008 年 4 月 26 日起至 2009 年 4 月 26 日止。合同约定：意外伤害保险金额为 30000 元，意外医疗保险金额为 2000 元；受益人为法定继承人。合同订立后，投保人按照约定交纳了保费。2008 年 8 月 15 日，张某于出差时在入住的宾馆不幸死亡。2008 年 8 月 18 日，公安局出具的法医学尸体检验报告载明：可排除外来暴力作用致张某死亡；死表检验所见情况符合窒息死亡征象。以上事实经一审法院审理查明。

一审法院认为，张某与保险公司订立的人身意外保险合同是有效合同。被保险人张某的死亡系其事先无法预见，也非其本意；法医学尸体检验报告载明可排除外来暴力作用致死，但未排除其遭受外来的、非疾病的客观事件致死，故张某死亡属于意外伤害所致。张某继承人要求保险公司支付保险赔偿金 30000 元，应予以支持。判决保险公司支付张某继承人保险赔偿金 30000 元。

保险公司不服一审判决，提出上诉。保险公司上诉称，张某继承人不能证明张某的死亡是意外伤害导致的死亡，保险公司不应承担赔偿责任。张某明确知悉保险条款内容，只有发生了符合合同约定的意外伤害事故死亡，保险公司才承担赔偿责任，鉴定文书已经排除了意外伤害死亡的可能。张某继承人没有提供相应的证据证明是意外伤害导致张某死亡，将尸体火化，导致张某的死亡原因无法查清，其后果应由张某继承人承担。张某继承人答辩称，签订合同时，保险公司未告知免责条款，其上诉理由不能成立，请求维持原判。

二审法院确定本案的争议焦点是：一审确认保险公司向张某继承人赔偿 30000 元是否正确。二审法院审理查明的事实与一审相同。

二审法院认为，本案所涉保险合同中，权利、义务明确，为有效合同。一审从法医学尸体检验报告出发，认定仅可排除张某受外来暴力作用死亡，并未排除外来的（非暴力或其他因素）、突发的、非本意、非疾病的造成张某死亡的客观事件。一审确认张某的死亡属意外伤害所致，属于人身意外伤害险范围内的保险事故，从而认定保险公司向张某继承人支付30000元赔偿金，并无不当。保险公司的上诉理由不能成立，其上诉请求不予支持。一审判决认定事实清楚，适用法律正确。判决驳回上诉，维持原判。①

案例分析指引

1. 应当如何认定意外伤害保险合同约定的保险事故的发生？本案中，是否发生了合同约定的意外伤害保险事故？

2. 本案中，被保险人张某已经死亡，法医鉴定结论是否足以否定张某非因意外死亡？应当如何分配被保险人意外伤害所致死亡的举证责任？

3. 本案中，保险公司主张张某死亡的原因无法查清是否具有免其给付保险赔偿金责任的效力？

第六节 保险弃权

一 保险弃权的意义

保险弃权，是指保险人已知或者应知其有保险合同解除权或者拒绝赔付抗辩权，但明示或者默示地放弃其权利的行为。保险合同订立时或成立后，保险人放弃权利的，依照诚实信用原则不得再行主张。例如，保险合同订立时，投保人违反如实告知义务的，保险人有保险合同解除权；但保险人订立保险合同时已知投保人违反如实告知义务，仍然订立保险合同或收取保险费的，构成保险人的保险合同解除权的放弃。在此情形下，保险人不得以投保人违反如实告知义务为由，主张解除保险合同。

我国的保险弃权理论和实务，源自英国保险法上的放弃权利（waiver）和禁止抗辩（estoppel）两项制度。因为历史、文化、习惯以及制度演变的原因，英国保险法将保险人因其意思表示或行为而放弃不

---

① 参见河南省焦作市中级人民法院（2010）焦民二终字第230号民事判决书。

同的权利或利益的情形,区分为放弃权利和禁止抗辩两种规则。为了帮助被保险人摆脱在订立保险合同时难以对保险合同的条款完全知悉的不利地位,限制保险人利用违反条件或者保证拒绝承担保险责任,法院尝试并发展了有利于被保险人利益的放弃权利和禁止抗辩规则。① 放弃权利适用于保险人已知其有解约权或抗辩权,而明示或者默示地放弃解约权或抗辩权的情形。② 禁止抗辩适用于保险人已知被保险人违反如实告知义务或者违反条件或保证,而明示或默示地向被保险人表示保险合同具有强制执行力,被保险人不知其事实而信赖保险人的行为的情形。③ 英国和美国的大多数法院以及英美法系的许多学者,认为放弃权利和禁止抗辩是不同的制度,二者在内容和性质上确有差异。例如,有学者归纳出以下几点。第一,放弃权利可以单独或者合意方式为之;而禁止抗辩则以诈欺或者致人误解的行为为基础,其本质上属于侵权行为。第二,放弃权利基于当事人的意思发生效力;而禁止抗辩基于公平观念发生效力。第三,放弃权利可以适用口头证据规则(parol evidence rule);而禁止抗辩不适用口头证据规则。第四,对于因保险代理人以合意抛弃权利而发生的放弃权利的效力,保险代理人应当有代理权限;因保险代理人的行为而发生的禁止抗辩的效力,不以保险代理人有代理权限为条件。④ 但是,英美法院仍会以各自的观点利用它们,有时候会刻意区别放弃权利和禁止抗辩,但有时候又会将放弃权利和禁止抗辩作为同义语,并至少出于特定目的而不加区别地使用它们。⑤ 放弃权利和禁止抗辩的区分,主要是因为英国合同法的历史传统而形成的,并非现代保险法所特有的制度。这种区分在我国欠缺实践基础,更无制度基础。

保险弃权是保险法对保险人行使权利的否定性评价。为保护被保险人或者受益人的利益,防止保险人滥用其保险合同解除权或者拒绝赔付抗辩权的优势地位,贯彻诚实信用原则,有创设和发展保险弃权的制度需求。保险弃权为保险法上的诚实信用原则的具体适用,限制了保险人行使保险合同解除权或者拒绝赔付抗辩权的空间,相应扩充了被保险人

---

① See John F. Dobby, *Insurance Law* (West Publishing Co., 1981), p. 172.
② See Malcolm A. Clark, *The Law of Insurance Contracts* (Lloyd's of London Press Ltd., 1989), p. 557.
③ See John F. Dobby, *Insurance Law*, (West Publishing Co., 1981), p. 181.
④ 参见施文森《保险法总论》,三民书局,1985,第255页。
⑤ See Edwin W. Patterson, "Essentials of Insurance Law," *Journal of Insurance* 25 (1957), p. 494.

或者受益人索赔的正当性理由。我国保险立法虽未规定系统和体系化的保险弃权制度，但已经将保险弃权的具体形式写进了成文法。例如，保险人在合同订立时已经知道投保人未如实告知的情况的，保险人不得解除合同；发生保险事故的，保险人应当承担赔偿或者给付保险金的责任。① 我国保险法的上述规定，充分肯定了保险弃权制度保护被保险人或者受益人利益所具有的价值，有助于贯彻诚实信用原则，提升保险人行使权利的诚实信用水准。

二　保险弃权的适用

保险弃权，通常因为保险人的单方意思表示（言辞或者行为）而发生效力。但是，保险人和投保人之间的合意，也能发生保险弃权的效果。保险人的单方意思表示，或者保险人和投保人之间的合意，违反社会公共利益或者法律的强制性规定的，不发生保险弃权的效力。例如，人身保险合同的投保人没有保险利益的，保险合同无效；即使保险人有放弃合同无效所产生的利益的意思表示，被保险人或者受益人亦不能取得该保险合同约定的利益。

一般而言，有以下情形的，发生保险弃权的效果。

（一）保险人未明示拒绝接受投保条件的

订立保险合同时，保险人对投保人的投保要求，经过双方同意的期间或者合理期间而不作任何意思表示的，应当视为保险合同成立。例如，我国澳门特别行政区《商法典》第966条规定：对于投保人为自然人的个人保险，保险人在收到投保人提出的保险要约15日后，或者投保人和保险人约定有其他期限而该期限经过后，不向要约人通知拒绝要约或作评估风险所需时日的说明，则保险合同视为按照要约条件订立。

（二）保险人放弃保险合同条件的

订立保险合同时附停止条件的，保险人明示或者默示地放弃保险合同所附停止条件，不得再以停止条件未成就，否认保险合同的效力。

（三）保险人放弃保险合同解除权的

投保人违反如实告知义务、投保人违反保证条款或者被保险人违反法定义务的，保险人有保险合同解除权，但保险人知其事实，默示或者明示地不行使其保险合同解除权，则不得再行使保险合同解除权。例

---

① 参见《保险法》（2015年修订）第16条第6款。

如，财产保险的被保险人违反防灾减损义务时，保险人有权解除保险合同；但保险人知道被保险人违反义务的事实，没有行使保险合同解除权，反而指示被保险人采取必要的防灾减损措施，或者经过合理期间不为解除保险合同的意思表示的，视为保险人放弃保险合同解除权，发生保险人不得解除保险合同的效果。有上述情形，保险人放弃拒绝赔付抗辩权的，亦同。

（四）保险人选择行使一种权利而放弃另一种权利的

因为同一法律事实的存在，保险人依照保险法的规定或者保险合同的约定，享有两种以上的权利的，保险人选择行使其中一种权利，视为保险人放弃了未选择行使的另一种（或其他）权利，其不得再行主张已放弃的权利。例如，保险合同成立后，保险标的危险程度显著增加的，保险人有权按照保险合同的约定增加保险费或者解除保险合同。[①]保险标的危险程度显著增加的，如果保险人依照合同约定请求投保人增加保险费，则其解除保险合同的权利消灭，其后不得以保险标的危险程度显著增加为由解除保险合同。

（五）变更保险合同内容的

保险合同的内容发生变更的，若保险人明示或者默示地表示接受，则不得再主张保险合同变更前的内容。一般而言，保险合同的内容变更，应当由保险人和投保人达成合意；合意变更保险合同的内容，保险人应当在原保险单上批注或者加贴批单，保险人所为批注或者加贴的批单记载的内容，取代原保险合同约定的内容。尤其是，依照保险法的规定或者保险合同的约定，保险人变更合同时应当完成的批注、加贴批单行为实际并没有完成，而其以明示或者默示的表示，致使投保人或被保险人信其业已完成的，不得再以其没有完成该行为对保险合同内容变更的效力提出抗辩。

（六）保险人误导投保人或被保险人的

订立保险合同时或者保险合同成立后，保险人（包括其代理人）明知有影响保险合同效力的事实存在，却以其言辞或者行为误导不知此等事实的投保人或者被保险人相信此等事实不存在的，保险人不得再以此等事实的存在，对保险合同的效力提出抗辩。例如，订立保险合同时，保险人对保险合同的内容作了虚伪说明，投保人不知其说明虚伪，信赖保险人的虚伪说明而相信其说明属于保险合同的内容，保险人不得

---

① 参见《保险法》（2015年）第52条。

以其说明与保险合同内容不符而拒绝承担其虚伪说明项下的责任。

案例参考 40

保险人放弃保险合同生效条件

1998年4月25日，陈某购买桑塔纳轿车一辆，次日向保险公司投保机动车保险。保险公司向陈某签发了保险单，其中车损险12万元，第三者责任险10万元，盗抢险12万元及其他险，交纳保费4024元，保险期限自1998年4月25日起至1999年4月25日止。1998年4月28日，陈某交纳车辆购置附加费10128元。同年6月11日，被保险车辆丢失，此时，被保险车辆尚未领取行驶证和号牌。丢失后，陈某向公安局报案。同年9月17日，公安局出具文件证实该车未在3个月内找到。9月14日，陈某按保险公司要求，签署了权益转让书，将保险标的追偿权转移给保险公司。10月12日，陈某提出索赔，保险公司于20日以被保险车辆尚未领取牌照为由出具拒赔通知书，因为保险条款第29条规定，保险车辆必须有行驶证和号牌，否则保单无效。

法院经审理认为，投保人陈某提出保险要求，经保险公司同意承保并就合同的内容达成协议，保险合同成立。保险合同成立后，投保人对保险标的具有保险利益。投保人按照约定支付保费，保险人应按照约定的保险期限承担保险责任。本案双方当事人签订的合同符合有关法律规定，应为有效合同。保险条款第29条规定：保险车辆必须有交通管理部门核发的行驶证和号牌，并经检验合格，否则本保险单无效。但本案中的保险公司明知陈某投保的机动车辆未有相关部门核发的机动车号牌及行驶证，仍与陈某签订保险合同，应视为保险公司对该条款的放弃或变更，保险公司依此条款拒绝赔付的主张不能成立，且保险公司已要求陈某将保险标的权益转让给保险公司，故对保险公司的主张，不予支持。陈某在被保险车辆丢失后的索赔过程符合法定程序，陈某要求索赔亦符合保险合同应当遵循的公平互利原则的法律规定，其请求赔付的数额符合合同约定，故陈某的请求理由正当，应予支持。保险公司未及时履行赔付义务，除支付保险金外，应当赔偿被保险人陈某因此受到的损失，故陈某要求保险公司赔偿损失，符合法律规定，应予支持。依照《保险法》（1995年）第24条的规定，判决保险公司赔付陈某保险金96000元，赔偿陈某损失16185.60元（按日0.03%计算的迟延利息)。①

> **案例分析指引**

1. 合同的成立与生效有何不同?本案争议的保险合同是否成立和生效?
2. 应当如何对待附生效条件的保险合同?本案中,保险条款的约定对保险合同的生效是否附加了条件?
3. 保险人可否放弃保险合同所附生效条件?本案中,什么法律事实足以证明保险人放弃了涉案保险合同所附生效条件?
4. 本案中,法院为什么以保险公司放弃权利作为保险人承担保险责任的理由?

第七节 保险合同的解释

一 保险合同的解释对象

(一)保险合同解释的意义

保险合同解释,是指对保险合同的条款内容或者条款使用的语言文字的内容予以释明的活动。通过当事人的协商,可以解释保险合同的内容;当事人对保险合同的内容难以释明的,可以请求法院以裁判或者仲裁机构以裁决的方式,解释保险合同的内容。

(二)保险合同的解释对象

一般而言,保险合同解释的对象,就是意思不明确的保险合同之内容。有关保险合同的解释对象,在学理上的描述大同小异,只是在表述上存在一些差异。

有学者认为:"保险合同解释只发生在有争议的文字应该如何按其订约时所包含的本意去加以说明与释义的情形,而不是按照合同的条款去对照考察当事人是否违反合同义务。至于说合同当事人是否违反义务与保险合同的条款解释无关。"② 保险合同的解释以保险合同的内容发生争议为条件,如何把握当事人的争执点并予以妥善合理地解决,首先

---

① 参见北京市西城区人民法院(2000)西民初字第3547号民事判决书。
② 参见徐卫东《保险法论》,吉林大学出版社,2000,第325页。

面临的问题就是解释保险合同。① 保险合同的解释对象为有争议的保险合同内容。也有学者认为，保险合同所要解释的对象为"合同中使用的语言文字发生争议"。② 还有学者认为，因为存在着诸多影响保险合同内容的理解因素，例如当事人对合同内容的认知能力差异，选择使用的语言文字可能因文化、习俗或者使用场景的不同而存在不同的含义，订立合同时所用语言文字的含义随时间的迁移会发生变化，以及保险合同条款的语法结构、上下文表述方式的差异等，均可能导致保险合同的内容不明确。保险合同的内容不明确，或为保险合同的条款表述的内容不明确，或为保险合同使用的语言文字表述的内容不明确。③

保险合同的内容不明确，是解释保险合同的条件。当事人在保险合同中所表达的内容不明确的意思表示，或为保险合同的条款，或为保险合同条款使用的语言文字，此为保险合同解释的对象。保险合同的解释不以当事人之间发生争议为必要，仅以保险合同的内容不明确为必要。当保险合同的内容不明确时，为保险合同约定的合同履行之目的，有保险合同解释的必要；投保人、被保险人和保险人之间因此发生争议的，为公平合理地解决争议，更有解释保险合同的必要。

这里有一个值得注意的问题：保险合同的条款所援引的具有解释性内容的部门规章及规范性文件，若内容不明确，可否成为保险合同解释的对象？有观点认为，国家依法对保险业实施监督管理，会制定一些具有解释性的部门规章及规范性文件，这些内容直接被保险合同援引，成为保险合同中的"法定解释条款"。在保险合同中使用的"法定解释条款"虽具有格式化的特征，但其与通常解释条款有着本质上的区别。"法定解释条款"不是保险人单方拟定的，而且不偏袒保险人的利益，是调节保险当事人权利义务的杠杆，有助于平衡诸方的合法利益，保障保险市场的公平合理。因此，这些条款不宜成为保险合同解释的对象。④ 这个观点在格式保险条款的解释方法的适用方面是有道理的；但这些条款在被纳入保险合同后就成为保险合同条款的组成部分，在意思不明确时有进行解释的必要，故其应当成为保险合同解释的对象。

---

① 参见邹海林《保险法教程》，首都经济贸易大学出版社，2002，第125页。
② 参见李玉泉《保险法》（第二版），法律出版社，2003，第164页。
③ 参见常敏《保险法学》，法律出版社，2012，第109页。
④ 参见闫海、薛莉《论保险合同格式条款的解释体系——基于杨树岭案的新释》，《哈尔滨师范大学社会科学学报》2011年第4期。

二 保险合同的解释原则

(一) 合同的解释原则

合同解释的一般原则为意图解释,即探求合同当事人订约时的真实意思。《拿破仑法典》第1156条规定:"解释契约时,应寻求缔约当事人的共同意思,而不拘泥于文字。"《德国民法典》第113条规定:"解释意思表示,应探求其真意,不得拘泥于字句。"

我国《合同法》第125条规定:"当事人对合同条款的理解有争议的,应当按照合同所使用的词句、合同的有关条款、合同的目的、交易习惯以及诚实信用原则,确定该条款的真实意思。合同文本采用两种以上文字订立并约定具有同等效力的,对各文本使用的词句推定具有相同含义。各文本使用的词句不一致的,应当根据合同的目的予以解释。"

在我国,合同解释的一般原则为意图解释原则。而合同解释一般方法,如文义解释、上下文解释、补充解释等,都是为了贯彻意图解释原则。

(二) 保险合同的解释原则

保险合同为合同的一种,在解释原则上,应当遵循合同解释的一般原则。除非保险法对保险合同解释另有规定,如何解释表达保险合同内容的条款或者条款使用的语言文字,应当适用合同解释的一般原则。[①]

保险合同的解释原则,应当以探求投保人和保险人订约时的真实意思为原则,通过说明、推理和阐述来释明保险合同不明确的内容,以探求投保人和保险人订约时的真实意思。解释保险合同时,应当尊重当事人的意图,并尊重当事人选择使用的语言文字,不能通过解释随意扩充或者缩小保险合同的条款内容。

保险合同的解释原则,实际上是合同法上的合同解释原则与方法的具体应用。《合同法》第125条不仅规定有合同解释的一般原则,而且规定有合同解释的方法。保险合同的内容不明确,如何解释与之相关的保险合同的条款或者所使用的语言文字,首先应当考虑适用合同解释的一般原则。关于保险合同的解释,保险法对于解释原则和方法均没有具体的规定,对保险合同进行解释的,应当适用《合同法》第125条规定的合同解释的一般原则,并以文义解释、整体解释、目的解释和补充

---

① See "Insurance," in *American Jurisprudence*, Vol. 43, , 2nd ed. (Lawyers Cooperative Pub. Co.), pp. 341–342.

解释等方法贯彻和落实合同解释的一般原则。合同解释的一般原则为意图解释,即探求合同当事人订约时的真实意思。如何探究合同当事人订约时的真实意思,应当以当事人订立的保险合同所采用的书面形式,诸如保险单、其他保险凭证、投保单、协议书等,作为说明、推理和阐述的基础;在特殊且有必要的情况下,可以利用"口头证据规则",以保险合同的书面形式记载外的"口头表述"或者其他相关文件,释明保险合同的内容。

依照我国保险法的规定,采用保险人提供的格式条款订立的保险合同,保险人与投保人、被保险人或者受益人对合同条款有争议的,应当"按照通常理解予以解释"。[①] 上述规定所称"按照通常理解予以解释",其解释的对象为保险合同中的格式保险条款,这仅仅是强调按照保险合同所使用的语言文字的通常理解或含义对格式保险条款予以解释,并没有偏离解释保险合同应当探求当事人订约时的真实意思这一合同解释原则。众所周知,保险合同的内容远比一般民事合同复杂,再加上保险合同的结构、用语以及格式条款对权利义务关系的限定,保险合同的内容更具复杂性。保险合同的内容在理解上发生争议的,仅仅依照保险合同的格式条款使用的文字,并按照其通常理解来解释保险合同,有时很难释明保险合同的内容。在这个意义上,"按照通常理解予以解释"仅仅是对《合同法》第125条规定的"文义解释"的补充,并不具有创设解释保险合同的特有原则和方法的意义。也就是说,保险合同的解释原则还是应当适用《合同法》第125条的规定。

三 保险合同的解释方法

(一) 文义解释

一般而言,文义解释,又称为语义解释,是指按照保险合同条款用语的文义及其特定或者通常使用的方式,释明保险合同内容的方法。文义解释为解释保险合同所用语言文字之含义的基础。我国《合同法》第125条要求按照合同所使用的词句解释有争议的合同条款。保险合同所用语言文字的语义,最能表达当事人订约时的意图,除非有充分的理由表明保险合同所用语言文字的语义不能代表当事人的真实意思。文义解释方法,构成解释保险合同条款的基本方法。解释保险合同,必须先进行文义解释。

---

① 参见《保险法》(2015年) 第30条。

文义解释，首先应当尊重保险合同条款所使用的词句的语义。如果保险合同条款所使用的词句并无歧义，则不能借助解释扩大或者缩小保险合同条款所使用的词句的可能语义。保险合同条款所使用的词句的语义是否清楚，也是需要进行判断的；判断保险合同条款所使用的词句的语义是否有争议，应当以普通人的立场进行判断，即站在一个在法律方面或者在保险业方面没有受过训练的人的立场对保险合同条款所使用的词句的语义进行判断。[1]"保险合同解释与其他任何合同的解释并无不同，应当首先依照合同使用的条款进行解释，合同条款应当通过其使用的语言文字的基本、自然、一般和通常的语义加以理解。保险单所使用的语言文字的涵义，是一个具有通常智力水平的普通人所理解的涵义，应当以普通人使用英国语言文字所理解的涵义解释其内容。"[2]

我国保险法所称"按照通常理解予以解释"，揭示了文义解释的要旨。[3] 通常理解，应当是按保险合同所使用的词句具有的通常意义或其表面意义或者自然含义进行理解，以具备一般知识及常识的普通人对于保险合同所使用的词句所能够理解的程度为标准，不受保险合同所使用的词句的特定意义局限。但是，对于保险合同中所使用的专业术语而言，例如，法律、医学、气象学等其他专业领域的科学或者技术术语，通常理解则指按其在专业上所具有的特别意义加以理解。保险实务中，保险合同经常会在保险合同中对"专业术语"予以解释（保险合同的解释条款），如果保险合同的解释与专业术语所述行业的通常理解之专业含义有所不同，则可能发生解释歧义的问题。为消除歧义，还有适用不利解释原则或方法之必要。在此情形下，应先确定该解释条款的效力，再对保险合同中的解释条款所涉及的语言文字或术语的意思，按照通常理解进行解释。

总之，进行文义解释时，应当做到以下三点：第一，保险合同所使用的文字，应当按其所具有的通俗语义进行解释，不得局限于保险合同所使用的文字的哲学或者科学上的语义；第二，除非有强有力的其他解释，保险合同所使用的文字应当按其表面语义或者自然语义进行解释；第三，保险合同所使用的法律术语或者其他专用术语，应当按照该等术

---

[1] See "Insurance," in *American Jurisprudence*, vol. 43, 2nd ed. (Lawyers Cooperative Publishing Co.), pp. 343-344.
[2] See Raoul Colinvaux, *The Law of Insurance* (Sweet & Maxwell, 1984), p. 32.
[3] 参见《保险法》（2015年）第30条。

语所特有的意义进行解释。

另外，保险实务中，批注、加贴批单或者附加条款和保险合同的原有条款具有相同的效力，而且批注、加贴批单或者附加条款和保险合同的原有条款发生冲突时，保险合同的批注、加贴或者附加条款居优先地位。当保险合同因为批注或者加贴批单而致其内容发生冲突时，以手写批注优于打字批注、打字批注优于加贴批单、加贴批单优于基本条款、旁注附加优于正文附加的顺序，明确居优先顺序的条款后再进行文义解释。保险合同中使用的数字不一致或者有冲突的，在进行文义解释时，大写的数字优于阿拉伯数字。

（二）整体解释

整体解释，是指结合保险合同中有关联的条款或者全部条款、这些条款所使用的语言文字以及其相互间的逻辑联系，释明有争议的保险合同内容的方法。当保险合同的内容不明确而有解释的必要时，除合同所用词句外，其内容通常与保险合同的其他条款或者全部条款有关；尤其是保险合同所用词句的含义，更经常地受到保险合同条款上下文的约束。仅孤立地分析、推断内容不明确的合同条款本身，往往难以释明保险合同的内容。《法国民法典》第1161条规定："契约的全部条款得相互解释，以确定每一条款从整个行为中所获得的意义。"英美法系国家的法院认为，对保险合同条款的解释应当从整体上探求当事人的意图，不同部分的每一条款以及合同的所有部分，应当放在一起进行解释，而不论保险合同的条款是打印的还是手写的。[①] 我国《合同法》第125条所称按照"合同的有关条款"确定有争议的合同条款的"真实意思"，即整体解释。

保险合同的结构复杂、专业性较强，权利义务关系的构造相对于普通合同而言更具有神秘性。在许多场合，保险合同的内容之理解有争议，并不单纯是其所用语言文字的理解问题，而是对保险合同的条款或者条款相互间的关系之理解问题，整体解释对于探求订立保险合同时当事人的真实意思，意义更加显著。仅依靠文义解释不能释明保险合同的内容时，整体解释可以更客观地释明保险合同的内容。整体解释，经常被用于释明保险合同所使用的词句，依照有争议的词句在保险合同条款中的位置，结合该条款的上下文对有争议的词句予以解释。例如，保险

[①] See "Insurance," in *American Jurisprudence*, Vol. 43, 2nd ed. (Lawyers Cooperative Publishing Co.), p. 349.

合同中对于"不保财产"约定如下:"金银、珠宝、玉器、首饰、古玩、古书、古画、邮票、艺术品、稀有金属和其他珍贵财物。"究竟什么样的财物可以解释为"其他珍贵财物"?这时应当结合前文所列举的珍贵财物的种类,作出解释:与前文所列举的珍贵财物同类的财物,属于"其他珍贵财物";非同类的财物即使珍贵,也不属于"其他珍贵财物"。[1]

(三) 目的解释

目的解释是指保险合同的解释应当符合当事人订立保险合同的目的。《法国民法典》第1158条规定:"文字可能有两种解释时,应采取适合于契约目的的解释。"我国《合同法》第125条亦要求按照合同的目的解释有争议的合同条款。

合同目的可以区分为抽象目的和具体目的,前者是指当事人订立合同时所具有的使合同有效的目的,后者则指当事人订立合同所欲达成的具体的私法上的效果。目的解释最为重要的作用,是对保险合同的内容作有利于实现合同目的的有效解释。例如,保险合同的条款有无效的危险时,除非违反社会公共利益或者法律的强制性规定,应当基于保险合同"分散危险、消化损失"的基本目的,将相关条款解释为有效。再者,目的解释应当以文义解释为基础,在保险合同的条款文义清楚的情形下,应当遵照当事人所用文义解释当事人订立合同的真实意图,不能借口目的解释而对保险合同的内容作任意推测,从而曲解当事人的真实意思。

(四) 补充解释

保险合同的补充解释,是指利用法律规定、习惯、诚实信用原则、公平原则等价值判断要素,对保险合同有所欠缺的内容作出能够反映当事人意图的解释的方法。《德国民法典》第157条规定:"契约的解释,应遵守诚实和信用的原则,并考虑交易上的习惯。"我国《合同法》亦要求按照交易习惯以及诚实信用原则解释合同中有争议的条款。

一般认为,保险合同的解释应当遵循合同法上的合同解释原则和方法。故文义解释、整体解释以及目的解释均被反复提及。但在解释保险合同的条款时,按照交易习惯、诚实信用原则等来确定当事人真实意思的解释方法,如习惯解释方法、诚信解释方法、利益衡量方法等,也不容忽视。保险合同的补充解释,是对保险合同的条款进行文义解释的补

---

[1] 参见常敏《保险法学》,法律出版社,2012,第112~113页。

强，或者说是确定保险合同中的内容有所欠缺的条款之真实意思的文义解释的辅助。因此，在保险合同的约定有遗漏或不完整时，当事人的意图仅依照保险合同的条款难以确定的，可以借助法律的规定、商业习惯、国际惯例以及诚实信用原则或公平原则等，补充保险合同的内容欠缺，以探明合同当事人的真实意图。

四 保险合同的不利解释

（一）不利解释方法

不利解释方法，是对合同中的格式条款作不利于格式条款提供人的解释，以消除该条款存在的歧义的方法。不利解释，在学说上又被称为"疑义利益解释"或者"有利解释"。这些不同的称谓只是因为立足点不同，其内容和适用在学理上并没有区别。

保险合同的不利解释为解释保险合同格式条款的一种特殊方法，是用于调节保险人和投保人或被保险人（受益人）之间的信息不对称所产生的利益失衡之法律工具。依照我国保险法的规定，采用格式保险条款订立保险合同，对合同条款有争议的，应当按照通常理解予以解释。对合同条款有两种以上解释的，法院或者仲裁机构应当作出有利于被保险人和受益人的解释。[①]

保险合同的格式化，已为保险合同的常态。在保险合同订立时，普遍使用格式保险条款，限制了投保人订立保险合同的意思表示的自由，同时也妨碍投保人（被保险人）对保险合同的内容之理解，用不利解释方法释明保险合同的格式条款的内容，确实有助于改善投保人订立保险合同时的被动状态，以增强对被保险人或者受益人利益的保护。不利解释并没有提供解释合同条款的具体方法，不利解释的适用以解释合同的各种方法（如文义解释或整体解释等）的运用为基础，在运用合同解释的方法释明格式条款的内容时，因为存在两种以上的解释结论，故应选择最有利于被保险人的解释结论作为争议格式条款的当事人订立合同时的真实意思。所以，不利解释原则与其说是格式条款的解释方法，倒不如说是选择正确的合同解释结论（风险分配）的价值判断工具。[②]不利解释是对保险合同的被保险人和受益人所提供的一种经济利益平衡的事后救济工具，事实上发挥着保护被保险人和受益人利益的积极

---

① 参见《保险法》（2015 年）第 30 条。
② 参见邹海林《保险法学的新发展》，中国社会科学出版社，2015，第 338~339 页。

作用。

（二）不利解释方法的适用条件

一般而言，保险合同中的格式条款发生争议，按照通常的理解予以解释后，仍有两种以上的意思的，即可适用不利解释规则。不利解释的适用，以格式条款存在歧义为必要。

1. 解释对象限于格式保险条款

保险合同不利解释的方法，仅适用于保险合同中的格式条款的解释。保险合同中非格式条款的内容不明确或者有争议的，不能适用不利解释方法。

2. 格式保险条款的内容或用语存在歧义

保险合同中的格式条款的内容或者其用语存在两种以上的理解的，可以适用不利解释方法。保险合同中不明确的格式条款，经当事人的解释而明确的，没有适用不利解释方法的余地。保险合同中不明确的格式条款，通过其他途径可以证实当事人订立合同时的意图的，不能适用不利解释方法。保险合同中的格式条款的用语，经司法解释已经明确而不再有歧义的，也不能适用不利解释方法。只有格式保险条款的内容或者用语，经合同解释的一般原则和具体方法的应用，仍然不能消除歧义的，才能适用不利解释方法，以不利于保险人的解释结论，作为合同当事人订立保险合同时的真实意思。

五 合理期待原则与保险合同的解释

合理期待原则，是指当被保险人或受益人对保险合同约定的保险责任范围存在客观上合理的期待时，无论保险合同条款是否明确地将其所期待的保险给付排除在保险责任外，法院都应当将被保险人或受益人的该等期待纳入保险责任范围的原则。合理期待原则兴起于美国20世纪70年代后。该原则在适用的方法上，类似于对保险合同的条款作出有利于被保险人或者受益人的解释，但其实质则与保险合同的不利解释规则完全不同。法官在适用合理期待原则时，保险合同并不存在语义含糊或者歧义，但保险条款以明示的方式排除了保险人的责任，而被保险人依照其常识可以合理地期待保险条款所排除的责任仍属于承保范围，尽管这种期待与合同条款不相符合，法官仍可以判决保险人承担保险责任。

在这个意义上，合理期待原则与其称为合同解释方法，不如说其只是一种在极端个案中分配保险合同风险的工具或规则。合理期待原则毕竟与合同条款的解释之固有理念发生冲突，故将之适用于合同的解释环节，是需要满足许多限制性条件的。例如，投保人在订约时没有注意及了解到保险合同中保险责任范围的约定，但其对保险责任范围的期待又是合理的。法官在被保险人的合理期待的理解与保险合同的用语清楚明确之间作出选择，利益或价值判断的冲突十分明显，在美国保险法理论和实务上，合理期待原则的适用也是多受批评的。我国有些学者注意到合理期待原则对于保护被保险人或受益人的利益是有帮助的，近些年也有学者主张引进该原则作为保险合同条款解释的补充，但多少都有夸大合理期待原则发挥的积极作用的成分。我国的保险法理论和司法实务在这个方面表现得并不积极，毕竟合理期待原则在我国保险法上连个影子都没有。

这里应当注意的是，不论合理期待原则在保护被保险人利益方面具有什么样的作用，其实质上都是法官对保险合同内容的直接干预，而非对保险合同条款的解释。"满足被保险人合理期待之法理观念，是通过法官行使自由裁量权时作为一种新兴的保险合同解释规则来加以贯彻并推展开来的。不过，这一规则却突破和超越了传统保险合同的解释规则及其体系，乃至背离了传统合同法的基本思想与法理。"[①] 因此，法官在运用合理期待原则时，并不是在对保险合同的条款所具有的意思进行解释，而是在保险合同的条款之外为被保险人的利益保护寻找具有正当性的理据，在为被保险人创设合同没有约定的权利或利益。合理期待原则在个案争议的处理上或许可以为利益极端失衡的被保险人的权益保护提供指引，并由此产生较为显著的效果，但在保险合同的条款解释问题上绝不能夸大合理期待原则的作用，更不能将之作为解释保险合同的一种方法。

案例参考 41

保险合同条款中的用语之文义解释

2001年4月10日，杨某某向保险公司投保康宁终身保险，并交纳了首期保费635元。4月19日，保险公司向杨某某签发了保险单，主要内容为：杨某某为被保险人及受益人，保险期间为2001年4月20日零时起至终身，保险费为每年635元，交费期限为20年，基本

---

① 参见樊启荣《美国保险法上"合理期待原则"评析》，《法商研究》2004年第3期。

保险金额为5000元。保险合同签订后,杨某某按约交纳了各期保险费。2009年1月14日,杨某某出现心慌加重伴头晕、左上肢麻木,经医院诊治,被诊断为:(1)冠心病,心房纤颤;(2)脑栓塞。杨某某住院治疗17天,病情稳定后出院。杨某某请求保险公司给付重大疾病保险金,保险公司2009年10月23日以杨某某未达到重大疾病程度为由,拒付保险金。

涉案保险条款第4条约定:"在本合同有效期限内,本公司负下列保险责任:被保险人在本合同生效(或复效)之日起180日后初次发生,并经本公司指定或认可的医疗机构确诊患重大疾病(无论一种或多种)时,本公司按基本保额的二倍给付重大疾病保险金,本合同的重大疾病保险金给付责任即行终止……"

涉案保险条款第23条中对于第4条有关名词的释义如下:"……重大疾病:是指下列疾病或手术之一:一、心脏病(心肌梗塞);……(三)、脑中风后遗症;……"。

一审法院认为,杨某某在保险期限内身患疾病,经医院确诊为:冠心病、心房纤颤,脑栓塞。保险公司对此不持异议。本案双方争执焦点为杨某某所患疾病是否属于重大疾病。首先,关于杨某某所患疾病是否为重大疾病,《合同法》第125条规定:"当事人对合同条款的理解有争议的,应当按照合同所使用的词句、合同的有关条款、合同的目的、交易习惯以及诚实信用原则,确定该条款的真实意思。"就本案双方争执的重大疾病来说,所谓"重大疾病"应是那些严重影响患者生命健康和生活的疾病的统称。至于何谓"重"与"大",以及哪些疾病属于"重大"疾病,均属于不确定概念。故所谓"重大疾病"是外延与内涵均不确定的概念。某一疾病是否属于"重大疾病",应以通行的医学标准结合其对患者健康与生活的影响程度而确定。而本案保险公司制定的格式合同中对重大疾病的定义仅是对重大疾病所包含的疾病的部分列举,其在合同中所列举的疾病固然应属于重大疾病,然其没有列举的疾病同样可能是重大疾病,本案杨某某所患疾病经医学诊断,已严重危及杨某某身体健康。《保险法》(2009年)第30条规定"采用保险人提供的格式条款订立的保险合同,保险人与投保人、被保险人或者受益人对合同条款有争议的,应当按照通常理解予以解释。对合同条款有两种以上解释的,人民法院或者仲裁机构应当作出有利于被保险人和受益人的解释",对杨某某所患疾病是否属于重大疾病应作有利于杨某某的解释,杨某某所患疾病属于保险责任范围内的重大疾病。杨某某要求保险公司根据约定支付重大疾病保险金10000元，合同继续有效，理由正当，应予支持。保险公司抗辩杨某某不符合重大疾病保险金理赔条件，理由不足，不予采信。依据《合同法》第44条第1款、第60条、第125条，《保险法》（2009年）第2条、第10条、第13条、第14条、第30条之规定，判决保险公司支付杨某某重大疾病保险金10000元。

保险公司不服一审判决，提出上述。保险公司认为，双方签订的保险合同条款第23条明确约定，合同所指重大疾病包括心脏病（心肌梗塞）、冠状动脉旁路手术等十种疾病和双目永久完全失明等八种身体高度残疾。杨某某所患疾病达不到保险条款重大疾病鉴定项目和身体高度残疾鉴定项目的任何一款。杨某某所患疾病不属于保险合同约定的心肌梗塞的那种心脏病，其所患疾病也不是脑中风后遗症。一审法院抛开合同约定，确定杨某某所患疾病属于保险合同约定的重大疾病，未尊重合同当事人的意思自治。保险公司认为一审判决认定事实错误，适用法律不当，应依法撤销，驳回杨某某的诉讼请求。杨某某认为，其所患的疾病为冠心病、心房纤颤、脑血栓，经治疗后留下左上肢、左下肢机能丧失，日常生活不能自理，属于保险合同约定的重大疾病。杨某某是重症慢性患者，享受门诊医疗费用报销待遇，足以证明其所患疾病严重影响了生命健康和生活，达到了重大疾病程度。

二审法院根据双方的诉辩意见，确定本案的争议焦点是：本案中杨某某所患疾病是否属重大疾病，保险公司应否承担保险理赔责任。二审法院认为，一审判决就杨某某所患疾病属于保险合同范围内的重大疾病及保险公司应当承担保险责任的判决理由充分、适当，应予采纳，保险公司的上诉理由不足，不予支持。判决驳回上诉，维持原判。①

案例分析指引

1. 什么是解释保险合同的基本原则和方法？如何认识文义解释的意义？

2. 什么是保险合同用语的歧义？本案中，保险公司和被保险人杨某某对"重大疾病"确有不同的认识，但是否能够构成用语有歧义？

---

① 参见河南省焦作市中级人民法院（2010）焦民三终字第144号民事判决书。

3. 本案中，保险条款对重大疾病是否已有解释？保险合同条款对重大疾病及其范围的解释或说明，具有什么法律意义？在此情形下，应当如何解释本案争议的重大疾病？

4. 本案中，法院对重大疾病的解释是否遵循了文义解释的原则和方法？

5. 在什么情况下，法院可以超越保险合同条款的文义对当事人争议的合同条款作出解释？本案中，法院对重大疾病的解释是否运用了合理期待原则？

案例参考 42

保险合同中的用语歧义

1997年5月14日，王某在保险公司业务员的动员下，为其女儿王某某投保一份66鸿运保险（B）型人身保险，保险金额为1000元，保险责任起止时间为1997年5月14日12时至2057年5月14日12时。两天后，王某某突发高烧，并伴有剧烈抽搐，被家人送入医院救治，一周后痊愈出院。院方对王某某的诊断意见为"急性上呼吸道感染伴高热惊厥，头小畸型"。王某遵医嘱，又到某医院为女儿做了CT检查，王某某被诊断患了脑瘫。王某在女儿被确诊为脑瘫后，便向保险公司提出赔偿申请。

66鸿运保险（B）型保险合同第28条第3款规定：中枢神经或胸、腹部脏器极度障碍，终身不能从事任何工作，维持生命所必要的日常生活活动，全须他人扶助的，为身体高度残疾。同时，该合同第8条第4款中又规定，在合同有效期内，被保险人因意外伤害造成身体高度残疾，或"在本合同生效或复效一年后"因疾病造成身体高度残疾时，保险公司按投保单所载保险金额的20倍给付身体高度残疾保险金（但该项保险以给付一次为限）。保险公司以保险合同第8条第4款的规定为由，认为被保险人因为患脑瘫而身体高度残疾发生在合同生效或复效一年后的，保险公司才承担赔偿责任，拒绝了王某的赔偿要求。王某提起诉讼。

投保人王某认为保险条款中的"一年"，仅指复效一年后而并非指生效一年后，应是"生效后或复效一年后"。保险公司认为只有"在合同生效或复效一年后"，被保险人因疾病造成身体高度残疾的，保险公司才予以赔偿，"合同生效或复效一年后"所指的含义为"生效一年后或复效一年后";被保险人王某某在合同生效仅两天后就发生保险事故,不符合保险条款规定的情况,不应给予赔偿。审理本案的法院认为保险公司提出的"合同生效一年后"的解释,是对保险条款含义的曲解,遂判决保险公司一次性赔偿原告身体高度残疾保险金2万元。①

案例分析指引

1. 本案争议发生时应当适用的法律依据如何?
2. 本案中,是否发生了保险事故?保险事故与保险期间是什么关系?
3. 当事人对保险合同的内容或用语有理解上的差异,是否应以合同解释的基本方法来消除合同内容或用语在理解上的差异?本案中,涉案合同条款对保险期间的表述是否因无法通过解释消除理解上的差异而存在歧义?
4. 是否应当适用不利解释方法处理本案所发生的争议?

思考题

1. 如何认识保险责任范围?
2. 除外责任有哪些主要表现形式?
3. 近因与保险责任的承担是什么关系?
4. 如何理解保险给付请求权及其行使?
5. 保险人应当如何履行保险给付义务?
6. 如何理解和适用保险弃权制度?
7. 保险合同解释有哪些基本方法?
8. 如何适用保险合同的不利解释方法?

扩展阅读

1. 江朝国:《保险法基础理论》,中国政法大学出版社,2002,第283~301页(危险范围之确定和损害之关系)。

---

① 参见《举案说法——产险案例》,中国保险网,http://www.china-insurance.com/juAn/newslist.asp? id=16992。

2. 李玉泉：《保险法》（第二版），法律出版社，2003，第94~96页（近因原则）。

3. 〔美〕小罗伯特·H. 杰瑞、〔美〕道格拉斯·R. 里士满：《美国保险法精解》（第四版），李之彦译，北京大学出版社，2009，第234~256页（因果关系）、第4~18页（保险合同的解释）、第18~27页（合理期待原则）。

4. 常敏：《保险法学》，法律出版社，2012，第100~108页（索赔）。

5. 邹海林：《保险法学的新发展》，中国社会科学出版社，2015，第323~336页（保险合同的解释方法）。

第五章 人身保险

要点提示

- 人身保险的特有条款
- 人身保险利益的表现形式
- 受益人的法律地位
- 人身保险的除外责任
- 人身保险合同的复效
- 人寿保险单的现金价值
- 伤害保险的种类
- 健康保险的保险金给付

第一节 人身保险的特殊性

一 人身保险的特征

（一）人身保险的意义

人身保险是以人的寿命或者身体为保险标的的保险。投保人和保险人以被保险人的寿命或身体为标的订立的保险合同，为人身保险合同。依照人身保险合同，投保人向保险人支付人身保险费，被保险人在保险期间内发生合同约定的死亡、伤残或者患病，或者达到保险合同约定的年龄时仍然生存的，保险人承担向被保险人或者受益人给付保险金的责任。

传统的人身保险以人寿保险为限。现代保险理论和实务已经将人身保险的范围扩展到了承保人的生、老、病、伤、残、死等各种风险，体现了险种多样化的特点，但其主要形式则体现为人寿保险、伤害保险和健康保险三大类。需要说明的是，长期人身保险几乎都具有储蓄或者投资的功能，保险单具有现金价值；所以，长期人寿保险、长期意外伤害保险和健康保险相互间存在的差别日益缩小，不仅人寿保险具有现金价值，长期意外伤害保险和健康保险，依照合同约定也可以具有现金价值。

（二）保险标的人格化

人身保险的保险标的为被保险人的寿命或者身体。以被保险人的寿命或者身体为存在形式的人格利益，不能用金钱价值准确衡量，其纯属非财产上的利益。除非保险合同限定或者法律规定人身保险合同的最高保险金额，投保人可以投保任何金额的人身保险合同。

人寿保险的标的为非财产上的利益，保险人所承担的给付责任，亦非人寿保险的保险标的所受损害的补偿，不存在填补损失原则的适用，因此也不存在超额保险和重复保险的问题，更无适用保险代位权的问题。但是，健康保险或意外伤害保险中的医疗费用保险，目的在于补偿被保险人因为治疗疾病或伤害所产生的费用，被保险人不能因为接受疾病或者伤害的治疗而不当得利，重复保险和保险代位权的规定可以适用于医疗费用保险。[①]

（三）保险金定额给付

保险标的的人格化，使得人身保险的保险标的不能用具体数额的金钱价值加以确定，从而不存在确定保险金额的实际价值标准。所以，各类人身保险合同约定的保险金额，只能由投保人和保险人协商确定一个固定数额，以此作为保险人向被保险人或者受益人给付保险金的标准。发生人身保险合同约定的保险事故时，保险人向被保险人或者受益人依照保险合同约定给付保险金的全数或者部分。

二　人身保险的特有条款

（一）不可争议条款

不可争议条款，是指保险合同约定的投保人违反如实告知义务而保险人超过合同约定的期间不得解除保险合同的条款。不可争议条款为人身保险合同的特有条款之典型，由保险人可争议保险合同效力的事由、

---

① 参见江朝国《保险法的基础理论》，中国政法大学出版社，2002，第82~83页。

可争议期间以及法律效果构成。可争议保险合同效力的事由主要限于投保人违反如实告知义务。保险合同约定的不可争议条款,不得违反保险法中有关如实告知义务的违反及保险人的合同解除权行使的除斥期间的规定。① 在我国,不可争议条款的示例如下。

中国人寿保险股份有限公司《国寿个人税收优惠型健康保险(万能型)A 款》(2016 版)第 15 条规定:"本公司会就投保人和被保险人的有关情况提出书面询问,投保人应当如实告知。如果投保人故意或者因重大过失未履行前款规定的如实告知义务,足以影响本公司决定是否同意承保或者提高保险费率的,本公司有权解除本合同。合同解除权自本公司知道有解除事由之日起超过三十日不行使而消灭。如果投保人故意不履行如实告知义务,对于本合同解除前发生的保险事故,本公司不承担给付保险金的责任,并不退还保险费。如果投保人因重大过失未履行如实告知义务,对保险事故的发生有严重影响的,对于本合同解除前发生的保险事故,本公司不承担给付保险金的责任,但在投保人补交按相关规定须补交的税收优惠额度后,应当向投保人退还保险费。本公司有权通过中国商业健康保险信息平台,对投保人的个人信息进行查询。如发现投保人或投保人所在的团体组织存在不如实告知的情况,本公司有权在本合同续保时对投保人或投保人所在的团体组织设定相应续保限制条件,并视不如实告知的严重程度决定是否拒保。本公司在合同订立时已经知道投保人未如实告知的情况的,本公司不得解除合同;发生保险事故的,本公司承担给付保险金的责任。"

(二)年龄误保条款

年龄误保条款,是指保险合同约定的投保人申报的被保险人年龄不真实时,保险人依照约定的条件解除保险合同,或者调整保险费或保险给付金额的条款。年龄误保条款不得违反我国保险法有关年龄误保的强制性规定。② 年龄误保条款的示例如下。

中国人寿保险股份有限公司《国寿个人税收优惠型健康保险(万能型)A 款》(2016 版)第 21 条规定:"被保险人的投保年龄按周岁计算。投保人应在投保本保险时将被保险人的真实年龄在投保单上填明,如果发生错误,除本合同另有约定外,本公司按照下列规定办理:一、投保人申报的被保险人年龄不真实,并且其真实年龄不符合合同约

---

① 参见《保险法》(2015 年)第 16 条。
② 参见《保险法》(2015 年)第 32 条。

定的年龄限制的，本公司有权在知道有解除事由之日起三十日内解除本合同，并向投保人退还本合同的现金价值。二、投保人申报的被保险人年龄不真实，致使投保人支付的风险保险费少于应付风险保险费的，本公司有权更正，并以补收少收的风险保险费，或者在给付保险金时按照保险事故发生前最近一次实际收取的风险保险费与应收取的风险保险费的比例支付。三、投保人申报的被保险人年龄不真实，致使投保人支付的风险保险费多于应付风险保险费的，本公司应将多收的风险保险费计入个人账户。"

（三）交费宽限期条款

交费宽限期条款，是指人身保险合同约定的、允许投保人向保险人缓交保险费而不影响保险合同效力的交费期限延展条款。合同约定的交费宽限期，可以为 10 日、20 日、30 日或者 60 日，人身保险合同一般约定为 30 日。依照交费宽限期条款，投保人未按照人身保险合同约定的交纳保险费的时间交费的，只要在交费宽限期内交纳保险费，就不构成交纳保险费迟延，保险合同的效力不受任何影响；在交纳保险费的宽限期内，发生保险事故的，不论投保人是否已经交纳当期保险费，保险人均应当承担保险责任。人身保险合同约定的交费宽限期条款，示例如下。

中国人寿保险股份有限公司《国寿个人税收优惠型健康保险（万能型）A 款》（2016 版）第 13 条规定："到期未交纳保险费的，自保险费约定交纳日的次日零时起六十日为保险费交纳的宽限期。宽限期内发生的保险事故，本公司仍承担给付医疗费用保险金责任，但有权先从给付的保险金中扣除欠交的风险保险费。超过宽限期间仍未交纳保险费的，则本合同的医疗费用保险责任效力自宽限期间届满日的次日起中止，本公司将不再承担医疗费用保险责任。本合同的个人账户累积责任继续有效，除本合同另有约定外，最高至被保险人年满法定退休年龄后的第一个年生效对应日。宽限期结束后交纳保险费的，本公司有权对被保险人的健康状况进行核保。"

（四）犹豫期条款

犹豫期条款，是指人身保险合同约定的、投保人在合同成立后约定的期间内解除合同而收回所交全部保险费的条款。人身保险合同约定的投保人可以解除合同的期间，一般为合同成立后 10 日；超过这个期限，投保人仍可以解除保险合同，但不能收回其所交的全部保险费，保险人仅向投保人退还部分保险费。犹豫期条款不影响已经成立的人身保险合同的效力。在合同条款约定的犹豫期内，保险人仍应当按照约定对被保险人或者受益人承担保险责任，除非投保人通知保险人解除保险合同。犹豫期条款示例如下。

中国平安人寿保险股份有限公司《平安福满盈两全保险条款》1.4 规定："自您签收本主险合同次日起，有 10 日的犹豫期。在此期间请您认真审视本主险合同，如果您认为本主险合同与您的需求不相符，您可以在此期间提出解除本主险合同，我们将无息退还您所支付的全部保险费。解除本主险合同时，您需要填写申请书，并提供您的保险合同及有效身份证件（见 8.3）。自我们收到您解除合同的书面申请时起，本主险合同即被解除，合同解除前发生的保险事故我们不承担保险责任。"

（五）现金价值条款

现金价值条款，又被称为不丧失价值条款，是指人身保险合同因投保人交纳保险费而具有合同约定的现金价值及其权益归属的条款。现金价值通常体现为解除合同时，根据精算原理计算的，由保险人退还的合同约定的金额。人身保险合同成立后，发生保险合同解除的情形，或者发生被保险人死亡或伤残而保险人不承担给付保险金的责任的情形，人身保险合同的现金价值不因此而受到影响。依照现金价值条款，人身保险合同的现金价值的所有者（投保人、被保险人或者受益人）享有如下的现金价值权益：（1）直接领取保险单的现金价值（退保金）；（2）以保险单的现金价值自动垫付保费或者趸交保险费；（3）以保险单的现金价值为质，向保险人申请借款。

如此看来，现金价值条款会涉及与人身保险合同的现金价值有关的所有事项，甚至包括下述保费自动垫交条款和保单质借条款。这里仅以退保金为对象，举例现金价值条款如下。

泰康人寿保险股份有限公司《泰康金利两全保险（分红型）条款》2.5 规定："因下列情形之一导致被保险人身故的，我们不承担给付身故保险金的责任：（1）投保人对被保险人的故意杀害、故意伤害；……因上述第（1）项情形导致被保险人身故的，本合同终止，我们向身故保险金受益人给付本合同终止时的现金价值……。因上述其他情形导致被保险人身故的，本合同终止，我们向您退还本合同终止时的现金价值。"8.1 规定："如果被保险人未发生保险事故，且您在犹豫期后要求解除本合同，……自我们收到解除合同申请书时起，本合同终止。我们自收到解除合同申请书之日起 30 日内向您退还本合同终止时的现金价值。"

（六）保费自动垫交条款

保费自动垫交条款，是指人身保险合同约定的、用保险单具有的现金价值自动垫付投保人欠交的保险费而维持保险合同效力的条款。长期人身保险合同具有现金价值，在保险单的现金价值额度内，投保人或被保险人可以用保险单的现金价值自动垫付保险费，以避免人身保险合同因投保人迟延交纳保险费而中止效力。保费自动垫交条款示例如下。

泰康人寿保险股份有限公司《泰康健康人生终身寿险（分红型）条款》6.3规定："您可以选择保险费自动垫交功能，即如果您在宽限期结束时仍未交纳保险费，我们将以本合同的现金价值扣除各项欠款及应付利息后的余额自动垫交到期应交的保险费，本合同继续有效。我们将对自动垫交的保险费计收利息……。如果本合同的现金价值扣除各项欠款及应付利息后的余额不足以全额垫交到期应交的保险费，则本合同自宽限期满的次日零时起效力中止。"

（七）保单质借条款

保单质借条款，是指人身保险合同约定的、投保人或者被保险人可以保险单的现金价值为担保而向保险人申请借款的条款。投保人或者被保险人以保险单的现金价值为担保向保险人申请借款的，应当向保险人支付所借款项的利息，并依据约定的借款期限及时归还借款本金和利息。投保人或者被保险人以保险单的现金价值为担保向保险人申请借款，在约定的还款期限届满时不能归还借款本金和利息的，可以同保险人协商延长借款期限。但是，投保人或者被保险人不能按期归还的借款本息合计超过保险单的现金价值的，对人身保险合同的效力会产生影响。保单质借条款示例如下。

中国人寿保险股份有限公司《个人保险基本条款》第8条规定："在本合同保险期间内，如果本合同已经具有现金价值，投保人可以书面形式向本公司申请借款，但最高借款金额不得超过本合同当时的现金价值扣除欠交保险费、借款及利息后余额的百分之八十，且每次借款期限不得超过六个月。借款及利息应在借款期限届满日偿还。未能按期偿还的，则所有利息将被并入原借款金额中，视同重新借款。当本合同当时的现金价值不足以抵偿欠交的保险费、借款及利息时，本合同效力中止。"

（八）复效条款

复效条款，是指人身保险合同约定的、在投保人逾期未交保险费致使保险合同效力中止时，经投保人向保险人申请并补交保险费以恢复人身保险合同效力的条款。复效条款给予投保人一个机会，以恢复效力中止的人身保险合同的效力；中止效力的保险单恢复效力的，保险人自保险合同成立时对被保险人或者受益人所承担的保险金给付责任，不受任何影响。

依照我国保险法的规定，人身保险合同约定分期支付保险费，投保人支付首期保险费后，除合同另有约定外，自保险人催告之日起超过30日未支付当期保险费，或者超过约定的期限60日未支付当期保险费的，人身保险合同效力中止；效力中止的人身保险合同，自效力中止之日起2年内，经保险人与投保人协商并达成协议，在投保人补交保险费后，恢复效力。[1] 我国保险实务上的复效条款基本上沿袭了上述规定。复效条款示例如下。

中国人寿保险股份有限公司《个人保险基本条款》第3条规定："在本合同效力中止之日起二年内，投保人可填写复效申请书，并提供被保险人的健康声明书或二级以上（含二级）医院出具的体检报告书，申请恢复合同效力。经本公司与投保人协商并达成协议，自投保人补交所欠的保险费及利息、借款及利息的次日起，本合同效力恢复。自本合同效力中止之日起二年内双方未达成协议的，本公司有权解除本合同，并向投保人退还本合同的现金价值。"

（九）自杀条款

自杀条款，是指人身保险合同约定的、人身保险合同成立或者复效2年后被保险人自杀时，保险人应当给付保险金与否的条款。自杀本为被保险人有目的地结束自己寿命的行为或者活动，性质上属于道德危险，保险合同不能承保。不论保险合同有无约定，被保险人自杀，保险人不承担给付保险金的责任。但是，人身保险合同成立或者复效2年后，被保险人的自杀则由道德危险转变为可保危险，保险人对被保险人的自杀是否承担给付保险金的责任，保险合同可以予以约定。我国保险法规定，以被保险人死亡为给付保险金条件的合同，自合同成立或者合同效力恢复之日起2年内，被保险人自杀的，保险人不承担给付保险金的责任，但被保险人自杀时为无民事行为能力人的除外。[2] 由此，自杀条款就区分为承担保险金给付责任的自杀条款和不承担保险金给付责任

---

[1] 参见《保险法》（2015年）第36条和第37条。
[2] 参见《保险法》（2015年）第44条。

的自杀条款。

承担保险金给付责任的自杀条款，仅在人身保险合同成立后经过2年或者复效后经过2年的被保险人自杀的情形下，具有效力。被保险人自杀，仅以被保险人有意图的自杀或者故意自杀为限；被保险人因为非故意的原因、精神失常或者心智失常而死亡，不属于被保险人自杀。除非保险合同约定保险人不承担给付保险金的责任，保险人对人身保险合同成立或者复效后经过2年的被保险人自杀承担保险金给付责任，亦属自然，故现今多数人身保险合同已不再专门约定承担保险金给付责任的自杀条款。

不承担保险金给付责任的自杀条款，则对保险合同成立后的被保险人自杀产生排除保险人给付保险金责任的效力，保险合同成立后经过2年被保险人自杀的，亦同。不承担给付保险金责任的自杀条款示例如下。泰康人寿保险股份有限公司《泰康吉祥意外伤害保险条款》2.5规定："因下列情形之一导致被保险人身故的，我们不承担给付保险金的责任：……（2）被保险人……自杀（但被保险人自杀时为无民事行为能力人的除外）；……。"

三　死亡保险的特别要件

（一）死亡保险的意义

死亡保险，是指以被保险人的死亡作为保险人给付保险金条件的保险。保险人因被保险人的死亡而依约给付的保险金，称为死亡保险金。死亡保险不以人寿保险为限。人寿保险、健康保险和伤害保险中，凡约定给付死亡保险金的，均属于死亡保险。

需要注意的是，死亡保险的特别成立或生效要件，仅以投保人和被保险人不相同时订立的保险合同为限；投保人和被保险人为同一人的，不存在死亡保险的特别要件问题。

（二）被保险人具有民事行为能力

为了防范人身保险的道德危险以及保护被保险人的人身安全，制度上要求死亡保险的被保险人应当具有民事行为能力。为了保护无民事行为能力人的人身安全利益，投保人不得为无民事行为能力人投保死亡保险，保险人亦不得承保无民事行为能力人为被保险人的死亡保险。[①] 保险法之所以有如上的规定，主要有两个原因。第一，防止道德危险。死

---

① 参见《保险法》（2015年）第33条。

亡保险金只能由被保险人之外的其他人领取，故以他人的生命订立死亡保险合同，若毫无限制而可随意为之，则无异于以他人之生命为赌注，可能诱发甚至加剧为获取保险金而故意致被保险人死亡的道德危险。第二，保护无民事行为能力人。无民事行为能力人不能辨认自己的行为，也没有自我保护能力，因此，为更好地保护其生命安全，保险法禁止投保人以无民事行为能力人作为被保险人投保死亡保险，而保险人也不得承保以无民事行为能力人为被保险人的死亡保险。[1] 学者普遍认为，以无民事行为能力人作为被保险人的死亡保险合同无效。

死亡保险的被保险人应当具有民事行为能力。但是，订立死亡保险合同时，被保险人无民事行为能力的，订立的保险合同是否因此无效的问题并没有解决。我国保险法对被保险人为无民事行为能力人的死亡保险合同的无效没有作出明文规定，[2] 而且将未成年人作为被保险人的死亡保险当作例外，[3] 保险人"为无民事行为能力人承保以死亡为给付保险金条件的保险"的，保险营业的监管措施是"责令改正"。[4] 可见，以无民事行为能力人为被保险人订立的死亡保险合同，并非当然无效。所以，以无民事行为能力人为被保险人的死亡保险合同是否无效，恐怕要结合投保人订立该保险合同的目的进行判断，不能单纯以被保险人无民事行为能力作为合同无效的理由。一般而言，保险人承保无民事行为能力人的死亡风险，客观上会增加道德危险发生的概率，危害被保险人的人身安全，保险人对其承保行为应当承担更重的责任。在此情形下，以无民事行为能力人为被保险人的死亡保险，被保险人死亡的，保险人应当按照合同约定给付保险金；投保人故意造成被保险人死亡的，保险人除按照合同约定给付保险金外，对被保险人还应当承担损害赔偿的责任。

（三）被保险人同意

订立死亡保险合同的，应当经被保险人同意并认可保险金额。依照我国保险法的规定，以死亡为给付保险金条件的合同，未经被保险人同意并认可保险金额的，保险合同无效。[5] 被保险人同意可以采取书面形式、口头形式或者其他形式；可以在合同订立时作出，也可以在合同订

---

[1] 参见魏迎宁《保险法精要与依据指引》，人民出版社，2006，第77~78页。
[2] 参见《保险法》（2015年）第33条第1款。
[3] 参见《保险法》（2015年）第33条第2款。
[4] 参见《保险法》（2015年）第163条。
[5] 参见《保险法》（2015年）第34条第1款。

立后追认。① 因此，被保险人同意，包括被保险人同意投保人订立死亡保险并认可合同约定的保险金额，构成死亡保险合同的法定效力要件。

除非有法定的亲属关系或者信赖关系，不论投保人和被保险人相互间有无其他利害关系，被保险人同意投保人订立人身保险合同的，均视为投保人有保险利益；未经被保险人同意，投保人订立的人身保险合同无效。② 死亡保险的被保险人同意，是否属于我国保险法规定的人身保险利益的一种形式？死亡保险的被保险人同意，在制度效果上与投保人经被保险人同意而取得保险利益并无不同，不少学者认为死亡保险的被保险人同意是人身保险的保险利益表现形式之组成部分；但也有学者认为，保险法特别规定的死亡保险之被保险人同意不是保险利益的表现形式，而是以建构死亡保险的被保险人之同意权制度，作为实现控制道德危险的一种措施。③

我国保险法规定的作为人身保险利益表现形式的被保险人同意和死亡保险的被保险人同意，有一个共同的制度目的：防止道德危险的发生以维护被保险人的人身安全利益。如果说为了实现一个立法目的而需要设计两个以上不同的法律制度，那么就需要更充分的理由分别阐明不同制度的功效和发挥作用的机理。但是，作为人身保险利益表现形式的被保险人同意和死亡保险的被保险人同意，在制度结构和发挥作用的机理上并没有本质的差别。因此，被保险人同意订立人身保险合同，仅是人身保险利益表现形式的一般表达；而死亡保险的被保险人同意，是对死亡保险合同之人身保险利益之特别表达。④ 不论投保人订立死亡保险时被保险人是否已同意其订立人身保险合同，仅在被保险人对死亡保险及其保险金额特别或专门表示同意时，投保人才有订立死亡保险合同的保险利益；否则，投保人没有保险利益，由此订立的死亡保险合同无效。

{ 案例参考 43 }

死亡保险合同的成立与生效

2008 年 10 月 20 日，唐某某的丈夫徐某某因原先经保险公司原业

---

① 参见最高人民法院《关于适用〈中华人民共和国保险法〉若干问题的解释（三）》第 1 条第 1 款。
② 参见《保险法》（2015 年）第 31 条第 2 款和第 3 款。
③ 参见樊启荣《死亡给付保险之被保险人的同意权研究》，《法学》2007 年第 2 期。
④ 参见邹海林《保险法学的新发展》，中国社会科学出版社，2015，第 160 页。

务员赖某兰办理购买的保险公司鸿泰卡A保险已到期，请求赖某兰联系继续投保该险种，赖某兰叫保险公司业务员赖某某送来鸿福卡A保单，在赖某某没有履行相关告知和释明义务的情况下，赖某兰填写了保单，徐某某妻子唐某某代徐某某在两份保单的"投保人"和"被保险人"栏签上徐某某的名字。每份保险单保险费为100元，保险期限为1年，每份意外伤害保险金额为50000元，两份共计100000元。2009年3月13日晚，徐某某被烧死在家中。派出所对此事件进行了调查，并委托法医对徐某某的尸体进行了法医学尸体检验。派出所出具书面结论：徐某某于3月13日晚在家中床上因失火死亡。唐某某等人向保险公司申请理赔，保险公司2009年9月10日以保险合同无投保人、被保险人签字，合同无效和被保险人死因不明为由作出拒赔通知书。另查明，徐某某于2007年9月11日曾在保险公司投保了该公司的鸿泰卡A两份。以上事实，经一审法院审理查明。

一审法院认为，本案是人身保险合同纠纷，应当适用《合同法》和《保险法》的规定。因保险事故发生于2009年3月13日，本案应适用2002年10月28日修正的保险法。《保险法》（2002年）第56条第1款规定，以死亡为给付保险金条件的合同，未经被保险人书面同意并认可保险金额的，合同无效。该条规范的是投保人与被保险人不为同一人时的情形。根据法律规定，这种合同的生效与否取决于被保险人的意愿，被保险人同意后还必须以书面形式表示意思方能生效。本案投保人与被保险人同为徐某某，其投保时已有真实意思表示。根据查明的事实，唐某某在签字时徐某某本人在场。徐某某是否授权唐某某代其签名，根据现有证据虽无从查清，如徐某某有授权，行为后果自应由徐某某承担；即使无明确授权，由于徐某某在场明知唐某某代表自己在保险合同中签字不作否认表示，也应视为其本人同意。而且，保险公司的业务员对唐某某代签名的行为既没有明确说明也没有表示异议。本案保险合同的缔结完全满足《保险法》（2002年）第56条规定的实质性要求和程序性条件，保险合同成立且生效。即使徐某某没有书面同意，保险公司接受了投保人交纳的保险费，也已经是接受了合同相对方履行的主要合同义务，该合同也应当是有效的。被保险人徐某某发生了保险事故，保险公司应当按照保险合同的约定承担责任。唐某某等人主张保险公司支付保险金100000元的诉讼请求符合法律规定，予以支持。判决由保险公司支付保险金计人民币100000元给唐某某等人。

保险公司提出上诉，称：被保险人徐某某没有书面同意并认可保险金额的真实意思表示。徐某某是完全民事行为能力人，完全有能力、有文化、有时间亲笔签署保险单，但没有签署，说明唐某某是在徐某某不在场或醉酒状态下，违背徐某某的真实意思代签保险合同的，故该合同应属无效合同。唐某某在家庭经济困难的情况下在新华保险、太平洋保险等多家保险公司以徐某某为被保险人投保数额巨大的人身意外险，徐某某的死因也存在诸多疑点尚未澄清，唐某某有保险诈骗的重大嫌疑。赖某兰证实保单是徐某某亲笔签名，与唐某某承认代签互相矛盾，说明唐某某与赖某兰曾恶意串通。一审判决适用法律不当。本案不是没有书面证据，而是有违反《保险法》（2002年）第56条第1款强制性规定的不合法证据即保险合同。保险公司是在徐某某死亡后调查得知其没有亲笔签名的，该合同是无效合同，从一开始就没有法律效力，保险公司在被唐某某欺骗的情况下收取了保费不影响该保险合同无效的认定。请求依法改判驳回唐某某等人的诉讼请求。

唐某某等人辩称：一审判决认定事实清楚。徐某某死亡的事实客观存在，也经公安机关调查，并无可疑之处。保险公司称唐某某有保险诈骗嫌疑，纯属子虚乌有；保险公司称徐某某没有在保单上签字，说明徐某某不在场或处于醉酒状态，纯属主观臆断。签订保险合同时投保人暨被保险人徐某某在场，完全能认定徐某某有投保的真实意思表示。徐某某在场，对唐某某的代签行为未作否认表示，应视为徐某某本人同意。保险公司业务员在为徐某某办理本起保险业务时，并未释明保险单必须由被保险人签名。在唐某某代签保单后，保费已经交付，保险公司业务员也未提出异议，唐某某代签保险合同是由保险公司导致的。从这一事实来看，保险公司有利用投保人不熟悉保险规则，任由或引诱被保险人亲友代签保单，规避理赔责任的嫌疑。一审法院适用法律正确。本案投保人和被保险人同为徐某某一人，其投保有真实意思表示，不存在自己作为被保险人还要经过自己同意的情形。本案投保人已按约交了保费，上诉人应承担保险责任，请求驳回上诉人的上诉请求。

二审认定的基本事实与一审判决认定的一致。二审法院认为，我国《保险法》（2002年）第56条第1款规定，以死亡为给付保险金条件的合同，未经被保险人书面同意并认可保险金额的，合同无效。该条是关于第三人订立死亡保险合同的限制性规定。一审认为该条规范的是投保人与被保险人不为同一人时的情形，该种合同的生效与否取决于被保险人的意愿，被保险人同意后还必须以书面形式表示意思方能生效。该解释符合立法原意。本案投保人与被保险人同为徐某某，唐某某在签字时徐某某本人在场，可视为徐某某本人同意。保险公司业务员对此未表示异议，保险合同是生效的。保险事件发生，保险公司应当按保险合同承担保险金支付义务。一审判决支持被上诉人的诉讼请求，符合法律规定，处理正确，予以维持。判决驳回上诉，维持原判。①

案例分析指引

1. 保险法对死亡保险的成立和生效要件有什么特别规定？如何理解被保险人的同意和认可保险金额？

2. 本案中，涉案人身保险合同是否为死亡保险？其投保人和被保险人是否相同？该合同的成立和生效是否应当满足我国保险法规定的死亡保险合同的特别生效要件？

3. 本案中，涉案人身保险合同是否已经成立并生效？足以认定保险合同成立的法律事实有哪些？

案例参考 44

人寿保险合同的无效与保险费退还

王某某和保险公司因人寿保险合同是否有效的纠纷，产生诉讼。

原审法院审理查明：2008年3月，王某某为其子女在保险公司投保了3份人寿保险，保险单号码分别为000147049272008、000159374635008和000176320321008。王某某交纳保险费至2010年底。2009年2月9日，王某某从保险公司领取了000147049272008号保险单项下的个人账户的现金价值，保险公司在保全批单中注明本次部分领取费用220元从个人账户价值中扣除。2009年7月21日，王某某分别从保险公司领取了000147049272008号和000159374635008号保险单项下个人账户内的现金价值8000元、6000元，保险公司分别在保全批单中注明本次部分领取费用240元、180元从个人账户价值中扣除。2010年4月9日，王某某分别从保险公司领取了000147049272008号和000159374635008号保险单项下个人账户内的现金价值8000元、5000元，保险公司分别在保全批单中注明本次部分领取费用160元、100元从个人账户价值中扣除。2010年7月14日，王某某委托其子陈某某从

---

① 参见江西省赣州市中级人民法院（2010）赣中民四终字第53号民事判决书。

保险公司领取了 000176320321008 保险单项下账户内的生存保险金 3615.89 元。2011 年 1 月 6 日，王某某以 000176320321008 号保险单的现金价值为质押，与保险公司签订了保单借款协议书，从保险公司借款人民币 12000 元，借款利率为年利率 5.35%，借款期限为 6 个月。借期届满后，王某某未依约偿还借款本息。

王某某申请解除保险合同，2011 年 4 月 27 日，保险公司为王某某办理了 000147049272008 号和 000159374635008 号保险单的退保手续，分别退还给王某某 7880 元和 6720 元；同年 4 月 29 日，保险公司为王某某办理了 000176320321008 号保险单的退保手续，在扣除保单贷款应交本息 12193.45 元（其中本金 12000 元，利息 193.45 元）后退还给了王某某余款 22734.67 元。

诉讼中，王某某要求支付 000147049272008 号保险单下按 7% 贷款利率产生的保险费利息 2955 元，并退还保险公司扣除的提前支取保险金产生的费用 620 元，合计 3575 元；支付 000159374635008 号保险单下按 7% 贷款利率产生的保险费利息 1988 元，并退还保险公司扣除的提前支取保险金产生的费用 280 元，合计 2268 元；支付 000176320321008 号保险单下按 7% 贷款利率产生的保险费利息 5457 元，并退还保险公司扣除的借款 12000 元产生的利息 193.45 元，合计 5650.45 元。以上共计 11493.45 元。

王某某称，其 2010 年到保险公司领取生存保险金时，保险公司认为投保单中没有被保险人本人签字，保险合同无效，让其退保。2011 年 4 月，保险公司根据其申请对涉案保险单办理了退保手续，退还给了其部分保险费。王某某认为，因保险公司确认保险单无效，其应支付收取保险费期间产生的利息。因现金价值本身是其本人的资金，其以保险单的现金价值质押借款产生的借款利息，被上诉人保险公司亦不能扣除，应予以退还。

但王某某夫妇于 2011 年 1 月 26 日给保险公司出具的信函中，自认其是自愿从保险公司购买保险，到领取年金时，需要被保险人本人签字，其儿女知道了保险的事情后很反感，不同意签字，均要求退保。另，原审法院调查了保险公司办理涉案保险合同退保事宜的张某某。张某某称，在 2010 年王某某领取生存保险金时，其子女到场后称投保单中被保险人的签字非其本人所签，是由王某某代签的，认为投保无效要求全额退保。后经保险公司电话回访，在电话回访中王某某称投保人及被保险人签字均是投保人和被保险人本人所签。张某某还称，保险业务员称投保单是王某某拿回去签的字，非当着业务员的面所代签。业务员并不知晓被保险人的签字不是被保险人本人所签。

原审法院认为：当事人对自己提出的诉讼请求所依据的事实有责任提供证据加以证明。王某某和保险公司对王某某退保达成了合意，保险公司根据王某某的退保申请为其办理了退保手续，并在扣除了王某某欠付的贷款本息、提前支取保险金产生的费用后，退还给了王某某部分保险费的事实清楚。王某某认为投保单中被保险人签字系保险公司工作人员代签，但保险公司对此否认，王某某又不能提供证据佐证。根据王某某给保险公司领导出具的信函及原审法院对张某某的调查笔录等证据综合认定，王某某在投保时明知被保险人处应由被保险人本人签字，且其在保险公司电话回访时对此亦自认，故导致退保的责任不在保险公司，王某某要求保险公司支付收取保险费产生的利息损失没有事实和法律依据。保险公司基于双方签订的保险合同及保单借款协议书的约定，在退保时分别扣除了提前支取保险金产生的费用及借款本息，符合合同约定，且不违反国家法律、行政法规之规定，为合理费用。判决驳回王某某的诉讼请求。

王某某不服一审判决，提起上诉。王某某认为，导致退保的责任在保险公司。因保险合同无被保险人的签字认可，保险公司认为该合同无效，保险公司在退保时扣除提前支取保险金产生的费用及借款本息，没有事实和法律依据。保险公司答辩称，王某某解除保险合同，保险公司应退还保单现金价值；但基于人性化考虑，保险公司全额退还了王某某的所有保费。

二审法院审理查明，涉案三份保险合同保险条款均含有以被保险人死亡为给付保险金条件的内容。二审查明的其他事实与原审法院查明的事实一致。

二审法院认为，依照《保险法》（2009年）第34条第1款的规定，涉案保险合同中均含有以被保险人死亡为给付保险金条件的条款，且保险合同中被保险人的签字均不是其本人所签，被保险人也不同意投保，故涉案保险合同应认定无效，对王某某关于涉案合同无效的主张予以支持。《合同法》第58条规定，合同无效或者被撤销后，因该合同取得的财产，应当予以返还；不能返还或者没有必要返还的，应当折价补偿。有过错的一方应当赔偿对方因此所受到的损失，双方都有过错的，应当各自承担相应的责任。依据上述规定，本案保险合同无效，保险公司应全额退还王某某所交保险费，并赔偿王某某所交保费的利息损失。

保险公司已全额退还王某某所交保费，予以确认。保险公司作为专业保险机构，应对涉案合同无效承担全部责任，故保险公司应赔偿王某某主张的所交保费的利息损失共计10400元。因涉案保险合同无效，保险公司扣除上诉人提前支取保险金产生的费用共计900元，没有依据，应予以退还。但王某某要求保险公司退还借款利息193.45元，没有依据，不予支持。判决保险公司赔偿王某某损失并退还费用共计11300元。①

案例分析指引

1. 保险法对死亡保险的成立和生效要件有什么特别规定？

2. 本案中，涉案人寿保险合同的订立是否经被保险人同意？其保险金额是否经被保险人认可？

3. 本案中，涉案人寿保险合同具有现金价值吗？保险公司为什么要求投保人退保却将保险费全部退还给投保人？

4. 本案中，投保人订立人寿保险合同未经被保险人同意和认可保险金额，保险合同无效的责任是否应当由保险公司一方负担？

第二节　人身保险利益

一　人身保险利益法定主义

投保人以自己的身体或者寿命为保险标的，订立人身保险合同的，有保险利益。投保人以他人的身体或者寿命为保险标的，订立人身保险合同的，应当对被保险人有保险利益，没有保险利益的，订立的人身保险合同无效。

依照我国保险法的规定，投保人对下列人员具有保险利益：（1）本人；（2）配偶、子女、父母；（3）前项以外与投保人有抚养、赡养或者扶养关系的家庭其他成员、近亲属；（4）与投保人有劳动关系的劳动者。除此以外，被保险人同意投保人为其订立合同的，视为投保人对被保险人具有保险利益。②人身保险利益是投保人对自己的寿命或者身体所具有的所属关系，以及投保人和被保险人之间的亲属关系和

---

① 参见山东省烟台市中级人民法院（2014）烟商二终字第442号民事判决书。

② 参见《保险法》（2015年）第31条第1款。

信赖关系。投保人对自己的身体或者寿命具有保险利益,是因为投保人对自己的寿命或者身体拥有无限的利益;但投保人对作为被保险人的他人是否具有保险利益,并不取决于投保人和被保险人相互间是否有利害关系,而是取决于法律对信赖关系的特别规定。

二 人身保险利益的表现形式

(一) 本人

本人是指投保人自己。任何人对于自己的身体或者寿命,有无限的利益。投保人以其本人的寿命或者身体为保险标的,在法律允许的限度内,可以任意为本人的利益或者他人的利益订立保险合同,并可以任意约定保险金额。

(二) 配偶、子女或者父母

配偶、子女或者父母,是指投保人的配偶、子女或者父母,为投保人的家庭成员。依照一般观念,家庭成员相互间具有保险利益。家庭成员相互间有亲属、血缘以及经济上的利害关系,投保人以其家庭成员的身体或者寿命为保险标的订立保险合同的,应当具有保险利益。投保人的配偶,是指与投保人处于合法婚姻关系中的另一方当事人,夫妻互为配偶。投保人的子女,是指投保人的最近的晚辈直系亲属,包括投保人的婚生子女、非婚生子女、养子女和有扶养关系的继子女。投保人的父母,是指投保人的最近的直系尊亲属,包括生父母、养父母以及有扶养关系的继父母。

(三) 其他家庭成员、近亲属

其他家庭成员、近亲属,是指除投保人的配偶、子女或者父母以外的、与投保人具有扶养关系或者赡养关系(即共同生活关系)的人,主要包括与投保人有共同生活关系的祖父母、外祖父母、孙子女以及外孙子女等直系血亲,或与其有共同生活关系的亲兄弟姐妹、养兄弟姐妹、有扶养关系的继兄弟姐妹等旁系血亲。投保人对其他家庭成员、近亲属有保险利益的,应当以投保人和其他家庭成员、近亲属之间存在共同生活关系为前提。

(四) 有劳动关系的劳动者

有劳动关系的劳动者,是指与投保人形成劳动关系的人。投保人对与其有劳动关系的人,有保险利益。有劳动关系的劳动者,应当作广义的解释,包括与投保人有着雇佣关系、人事关系、聘用关系、劳动合同关系的人员,不论这些人员与投保人之间是否订立有书面的合同,也不论他们之间存在这种关系的期限长短,只要订立保险合同时具有这些关系即可。例如,企业、事业单位可以其员工或者职工为被保险人,订立团体人身保险合同。

(五)被保险人同意

被保险人同意,是指被保险人允许投保人以被保险人的寿命或者身体订立人身保险合同的意思表示。投保人和被保险人之间没有前述法定亲属关系或者信赖关系的,只要被保险人有允许投保人订立人身保险合同的意思表示,即视为投保人对被保险人有保险利益。作为人身保险利益表现形式的被保险人同意,可以是口头的,也可以是书面的,其法律效果与投保人和被保险人间有法定的亲属关系或信赖关系时所体现的保险利益相同。被保险人同意,不仅是投保人从被保险人处取得保险利益的一种法律事实,而且是投保人对被保险人具有保险利益的一种表现形式。

案例参考 45

投保人对其雇员具有保险利益

2013年4月24日,金葵花公司为其物业小区的园林绿化工人和保洁工人在保险公司处投保了团体人身意外伤害保险、附加意外伤害医疗保险等,被保险人人数共100人,保险期间为2013年4月26日0时起至2014年4月26日0时止。同日,金葵花公司与保险公司签订了月批改保险补充协议,对新入职员工加入保险计划作出了约定。

2014年2月23日,龚某某在某小区爬树修剪枝叶的过程中摔下受伤,住院治疗69天,花费医疗费95121.3元。经司法鉴定,龚某某的伤残等级为八级伤残。对于本次事故,保险公司向龚某某支付了43450元保险金,证实龚某某为"广东鼎大物业发展有限公司"(下称"鼎大公司")投保的被保险人。

2014年2月24日,金葵花公司向保险公司提出被保险人员批改申请,填写了团体人身意外伤害保险人员批改申请书,把被保险人吴某某变更为龚某某。保险公司向金葵花公司出具了批单,对批改人员予以确认。龚某某向保险公司申请理赔,保险公司以龚某某事故在发生时不属于被保险人为由,拒绝赔偿。龚某某诉请保险公司向其支付八级残疾保险金22500元(300000×7.5%)、住院津贴2760元(住院69天×40元/天)、医疗费51571.3元(95121.3元-已获赔43450元-免赔额100

元），共计76831.3元，另诉请前述款项的逾期利息。

一审法院认为，本案为人身保险合同纠纷。本案的争议焦点为龚某某是否为涉案保险合同的被保险人。龚某某提交的证据不足以证实其为投保人金葵花公司的员工。龚某某是鼎大公司的员工，与鼎大公司存在劳动关系，鼎大公司对龚某某具有保险利益，且已经获得该公司为其投保的由保险公司支付的保险赔偿金，在涉案事故发生时，金葵花公司与龚某某也存在劳动关系并具有保险利益不合常理。龚某某于2014年2月23日发生意外事故，金葵花公司于2014年2月24日向保险公司提出被保险人员批改申请，但并未向保险公司告知龚某某已经发生意外事故，违反保险法的最大诚信原则。龚某某在事故发生时不属于涉案保险合同的被保险人，龚某某的诉求没有相关的合同依据，判决驳回龚某某的诉讼请求。

龚某某不服一审判决，提起上诉。二审法院经审理对一审法院查明的事实予以确认。二审法院另查明：龚某某于二审期间提交了证实其与金葵花公司存在劳动关系的入职证明、入职后的工资清单等。保险公司于二审庭审中明确，其拒赔的理由为龚某某不属于涉案保险合同的被保险人，保险合同订立时投保人对其没有保险利益。

二审法院认为，首先，已有的事实可证实龚某某系金葵花公司的员工，依据《保险法》（2009年）第31条第1款第（4）项之规定，金葵花公司对龚某某具有保险利益。其次，本案所涉保险合同属于团体保险合同，被保险人为金葵花公司的员工，由于金葵花公司雇员流动性较大，因此双方根据金葵花公司员工的实际情况对新入以及离职人员批改申请进行了补充约定。根据月批改保险补充协议有关约定，"本保险方案为记名承保方案。投保人在投保之后须在每月26日前提供前三十日入职和离职员工清单（遇节假日则顺延）给保险人进行批改和结算保费。新入职员工保险生效日以其入职日为准，对于新入职不满三十日的员工出险，理赔保险金时必须提供出险当月的工资单和用人单位出具的被保险人人事证明或聘用合同；如被保险人未在规定时间内进行变更的，我司不承担被保险人变更前发生的保险责任，仅承担变更后发生的保险责任"，金葵花公司已按照上述约定期限（即每月26日前）于2014年2月24日向保险公司提出批改申请，保险公司已于2014年2月25日作出批单，龚某某的保险生效日应当以其入职时间即2014年2月17日为准，龚某某在入职后于2014年2月23日发生保险事故，保险公司应当承担保险责任。一方面，依据上述补充协议约定，投保人在申请批改时并不负有告知龚某某已经发生保险事故的义务；另一方面，投保人有无在申请批改时将龚某某已发生保险事故的情况告知保险公司并不影响保险公司应承担本案的保险责任。最后，尽管保险公司已经赔付龚某某保险赔偿金，但龚某某在本案中诉求的保险赔偿金与其已经获得的保险赔偿金并不存在重合之处，且法律也并不禁止投保人向多家保险公司投保。

综上，保险公司拒赔的理由不成立，保险公司二审明确表示对龚某某主张的保险赔偿金计算方式无异议，对此予以确认，依照《保险法》（2009年）第13条、第31条第1款第（4）项的规定，判决保险公司向龚某某支付保险金76831.3元以及逾期付款利息。①

案例分析指引

1. 雇主对雇员具有保险利益吗？我国保险法是如何规定的？
2. 本案中，二审法院为什么认为投保人金葵花公司对龚某某具有保险利益？
3. 本案中，二审法院为什么认为龚某某发生保险事故时为涉案保险合同的被保险人，且保险事故发生在保险期间？

第三节　受益人

一　受益人的法律地位

（一）受益人的意义

受益人，是指经被保险人或者投保人指定，按照人身保险合同约定对保险人享有保险金请求权的人。受益人为人身保险合同特有的关系人，投保人、被保险人或者第三人，均可以为受益人。受益人并不参与保险合同的订立，其仅因被保险人或者投保人的意思，享有人身保险合同约定的利益。受益人仅能依照保险合同的约定对保险人享有保险金请求权。

我国保险法在有关指定或变更受益人的权利归属上，实行"双轨制"，即被保险人和投保人均有权指定或变更受益人。但观保险法规定

---

① 参见广东省东莞市中级人民法院（2015）东中法民二终字第1176号民事判决书。

之内容，投保人指定或变更受益人的，应当征得被保险人的同意，而被保险人指定或者变更受益人（包括投保人指定的受益人），则无须取得投保人的同意或者通知投保人。[①] 由此可见，被保险人是指定或变更受益人的真正权利人。

（二）受益人与保险合同的关系

受益人的法律地位，源于被保险人或者投保人的指定，与保险人是否接受被保险人或者投保人的指定没有关系。订立保险合同时，投保人以投保单的申报指定受益人，保险人同意承保并在签发的保险单上记载投保人在投保单中指定的受益人，但该受益人并非因为保险单的记载才取得受益人的地位，保险单的记载仅仅具有描述投保人指定受益人的意思的证据意义；即使保险人签发的保险单没有记载投保人在投保单的申报中指定的受益人，或者保险单的记载有误，投保人在投保单的申报中指定的受益人，也仍然具有受益人地位。这就是说，受益人地位的取得不是投保人和保险人订立合同时就受益人达成合意的结果。

在这个意义上，受益人地位的取得，不以保险人是否接受被保险人或者投保人的指定为必要。受益人依照被保险人或者投保人的单方意思表示即可取得保险合同约定的利益，至于保险合同对受益人是否有所约定或者记载，则非所问。

（三）受益人与被保险人的利益分配

我国保险法将被保险人和受益人列为保险合同的关系人，"享有保险金请求权"为受益人和被保险人的共同点，当被保险人与受益人非为同一人时，究竟谁享有保险金请求权？我国保险法对此没有具体的规定。在保险法理论上，受益人的地位源自被保险人的指定，其所享有的保险金请求权，并非其固有的权利，而是被保险人基于受益人的指定让与其保险金请求权的结果。因此，受益人的保险金请求权，以被保险人作出的指定受益人并让与保险金请求权的意思表示为准；被保险人可以部分让与、全部让与或者附条件让与保险金请求权。受益人的保险金请求权在被保险人指定受益人且让与保险金请求权的限度内优先于被保险人的保险金请求权。当然，被保险人指定受益人时，若对让与其保险金请求权的范围意思表示不明，则保险合同约定的保险金请求权在性质上应当归属于被保险人的，仍然属于被保险人，受益人并不能取得保险金请求权。保险合同约定之生存保险金给付，专为被保险人的生存利益而

[①] 参见《保险法》（2015年）第39条第1款和第2款。

存在，被保险人指定受益人时，若对生存金给付没有明确的意思表示表明其由受益人享有，则受益人并不能当然取得保险合同约定的生存金给付请求权。例如，中国人寿保险股份有限公司《个人保险基本条款》第5条第2款规定："除本合同另有指定外，本合同约定的除身故保险金外的其他保险金的受益人为被保险人本人。"

再者，投保人或被保险人没有指定受益人的，或者指定的受益人先于被保险人死亡，或者受益人和被保险人同时死亡的，或者受益人丧失受益权，又没有其他指定的受益人的，被保险人本人为受益人。如果投保人或被保险人已经指定了受益人，除非被保险人在死亡前予以变更或者撤销指定，发生保险事故后，保险人应当向受益人给付保险金。

二 受益人的指定

（一）被保险人指定受益人

订立人身保险合同时，被保险人有权指定受益人。我国保险法对指定受益人的范围和人数没有限制性的规定，被保险人指定的受益人，可以为自然人，也可以为法人，可以为1人，也可以为多人。被保险人可以指定投保人、被保险人本人或者其他任何人（第三人）为受益人。被保险人指定自然人为受益人时，不以具有民事行为能力的人或者与被保险人有利害关系的人为限，无民事行为能力人或者限制民事行为能力人，以及与被保险人没有任何利害关系的人，均可以被指定为受益人。被保险人指定受益人的，可以采取口头、书面或者其他形式。

需要注意的是，被保险人指定受益人的，若要发生私法上的效果，须以被保险人具有民事行为能力为要件。当被保险人为无民事行为能力人或者限制民事行为能力人时，其指定受益人的权利，由其监护人行使。[①] 无民事行为能力的被保险人的监护人在指定受益人时，与具有民事行为能力的被保险人指定受益人，并无法律效果上的差异。

被保险人指定受益人，不以人身保险合同订立时为限。订立人身保险合同时未指定受益人的，保险合同成立后，被保险人可以随时指定受益人。再者，人身保险合同订立时已经指定受益人的，保险合同成立后，被保险人还可以追加指定受益人。

被保险人指定受益人的行为，为单方行为。受益人的地位自被保险人为指定受益人的意思表示或行为时产生，自被保险人为指定受益人的

---

① 参见《保险法》（2015年）第39条第3款。

意思表示或行为时起，受益人即取得保险合同约定的保险金请求权。但是，被保险人指定受益人的意思表示，若要对保险人产生效力，须被保险人通知保险人其指定受益人的意思。被保险人指定受益人未通知保险人的，其受益人的指定对保险人不发生效力。被保险人将其指定受益人的意思通知保险人的，保险人依照保险合同的约定对该受益人承担给付保险金的责任。

（二）投保人指定受益人

订立人身保险合同时，投保人有权指定受益人。投保人指定的受益人，可以为自然人，也可以为法人。投保人可以指定投保人本人、被保险人或者第三人为受益人。订立保险合同时投保人未指定受益人的，保险合同成立后，投保人可以随时指定受益人。保险合同订立时已经指定受益人的，保险合同成立后，投保人还可以追加指定受益人。投保人指定的受益人死亡的，可以另为指定受益人。

但是，投保人为与其有劳动关系的劳动者投保人身保险，不得指定被保险人及其近亲属以外的人为受益人。[①] 投保人为与其有劳动关系的劳动者投保人身保险，指定被保险人及其近亲属以外的人为受益人的，指定行为无效；投保人指定的受益人为被保险人及其近亲属以外的人，即使经被保险人同意，其指定对于被保险人而言，亦不生效力。[②] 在此情形下，其他受益人或者被保险人（或其继承人）要求保险人给付保险金的，保险人不得以其已向投保人指定的、经被保险人同意的"被保险人及其近亲属以外的"受益人给付保险金为由，对抗其他受益人或者被保险人（或其继承人）的保险金给付请求。

投保人指定受益人的，应当经被保险人同意。投保人指定受益人以被保险人同意为生效要件；未经被保险人同意，投保人指定受益人不发生法律效力，该受益人不具有人身保险合同中的受益人地位。投保人指定受益人的，以事先取得被保险人的同意为必要。未事先取得被保险人同意的，投保人指定受益人后应当通知被保险人追认其对受益人的指定；被保险人不予追认的，投保人指定受益人的行为无效。

被保险人为无民事行为能力人或者限制民事行为能力人的，除非投保人本人为被保险人的监护人，投保人指定受益人应当经被保险人的监

---

① 参见《保险法》（2015年）第39条第2款。
② 参见最高人民法院《关于适用〈中华人民共和国保险法〉若干问题的解释（三）》第19条。

护人同意。

三　受益顺序和受益份额

受益顺序，是指人身保险的受益人所享有的保险金请求权的先后顺序或者顺位。受益人的受益顺序，由被保险人或投保人指定受益人时确定，未确定数个受益人的受益顺序的，视为各受益人的受益顺序相同。

受益份额，是指人身保险的相同受益顺序的受益人各自所享有的保险金请求权的份额。受益份额，由被保险人或投保人在指定受益人时确定，未确定数个受益人的受益份额的，视为各受益人的受益份额相同。

指定数人为受益人的，在指定时或其后，有必要确定各受益人的受益顺序以及同一受益顺序的各受益人的受益份额。依照我国保险法的规定，受益人为数人的，被保险人或者投保人可以确定受益顺序和受益份额；未确定受益份额的，受益人按照相等份额享有受益权。[①] 依照被保险人或投保人指定受益人的意思，不能确定数个受益人的受益顺序或者受益份额的，各受益人按照相等份额享有保险金请求权。

受益顺序在先的受益人，依照被保险人指定受益人的意思，享有保险合同约定的全部或者部分保险金利益；受益顺序在后的受益人，唯有在受益顺序在先的受益人不能行使受益权或者丧失受益权时，才能依照被保险人指定受益人的意思享受保险合同约定的保险金利益。因此，保险实务中，在被保险人确定数个受益人的受益顺序时，受益顺序不以两个顺序为限，可以确定两个以上的受益顺序。相应地，被保险人或投保人可以将不同的受益人分别置于相应的受益顺序，从而会有第一顺位受益人（the primary beneficiary）、第二顺位受益人（the secondary beneficiary）等称谓。当第一顺位受益人先于被保险人死亡时，无须在人身保险单上批注或加贴批单，第二顺位受益人自动取得请求给付保险金的权利。在所有指定的受益人先于被保险人死亡的情形下，被保险人的遗产一般会被指定为最后顺位的受益人。[②]

此外，被保险人或投保人指定数人为受益人，部分受益人在保险事故发生前死亡、放弃受益权或者依法丧失受益权的，该受益人应得的受

---

① 参见《保险法》（2015年）第40条。
② See John F. Dobby, *Insurance Law* (West Publishing Co., 1981), p.100.

益份额按照被保险人或投保人指定受益人的意思（按照保险合同的约定）处理；无相应的意思或者意思不明（保险合同没有约定或者约定不明）的，该受益人应得的受益份额按照以下情形分别处理：（1）未约定受益顺序和受益份额的，由其他受益人平均享有；（2）未约定受益顺序但约定受益份额的，由其他受益人按照相应比例享有；（3）约定受益顺序但未约定受益份额的，由同顺序的其他受益人平均享有；同一顺序没有其他受益人的，由后一顺序的受益人平均享有；（4）约定受益顺序和受益份额的，由同顺序的其他受益人按照相应比例享有；同一顺序没有其他受益人的，由后一顺序的受益人按照相应比例享有。[1]

四 受益人的变更

受益人的变更，是指已经指定的受益人的状态因被保险人或投保人的意思表示的变化而发生的变化，如撤销已指定的受益人、改变受益人的受益顺序或者受益份额、追加指定新受益人等。人身保险合同的受益人之法律地位，源自被保险人或投保人的指定。被保险人或投保人指定受益人的行为，为单方行为，即时生效；但保险事故发生前，受益人的法律地位始终受制于被保险人或投保人的意思。所以，被保险人或投保人可以随时撤销或者变更其已经作出的指定受益人的行为或意思表示，以恢复或者改变因受益人的指定而引起的法律关系。

指定受益人后，被保险人或投保人可以变更受益人的指定；投保人变更受益人的指定的，应当经被保险人同意。被保险人或投保人变更受益人的意思，应当书面通知保险人；保险人在收到被保险人或者投保人变更受益人的通知后，应当在保险单或者其他保险凭证上批注或者加贴批单。[2] 如同受益人的指定，被保险人或投保人变更受益人的意思表示，为单方的意思表示，于其作出时，即时生效。[3] 被保险人或者投保人变更受益人，不以其本人原先指定的受益人为限。被保险人可以变更自己原先指定的受益人，也可以变更投保人经其同意而指定的受益人。被保险人变更受益人的，无须将其变更的事实通知投保人，但应当通知保险人。投保人可以变更自己原先指定的受益人，也可以变更被保险人

---

[1] 参见最高人民法院《关于适用〈中华人民共和国保险法〉若干问题的解释（三）》第22条。
[2] 参见《保险法》（2015年）第41条。
[3] 参见最高人民法院《关于适用〈中华人民共和国保险法〉若干问题的解释（三）》第20条第1款。

指定的受益人。投保人变更受益人的，必须征得被保险人的同意；被保险人为无民事行为能力人或限制民事行为能力人的，必须经被保险人的监护人同意；未经被保险人同意的，投保人不得变更已经指定的受益人。此外，投保人为与其有劳动关系的劳动者投保人身保险，变更受益人时，仅能以被保险人及其近亲属为限对受益人作出变更，变更后的受益人如有被保险人及其近亲属以外的人，则涉及此等人员的变更部分不生效力。①

被保险人或者投保人变更受益人的，有变更受益人的意思表示便可，不以保险人在保险单或者其他保险凭证上批注或者加贴批单为必要。但是，被保险人或者投保人变更受益人没有通知保险人的，保险人对变更前的受益人为保险金给付的，其给付有效。② 例如，被保险人或者投保人变更受益人没有通知保险人的，保险人善意对原指定的受益人为保险给付，则其向指定在后的受益人为保险给付的义务消灭。③

应注意的是，被保险人或者投保人变更受益人的，应当在保险事故发生前为之；保险事故一旦发生，受益人的地位便永久固定，不应发生受益人的变更问题。因此，保险事故发生后，被保险人或投保人变更受益人的，其变更无效，对原先指定的受益人请求保险人给付保险金的权利不发生影响。④

五 受益权的消灭

受益权是受益人依照被保险人或者投保人的指定意思而享有的保险金请求权。受益人请求给付保险金的权利，以其在保险合同约定的保险金给付条件成就时或保险事故发生前尚生存为条件。保险事故发生前，受益人死亡的，其受益权消灭。因此，保险事故发生前受益人死亡的，其继承人不得主张继承该受益人的权利。

再者，享有死亡保险金请求权的受益人，先于被保险人死亡的，其受益权消灭。受益人先于被保险人死亡，又没有其他受益人的，死亡保险金作为被保险人的遗产，由保险人向被保险人的继承人履行给付保险

---

① 参见《保险法》（2015 年）第 39 条第 2 款。
② 参见最高人民法院《关于适用〈中华人民共和国保险法〉若干问题的解释（三）》第 20 条第 2 款。
③ 参见桂裕《保险法论》，三民书局，1981，第 146 页。
④ 参见最高人民法院《关于适用〈中华人民共和国保险法〉若干问题的解释（三）》第 21 条。

金的义务。被保险人和受益人在同一事件中死亡,且不能确定死亡先后顺序的,受益人的受益权是否消灭?在美国,多数州的保险法采用"同时死亡示范法"(The Uniform Simultaneous Death Act),规定人寿保险或者意外伤害保险的被保险人和受益人已经死亡,但没有足够的证据可以排除其同时死亡的,推定被保险人后于受益人死亡。[1] 在此情形下,受益人的受益权消灭,其继承人不可向保险人请求给付保险金。这就是说,受益人与被保险人在同一事件中死亡,且不能确定死亡先后顺序的,推定受益人死亡在先,其受益权消灭;如果没有其他受益人,死亡保险金作为被保险人的遗产,由保险人向被保险人的继承人履行给付保险金的义务。[2]

受益人故意造成被保险人死亡、伤残、疾病的,丧失受益权。在观念上,受益人故意造成被保险人死亡、伤残或者疾病,无异于图财害命,若仍有权请求保险人给付保险金,有背公序良俗。[3] 因此,我国保险法规定,受益人故意造成被保险人死亡、伤残、疾病的,或者故意杀害被保险人未遂的,该受益人丧失受益权。[4]

【案例参考 46】

投保人未经被保险人同意指定受益人无效

1989年2月,厦门市某海洋渔业公司(下称"渔业公司")以其职工为被保险人,按照中国人民保险公司1981年12月18日《简易人身保险条款(甲种)》的规定,向中国人民保险公司厦门市思明区支公司(下称"保险公司")集体投保简易人身保险,保险期限为5年,保险金额为每人1700元,保险费为每月10元。投保人和保险人双方还口头约定,受益人为投保人。合同签订后,渔业公司依约向保险公司交付保险费。对此,作为被保险人的该公司职工一概不知。同年3月4日,渔业公司所属"闽厦渔0173号"渔船在海上失火沉没,船上渔民(公司职工)蔡建春等21名被保险人遇难死亡。同月21日,保险公司根据保险合同,向渔业公司支付了21名死亡的被保险人保险金(每人

---

[1] See John F. Dobby, *Insurance Law* (West Publishing Co., 1981), p. 104.
[2] 参见《保险法》(2015年)第42条。
[3] 参见郑玉波《保险法论》,三民书局,1978,第172页。
[4] 参见《保险法》(2015年)第43条第2款。

1700元）合计35700元。但本案原告作为被保险人的法定继承人未领到这一笔保险金。同年5月、6月，原告从新闻媒体获悉渔业公司已为蔡建春等21名遇难者投保简易人身保险，即多次向保险公司及渔业公司索要保险金，但无结果。1992年10月26日，蔡十根等19名原告以渔业公司、保险公司为被告，向厦门市某区法院提起诉讼，要求被告支付21名遇难渔民的保险金35700元。

另外，渔业公司于1992年11月10日将名称变更为厦门海洋实业总公司。1991年1月，经中国人民银行批准，厦门市人寿保险公司成立，原中国人民保险公司厦门市分公司及其分支机构签订的有关人身保险的合同及债权债务转为由厦门市人寿保险公司承担。因此，厦门市某区法院依法将被告变更为厦门市人寿保险公司，将厦门海洋实业总公司列为第三人，参加诉讼。

法院经审理认为：渔业公司与保险公司签订的简易人身保险合同是有效的，应予以认可。保险双方虽然口头约定受益人为投保人，但未经被保险人的认可，这种约定是无效的，保险人应向被保险人的法定继承人给付保险金。厦门海洋实业总公司从保险人处获取保险金，没有法律根据，属不当得利，应予以返还。经调解，双方当事人及第三人达成调解协议：（1）由厦门海洋实业总公司向原告支付保险金21000元（每名被保险人保险金1000元，共计21名被保险人）；（2）原告自愿放弃其他诉讼请求。法院据此于1993年3月12日制发了调解书。①

案例分析指引

1. 如何确认人身保险合同的受益人地位？未指定受益人的，被保险人的法定继承人是否为受益人？

2. 本案中，投保人指定自己为受益人是否征得了被保险人的同意？

3. 本案中，投保人指定自己为受益人的行为无效，发生保险事故时，保险公司应当如何给付保险金？

4. 本案中，保险公司已向投保人指定无效的受益人（投保人）给付保险金，可否免其向其他保险给付请求权人给付保险金的义务？

---

① 参见最高人民法院中国应用法学研究所编《人民法院案例选》（一九九三年第二辑），人民法院出版社，1993，第132页下。

第四节 保险事故与保险金给付

一 保险事故的类型

人身保险的保险事故,又称保险人给付保险金的条件,是指保险人对被保险人或者受益人承担保险金给付责任的、保险合同约定的事故或事件。通常不论引起这些法律事实的是何原因,任何导致保险人对被保险人或者受益人承担给付保险金责任的各种法律事实,如被保险人生存到合同约定日,被保险人死亡、伤残、疾病、分娩等,均可由人身保险合同约定为保险事故。

(一) 生存到合同约定日

被保险人生存到合同约定日,如保险期间届满日、合同约定的周年日,或者被保险人的出生日等,是保险人给付生存保险金的条件。被保险人在保险合同约定的具体时间点仍然生存的,保险人应当向被保险人或者受益人给付生存保险金。

一般而言,被保险人生存到合同约定日,为具有现金价值的人身保险合同的特有保险事故,适用于生存保险和生死两全保险。例如,幸福人寿保险股份有限公司《幸福财富人生两全保险(分红型)条款》2.3规定:"自本主险合同生效后的第三个保险单周年日起,若被保险人生存,我们按本主险合同约定基本保险金额的一定比例于每个保险单周年日给付生存保险金,直至保险期满。首次给付的生存保险金等于基本保险金额的百分之二点四(2.4%),自第四个保险单周年日起直至被保险人年满80周岁或88周岁(具体年龄,投保时选择)的首个保险单周年日(含),生存保险金等于基本保险金额的百分之零点八(0.8%)。"但是,长期的健康保险和意外伤害保险也可以将生存到合同约定日作为保险人"给付满期保险金"的条件。

(二) 死亡

死亡,又称被保险人身故,为自然人寿命的停止或者消灭。不论引起被保险人死亡的原因为何,亦不论被保险人是自然死亡还是宣告死亡,人身保险合同均可以将被保险人死亡约定为保险人给付保险金的条件。因此,人寿保险、伤害保险和健康保险,都可以被保险人的死亡约定为保险人给付保险金的条件。将被保险人的死亡约定为保险事故的人身保险合同,又被称为"以被保险人的死亡为给付保险金条件"的人身保险合同，简称死亡保险合同。

但是，保险法或者保险合同将被保险人的死亡及其原因作为保险人给付保险金条件另有限定的，依照其限定。例如，人身保险合同成立后2年内被保险人自杀的，此等情形的被保险人死亡，不得为保险人给付保险金的条件。依照保险合同的约定，被保险人死亡时，保险人应当向受益人或者被保险人的遗产给付死亡保险金。

（三）伤残

伤残，又称意外伤害，是指自然人（被保险人）的身体、组织、机能因身体以外的原因受到损害，全部丧失或者部分丧失其应有功能的现象。一般而言，被保险人的伤残是意外伤害保险合同约定的保险事故。例如，中国人寿保险股份有限公司《国寿个人综合意外伤害保险利益条款》第4条规定："在本合同保险期间内，被保险人遭受意外伤害，本公司依下列约定承担保险责任：……。"第13条释义部分规定："意外伤害：指遭受外来的、突发的、非本意的、非疾病的客观事件直接致使身体受到的伤害。"

由意外造成被保险人伤残的，保险人依照合同约定，按照被保险人的伤残程度，向被保险人或者受益人给付相应的伤残或者残疾保险金。但是，被保险人自杀、自残、投保人故意造成被保险人伤残、被保险人故意犯罪或者抗拒依法采取的刑事强制措施导致其伤残的，保险人不承担给付保险金的责任。

（四）疾病和分娩

疾病为自然人（被保险人）因自身内部原因所引起的肉体和精神的痛苦或者身体机能的欠缺或失常。一般而言，对于什么是疾病的问题，可以依照保险合同条款对疾病的描述予以限定，在有些情况下，疾病不单纯指被保险人的身体机能的失常，而仅仅是保险条款所选定的疾病的一部分。例如，中国人寿保险股份有限公司《国寿康宁宝贝少儿疾病保险利益条款》第5条规定："本合同所指疾病，是被保险人发生符合以下定义所述条件的疾病、疾病状态或手术，共计三十六种，其中第一种至第十九种为中国保险行业协会制定的《重大疾病保险的疾病定义使用规范》中列明的疾病，其他为本公司增加的疾病。疾病的名称及定义如下：……。"《国寿关爱女性特定疾病保险利益条款》第4条规定："本合同所指特定疾病，是被保险人发生符合以下定义所述条件的疾病、疾病状态或手术，共计三种，特定疾病的名称及定义如下：一、特定恶性肿瘤……。二、系统性红斑狼疮……。三、意外伤害面部整形手术……。"

疾病是健康保险合同约定的保险事故。同时，保险合同约定的疾病所导致的被保险人手术、死亡或者伤残，亦为健康保险的保险事故。另外，分娩为妇女生产子女的生理现象，包括流产在内，健康保险合同可以将其视为疾病的一种而将之约定为保险事故。

二 除外责任

原则上，保险人对被保险人的死亡、伤残、疾病承担给付保险金的责任。但保险人对被保险人承担给付保险金责任的条件是有限的，对被保险人的某些死亡、伤残、疾病，保险人依照保险法或者保险合同约定不承担给付保险金的责任。死亡、伤残、疾病对于被保险人而言，均属不利益，而保险人对于这些不利益是否应当承担保险责任，除与人身保险的性质相关外，更与保险法规定或者保险合同约定的除外责任相关。

（一）法定除外责任

依照保险法的规定，保险人在被保险人因以下情形死亡、伤残或者疾病时，不论人身保险合同是否有所约定，均不承担给付保险金的责任。

1. 已经发生的死亡、伤残和疾病

保险合同订立前，被保险人已经死亡或者伤残、罹患疾病的，保险人不承担给付保险金的责任。

2. 道德危险造成的被保险人死亡、伤残和疾病

投保人故意造成被保险人死亡、伤残或者疾病的，或者被保险人自杀、自残的，保险人不承担给付保险金的责任。

3. 被保险人故意违法造成的死亡和伤残

被保险人故意犯罪或者抗拒依法采取的刑事强制措施导致其伤残或者死亡的，保险人不承担给付保险金的责任。

（二）约定除外责任

依照人身保险合同的约定，保险人对被保险人的死亡、伤残或者疾病不承担给付保险金的责任的情形，均属于约定除外责任。原则上，对于保险合同没有约定的"除外"事故、事件或者原因，除非有法定除外责任的情形，保险人应当承担给付保险金的责任。但是，人身保险具有保险事故明确、清晰的特点，其所承保的被保险人的危险因为保险的性质以及保险合同用语的限定，无须明示已经将部分被保险人的死亡、伤残或疾病风险予以排除。一般而言，人身保险的约定除外责任，主要

有以下三种情形。

1. 人身保险合同约定的保险事故以外的被保险人的死亡、伤残和疾病

一般而言，人寿保险、健康保险和伤害保险约定的"保险事故"具有性质上的不同，如人寿保险不承保被保险人的疾病危险，健康保险不承保被保险人的生存利益，意外伤害保险不承保被保险人的疾病，健康保险不承保被保险人的意外伤害。尤其是人身保险中的健康保险，保险人通常只对保险合同选择的被保险人的若干或者特定的疾病承担给付保险金的责任，被保险人的其他疾病属于除外责任。因此，对于人身保险合同约定的保险事故以外的被保险人的死亡、伤残或疾病，保险人不承担给付保险金的责任。

2. 被保险人的异常危险行为导致的死亡、伤残和疾病

被保险人的异于平常的行为，如服用、吸食或者注射毒品，酒后驾驶机动车，无驾驶证驾驶机动车，探险，跳伞，潜水，攀岩，登山，武术比赛，赛马，赛车等，属于被保险人的异常危险行为。人身保险合同一般将被保险人的异常危险行为造成的被保险人死亡、伤残或疾病，约定为除外责任。

3. 异常危险事件造成的被保险人的死亡、伤残和疾病

地震、战争、军事冲突、暴乱、武装叛乱、恐怖袭击、核爆炸、核辐射或者核污染等意外事件，危险程度较其他危险为高，属于异常危险事件。人身保险合同一般将异常危险事件造成的被保险人死亡、伤残和疾病，约定为除外责任。

三　人身保险的保险金额

保险金额，是指人身保险合同约定的保险人向被保险人或者受益人给付保险金的基准额。保险实务中，人身保险合同约定的保险金额，常被称为"基本保险金额"。

人身保险的保险金额，在当事人任意约定时，并非不受限制。事实上，投保人和保险人约定的保险金额，具体数额往往事先由保险人加以规定，投保人只能在保险人已经限定的范围内选择其认为合适的保险金额。再者，对于人身保险的保险金额的约定，当法律已有特别限定时，其数额应当符合法律的特别规定。例如，未成年子女的父母可为其投保以死亡为给付保险金条件的人身保险，但被保险人死亡给付的保险金总

和不得超过保险监督管理机构规定的限额。① 再者，以他人为被保险人的人身保险合同，若约定以死亡为给付保险金条件，则其保险金额应当经被保险人"认可"；订立未经被保险人"认可"保险金额的死亡保险，保险合同无效。②

人身保险合同约定的保险金额，作为保险人承担给付保险金责任的基准额，仅仅是计算人身保险合同约定的保险人给付保险金数额的一个基础值，并非保险人承担给付保险金责任的最高限额。在许多场合，保险金额的约定是保险人承担给付保险金责任的最低限额。例如，意外伤害保险合同约定有"基本保险金额"，但同时又会依照意外伤害发生的原因的不同，在被保险人意外伤残或者死亡时，约定保险人按照基本保险金额或者数倍于基本保险金额的金额，向受益人或者被保险人给付保险金。

四　人身保险金的给付

（一）保险人的给付义务

人身保险合同约定的保险事故，为保险人承担给付保险金责任的条件。以被保险人的生存为保险事故的，保险人应当向被保险人给付生存保险金或者生存年金；以被保险人的死亡或者伤残为保险事故的，保险人应当向受益人或者被保险人给付死亡保险金或者残疾保险金；以被保险人患病为保险事故的，保险人应当向被保险人给付疾病保险金或住院医疗费用或补贴保险金。一旦人身保险合同约定的给付保险金的条件成就，保险人便应当按照合同约定给付保险金。

（二）保险金的给付方式

保险金的给付方式，依照人身保险合同的约定而确定。一般而言，人身保险合同约定的保险金的给付方式，主要有以下几种。

1. 全额保险金一次给付

全额保险金一次给付，是指给付保险金的条件成就时，保险人应当按照人身保险合同的约定，将应付的保险金全额一次以现金或票据的方式支付给受益人或者被保险人。人身保险合同约定全额保险金一次给付的，人身保险合同于给付保险金条件成就时终止效力。中国人寿保险股份有限公司《国寿99鸿福两全保险利益条款》第4条第2款规定：

---

① 参见《保险法》（2015年）第33条第2款。
② 参见《保险法》（2015年）第34条第1款。

"被保险人身故，本公司按保险单载明的保险金额给付身故保险金，本合同终止。"

2. 定期给付保险金

定期给付保险金，指保险人按照人身保险合同的约定，在合同约定的给付日，按照合同确定的比例，以年金结算的形式，将应付保险金折算成每期应付的金额，定期向被保险人或受益人支付保险金，直至保险期间届满。合同约定定期给付保险金的，被保险人在给付期间届满前死亡的，不影响保险人的定期给付保险金的责任，保险人应当按照合同约定定期向受益人为给付，直至保险合同的给付期间届满。

3. 定期给付定额保险金

定期给付定额保险金，指保险人按照人身保险合同的约定，以合同约定的保险金给付日为准，向被保险人或者受益人给付确定数额的保险金。保险人定期给付定额保险金的，每期给付的保险金数额相同。例如，中国人寿保险股份有限公司《国寿99鸿福两全保险利益条款》第4条第1款规定："被保险人于本合同生效之日起，生存至每三周年的生效对应日，本公司按保险单载明的保险金额的6%给付生存保险金。"

4. 给付终身年金

给付终身年金，指保险人按照人身保险合同的约定，定期向被保险人或受益人给付确定数额的保险金，直至被保险人或受益人死亡。终身年金的给付对象，依照保险合同的约定，可以是被保险人，亦可以是受益人。一般而言，被保险人为终身年金的受领人，被保险人死亡的，保险人给付终身年金的义务终止；受益人为终身年金的受领人的，保险人向受益人给付终身年金的义务不因被保险人的死亡而受影响。

5. 给付保险金的利息

给付保险金的利息，指保险人按照保险合同的约定，将保险金留存而仅将其产生的利息或投资收益，按年、季或月定期支付给被保险人或者受益人。保险金的利息，按照保险合同的约定可以为固定利率的收益，但其投资收益只能是浮动的收益。

（三）保险单现金价值的给付

长期人身保险合同具有现金价值。人身保险单的现金价值，原本属于被保险人或者投保人。对被保险人而言，现金价值为其在保险合同的存续期间所享有的不受合同效力影响的权益；对于保险人而言，现金价值则属于保险人可以利用而依法提取的责任准备金的组成部分，是对被保险人或者投保人的负债。我国保险法和保险实务将保险单现金价值的给付，称为"退还保险单的现金价值"。

人身保险单现金价值的给付，是保险人不承担给付保险金责任时对被保险人或者投保人承担的替代给付责任。人身保险单现金价值的给付，主要有以下情形。

1. 年龄误保而解除合同的

投保人申报的被保险人年龄不真实，并且其真实年龄不符合合同约定的年龄限制，保险人解除人身保险合同的，应当按照合同约定退还保险单的现金价值。①

2. 中止效力的合同被解除的

人身保险合同因为逾期未交保险费而效力中止，自效力中止之日起满2年，保险人与投保人经协商未达成复效协议，保险人解除保险合同的，应当按照合同约定退还保险单的现金价值。②

3. 投保人故意造成保险事故的

投保人故意造成被保险人死亡、伤残或者疾病的，保险人不承担给付保险金的责任；投保人已交足2年以上保险费的，保险人应当按照合同约定向其他权利人退还保险单的现金价值。③

4. 被保险人自杀的

以被保险人死亡为给付保险金条件的合同，自合同成立或者合同效力恢复之日起2年内，被保险人自杀的，保险人不承担给付保险金的责任，但应当按照保险合同的约定退还保险单的现金价值。④ 人身保险合同约定有不承担保险金给付责任的自杀条款的，被保险人自杀，保险合同效力终止，保险人应当按照保险合同的约定退还保险单的现金价值。

5. 被保险人故意犯罪的

被保险人故意犯罪或者抗拒依法采取的刑事强制措施导致其伤残或者死亡的，保险人不承担给付保险金的责任；投保人已交足2年以上保险费的，保险人应当按照合同约定退还保险单的现金价值。⑤

6. 投保人任意解除合同的

投保人解除人身保险合同的，保险人应当自收到解除合同通知之日

---

① 参见《保险法》（2015年）第32条。
② 参见《保险法》（2015年）第37条。
③ 参见《保险法》（2015年）第43条第1款。
④ 参见《保险法》（2015年）第44条。
⑤ 参见《保险法》（2015年）第45条。

起30日内,按照合同约定退还保险单的现金价值。①

7. 保险人因除外责任而不承担给付保险金责任的

被保险人在保险期间死亡、伤残或者发生疾病,因除外责任约定不属于保险事故,保险人不承担给付保险金的责任,保险合同的效力终止的,保险人应当按照合同约定退还保险单的现金价值。

> 案例参考 47

人身保险的保险事故之确认

2008年8月,李某某等的父亲李某通过保险代理业务员潘某某购买保险公司自助保险卡一份,支付保险费100元。保险卡载明的保险责任为:普通意外伤害身故残疾保险金50000元、工作期间意外伤害身故残疾保险金60000元,保险期限为1年。同年12月6日上午9点多钟,被保险人李某在某小区门卫值班期间对形迹可疑人进行盘问,形迹可疑人转身逃跑,李某和同事随后追撵,将形迹可疑人带回小区,报警后公安机关将可疑人带走,而后李某脸色发白突然昏迷,经抢救无效死亡。其抢救记录诊断:猝死。李某身故后,李某某向保险公司索赔无果,提起诉讼。形成本案诉讼。

审理本案的法院认为,李某某等的父亲李某购买保险公司的保险系双方自愿,且该保险卡对保险期间、投保险项、保险金额约定明确,应予确认。在保险期限内,李某为工作追赶形迹可疑人后猝死。李某的死亡与其生前追逐形迹可疑人时急烈活动这一特征存在必然的关联性,符合该保险的意外伤害保险条款第19条释义4中"意外伤害:指遭受外来的、突发的、不可预见的,非本意的疾病的客观事件而导致身体受到伤害"的情形。同时,李某猝死之原因亦非属意外伤害保险条款第5条规定的13种责任免除的情形。且保险公司亦未提供李某猝死系疾病所致的相关证据佐证。据此,李某某等以其父亲生前投保险种请求保险公司赔偿保险金60000元之理由成立,应予支持。保险公司所称李某死亡是其自身疾病导致,非属意外伤害保险范围,缺乏事实证据和法律依据,不予采信。判决保险公司向李某某等赔付保险金60000元。②

---

① 参见《保险法》(2015年)第47条。
② 参见河南省鲁山县人民法院(2009)鲁民初字第1715号民事判决书。

> **案例分析指引**

1. 什么是人身保险的保险事故？应当如何判断人身保险的保险事故？
2. 本案中，被保险人李某的猝死是否为意外伤害保险的保险事故？李某某对于被保险人的猝死的原因是否有举证责任？
3. 本案中，保险公司否认被保险人李某的猝死属于意外伤害保险的保险事故，是否应当承担举证责任？
4. 本案中，法院判决保险公司承担给付保险金的责任是否应以查明李某猝死的近因（外来原因）为条件？
5. 本案中，法院判决保险公司承担李某猝死的意外伤害保险责任是否为一种合理的价值判断？

第五节 人身保险合同的转让

一 人身保险合同转让的意义

人身保险合同转让，是指人身保险合同约定的利益或者负担向合同当事人和关系人以外的第三人的移转。在这个意义上，人身保险合同的转让，在相当程度上是指人身保险合同的当事人和关系人的变更。但应当注意：第一，人身保险合同不发生被保险人身份的转让问题，人身保险的被保险人不得变更；第二，人身保险合同的受益人因为被保险人或投保人的意思而变更的，与人身保险合同转让无关。

通常认为，合同可以转让，人身保险合同作为合同的一种，因此也可以转让。但常识告诉我们，并非所有的合同都可以转让。例如，根据合同性质不得转让的合同、按照当事人约定不得转让的合同以及法律规定不得转让的合同，不得转让。人身保险合同的标的为被保险人的身体或者寿命，具有专属性，故人身保险的标的不会发生转让或变更的问题。再者，人身保险合同可否因为人身保险合同的当事人一方之投保人或保险人的变更而发生转让，又会涉及人身保险合同的转让方式问题。因此，人身保险合同是否可以转让以及在何种程度上发生合同转让的效果，在相当程度上要取决于法律的规定。

人身保险合同的主体，较普通合同复杂得多，不仅有当事人而且有关系人；人身保险合同项下的权利义务关系，在当事人和关系人之间进行分配，也较普通合同的权利义务关系仅在当事人之间进行分配复杂得多。作为保险合同的当事人之投保人，对保险人承担交纳保险费的义务，但并不享有保险合同约定的给付利益；而作为保险合同的关系人之被保险人（受益人），并不承担交纳保险费的义务，但享有保险合同约定的给付利益以及与其利益相关的其他权利。因此，人身保险合同转让的问题不是普通合同转让的问题。

人身保险合同转让涉及人身保险合同的权益主体和权利义务关系所发生的变动，缺乏统一的分类标准。例如，因为保险人的"业务转让"而发生的人身保险合同转让、因为人身保险单的转让而发生的保险合同给付利益的转让等。再者，人身保险合同约定的给付利益是一种期待利益，期待利益可以转让。但是，因为发生保险事故，人身保险合同约定的给付利益转变为既得利益，此时的保险合同项下的给付利益的转让，会不同于"期待利益"的转让。因此，以保险事故的发生为基础，人身保险合同的转让可区分为保险事故发生前的转让和保险事故发生后的转让。保险事故发生前后，人身保险合同的转让在内容上是会存在重大区别的。

在这里，有必要关注人身保险合同转让的两种现象：其一，保险人转让人身保险合同，包括但不限于人身保险合同随保险人的业务移转而发生的转让；其二，人身保险单证的转让。

二 保险人转让人身保险合同

保险人为人身保险合同的当事人，具有转让人身保险合同的条件或基础。有学者认为，保险人转让人身保险合同，实质上是承担赔偿责任的主体的变更，直接关系到被保险人的合法权益能否得到切实保障的问题，在法律上十分复杂，有的国家甚至通过专门的立法对之加以调整。[①] 保险人作为人身保险合同的当事人，承担给付保险金的义务，其转让人身保险合同的，应当征得合同的相对人，即投保人的同意，这会在相当程度上抑制保险人转让人身保险合同。再者，人身保险合同具有持续性、长期性以及专属性的特点，保险人在实践中转让人身保险合同的现象并不多见。

保险人转让人身保险合同，多因保险人的业务变化或重组所致。依

---

① 参见李玉泉《保险法》（第二版），法律出版社，2003，第223~224页。

照我国保险法的规定，经营有人寿保险业务的保险公司被依法撤销或者被依法宣告破产的，其持有的人寿保险合同及责任准备金，必须转让给其他经营有人寿保险业务的保险公司；不能同其他保险公司达成转让协议的，由保险监督管理机构指定经营有人寿保险业务的保险公司接受转让。[①] 在此情形下，保险人转让人身保险合同的，被保险人或者受益人依约享有的权利，投保人依约承担的交费义务，相应有效于受让人身保险合同的保险公司。而且，保险人因为保险业务变化或业务重组转让人身保险合同的，不以投保人或者被保险人同意为条件。

三　人身保险单证的转让

人身保险单证的转让，是指人身保险单证的持有人或所有人将该单证转让给第三人的行为。

一般而言，人身保险单证具有现金价值，为有价证券。人身保险单证的实质为人身保险合同，但将之作为交易的标的而向第三方转让，足以彰显人身保险单证所具有的有价证券的流通属性。有学者认为，人寿保险单作为保单持有人的资产和投资手段，必须具有可转让性，必须在一定程度上能够自由转让，即可以买卖或馈赠。不合理地限制人寿保险单的转让，会从根本上限制人寿保险的作用，违反公共利益。[②] 但应当注意，人身保险单证的转让，虽可以归入人身保险合同转让的范畴，但其本质并非合同的转让。人身保险单证的转让，不涉及人身保险合同当事人和关系人的变更问题。人身保险单证的转让并不表明人身保险合同的投保人、被保险人或者受益人将发生变更，更不表明人身保险单证的受让人将承继人身保险合同的投保人地位。人身保险单证的转让，仅仅使得人身保险单证的受让人取得人身保险合同所约定的给付利益，在性质上可以表述为纯粹的债权让与。

在我国，因为缺乏人身保险单证的持有人或所有人制度，谁有权转让人身保险单证成为一个问题。人身保险合同的投保人、被保险人或受益人，均有成为人身保险单证的持有人或所有人的条件。投保人不享有人身保险合同约定的给付利益，但其持有保险单而成为保险单的所有权人，其可否转让人身保险单证，颇为值得研究。被保险人或者受益人为人身保险合同约定的给付利益的请求权人，可以转让人身保险单证，似

[①] 参见《保险法》（2015 年）第 92 条。
[②] 参见陈欣《保险法》，北京大学出版社，2000，第 126 页。

乎不应当有疑问。被保险人以外的人身保险单证的持有人转让人身保险单证的,应当经被保险人同意。例如,人身保险合同的受益人转让人身保险单证的,应当征得被保险人的同意;受益人以人身保险单证为他人提供担保的,亦同。① 此外,被保险人因保险事故死亡的,受益人或者有权请求保险金给付的其他权利人,如被保险人的继承人,可以将合同约定的保险金的全部或者部分转让给他人。②

案例参考 48

人身保险给付请求权的转让

2012年3月31日,烟台公司作为投保人在保险公司处投保了员工福利无忧型保障计划保险,合同约定:意外伤害保险金额为80000元,工伤导致的意外身故双倍赔付,保险金额为160000元,意外伤害医疗保险金额为10000元,意外住院津贴为30元/天。保险期间为自2012年4月1日至2013年3月31日。2012年5月25日,经烟台公司申请,保险公司签发批单同意增加包括孟某某在内的3人为被保险人。2013年1月23日,孟某某于施工期间从房梁上摔下来致创伤性休克死亡。2013年2月7日,烟台公司与孟某某的近亲属签订协议书,由烟台公司一次性赔偿孟某某近亲属各项损失及费用500000元,烟台公司为孟某某投保的保险所取得的赔偿款全部归烟台公司所有。被保险人孟某某去世时,其第一顺序继承人有父亲武某某、母亲林某某、妻子吕某某、女儿孟令某。烟台公司已经偿付了上述赔偿款。后烟台公司向保险公司申请理赔未果,诉请保险公司给付意外伤害保险金160000元。

一审法院认为,烟台公司为孟某某在保险公司处投保了员工福利无忧型保障计划保险,未指定受益人,故应按法定处理。被保险人孟某某因工作原因死亡后,其保险金依法应由其第一顺序继承人继承。人身保险合同中的保险利益属于人身权益,依法不得转让。烟台公司通过与孟某某近亲属签订协议的方式将应由继承人继承的保险金转移到自己名下,违反了法律禁止性的规定,2013年2月7日烟台公司与孟某某近亲属签订的涉及人身保险利益转让的协议书无效。判决驳回烟台公司要

---

① 参见《保险法》(2015年)第34条第2款。
② 参见最高人民法院《关于适用〈中华人民共和国保险法〉若干问题的解释(三)》第23条。

求保险公司给付保险金的诉讼请求。

烟台公司不服一审判决，提起上诉。二审期间另查明，涉案保险合同约定：意外伤害保险金额为80000元，工伤导致的意外身故双倍赔付，保险金额为160000元；工伤身故须提供劳动保障行政部门出具的工伤身故证明文件。烟台公司在二审庭审中明确表示不能提供劳动保障行政部门出具的工伤身故证明文件。二审法院查明的其他事实与原审法院查明的事实一致。

二审法院认为，涉案保险合同是双方当事人的真实意思表示，不违反法律法规的强制性规定，应认定为合法有效。双方均应按合同约定享有权利、承担义务。《最高人民法院关于适用〈中华人民共和国保险法〉若干问题的解释（三）》第23条规定："保险事故发生后，受益人将与本次保险事故相对应的全部或部分保险金请求权转让给第三人，当事人主张该转让行为有效的，人民法院应予支持，但根据合同性质、当事人约定或者法律规定不得转让的除外。"本案被保险人孟某某没有指定保险合同的受益人，孟某某死亡后，烟台公司与孟某某的第一顺序继承人签订协议，约定烟台公司一次性赔偿孟某某近亲属各项损失及费用500000元，烟台公司为孟某某投保的保险所取得的赔偿款全部归烟台公司所有。该协议不存在上述司法解释规定的无效的情形，应认定为合法有效。根据协议内容可以认定孟某某第一顺序继承人知道本案保险合同，并同意在烟台公司赔偿损失500000元后将保险利益转让给烟台公司，烟台公司因此取得本案保险金请求权。被保险人孟某某系在保险期间内因意外伤害死亡，保险公司应按保险合同的约定向烟台公司给付意外伤害保险金。因涉案保险合同明确约定"工伤导致的意外身故双倍赔付，保险金额为160000元；工伤身故须提供劳动保障行政部门出具的工伤身故证明文件"，但烟台公司在二审庭审中明确表示不能提供劳动保障行政部门出具的工伤身故证明文件，故烟台公司要求保险公司给付意外伤害保险金160000元，不予支持。判决保险公司给付烟台公司意外伤害保险金80000元并赔偿利息损失。[①]

案例分析指引

1. 人身保险合同约定的保险给付请求权可否转让？我国保险法对

---

① 参见山东省烟台市中级人民法院（2015）烟商二终字第324号民事判决书。

人身保险合同约定的给付利益之转让有什么规定？

2. 本案中，为什么烟台公司与被保险人的近亲属订立的转让意外伤害保险金请求权的协议有效？

3. 本案中，烟台公司是否因为2013年2月7日协议书的约定取得涉案保险合同项下的保险给付请求权人地位？

第六节　人身保险合同的复效

一　人身保险合同复效的概念

人身保险合同复效，是指人身保险合同因为在保险期间内欠交保险费而中止效力后，在符合合同约定的条件时，经投保人请求而恢复合同效力到合同中止前的状态。人身保险合同中止效力的，如果不符合合同约定的恢复效力的条件，或者投保人与保险人就保险合同恢复效力无法达成一致，则保险人可以解除保险合同。

保险合同的复效，主要适用于保险合同中效力中止的人寿保险合同。人寿保险合同的复效，以投保人和保险人在合同中约定的复效条款为基础。一般而言，人寿保险合同复效的主要内容包括：（1）经约定到期未交保险费而合同效力中止；（2）保险合同约定有恢复保险合同效力的期间，在恢复效力的期间内，投保人有随时申请恢复保险合同效力的权利；（3）中止效力的保险合同恢复效力后，原保险合同视为自始未中止效力。

依照我国保险法的规定，人身保险合同的效力因为逾期未交纳保险费中止的，经保险人与投保人协商并达成协议，在投保人补交保险费后，合同效力恢复。但是，自合同效力中止之日起满2年双方未达成协议的，保险人有权解除合同。保险人解除未能复效的人身保险合同的，应当按照合同约定退还保险单的现金价值。①

人身保险合同复效的法律意义在于：人身保险合同的效力因为投保人逾期未交保险费而中止效力后，经投保人请求并和保险人达成协议，保险人继续承担保险合同约定的保险责任，视为保险合同的效力从未中止。

---

① 参见《保险法》（2015年）第37条。

二 人身保险合同复效的条件

（一）投保人提出复效请求

人身保险合同的效力中止后，投保人希望恢复保险合同的效力的，应当向保险人提出复效申请。投保人不提出复效申请的，人身保险合同的效力不能自行恢复。投保人提出复效申请的，应当在保险合同的复效申请保留期限内提出，即投保人可以在保险合同中止效力后2年内申请复效。在保险合同复效申请的保留期限内，人身保险合同的效力中止，除非合同另有约定，保险人不得解除保险合同。

（二）被保险人在申请复效时符合承保条件

投保人申请复效时，被保险人不符合保险人规定的承保条件的，保险人可以拒绝投保人的复效申请。人身保险合同的效力中止后，发生保险事故或者被保险人不符合保险人规定的承保条件的，投保人不能申请复效。在人身保险合同效力中止后复效申请的保留期限内，被保险人仍然符合承保条件的，保险合同才能够复效。

（三）投保人补交保险费

人身保险合同效力中止前未交的保险费以及效力中止期间应当交纳的保险费，投保人申请合同复效时应当一次交清。为便于人身保险合同复效协议的达成，投保人提出复效申请时，应当主动请求交清或承诺交清欠交的所有保险费。

（四）保险人接受复效申请

投保人请求保险人恢复人身保险合同的效力，只有在保险人表示接受投保人的复效申请时，中止效力的人身保险合同才能恢复效力。保险人是否接受投保人的复效申请，属于保险人的权利，但保险人拒绝接受投保人的复效申请，应当有正当理由。保险人接受投保人的复效申请，可以明示表示接受，也可以默示表示接受，或者以行为表示接受。例如，投保人提出复效申请后，保险人经过合理期间对于是否接受复效申请未作决定的，将会构成默示地接受复效申请。在保险实务中，保险人接受复效申请，常以"核准"复效或者订立复效协议的方式为之。

三 人身保险合同复效的效力

（一）合同恢复到效力中止前的状态

人身保险合同复效以中止效力的人身保险合同为基础，承接中止效力的人身保险合同的条款，使得中止效力的人身保险合同自动恢复其原有效力。因此，人身保险合同复效是中止效力的人身保险合同原有效力的继续，保险人所承担的保险责任，就如同保险合同的效力未发生中止一样。

(二) 不可争议条款的适用

人身保险合同约定的不可争议条款，其已经发生的效力在人身保险合同复效时仍然有效。保险人不得在保险合同复效后重新主张不可争议条款所约定的期间利益，除非投保人请求复效时，为满足保险合同复效的条件，对保险人另为如实告知。因此，保险人在保险合同复效时得以主张的不可争议期间，仅以投保人在保险合同复效时所告知的事项为限。

(三) 自杀条款的适用

理论上，保险单约定的自杀条款在复效前因为期限的经过已经失效的，人身保险合同复效后，已经失效的自杀条款不能恢复其效力，被保险人自杀的，保险人应当承担保险责任，除非保险人能够证明投保人申请复效以被保险人自杀获取保险金为目的。保险单约定的自杀条款在复效前没有失效的，人身保险合同复效时，自杀条款所规定的期限，应当自复效的保险合同最初生效之日起计算，不得自保险合同复效之日重新计算。①

但是，在保险实务中，因为自杀条款规范的被保险人的死亡原为道德危险，防范道德危险属于保险制度的本旨，故保险法强制规定自杀条款在人身保险合同复效时重新产生效力。以被保险人死亡为给付保险金条件的人身保险合同，若有合同复效的情形发生，则自合同效力恢复之日起2年内，被保险人自杀的，保险人不承担给付保险金的责任。②

案例参考 49

人身保险合同复效后的保险事故

2011年4月，梁某某和保险公司订立人身保险合同，约定：险种为终身寿险（分红型）和附加重大疾病保险；重大疾病保险金额每份为人民币10000元（梁某某投保8份）；合同生效日为2011年4月1

---

① 参见邹海林《保险法教程》(修订第二版)，首都经济贸易大学出版社，2004，第94页。
② 参见《保险法》(2015年) 第44条第1款。

日,保险终期至终身止或至该合同列明的终止性保险事故发生时止;交费方式按年(20次)交清,保险费分别为每年交2976元和744元。关于重大疾病保险金的给付,约定:"被保险人在主险合同有效且附加险合同有效期内经专科医生明确诊断初次患以下疾病或初次达到下列疾病状态或在医院初次接受下列手术:……浸润恶性肿瘤。"

合同签订后,梁某某于2011年4月3日向被告交付了终身寿险保险费2976元和重大疾病保险费744元。梁某某2012年交纳了第2期保险费。因梁某某与保险公司的业务员发生矛盾,2013年4月,梁某某未及时交纳保险费,合同效力中止。2013年6月18日,梁某某申请复效,保险公司提供的健康与告知声明书的第5条为"是否曾有下列症状,曾被告知患有下列疾病或因此接受治疗",其中L项为"恶性肿瘤、或尚未证实为良性或恶性的肿瘤、息肉、囊肿、赘生物"。梁某某选择"否"。保险公司于当日作出"保险合同复效业务确认书",要求梁某某补交保险费3720元、利息55.80元,合计3775.80元。同月19日,梁某某交了应交的保险费3775.80元。

2013年6月18日,梁某某因左乳肿块入住某医院乳甲外科,入院病历记录为:现病史"患者自诉于3个月前无意中发现左乳外上方有一肿块,伴局部胀痛不适,于2013年6月17日到当地医院B超检查显示左乳外上象限低回声结节,考虑癌的可能,为求进一步诊治,来我院门诊,以左乳肿块性质待定收入我科住院治疗"。该院入院记录诊断结论为:"左乳肿块:乳腺癌?乳腺腺病?";"乙型糖尿病"。该院建议进一步检查。同月24日,某医院对梁某某实施左乳肿块切除术备乳腺癌改良根治术、左乳肿块切除术+左乳癌改良根治术。2013年6月27日,梁某某的病理诊断为左乳浸润癌。2013年9月16日,梁某某向保险公司申请理赔。2013年9月24日,保险公司以被保险人复效前患病,复效时未如实告知为由,拒赔并解除其与梁某某订立的所有保险合同,退还其所交纳的保险费。梁某某认为,其所患疾病属于保险合同约定的重大疾病,诉请保险公司支付重大疾病保险金80000元。

法院认为:梁某某和保险公司在平等自愿的基础上签订的人身保险合同,未违背法律、法规禁止性规定,合法有效,双方均应诚实守信按约履行。合同订立后,梁某某按时交纳了2011年、2012年保险费,保险公司按约定的时间开始承担保险责任。首先,从本案中重大疾病确诊的时间看,保险公司提供的梁某某病历记载,发现肿块的时间为2013年3月,此后,梁某某不断在医院就诊,最终医生明确诊断的时间为

2013年6月27日，故疾病出现的状态在保险合同有效期内，医生明确确诊的时间在保险合同复效后生效的时间内，因此，保险公司应当承担保险责任。其次，从梁某某是否应尽如实告知义务来看，2011年4月，订立保险合同时，梁某某没有患病，履行了如实告知义务。尽管在2013年6月18日合同复效时，梁某某隐瞒了在医院检查时发现左乳肿块的事实，但当时未定论其患有保险合同约定的重大疾病，且保险法并没有对合同复效时的如实告知义务作明确的规定。另外，2013年梁某某因与保险公司业务员发生矛盾而推迟交纳保险费。2013年6月18日，经保险公司审查同意合同复效并收取保险费和逾期利息，合同效力恢复，而非重新签约。本案合同的效力起点时间是2011年4月1日，而非2013年6月18日。综上所述，本案的保险公司不得解除合同，梁某某所患重大疾病在双方约定的保险范围内，诉请保险金亦未超出合同约定额度，依法予以支持。判决保险公司给付梁某某保险金80000元。①

案例分析指引

1. 人身保险合同的效力中止期间，被保险人发生保险事故，保险人是否应当承担给付保险金的责任？

2. 本案中，保险公司给付重大疾病保险金的条件（保险事故）是否在保险合同复效前便已经成就？

3. 本案中，保险公司以被保险人在复效前患病为由主张不承担责任为什么不受法院的支持？

4. 投保人申请复效时违反如实告知义务的，保险公司可否解除保险合同？

5. 本案中，有无相应法律事实证实投保人（被保险人）申请复效时所作陈述违反了如实告知义务？

案例参考50

保险人以行为接受复效申请

1994年10月14日，王某到保险公司为自己投保了10份20年期的

---

① 参见衡阳市雁峰区人民法院（2013）雁民二初字第215号民事判决书。

简易人身保险，约定保险金额为 4040 元，保险费按月交纳，每月交费 10 元。王某指定其儿子为该保险合同的受益人。1997 年 3 月后，王某停止交纳后续保险费。1998 年 8 月 6 日，王某将未交纳保费期间拖欠的保费全部补交。1999 年 2 日 13 日，被保险人王某因病去世。在处理完王某的后事之后，受益人王某的儿子提交保险单证及有关证明，向保险公司申请支付保险金。保险公司经过调查核实，了解到王某在 1997 年 3 月停止交纳保险费后，因身体不适，曾到医院去检查，被诊断出患有肝硬化等病症。王某先后到多家医院治疗；在治疗期间，王某一直休病假，直至死亡时也未能正常上班。保险公司认为，被保险人王某在保险合同复效时的健康状况，已经不符合投保条件，故被保险人申请保险合同的复效无效，保险公司对被保险人的死亡，不承担保险责任。保险公司拒绝支付保险赔偿金。受益人不同意保险公司拒赔，向保险公司所在地的法院提起诉讼。

法院经过审理认为，被保险人 1994 年 10 月 14 日与保险公司订立的 20 年期简易人身保险合同为有效合同。在保险合同中止效力后的 2 年内，被保险人向保险公司申请合同复效，保险公司对此并未有任何异议，全额收取了被保险人欠交的全部保险费。保险公司收取被保险人交纳的保险费，应当认为保险合同已经复效。在保险合同复效后，被保险人死亡的，复效的保险合同所约定的利益，应当由受益人享有。保险公司认为被保险人在申请复效时不符合复效条件，理由并不充分，不予支持。法院判决保险公司给付受益人简易人身保险金 4040 元，在判决生效后 10 日内一次性付清；案件受理费和诉讼费共计 300 元由保险公司承担。①

案例分析指引

1. 人身保险合同的复效应当具备什么条件？
2. 本案中，投保人申请复效是否符合法律规定和涉案复效条款的约定？
3. 本案中，保险公司主张被保险人复效时不符合承保条件，究竟是因为保险事故已经发生还是投保人违反如实告知义务？

---

① 参见邹海林《保险法教程》（修订第二版），首都经济贸易大学出版社，2004，第 330 页。

4. 本案中，保险公司为什么接受了投保人申请复效的意思表示？保险公司在接受投保人的复效申请时，是否可以放弃合同复效的全部或者部分条件？

5. 保险人接受复效申请具有何种法律意义？

```
┌─ ─ ─ ─ ─ ─ ─ ─ ┐
│ 案例参考 51 │
└ ─ ─ ─ ─ ─ ─ ─ ─┘
```

复效时的如实告知义务及其违反的后果

2010年3月5日，周某某在保险公司投保两全保险（分红型）和附加重大疾病保险，被保险人为周某某，保险金额均为5万元。保险期间为20年，自2010年3月6日0时起至2030年3月5日24时止。两全保险（分红型）保险费为每年2365元，重大疾病保险费为每年165元。交费方式均为每年交纳一次。受益人为周某某的妻子李某某。

两全保险（分红型）条款第3.3条约定："除另有约定外，投保人逾宽限期仍未交纳续期保险费的，合同自宽限期满的次日零时起效力中止。合同效力中止期间发生保险事故的，保险公司不承担保险责任，且中止保单分红。"第3.4条合同效力恢复条款约定："本合同效力中止后2年内，投保人可以申请恢复本合同效力，经本公司与您协商并达成协议，自您补交保险费之日起，本合同效力恢复。自本合同效力中止之日起满二年双方未达成复效协议的，本公司有权解除本合同，并退还宽限期开始前一日保险单的现金价值。"

2014年5月6日至2015年5月28日，因投保人未按约定交纳该期保险费，保险合同处于效力中止状态。2015年5月28日，周某某在某医院对腹部做彩色多普勒常规检查及小便检查时，彩超检查报告超声提示：肝脏实性占位（性质?）、门静脉内絮状充填回声（性质?）、少量腹水、胆囊积液。

2015年5月29日，周某某向保险公司申请复效，在保全作业申请书——健康告知中，保险公司在询问栏中对如下问题作出询问。是否曾患有或因"……7、消化道溃疡、消化道出血或穿孔、疝气、结肠炎、肝脾肿大、肝功能异常、胆固醇或甘油三酯异常、肝炎、肝炎病毒携带者、肝硬化、胆管结石、胆囊结石、胰腺炎、慢性酒精中毒或其他有关肝、胆、胰腺、胃、小肠、结肠、直肠或肛门之疾病？……12、癌症、肉瘤、肿瘤、囊肿或息肉？……"而接受检查或治疗？是否打算或现正在或过去五年内曾在任何医院、诊所接受过：诊断性检查如X光、超声波、CT、核磁共振、心电图、活体检查、验血、验尿等，检查结果提示异常？是否有以上未述及之疾病或接受任何外科手术、诊疗或住院接受诊断或治疗？投保人周某某在上述询问中均填写"否"。周某某在保全作业申请书中的投保人/被保险人处签名。同日，保险公司为周某某办理了复效手续。

2015年6月2日，周某某因右侧腹隐痛入院治疗，出院诊断为原发性肝癌等。2015年6月23日，周某某又入住某县人民医院。2015年6月24日，周某某向保险公司申请理赔；2015年6月25日，保险公司以周某某违反如实告知义务为由，作出理赔决定通知书，不予给付该合同项下的重大疾病保险金，解除两全保险（分红型）合同和附加重大疾病保险合同，并全额退还保费。2015年7月18日，周某某因肝癌死亡。

法院认为：投保人周某某与保险公司订立的两全保险（分红型）和附加重大疾病保险是双方真实意思表示，合法有效。在保险期间，被保险人死亡，受益人李某某享有保险金请求权。本案的争议焦点是：（1）投保人申请保险合同复效时，是否负有如实告知义务；（2）诉争保险合同是否已经解除。

第一，因投保人周某某未按照保险合同约定的时间及时向保险公司交付续期保险费，保险合同的效力中止。根据《保险法》（2009年）第37条的规定：合同效力中止的，经保险人与投保人协商并达成协议，在投保人补交保险费后，合同效力恢复。但是，自合同效力中止之日起2年内未达成协议的，保险人有权解除合同。保险人依照前款规定解除合同的，应当按照合同约定退还保险单的现金价值。在投保人申请办理保险合同复效时，需要投保人提出申请，并且再次向保险公司就被保险人的健康状况进行如实告知，保险公司根据被保险人的健康状况作出是否同意恢复保险合同效力的决定。即在投保人申请复效时，投保人对保险公司应负有如实告知义务。

第二，诉争保险合同是否已经解除？本案中，投保人周某某在申请复效的前一天在某医院对腹部做了彩色多普勒常规检查及小便检查，随后即入院接受治疗。但其在保全作业申请书中，对于保险公司询问的被保险人是否曾在任何医院、诊所接受过诊断性检查如X光、超声波、CT、核磁共振、心电图、活体检查、验血、验尿等问题均作出了否定的回答，其行为已经构成了对保险公司未如实告知。虽然李某某陈述其无法确定上述保全作业申请书中"周某某"的名字是否为其本人所签，但是明确表示不申请鉴定,即李某某未能提供证据对上述保全作业申请书中的内容予以反驳。依照《保险法》第 16 条的规定,本案投保人周某某在向保险公司申请复效时,未将其于复效前一天在某医院进行彩色多普勒常规检查及小便检查的结果告知保险公司,且其应告知的内容足以影响保险公司决定是否同意承保或者提高保险费率,保险公司有权自其知道解除事由起 30 日内解除保险合同并退还保险费。综上,原告李某某的诉讼请求不符合法律规定,不予支持。据此,依照《保险法》(2009 年) 第 10 条、第 16 条、第 37 条的规定,判决驳回李某某的全部诉讼请求。①

案例分析指引

1. 投保人申请人身保险合同的复效是否承担如实告知义务?本案中,投保人周某某在申请复效时是否存在违反如实告知义务的行为?

2. 效力中止的人身保险合同经投保人、保险人同意复效的,保险人可否以投保人复效时违反如实告知义务为由解除保险合同?

3. 本案中,法院为什么判决支持保险公司解除复效的人身保险合同?

第七节 人寿保险

一 人寿保险的意义

人寿保险(life insurance),是指以被保险人的生存或者死亡作为保险人给付保险金条件的人身保险。人寿保险的标的为被保险人的寿命,保险事故为被保险人的生存或者死亡。依照人寿保险合同,若被保险人在保险期间内身故,或者生存到合同约定的年龄,则由保险人按照约定向受益人或者被保险人承担给付保险金的责任。人寿保险的保险期间有固定期限的,也有不固定期限的,前者被称为定期人寿保险,后者被称为终身人寿保险。一般而言,人寿保险因为保障期限较长,属于长期的人身保险。

---

① 参见四川省乐山市市中区人民法院 (2015) 乐中民初字第 3367 号民事判决书。

二　人寿保险的保险事故

人寿保险的标的以被保险人的寿命为限。人寿保险承保被保险人的死亡和生存两种不同类型的风险。被保险人的寿命的持续，为被保险人的生存；被保险人寿命的终止，为被保险人的死亡。因为被保险人的寿命表现为持续或者终止两种形态，故人寿保险相应被区分为生存保险、死亡保险或者生死两全保险。

就被保险人死亡而言，除保险合同约定的除外责任以外，人寿保险一般不问引起被保险人死亡的原因。人寿保险合同约定的除外责任，一般有下列情形：（1）投保人故意造成被保险人死亡的；（2）自保险合同成立或者复效之日起2年内，被保险人自杀的；（3）因被保险人的故意犯罪或者抗拒依法采取的刑事强制措施而引致死亡的；（4）战争、军事行动、核辐射或者爆炸等异常危险造成被保险人死亡的。

三　人寿保险的定额给付

人寿保险为定额保险合同。保险人承担的给付保险金责任的基准额，是人寿保险合同约定的基本保险金额。发生保险事故时，不论被保险人是否有实际的经济损失，保险人均按照合同约定的基本保险金额来计算应向受益人或者被保险人给付的保险金数额。

为贯彻填补损失原则而实行的保险代位权，对人寿保险没有适用的余地。第三者的行为造成被保险人死亡的，人寿保险的受益人等保险给付请求权人可以向保险人要求给付保险金，还有权向第三者请求赔偿。[①] 人寿保险合同约定保险代位权条款的，其约定无效。

四　人寿保险费的交纳

依照人寿保险合同，投保人有交纳人寿保险费的义务。保险合同成立时，投保人既可以趸交人寿保险费，也可以按照合同约定分期交纳人寿保险费。投保人分期交纳人寿保险费的，当投保人交费迟延时，不论保险人是否提请投保人按时交纳人寿保险费，均不得以诉讼强制投保人交纳人寿保险费。[②]

[①]　参见《保险法》（2015年）第46条。
[②]　参见《保险法》（2015年）第38条。

五　人寿保险单的现金价值

因投保人交纳首期人寿保险费，人寿保险单即具有了现金价值。具有现金价值的人寿保险单，经被保险人书面同意后，可以转让或者质押。投保人解除保险合同时，或者保险人对被保险人的死亡不承担给付保险金责任时，保险人应当依照合同约定退还人寿保险单的现金价值。

六　生存保险、死亡保险和生死两全保险

生存保险，是指以被保险人在保险期间内的生存为给付保险金条件的人寿保险。被保险人生存到保险合同约定日，保险人应当按照合同约定给付生存保险金。生存保险不承保被保险人的死亡危险，若被保险人死亡，则保险合同的效力终止，保险人不承担给付保险金的责任。年金保险为典型的生存保险。

死亡保险，是指以被保险人在保险期间内的死亡为给付保险金条件的人寿保险。被保险人死亡时，保险人应当按照保险合同的约定给付死亡保险金或者身故保险金。死亡保险有定期死亡保险和终身死亡保险两种。定期死亡保险承保被保险人在合同约定的保险期间内的死亡风险，保险单一般不具有现金价值，保险期间届满而被保险人仍生存的，保险人不承担给付保险金的责任，亦不退还保险费。终身死亡保险以被保险人的生存期间为保险期间，保险单具有现金价值，只要被保险人死亡，保险人就承担给付保险金的责任；在被保险人生存期间，保险合同解除的，保险人应当依照合同约定退还保险单的现金价值。

生死两全保险，是指以被保险人在保险期间内死亡或者生存到合同约定日为给付保险金条件的人寿保险。生死两全保险兼具生存保险和死亡保险的多重功能，又被称为"混合保险"。在现代保险实务上，生死两全保险已经是人寿保险的基本形式，以养老保险最为常见。

七　终身人寿保险和定期人寿保险

终身人寿保险，简称终身寿险，是指以被保险人的终身为保险期间的人寿保险。显然，终身寿险的保险期间是不确定的。终身寿险既可以是死亡保险、生存保险，也可以是生死两全保险。终身寿险一般承保被保险人的死亡危险，不论被保险人何时死亡，保险人均承担给付死亡保险金的责任；同时，被保险人生存到合同约定年龄或者约定日，保险人按照约定向被保险人或者受益人给付生存保险金，直至被

保险人死亡。

定期人寿保险，简称定期寿险，是指约定了固定保险期间的人寿保险。定期寿险的最大特点在于保险期间届满，保险合同终止；保险期间届满后，保险人对被保险人或者受益人不再承担任何保险责任。被保险人在保险期间内死亡的，保险人按照合同约定给付死亡保险金；被保险人在保险期间内生存到合同约定日，保险人按照合同约定给付生存保险金。定期寿险根据保险期间的长短不同，可以分为短期寿险和长期寿险。

八 年金保险

（一）年金保险的意义

年金保险（annuity insurance），简称为年金，是指保险人在被保险人的生存期间每年给付一定金额的生存保险。年金保险在本质上是以被保险人的生存作为给付保险金条件的人寿保险，但可以同时承保被保险人的死亡危险。符合保险人承保条件的最低和最高年龄限制要求且身体健康的人，可以作为年金保险的被保险人。例如，中国人寿保险股份有限公司《国寿鑫福年年养老年金保险利益条款》第2条规定："凡出生二十八日以上、六十五周岁以下，身体健康者均可作为被保险人，由本人或对其具有保险利益的人作为投保人向本公司投保本保险。"

（二）年金保险的保险期间

年金保险根据保险期间是否确定，分为终身年金保险和定期年金保险。依照终身年金保险，被保险人自保险人应当给付年金时起，在其生存期间内有权要求保险人按照合同约定给付年金，直至其死亡。依照定期年金保险，其保险期间终止于合同约定的被保险人领取最后一期年金之日或者被保险人生存至一定年龄（如80周岁）的周年日。在定期年金保险约定的保险期间届满前，只要被保险人生存的，保险人即应当依照合同约定向被保险人给付约定金额的年金，直至保险期间届满。定期年金保险终止于被保险人死亡时或者保险期间届满时，此后，保险人不再承担给付年金的保险责任。

（三）保险人的给付年金义务

保险人对被保险人承担依照合同约定给付年金的义务。年金的具体数额是否可变，取决于保险合同的约定。除定期年金保险外，保险人应当给付年金的期间是不确定的，具体取决于被保险人生存的持续状态。于是，年金保险合同可以选择约定期间保证年金，以提升被保险人对保险人给付年金的信赖水准。期间保证年金，是指保险人向被保险人承担自保险人应当给付年金时起在最短保证给付期限（如 20 年）内按年给付的确定数额的年金。在最短保证给付期间，被保险人死亡的，年金保险合同终止，保险人应当将此期间应给付的年金总额与已给付金额的差额一次性给付受益人。

保险实务中，年金保险一般为生死两全保险。在保险期间内，被保险人死亡，保险人以合同约定的保险金额为基准给付死亡保险金；当被保险人生存到合同约定年龄或者约定日时，保险人依照合同约定对被保险人承担给付年金的义务，保险人承担的向被保险人给付期间保证年金的义务，终止于被保险人死亡时。例如，中国平安人寿保险股份有限公司《平安福无忧年金保险条款》2.3 规定："在本主险合同保险期间内，我们承担如下保险责任：您可以选择每年或者每月领取'养老保险金'：自被保险人 60 周岁的保单周年日（含 60 周岁保单周年日）起至 80 周岁的保单周年日（不含 80 周岁保单周年日）止的 20 年为保证给付期间。在此期间内，若被保险人于本主险合同在每年或每月的生效对应日仍生存，根据您选择的领取方式，我们给付 1 次相应的'养老保险金'。若被保险人在保证期间内身故，我们将此期间应给付的养老保险金总额与已给付金额两者的差额一次性给付养老保险金受益人，本主险合同终止。……被保险人于本主险合同生效之日起，至 60 周岁的保单周年日前（不含 60 周岁保单周年日）身故，我们按所交保险费与被保险人身故当时本主险合同现金价值两者的较大值给付'身故保险金'，本主险合同终止……"

（四）年金的领取条件和方式

被保险人生存到合同约定的年龄（如 60 周岁），才能领取年金。被保险人领取年金，可以依照合同约定，按年、季、月或周要求保险人给付确定数额的年金。年金保险合同应当对被保险人领取年金的年龄和方式作出约定。例如，中国人寿保险股份有限公司《国寿鑫福年年养老年金保险利益条款》第 4 条规定："养老年金的领取方式为年领。养老年金开始领取年龄为：男性：六十、六十五、七十和七十五周岁四种；女性：五十五、六十、六十五、七十和七十五周岁五种。投保人在投保时可选择其中一种作为本合同的养老年金开始领取年龄。养老年金开始领取年龄一经确定，在本合同的保险期间内不得变更。养老年金开始领取日为本合同约定的养老年金开始领取年龄的年生效对应日。"

(五) 年金保险的除外责任

年金保险为生死两全保险。被保险人生存至合同约定日，保险人承担给付年金的责任，无除外责任适用的余地。因此，年金保险合同约定的除外责任，主要是对保险人承担给付死亡保险金责任的排除。例如，中国人寿保险股份有限公司《国寿鑫福年年养老年金保险利益条款》第6条规定："因下列任何情形之一导致被保险人身故，本公司不承担给付身故保险金的责任：一、投保人对被保险人的故意杀害或者故意伤害；二、被保险人故意犯罪或抗拒依法采取的刑事强制措施；三、被保险人在本合同成立或合同效力最后恢复之日起二年内自杀，但被保险人自杀时为无民事行为能力人的除外；四、被保险人服用、吸食或注射毒品；五、被保险人酒后驾驶、无合法有效驾驶证驾驶或驾驶无有效行驶证的机动车；六、战争、军事冲突、暴乱或武装叛乱；七、核爆炸、核辐射或核污染。无论上述何种情形发生，导致被保险人身故，本合同终止，本公司向投保人退还本合同的现金价值，但投保人对被保险人故意杀害或伤害造成被保险人身故的，本公司退还本合同的现金价值，作为被保险人遗产处理，但法律另有规定的除外。"

> **案例参考 52**

人寿保险合同的解除与现金价值的退还

2005年2月6日，禹某向保险公司投保了一份终身寿险、附加终身住院补贴医疗保险和附加住院费用医疗保险，保险合同于2005年2月7日生效，附加住院费用医疗保险的保险期间为1年，期满后可以续签保险合同。附加住院费用医疗保险2006年2月6日到期后，禹某多次向保险公司续保，直至2011年。2011年11月，禹某因病住院申请理赔，保险公司理赔禹某1500元。2012年2月10日，保险公司以禹某有既往病史不符合承保条件为由，拒绝继续接受禹某附加住院费用医疗保险的投保。经交涉，禹某和保险公司未能就该保险的续保达成一致。2012年3月27日，禹某申请退保，保险公司于同年6月19日退还禹某保险单现金价值6643.3元。禹某诉请撤销保险合同，要求保险公司退还其交纳的保险费。以上事实，由一审法院审理查明。

一审法院审理认为：禹某向保险公司投保终身保险，生效后持续有效至2012年，根据《合同法》第75条的规定，禹某的撤销权已于2010年2月6日消灭，故对禹某要求撤销保险合同并返还保险费的诉讼请求，不予支持。附加住院费用医疗保险的保险期间为1年，保险到期后，投保人须另行与保险公司续签保险合同。禹某多年续签该合同，至2011年禹某生病住院，保险公司按照合同约定对禹某进行了理赔，该保险合同均已履行完毕。续保特约中明确约定："出现下列情形之一的，本续保特约解除，保险人不再为投保人办理续保手续…（二）因被保险人健康、职业变化等因素，经保险人审核属于不予承保的。"禹某以保险公司在购买保险时没有充分告知其在什么情况下不能续保为由，要求撤销之前已经履行完毕的保险合同并返还保险费，没有事实和法律依据。判决驳回了禹某的诉讼请求。

禹某不服一审判决，提出上诉。二审法院认为，本案的争议焦点是：（1）禹某请求撤销与保险公司签订的保险合同是否有事实和法律依据；（2）保险合同及其中争议的解约和退费条款是否有效。禹某与保险公司签订的保险合同，意思表示真实，不违反法律规定，是有效合同。合同订立后，禹某按约定交纳保险费，双方实际履行了合同，保险合同已经成立。一审法院认定禹某的撤销权已于2010年2月6日消灭，对禹某请求撤销保险合同的诉请不予支持的判决正确。2012年3月27日，由于禹某申请退保，双方已经解除了保险合同，保险公司已退回禹某保险单价值6643.3元，且其已在退保业务确认书上签名确认。本案附加住院费用医疗保险的保险期间为1年，截止到2011年禹某生病住院，保险公司已按照该保险合同约定进行了理赔，该保险合同已履行完毕。禹某诉请保险公司退回其所交的全部保险费，缺乏合同依据，依法不应支持。判决驳回上诉，维持原判。①

案例分析指引

1. 人寿保险合同成立后，投保人可以解除保险合同，是否还可以依据合同法请求撤销人寿保险合同？投保人解除保险合同和撤销保险合同有什么区别？

2. 本案中，禹某请求撤销人寿保险合同的理由是否具体、充分？法院以什么理由驳回了禹某的撤销合同请求？

3. 投保人解除人寿保险合同后，保险人承担什么责任？本案中，

---

① 参见广西壮族自治区桂林市中级人民法院（2013）桂市民二终字第113号民事判决书。

保险公司退还投保人保险单的现金价值是否符合合同约定？

案例参考 53

人寿保险单现金价值的确定

2010年12月27日，叶某某向保险公司投保人寿险，填写了投保申请书，其中投保人及被保险人声明栏注明：保险公司说明了所投保险的内容，明确说明了免除保险公司责任的相关条款的含义和后果，且投保人已认真阅读并理解了所投保险中的保险责任、免除保险公司责任的相关条款、相关费用收取情况及其他内容；投保人知道犹豫期后解除保险合同的，保险公司将按照保险条款的规定向投保人返还保险单现金价值，投保人已了解本保险合同项下前三个保单年度的退保金额。投保人对以上记载签名确认。保险公司向叶某某出具了保单册，注明投保人、受益人均为叶某某，被保险人为张某某（出生日期2009年10月24日），保单生效日为2010年12月30日，保险期间至被保险人99周岁，满期日为2108年12月29日，交费期限为59年，初始保险金额为61000元，保单分别列明了初始保险金额、红利保险金额1-95保单年度的现金价值（见附表）并在初始保险金额现金价值栏左侧写明如果投保人按时交纳续期保险费，则此项"现金价值"所列数字为对应保单年度的现金价值。保险条款注明，本合同由保险单或其他保险凭证及所附条款、投保申请书、现金价值表以及与本合同有关的其他合法有效的文件共同构成。

保险合同订立后，叶某某交纳了2010年12月29日至2012年12月28日的两年保费，每年各6051元合计12102元。2012年12月29日，为涉案保单约定的生存保险金给付日期。叶某某在填写生存保险金给付申请表时，注意到申请表客户声明及签字栏处用加黑字体注明：本人知悉本保险合同中载明的各年度现金价值已包含下一合同生效日对应日在被保险人生存情况下所应给付的保险金（如有），在给付该保险金后现金价值也会相应降低等。叶某某认为该内容与保险合同的约定不符，系保险公司擅自变更合同条款，遂成讼。2013年6月9日，叶某某诉请解除保险合同，判令保险公司向其退还保险单的现金价值5155.72元。保险公司答辩认为，叶某某没有正式书面申请解除合同，不同意其解除合同的诉请；保单现金价值因2013年1月16日已经支付叶某某生存保险金6173.40元，只有997.69元，并出具了退保所得款项的计算，说明退保的现金价值为997.69元。计算方式为：保单价值=初始保险金额对应的现金价值+红利保险金额对应的现金价值+终了红利。

原审法院认为：保险公司向叶某某签发保险单，意思表示真实，保险合同内容不违反国家法律、行政法规的强制性规定，合法有效。叶某某依照《保险法》（2009年）第15条和保险条款3.4条，具合同解除权，但叶某某却未以书面方式向保险公司提出保险合同的解除，故本案应以叶某某起诉日2013年6月9日作为叶某某申请合同解除日。本案中，保险合同明确约定了每满两年保险公司应当向受益人给付生存保险金，同时也约定了减少保险金额时应当退还保险金额减少部分所对应的现金价值并支付保险金额减少部分所对应的特别红利（3.6.4条）。保险合同第6条还约定"现金价值指保单所具有的价值，通常体现为解除合同时，根据精算原理计算的，由我们退还的那部分金额"，根据保监会颁布的《个人分红保险精算规定》第7条规定："保单年度中保单现金价值根据保单年度末现金价值按合理的方法确定。"从保险合同列明的现金价值表金额及保险公司备案的精算报告来看，现金价值中包含了生存保险金，可以理解为：生存保险金是现金价值的一个组成部分，生存保险金从现金价值中产生，因此当发生生存保险金时，生存保险金即从年度末的现金价值中分离出去，此时的保单现金价值已经不再是年度末的现金价值，而是年度末的现金价值减去生存保险金后的金额。叶某某认为《生存保险金给付申请表》中载明"领取生存保险金后现金价值会相应降低"与保险合同的约定不符，提出生存保险金不能从现金价值中扣除的主张，不符合合同约定。在叶某某交纳了两年的保费且已领取生存保险金的情况下，退保时（2013年6月9日）的初始保险金额对应的现金价值=第二个保单年度的现金价值-第三个保险年度初该保单项下已产生的生存保险金，即5155.72-6173.4=-1017.68元；红利保险金额对应的现金价值=（第一年度红利保险金额+第二年度红利保险金额）×1元红利保险金额在第三个保单年度的现金价值，即(366+368)×1.02682=753.69元；终了红利=初始保险金额×终了红利率，即61000×0.4%=244元，三部分合计997.69元。本案通过精算原理计算现金价值，对于投保人而言确实难以理解，涉案保险条款并非免责条款，保险公司不必为此承担相应的责任。考虑到计算公式的复杂性，保险公司未尽到更加谨慎勤勉的说明、提示义务，是导致本案纠纷产生的重要原因，故本案受理费用，由保险公司负担。判决解除叶某某与保险公司签订的保险合同，保险公司向叶某某支付2013年6月9日退保时的款项997.69元，驳回叶某某的其他诉讼请求。案件受理费50元，由保险公司负担。

叶某某不服一审判决，以格式合同的双方对保单现金价值计算产生不同理解、应当作有利于被保险人的解释为由，提起上诉。二审法院经审查，原审判决查明的事实清楚。二审法院认为，本案二审双方争议的主要问题为叶某某退保保险单的现金价值问题。保险公司出具的保单册已经载明保单年度1的现金价值至保单年度4的现金价值，并在初始保险金额现金价值栏左侧写明如果投保人按时交纳续期保险费，则此项"现金价值"所列数字为对应保单年度的现金价值。这与生存保险金给付申请表中注明的各年度现金价值已包含下一合同生效日对应日在被保险人生存情况下所应给付的保险金（如有），在给付该保险金后现金价值也会相应降低的内容是一致的，叶某某没有续交第三年度保费，其所主张的保险单的现金价值与合同约定不符，也与其没有续交第三年度保费的事实不符，原审判决并无不当，应予以维持。保险公司已经向叶某某出具退保所得款的详细精算说明，其中终了红利率是经中国保监会备案确定公布的，应予采信，原审法院采信保险公司精算后的退保保单价值，并无不当。鉴于保险公司提出的精算方式没有经双方一致确认，原审判决据此将案件受理费负担责任分配给保险公司，并无不当。原审判决事实清楚，适用法律正确，处理得当，判决驳回上诉，维持原判。[①]

案例分析指引

1. 投保人解除人寿保险合同的，应当如何行使解除权？

2. 如何理解我国保险法中保险人依照约定退还保险单的现金价值的规定？本案中，投保人解除人寿保险合同的，保险公司应当如何退还保险单的现金价值？

3. 本案中，涉案人寿保险合同对保险单的现金价值有无约定？其约定是否具体、清楚？审理本案的法院是如何解释涉案保险合同约定的？

4. 保险人对保险合同的内容有无说明义务？本案中，保险公司对

[①] 参见广东省广州市中级人民法院（2014）穗中法金民终字第1479号民事判决书。

保险单现金价值的计算或确定在订立合同时应当如何说明？保险公司对此未说明或者说明不完整的，应当承担什么后果？

第八节 伤害保险

一 伤害保险的意义

伤害保险（accident insurance），又称意外伤害保险，是指以被保险人遭受意外伤害而残废、死亡为保险人给付保险金条件的人身保险合同。伤害保险的标的为被保险人的身体和身体承载的寿命；保险事故为被保险人因为意外事件所遭受的伤残或者死亡。依照伤害保险合同，被保险人在保险期间发生合同约定的意外伤害，由保险人按照约定向受益人或者被保险人承担给付意外身故保险金或意外残疾保险金的责任。伤害保险一般为定期保险，保险期间较短，伤害保险单不具有现金价值。但保险实务也推行长期的伤害保险，且此等保险单依照约定具有现金价值。伤害保险单具有现金价值的，保险人依照合同约定不承担给付保险金责任时，应当依照约定退还保险单的现金价值。

意外伤害保险在性质上为定额保险，不具有补偿性。保险代位权对伤害保险没有适用的余地。第三者的行为造成被保险人身故或伤残的，伤害保险的受益人等保险给付请求权人可以向保险人要求给付意外身故保险金或者残疾保险金，还有权向第三者请求赔偿。伤害保险合同约定保险代位权条款的，其约定无效。

被保险人在保险期间因为意外而受到伤害的，保险人按照被保险人所受伤残程度，将人身保险残疾程度与保险金给付比例表所对应的给付比例乘以保险金额，向被保险人给付意外残疾保险金。被保险人因意外伤害而身故的，保险人依照合同约定给付意外身故保险金。除此以外，意外伤害保险附加承保意外伤害医疗和住院费用的，保险人在合同约定的附加医疗保险金额范围内，向被保险人承担给付合同约定的医疗和住院费用的责任。

二 保险事故和除外责任

伤害保险承保被保险人的意外伤害（意外事故或伤残）。意外伤害，是被保险人因为不可预料或者不可抗拒的事件所造成的生命终结或者人体天然部分的伤害，属于被保险人非所预见、非所意图、非所期待的伤害事故，不论该事故的发生是由于被保险人自己的过失还是第三人的故意。保险实务中，许多保险条款将意外伤害表述为"遭受外来的、突发的、非本意的、非疾病的使身体受到伤害的客观事件"。

伤害保险承保的危险，因为合同约定不同而有所不同；一份意外伤害保险单所承保的具体危险，只能依照合同约定予以确定。例如，中国太平洋人寿保险股份有限公司《团体意外伤害保险条款（2008）》2.3 规定："若被保险人遭受意外伤害事故，并因本次意外伤害直接导致被保险人在该意外伤害事故发生之日起 180 日内身故，本公司按该被保险人对应的保险金额给付意外身故保险金，本公司对该被保险人的保险责任终止。"依照上述条款，该团体意外伤害保险仅承保被保险人因为意外伤害所发生的身故危险。

伤害保险合同约定的除外责任，一般有下列情形：（1）投保人故意杀害或者伤害被保险人的；（2）被保险人自杀、自残的；（3）因被保险人的故意犯罪或者抗拒依法采取的刑事强制措施而导致死亡或者残疾的；（4）被保险人因接受医疗、服用药物、终止妊娠手术、分娩导致死亡或者伤残的；（5）被保险人的异常危险行为，如服用、吸食或者注射毒品，酒后驾驶机动车，无合法有效驾驶证驾驶机动车，探险，跳伞，潜水，攀岩，登山，武术比赛，赛马，赛车等导致其死亡或伤残的；（6）地震、战争、军事冲突、暴乱、武装叛乱、恐怖袭击、核爆炸、核辐射或者核污染等异常危险事件造成被保险人死亡或者伤残的。

三 伤害保险的种类

（一）普通伤害保险

普通伤害保险又称一般伤害保险，是以自然人个体为被保险人的一种伤害保险。例如，安邦人寿保险股份有限公司《安邦安保 1 号意外伤害保险条款》1.2 规定："凡年满 18 周岁……，具有完全民事行为能力且对被保险人具有保险利益的人，均可以作为投保人向本公司投保。凡年满 16 周岁至 60 周岁，符合本公司承保条件的人，均可作为被保险人。"

普通伤害保险的保险期间较短，一般为 1 年或者少于 1 年。例如，安邦人寿保险股份有限公司《安邦安保 1 号意外伤害保险条款》2.4 规定："本主险合同的保险期间为一年，自保险单上记载的保险合同生效日零时起至期满之日二十四时止。"

普通伤害保险的被保险人在保险期间发生意外伤害事故的，保险人依照约定向被保险人或者受益人给付意外伤残保险金或者身故保险金。被保险人在保险期间因意外事件下落不明，法院宣告被保险人死亡的，视为被保险人意外身故，保险人应当向受益人给付意外身故保险金。例如，安邦人寿保险股份有限公司《安邦安保 1 号意外伤害保险条款》3.5 规定："如果被保险人在本主险合同有效期内因意外事件下落不明，而且被法院宣告死亡，本公司以法院判决宣告死亡之日作为被保险人的身故时间，按本主险合同的约定给付意外身故保险金，本主险合同终止。"

普通伤害保险可以附加承保被保险人因意外伤害而发生的医疗费用给付风险。

（二）团体伤害保险

团体伤害保险是以被保险人多人作为一个团体而成立的伤害保险。团体伤害保险与以个人为被保险人的伤害保险，在保险事故以及保险责任的承担方面并没有本质上的差异，但在保险合同的订立、保险费率、被保险人的变动以及保险金给付的程序上存在区别。例如，安邦人寿保险股份有限公司《安邦团体意外伤害保险条款》1.2 规定："年满 16 周岁到 65 周岁……身体健康能正常工作或正常劳动的公民，可作为被保险人参加本保险。被保险人之配偶或子女，经本公司审核同意，可以作为本主险合同的附属被保险人。对被保险人有保险利益或经被保险人书面同意的机关、企业、事业单位和其他合法团体均可作为投保人，向本公司投保本保险。"订立团体伤害保险，不仅可以简化单个订立伤害保险合同的手续，而且可以减轻投保人的保险费负担。我国的保险公司普遍经营团体意外伤害保险业务。

团体伤害保险的被保险人是一个群体，其所面对的风险类型应当相同，故团体内的被保险人可以减少，也可以增加。团体伤害保险对于被保险人的增加或者减少以及保险人的保险责任承担，应当有相应的规定。例如，安邦人寿保险股份有限公司《安邦团体意外伤害保险条款》5.6 规定："一、投保单位因在职人员变动需要增加被保险人的，应书面通知本公司，本公司审核同意并按照极短期保险费收取相应的保险费后，对新增加的被保险人依本主险合同约定承担保险责任。本公司对该新增加的被保险人承担的保险责任的起始时间在保险单上载明。二、投保单位因被保险人离职或其他原因要减少被保险人的，应书面通知本公司，本公司对该被保险人的保险责任自本公司收到通知之日的二十四时终止，投保人在通知书中载明的变更被保险人日期如果晚于通知书送达本公司的日期，则本公司对该被保险人的保险责任自通知书中载明的变更被保险人日期的零时终止。……本主险合同的被保险人少于具有参加本保险资格人数的75%时，或被保险人人数低于5人时，本公司有权解除合同，并对投保人退还保险单的现金价值。"

依照团体伤害保险，保险人对于被保险人在保险期间发生的意外伤害依照合同约定承担给付保险金的责任。具体而言，被保险人在保险期间发生意外伤害事故的，保险人依照约定向被保险人或者受益人给付意外伤残保险金或者身故保险金。被保险人在保险期间因意外事件下落不明的，经法院宣告被保险人死亡，视为被保险人意外身故，保险人应当向受益人给付意外身故保险金。

（三）旅行伤害保险

旅行伤害保险是以被保险人在旅行期间所发生的意外伤害作为保险人给付保险金条件的伤害保险。通常情形下，被保险人的旅行期间可以约定为旅行伤害保险的保险期间。例如，华夏人寿保险股份有限公司《旅客意外伤害保险条款》2.5规定："本合同的保险期间按照下列约定确定：一、入境旅游：自被保险人入境后参加旅游行程时起算，至该次旅游行程结束并办完出境手续出境时止。二、国内旅游和出境旅游：自被保险人参加旅游行程时起算，至该次旅游行程结束时止。"因此，旅行开始前或者旅行终了后，被保险人遭受意外伤害的，保险人不承担给付保险金的责任。

被保险人旅行期间遭受意外伤害，保险人依照旅行伤害保险对被保险人承担给付意外身故保险金和意外伤残保险金的责任。此外，旅行伤害保险还可以约定急性疾病身故保险金、遗体运送费保险金和意外伤害医疗保险金等附加保险责任。保险人对被保险人给付的上述各项保险金的金额总和，以订立旅行意外伤害保险合同时约定的保险金额为限，一次或累计给付的保险金达到对应保险金额时，保险人的相应保险责任终止。

旅行伤害保险承保被保险人旅行期间的意外伤害危险，对于被保险人的旅行行程有特定的要求，在保险期间内，被保险人不得随意变更其预定的旅程。因被保险人的旅行目的地不同，旅行伤害保险承保的保险事故的危险程度有所不同，保险费率也会存在差异，其相应被区分为境内旅行伤害保险和境外旅行伤害保险。除非境内旅行伤害保险有特约，或者投保人加付了保险费，对于被保险人赴境外旅行而发生的意外身故或者伤残，保险人不承担保险责任。

（四）旅客意外伤害保险

旅客意外伤害保险，又称交通工具意外伤害保险，是以被保险人乘坐合同约定的交通运输工具受到伤害作为保险人给付保险金条件的一种伤害保险。保险实务中，旅客意外伤害保险适用于乘坐民用航空器、铁路机车、机动车（包括电车）、轮船等交通运输工具的被保险人，承保的危险限于被保险人乘坐合同约定的特定交通运输工具（如民用航空器）期间发生的意外伤害。航空旅客意外伤害保险，为旅客意外伤害保险的典型代表。

订立旅客意外伤害保险合同时，投保人可以选择被保险人乘坐的一种或者多种交通运输工具。意外伤害保险合同的保险期间一般不超过1年，以伤害保险单或其他保险凭证上载明的起讫时间为准。在保险期间内，被保险人在乘坐合同约定的交通运输工具期间发生意外伤害的，保险人以合同约定的基本保险金额为基础承担给付意外伤残保险金或者身故保险金的责任。例如，安邦人寿保险股份有限公司《安邦安保3号交通工具意外伤害保险条款》2.4规定："被保险人以乘客身份搭乘合法商业运营的水陆公共交通工具……期间因遭受意外伤害事故，并自事故发生之日起180日内（含第180日）以该事故为直接且单独的原因导致身故或全残的，本公司按基本保险金额的2倍给付'水陆公共交通意外身故、全残保险金'，本主险合同效力终止。被保险人以乘客身份搭乘合法商业运营的民航班机……期间因遭受意外伤害事故，并自事故发生之日起180日内（含第180日）以该事故为直接且单独的原因导致身故或全残的，本公司按基本保险金额的5倍给付'航空意外身故、全残保险金'，本主险合同效力终止。"

在保险期间内，被保险人在乘坐合同约定的交通运输工具期间因合同约定的除外责任事由伤残或者身故的，保险人不承担给付保险金的责任。例如，安邦人寿保险股份有限公司《安邦安保3号交通工具意外伤害保险条款》2.5规定："因下列情形之一导致被保险人身故或全残的，本公司不承担给付保险金的责任：（1）投保人对被保险人的故意杀害、故意伤害；（2）被保险人故意犯罪或者抗拒依法采取的刑事强制措施；（3）被保险人主动吸食或注射毒品……；（4）战争、军事冲突、暴乱或武装叛乱；（5）核爆炸、核辐射或核污染；（6）被保险人因医疗事故、药物过敏或精神疾患……导致的伤害；（7）被保险人未遵医嘱，私自使用药物，但按使用说明的规定使用非处方药……不在此限；(8) 被保险人醉酒、斗殴、自杀或故意自伤；(9) 被保险人流产、分娩；(10) 被保险人违反承运人关于安全乘坐的规定。"

案例参考 54

意外伤害保险的保险事故

被保险人王某某向保险公司购买了综合意外伤害保险，保险公司向其提供了保险说明册以及可供网上下载的电子保单和短期综合意外伤害保险条款。该电子保单记载了被保险人的自然身份情况，同时注明保险期间为自 2008 年 4 月 29 日 0 时至 2009 年 4 月 28 日 24 时；所获保障为意外身故保障 6 万元，意外残疾保障 6 万元，意外医疗保障 0.5 万元；受益人为法定，受益比例为 100%。上述保险条款第 2 条保险责任第 1 项载明，被保险人遭受意外伤害事故，并自事故发生之日起 180 日内因该事故身故，保险公司按其意外伤害保险金额给付"意外身故保险金"，保险责任终止；第 3 条责任免除情形中列明 11 种情形造成被保险人身故的，保险人不负给付保险金责任，同时保险责任终止；第 14 条释义条款中对于意外伤害的界定是遭受外来的、突发的、非本意的、非疾病的使身体受到伤害的客观事件。

2009 年 3 月 8 日，被保险人王某某在外出时突发意外抢救无效后死亡。王某某发生意外后送医进行了抢救。医院的门诊病历记载如下。主诉：神态恍惚，伴左肢体活动不利 2 小时。现病史：患者于 2 小时前被人发现神态恍惚伴左肢体活动不利，无呕吐抽搐。既往史：高血压 8 年余等，查体血压 200/100mmHg，神态恍惚等等。通过头颅 CT 检查发现病因为脑干出血，初步诊断为脑出血。2009 年 3 月 13 日派出所出具了《证明信》，证明内容为王某某因摔伤死亡，户口已销。2009 年 4 月 8 日，被保险人王某某所在地村民委员会出具《证明》，其内容为村民王某某因意外摔伤死亡。王某某死亡后，其法定继承人韩某某、王某强于 2009 年 4 月 16 日提出保险理赔申请。后保险公司发出拒赔通知，认为被保险人系脑出血导致身故，非保险条款约定之意外伤害，决定不予赔付保险金。

审理本案的法院认为，争议的焦点问题为保险人是否应对被保险人的死亡承担保险责任。该问题实质即本案中被保险人是否发生了保险合同约定的保险事故。依据《最高人民法院关于民事诉讼证据的若干规定》第 77 条第（1）、(4) 项的规定，国家机关、社会团体依职权制作的公文书证的证明力一般大于其他书证；直接证据的证明力一般大于间接证据。就此，韩某某、王某强提供的公安机关等单位出具的证明证明被保险人王某某系摔伤致死，虽然保险公司提供了医院的病历证明被保险人具有精神恍惚、血压升高等症状，由脑干出血导致死亡的诊断，但公安机关等组织的证明与医院病历记载及诊断报告在证明效力、用途及评价标准上均存在差别。前者具有公示公信的效力，后者一般仅作诊疗判断使用；前者系站在社会一般人的角度对造成死亡事件原因的直接判断，后者系医疗机构从病理学理论角度对死亡病理的分析探查；而且医疗机构的病历记载及诊断并不能排除被保险人系因发生意外摔倒产生此后的一系列症状直至最后死亡结果的发生，两者并不矛盾。依据现有证据可以确认被保险人在死亡前发生了意外摔伤事件，而该事件发生后被保险人健康迅速恶化并导致死亡，就此可以依据高度盖然性的证据标准和相当因果关系的理论推断认为，意外摔伤事件的发生是被保险人死亡的起因，对此保险公司未能举证推翻该推断。依据保险条款的约定，被保险人遭受意外伤害事故，并自事故发生之日起180日内因该事故身故，保险人应当承担保险责任，并按照其意外伤害保险金额给付"意外身故保险金"。遂判决保险公司向韩某某、王某强支付保险理赔金人民币6万元整。①

> **案例分析指引**
>
> 1. 如何认定意外伤害保险承保的保险事故？其具体表现形式如何？
> 2. 本案中，保险公司就主张被保险人王某某非因意外伤害死亡应当如何承担举证责任？
> 3. 本案中，被保险人王某某死亡的真正原因是否已经查明？本案揭示的法律事实是否足以说明被保险人王某某的死亡属于意外死亡？

第九节 健康保险

一 健康保险的意义

健康保险（health insurance），又称疾病保险（sickness insurance），

---

① 参见北京市昌平区人民法院（2009）昌民初字第10101号民事判决书。

是指以被保险人罹患合同约定的疾病或分娩，或者被保险人因疾病接受医疗服务为保险人给付保险金条件的人身保险合同。健康保险的标的为被保险人的身体；保险事故为被保险人在保险期间罹患合同约定的疾病以及发生与此相关的医疗服务。健康保险与伤害保险不同，后者适用于由意外事故造成被保险人的身体机能损伤或残疾或者被保险人的死亡，前者适用于因为被保险人自身肌体的病理状况造成被保险人的身体机能的缺失。健康保险一般不承保被保险人因为疾病产生的伤残或者死亡危险。

依照健康保险合同，被保险人在保险期间罹患合同约定的疾病，由保险人按照约定向受益人或者被保险人承担给付合同约定的保险金的责任。保险实务中，健康保险根据保险人承担的给付保险金责任的不同，又被具体分为疾病保险、医疗保险、失能收入损失保险和护理保险等若干小类。

二 健康保险的保险期间

健康保险为定期保险，保险期间一般较短，健康保险单不具有现金价值。保险期间一般为1年。保险期间自起保日的零时起到期满日的24时止。但在保险实务上，投保人和保险人可以约定保险期间超过1年的健康保险。现代保险业所经营的健康保险，呈现出向长期保险发展的趋势，健康保险期间少则为5年，多则在10年以上，甚至贯穿被保险人的终身。当下，保险公司多推行长期的健康保险，且此等保险单依照约定具有现金价值。在人寿保险附加健康保险的场合，健康保险的保险期间可以与人寿保险相同。健康保险单具有现金价值的，保险人依照合同约定不承担给付保险金责任时，应当依照约定退还保险单的现金价值。

应当注意的是，健康保险通常会约定"等待期间"（waiting period）条款，在自合同成立之日起的一个确定期间（例如3个月）内，保险人对被保险人罹患合同约定的疾病不承担保险责任。健康保险约定的"等待期间"，其法律意义在于延缓保险人承担给付保险金的责任。例如，中国人寿保险股份有限公司《国寿康宁终身重大疾病保险利益条款》第5条规定："被保险人于本合同生效（或最后复效）之日起一百八十日后，初次发生并经专科医生明确诊断患本合同所指的重大疾病（无论一种或多种），本公司按基本保险金额的300%给付重大疾病保险金，本合同终止。"再如，安邦人寿保险股份有限公司《安邦女性安康团体疾病保险条款》2.3 规定："第一次投保本保险或非连续投保本保险时，从本主险合同保险责任生效日起 60 日为等待期。对于等待期内被保险人因疾病被医院……诊断为本主险合同所定义的女性疾病，本公司无息返还该被保险人对应的保险费，本主险合同对该被保险人的保险责任终止。投保人在本主险合同保险期间届满前 30 日提出续保的，无等待期。如果在等待期后发生保险事故，本公司按照下列方式给付保险金。"

三 保险事故和除外责任

（一）保险事故

健康保险的保险事故，是指被保险人在保险期间罹患合同约定的疾病。

疾病是被保险人由自身的原因所引起的肉体和精神痛苦或者肌体功能的欠缺。疾病为被保险人自身肌体的心理或生理健康障碍。健康保险承保的疾病不同于伤害，伤害是外来原因引起的身体机能缺失或者精神痛苦，而疾病则是被保险人自身身体机能的缺失或精神痛苦。健康保险仅承保保险合同约定的特定范围或者种类的疾病，如合同列明的重大疾病、妊娠疾病等。保险人仅对被保险人在保险期间罹患的、保险合同约定的疾病承担保险责任。例如，信泰人寿保险股份有限公司《信泰美丽人生女性疾病保险条款》2.3 规定，保险人仅对"被保险人首次被确诊本合同定义的原发性妇科癌"承担给付保险金的责任。

应当注意的是，分娩是妇女生产的现象。分娩本身不是疾病，是妇女生产的生理现象，但因为分娩能够造成生产妇女的身体机能不适或者痛苦，甚至造成伤残或者死亡，健康保险一般将其作为疾病承保。有学者认为，分娩是"分娩之原因"导致的身体健康失常，在健康保险上被视为疾病；健康保险承保被保险人的分娩，只限于女子，不能适用于男子，故健康保险应当明文规定保险责任范围是否包括"分娩"一项，并按照男女老幼加以区别而异其保险费率。[①] 保险实务中，以女性被保险人为对象的医疗保险合同，一般会约定分娩为保险人承担给付保险金责任的事故。

（二）除外责任

健康保险承保被保险人在保险期间罹患的合同约定的疾病危险，故

---

① 参见桂裕《保险法论》，三民书局，1981，第 374 页下。

其并不承保合同未约定的被保险人所患的其他疾病。这就是说，健康保险只承保投保人和保险人订立合同时选定的被保险人的特定疾病。但在保险实务中，健康保险合同仍有除外责任的约定，以明示保险人不承担保险责任的具体情形。

通常而言，健康保险约定的除外责任主要有以下四个方面。

1. 已经发生的事故

如订立保险合同时，被保险人已患合同约定的疾病或者怀孕。

2. 健康保险合同列明的不保疾病

如合同明文约定保险人不承担给付责任的艾滋病或感染艾滋病病毒、遗传性疾病、先天性畸形、变形或染色体异常等。

3. 被保险人的异常行为造成的

被保险人的疾病或者接受医疗服务是被保险人的异常危险行为造成的，如被保险人自杀或者自残，非正常就医服用药物，私自终止妊娠，主动吸食或注射毒品，从事潜水、跳伞、滑雪、赛车等其他异乎寻常的行为。

4. 异常危险事件造成的

被保险人的疾病或者接受医疗服务是异常危险事件造成的，如战争、军事冲突、暴乱、武装叛乱、核爆炸、核辐射或核污染等。

四　保险给付

依照健康保险合同，保险人对被保险人应当给付的保险金，主要有疾病保险金、医疗保险金和失能收入保险金。疾病保险金和医疗保险金为健康保险的基本给付，失能收入保险金通常为附加给付。

（一）疾病保险金

被保险人在保险期间或者等待期间后首次罹患合同约定的疾病之一种或者数种，保险人依照合同约定给付疾病保险金。例如，中国人寿保险股份有限公司《国寿康宁定期重大疾病保险利益条款》第5条规定："被保险人于本合同生效（或最后复效）之日起一百八十日后，初次发生并经专科医生明确诊断患本合同所指的重大疾病（无论一种或多种），本公司按基本保险金额给付重大疾病保险金，本合同终止。"再如，阳光人寿保险股份有限公司《阳光人寿母婴安康疾病保险条款》2.3.1规定："在本合同的保险期间内，被保险人于等待期后经医院初次确诊罹患本合同所定义的妊娠疾病（无论一种或者多种），本公司按被保险人妊娠疾病保险金额给付被保险人妊娠疾病保险金，本项保险责任终止。"疾病保险金的给付为定额给付，不具有补偿性。

（二）医疗保险金

被保险人在保险期间或等待期间后，因罹患合同约定的疾病或者分娩或合同约定的其他情形而需要接受医疗服务的，如就医或者住院治疗，保险人应当依照合同约定向被保险人给付医疗保险金。

保险人给付医疗保险金，主要目的是补偿被保险人因为接受医疗服务而负担或支出的医疗费用，包括但不限于诊疗费、检查费、住院费、手术费、护理费、药品费等。医疗保险金因其给付的目的又可被分为门诊医疗保险金、住院医疗保险金、手术医疗保险金、护理医疗保险金等。除非合同订立的目的限于小额医疗费用或者合同另有约定，健康保险一般不承保小额医疗费用的给付风险。健康保险合同在约定医疗保险金的给付时，同时约定有免赔额条款，保险人在扣除免赔额后，在医疗保险金额范围内给付医疗保险金。如果保险合同约定的保险金，是为了弥补被保险人因为上述医疗费用的支出，则该医疗保险金具有补偿性，保险人仅在被保险人实际支出的医疗费用的范围内，以合同约定的保险金额为限向被保险人给付医疗保险金。

但是，健康保险合同被保险人因为患病接受医疗服务、保险人以津贴或者其他定额给付方式向被保险人给付医疗保险金的，从其约定。安邦人寿保险股份有限公司《安邦附加安康2号住院津贴医疗保险条款》2.3规定："被保险人因疾病或意外伤害住院的，对于被保险人的每次住院，本公司按（被保险人实际住院天数……-3）×保险单或本附加险合同批注上载明的日住院津贴额的所得数额给付住院津贴保险金。被保险人每次住院给付日数最高以90日为限，每一保单年度累计给付日数最高以180日为限，每一保证续保期间累计给付日数最高以700日为限。"在此情形下，保险人给付的医疗保险金为定额给付，不具有补偿性。

（三）失能收入保险金

被保险人在保险期间或者等待期间后因合同约定的疾病或者分娩而不能工作的，除疾病保险金和医疗保险金外，保险人应当依照合同约定向被保险人给付失能收入保险金。失能收入保险金可以是补偿性的，用以补偿被保险人不能工作期间的工资收入损失。健康保险合同约定失能收入保险金为定额给付的，从其约定。

案例参考 55

疾病保险合同约定的重大疾病的认定

2006年11月16日，赵某某以投保人和被保险人的身份，与保险公司签订重大疾病保险（A款）合同。该合同约定：保险期间为自2006年11月15日0时起至2047年11月14日24时止，保险金额为100000元。合同生效之日起90天后或复效之日起90天后（以后发生者为准），被保险人经保险人指定或认可的医疗机构确诊初次患合同第12条约定的第1类重大疾病（无论一种或多种）的，保险公司按保险金额给付重大疾病保险金，附加保险合同终止。合同第12条第1类（13）项约定：合同所指的系统性红斑狼疮仅限于累及肾脏（经肾脏活检确认的，并符合世界卫生组织诊断标准定义的Ⅲ型至Ⅴ型狼疮性肾炎）的系统性红斑狼疮。其他类型的红斑狼疮不在合同保障范围内。本病的诊断必须由免疫科、风湿科或肾内科的主任级医师作出。该合同还约定了保险费的金额、交费方式以及保险金的申请与给付等等，并注明某中心医院系保险人定点医院之一。合同签订后，赵某某按约定如期向保险人交纳了保险费。

2007年10月16日，赵某某因病到某中心医院内分泌肾病科住院治疗，经诊断其患有系统性红斑狼疮、狼疮肾。次日，赵某某的亲属将其病情告知了保险公司，保险公司随后派员到医院进行了核实。同年10月22日，赵某某经治疗病情好转出院。11月12日，赵某某因病情发作再次入院治疗3天。2007年12月4日，赵某某向保险公司申领重大疾病保险金，并将相关材料呈报给保险公司。2009年3、4月份，保险公司要求原告提交肾脏活检报告以证实其所患病情符合理赔标准，但因赵某某患病住院时医院未对其进行肾脏活检，此时其病情经治疗后已有明显好转，再进行肾脏活检已无法体现患病时的状况，且肾脏活检对受检人身体有一定的伤害，故赵某某未能向保险公司提交报告。同年4月21日，保险公司书面通知赵某某，其"目前检查结果尚不能确定符合条款给付的标准"，故对其申请的重大疾病保险金不予赔付。

在一审法院庭审过程中，鉴于赵某某患病时的状况现在已无法鉴定，赵某某和保险公司均要求由赵某某住院治疗时的主治医师——某中心医院内分泌肾病科陈主任对其当时的病情予以认定。陈主任确认，赵某某住院治疗时的病情符合保险合同约定的应予赔付的系统性红斑狼疮标准。

一审法院认为，赵某某与保险公司签订的人身保险合同系有效合同。原告按约如期交纳了保险费，在保险期间患有符合合同约定的重大疾病，保险公司应按合同保险金额给付重大疾病保险金。虽然合同约定赵某某所患系统性红斑狼疮需经肾脏活检确认是否符合理赔标准，但保险公司在接到赵某某提交的给付申请及相关材料后，未能及时告知赵某某进行肾脏活检，导致赵某某经治疗后病情好转而丧失活检的意义。在此前提下，赵某某和保险公司双方均同意由赵某某住院治疗时的主治医师对其当时的病情进行确认，法院予以支持。遂判决保险公司给付赵某某重大疾病保险金100000元。

保险公司不服一审判决，以赵某某所患疾病不符合保险合同约定的理赔标准为由，提出上诉。二审法院查明的事实与一审查明的事实一致。

二审法院认为，双方争议的焦点是：是否应经肾穿刺活检确定赵某某所患疾病系统性红斑狼疮的分型。虽然合同约定了经肾脏活检确认，但保险公司到医院核实被上诉人病情时，并未告知赵某某要及时进行肾脏活检，在赵某某经治疗好转的情况下，再进行活检已难以体现当时的确切病情。双方对现在肾脏活检的结果，能否符合赵某某发病时的情况，存在争议。且肾脏穿刺活检，必然对被保险人身体产生伤害，尤其是在赵某某肾脏器官已经受红斑狼疮疾病严重损伤的情况下。双方订立人身保险合同的目的是对被保险人的身体健康及生命所受到的侵害进行补偿。因此，不能为了一个尚未确定是否正确的结果而进行肾脏穿刺活检，损害当事人的身体健康。根据保险合同约定，某中心医院系保险人在被保险人居住地的指定医院，该病诊断必须由免疫科、风湿科或肾内科主任医师作出。在一审庭审中，对系统性红斑狼疮的认定，保险公司与赵某某都同意由当时某中心医院陈主任作出，并且双方当事人在一审法院主持下到某中心医院对赵某某的病情进行确认，当时的主治医师陈主任对赵某某所患该病确诊结果为符合Ⅳ型至Ⅴ型，双方当事人在调查笔录中签字确认。当时的主治医师陈主任身份符合保险合同的约定，有权对此疾病分型作出认定。因此，赵某某的病情符合保险合同约定的赔付条件，保险公司应按照保险合同的约定赔付赵某某保险金。一审判决认定事实清楚，判决结果正确，应予维持。

第五章 人身保险

遂判决驳回上诉，维持原判。①

案例分析指引

1. 疾病保险承保的保险事故有什么特点？本案中，涉案保险合同对重大疾病有什么约定？

2. 本案争议的保险合同约定的"经肾脏活检确认"是否为保险事故发生的必要特征？缺少"经肾脏活检确认"是否就不能认定保险事故的发生？

3. 除"经肾脏活检确认"外，是否有其他能够确认被保险人所患疾病符合合同约定的符合世界卫生组织诊断标准定义的Ⅲ型至Ⅴ型狼疮性肾炎的其他方法？

4. 本案中，是否有必要经过解释将保险事故限定于累及肾脏（符合世界卫生组织诊断标准定义的Ⅲ型至Ⅴ型狼疮性肾炎）的系统性红斑狼疮？

5. 本案中，保险公司同意由主治医师对被保险人所患疾病的状态进行确认，其法律意义何在？是否表明保险公司放弃了"经肾脏活检确认"的条件？

案例参考 56

医疗保险的补偿性

江某起诉保险公司，要求保险公司向其给付意外伤害医疗保险金人民币 13115.75 元（合同约定的最高保险金额 2 万元扣除保险公司先期给付的意外伤害医疗保险金 6884.25 元的差额）。保险公司认为，本案争议的保险合同为费用补偿型短期健康保险，承保被保险人因意外事故住院治疗而实际支出的合理医疗费用，保险人承担的保险责任就是补偿被保险人实际支出的合理医疗费用。在扣除社保统筹支付和政策自付部分的医疗费用后，其已经向江某给付 6884.25 元的住院医疗保险金，完全履行了合同义务，江某无任何理由要求保险公司再行补付 13115.75 元。

原审法院审理查明：2012 年 11 月 13 日，江某与保险公司签订了

---

① 参见山东省青岛市中级人民法院（2010）青民四商终字第 20 号民事判决书。

一份人身保险合同，约定承保江某的意外伤害，期间为1年，保险赔偿限额为100000元；附加1年期短期意外伤害医疗保险，保险赔偿限额为20000元。该附加意外伤害医疗保险条款第2条第2款规定了"补偿原则"，即"若被保险人已从其他途径（包括社会医疗保险、公费医疗、工作单位、本公司在内的任何商业保险机构等）取得补偿，我们在保险金额的限额内对剩余部分按本附加险合同的约定承担相应的保险责任"。2013年10月13日下午，江某意外发生人身损害保险事故。事故发生后，江某立即向保险公司报案，并经保险公司同意，送医抢救治疗，住院时间从2013年10月13日起至10月30日止，花去医疗费人民币27450.25元，其中个人自费人民币2940.38元。社会医疗保险机构在扣除江某个人自费人民币2940.38元后，已为江某报销了75%的医疗费计人民币18007.40元，未报销6502.47元。江某个人实际支付了医疗费9442.85元（个人自费2940.38元+未报销6502.47元）。事后，江某向保险公司提出人身保险理赔，保险公司支付了江某人身保险意外伤害医疗保险金人民币6884.25元。

原审法院认为：江某与保险公司签订的人身保险合同，是双方当事人的真实意思表示，其内容合法有效，应受法律保护。江某发生的人身损害事故，是在保险合同期间内，保险公司应按照保险合同的约定赔偿江某遭受的人身损害的损失。根据保险公司为江某承保的附加1年期短险，意外伤害医疗保险费赔偿限额为20000元，依照附加意外伤害医疗保险条款第2条第2款的规定，保险公司应以社会保险机构未报销医疗费人民币6502.47元和个人自费部分人民币2723.18元为依据，合计支付江某人身损失保险赔偿金人民币9225.65元。鉴于保险公司已支付了江某保险赔偿金人民币6884.25元，保险公司还应支付江某保险赔偿金人民币2341.40元。判决保险公司支付江某人身保险赔偿金人民币2341.40元。

江某不服原审判决，提起上诉，要求保险公司给付其意外伤害医疗保险金人民币10774.35元，即合同约定的保险金限额2万元扣除保险公司先期给付的意外伤害医疗保险金6884.25元和保险公司一审判决后给付的意外伤害医疗保险金2341.40元的差额。二审法院经审理查明，原审法院查明事实属实，予以确认。

二审法院认为，本案中江某购买的是意外伤害医疗保险，保险赔偿限额为2万元。保险合同约定的补偿原则，是"若被保险人已从其他途径（包括社会医疗保险、公费医疗、工作单位、本公司在内的任何商业保险机构等）取得补偿，我们在保险金额的限额内对剩余部分按本附加险合同的约定承担相应的保险责任"。根据以上补偿原则，一审判决被上诉人支付上诉人2341.40元，即上诉人的医疗费已全部赔偿。江某上诉请求再支付10774.35元，没有法律依据和事实依据，判决驳回上诉，维持原判。①

案例分析指引

1. 医疗费用保险的性质应当如何确定？
2. 本案争议的保险合同约定的给付义务是否清楚地表达了该保险的医疗费用给付的补偿性质？

思考题

1. 人身保险有什么特点？
2. 人身保险主要有哪些特有条款？
3. 人身保险利益主要有哪些表现形式？
4. 如何理解受益人的法律地位？
5. 人身保险合同的复效应当具备什么样的条件？
6. 如何认识人寿保险、伤害保险和健康保险的区别？
7. 如何认识人身保险单的现金价值？

扩展阅读

1. 梁宇贤：《保险法新论》（修订新版），中国人民大学出版社，2004，第250~252页（年金保险）。

2. 李玉泉主编《保险法学——理论与实务》，高等教育出版社，2007，第332~340页（对死亡保险的限制）、第353~358页（人寿保险单的现金价值）。

3.〔美〕小罗伯特·H.杰瑞、〔美〕道格拉斯·R.里士满：《美国保险法精解》（第四版），李之彦译，北京大学出版社，2009，第157~182页（人寿保险中的受益人）。

---

① 参见广东省惠州市中级人民法院（2015）惠中法民二终字第338号民事判决书。

4. 王伟编著《保险法》,格致出版社、上海人民出版社,2010,第170~176页(人身保险中的道德风险防范机制)、第176~185页(受益人相关问题分析)。

5. 黎建飞:《保险法新论》(第二版),北京大学出版社,2014,第187~203页(人身保险概述)。

6. 汪信君、廖世昌:《保险法理论与实务》(修订三版),元照出版公司,2015,第350~367页(健康保险)、第367~390页(伤害保险)。

7. 邹海林:《保险法学的新发展》,中国社会科学出版社,2015,第124~131页(受益人的法律地位)。

第六章 财产保险

要点提示

- 财产损失保险
- 填补损失原则
- 财产保险利益
- 保险价值
- 定值保险
- 危险程度显著增加
- 保险标的转让与保险合同的效力
- 重复保险通知义务
- 重复保险各保险人的责任分担
- 保险代位权的行使

第一节 财产保险的类型化

一 财产保险的意义

财产保险,是指以财产以及同财产有关的利益为保险标的的保险。财产保险源自海上保险,海上保险构造了财产保险的制度目的,即填补被保险人所发生的实际损害。保险事故发生后,被保险人仅能以其实际所受之损失请求保险人承担保险赔偿责任;被保险人不得因保险人的赔偿而获取超过实际损失的利益。保险人以被保险人实际所发生的损失为限,按照合同约定承担填补被保险人损害的保险责任。

海上保险以外的其他财产保险,尤其是责任保险,则对填补损失原则作出了发展。

历经数百年的发展,财产保险始终围绕着填补损失的主题。尽管财产保险填补损失的主题没有发生实质上的变化,但保险法理论以及实务对于"财产"和"损失"的理解已经产生了不少的变化。例如,财产不再限于有形财产,而包括了无形财产;财产不再限于积极财产,而包括了消极财产。再如,损害不再限于有形财产的实际损失,而包括了财产利益的丧失乃至利益丧失的可能,如法律上的赔偿责任等。所有这些变化促进了财产保险的发展,并使得人们对财产保险的制度构成的理解更加深入。

因此,现代意义上的财产保险,已经不再受海上保险的局限,保险标的已经涵盖所有的财产以及财产利益,承保的危险已经覆盖各种各样的损失风险。财产保险的制度构成在以下三个方面的发展,值得有所注意:(1)区分广义的财产保险和狭义的财产保险,使得财产损失保险、责任保险、信用保险以及保证保险的发展具有了更广的拓展空间;(2)强调保险金额与保险价值的基础地位,并以此为基础构造超额保险无效、不足额保险与重复保险的填补损失方法以及拓展定值保险的适用空间;(3)保险代位作为贯彻填补损失原则的辅助工具,其制度构成对于财产保险具有普适价值,但应当注意区分法定保险代位权与约定保险代位的不同,实益将更加显著。[1]

二 财产保险的类型化

在理论和实务上,财产保险常被类型化为财产损失保险、责任保险、信用保险和保证保险等。

(一) 财产损失保险

财产损失保险,指以有形财产为标的的保险。财产损失保险的标的,可以是生产资料、生活资料、运输工具、运输中的货物、农作物、机器设备、建筑物、道路基础设施、桥梁等一切有形的动产或者不动产。

(二) 责任保险

责任保险,指以被保险人依法应当对第三人承担的损害赔偿责任为标的的保险。责任保险的标的,一般为侵权损害赔偿责任,但并不限于

---

[1] 参见邹海林《保险法学的新发展》,中国社会科学出版社,2015,第37页。

侵权损害赔偿责任。

（三）信用保险

信用保险，指以第三人对被保险人付款的能力或者信用风险为保险事故的财产保险。在信用保险项下，保险人对被保险人的信用放款和信用售货提供担保，在借款人或者赊货人不能偿付其所欠款项时，由保险人向被保险人给付保险赔偿金。与信用保险类似的保险，还有保证保险。

（四）海上保险

海上保险，指以船舶和货物为保险标的、海上危险或者海难为保险事故的一种财产损失保险。海上保险适用海商法的专门规定。

三 财产损失保险

财产损失保险，又称狭义的财产保险，是指以有形财产为保险标的的保险。因财产损失保险而成立的合同，为财产损失保险合同。依照财产损失保险合同，投保人按照约定向保险人支付保险费，在被保险财产发生保险事故而受到损失时，保险人按照约定向被保险人给付保险赔偿金。

财产损失保险的标的，可以是生产资料、生活资料、运输工具、运输中的货物、农作物、房屋等一切有形的不动产或者动产。凡以动产、不动产为标的订立的保险合同，均为财产损失保险。例如，企业财产保险、家庭财产保险、房屋保险、计算机保险、钻井平台保险、运输工具保险、货物运输保险、农作物保险等。

凡是具有合法利益的动产与不动产，均可以约定为财产损失保险的标的。但是，并非所有的财产均可以作为财产损失保险的标的。什么样的财产可以作为财产损失保险的标的，取决于投保人和保险人的约定。因此，财产损失保险的保险标的，只能以投保人和保险人约定的特定范围内的有形财产（有体物）为限。保险合同约定承担风险的被保险财产以外的财产，或者保险合同明确约定的"不保财产"，不属于财产损失保险的标的。再者，法律规定不得作为保险标的的财产，不论保险合同是否已有约定，如非法取得的财产或者财产利益等，均不得作为财产损失保险的保险标的。

财产损失保险严格贯彻填补损失原则。填补损失原则，是指保险人向被保险人给付保险赔偿，以填补被保险人因保险事故而发生的实际损失为必要的原则。订立和履行财产损失保险合同，不得违反填补损失原则。除定值保险外，保险人在理赔时应当合理计算或者估算保险标的因为保险事故而发生的实际损失。对于财产损失保险中的定值保险，保险人在计算保险标的的实际损失时，一般仅计算或者估算保险标的的发生损失的程度或者保险标的遭受损失的比例，并以此作为给付保险赔偿的依据，并不计算保险标的的损失金额。但定值保险作为特例，实际上也要贯彻填补损失原则，订立定值保险合同时，对保险标的进行预先的估价并将之确定下来，也是在适用填补损失原则。

财产损失保险为填补损失的保险，被保险人不能通过订立保险合同获取额外利益。故保险人和投保人约定的保险金额，不得超过保险标的的保险价值。保险人依照财产损失保险所承担的保险责任，以保险合同约定的保险金额为限，被保险人发生的超出保险金额的损失，保险人不负给付保险金的责任。被保险人因保险人承担保险给付责任实际取得的保险赔偿，如果超出保险标的的实际损失，则超过部分构成不当得利，被保险人应当将之返还给保险人。财产损失保险适用保险代位制度，以彻底落实填补损失原则。

> 案例参考 57

财产损失保险的保险事故与保险责任范围

2008 年 7 月 25 日，化工公司与保险公司经协商签订保险合同一份。保险公司向化工公司出具财产保险综合险保单明细表一份，该明细表显示如下内容：被保险人为化工公司；受益人为化工公司；保险期限为 12 个月，自 2008 年 7 月 26 日至 2009 年 7 月 25 日；保险标的为化工公司的固定资产、存货及其他，总保险金额为 2084690.57 元；每次事故绝对免赔额为 500 元或损失金额的 10%，两者以高者为准；保险费为 8338.76 元。另有特别约定：保险公司对在露天或罩棚下的保险标的以及罩棚，由于意外事故发生的损失不负责赔偿。

2009 年 1 月 5 日，化工公司在生产过程中，厂房内发生氯乙酸泄漏事故，化工公司向保险公司报案，保险公司亦派人到现场勘查。保险公司以该事故不属于保险事故范围拒绝理赔。

一审法院认为：依法成立的合同，对当事人具有约束力，受法律保护。保险合同成立后，投保人按照约定交付保险费，保险人按照约定的时间开始承担保险责任。化工公司和保险公司对签订财产保险综合险保险合同及化工公司发生意外事故的事实均不持异议，双方争执的焦点在于此事故是否属于保险合同中约定的保险事故理赔范围。本次事故发生地为化工公司的厂房内，并不属于明细表中约定的在露天或罩棚下的保险标的，保险公司未提供证据证明发生事故的标的为露天或罩棚下的保险标的，故本次意外事故应属于保险公司承保的理赔范围，保险公司对化工公司因此事故而产生的合理损失应承担赔偿责任。本事故中，经鉴定的损失为19188元，按双方约定的"每次事故绝对免赔额为500元或损失金额的10%，两者以高者为准"的条款，本事故的免赔额为19188元×10%，即1918.8元，保险公司应支付化工公司赔偿款19188元－1918.8元，即17269.2元，另支付鉴定费600元，以上共计17869.2元。判决保险公司给付化工公司赔偿款17869.2元。

保险公司不服一审法院判决，提起上诉，称：双方保险合同第4条约定了保险事故和保险责任，该第4条约定的原因造成的事故才属于保险责任范围内的保险事故，而本案事故发生的原因是存储罐螺丝掉落，该原因不属于双方保险合同第4条约定的原因。化工公司辩称，本案事故属于保险合同约定的保险事故，保险公司应当理赔。二审法院经审理查明的事实与一审法院认定的基本事实相同。

二审法院认为，对于厂房内一个存储罐的螺丝掉落，造成罐内储存的氯乙酸泄漏，保险公司没有主张也没有证据证明化工公司对于螺丝掉落存有疏于检修的过失，因此，螺丝掉落具有不可预见性；在没有证据证明化工公司有疏于检修的过失的情况下，应将螺丝掉落认定为意外事故。财产保险综合险保单明细表第10条第1项特别约定，保险公司对于在露天或罩棚下的保险标的以及罩棚，由于意外事故发生的损失不负责赔偿，本案事故发生地为化工公司厂房内，不属于明细表中约定的在露天或罩棚下。事故泄漏的氯乙酸，保险公司自认属于保险财产项目中的产品及半成品，故本次意外事故应属于保险公司承保的理赔范围。一审法院计算保险公司赔偿款为19188元－19188元×10%＋600元，即17869.2元，数额正确。综上，一审判决事实清楚，适用法律正确，判决驳回上诉，维持原判。[①]

案例分析指引

1. 什么是财产损失保险？本案中，涉案保险合同约定的保险标的

---

① 参见河南省开封市中级人民法院（2010）汴民终字第629号民事判决书。

包括哪些财产？该合同有无约定不包括的保险标的（除外责任）？

2. 本案中，为什么被保险人厂房内的存储罐的螺丝掉落、造成罐内储存的氯乙酸泄漏属于意外事故？涉案保险合同是否将之列入除外责任？

3. 除非保险合同另有约定，不可归责于被保险人的事故均应当属于意外事故，保险人是否应当对此造成的保险标的损害承担保险责任？

4. 本案中，为什么两审法院均认为保险公司应当对由意外事故而造成的被保险人的氯乙酸（产品及半成品）损失承担给付保险赔偿金的责任？

第二节 填补损失原则

一 填补损失原则的概念

保险事故发生后，被保险人仅得按其实际所受之损害请求保险人赔偿，不得因保险赔偿获取超过其实际损失的利益，保险人的赔偿以被保险人实际所发生的损失为限。这就是填补损失原则（principle of indemnity）。

填补损失原则的目的是以保险赔偿填补被保险人因保险事故而发生的实际损失。因此，被保险人因保险人承担保险给付责任而实际取得的保险赔偿，若超出保险标的的实际损失，则超过部分构成不当得利，被保险人须承担不当得利之返还义务。保险标的的因保险事故所发生的损失可以归责于第三人的，该第三人对被保险人应当承担损害赔偿责任，被保险人向保险人要求保险赔偿的，应将其请求该第三人赔偿的相应权利让与保险人。但是，保险代位权的存在并不妨碍被保险人对造成保险标的的损害而承担赔偿责任的第三人行使损害赔偿请求权。

二 填补损失的范围

（一）实际损失

对于保险标的的因保险事故而发生的实际损失，保险人应当予以填补。保险人在填补保险标的的实际损失时，以保险合同所约定的保险金额为最高赔偿限额。

若为定值保险，保险标的的发生全损，保险人应当给付保险金额全额；保险标的的发生部分损失的，保险人则按照损失的比例乘以保险金额计算应当支付的保险赔偿额予以给付。

若为不定值保险，则以保险标的发生保险事故后按照保险合同约定的方法所确定的保险价值为基础，先就该保险属于足额保险还是不足额保险作出判断，并根据保险标的的全损或者部分损失的不同情形，确定保险人应当如何给付保险赔偿金。保险金额相当于保险价值的，保险人就保险标的所发生的损失（全损或者部分损失），以保险金额为限向被保险人给付保险赔偿金；保险金额低于保险价值的，除合同另有约定外，保险人按照保险金额与保险价值的比例承担赔偿保险金的责任。

保险人在填补保险标的的实际损失时，以保险合同所约定的保险金额为最高赔偿限额。保险合同约定的保险金额，不保险标的的保险价值。

（二）合理费用

保险事故发生后，被保险人因尽减损义务，如对保险标的进行施救，或者尽其他法定义务，如履行保险事故的通知义务，或者按照保险人的要求为特定的行为，如协助保险人勘验事故、保险标的的检验、估价、出售等，而支付合理费用的，保险人应当予以填补。例如，保险事故发生后，被保险人为防止或者减少保险标的的损失所支付的必要的、合理的费用，由保险人承担；保险人所承担的费用数额在保险标的损失赔偿金额以外另行计算，最高不超过保险金额的数额。[①]

需要说明的是，合理费用尤其应当包括因调查保险事故而支出的费用。为了确定保险事故的性质、程度而由投保人、被保险人或保险人支出的检验、鉴定、估价等的合理费用，以及为执行保险人的特别通知而由投保人、被保险人支出的合理费用，属于调查费用，应当由保险人负担。因此，保险人、被保险人为查明和确定保险事故的性质、原因和保险标的的损失程度所支付的必要的、合理的费用，由保险人承担。[②]

三 填补损失的方式

（一）金钱赔付

对于财产保险，其填补损失的方式实行金钱赔付原则。在发生保险事故后，保险标的受损失的，保险人应当按照保险合同的约定向被保险人支付保险赔偿金。保险赔偿金可以票据或者现金支付。保险实务中，保险人依照财产损失保险合同承担保险责任，一般采用金钱赔付的方

---

① 参见《保险法》（2015年）第57条第2款。
② 参见《保险法》（2015年）第64条。

式。给付保险赔偿金，为保险人在保险合同约定的保险事故发生时，依照保险法的规定和财产损失保险合同的约定所承担的基本义务。保险人应当承担的保险责任，以金钱给付为原则；但是，保险法另有规定的，从其规定；合同另有约定的，从其约定。

保险人因保险事故而应当给付保险赔偿的，其应当及时核定保险给付的数额。保险人核定保险给付责任的主要事项有：保险单证的效力、事故发生的原因、性质、损失程度、保险责任范围、给付保险赔偿的限度、被保险人的身份证明以及其他有关保险责任承担的事项。保险人核定的保险给付的数额，被保险人同意接受的，保险人应当和被保险人签订保险给付协议，并在达成保险给付协议后 10 日内履行保险给付义务；保险合同对保险给付期限另有约定的，从其约定。再者，保险人自收到给付保险赔偿的请求和有关证明、资料之日起 60 日内，对其赔偿的数额不能确定的，应当根据已有证明和资料可以确定的最低数额先予支付；保险人最终确定赔偿数额后，应当支付相应的差额。

（二）恢复原状或替代给付

恢复原状，是指将因保险事故而受损的保险标的（被保险财产）恢复到受损前的状态。恢复原状的基本方法为修理或更换。保险事故造成保险标的损坏，通过修理受损的保险标的或者更换受损的保险标的，足以恢复保险标的原状的，保险人依照保险合同的约定，可以修理或者更换保险标的作为填补损失的方法。

替代给付，是指发生保险事故后，保险标的受损或者灭失，保险人依照保险合同的约定，可以其他种类物的交付代替给付保险赔偿金，以履行其填补损失的保险责任。实际上，在保险合同有约定或某些特定情形下，保险人有必要而且也有权选择以恢复原状或替代给付填补损失。

恢复原状或替代给付作为财产损失保险填补损失的方式，主要适用于机动车损失保险和地上建筑物损失保险。例如，依照我国的机动车损失保险实务，被保险机动车因为保险事故受损，被保险人请求理赔，被保险机动车应当送交被保险人和保险人同意的汽车专修厂进行修理或者更换受损部件，保险公司在保险金额范围内支付因为修理而发生的费用。

案例参考 58

被保险人请求赔偿保险标的损失的权利

2008 年 5 月 1 日，国药公司与邦达公司签订运输服务合同，约定：

由邦达公司运输与国药公司业务相关的医药、医疗产品及其他相关产品，合同期限为 12 个月，自 2008 年 5 月 1 日至 2009 年 4 月 30 日止。其中，合同第 5.7 条款约定，由于储存、运输不当造成的药品变质、遗失、破损、污染、失窃等，相关损失由邦达公司承担。合同签订后，国药公司委托邦达公司运送涉案药品货物。2009 年 3 月 28 日凌晨，邦达公司的转运仓库遭遇火灾，导致国药公司委托运输的药品货物毁损，其价值按成本价格计算为 1059164.38 元。国药公司向邦达公司要求赔付上述款项未果，遂提起诉讼，请求判令邦达公司赔偿国药公司货物损失 1059164.38 元。以上事实经一审法院审理后查明。

一审法院认为，国药公司与邦达公司所签订的运输服务合同合法有效，签约双方理应严格遵守，全面履行各自的合同义务。邦达公司储存所承运药品货物的仓库发生火灾意外事故，造成了国药公司托运的药品货物毁损，进而给国药公司造成了相应的经济损失。邦达公司在火灾事故发生后，已确认遭受火灾的仓库内有国药公司所发运的药品货物，且已经毁损，却又借故不向国药公司赔偿已产生的经济损失，实属无理。国药公司为减少诉讼成本以及避免因进行药品价格评估鉴定而产生的费用，自行与药品所有方协商按该批药品成本价格计算赔付金额，并无不当，应予以确认。至于国药公司是否就该批药品的实际损失向其投保的保险公司进行理赔，并不影响本案的处理。判决邦达公司偿付国药公司委托储运的药品货物损失款项 1059164.38 元。邦达公司不服一审判决，提起上诉。

邦达公司在一审和上诉时均提出，涉案药品损失应由国药公司先行申请保险理赔，故本案在程序上，一审法院应当裁定驳回国药公司的起诉。对此，国药公司认为，对于涉案的药品损失，国药公司依法可自行选择向责任人进行索赔或向保险人申请保险理赔。二审法院经审理查明一审查明的事实属实。在二审审理期间，国药公司就涉案毁损药品的保险事宜向法庭陈述相关事实如下：对于邦达公司受托承运的涉案药品，国药公司事前已向保险公司投保了"货物运输"保险，涉案火灾事故发生后，国药公司即依照保险合同的约定向保险公司履行通知义务，保险公司也委托了相关保险公估公司到火灾现场就药品的损毁情况进行现场勘验并作出了查勘定损报告，之后，国药公司决定选择提起本案诉讼，诉请邦达公司承担损害赔偿责任，因而没有向保险公司申请保险理赔。二审法院另查明，在原审审理中，邦达公司提交了上海市第一中级人民法院（2009）沪一中民四（商）终字第 928

号民事裁定书一份。

关于国药公司是否应就涉案药品损失先行向保险公司申请理赔的问题，二审法院认为：我国《保险法》（2009年）第60条第2款规定，被保险人已经从第三者处取得损害赔偿的，保险人赔偿保险金时，可以相应扣减被保险人从第三者处已取得的赔偿金额。由此表明，保险事故发生后，保险人可自行向责任人进行索赔，并可就未足额受偿部分再向保险人申请保险理赔。同样，我国《保险法》（2009年）第60条第1款规定，因第三者对保险标的的损害而造成保险事故的，保险人自向被保险人赔偿保险金之日起，在赔偿金额范围内代位行使被保险人对第三者请求赔偿的权利。可见，即便被保险人先行向保险公司申请保险理赔，责任人的损害赔偿责任亦不因此而免除，而只是再行由保险人来实施追偿。再者，依据我国《保险法》（2009年）第61条的规定，保险事故发生后，保险人未赔偿保险金之前，被保险人放弃对第三者请求赔偿的权利的，保险人不承担赔偿保险金的责任。很显然，我国保险法不仅未排除被保险人先行向责任人进行索赔的权利，而且还禁止被保险人擅自放弃向责任人请求赔偿的权利。至于邦达公司所提交之上海市第一中级人民法院（2009）沪一中民四（商）终字第928号民事裁定书，经查，该裁定是基于被保险人已就相关货物损失向保险公司申请保险理赔且尚处在理赔阶段的事实，认定被保险人的最终损失当时难以确定，故对于被保险人的起诉法院还不应受理，进而裁定驳回被保险人的起诉。显然该案裁定对本案不具有相同的借鉴意义。因此，邦达公司主张国药公司应就涉案药品的损失先行向保险公司申请保险理赔的上诉理由，依法不能成立，不予支持。[①]

案例分析指引

1. 被保险人向造成保险标的损害而应当承担责任的第三者请求赔偿的权利是否受填补损失原则的影响？

2. 本案中，国药公司对其投保的药品所发生的损害请求赔偿的，其请求权基础有哪些？

3. 本案中，邦达公司主张国药公司应当先行请求保险赔偿为什么不受法院的支持？

[①] 参见上海市第二中级人民法院（2010）沪二中民四（商）终字第365号民事判决书。

4. 货物运输的承运人在什么情况下对于托运人的损害赔偿请求具有先诉抗辩权？

第三节 财产保险利益

一 财产保险利益的归属

我国《保险法》（1995年）明文规定投保人对保险标的应当具有保险利益，但保险法理论对于财产保险之保险利益的归属，均采取归属于被保险人的立场。财产保险的目的，是填补被保险人所遭受的损害，只有被保险人在发生保险事故时对保险标的具有保险利益，才会发生损害应受填补的问题；被保险人对保险标的没有保险利益的，不存在损害，自然不能通过保险加以填补。订立财产保险合同时，投保人对保险标的是否具有保险利益，并不影响被保险人的财产之安全，也不存在道德危险问题。发生保险事故时，保险利益成为评判被保险人应否获得保险人赔偿以及获得多少赔偿的基础或依据。因此，财产保险利益只能体现为被保险人与保险标的之间存在利害关系。财产保险利益应当归属于被保险人，作为被保险人请求保险人给付保险赔偿的条件。

二 财产保险利益的表现形式

财产保险利益，是指被保险人因保险事故所致的保险标的不安全而受到损害或者因保险事故的不发生而免受损害而对保险标的所具有的利害关系。财产保险利益应当为合法利益（legal interests）。有立法例对财产保险利益的具体表现形式作出了规定。例如，我国台湾地区"保险法"第14条规定："要保人对于财产上之现有利益，或因财产上之现有利益而生之期待利益，有保险利益。"我国保险法对于财产保险利益的表现形式，并没有相应的规定。在这个意义上，财产保险利益的表现形式，没有实行法定主义，此与人身保险利益之表现形式存在差别，应当引起注意。财产保险的保险标的都是具体的物或者利益，被保险人与具体的物或者利益之间存在的各种形式的权利义务关系，原则上皆可归入保险利益的范围内。

保险法理论从不同的角度，对财产保险利益予以描述。例如，有学者认为，财产保险利益可抽象表述为财产权利（property rights）、合同权利（contract rights）和法律责任（legal liabilities）等三类。① 财产权利包括基于财产权利而享有的财产利益，其中最为显著的财产权利为所有权利益、占有利益、股权利益、担保利益等；合同权利为依照合同产生的债权请求权；法律责任则是因为侵权行为、合同或者法律规定而发生的责任。也有学者将财产保险利益直接表述为所有利益、支付利益、使用利益、受益利益、责任利益、费用利益以及抵押利益等七类。②

我国学者通说认为，财产保险利益具体表现为三种形式。(1) 现有利益，指被保险人对保险标的所享有的现存利益，包括但不限于被保险人对保险标的之所有权利益、占有利益、用益物权利益以及担保物权利益等。(2) 期待利益，指被保险人在订立保险合同时，对保险标的的利益尚不存在，但因其现有权利而未来可获得的利益。期待利益因为现有利益而产生；没有现有利益，就不可能存在期待利益。(3) 责任利益，指被保险人依法应当承担的合同上的责任、侵权损害赔偿责任以及其他补偿责任，构成责任利益。

三　现有利益

现有利益，是指被保险人对保险标的所享有的现存利益，包括但不限于被保险人对保险标的的所有权利益、占有利益、用益物权利益和担保物权利益等。一般而言，有下列情形的，被保险人对保险标的具有现有利益：(1) 被保险人对于特定财产有法律上的权利；(2) 被保险人对于特定财产有实际而合法的利益；(3) 被保险人对于特定财产有运送的义务或者留置的权利；(4) 被保险人对于特定财产为现占有人；(5) 被保险人对于特定财产虽无现有权利或者利益，但依其法律关系，法律上确定的权利将因其灭失而丧失。③

保险实务中，被保险人对保险标的具有的现有利益，一般都限定于所有权利益。例如，房屋的所有人对其所有的房屋有保险利益，可为房屋火灾保险的被保险人。但是，值得注意的是对于其他物权形式体现的现有利益的权利人，例如抵押权人、占有人或承运人，则较少将之作为他人财产灭失的保险的被保险人。

---

① See John F. Dobby, *Insurance Law* (West Publishing Co., 1981), p.50.
② 参见吴荣清《财产保险概要》，三民书局，1992，第48页下。
③ 参见桂裕《保险法论》，三民书局，1981，第67页。

四 期待利益

期待利益，是指订立保险合同时被保险人对保险标的的利益尚未确定但未来可以确定的利益或者利害关系。期待利益因为现有利益而产生，没有现有利益，也不可能存在期待利益。期待利益一般因为具有法律上的权利或者利益而发生，受法律保护，属于财产利益的一种。因合同或者法律行为而产生的利益，为期待利益的代表形式。我国台湾地区"保险法"第20条规定，凡基于有效契约所生之利益，得为保险利益。

期待利益可因事实行为而发生，例如，企业因为经营而可能获得的盈利，农民因耕种田地而可能获得的收获物等。期待利益因为事实原因而产生的，不以法律权利或者责任为基础，这种利益又可以被称为"事实上的期待利益"（factual expectation of loss）。[1] 例如，业主经营的将来利润所得因为营业中断（并无他人应对此负责）所可能发生的损失，构成事实上的期待利益。事实上的期待利益，构成业务中断保险的保险利益。

期待利益，不论其发生的原因，应当具有受法律保护的特性，才能作为财产保险利益。

五 责任利益

责任利益，是指被保险人依法应当承担的合同上的责任、侵权损害赔偿责任以及其他补偿责任。责任利益，为被保险人享有的消极利益，性质为法律上的责任，限于民事赔偿责任或替代责任；非法律上的责任以及非民事法上的责任，不能构成责任利益。

一般而言，法律上的责任产生于侵权行为、合同行为、不当得利和无因管理。责任利益在保险实务中主要包括雇主责任、公众责任、产品责任、专家责任、环境责任、交通事故责任、契约不履行责任等。只要被保险人有承担民事责任的可能，被保险人对其可能承担的责任就具有保险利益。例如，被保险人对其提供专家服务应负担的赔偿责任有责任利益，可以投保专家责任保险。

---

[1] See Edwin W. Patterson, "Essentials of Insurance Law", *Journal of Insurance* 25 (1957), pp. 118-119.

案例参考 59

货运代理人的保险利益

人保南京分公司诉称，苏美达公司与亚东公司签订委托报关、运输协议，亚东公司履行货物运输合同致被保险货物（多晶硅炉）受损，应当承担赔偿责任；人保南京分公司对货物损失向被保险人苏美达公司赔付人民币 6448580.17 元，应当由亚东公司承担。亚东公司辩称，人保南京分公司对亚东公司不享有保险追偿权，多晶硅炉的货主为韩华公司，投保人和被保险人苏美达公司不具有保险标的物的保险利益。

原审法院经审理查明：2007 年 7 月 5 日，苏美达公司与亚东公司签订委托报关、运输协议，约定亚东公司代理苏美达公司处理进口货物的报关、报验、港口提货、货物运输等事宜；亚东公司负责货物运输，对因其造成的运输货物的损失承担损害赔偿责任。2007 年 3 月，苏美达公司与人保南京分公司签订国内货物运输预约保险协议书，明确了苏美达公司的国内货物运输的预约承保方式、保险标的物范围以及使用的条款和险别。2008 年 7 月 3 日，苏美达公司以其为投保人和被保险人向人保南京分公司发出投保单一份；2008 年 7 月 4 日，人保南京分公司签发国内水路、陆路货物运输保险单一份，载明了运输方式、起运日期、运输工具以及被保险货物（多晶硅炉）等，其中保险金额为 15000000 元，保险费为 4500 元。2008 年 7 月 4 日，运输车辆在途中发生事故致运输货物受损。其后经公估公司评估，运输货物推定全损。2009 年 6 月，韩华公司、苏美达公司及人保南京分公司签署《关于多晶硅炉赔偿事宜之三方协议》，其中约定：人保南京分公司按照两台多晶硅炉炉体价值 113.4 万美元的 80%，即 90.72 万美元先行赔付苏美达公司，并支付鉴定费用 24408.14 欧元；苏美达公司收到以上赔付款项后以转账方式将该笔款项支付给韩华公司。韩华公司和苏美达公司同意通过苏美达公司将上述两台受损多晶硅炉的全部索赔权益转让给人保南京分公司，由人保南京分公司对承运人索赔。2009 年 7 月 21 日，人保南京分公司向苏美达公司赔付 6448580.17 元。

涉案保险合同的被保险人苏美达公司是否有赔偿请求权成为原审争议的焦点问题。原审法院意见如下：根据苏美达公司与韩华公司的委托代理进口合同，苏美达公司须办理国内运输货物保险，并须将货物运至指定地点。因此，在货物交付前，苏美达公司作为货物的合法占有人对多晶硅炉具有法律上承认的利益，亚东公司抗辩称苏美达公司不具有保险利益导致保险合同无效的主张无事实和法律依据。人保南京分公司按照三方协议的约定赔付了货物损失的80%，即亚东公司应依法承担6224360.96元的赔偿责任，判决亚东公司向人保南京分公司支付人民币6224360.96元。

亚东公司不服原审判决，提起上诉，并称案涉设备系免税产品，物权未经海关许可应归属于终端客户韩华公司；苏美达公司与韩华公司约定货物在运输、仓储中的风险由韩华公司自行向责任方索赔，苏美达公司对被保险货物不具有保险利益，人保南京分公司无权主张保险代位追偿。人保南京分公司答辩称：苏美达公司与韩华公司间的委托代理进口合同第五条第四项明确约定，外贸进口过程中，在韩华公司未付清货款的情况下该批货物归苏美达公司所有，故苏美达公司对涉案货物具有保险利益。苏美达公司陈述称，依据委托代理进口合同的约定，苏美达公司对案涉货物具有保险利益。二审法院对原审查明的事实予以确认。

二审法院认为：人保南京分公司向亚东公司主张保险代位求偿权，具有事实和法律依据。因苏美达公司就涉案多晶硅炉向人保南京分公司投保国内水路、陆路货物运输保险，事故发生后，其基于保险合同选择要求人保南京分公司承担赔付义务具有合同依据。《中华人民共和国保险法》第60条规定，因第三者对保险标的的损害而造成保险事故的，保险人自向被保险人赔偿保险金之日起，在赔偿金额范围内代位行使被保险人对第三者请求赔偿的权利。本案保险事故发生后，在保险公估机构对损失评估基础上，苏美达公司、韩华公司及人保南京分公司签署三方协议，确定人保南京分公司赔付两台多晶硅炉炉体价值113.4万美元的80%，并负担ALD公司的鉴定费用24408.14欧元。人保南京分公司依约向苏美达公司支付6448580.17元人民币。人保南京分公司在履行保险理赔义务后，依法享有代位求偿权。苏美达公司因案涉多晶硅炉等设备的运输向人保南京分公司投保，作为保险受益人，依法应享有保险利益。虽然案涉多晶硅炉等设备的实际购买人为韩华公司，但其并非运输合同当事人，且韩华公司作为第三人参与本案诉讼，对于由苏美达公司就案涉货物主张权利并无异议。亚东公司关于苏美达公司不具有保险利益、应由终端客户韩华公司向其主张赔偿的上诉意见，法院不予支持。判决驳回亚东公司的上诉。[1]

---

[1] 参见江苏省高级人民法院（2015）苏商终字第00165号民事判决书。

> **案例分析指引**

1. 财产保险利益的具体表现形式有哪些？
2. 被保险人对保险标的在什么时候应当具有保险利益？
3. 保险事故发生时，被保险人对保险标的没有保险利益的，可否请求保险人承担保险责任？
4. 本案中，被保险人苏美达公司为货运代理人，为什么其对韩华公司所有的被保险货物多晶硅炉具有保险利益？

第四节 保险价值

一 保险价值的意义

保险价值，又称可保价值，是指财产保险的保险标的在客观上所具有的价值。

合同约定为财产保险的标的之财产或者财产利益，均有可以计算的价值。财产保险标的的价值具有客观性，表现为保险标的的交换价值在保险合同项下的存在形式。订立财产保险合同时，当事人应当预先测算或者估定保险标的的保险价值，或者确定保险标的的保险价值的计算或估算方法。财产保险合同约定保险人承担保险责任的保险金额时，应当以保险标的的保险价值为基础。

保险价值作为保险人承担保险责任的基础，通过限定财产损失保险合同约定的保险金额和保险人的给付义务范围，落实财产保险的填补损失原则。依照我国保险法的规定，投保人和保险人约定保险标的的保险价值并在合同中载明的，保险标的发生损失时，以约定的保险价值为赔偿计算标准。投保人和保险人未约定保险标的的保险价值的，保险标的发生损失时，以保险事故发生时保险标的的实际价值为赔偿计算标准。[①]

财产损失保险的标的物均有保险价值，不论当事人确定保险价值的方法如何，保险合同约定的保险金额，不得超过保险标的的保险价值。即使投保人和保险人在保险合同中没有约定保险价值，保险合同约定的

---

① 参见《保险法》（2015年）第55条。

保险金额，也不得高于保险标的的实际价值。应当注意的是，保险价值的约定并非财产保险合同的成立或生效要件，财产保险合同可以不约定保险价值。除非财产保险合同为定值保险合同，不论财产保险合同对保险价值有无约定，均不影响保险价值在财产保险合同中的存在，保险价值决定着财产保险合同约定的保险金额以及保险人对被保险人承担保险责任的限额。

二　保险价值的确定方式

（一）约定价值

约定价值，是指投保人和保险人订立保险合同时约定并载明于保险合同中的保险标的的价值。保险标的的约定价值，可以是对保险标的事先予以估价所形成的评价额，也可以是约定的对保险标的的估价方法。我们应当注意区别财产保险实务上的在以下两种不同情形下的约定价值。

1. 保险合同约定保险标的评价额的

订立保险合同时，投保人和保险人对保险标的事先予以估价，并将其评价额载明于保险合同。以约定的保险标的的评价额作为保险价值，并因此订立财产损失保险合同的，如果当事人就是否订立定值保险合同缺乏明确的意思表示，则依照保险合同条款解释的原则和方法，应当将该财产保险合同归属于定值保险合同。以约定的保险标的评价额作为保险价值的，一旦构成定值保险合同，则发生保险事故时，不论保险标的的价值或者实际价值在保险期间内是否发生过变化，保险人均应当按照保险标的的损失程度，以约定的保险标的的评价额，对被保险人承担给付保险赔偿金的责任。

以约定的保险标的评价额作为保险价值，但当事人约定财产保险合同为非定值保险合同的，在发生保险事故时，保险人应当按照保险标的所发生的实际损失，以约定的保险标的评价额为限，对被保险人承担给付保险赔偿金的责任。

2. 保险合同约定保险标的的估价方法的

投保人和保险人订立财产损失保险合同时，也有可能对保险标的事先予以估价，但并不确定其评价额，而仅约定并在保险合同中写明保险标的的估价方法。当事人约定保险标的的估价方法的，虽然订立合同时欠缺评价额，但应当视为保险合同当事人对保险标的的保险价值已有约定。发生保险事故时，首先应当按照保险合同约定的保险标的的估价方法，确定保险标的的评价额，以确定保险合同约定的保险金额未超出保险价值，在明确保险标的的实际损失后，保险人以保险合同约定的保险金额为限，对保险标的的实际损失予以赔偿。

(二) 实际价值

财产保险合同的当事人没有约定保险价值的，在发生保险事故时，以保险标的的实际价值作为保险价值。根据保险标的的实际价值的计算或者评价时点不同，保险标的的实际价值被区分为保险事故发生时的实际价值和保险责任开始时的实际价值两种。

1. 保险事故发生时的实际价值

投保人和保险人订立财产保险合同时，对保险标的的保险价值没有作出约定，则以保险事故发生时的实际价值，作为保险标的的保险价值，除非保险合同另有约定。以保险事故发生时保险标的的实际价值作为保险价值的，若保险合同约定的保险金额未超过保险价值，则保险人以保险金额为限对被保险人承担保险责任；若保险合同约定的保险金额超过了保险价值，则保险人仅以保险价值为限对被保险人承担保险责任。

2. 保险责任开始时的实际价值

投保人和保险人订立财产保险合同时，对保险标的的保险价值没有作出约定的，可以保险责任开始时保险标的的实际价值，作为保险标的的保险价值。以保险责任开始时保险标的的实际价值，作为保险价值订立财产保险合同的，一般适用于海上保险。《海商法》第119条规定："保险人与被保险人未约定保险价值的，保险价值依照下列规定计算：（一）船舶的保险价值，是保险责任开始时船舶的价值，包括船壳、机器、设备的价值，以及船上燃料、物料、索具、给养、淡水的价值和保险费的总和；（二）货物的保险价值，是保险责任开始时货物在起运地的发票价格或者非贸易商品在起运地的实际价值以及运费和保险费的总和；（三）运费的保险价值，是保险责任开始时承运人应收运费总额和保险费的总和；（四）其他保险标的的保险价值，是保险责任开始时保险标的的实际价值和保险费的总和。"

三 足额保险

足额保险，是指保险金额与保险标的的保险价值相当的财产损失保险。财产保险为足额保险的，对于保险事故导致的保险标的损失，保险人按照保险标的所受损失的金额向被保险人给付保险赔偿金。保险标的发生全损或者推定全损的，保险人向被保险人给付全部保险金额；保险标的发生部分损失的，保险人向被保险人给付的保险赔偿金，应当相当于保险标的的实际损失。

对于足额保险，如果保险人向被保险人给付的保险赔偿已达合同约定的全部保险金额，则受损保险标的的全部权利归于保险人。我国保险法规定，保险事故发生后，保险人已支付了全部保险金额，并且保险金额等于保险价值的，受损保险标的的全部权利归于保险人。[①]

四 不足额保险

不足额保险，是指保险金额低于保险标的的保险价值的财产损失保险。财产保险为不足额保险的，发生保险事故导致保险标的损失时，除保险合同另有约定外，保险人应当按照保险金额和保险价值的比例承担给付保险赔偿金的责任。[②]

应当注意的是，财产保险合同为不足额保险的，对于保险人如何给付保险赔偿金没有其他约定时，若保险标的发生全损或者推定全损，则保险人以合同约定的保险金额向被保险人给付保险赔偿金，不发生按比例给付保险赔偿金的问题；唯有保险标的发生部分损失时，保险人按照保险金额与保险价值的比例，以保险标的的实际损失为基础计算损失金额，并向被保险人给付保险赔偿金。

当然，不足额财产保险合同可以约定，保险人按照保险标的发生的实际损失以保险金额为限承担保险责任。例如，不足额财产保险合同可以约定，保险标的发生部分损失的，保险人以保险金额为限，按照保险标的发生的实际损失，向被保险人给付保险赔偿金。

五 超额保险

超额保险，是指保险金额超过保险标的的保险价值的财产损失保险。财产保险合同约定的保险金额，以保险标的的保险价值为限，保险金额的约定始有效力。财产保险合同约定的保险金额不得超过保险价值。超过保险价值的，超过部分无效，保险人应当退还相应的保险费。[③]

我国保险法对待超额保险的无效立场，仅限于保险金额超过保险价

---

① 参见《保险法》（2015年）第59条。
② 参见《保险法》（2015年）第55条第4款。
③ 参见《保险法》（2015年）第55条第3款。

值的部分无效。超额保险的部分无效，不影响财产保险合同的效力。有学者提出，超额保险的有效与否，应当结合投保人订立超额保险合同的主观心理状态进行判断，投保人恶意订立超额保险的，保险合同无效，这样有助于防止道德危险；保险合同约定的保险金额超过保险价值，但投保人善意的，不发生保险合同无效的问题，仅发生超过保险价值的保险金额部分无效的问题。① 实际上，超额保险制度的目的并不在于防范道德危险，而在于贯彻财产保险的填补损失原则，财产保险合同的基本目的在于填补被保险人的财产所发生的实际损失；仅仅因为投保人订立超额保险合同有恶意，就不顾保险合同填补被保险人损失的目的，对被保险人不提供任何保险保障，未免过于苛刻。我国保险法规定超额保险仅限于保险金额超过保险价值的部分无效，应属合理公允的立法价值选择。

六 定值保险

（一）定值保险的意义

定值保险，是指投保人和保险人明示约定保险标的的固定价值，并将之载明于保险合同而成立的保险。定值保险为财产损失保险的一种特殊形式，其仍然以填补损失的原则为基础。我国保险法没有明文规定定值保险，保险实务上承认和采用定值保险合同。保险标的的保险价值的确定方法具有多样性，投保人和保险人订立保险合同时可以约定定值保险合同。

定值保险相较于不定值保险，具有两个十分明显的优点。②

第一，定值保险可以减少理赔环节，提高理赔效率和节省理赔费用。保险标的的价值经投保人和保险人事先确定，在发生保险事故时，不需要对保险标的的价值再行估价，只要保险标的的损害因保险事故而发生，保险人就应当给付保险合同约定的保险金额。因无须对保险标的进行估价，减少了理赔的环节，所以自然可以提高理赔效率，从而节省理赔费用。

第二，定值保险方便赔偿金额的确定。赔偿金额的确定往往成为保险理赔的争议焦点。适用定值保险，赔偿金额完全以投保人和保险人双方事先约定的保险价值为计算依据，只要能够确定保险标的的损失及其

---

① 参见李玉泉《保险法》（第二版），法律出版社，2003，第198页。
② 参见李玉泉《保险法》（第二版），法律出版社，2003，第101页。

损失程度，就可以简便地计算出保险人应当给付的保险赔偿金，不需要考虑保险标的所发生的实际损失。定值保险以投保人和保险人的诚实信用为基础，以事先约定的保险价值作为理赔的计算依据，不仅方便赔偿金额的确定，而且有助于防止或减少有关赔偿金额的争议或纠纷。

（二）定值保险的适用

投保人和保险人在保险合同中明确约定保险标的的保险价值金额或评估额，并按照该保险价值确定保险金额和收取保险费的，除非当事人另有意思表示，应当属于定值保险。保险合同虽然约定有保险标的的保险价值，并按照约定的保险价值确定保险金额和收取保险费，但合同同时约定"本保险非定值保险"的，不属于定值保险。

定值保险多适用于保险标的的价值难以按照通常的方法确定的情形。例如，以价值难以确定的古玩、字画、文物等为保险标的时，可约定定值保险。对于货物运输保险，因为被运输的货物价值经常在不同的时间或不同地点，处于价格变化状态，为避免计算保险标的的价值发生争议，投保人和保险人一般也采用定值保险。

对于农作物保险，因为保险标的的价值通常按照预计产量估算，而发生保险事故时，如何确定保险标的的实际损失，往往成为争议的难点，且被保险人与保险人均难以实际证明保险标的的实际损失。所以，对于农作物保险，可以适用定值保险。

（三）保险赔偿金的给付

定值保险合同订立后，只要发生保险事故，保险人即应当按照保险合同约定的保险价值计算给付保险赔偿金。保险标的发生全损，不论保险标的的实际损失数额是多少，保险人均应当向被保险人给付保险合同约定的全部保险金额，不得对保险标的重新估价。保险标的发生部分损失的，保险人应当确定保险标的发生损失的程度或者比例，并以该比例计算其与保险合同约定的保险价值的乘积，将之作为保险人应当给付的保险赔偿金数额，不得对保险标的实际损失进行估价。

定值保险基于投保人和保险人的约定而发生效力。发生保险事故后，除非保险人能够举证证明投保人订立保险合同确定保险价值时有超额保险的恶意，如欺诈保险人，不得以保险标的的实际价值与合同约定的保险价值不相符为由，拒绝承担保险责任。这就是说，订立保险合同时，当事人选择定值保险的，已经充分考虑到了财产保险的填补损失原则，不得随意以超额保险为由对定值保险的效力予以否认。在这个意义上，财产保险合同当事人约定定值保险的，不会发生超额保险的问题。

案例参考 60

约定保险标的实际价值的计算方法

被保险车辆发生交通事故全损，被保险人李某某要求保险公司按照保险金额 136550 元赔偿，保险公司认为应当在扣除折旧、残值后，赔偿李某某 65000 元。李某某向法院起诉，请求判令保险公司赔偿其车辆损失保险金 136550 元。

经审理查明，2009 年 5 月 13 日，李某某以自有的别克轿车向保险公司投保交通事故责任强制保险、车辆损失险、第三者责任保险、驾驶员责任险、乘客责任险、全车盗抢保险、玻璃单独破碎险、自燃损失险。其中，车辆损失险的保额为不计免赔 136550 元，保险期间为自 2009 年 5 月 14 日起至 2010 年 5 月 13 日止。车辆损失险条款中载明：发生保险事故时，被保险人为防止或减少被保险机动车的损失所支出的必要的、合理的施救费用，由保险人承担；保险金额按投保时被保险机动车的新车购置价、投保时被保险机动车的实际价值、在投保时被保险机动车的新车购置价内协商三种方式确认；投保时按新车购置价确认保险金额的，发生全部损失时，按保险事故发生时的实际价值计算赔偿；全损后的残值由保险人、被保险人协商处理。实际价值＝新车购置价－折旧金额，折旧金额＝新车购置价×机动车使用月数×月折旧率；折旧率为 0.6%，按足月计算。李某某和保险公司双方在保单中约定被保险车辆以新车购置价 136550 元为保险金额。2009 年 8 月 8 日 15 时许，李某某的丈夫茹某某驾驶被保险车辆发生交通事故致车辆全损。事故发生后，李某某支付拖车费 975 元、停车费 180 元。2010 年 6 月 16 日，某价格认证中心出具被保险车辆的价格鉴定结论书，认定该车于 2009 年 8 月 8 日的实际价值为 84656 元，车报废后的残值为 5000 元。

法院认为，李某某和保险公司之间存在保险合同法律关系。李某某对保险标的享有保险利益；保险公司应依照合同的约定和法律的规定，对李某某作出赔偿。李某某投保车辆损失险时，双方按新车购置价 136550 元确定了保险金额。保险事故发生后，被保险机动车已发生全损，保险公司应按新车购置价减去被保险车辆的折旧金额确认被保险车辆实际价值。某价格认证中心在对被保险车辆作出价值评估时，结合该车型已停止生产，参照相同配置、同等档次品牌车辆确定被保险车辆的基价为 129800 元。该评估结果不具客观公正性，与双方当事人约定的新车购置价存在较大偏差，故对该认定中心基于被保险车辆的基价认定该车肇事时实际价值为84656元的结论不予采信。该认定中心以车辆自重及报废后可回收利用的配件价值认定该车报废后的残值为5000元的结论较为合理，予以采信。本案自保险责任开始至保险事故发生，时间不足3个月。李某某主张的保险金额应为136550元−136550元×2个月×0.6%（每月）=134911.4元；李某某主张的拖车费975元及180元的停车费属合理施救支出费用，依照双方合同约定，应予支持。事故发生后，原告、保险公司双方未就残值处理协商一致，综合各方面因素考虑，事故后车辆仍归李某某所有，但应从保险公司赔偿金额中扣除5000元。保险公司应赔偿李某某的金额为134911.4元+975元+180元−5000元=131066.4元。判决保险公司向李某某支付保险赔偿金131066.4元。①

案例分析指引

1. 财产损失保险的保险标的发生保险事故，保险人应当按什么标准向被保险人承担给付保险赔偿金的责任？

2. 保险合同约定的赔偿额的计算方法有什么法律意义？

3. 本案中，如何理解新车购置价的具体含义？新车购置价是保险合同订立时的新车市场价或出厂价，还是保险事故发生时的新车市场价或出厂价？可否为投保人与保险公司商定的估价？

4. 本案中，合同约定的赔偿额计算方法是否足够清楚？法院认定的赔偿额是否符合保险合同的约定？

案例参考 61

保险事故发生时保险标的的实际价值

2007年7月9日，家具公司和保险公司订立了财产综合险保险合同，约定家具公司分别就厂房建筑及院内大棚、机器设备、原材料、自制半成品、产成品进行投保，总保险金额为5002000元，总保险费为16006.40元。保险期限为自2007年7月17日起至2008年7月16日止，双方特别约定，每次事故绝对免赔额为1000元或损失金额的10%，

---

① 参见平顶山市湛河区人民法院（2010）湛民初字第536号民事判决书。

两者以高者为准。财产保险综合条款第 4 条第 1 款第 1 项规定，火灾、爆炸造成保险标的损失的，保险人依本条款约定负责赔偿。合同订立后，家具公司依约交纳保险费，保险公司开具了发票。2007 年 9 月 12 日，家具公司发生火灾，烧毁了家具公司厂房以及厂房内的机器设备、成品、半成品、原材料。火灾发生后，家具公司向保险公司报案，保险公司派员出现场。同年 11 月 21 日，某价格认证中心受消防大队委托，对家具公司财产因火灾所受到的损失进行价格鉴定，结论为 1839100 元。2008 年 1 月 7 日，家具公司向保险公司申请理赔。保险公司委托保险公估公司进行公估，公估公司于 2008 年 3 月 10 日对家具公司火灾财产损失作出公估报告，结论为：（1）不能证明本次事故属于除外保险责任；（2）本次事故中家具公司固定资产、流动资产项下保险标的损失金额为 504597 元，残值合计 6690 元，最终理赔款为 448116.30 元。

家具公司对公估报告不认可，认为保险公估公司是由保险公司单方委托，主张依据某价格认证中心评估报告理赔，于 2008 年 2 月 28 日提起诉讼。为了查明因火灾造成的保险财产的损失范围、数额，经征求双方意见，并由家具公司申请，法院依法委托两家第三方机构进行评估鉴定，并共同查勘了现场。2009 年 6 月 8 日，第一家第三方机构作出第 44 号鉴定报告，认定涉案受损房屋的修缮费用为 475117.93 元，其中对外出租厂房费用为 164865.24 元。2009 年 5 月 27 日，第二家第三方机构作出第 41 号评估报告，认定对于存货双方确认损失评估值为 319092 元，争议损失评估值 1647421 元，对于机器设备双方确认损失评估值为 25600 元，评估结论为：委估资产评估后资产总额为 1992113 元，其中双方确认损失评估值数额为 344692 元，双方争议损失评估值数额为 1647421 元。家具公司对该两份鉴定报告无异议。

保险公司对该两份鉴定报告提出了书面异议，第三方机构对于保险公司的异议作出了相应的书面说明或解释。保险公司就本案保险理赔金额问题结合上述鉴定报告，提出意见。（1）机器设备损失金额中应扣减残值 1440 元，机器设备为金属制品，客观上不会没有残值。（2）第三方机构得出的存货评估值虚高，对"争议损失评估值"项下的品名、数量，原告未能举证证明其在火灾事故发生时客观存在且属于火灾实际损失，该部分损失评估值不应当被列入实际损失。账面余额是确定涉案存货保险价值的唯一依据，家具公司无正当理由拒不提供账务资料，其超出被告委托公估查勘损失部分的索赔应予驳回。（3）家具公司对 4

号出租房不具有保险利益，应从房屋工程评估值中扣减该出租房的损失金额；且房屋工程损失评估值应按公估报告扣减残值，涉案房屋工程属于不足额保险，保险赔偿金额应按保险金额与保险价值的比例计算。（4）根据保单约定，应扣减免赔额。

一审法院认为，本案争议的焦点为保险标的的火灾损失，及被告应理赔的数额。家具公司发生火灾，公安消防大队认定直接财产损失为2710300元，并委托某价格认证中心对火灾损失进行价格鉴定，结论为1839100元。保险公司不认可该报告，自行委托保险公估公司进行鉴定，结论为理赔金额为448116.30元。家具公司不认可公估报告。为了查明火灾损失，经征求双方意见，法院依法委托两家第三方机构进行鉴定，并由承办法官、双方当事人和评估机构共同对火灾现场进行了查勘。家具公司对鉴定报告无异议，保险公司提出书面异议，法院通知评估机构进行了书面答复。根据保险公司的主要异议，对鉴定报告确认如下。（1）机器设备损失评估值为25600元，扣减残值1440元。（2）存货损失评估值分为两部分，一是"双方确认的损失评估值"319092元，该部分是根据评估报告和家具公司提供的资料确认的，具有客观真实性，予以确认；二是"争议损失评估值"1647421元，其主要是参照家具公司提供的资料及消防部门和某价格认证中心报告认定的。在家具公司主张账本被烧毁情况下，保险公司作为该大额合同的签订方，在签约时和之后的审核时，应当知晓并持有家具公司所投保的存货财产的基本品名、数量和存放位置的相关材料，却未能举出相反证据以推翻家具公司上述举证，且鉴于火灾造成财产毁灭为客观事实，该评估值具有高度可信性，予以确认。（3）对于受损房屋，因鉴定报告明确说明475117.93元是修缮费用，保险公司主张扣减残值不予支持，但家具公司对4号出租厂房没有保险利益，该项财产保险约定无效，对其损失164865.24元，不应理赔。综上，保险公司应支付家具公司的理赔金额为2300925.69元。另外合同约定绝对免赔额为1000元或损失金额的10%，以高者为准，故应扣减免赔额230092.57元，保险公司最终应支付家具公司理赔金2070833.12元。保险公司不服一审法院的判决，提出上诉。二审法院查明的事实与原审法院查明的一致。

二审法院认为，本案争议的焦点问题是保险公司应当向家具公司给付的保险赔偿金的数额。（1）关于机器设备损失：机器设备的损失评估值为25600元，扣减残值1440元为24160元，双方对该部分没有异议，予以确认。（2）关于存货损失：第三方机构将存货损失分为两部分,一部分是"双方确认的损失评估值",为 319092 元,双方对该部分没有异议,予以采信。另一部分是"双方争议的损失评估值",为 1647421 元。本案是因火灾造成的保险事故,并且家具公司主张账本已经在火灾事故中烧毁,而保险公司亦无证据证明家具公司现仍持有账本。因为造成保险事故的原因是火灾,并且发生保险事故后较长时间才进行资产评估,该评估值的准确性受到一定的影响。因此,受客观条件的限制,第三方机构将该存货部分损失分为"双方确认的损失评估值"和"双方争议的损失评估值"两部分。家具公司在起诉时的诉讼请求中,要求的赔偿数额是 1839100 元,扣减 10% 的免赔率后为 1655190 元。而第三方机构评估后的数额大于家具公司起诉时主张的数额,家具公司根据评估报告变更了诉讼请求。综合上述客观原因,该"双方争议的损失评估值"部分应由双方按比例承担,由保险公司承担 70% 的责任,由家具公司承担 30% 的责任。(3)关于房屋损失。家具公司对厂房及院内大棚 5000 平方米投保的保险金额为 120 万元。对受损的房屋,鉴定报告明确说明 475117.93 元是修缮费用,扣除家具公司不具有保险利益的 520 平方米,剩余的 310252.69 元修缮费并未超过被上诉人的保险金额 120 万元。对该部分房屋的修缮费应予以支持。因此,保险公司应支付的保险赔偿金数额为(24160 + 319092 + 1647421 × 70% + 310252.69)× 90% = 1626029.45 元。判决保险公司支付家具公司保险赔偿金 1626029.45 元。①

案例分析指引

1. 保险价值对于保险人承担保险责任有什么意义?保险价值应当如何确定?

2. 投保人和保险人未约定保险标的的保险价值的,保险标的发生损失时,是否应当以保险标的发生保险事故时的实际价值为赔偿计算标准?

3. 应当如何确定保险标的发生保险事故时的实际价值?

4. 本案中,保险合同对于保险标的的损失计算方法是否已有约定?为什么涉案当事人对保险标的的损失计算存在分歧?法院判决是如何消除分歧的?

---

① 参见山东省青岛市中级人民法院(2010)青民四商终字第 89 号民事判决书。

第五节　危险程度显著增加

一　保险标的危险程度的变化

保险标的危险程度受多种因素的影响,但是否发生了变化,则以合同订立时保险标的的风险状态作为衡量标准或基础。保险标的危险程度的变化,有危险程度降低和增加两种情形。

保险标的危险程度的变化,如何影响财产保险合同的效力?法律理论上,虽有应当将这个问题归入合同法上的"情势变更原则"之范畴的意见,[1]但保险标的危险程度的变化毕竟属于财产保险合同的特有问题,与保险的"机会性法律行为"特征和"对价平衡"的保险机理有着直接的关系。在保险法上,保险标的危险程度变更对保险合同的效力之影响的问题的产生远早于合同法的"情势变更原则",而且具有完全不同于合同法的"情势变更原则"的法律构造。保险合同具有机会性及继续性特点,财产保险合同订立后,保险标的危险程度可能发生的变化,如果不在当事人订立保险合同时可以预见的范围内,就有必要对当事人的权利义务予以重新分配。基于"对价平衡"的机理,保险标的危险程度增加时,保险人理当收取更高的保险费;反之,危险程度减少或降低时,投保人也可以要求相应减少保险费,以平衡投保人(被保险人)和保险人之间的机会利益。保险交易是这样构成的,保险人在接受保险费的同时就承担了出险的风险;在计算保险费时,保险人要估计出险的概率。因此,保险标的危险程度发生变化,究竟对保险合同当事人的权利义务分配会有怎样的影响,属于保险法的制度机理自身所要解决的问题。

保险标的危险程度的变化对保险合同效力的影响程度,关系到保险制度的公共政策之维护。保险所承保的危险,其状况随时都在发生变化,保险法并不关注保险标的危险程度本身所发生的变化,而是将其关注点置于发生变化的危险程度对保险的"对价平衡"机理所可能产生的影响上。发生变化的危险程度,对保险赖以存在的"对价平衡"不

---

[1] 参见江朝国《保险法基础理论》,中国政法大学出版社,2002,第239页;偶见《保险法中的"危险增加"与合同法中的"情事变更"——兼与江朝国先生商榷》,《上海保险》2010年第2期。

产生影响的，即便危险程度的变化是实质性的，如保险事故发生了，也与保险合同当事人的权利义务分配无关。保险法需要对保险标的危险程度发生变化以致影响保险合同当事人权利义务分配的制度结构作出特别的规定。

二　保险标的危险程度的变化的效果

对于保险标的危险程度的变化，我国保险法特别使用"显著"一词予以限定。保险标的危险程度的变化，不论是否与保险合同当事人订约时的预期有关，只要保险标的危险程度超出了保险合同订立时所估计的范围，就必然会打破保险的"对价平衡"，发生危险程度的"显著"降低或增加的问题，进而影响保险合同当事人之间的权利义务关系分配。反之，保险标的危险程度的变化对保险合同的效力以及当事人之间的权利义务关系的分配不会产生任何影响。

财产保险合同成立后，保险标的危险程度显著降低的，保险人应当降低保险费，或者按日计算退还相应的保险费。依照我国保险法的规定，据以确定保险费率的有关情况发生变化，保险标的危险程度明显减少的，除合同另有约定外，保险人应当降低保险费，并按日计算退还相应的保险费。①

财产保险合同成立后，保险标的危险程度显著增加的，被保险人应当将其事实按照合同约定及时通知保险人，保险人有权按照合同约定解除保险合同或者增收保险费。被保险人不履行或者怠于履行危险程度显著增加的通知义务，保险人对保险标的危险程度显著增加所引起的保险事故造成的损失，不承担给付保险赔偿金的责任。②

三　保险标的危险程度显著增加

（一）危险程度显著增加的意义

保险标的危险程度发生的变化超出了保险人承保时可预见的范围，足以影响保险人决定是否继续承保或者提高保险费率的，即保险标的"危险程度显著增加"。

（二）危险程度显著增加的构成要件

依照理论上的一般见解，危险程度显著增加，应当满足以下三个构

---

① 参见《保险法》（2015年）第53条。
② 参见《保险法》（2015年）第52条。

成要件：重要性、持续性和非预见性。①

1. 危险程度变化的重要性

保险合同订立后，保险标的危险程度变化严重影响了保险的"对价平衡"关系的，即危险程度变化的重要性。不具重要性的危险程度变化，不属于危险程度显著增加。危险程度变化的重要性，经常与影响谨慎的保险人决定是否承保，或者是否在相同的合同条件下承保联系在一起。

保险合同订立后，保险标的危险程度所发生的变化，足以影响保险人决定是否同意继续承保或者提高保险费率的，就属于危险程度显著增加。因此，危险程度的变化是否具有重要性，应当根据一般观念或者特定险种的性质，以及是否谨慎的保险人在此种危险程度变化的情形下都会选择提高保险费或者解除保险合同的思考路径，予以判断。

2. 危险程度变化的持续性

对保险的"对价平衡"关系有影响的危险程度变化，应当持续存在一段时间，而非短暂的或一时性的变化。保险标的危险程度如果瞬间发生变化并引起保险事故发生，或者瞬间发生变化而又恢复至变化前的状态，则不属于危险程度显著增加。例如，对于火灾保险项下的住宅，被保险人临时将油料运输车辆驶入住宅车库停放，并导致火灾事故，被保险人的行为不构成危险程度显著增加，而属于促成保险事故的发生；反之，被保险人将油料运输车辆驶入住宅车库停放达数日，而未发生保险事故，因其危险程度的变化具有持续性，故属于危险程度显著增加。至于危险程度变化的持续性的判断，属于事实问题；危险程度变化的持续时间的长短，不能一概而论，应当依照具体的险种及保险标的的具体情形予以认定。

3. 危险程度变化的非预见性

危险程度变化的非预见性，是指保险人订立保险合同时或者厘定保险费率时未曾预见或估计的危险程度变化。订立保险合同时，若保险人对危险程度的变化已经有所预料或估计，或者在厘定保险费时已经计算了这种危险程度的变化，则不发生危险程度显著增加的问题。订立保险合同时，保险人估计保险费未将某种危险程度变化或可能发生估计于承保范围之内，即有危险程度显著增加的问题。因此，危险程度显著增加仅限于保险合同订立时所未曾预料且未予估计的危险程度变化。

---

① 参见江朝国《保险法基础理论》，中国政法大学出版社，2002，第240~244页。

(三) 危险程度显著增加的识别要素

对于危险程度显著增加的判断，通常应当综合考虑以下因素：(1) 保险标的用途的改变；(2) 保险标的使用范围的改变；(3) 保险标的所处环境的变化；(4) 保险标的自身的变化；(5) 保险标的占有人或者管理人的变化；(6) 危险程度增加持续的时间；(7) 足以影响保险人决定是否继续承保或者提高保险费率的其他因素。当然，保险人主张保险标的危险程度显著增加的，应当承担举证责任。

四 危险程度显著增加的通知义务

财产保险合同成立后，不论引起保险标的危险程度发生变化的原因如何，如保险标的变更用途，或者保险标的转让给第三人，或者保险标的所处的环境改变等，只要保险标的危险程度显著增加，被保险人就应当在知其事实后，按照合同约定通知或者及时通知保险人。

应当注意的是，我国保险法没有明文规定，被保险人履行危险程度显著增加的通知义务，以其知悉危险程度显著增加的事实为条件。信息不对称已经为保险法律关系的结构所普遍承认，信息的交换对保险权利义务的分配会有实质性的影响，要求被保险人履行法定的危险程度显著增加的通知义务，只有以被保险人已知危险程度显著增加的事实作为前提，才有公允和实操性可言。因此，被保险人履行危险程度显著增加的通知义务，以其已知保险标的危险程度显著增加为必要。被保险人不知道或者不应当知道危险程度显著增加的，无履行危险程度显著增加的通知义务的基础。被保险人已知保险标的危险程度显著增加，由保险人承担举证责任。

五 危险程度显著增加时的权利义务分配

(一) 被保险人通知危险程度显著增加的事实的

保险标的危险程度显著增加，被保险人知悉其事实并依照合同约定通知或者及时通知保险人的，保险人有权依照合同约定解除保险合同或者增加保险费。在被保险人已经履行危险程度显著增加的通知义务的情形下，如果发生保险事故，除非该事故发生于保险人解除保险合同后，保险人对已经发生的保险事故应当承担保险责任。

(二) 被保险人怠于通知危险程度显著增加的事实的

保险标的危险程度显著增加，被保险人怠于通知保险人其事实，因危险程度显著增加而发生保险事故的，保险人不承担保险责任。这里应当注意,保险人对发生的保险事故不承担保险责任,以危险程度显著增加与保险事故的发生之间存在因果关系为必要。

保险标的危险程度显著增加,被保险人怠于通知保险人其事实,但保险人知其事实后,有权依照合同约定解除保险合同或者增加保险费。保险人知其事实后经过合理期间未解除保险合同或者增加保险费的,如果发生保险事故,不论危险程度显著增加与保险事故的发生有无因果关系,保险人均应当依照保险合同的约定承担保险责任。

案例参考 62

保险标的危险程度显著增加

黑龙江省某县制革厂(下称"制革厂")于 1987 年 11 月 11 日与某保险公司某县支公司(下称"保险公司")签订了企业财产保险合同,为该厂全部自有固定资产和流动资产投保。其中,固定资产 3538633 元,流动资产 660000 元,投保总金额 4198633 元。保险费为 15115.08 元,保险期为 1 年。财产保险合同、保险单及所附的财产明细表,均写明投保的流动资产包括半成品、产成品、原材料,该等流动资产被存放在本厂仓库、车间,保险单所附的制革厂简图中标明了仓库、车间的位置。1988 年 1 月 1 日,制革厂与上海某实业公司(下称"实业公司")签订了由实业公司为制革厂代销合成内底革的合同。制革厂于 1988 年 3 月 14 日、3 月 17 日两次向实业公司发运合成内底革共计 1900 件,重量 56.2 吨,价值货款 282300.20 元。实业公司将代销的合成内底革存放于上海市某仓库。1988 年 7 月 14 日 15 时,由于上海连日持续高温干燥天气,该批合成内底革发生自燃,烧毁 40 吨。7 月 20 日,实业公司将剩余的 16.2 吨合成内底革转移至上海某县的仓库。8 月 12 日 16 时,库内合成内底革再次自燃,全部烧毁。火灾事故发生后,制革厂向保险公司提出索赔。保险公司以制革厂投保的标的物被销售转移,保险项目变更,不属于赔偿范围为理由,拒绝赔偿。制革厂遂诉至某中级人民法院。

法院经审理认为:制革厂、保险公司双方签订的企业财产保险合同有效。制革厂将产品发往上海时,属于代销,其财产所有权并未转移,仍属制革厂,不存在保险项目变更的问题。该产品遭受火灾是不可抗力中的自然因素造成的,保险公司应负赔偿责任。据此,该院于 1989 年 12 月 18 日作出判决:保险公司赔偿制革厂合成内底革损失款

282300.20元。一审判决后，保险公司不服，以制革厂未申请办理批改手续，擅自转移保险标的存放地点，增加了危险程度，且没有及时通知保险公司，保险公司不应承担赔偿责任为理由，提起上诉。

二审法院经审理认为：制革厂与保险公司签订的企业财产保险合同，已明确约定投保的产品坐落地点为某县制革厂仓库，制革厂在未向保险公司办理批改手续的情况下，擅自将投保的产成品从本厂仓库转移至上海市，违背了企业财产保险条款第11条"在保险期限内，如果保险事项有变更或者保险金额有增减，被保险人应当向保险人申请办理批改手续"的规定，特别是制革厂在加大了标的物的危险程度后，未及时通知保险公司。因此，制革厂应自行承担由此造成的经济损失。据此，二审法院于1992年11月6日判决撤销一审判决，驳回制革厂的诉讼请求。①

案例分析指引

1. 影响保险标的危险程度的因素主要有哪些？保险标的的坐落地点变更是否会引起保险标的的危险程度（显著）增加？

2. 本案中，为什么保险标的坐落地点变更构成保险标的危险程度（显著）增加？

3. 本案中，被保险人对保险人是否承担保险标的危险程度（显著）增加的通知义务？被保险人是否将保险标的坐落地点的变更通知了保险公司？

4. 本案中，为什么保险公司对涉案保险标的所发生的事故不承担保险责任？

第六节　保险标的的转让

一　保险标的转让的意义

保险标的转让，是指保险标的所有权由被保险人向受让人的移转。就财产保险而言，因为保险标的的转让，被保险人对保险标的失去保险利

---

① 参见最高人民法院中国应用法学研究所编《人民法院案例选》（一九九三年第一辑），人民法院出版社，1993，第134页下。

益。保险事故发生时，被保险人对保险标的不具有保险利益的，不得向保险人请求赔偿保险金。① 被保险人对保险人没有保险给付请求权，保险标的的受让人对保险人有无保险给付请求权呢？

这个问题涉及保险标的转让对保险合同的效力存续会产生何种影响。依照我国保险法先前的规定，保险标的转让的，应当通知保险人，保险人同意继续承保后，依法变更合同；但是，货物运输保险合同和另有约定的合同除外。② 显然，除货物运输保险合同和另有约定的财产保险合同外，保险标的转让的，保险合同的效力是否能够得以维持，取决于保险人是否同意继续承保并变更保险合同。因此，财产保险合同不会因保险标的的转让而转让，保险标的的受让人不会因取得保险标的的所有权而自动取得保险合同约定的利益。保险标的转让的，保险合同是否继续有效，成为一个困扰实务的大问题。尤其是，保险标的转让的，在保险人为继续承保并变更合同前，保险合同的效力是否中止？如果发生保险事故，保险人应否承担保险责任？以上问题更是法无明文。

在保险法理论上，有不少人认为，保险标的的危险程度会随着保险标的的转让而发生变化，影响保险人订立保险合同时估计的危险负担，被保险人转让保险标的前，应当通知保险人，由保险人决定是否继续承保保险标的转让后的风险。因此，保险标的的转让给他人时，应当取得保险人的同意；没有取得保险人的同意而将保险标的转让给他人的，保险合同自保险标的的转让之时起，失去效力。但是，货物运输保险合同以及保险合同另有约定的，保险合同不因保险标的的转让而失去效力。在我国的保险实务上，保险合同对于保险标的的转让所为之约定，也并非前述理论上设想的那样简单；尤其是，对于保险标的的转让后保险人同意继续承保前发生保险事故的，保险合同往往缺乏约定或者缺乏明确的约定，以致产生了大量的纠纷或者争议，事实上不仅影响保险人经营保险业务的诚信水准，而且影响被保险人或者保险标的的受让人的利益。

于是，我国保险法改变立场，实行财产保险合同约定的利益随保险标的的转让而自动移转给保险标的的受让人的原则。保险标的转让的，保险标的的受让人承继被保险人的权利和义务。保险标的转让的，被保险人或者受让人应当及时通知保险人，但货物运输保险合同和另有约定的合

---

① 参见《保险法》（2015年）第48条。
② 参见《保险法》（2002年）第34条。

同除外。保险标的转让导致危险程度显著增加的，保险人自收到被保险人或者受让人的通知之日起 30 日内，可以按照合同约定增加保险费或者解除合同。保险人解除合同的，应当将已收取的保险费，按照合同约定扣除自保险责任开始之日起至合同解除之日止应收的部分后，退还投保人。被保险人、受让人未履行保险标的转让的通知义务的，转让导致保险标的危险程度显著增加而发生保险事故的，保险人不承担赔偿保险金的责任。①

二　保险标的转让的法律效果

依照我国保险法的上述规定，保险标的转让的，会产生如下的法律效果。

（一）被保险人地位的自动移转

保险标的转让的，无须保险人另有同意继续承保的意思表示，受让人承继财产保险的被保险人的权利和义务。例如，被保险人因为保险标的转让失去保险利益而不能请求保险人给付保险赔偿金，而保险标的受让人因为保险标的转让取得对保险标的的保险利益，自动取得对保险人的保险给付请求权。

但这里有一个问题要说明。我国保险法规定的财产保险合同随保险标的转让而自动移转于保险标的受让人的原则是否为强制性规定？立法者的有关意图是不清楚的。从这个制度的目的以及财产保险业务控制风险的角度看，自动移转原则并非强制性规定，而仅仅具有于保险合同未约定或者约定不明确时补充合同内容的作用。所以，财产保险合同仍可以对保险标的的转让与保险合同的效力存续或者终止作出约定。如果财产保险合同约定，保险合同的效力因保险标的的转让而终止，则保险标的的受让人不能自动取得被保险人的地位。

（二）保险标的转让的及时通知义务

保险标的转让的，被保险人或者受让人应当及时通知保险人。保险标的转让的通知义务，为被保险人或者受让人承担的法定义务，但保险合同另有约定的，从其约定。再者，货物运输保险合同或者保险单随着货物的移转而以背书转让的，无须经保险人的同意或者批注，被保险人或者受让人亦不承担保险标的转让的通知义务。

保险标的的转让，被保险人已为及时通知的，受让人的通知义务即

---

① 参见《保险法》（2015 年）第 49 条。

告免除；受让人及时通知的，被保险人的通知义务也相应免除。这里所称及时通知，为事实问题，应当依照保险标的转让的具体情形加以判断。财产保险合同对通知的期限有约定的，依照其约定；没有约定的，被保险人或者受让人应当在自保险标的转让之日起的合理期间内通知保险人。

（三）保险人的附条件选择权

保险标的转让造成保险标的危险程度显著增加的，保险人在收到被保险人或者受让人的通知后30日内，按照保险合同约定有增加保险费或者解除保险合同的选择性权利。

保险人在收到被保险人或者受让人的通知后，要求增加保险费或者解除保险合同的，应当满足两个基本条件。（1）保险标的危险程度显著增加，并且保险标的转让为保险标的危险程度显著增加的原因。如果没有保险标的危险程度显著增加的情形，保险人不得主张增加保险费或者解除保险合同。对此条件，保险人负担举证责任。（2）保险人选择增加保险费或者解除保险合同的，应当在法定的30日内为之；超过30日的法定期间的，保险人不得再要求增加保险费或者主张解除保险合同。

另外，还应当注意保险人的附条件选择权在性质上的不同。保险标的转让导致危险程度显著增加的，保险人解除保险合同的权利，为保险法赋予保险人的法定解除权。但保险人要求增加保险费的权利，不是法定的，其取决于财产保险合同的约定。保险标的转让的，保险人享有要求增加保险费的权利，不仅要以保险标的转让导致危险程度显著增加为条件，而且更以"合同约定"为条件。如果保险合同对保险人增收保险费未约定或者约定不明，则保险人不得主张增加保险费，而只能选择解除保险合同。当然，在财产保险合同没有约定保险人可以增加保险费的情形下，保险人和保险标的受让人基于意思自治，仍可以协商增加保险费的条件并变更保险合同。[①]

（四）通知义务违反后保险人的拒绝赔付抗辩权

保险标的转让的，被保险人或者受让人未通知保险人保险标的转让的事实，或者未及时通知保险标的转让的事实，保险人对于转让导致保险标的危险程度显著增加而发生的保险事故，不承担赔偿保险金的责任。

---

① 参见《保险法》（2015年）第20条。

保险标的转让后发生保险事故的，保险人主张拒绝赔付抗辩权，应当同时满足三个条件：（1）被保险人或者受让人违反保险标的转让的及时通知义务；（2）保险标的转让导致保险标的的危险程度显著增加；（3）保险标的危险程度显著增加导致保险事故的发生。

案例参考 63

保险标的转让与保险责任的终止

张某某于2007年10月26日购买了某服务中心所有的轿车，某服务中心将该车的两份保险单转交给张某某，一份为限额为60000元的强制险，另一份承保了6个险种，包括保险金额为150000元的机动车损失险，保险金额为200000元的第三者责任险和不计免赔险。保险期限为自2007年5月28日起至2008年5月27日止，2007年11月30日，张某某将该车的车牌号依法变更；2007年12月2日，袁某某驾驶该车将行人文某某撞伤，文某某经抢救无效死亡。事故发生后，张某某于2008年3月21日到保险公司办理了保险合同变更手续。张某某认为，车辆转让费中包括保险费，保险合同的当事人也应随之转移，事故发生后，保险公司应予理赔，故起诉要求保险公司支付保险金222469.30元。以上事实，经一审法院审理查明。

一审法院认为，张某某购买某服务中心所有的轿车时，虽然原车主投保了两份保险，但其被保险人是原车主某服务中心，车辆所有权转移后，被保险人并非当然随之转移，而须经一定的法律手续，根据《保险法》（2002年）第34条的规定，保险标的转让应当通知保险人，经保险人同意继续承保后，依法变更合同。《机动车交通事故责任强制保险条款》第22条规定：在交通事故责任强制保险合同有效期内，被保险机动车所有权发生转移的，投保人应当及时通知保险人，并办理交通事故责任强制保险合同变更手续。保险公司的《机动车第三者责任保险条款》第32条规定："在保险期间内，被保险机动车转让他人的，投保人应当书面通知保险人并办理批改手续。"从上述法律规定和保险条款的约定来看，在保险期间内，被保险车辆所有权转移，保险合同的当事人并非随之转移。本案中原车主将保险赔偿请求权转移给张某某，应当通知保险人并办理合同批改、变更手续。否则该等移转对保险公司不发生效力。本案中，涉案车辆所有权转移后，事故发生时，未通知保险人，也未办理保险合同变更手续，张某某没有成为保险合同的一方当事人。张某某在事故发生后又与保险公司办理了保险合同变更手续，并重新约定了保险期间，故该合同对变更前发生的交通事故不具有约束力。综上，对张某某要求赔偿损失的请求不予支持，判决驳回张某某的诉讼请求。

张某某不服一审判决，提起上诉。（1）本案中，虽然车辆所有权转移未通知保险人，没有办理保险合同变更手续，但是在发生保险事故的情况下，该等事实并不能免除保险人支付保险金的义务。（2）保险公司应向张某某履行支付保险金的义务，被保险人的变更并非其不承担赔偿责任的法律理由，第三者责任险保险对象系车辆，保险标的实际系不特定第三者的损失，除约定的免责情形外，保险人对车辆发生保险事故所致的第三者损失均应承担赔偿责任。（3）如果在保险对象转让和保险合同变更的间隔时间内保险对象发生了保险事故，保险公司不支付保险金，就违反了合同当事人订立合同的意志，不符合法律规定，也违背公平原则。保险公司认为，一审判决适用法律正确，二审应予维持。二审法院查明的事实与一审认定事实一致。

二审法院认为，涉案保险合同系某服务中心与保险公司签订，根据保险法的规定及双方保险合同的约定，在保险合同的有效期内，保险标的转让的，被保险人或者受让人应当及时通知保险人，并办理保险合同的变更手续。据此，保险标的转让与保险合同变更系不同的民事法律关系。保险标的转让后，保险合同的变更须经保险人同意，才能在变更后的合同主体之间继续有效。本案中，某服务中心将被保险轿车转让给张某某后，双方均未及时通知保险公司，至保险事故发生时，保险合同并未变更，故张某某不享有保险金请求权。据此，张某某的上诉理由不能成立。综上，一审判决认定事实清楚，适用法律正确，判决驳回上诉，维持原判。[①]

案例分析指引

1. 财产保险合同的标的可否转让？保险标的转让对保险合同的效力会有什么影响？

2. 对于保险标的转让后的财产保险合同的效力，我国保险法是如何规定的？

---

① 参见河南省新乡市中级人民法院（2009）新中民二终字第52号民事判决书。

3. 财产保险合同的效力因保险标的转让而受到的影响及其程度是否应当依照财产保险合同的约定确定？

4. 本案中，涉案财产保险合同对于保险标的转让约定有通知和批改条款，依此条款可否得出结论：保险合同因保险标的转让未经批改或变更而终止或失效？作出如此结论有无法律上的依据？

第七节 重复保险

一 重复保险的意义

重复保险（double insurance），简称复保险，是指投保人就同一保险标的、同一保险事故分别与数个保险人订立保险金额总和超过保险价值的保险合同。

重复保险为财产保险的专有制度。在我国保险法理论上，始终存在如下的说法：重复保险有广义和狭义之别。狭义重复保险和广义重复保险的区别，在于重复保险的成立要件有异，二者以各保险合同约定的保险金额总和是否超出保险标的之保险价值作为区别特征。

广义重复保险，是指投保人对同一保险标的、同一保险利益、同一保险事故与数个保险人分别订立数个保险合同的行为，而不论各保险合同约定的保险金额总和是否超出保险标的之保险价值。我国台湾地区"保险法"第35条规定的重复保险，为广义重复保险。

狭义重复保险，是指投保人对同一保险标的、同一保险利益、同一保险事故与数个保险人分别订立数个保险合同的行为，且各保险合同约定的保险金额总和超出保险标的之保险价值。德国、法国、日本、英国等国家的保险立法所规定的重复保险，均为狭义重复保险。我国保险法上的重复保险，为狭义的重复保险。重复保险是指投保人对同一保险标的、同一保险利益、同一保险事故分别与两个以上保险人订立保险合同，且保险金额总和超过保险价值的保险。①

需要说明的是，重复保险是两个以上的保险人对相同的保险标的承担相同的风险的保险，与联合保险类似。联合保险，简称联保，是指两个以上的保险人对于同一风险和同一标的按照约定共同承担保险责任的保险。重复保险和联合保险具有性质上的差别。重复保险各保险人与投

---

① 参见《保险法》（2015年）第56条第4款。

保人分别订立不同的保险合同，各保险人均按照其与投保人订立的保险合同对被保险人承担保险责任，保险人不得以投保人与他保险人之间的保险合同，对抗被保险人的保险给付请求。而联合保险则是两个以上的保险人与投保人订立一个保险合同，各保险人仅仅按照合同约定的保险责任份额对被保险人承担责任。

二 重复保险的制度目的

在早期的重复保险的概念中，"重复"是非常重要的，填补损失原则以及防止被保险人通过重复保险不当得利，是法律处理重复保险的主要出发点。1906年英国《海上保险法》将重复保险和超额保险联系在一起，有关重复保险的规定主要是用于规范被保险人的保险行为，并在此基础上平衡重复保险的几个保险人的赔付责任。但重复保险实际上并不必然引起超额保险。[①] 这样看来，重复保险制度并不是为应对超额保险的问题而产生的。或许因为这个缘由，我国保险法规定的重复保险，曾经采取广义重复保险的立场。[②] "立法例规定重复保险的目的，在于合理分担各保险人的赔偿责任，而不论各保险人的赔偿责任之和是否超过保险标的的保险价值。将重复保险限定于超额的重复保险，并没有多少实益。"[③] 因此，重复保险制度所关注的核心问题，为各保险人如何分担保险责任的问题，如果真要涉及超额保险的应对事项，也非重复保险制度所要面对的问题，因为保险法对于超额保险已有相应的制度安排，根本无须借助于重复保险制度的设计和落实来防止超额保险情形下的不当得利问题。

我国有不少学者认为，重复保险一定是超额保险。广义重复保险的观点不符合重复保险制度的立法意旨，重复保险必须以各保险合同的保险金额之总额超过保险标的之价值为条件，否则，不能构成重复保险。这是因为：首先，如各保险合同保险金额之总额未超过保险标的之价值，则无引发道德危险之顾虑及获取不法利益之可能，那么，自无从法律上对其加以限制的必要；其次，在此情形下，投保人向数个保险人投保，一则可分散危险，二则可增强安全保障，此恰恰与保险的基本理念

---

① 参见陈欣《保险法》，北京大学出版社，2000，第217~218页。
② 参见《保险法》（1995年）第40条第3款、《保险法》（2002年）第41条第3款。
③ 参见邹海林《保险法教程》（修订第二版），首都经济贸易大学出版社，2004，第194页。

相吻合，亦不会危及保险制度本身的生存。① 总之，不以超额保险作为重复保险的构成要件的制度，不能很好地体现重复保险制度的目的。

在我国，人们在讨论重复保险制度时，总是以部分立法例上具有规制超额保险的重复保险制度为参照系，反映在重复保险的解释论和立法论上也属自然。但重复保险制度究竟应当基于何种目的，似乎到现在也没有弄得很清楚。非常有意思的是，我国保险法对于重复保险的立场来了一个大转弯，以狭义重复保险取代了广义重复保险。② 这样做的立法理由为何，尚不得而知。我国保险法上的重复保险，由广义重复保险转变为狭义重复保险，将要解决什么样的问题以及将会产生什么样的效果，有待于今后的保险业实践来回答。

三　重复保险的成立要件

依照我国保险法的规定，重复保险的成立应当同时具备四个条件：保险标的相同、保险事故相同、分别订立数个保险合同以及保险金额总和超过保险价值。投保人与数个保险人分别订立的财产保险合同，缺少以上4个条件中的任何一个，都不能成立重复保险。

（一）保险标的相同

保险标的相同，是指投保人与数个保险人分别订立的保险合同的保险标的相同或者同一。保险标的不相同，不会发生重复保险的问题。重复保险所要解决的基本问题，是如何防止投保人以分别订约的形式发生超额保险，以及如何合理分配各重复保险人之间的保险责任。

在这里要说明的是，投保人以同一保险标的向不同的保险人订立保险合同，可以成立重复保险。但是否保险利益也应当相同，或者说被保险人对保险标的享有的保险利益应当相同？

我国保险法采取保险标的和保险利益"同一说"的立场，即重复保险的保险标的应当同一，保险利益也应当同一，投保人向不同的保险人订立保险标的和保险利益相同的保险合同，才能成立重复保险。保险利益相同，表明被保险人对保险标的的在法律上承认的利益相同。但是，投保人以同一保险标的向不同的保险人订立保险合同，保险利益并不相同，是否发生重复保险呢？例如，在一栋不动产上有两个以上的物权存在，所有权人和担保权人对该不动产均有保险利益，其保险利益并

---

① 参见温世扬、黄军《复保险法律问题研析》，《法商研究》2001年第4期。
② 参见《保险法》（2015年）第56条第4款。

不相同；投保人以该不动产与保险人订立被保险人为所有权人的保险合同后，又与保险人订立被保险人为担保权人的保险合同，这两个保险合同是否成立重复保险？在解释上应当成立重复保险。只要保险标的相同，保险标的的价值就是一个确定的价值，不因为保险利益的不同而有所变化，保险人依照不同的保险合同所承担的保险责任，在总量上有可能超过保险标的的保险价值。所以，保险利益是否相同，对于重复保险的成立不应当产生影响。

（二）保险事故相同

保险事故相同，是指承保相同保险标的的数个保险合同约定的保险事故或者承保危险的范围或者种类相同。投保人以相同的保险标的向不同的保险公司投保保险事故不同的保险，不能成立重复保险。例如，投保人以同一保险标的和一个保险公司订立盗窃险，后又和另一个保险公司订立火灾险的，因其保险事故不同，不成立重复保险。

再者，保险事故相同，还应当是数个保险合同约定的相同保险事故，均约定有相同的保险期间或者约定的保险期间重合。如果不同的保险人对相同的保险标的，以相同的保险事故订立数个保险合同，但保险人的责任起讫时间不相同或者不重合，则各保险人不会同时对保险事故的发生承担保险责任，这样的保险合同不能成为重复保险。

（三）分别订立数个保险合同

投保人以同一保险标的分别与两个以上的保险人订立两个以上的保险合同，才能成立重复保险；否则，不能成立重复保险。投保人以同一保险标的和同一保险事故，与同一保险人订立数个保险合同，因为不存在各保险人之间分担危险责任的必要性，不以重复保险论，虽有数个保险合同，但各保险合同独立发生效果。

再者，投保人以同一保险标的和同一保险事故，与数个保险人共同订立同一个保险合同，各保险人依照同一个保险合同的约定承担保险责任，也不是重复保险。

因此，不同的保险人与同一投保人就相同的保险标的和相同的保险事故分别订立数个保险合同的，各保险合同互为重复保险。

（四）保险金额总和超过保险价值

投保人与数个保险人订立的保险合同，保险金额总和超过保险价值的，成立重复保险；否则，不成立重复保险。数个保险合同约定的保险金额总和不超过保险价值的，各保险人按照合同约定分别向被保险人承担给付保险金的责任，这些保险合同是否构成重复保险，并不影响各保险人对保险责任的承担,亦不会发生超额保险问题。

同一保险标的仅有一个保险价值,承保同一保险标的的数个保险合同,若其保险金额总和超过该保险标的的保险价值,则必然发生超额保险;投保人以同一保险标的与数个保险人订立数个保险合同,容易发生超额保险,并可能诱发获得不当利益的道德危险。在发生超额保险的情形下,如何合理分配数个保险合同的保险人的保险责任,遂成为构建重复保险制度的重要考量因素。因此,重复保险仅以数个保险合同的保险金额总和超过保险价值的保险为限。

四 重复保险通知义务

重复保险的各保险合同,不论其订立时间的先后,均互为重复保险。重复保险的投保人对各保险人均承担重复保险通知义务。依照我国保险法的规定,重复保险的投保人应当将重复保险的有关情况通知各保险人。① 重复保险通知义务,为投保人承担的法定义务。

(一) 重复保险的通知事项

投保人应当向保险人通知订立重复保险合同的事实。但通知的事项为何或者应当包括哪些事项,我国保险法没有十分明确的规定,仅要求重复保险的投保人向保险人通知"重复保险的有关情况"。我国台湾地区"保险法"规定,重复保险的投保人应当为通知的事项以"他保险人的名称及保险金额"为限。韩国《商法典》规定,重复保险的投保人应当将"各保险合同的内容"通知保险人。② 在解释上,重复保险的"有关情况"应当是各保险人承保的重复保险合同的有关情况,包括保险人的名称和住所、保险标的、保险价值、保险费、保险金额、保险责任范围、保险期间、保险金的给付等。③ 当然,订立保险合同时,保险人可以询问投保人以限定重复保险的通知范围。

(二) 重复保险通知义务的履行

依照我国保险法的规定,投保人应当将其订立重复保险合同的事实,主动通知各保险人。重复保险通知义务的履行,不以保险人的询问作为条件;投保人不得以保险人没有询问为由不通知保险人其订立重复

---

① 参见《保险法》(2015 年)第 56 条第 1 款。
② 参见我国台湾地区"保险法"第 36 条、韩国《商法典》第 672 条第 2 款。
③ 参见邹海林、常敏《中华人民共和国保险法释义》,中国检察出版社,1995,第 122 页。

保险合同的有关情况。当然，保险人已经知道或者在通常的业务活动中应当知道的重复保险的有关情况，或者经保险人申明不须告知的重复保险的有关情况，投保人不必通知保险人。

投保人履行重复保险通知义务，不限于投保人订立保险合同时；保险合同成立后，投保人订立重复保险合同的，也应当通知先前成立的保险合同的保险人。一般而言，同时订立重复保险合同的，投保人应当在订约时向各保险人履行重复保险通知义务。异时订立重复保险合同的，投保人订立后一个重复保险合同时，应当将先前订立的保险合同的有关情况通知该保险人；后一个重复保险合同订立后，投保人应当将该保险合同的有关情况及时通知先前订立的保险合同的各保险人。

（三）重复保险通知义务违反的后果

我国保险法对于投保人违反重复保险通知义务的后果，没有明文规定。故投保人违反重复保险通知义务，例如投保人未向保险人通知重复保险的情况，或者通知的重复保险事实不真实，或者因为过失而未能及时通知重复保险的情况等，除超过保险价值的保险金额部分无效外，对于各保险合同的效力不会产生影响。但是，财产保险合同另有约定的，从其约定。

的确有立法例规定，订立重复保险合同而投保人恶意不为通知的，重复保险合同无效，或者保险人不承担给付保险赔偿金的责任。例如，我国台湾地区"保险法"第36条规定，投保人故意不为重复保险通知或者意图不当得利的，重复保险合同无效。我国澳门特别行政区《商法典》第1002条第2款规定："如被保险人恶意不作出通知，所有保险人均不承担支付赔偿金责任。"我国保险法学者提出过如下观点："投保人图谋超额保险金利益订立重复保险合同而故意不为重复保险通知的，保险人可以解除保险合同或不承担保险责任；投保人订立重复保险合同因过失或疏忽未通知保险人的，除非法律另有规定或者保险合同另有约定，保险人不得解除保险合同，应当承担保险责任。"[①] 不少学者认为应当对投保人恶意违反重复保险通知义务的行为施加否定保险合同效力的后果。但是，我国保险法就违反重复保险通知义务的后果采取了相当缓和的立场，没有规定不利于投保人的否定性法律后果。对此，有学者提出："我国保险法规定重复保险的基本目的，在于防止因超额保险而损害财产保险填补损失的原则。投保人违反重复保险的通知义

---

① 参见邹海林《保险法》，人民法院出版社，1998，第42页。

务,与保险标的发生事故的危险的增加或者促使被保险人为道德危险行为之间并不具有直接的因果联系,因此不宜对投保人违反重复保险的通知义务施加对被保险人不利的法定后果。有学者研究表明,保险立法例正在全力改善不利于被保险人或者受益人的条款,以突出保护被保险人的立场,正在逐步取消重复保险的通知义务,即使对之有所规定,也严格限定其适用条件。因此,在我国,投保人违反重复保险的通知义务时,给保险人以合同解除权或者拒赔抗辩权的救济,其必要性似乎并不显著。但是,保险实务中,基于保险合同内容的意思自治,当事人可以就投保人违反重复保险的通知义务的后果作出约定;保险合同对投保人违反重复保险的通知义务的后果有约定的,依照约定确定重复保险的当事人或被保险人在保险合同中的利益。"①

投保人违反重复保险通知义务的,就我国保险法的规定而言,无论如何解释,也难以得出投保人恶意不为通知的重复保险合同无效的结论,也无法得出保险人得以投保人违反重复保险通知义务为由解除保险合同或不承担保险责任的结论。这就是说,投保人违反重复保险通知义务,对于各保险合同的效力,依照保险法的规定并不会产生否定性的影响。但是,这并不意味着,投保人违反重复保险通知义务,除超过保险价值的保险金额部分无效外,对重复保险合同的效力不会产生影响。这是一个应当由当事人通过意思自治解决的问题,只是没有通过法律规定的方式加以明确。② 我国保险法将重复保险的通知义务交给保险合同当事人意思自治,顺应法理并合乎现代保险市场发展的需求,应属正当。

五 重复保险各保险人的责任分担

(一) 各保险人责任分担的意义

理论上,重复保险各保险合同彼此独立,在效力上互不影响,保险标的发生保险事故的,重复保险各保险人对被保险人所受到的损害均应当承担保险责任。但是,因为财产保险填补损失原则的作用,重复保险各保险人向被保险人给付保险赔偿金的总和,不得超过保险标的之保险价值。因此,财产保险禁止超额保险的法理,对于重复保险而言,同样具有意义。问题是,以不超过保险价值为原则,重复保险各保险人应当如何承担保险责任呢?

---

① 参见常敏《保险法学》,法律出版社,2012,第211~212页。
② 参见邹海林《保险法学的新发展》,中国社会科学出版社,2015,第411页。

重复保险各保险人的责任分担，应当依照重复保险各保险合同的约定；各保险人在保险合同中对于保险责任的分担已有约定的，应当承认各保险合同约定的效力。当重复保险合同对各保险人分担保险责任的方式没有约定或者约定不明的，保险法应当对此进行调控，规定相应的分担保险责任的方式，实现各保险人的责任分担。我国学者将保险立法例规定的重复保险各保险人承担责任的方式，归纳为三种类型，即优先责任、连带责任和比例责任。我国保险法则采取了较为普遍的比例责任分担方式。

（二）各保险人责任分担的法定方式

发生保险事故时，重复保险各保险人应当如何承担保险责任，情形极为复杂。除保险合同对各保险人的责任分担已有约定外，保险立法例规定的重复保险各保险人的责任分担方式，大致可以概括为以下三种。[①]

1. 比例责任与优先承保

对于同时重复保险，按照比例分担责任（pro rata liability）；对于异时重复保险，按照优先承保（primary coverage）分担责任。前者是指重复保险各保险合同同时订立或者推定同时订立的，各保险人按照其保险金额与重复保险的保险金额总和的比例，分担保险责任。例如，《日本商法典》第632条规定，对同一标的同时为数个保险契约、其保险金额超过保险价额时，各保险人的负担额以其各自的保险金额比例算定。后者是指重复保险各保险合同分别先后订立时，各保险人按照合同成立的先后顺序对被保险人承担保险责任，在先成立的保险合同的保险人承担保险责任后不足以填补被保险人的损失的，由成立在后的保险合同的保险人承担补足被保险人的损失差额的保险责任。

2. 限制责任与连带责任

限制责任，是指重复保险各保险人在其所承保的保险金额限度内对被保险人所发生的损害承担给付保险赔偿金的责任；连带责任，是指重复保险各保险人对被保险人所发生的损害连带承担给付保险赔偿金的责任。限制责任是重复保险的任一个保险人对被保险人所承担的责任，而连带责任为重复保险的所有的保险人对被保险人所承担的责任，从而增强了重复保险对被保险人的保障功能。承担保险责任的保险人，取得按照其保险合同约定的保险金额与重复保险的保险金额总和的比例向其他

---

① 参见李玉泉《保险法》（第二版），法律出版社，2003，第107~108页。

保险人求偿的权利。德国的《保险合同法》第 59 条对此有所规定。

3. 比例责任

重复保险各保险合同，不论其成立的时间，均为有效；各保险人依照其合同约定的保险金额与重复保险的保险金额总和的比例，分担保险责任，为比例责任（pro rata liability）。法国、瑞士的保险契约法对于重复保险规定有比例责任。

（三）比例责任的适用

事实上，法律规定的重复保险各保险人的责任分担方式不具有绝对意义。发生保险事故时，重复保险各保险人无条件或者有条件的承担比例责任是十分普遍的现象，这在相当程度上说明比例责任作为重复保险各保人分担责任的方式，其合理性更加充分。依照我国保险法的规定，除合同另有约定外，各保险人按照其保险金额与保险金额总和的比例承担赔偿保险金的责任。[①]

1. 比例责任的意义

重复保险各保险合同，不论其成立的时间，均为有效。各保险人依照其合同约定的保险金额与重复保险的保险金额总和的比例，分担保险责任，此为比例责任。但是，保险合同另有约定的，依照其约定。

发生保险事故时，重复保险各保险人对保险标的承担的保险责任总和，以该保险标的的保险价值为限。在这个原则下，除非保险合同对各保险人的给付保险赔偿金的责任已有明确约定，各保险人按照其保险金额与各保险合同约定的保险金额的总和之比例，分担其对被保险人承担的保险责任；任一保险人对被保险人承担的责任超过其所应当承担的分担额的，其有权向其他保险人追偿。对被保险人承担保险责任的重复保险各保险人，在其给付保险赔偿（或分担额）的限度内，取得被保险人对造成保险标的损害的第三人请求损害赔偿的代位权。

2. 比例责任的性质

关于比例责任的性质，我国学者在理论上存在分歧。我国保险法规定重复保险的各保险人按照比例分担责任，但没有明示各保险人所分担的比例责任对被保险人的请求权会产生何种影响。有不少学者认为，比例责任具有对抗被保险人的给付请求权的效力，但也有学者认为，比例责任不具有对抗被保险人的给付请求权的效力。以下观点值得重视。

"保险法规定的比例责任，对于重复保险的各保险人分担保险责任

---

① 参见《保险法》（2015 年）第 56 条第 2 款。

发生效力，其在本来不具有法律关系的各保险人的权益之间，建立了法律上的关联，使得重复保险的各保险人均有承担比例责任的同等权利。但是，比例责任的制度安排并不能改变重复保险的各保险合同项下的保险责任的承担，也不影响被保险人依照各自独立的保险合同向保险人请求保险给付的权利。在这个意义上，法定的比例责任不构成重复保险的合同内容或者组成部分，与各保险合同约定的保险责任及其承担没有关系。所以，法定的比例责任仅对重复保险的各保险人相互间最终分担保险责任发生效力，是专门为各保险人相互间分担保险责任提供的制度工具。"① 因此，比例责任仅在重复保险各保险人相互间发生效力。

3. 比例责任的对抗力

重复保险各保险人承担的比例责任，对被保险人的保险赔偿请求权的行使，不具有对抗力。在英美保险法的理论和实务上，若存在重复保险，除非保险合同另有约定，被保险人在其保险标的的保险价值范围内，可以向任一保险人要求给付保险赔偿的部分或者全部，也可以按照重复保险各保险合同成立的先后顺序，要求保险人给付保险赔偿。②

在我国，重复保险各保险人对被保险人承担的赔偿责任总和，仅以不超过保险价值为限度，保险法并没有限制被保险人对重复保险各保险人分别行使请求权。何况，重复保险各保险合同分别成立并发生效力，各保险人不得援引其他保险合同的约定对抗被保险人的给付请求。法定的比例责任，仅在于分担重复保险各保险人的责任负担，并不能改变各保险人依照其保险合同对被保险人承担的保险责任。发生保险事故时，除非保险合同另有约定，重复保险的被保险人可以向任一保险人请求给付该保险合同约定的保险赔偿的全部。被保险人请求重复保险任一保险人承担保险责任的，除非保险合同另有约定，该保险人不得以法定的比例责任，对抗被保险人的请求。③

4. 重复保险各保险人的比例责任求偿权

重复保险各保险人对被保险人所承担的保险责任，取决于被保险人行使保险给付请求权的选择。当各保险人只能依照保险合同的约定对被保险人履行保险赔偿责任，而不能以法定的比例责任对抗被保险人的请

---

① 参见常敏《保险法学》，法律出版社，2012，第214页。
② See Raoul Colinvaux, *The Law of Insurance* (Sweet & Maxwell, 1984), p.147.
③ 参见邹海林《保险法教程》（修订第二版），首都经济贸易大学出版社，2004，第193页。

求时，保险人对被保险人所承担的责任会超出其比例责任范围，其他保险人因为已有保险人为其分担了比例责任而获得利益，故应将其利益相应返还给已为保险赔偿的保险人。因此，除非保险合同另有约定，各保险人应按照其保险金额与各保险合同约定的保险金额的总和之比例，分担其对被保险人承担的保险责任；任一保险人对被保险人承担的责任超过其所应当承担的分担额的，有权向其他保险人追偿。例如，《意大利民法典》第1910条第4款规定："给付保险金的保险人，有权根据相关的契约就应按比例分担的赔偿向其他保险人追偿。如果一个保险人无清偿能力，则其份额要由其他保险人分担。"这就是说，法定的比例责任，为承担保险责任的保险人向其他重复保险各保险人求偿其应当分担的保险赔偿份额提供了法律上的依据。

> 案例参考 64

重复保险的构成要件

　　2010年10月1日，某科技公司与某电器公司签订仓库保管合同，约定某电器公司租用某科技公司的仓库储存其家电产品；某电器公司负责对其寄存于某科技公司仓库的货物购买财产一切险。2011年10月1日，某电器公司向A保险公司投保财产一切险，保险标的共72个，保险金额为3808860000元人民币，保险标的包括某电器公司存放于某科技公司仓库的货物，预计投保金额为17000000元。2011年12月21日，某科技公司向B保险公司投保财产综合险，保险标的为房屋、设施设备、存货、代保管财产，总保险金额为366599319.47元，其中代保管财产保险金额为20000万元。2011年12月20日，某科技公司向B保险公司出具"财产投保金额说明"，该说明中明确4号仓库中投保存货的金额估值为2500万元，其中物流部以下库房存放的存货客户已自己投保，故不包括在20000万元的投保范围内：4号仓库4—8门内2000平方米及3号仓库3—5至3—11门内的存货由某电器公司自行投保。

　　2012年2月23日，某科技公司4号仓库发生火灾，造成某电器公司的货物损失，A保险公司向某电器公司赔偿保险金17126030.45元。2012年7月24日，某电器公司向A保险公司发出权益转让书，将其因火灾出险受损而对某科技公司要求赔偿的权利转让给A保险公司。A保险公司要求B保险公司向其承担并支付保险金8563015.23元及利息。

一审法院审理认为，本案争议的焦点为，B 保险公司承保某科技公司的代保管财产的财产综合险与 A 保险公司承保某电器公司存放于某科技公司仓库的货物的财产一切险是否为重复保险。本案中，某电器公司对存放于某科技公司仓库的货物向 A 保险公司投保财产一切险。某科技公司在向 B 保险公司为其保管的货物投保财产综合险时明确说明，某电器公司存放于某科技公司仓库的货物由某电器公司自行投保，不包括在投保范围内。故本案所涉及的保险不构成重复保险。A 保险公司的诉讼请求不能成立。A 保险公司不服一审判决，以一审判决存在认定事实错误、适用法律错误、适用证据规则错误为由，提起上诉。

二审法院审理查明，各方当事人对本案的以上案件事实无异议。另查明下列案件事实。(1) 2011 年 12 月 21 日，B 保险公司签发的财产综合险保险单明示告知：财产保险投保单、投保标的明细表、风险情况连同本保险单皆为本保险合同不可分割的组成部分。财产综合险保单附页明确载明了承保标的包括代保管财产，代保管物资以估值投保。(2) 2011 年 12 月 20 日，某科技公司向太保四川分公司双流营销服务部出具"财产投保金额说明"，就其本次投保财产情况作出具体说明，其中物流部以下仓库存放的存货客户已自己投保，故不包括在 20000 万元的投保范围内。仓库的具体位置为"4 号仓库 4—8 门内 2000 平方米、3 号仓库 3—5 至 3—11 门内"，客户单位为某电器公司。(3) 案涉火灾事故发生后，公安消防认定，此次火灾过火面积为 13328 平方米，造成某科技公司仓储物流基地 4 号仓库及储存的商品烧毁；起火原因是 4 号仓库 14 号门附近因鼠患造成电气线路绝缘层破损，由此导致线路产生故障，引发火灾。

二审法院认为，根据本案查明的事实，某电器公司对其存放于某科技公司仓库的货物向 A 保险公司投保财产一切险。某科技公司对其房屋、设施设备、存货、代保管财产向 B 保险公司投保财产综合险，其中代保管财产保险金额为 20000 万元。某科技公司作为投保人在投保时向 B 保险公司出具"财产投保金额说明"，对其投保财产的范围、投保金额等作出了具体明确的说明，其中明确载明所投保的代保管财产不包括某电器公司存放于某科技公司 4 号仓库 4—8 门内已由某电器公司自行投保的货物。虽然 B 保险公司签发的保单中并未明确载明某科技公司出具的"财产投保金额说明"为保险合同的组成部分，但本案中投保人某科技公司通过向 B 保险公司出具书面"财产投保金额说明"明确投保财产范围及投保金额,而 B 保险公司在某科技公司提交"财产投保金额说明"后作成了财产综合险保单及附页,说明某科技公司与 B 保险公司采用该方式明确约定了保险标的及保险金额。同时,某科技公司与某电器公司在仓库保管合同中明确约定由某电器公司自行为其存放于某科技公司的货物购买保险,某科技公司基于此,在其向 B 保险公司投保财产综合险时未将某电器公司已自行投保的货物再行投保,这也符合某科技公司作为一个经营者减少成本支出的实际情况。另外,本案中,某科技公司亦再次明确说明某电器公司的货物不属于其投保标的的范围。因此,本案现有证据可以证明某科技公司向 B 保险公司出具的"财产投保金额说明"是双方保险合同的组成部分。某科技公司在"财产投保金额说明"中明确说明 4 号仓库 4—8 门内某电器公司自行投保的货物不属于投保范围。根据消防部门出具的《火灾事故认定书》,本案所涉火灾事故的起火原因是 4 号仓库 14 门附近电气线路绝缘层破损,由此导致线路产生故障而引发火灾,最终造成 4 号仓库及储存的货物烧毁。同时,本案保险事故发生后,A 保险公司已对投保人某电器公司因本案所涉保险事故所受的损失按照其理赔程序进行审核、定损并支付保险赔偿金。某科技公司明确其未就某电器公司已投保的货物再行投保,且在本案保险事故发生后亦未就其保管的某电器公司货物向 B 保险公司索赔。综上,本案现有证据能够证明某科技公司并未就某电器公司存放在某科技公司仓库中的货物向 B 保险公司投保,本案不存在投保人就同一保险标的分别与两个保险人订立保险合同的情形,即不符合重复保险的保险标的必须是同一保险标的的构成要件,故本案不构成重复保险。综上所述,原审判决认定基本事实清楚、适用法律正确、判决结果恰当,A 保险公司上诉理由不能成立,依法予以驳回。①

案例分析指引

1. 什么是重复保险?如何理解重复保险的构成要件?本案争议的焦点问题是否为重复保险问题?

2. 本案中,两个财产保险合同是如何订立的?其对保险标的范围的约定是否有理解上的疑问?

3. 本案中,有无相应的法律事实表明仓储财产为 B 保险公司签发

---

① 参见四川省高级人民法院(2015)川民终字第 831 号民事判决书。

的财产保险单承保的标的？审理本案的法院是如何解释保险合同的？

4. 如果通过解释，本案争议的仓储财产属于 B 保险公司签发的财产保险单承保的标的，是否会发生重复保险的问题？

第八节　保险代位权

一　保险代位权的意义

保险代位权（Right of Subrogation），又称保险代位求偿权，是指保险人享有的、代位行使被保险人对造成保险标的损害负有赔偿责任的第三人的赔偿请求权的权利。保险代位权原本是财产损失保险的专有制度，随着财产损失保险向其他以财产利益为保险标的之财产保险的扩张与发展，保险代位权才逐步扩展适用于其他财产保险。

保险代位权，因其发生根据的不同，分为约定代位权和法定代位权。

约定代位权，是指保险人依照财产损失保险合同的约定享有的代位行使被保险人对第三人的求偿权的权利。约定代位权是保险人主张保险代位权的最为基本的形式，因其内容取决于保险合同的约定而呈现多样性，适用空间巨大。

法定代位权是指保险人依照保险法的规定直接享有的代位行使被保险人对第三人的求偿权的权利。我国保险法规定："因第三者对保险标的的损害而造成保险事故的，保险人自向被保险人赔偿保险金之日起，在赔偿金额范围内代位行使被保险人对第三者请求赔偿的权利。"[①] 在我国，人们讨论的保险代位权通常都是法定代位权，即不论保险合同中是否约定有保险代位权，财产保险的保险人对被保险人均有代位向造成损害而负有赔偿责任的第三人求偿的权利。

二　保险代位权的功能

依照通说，保险代位权的功能表现为两个方面。

其一，实现财产保险的填补损失的原则。保险代位权具有实现财产损失保险的填补损失原则的基本功能。填补损失为财产损失保险的基本原则，无损害即无保险。填补损失原则的本质内容或者核心价值，在于

---

① 《保险法》（2015 年）第 60 条第 1 款。

填补被保险人因为保险事故所受到的损失和维护社会公共利益。保险代位权具有防止被保险人获得双重赔付的功能。事实上，保险代位权是实现填补损失原则的工具或者方法。保险代位权在保险人和被保险人之间架设起一座桥梁，以便将被保险人可能获得之超额利益合理地输送给保险人，彻底实现财产损失保险填补损失原则。

其二，避免损害赔偿责任人逃脱责任，维护社会公共利益。造成被保险人损害的第三人，最终应当在经济上有所负担。造成被保险人损害的第三人，仅仅因为被保险人通过保险获得了损失的填补，就可以不对其行为造成的损失后果承担责任，借助被保险人和保险人订立的保险合同而获得本不应当获得的利益，这对被保险人而言是不公正的，对于承担填补损失义务的保险人而言也是不公正的；只是因为被保险人采取了分散危险和消化损失的措施，造成被保险人损失的第三人就可以轻易地不受法律追究而不承担经济上的不利后果，势必促使加害人放任其行为从而产生不利于防范甚至会加重危险的社会混乱局面。保险代位权的存在，使得加害人无法逃脱其应当承担的责任。保险代位权作为实现填补损失原则的工具，可以方便地将被保险人对造成其损失的第三人的请求损害赔偿的权利转移给保险人行使，这有助于最终确定由造成被保险人损害的第三人承担经济赔偿责任，发挥保险代位权在维护社会公共利益（public policy）方面所起的应有作用。① 所以，不论被保险人是否取得保险赔偿，保险代位权的介入都使得从事加害行为的第三人不再有违反公正的获利机会；从事加害行为的第三人造成被保险人损害，因有保险代位权的适用，保险人得以对第三人行使保险代位权，第三人应当承担赔偿责任，这在相当程度上有助于促使第三人在行为时更加谨慎，并自觉采取防范危险的措施，从根本上防止或者减少第三人为加害行为的机会，以利于社会公共利益的维护。

三 保险代位权的性质

（一）保险代位权的法定化

在我国，保险代位权是保险人依法享有的权利。不论保险合同对保险代位权是否有所约定，保险事故由第三人造成而被保险人对其有损害赔偿请求权的，保险人均可依法行使保险代位权。保险代位权基于法律

---

① See Kenneth S. Abraham, *Insurance Law and Regulation* (The Foundation Press, Inc., 1990), p. 202; John F. Dobby, *Insurance Law* (West Publishing Co., 1981), p. 229.

规定而当然取得，随同保险合同的订立而发生，在保险事故发生时，归属于保险人。保险实务中，各类财产损失保险合同一般约定有保险代位权条款，但其约定对保险代位权的法定化，影响甚微。

（二）保险代位权的从属性

保险代位权作为保险人依法享有的权利，在性质上完全从属于被保险人对第三人的赔偿请求权。第三人造成保险标的损害而应当承担的赔偿责任，或为侵权责任，或为违约责任，或为法律规定的其他赔偿责任，被保险人对于第三人的损害赔偿请求权，或为侵权损害赔偿请求权，或为违约损害赔偿请求权，或为法律规定的其他赔偿请求权。被保险人对加害保险标的的第三人享有的赔偿请求权的性质，不会因保险代位权的行使而发生变化。因此，保险人所行使的保险代位权，实际上仍然是被保险人对第三人的赔偿请求权。

四 保险代位权的成立

保险代位权因财产保险合同的成立而成立。在保险理论和实务上，保险代位权不论是基于法律规定而发生，还是基于保险合同的约定而发生，或者基于保险合同的默示条款而发生，均成立于保险合同订立时。在这个意义上，有保险合同的成立，就有保险代位权的发生。

保险代位权的成立，不同于保险代位权的行使。财产保险合同订立时，保险代位权成立。此时，保险人享有的保险代位权仅是对加害第三人的代位求偿的期待权。不具备行使要件的民事权利，为期待权。保险合同成立时，保险人依法或者依照约定取得的保险代位权。唯有在符合法律规定或者合同约定的条件时，保险人才可以行使保险代位权。

再者，订立保险合同时，投保人和保险人约定保险人无保险代位权的，其约定不违反法律的强制性规定，应当承认其效力。保险合同成立时，凡有保险人不得行使保险代位权约定的，保险人无保险代位权。同样，保险人以意思表示单方明示或者默示地预先放弃保险代位权的，保险合同成立时，保险人亦无保险代位权。有上述保险人无保险代位权的情形，发生保险事故的，保险人不得以保险法的规定主张法定代位权。

五 保险代位权的行使

（一）保险代位权的行使条件

依照我国保险法的规定，保险人行使代位权，应当满足以下两个条件：第三人对保险标的的损害负有赔偿责任和已给付保险赔偿金。

1. 第三人对保险标的的损害负有赔偿责任

保险标的发生损害而构成保险事故的,保险人应当承担保险责任。当第三人的行为造成保险标的发生损害时,被保险人对该第三人有损害赔偿请求权;相应地,该第三人对保险标的的损害负有赔偿责任。第三人对保险标的的损害不承担赔偿责任的,保险人欠缺行使保险代位权的基础。第三人因其行为应当对保险标的的损害承担赔偿责任,至于第三人是否对保险标的造成了直接损害,在所不问。再者,保险人代位行使的权利,仅以被保险人对第三人的赔偿请求权为限,至于其赔偿请求权发生的原因或基础,对保险人行使代位权并无影响。这就是说,保险人行使代位权以第三人对保险标的的损害负有法律上的赔偿责任为必要。

2. 已给付保险赔偿金

保险人对造成被保险人损害的第三人的代位权,仅为期待权或将来求偿权,保险人向被保险人履行保险给付义务后,其始能转化为既得权。保险人对被保险人给付保险赔偿金之前,对造成保险标的的损害的第三人不能行使代位求偿权。保险事故发生后,被保险人可以向第三人请求赔偿,也可以向保险人请求给付保险赔偿金。如果被保险人向第三人请求赔偿而取得部分或者全部赔偿,则保险人在给付保险赔偿金时,有权相应扣除被保险人已经取得的赔偿,没有行使代位权的正当理由。这就是说,保险人行使保险代位权,必须首先向被保险人给付保险赔偿金。保险人已给付保险赔偿金的,以保险人事实上给付保险赔偿金为必要,至于保险人所为保险赔偿金给付的数额多少、给付保险赔偿金的依据是否源自保险合同约定的保险责任,不在考虑之列。

(二)保险代位权的行使限度

一般而言,保险代位权的行使,以保险人向被保险人已经给付的保险赔偿金数额为限,不得超过其向被保险人给付的保险赔偿金数额。

我们应当注意到,当保险人给付的赔偿金数额低于被保险人所受到的损失金额时,被保险人可以继续请求第三人赔偿,保险人也可以对第三人行使代位权。但是,被保险人对第三人的损害赔偿请求权并不因为保险代位权而发生变化,其仍然为一项独立的权利,保险人对第三人行使代位权,只能是被保险人对第三人享有的全部权利,而不是部分权利。在这个意义上,保险人以给付的保险赔偿金数额为限行使代位权,只是保险人行使保险代位权的充分条件,不具有绝对的意义。保险人在不损害被保险人的赔偿权利的前提下,应当以被保险人对第三人的损害赔偿请求权的全部,向第三人行使保险代位权,由此取得的赔偿,超过保险人向被保险人给付的保险赔偿金数额的，应当将超过的部分退还给被保险人。

（三）保险代位权行使的方式

保险代位权在性质上从属于被保险人对第三人享有的损害赔偿请求权。但保险人应当以自己的名义还是以被保险人的名义行使代位权，在保险法理论上有不同的观点。

一种观点认为，保险人以被保险人的名义行使代位权，除非被保险人对第三人的赔偿请求权以法定形式转让给保险人。另一种观点认为，保险人的代位权依照法律规定而发生，保险人行使代位权，不以被保险人移转赔偿请求权的行为为要件，只要具备代位权的行使条件，即可径以自己的名义行使被保险人对于第三人的赔偿请求权。[①] 之所以有以上的不同观点，与保险人取得保险代位权的方式有关。保险人以被保险人的名义行使代位权，至少表明保险人尚未取得被保险人对第三人的损害赔偿请求权，自然不能以自己的名义行使权利；相反，如果保险人已经依法或者依照约定取得被保险人对第三人的损害赔偿请求权，则保险人为该损害赔偿请求权的权利人，自应以自己的名义行使代位权。

依照保险合同的约定所取得之代位权，应当依照当事人的意思所确定的方式行使代位权，若被保险人将其权利转移给给付保险赔偿金的保险人，则保险人以自己的名义行使代位权；若被保险人没有将其损害赔偿请求权转移给保险人的意思，则保险人仅能以被保险人的名义行使代位权。

在我国，保险代位权通常是保险人依法取得的法定权利。保险代位权在性质上从属于被保险人对第三人的损害赔偿请求权，但其是独立于被保险人的法定权利，保险人无须经被保险人的同意、转让或者协助，在其给付保险赔偿金后，即可以直接对第三人行使被保险人对第三人享有的损害赔偿请求权，应当以自己的名义为之。保险实务中，保险人给付保险赔偿金后，一般要求被保险人签署权利转让的证明文件，以示自己已经取得被保险人对第三人的损害赔偿请求权，同样支持保险人以自己的名义行使保险代位权。再者，我国的司法实务已经普遍承认保险人以自己的名义行使保险代位权，并具有独立的诉讼地位。

除上述以外，保险人以自己的名义行使保险代位权，但不以诉讼为

[①] 参见邹海林《保险法教程》（修订第二版），首都经济贸易大学出版社，2004，第122页。

限。这就是说,保险人行使保险代位权,可以诉讼方式为之,亦可以直接请求第三人承担赔偿责任。

六 保险代位权的抗辩事由

保险人对造成保险标的损害的第三人行使保险代位权的,第三人可以对损害赔偿责任的成立以及赔偿责任的多少提出抗辩。第三人对抗保险人行使代位权的事由,包括第三人对抗被保险人的事由以及被保险人对抗保险人的事由。

相对于被保险人的损害赔偿请求权,因请求权的性质不同,第三人对抗被保险人的事由,包括但不限于合同法上的抗辩事由和侵权法上的抗辩事由。违反民事义务应当承担民事责任。但是,法定或约定的抗辩事由存在时,免除或者减轻行为人的民事责任。在这个意义上,第三人可以援引的抗辩事由,实际为免责事由或者减责事由。第三人得以援引的抗辩事由,依其来源分为法定抗辩事由和约定抗辩事由。法定抗辩事由是法律规定的抗辩事由,如不可抗力造成的损害、未尽止损义务而扩大的损失、受害人的故意或过失、正当防卫、紧急避险、监护人尽了监护职责、他人过错等。约定抗辩事由是当事人以意思表示事先确定的抗辩事由。当事人约定抗辩事由,符合契约自由原则,但其约定不得违反诚实信用原则、公序良俗原则等强行法规范,如当事人不得预先约定免除因故意或重大过失致人损害而应当承担的民事责任。

被保险人放弃对第三人的损害赔偿请求权的,第三人可否以此对抗保险人行使保险代位权?原则上,不论有无保险合同或者保险事故是否发生,若被保险人放弃对第三人的赔偿请求权,或者同第三人就损害赔偿的数额达成和解,被保险人均不得对第三人主张其已经放弃或者失去的赔偿利益,第三人因此取得相应利益可以有效对抗保险人行使代位权。但是,在保险人向被保险人给付赔偿保险金后,被保险人未经保险人同意,放弃对第三者请求赔偿的权利的,其放弃权利的行为无效,[①] 第三人不得以被保险人放弃损害赔偿请求权对抗保险人行使代位权。

另外,保险人行使保险代位权,应当符合保险法规定的各项条件,例如保险人已给付保险赔偿金。保险人行使代位权不符合法律或者保险

---

① 参见《保险法》(2015年)第61条第2款。

合同约定的条件的,被保险人可以其条件否认保险人的代位权,第三人也可以相同的事由对抗保险人行使代位权。

七　保险代位权的适用限制

(一) 适用范围的限制

保险代位权是贯彻填补损失原则的一个工具,原则上适用于财产保险,不适用于人身保险。依照我国保险法的规定,被保险人因第三者的行为而发生死亡、伤残或者疾病等保险事故的,保险人向被保险人或者受益人给付保险金后,不享有向第三者追偿的权利,但被保险人或者受益人仍有权向第三者请求赔偿。① 但是,对于具有填补被保险人物质损失性质的补偿性医疗保险,保险人在给付医疗保险金后,对造成被保险人伤残或者疾病的第三人有保险代位权。

(二) 适用对象的限制

保险人行使代位权的相对人,限于被保险人本人以外的第三人。保险人不得对被保险人本人以及造成被保险人损害的被保险人之家庭成员或组成人员,行使保险代位权。但是,被保险人的家庭成员或者其组成人员故意造成被保险人损害而发生保险事故的,保险人仍可对其行使保险代位权。②

通说认为,对被保险人的家庭成员应当作宽泛的理解。宽泛理解被保险人的家庭成员,是为了保护被保险人的利益,满足家庭生活的观念或伦理需求。例如,有学者认为,家庭成员应当包括配偶和亲等较近的血亲或者姻亲而共同生活的人,以及虽非同居但负有法定扶养义务的人。③ 在我国,被保险人的家庭成员可以是所有与被保险人共同生活的人,包括配偶和亲等较近的血亲或者姻亲而共同生活的人,以及虽非共同生活但负有法定扶养义务的人。

通说认为,对于被保险人的组成人员,应当在被保险人作为组织体的意义上确定其范围,不宜作出宽泛的理解,而应当作出从严解释。例如,有学者认为,被保险人的组成人员是指为被保险人的利益或者受被保险人的委托或者与被保险人有某种特殊法律关系而进行活动的人,包

---

① 参见《保险法》(2015年)第46条。
② 参见《保险法》(2015年)第62条。
③ 参见桂裕《保险法论》,三民书局,1981,第154页。

括被保险人的雇佣人员、合伙人、代理人等。[①] 但在我国保险法理论和实务上，一般将被保险人的组成人员限定于为被保险人服务或工作的员工（雇员）。

（三）时效期间的限制

保险代位权从属于被保险人对第三人的损害赔偿请求权。被保险人对第三人的损害赔偿请求权，受诉讼时效期间的限制。保险代位权不是独立的民事权利，没有独立的诉讼时效。保险代位权在本体上仍然是被保险人的损害赔偿请求权，故保险代位权行使的时效，与被保险人的损害赔偿请求权的时效相同。

这就是说，保险代位权行使的诉讼时效，从属于被保险人的请求权之时效。保险代位权的诉讼时效期间，从被保险人知道或者应当知道权利被第三人侵害时起计算；至于保险人是否知道被保险人的损害赔偿请求权受第三人侵害，不在考虑之列。保险人给付被保险人保险赔偿金前，被保险人向第三人请求赔偿或提起诉讼的，时效中断；保险人给付被保险人保险赔偿金的，被保险人的损害赔偿请求权之时效利益，移转至保险人。同样，第三人因为被保险人怠于行使损害赔偿的权利取得时效利益的，可以有效对抗保险人行使保险代位权。

案例参考 65

保险代位权的行使及其条件

2006 年 7 月 21 日，货运公司作为货物承运方与托运方贸易公司签订货物运输协议，协议约定双方就国内货物运输建立长期合作事宜，贸易公司在托运货物前将货运计划通知货运公司，告知货物的名称、数量、装货时间、地点等资料，货运公司承运货物在收货人签收前承担安全责任，货物灭失、短少、污染，由货运公司按货物出厂价向贸易公司赔偿，但不可抗拒因素和特殊情况除外。双方对不可抗拒因素及特殊情况作出注解：不可抗拒因素为（1）自然灾害如地震、雪崩、断路、洪水、意外火灾等；（2）战争或军事行动；（3）核实验或爆炸。特殊情况为（1）非货运公司因素造成的路上延误如塞车、封路等，由当地交管部门提供证明；（2）贸易公司提出的收货地址和联系电话有错误。双方约定该协议有效期为 2006 年 7 月 14 日至 2007 年 7 月 14 日。协议

[①] 参见施文森《保险法总论》，三民书局，1985，第 204 页。

签订后，贸易公司于2007年1月向货运公司托运49箱共计642000片电容器，该批货物含税总计人民币196742.26元。在运输途中，货车于2007年1月16日发生火灾事故，导致承运货物被烧毁。因双方当事人均未向公安消防部门提出火灾原因认定，故火灾原因未能查明。经保险公估有限公司检验，该批货物严重受损无商业价值，受损货物价值为人民币196742.26元。因保险公司与贸易公司之间存在货物运输保险合同关系，保险公司就此起保险事故分别于2007年9月10日、9月11日向贸易公司赔偿保险金23682.24美元，并于2009年2月19日向法院提起诉讼，向货运公司主张代位求偿权。以上事实，经一审法院审理查明。

一审法院认为，《保险法》(2009年)第60条第1款规定："因第三者对保险标的的损害而造成保险事故的，保险人自向被保险人赔偿保险金之日起，在赔偿金额范围内代位行使被保险人对第三者请求赔偿的权利。"保险公司已于2007年9月向被保险人贸易公司支付保险金23682.24美元，由此取得向货运公司代位求偿的权利。因被保险人贸易公司与货运公司之间存在货运合同关系，根据《合同法》第311条的规定，承运人如果未能证明货物的毁损、灭失是不可抗力、货物本身的自然性质或者合理损耗以及托运人、收货人的过错造成的，则应当对运输过程中货物的毁损、灭失承担损害赔偿责任。因此，货运公司作为该批货物的承运人，应当对本案中存在免责情形承担举证责任。本起保险事故是由火灾事故引起的，由于当事人未向有关消防部门提出火灾原因认定，火灾原因未能查明。被保险人贸易公司与货运公司签订的货物运输协议约定，发生不可抗拒因素中的自然灾害如地震、雪崩、断路、洪水、意外火灾等时，货运公司不承担赔偿责任。根据该约定，符合合同免责条件的意外火灾应当是指自然灾害的类型，现货运公司提出只要是意外引起的火灾均免责，该主张与协议的约定不相一致，不予采信。因货运公司未能证明本案中存在合同约定的免责条款情形，也未能举证证明货物的毁损是因不可抗力、货物本身的自然性质或者合理损耗以及托运人、收货人的过错造成的等法定免责情形，故应对此次运输过程中发生的货物毁损承担损害赔偿责任。保险公司据此向货运公司主张代位求偿，符合法律规定，应予以支持。根据货物运输协议约定，承运货物如有毁损按货物出厂价赔偿。保险公司所提供的证据可证明本起保险事故受损货物价值为人民币196742.26元，现诉请货运公司赔偿货物损失196742元，符合合同约定及相关法律规定，予以支持。保险公司另主张由货运公司赔偿自 2007 年 1 月 16 日起计算的利息，该项诉请超出货物运输协议约定的赔偿范围，即超出被保险人对货运公司请求赔偿的权利范围，不予支持。根据《民事诉讼法》第 64 条第 1 款、《合同法》第 311 条、《保险法》（2009 年）第 60 条第 1 款之规定，判决货运公司向保险公司偿付人民币 196742 元，驳回保险公司的其他诉讼请求。

货运公司不服一审判决，提起上诉。（1）本案所涉的货运合同和保险合同，约定的管辖法院分别为苏州法院和台湾地区法院，一审法院对本案无管辖权。（2）本案中保险公司的代位权是否取得所依据的是其与贸易公司所签的保险合同，而该合同约定适用台湾地区"法律"，所以判定保险公司是否有代位权，应依据台湾地区"法律"，而非中华人民共和国保险法。一审错误适用法律。（3）一审错误认定保险公司有代位权后，未依法查明该代位权是否已过诉讼时效。保险公司所代位的是贸易公司对货运公司的权利，其代位的诉讼时效应与贸易公司等同，所以，应从 2007 年 1 月 17 日起计算，而本案的立案时间从诉讼材料上看，已过 2 年的诉讼时效。原审支持已过诉讼时效的诉请是错误的。（4）本案事实认定不清。一审审理过程中，保险公司所举证据在形式及程序上违反相关法律规定。保险公司答辩如下。（1）一审法院对本案有管辖权。（2）本案保险公司行使的是代位请求赔偿权，法院仅对货运公司和被保险人之间的法律关系进行审理，无须审理保险公司与被保险人之间的法律关系。货运公司主张的保险合同中关于适用台湾地区"法律"的约定，和本案没有任何关联性，不适用于本案。况且在原审中，双方均未对适用法律提出异议。（3）关于诉讼时效。货运公司在一审中没有提出诉讼时效的异议，所以法院无须审查。且本案不存在超过诉讼时效的问题。（4）保险公司一审提交的相关证据已经过公证认证，在程序上是合法的。原审对本案的事实认定是清楚的，证据也是充分的。二审中，双方当事人均未提交新证据。二审法院对一审查明的事实予以确认。

二审法院认为，本案是保险公司行使代位请求赔偿权而引发的纠纷，人民法院审理的是保险公司代位与货运公司形成的货运合同关系，而保险公司与被保险人贸易公司之间的保险合同关系非本案审理范围，因此保险合同法律适用和管辖的约定均不适用本案。尽管货运合同约定因履约发生争议由苏州人民法院管辖，但该约定并不明确，不能确定其是唯一的法院。特别是在一审法院行使管辖权时，货运公司并未提出管辖权异议，所以货运公司关于管辖权的上诉理由不能成立。至于保险公司是否有代位权，在一审审理过程中，货运公司没有异议，且一致认可适用中国大陆法律。所以，货运公司关于保险公司的代位请求权应依据台湾地区"法律"判定的理由不能成立。关于本案是否超过诉讼时效的问题。根据《最高人民法院关于审理民事案件适用诉讼时效制度若干问题的规定》当事人在一审期间未提出诉讼时效抗辩，在二审期间提出的，人民法院不予支持。货运公司在一审时未提出诉讼时效抗辩，其关于超过诉讼时效的上诉理由不能成立。综上，原审认定事实清楚，适用法律正确。依照《民事诉讼法》第153条第1款第1项之规定，判决驳回上诉，维持原判。①

案例分析指引

1. 什么是保险代位权？保险代位权的实质为何？保险人行使保险代位权应当具备什么条件？

2. 保险合同的成立和有效是否为保险人行使保险代位权的前提条件？保险人在保险合同外是否就不能主张代位权？

3. 本案中，保险公司对货运公司行使的求偿权是我国保险法规定的法定保险代位权吗？

案例参考 66

保险人行使保险代位权的依据

1997年8月14日，纸制品公司向保险公司投保自有车辆损失险、第三者责任险及附加车辆人员责任险、玻璃破碎险、盗抢险和无过错责任保险，保险期限为1997年8月15日至1998年8月14日。1998年2月28日凌晨0点30分前后，纸制品公司驾驶员陈某按惯例将被保险车辆停放于储运公司内部停车场。同月28日上午10时许，陈某到该停车场取车时，发现车辆被盗，陈某当即通知了该停车场值班人员，并同值班人员唐某一道向派出所报案，派出所民警随即到该停车场进行调查了解，并立案侦查。与此同时，陈某通过电话向保险公司报了案。3个月时间过去了，仍无该车下落，纸制品公司书面向保险公司索赔。保险公司要求纸制品公司先向储运公司索赔。储运公司拒绝赔偿。随即，纸制

---

① 参见福建省高级人民法院（2010）闽民终字第63号民事判决书。

品公司提起诉讼，状告储运公司。保险公司按照条款规定向纸制品公司支付了保险赔款 27880 元，取得了向储运公司的追偿权，并提起诉讼主张自己的追偿权利。

纸制品公司诉称：被保险车辆每晚停放于储运公司停车场，由该停车场负责保管，纸制品公司每月底向储运公司交纳停车费 150 元。纸制品公司与储运公司构成了有偿存放的保管关系，既然汽车在储运公司停车场被盗，储运公司理应承担赔偿责任。储运公司辩称：纸制品公司的车辆被盗，并不能证明其是在储运公司的停车场内被盗，且纸制品公司并未交纳当月的停车费，储运公司对此事不负责任，不同意赔偿被盗损失。

保险公司诉称：被保险车辆在储运公司停车场被盗事实不容置疑。而且，纸制品公司与储运公司就车辆停放建立了有效的保管关系。纸制品公司与储运公司约定采取先停车月底交费的方式支付保管费，是双方都认可的，虽然 2 月 28 日长安车被盗时，纸制品公司未来得及向储运公司支付 2 月份的停车费，但并不影响保管合同的成立。

一审法院经过审理认为，保险公司的诉讼请求应予支持，判决储运公司向保险公司支付保险赔偿金 27880 元。储运公司不服一审判决，提出上诉。二审法院经审理认为，保险公司向纸制品公司支付了汽车被盗的保险赔偿金 27880 元，并取得了追偿权；储运公司对其在该停车场停放的长安汽车被盗的事实，应承担保管不力的赔偿责任，判决驳回上诉，维持原判。①

【案例分析指引】

1. 本案中，围绕被保险车辆因为盗窃所发生的损失产生了哪些法律关系？

2. 本案中，储运公司对纸制品公司的被保险车辆失窃所发生的损失应否承担保管人的赔偿责任？

3. 本案中，被保险车辆在车辆损失险项下的保险事故是什么？保险公司赔偿被保险人损失后，可以向何者行使保险代位权？

4. 本案中，保险公司为什么可以对储运公司行使保险代位权？

---

① 参见邹海林《保险法教程》（修订第二版），首都经济贸易大学出版社，2004，第 300 页。

案例参考 67

保险代位权行使的相对人之抗辩事由

2012年4月28日,石化公司委托三和物流托运一批美孚润滑油。为三和物流承运该批润滑油的车辆发生交通事故,涉案货物损毁。上述交通事故发生后,石化公司向三和物流索赔润滑油损失460237元。2012年6月18日,石化公司收到三和物流的相关赔款460237元。三和物流向石化公司赔付后,依照其和保险公司于2012年3月31日签订的国内水路、陆路货物运输保险合同,向保险公司提出理赔。2012年11月7日,三和物流向保险公司出具了权益转让书。2013年6月17日,保险公司根据保险合同约定向三和物流给付赔款172965.91元。其后,保险公司请求物流公司赔偿货损给保险公司造成的损失共172965.91元及利息。

一审诉讼中,保险公司提供了物流公司承运货物的证据,包括三和物流和物流公司的运输协议书、物流公司出具的事故报告。一审诉讼中,物流公司还提供了其与三和物流签订的货物运输(公路)合同一份,该合同3.4条载明"乙方在承运过程中发生的货物被盗、丢失、淋湿、货损、交通事故等,甲方先向保险公司进行索赔,赔偿不足再由乙方负责赔偿"。一审法院认为,三和物流与物流公司就涉案损毁货物的运输签订了运输协议书,运输协议书中的权利人在自己托运的货物受损后,可向运输协议书的违约方追偿损失。本案中,保险公司取得三和物流的转让权益后,依法对物流公司享有行使保险代位权的权利。物流公司称其与三和物流签订的货物运输(公路)合同有免责条款,即"乙方在承运过程中发生的货物被盗、丢失、淋湿、货损、交通事故等,甲方先向保险公司进行索赔,赔偿不足再由乙方负责赔偿"。该条款仅为三和物流与物流公司的双方约定,不足以对抗第三人即本案中保险公司依法取得的保险代位求偿权,且该条款仅约定石化公司先向保险公司索赔,亦未明示放弃该部分权益。三和物流就货损向保险公司提出理赔172965.91元,保险公司已依照保险合同的约定向三和物流赔付了上述款项,保险公司依法取得保险代位权后向违约方物流公司主张赔偿上述损失172965.91元的诉讼请求合理合法,应予支持。至于保险公司要求物流公司支付利息的诉讼请求,根据《保险法》(2009年)第60条第1款"因第三者对保险标的的损害而造成保险事故的,保险人自向被保险人赔偿保险金之日起,在赔偿金额范围内代位行使被保险人对第三者请求赔偿的权利"的规定,保险公司只能在赔偿范围内向侵权人主张追偿权,本案中,保险公司只支付了172965.91元保险赔偿金,故保险公司要求支付利息的请求于法无据,不予支持。判决物流公司赔偿保险公司172965.91元。物流公司不服原审判决,提起上诉。

二审法院认为,本案争议的焦点主要有三点。(1)物流公司是否运输了涉案货物。保险公司提供了物流公司盖章的由事故车司机余某某签名的《货物运输协议书》,及物流公司出具的盖有物流公司公章的事故报告等证据,有理由相信物流公司承运了涉案货物。(2)保险公司是否有代位求偿权。保险代位权是一种债权转移关系,行使的先决条件是被保险人(三和物流)对第三者物流公司享有赔偿请求权。货物运输合同中的权利人在自己托运的货物受损后,可向运输合同的违约方追偿损失。本案中,物流公司作为承运方,未依约履行承运责任,致使三和物流的货物受损,三和物流当然享有对物流公司的赔偿请求权。保险公司依约履行保险合同,取得三和物流的转让权益后,依法对物流公司享有行使保险代位权的权利。(3)物流公司是否对涉案货物的损失承担赔偿责任。物流公司认为其与三和物流签订有货物运输(公路)合同,内有条款属于免责条款,即使在运输过程中出现了货损事故,也不需赔偿三和物流的损失。但物流公司的主张并不成立。其一,该条款仅为石化公司与物流公司的双方约定,不足以对抗第三人即本案中保险公司依法取得的保险代位求偿权;其二,该条款仅就索赔顺序进行了约定,并未明示三和物流放弃了向物流公司追偿的权利,也未免除物流公司的赔偿责任。综上所述,一审判决认定事实清楚,适用法律正确,应予维持。判决驳回上诉,维持原判。①

案例分析指引

1. 本案中,保险公司根据何种法律事实的存在可以行使保险代位权?保险公司行使保险代位权的相对人应否为物流公司?

2. 本案中,保险公司行使保险代位权的条件是否已经具备?

3. 第三人可以什么样的事由对抗保险人行使保险代位权?本案中,物流公司可否以其和被保险人(三和物流)之间的约定(如物流合同)

---

① 参见广东省广州市中级人民法院(2014)穗中法金民终字第1304号民事判决书。

对抗保险公司行使保险代位权？法院认为"双方约定"不足以对抗保险公司行使代位权的观点有无依据？

4. 本案中，法院为什么不支持物流公司对抗保险公司行使代位权？

思考题

1. 什么是财产保险？
2. 如何理解财产保险的填补损失原则？
3. 财产保险利益有哪些？
4. 保险价值的法律意义有哪些？
5. 定值保险如何贯彻填补损失原则？
6. 如何履行危险程度显著增加的通知义务？
7. 保险标的转让对财产保险合同的效力会产生什么影响？
8. 重复保险的构成要件有哪些？
9. 保险人如何行使保险代位权？会受到什么样的限制？

扩展阅读

1. 刘荣宗：《保险法》，三民书局，1995，第 285~305 页（火灾保险）。

2. 邹海林：《保险代位权研究》，载梁慧星主编《民商法论丛》第 6 卷，法律出版社，1997。

3. 江朝国：《保险法基础理论》，中国政法大学出版社，2002，第 311~322 页（保险金额与保险价值）。

4. 〔美〕小罗伯特·H. 杰瑞、〔美〕道格拉斯·R. 里士满：《美国保险法精解》（第四版），李之彦译，北京大学出版社，2009，第 340~364 页（代位求偿权）。

5. 王林清：《保险法理论与司法适用》，法律出版社，2013，第 471~494 页（定值保险热点问题研究）。

6. 邹海林：《保险法学的新发展》，中国社会科学出版社，2015，第 388~419 页（重复保险论）。

第七章　责任保险

> **要点提示**
> - 责任保险的意义
> - 责任保险的特征
> - 责任保险的类型化
> - 事故型责任保险
> - 索赔型责任保险
> - 责任保险第三人
> - 责任保险第三人的权利
> - 责任保险的除外责任
> - 抗辩与和解的控制
> - 责任保险人的抗辩与和解义务
> - 交通事故责任强制保险

第一节　责任保险合同

一　责任保险的定义

责任保险（liability insurance），又称第三者责任保险（third party liability insurance），是指以被保险人对第三人依法应当承担的损害赔偿责任为标的的保险合同。① 依照责任保险合同，投保人按照约定向保险

---

① 参见《保险法》（2015年）第65条第4款。

人支付保险费，在被保险人应当向第三人承担赔偿责任时，保险人按照约定向被保险人给付责任限额范围内的保险赔偿金。

责任保险不仅可以分散被保险人因为履行损害赔偿责任而受到的利益丧失或者损害之风险，实现被保险人自身损害的填补，而且可以保护被保险人的致害行为的直接受害人，使受害人可以获得及时赔偿。责任保险的基础意义在于加强被保险人的赔偿能力，从而使得被保险人加害行为的受害人值得提起诉讼，并能通过胜诉获得切实赔偿。责任保险在一定程度上保障加害人和受害人的利益，从而具有特殊的安定社会的效能。

在这个意义上，"责任保险作为填补损害的保险，不可作如下的绝对理解：被保险人在实际赔偿受害人前无损害发生，保险人不承担保险责任。早期的责任保险，确实以填补被保险人向受害人给付赔偿金所发生的实际损失为目的。但是，随着社会的进步和责任保险制度的完善，责任保险开始扩大其承保范围，将被保险人的家庭成员及其受雇人视同被保险人予以承保，将受害人列为第三受益人，责任保险逐步确立起保护受害人的立场，责任保险所填补的损害为被保险人对第三人的赔偿责任，而非因赔偿责任的承担所受到的损失。"[①]

二 责任保险的历史与现状

责任保险的历史并不十分久远。现有的资料尚不足以证实保险公司在何时签发了第一张责任保险单。但是，依照通常的说法，责任保险始创于法国。在19世纪初期颁布的《拿破仑法典》规定赔偿责任后，法国首先创立了责任保险；德国随后仿效法国也设立了责任保险制度；英国在1857年开始办理责任保险业务；美国的责任保险制度则产生于1887年后。[②]

在19世纪后半叶，工业化国家普遍存在工业损害问题，诸如大量的工厂事故、交通事故、环境污染、产品致人损害等事故，造成社会大众不可预见的损失。工业生产在为社会创造财富时，也为社会制造了比以往任何时候更多、规模更大的危险。当造成损害的危险不断增加，特别是造成严重人身伤亡的事故不断增加时，立法者和法院应当为受害人提供当时还处于变革中的侵权法所要求的赔偿。事实上，一方面，存在

---

① 参见邹海林《责任保险论》，法律出版社，1999，第33页。
② 参见袁宗蔚《保险学》，合作经济月刊社，1981，第354页。

损害且其数量在逐步增加；另一方面，造成损害的新的活动还大量存在，为受害人提供足以满足其赔偿的侵权法制度的变革从来就没有停止过。及时地修正有关产生诸多和严重损害的活动的法律以满足赔偿的需要，就成为非常自然的事情。但是，侵权法提供的得以满足赔偿需求的制度模式，总是落后于不断发生的损害以及日益高涨的赔偿要求，以至于侵权法提供的救济受害人的理想模式和现实之间存在相当的差距，这就迫使人们不得不寻求能够满足受害人获得补偿需要的其他手段，保险所具有的功能恰恰可以满足有效赔偿受害人的基本目的。其结果是，赔偿的需求创造出了非常广泛地利用责任保险的新时代。

责任保险是顺应工业革命后分散危险（赔偿风险）的需要而产生的。但是，责任保险中发展较为迅速的险种，为汽车责任保险。汽车责任保险1895年始创于英国，美国从1898年开始承办汽车责任保险。汽车责任保险随着汽车工业的发展和汽车使用的普及，在世界范围内获得了迅速发展。责任保险历经百余年的发展，已经发展成为具有相对独立的理论体系和应用价值的保险业务。[1]

为合理地利用责任保险，责任保险在以下四个方面的发展值得重视。

第一，保护受害人为责任保险的基本价值目标。随着责任保险的发展，责任保险对受害人的保护价值正日益受到重视，从纯粹的填补损失的责任保险中分离出"以被保险人对受害人的赔偿责任"为填补对象的现代责任保险，保险人对被保险人承担保险责任，不再以被保险人实际向受害人给付赔偿金为条件；并在此基础上进一步发展了受害人对责任保险人"直接"请求给付保险赔偿金的制度。例如，我国保险法规定，责任保险的被保险人给第三者造成损害，被保险人对第三者应负的赔偿责任确定的，根据被保险人的请求，保险人应当直接向该第三者赔偿保险金。被保险人怠于请求的，第三者有权就其应获赔偿部分直接向保险人请求赔偿保险金。责任保险的被保险人给第三者造成损害，被保险人未向该第三者赔偿的，保险人不得向被保险人赔偿保险金。[2] 保护受害人的利益，已经逐步成为责任保险的基本目标。

第二，扩充责任保险的适用范围。责任保险的适用范围主要以被保险人对第三人的侵权损害赔偿责任为限，但这并不能完全满足社会上分

---

[1] 参见邹海林《责任保险论》，法律出版社，1999，第45~46页。
[2] 参见《保险法》（2015年）第65条第2款、第3款。

散民事赔偿责任的客观需求。责任保险作为分散危险、消化损失的制度，其所关注的重点并不在于损害赔偿责任发生的原因，而在于损害赔偿责任成立后的分担方式。责任保险的承保范围必将逐步扩大而包括侵权责任和违约责任。"特别是，民事责任制度的任何变化均会刺激社会对责任保险的需求。当民事责任制度向有利于受害人的方向发展时，作为制造危险的加害人在主观上有利用责任保险分散危险的强烈愿望，在客观上有利用责任保险分散危险的需求。在这种社会需求的背景下，责任保险的承保范围必将逐步扩大，以适应发展变化了的社会现实。"[①]

第三，依法适度推行强制责任保险。责任保险的基本政策目标，正日益倾向于保护受害人的利益。建立在自愿基础上的责任保险制度，对实现责任保险保护受害人利益的机能是有缺陷的。投保人（被保险人）不投保责任保险，或者保险人拒绝承保责任保险，可供利用的责任保险对受害人没有任何保障，责任保险的基本政策目标势必落空。尤其是，保险人以其经营保险业务的娴熟经验，可以约定各种各样的合同条款以限制自己承担的保险责任，并可以约定除外责任进一步排除自己承担的保险责任，导致被保险人请求赔偿或受害人要求赔偿的资源不足，责任保险保护受害人的基本目的更难以实现。以自愿为基础的责任保险制度，难以实现责任保险保护受害人利益的政策目标。民事责任制度的发展显示出强化保护受害人的赔偿利益的趋势。国家为了贯彻责任保险保护受害人的基本目的，有必要推行对公众（受害人）的特殊法律保护措施，将涉及公众利益的责任保险纳入强制保险的范围，要求投保人（被保险人）必须投保和保险公司必须承保，并将受害人利益的保护作为责任保险的最为直接和根本的目的。在我国，已经依法开展了机动车第三者责任强制保险、承运人旅客法定责任保险、海洋油污损害责任强制保险等责任保险。依法适度推行强制责任保险，有助于更好地实现责任保险保护受害人的基本政策目标。

第四，发展无过失责任保险。无过失责任制度在现代民事责任制度上已经取得长足的进步，其适用面呈现逐步扩张的趋势。在民事责任制度承认和扩张无过失责任的趋势下，责任保险应当为分散因无过失责任的适用而出现的"浪潮般"的赔偿责任，尽其所能。责任保险制度以民事责任制度为基础，但不能过分落后于民事责任制度的发展，否则，已经发展的民事责任制度因为欠缺分散损害赔偿责任的途径，将失去经

[①] 参见邹海林《责任保险论》，法律出版社，1999，第48页。

济上的动力以及增加适用上的阻力。在民事责任制度承认和适用无过失责任的历史趋势下，我国保险实务有必要积极推进无过失责任保险业务。①

三 责任保险的特征

责任保险具有财产保险的全部特征，但因保险标的与其功能的特殊性，又具有自身的特征。

（一）保险人的替代赔偿责任

责任保险为被保险人转移其赔偿责任的方式。被保险人依法应向第三人承担的赔偿责任，可以由保险人依照合同约定予以承担，除非被保险人的赔偿责任属于不保责任，例如被保险人故意致人损害而应当承担的责任，或者保险合同约定不予承保的被保险人的某些赔偿责任。但需要注意的是，保险人依照责任保险所承担的赔偿责任，并非被保险人对受害人的损害赔偿责任，而仅仅是代替被保险人向受害人作出赔偿的保险合同约定的责任或给付义务。责任保险为保险人的替代赔偿责任的基础，替代赔偿责任的相对人为被保险人。

（二）责任保险的标的有限

责任保险的标的，为被保险人依法对第三人承担的赔偿责任，但又非被保险人的赔偿责任的全部。一方面，并非所有的损害赔偿责任都可以作为责任保险的标的，损害赔偿责任依法不能作为责任保险标的的，不能投保责任保险。例如，被保险人故意侵权所引起的损害赔偿责任。另一方面，依法可以作为责任保险标的的损害赔偿责任，因其风险异常而保险人不予承保的，也不能作为责任保险的标的。例如，因为酒后驾驶机动车造成损害而产生的赔偿责任，责任保险合同可以约定不属于保险责任范围。损害赔偿责任为责任保险的标的，那么非损害赔偿责任，就不能作为责任保险的标的。例如，刑事责任不得为责任保险的标的。

（三）保险责任的第三人性

责任保险以分散和转移被保险人对第三人应当承担的赔偿责任为目的，在性质上属于第三人保险。第三人对被保险人的赔偿请求，是责任保险合同得以成立和存在的基础。若没有第三人的存在，则被保险人的损害赔偿责任无从发生，当无责任保险的适用。被保险人的人身或者财产因意外事故（包括被保险人自己的过失行为）受到损失，不属于第

---

① 参见邹海林《责任保险论》，法律出版社，1998，第50~51页。

三人所发生的损害,可以通过意外伤害保险或者财产损失保险加以填补,属于第一人保险。依照责任保险合同,当被保险人的人身或者财产发生损失时,保险人不承担保险责任。

(四) 限额赔偿

不论保险合同是否有所约定,保险人对被保险人承担的给付责任,以保险合同约定的保险金额或者保险责任限额为限,被保险人所承担的赔偿责任,超出保险责任限额的,保险人不负给付保险赔偿金的责任。责任保险承保被保险人对第三人的赔偿责任,而赔偿责任发生的偶然性,决定保险人不可能确切地知道保险合同约定的保险事故所造成损害的大小,保险人也不可能承诺被保险人造成多大损害就赔偿多少。所以,责任保险为限额保险。订立责任保险合同时,投保人和保险人约定的保险金额,为保险人承担赔偿责任的最高限额。责任保险单一般约定每次事故赔偿限额或者保险期内累计赔偿限额。

四 责任保险的标的

责任保险的标的,为被保险人依法应对第三人承担的损害赔偿责任。被保险人对第三人承担的赔偿责任,除非是被保险人故意所为,否则对被保险人而言,赔偿责任的承担属于非其所愿、所求的意外事件,而该意外事件必然会造成被保险人在经济上有所付出而最终受到不利的损失,属于保险的可保危险。

被保险人承担的何种损害赔偿责任可为责任保险的标的,理论上存在着三种不同的认识。(1) 责任保险的标的仅限于非故意的侵权责任,因为合同义务的不履行而发生的赔偿责任,不得为责任保险的标的。(2) 责任保险的标的主要为侵权责任,在侵权责任之外,合同责任可以约定为责任保险的标的。(3) 当事人未履行或者不适当履行合同而应当承担的违约赔偿责任,行为人因为过失致人损害而应当承担的赔偿责任,行为人依照法律规定应当承担的无过失赔偿责任,均可以约定为责任保险的标的。

事实上,我国责任保险制度的发展并没有因为理论上的如上认识差异而受到影响,因为实务上所开展的各类责任保险所承保的危险,尽管绝大多数为被保险人非因故意所引起的侵权损害赔偿责任,但并不限于非因故意而引起的侵权损害赔偿责任。我国保险法并没有限定被保险人对第三人依法承担的赔偿责任的范围,故被保险人的赔偿责任可以是合同法上的赔偿责任(如缔约过失赔偿责任或者违约赔偿责任)、侵权责任法上的赔偿责任以及其他法律规定的赔偿责任。因此，责任保险的标的，不限于侵权赔偿责任，还包括违反合同的损害赔偿责任。

┌ 案例参考 68 ┐

责任保险人的赔偿责任

2007 年 12 月，搬家公司为该公司名下的机动车辆向保险公司投保。2007 年 12 月 26 日，保险公司签发了商业性机动车辆保险单。其中，保险单记载了如下事项。(1) 被保险人为搬家公司。(2) 车辆损失保险，保险金额为 50000 元；第三者责任保险，保险金额为 300000 元；以及不计免赔特约险。(3) 保险期间为自 2008 年 1 月 16 日起至 2009 年 1 月 15 日止。(4) 车辆使用性质为"非营业货运"。

上述保险合同所使用的保险条款"通用条款"部分第 9 条约定：在保险期间内，保险车辆因改装、加装、变更用途后导致危险程度增加的，应当及时通知保险公司并办理批改、增加保险费手续；被保险人未履行通知义务的，因保险车辆危险程度增加而发生的保险事故，保险公司不承担赔偿责任。

第三者责任保险条款约定：在保险期间内，被保险人及其允许的合法驾驶员在使用保险车辆过程中发生意外事故，致第三者遭受人身伤亡和财产直接损毁，依法应由被保险人承担的赔偿责任，保险公司对于超过强制保险各分项赔偿限额以上的部分，按照本保险合同的规定负责赔偿。

2008 年 8 月 18 日，贾某驾驶保险车辆与杨某某驾驶的机动车辆发生交通事故，该事故造成杨某某车损坏，并造成杨某某及其车上人员受伤。公安交通管理机关认定，贾某负事故全部责任，杨某某无责任。杨某某车因交通事故被撞报废。保险事故发生后，搬家公司向保险公司提出了赔偿保险金的请求，保险公司以搬家公司的保险车辆存在变更用途的情形为由，拒绝承担保险责任。搬家公司认为，保险公司拒绝承担保险责任的理由不成立，诉请保险公司赔偿杨某某车辆损失 34000 元、赔偿杨某某及其车上人员医疗费 1546 元，合计 35546 元。

本案在审理过程中，搬家公司向法庭陈述，保险公司在订立保险合同时，仅向搬家公司交付了保险单，未向该公司交付保险条款，也未就保险条款中的免责内容向其进行说明。保险公司称已经向搬家公司交付了保险条款，也履行了法律规定的说明义务。搬家公司在本案审理过程中向法庭陈述称，其并未向杨某某车的所有人赔偿交通事故造成的损失，搬家公司等待保险公司向该公司理赔后，再赔偿杨某某车的损失。杨某某车上驾驶员和乘客的人身伤害损失，也尚未赔偿。

本案争议所涉及的保险合同成立于2007年12月，保险事故发生于2008年8月，审理本案原则上适用《保险法》（2002年）。但根据《最高人民法院关于适用〈中华人民共和国保险法〉若干问题的解释（一）》第1条的规定，《保险法》（2009年）施行前成立的保险合同发生的纠纷，除本解释另有规定外，适用当时的法律规定；当时的法律没有规定的，参照适用《保险法》（2009年）的有关规定。因此，在审理本案时，对于《保险法》（2002年）没有规定而《保险法》（2009年）有规定的问题，参照适用《保险法》（2009年）。

审理本案的法院认为，本案争议焦点应当确定为，保险公司是否履行了对于格式条款的说明义务，保险公司的保险责任应当如何确定。

本案中，保险公司除口头向法庭陈述该公司向搬家公司提交了格式条款并作出说明外，并未就此提供其他证据予以佐证。按照证据的一般性规则，当事人的陈述，如对方不予认可，又没有其他证据加以证明，则审理案件的法院对该陈述不予采纳。因此，对于保险公司有关其向搬家公司提交了格式条款且作出说明的陈述不予以采信，进而认定保险公司没有履行保险法规定的相关义务，保险条款中的免责条款不生效，不能成为保险公司拒绝承担保险责任的依据。前述"通用条款"部分的第9条属于免责条款，此条款不生效，保险公司拒绝承担保险责任的理由不成立。

《保险法》（2009年）第65条第3款规定，责任保险的被保险人给第三者造成损害，被保险人未向该第三者赔偿的，保险人不得向被保险人赔偿保险金。依照该规定，在责任保险的范畴内，被保险人未向第三者赔偿损失的，无论该损失是否已经发生，也无论该损失是否应当由被保险人向第三者赔偿，被保险人均无权要求保险公司向其赔偿保险金。在本案中，搬家公司尚未向第三者赔偿损失，该公司向保险公司行使保险金请求权的条件尚未成就，无权提出保险公司赔偿第三者责任保险项下保险金的请求。故本案对于搬家公司要求保险公司赔偿第三者责任保险项下保险金的诉讼请求不做处理，搬家公司可在向第三者履行赔偿义务之后，另向保险公司行使保险金请求权。[1]

---

[1] 参见北京市西城区人民法院（2009）西民初字第14572号民事判决书。

┌─────────────────┐
│ 案例分析指引 │
└─────────────────┘

1. 什么是责任保险？责任保险具有什么特点？

2. 责任保险人承担保险责任的条件是什么？如何理解我国《保险法》（2009年）第65条第3款的规定？

3. 被保险人向责任保险第三人实际赔偿是否为其请求责任保险人承担保险责任的条件？被保险人在责任保险第三人已经提出索赔，但赔偿责任尚未确定前是否不得向责任保险人索赔？

4. 本案中，搬家公司尚未赔偿受害人杨某某及其车上人员的损失，是否因此无权要求保险公司承担保险责任？审理本案的法院为什么对搬家公司的此项诉讼请求暂不作处理？这样做在诉讼程序上存在什么样的问题？

第二节 责任保险的类型化

一 责任保险类型化的基础

责任保险的类型化是相对的。因为标准的不同，责任保险的类型化具有多样性。

以保险标的为标准，责任保险可以分为公众责任保险、产品责任保险、雇主责任保险、专家责任保险、展览会责任保险、环境责任保险、汽车第三者责任保险、飞机第三者责任保险、工程承包商第三者责任保险、承运人旅客责任保险等。

以责任保险适用的对象为标准，责任保险可以分为企业责任保险、专家责任保险和个人责任保险三大类。企业责任保险（business liability insurance）的主要类型有房屋所有人或使用人责任保险、制造商和承包商责任保险、产品责任保险、汽车责任保险、航空责任保险、公众责任保险等。专家责任保险（professional liability insurance）的主要类型有医师责任保险、律师责任保险、会计师责任保险、建筑师责任保险等。个人责任保险（personal liability insurance）与企业责任保险相对应，仅承保非以商业活动为目的的任何个人行为所引起的赔偿责任，如综合个人责任保险、汽车（非营业用）责任保险等。

以保险事故为标准，责任保险可以分为事故型责任保险（Liability

insurance on an occurrence basis）和索赔型责任保险（liability insurance on claims made basis）。事故型责任保险，是指保险人仅以被保险人致人损害的行为或者事故发生在责任保险单的有效期间作为条件，向被保险人承担保险给付责任的保险。此类责任保险并不考虑第三人对被保险人的索赔是否发生在保险单的有效期间。我国保险实务中的责任保险，基本上属于事故型责任保险。索赔型责任保险，是指保险人以第三人向被保险人请求索赔的事实发生在责任保险单的有效期间作为条件，对被保险人承担保险给付责任的保险。此类责任保险并不考虑被保险人致人损害的行为或事故是否发生在保险单的有效期间。

以责任保险的效力依据为标准，责任保险可以分为自愿责任保险和强制责任保险。自愿责任保险，是指投保人和保险人在自愿、平等、互利的基础上，经协商一致而订立的责任保险合同。强制责任保险，又称法定责任保险，是指依照国家的法律规定，投保人必须向保险人投保而订立的、包含法律强制规定内容的责任保险合同。

二 雇主责任保险

（一）雇主责任保险的意义

雇主责任保险（employers' liability insurance），是指以雇主（被保险人）对其雇员因为从事保险合同列明的业务所致的伤残、疾病而应当承担的赔偿责任为标的的责任保险。被保险人的雇员是雇主责任保险的第三人，包括被保险人雇用的员工、学徒、临时工和季节工等。

（二）被保险人的业务性质

订立雇主责任保险合同时，对于保险人有关被保险人的业务性质或业务范围的询问，投保人应当如实告知。雇主责任保险的投保单列有雇主的业务范围的询问事项。投保人对保险人有关被保险人的业务性质或范围的询问，故意或者重大过失未如实告知的，保险人有权解除保险合同，或者不承担保险责任。

（三）防灾减损条款

雇主责任保险合同一般约定有防灾减损条款，即被保险人对其所经营的业务，应当采取合理的预防措施以防止意外事故和疾病的发生。通常认为，雇主责任保险单约定的防灾减损条款，为雇主责任保险的保证条款，构成保险人承担保险责任的条件（condition）。被保险人在其业务活动中违反防灾减损条款的，保险人不承担保险责任。

(四) 保险责任范围

雇主责任保险所承保的赔偿责任，一般限于被保险人对其雇员的人身伤亡或疾病依法应当承担的赔偿责任。依照我国的保险实务，雇主责任保险的保险责任范围为：凡被保险人雇用的员工（包括短期工、季节工、临时工和徒工）在受雇过程中，从事保险单所列明的与被保险人的业务有关的工作，遭受意外而受伤、死亡或者因发生与业务有关的职业病而伤残或死亡，被保险人依雇佣关系应当负担的医药费和赔偿责任（包括应当支付的诉讼费用）。此外，雇主责任保险还可以特约而附加承保被保险人对其雇员的其他赔偿责任。

(五) 除外责任

雇主责任保险承保被保险人对其雇员的赔偿责任，而雇主责任保险合同对于被保险人的赔偿责任均有明确具体的表述，责任范围特定，在通常的保险实务中，雇主责任保险单没有除外责任（exceptions）的约定。[1] 但是，我国保险实务上的雇主责任保险，因为对被保险人的赔偿责任的表述一般较为简单，多约定除外责任条款以限制保险人的保险责任范围。

例如，中国平安财产保险股份有限公司《平安雇主责任保险（2008版）条款》第5条规定："下列原因造成的损失、费用和责任，保险人不负责赔偿：(一) 被保险人直接或指使他人对其雇员故意实施的骚扰、伤害、性侵犯；(二) 战争、敌对行动、军事行为、武装冲突、罢工、骚乱、暴动、恐怖活动；(三) 核辐射、核爆炸、核污染及其他放射性污染；(四) 行政行为或司法行为；(五) 被保险人的雇员由于职业性疾病以外的疾病、传染病、分娩、流产以及因上述原因接受医疗、诊疗；(六) 被保险人的雇员自伤、自杀、打架、斗殴、犯罪及酒后驾驶、无照驾驶；(七) 被保险人的雇员因非职业原因而受酒精、毒品或药物的影响；(八) 任何因石棉产品、石棉纤维、石棉尘的制造、开采、使用、销售、安装、搬移、发送或暴露于石棉产品、石棉纤维、石棉尘而导致的身体伤害；(九) 任何因接触、食用、吸入、吸收或暴露于含硅产品、硅石纤维、硅石粉尘或其他以任何形态存在的硅而导致的身体伤害。"第6条规定："下列损失、费用和责任，保险人不负责赔偿：(一) 被保险人应该承担的合同责任，但无合同存在时仍然

---

[1] See "Insurance," in *Halsbury's Laws of England*, Vol. 25, 4th ed. (Butterworths, 1978), p. 352.

应由被保险人承担的经济赔偿责任不在此限;(二)罚款、罚金及惩罚性赔偿;(三)精神损害赔偿;(四)投保人、被保险人在投保之前已经知道或可以合理预见的索赔情况;(五)被保险人对其承包商所雇佣的员工的责任;(六)在中华人民共和国境外(包括我国香港、澳门和台湾地区)发生的被保险人雇员的伤、残或死亡;(七)国家基本医疗保险和工伤保险药品目录之外的医药费用以及工伤保险诊疗项目及住院服务标准范围之外的医疗费用;(八)假肢、矫形器、假眼、假牙和配置轮椅、拐杖等辅助器具;(九)住院期间的陪护费、伙食费、取暖费、空调费;(十)工伤保险基金已支付的医疗费用;(十一)本保险合同中载明的免赔额。"

三 产品责任保险

(一)产品责任保险的意义

产品责任保险(product liability insurance),是指以产品制造商或生产商因其缺陷产品致使用者人身伤亡、疾病或者财产损失而应当承担的损害赔偿责任为标的的责任保险。产品责任保险的目的,在于分散产品制造商或生产商免受因其产品存在不合理的危险造成他人人身或者财产损害而承担赔偿责任的损失。

产品责任保险的标的为产品责任。产品责任属于无过错责任,是制造商或生产商因其产品存在缺陷(不合理的危险)造成使用者的人身、缺陷产品以外的其他财产损害而应当承担的赔偿责任。在我国,产品责任保险应当承保被保险人因其缺陷产品造成第三人损害应承担的赔偿责任。但是,产品制造商或者生产商故意生产有缺陷的产品致人损害的,保险人不承担保险责任。

(二)保险费的预付

产品责任保险的保险费依照被保险人预期生产或者销售的产品的总量进行计算,故投保人应当依照合同约定预付保险费。保险合同订立时,投保人有义务按照被保险人预期生产或者销售的产品总量,向保险人预交保险费。保险期满的,被保险人应将保险期间生产、销售产品的总值书面通知保险人,作为计算实际保险费的依据。实际保险费若高于预收的保险费,则投保人应当向保险人补交其差额。如果预收的保险费高于实际保险费,则保险人应当向投保人退还其差额。但是,实际保险费不得低于产品责任保险合同约定的最低保险费。

华泰财产保险股份有限公司《产品责任保险条款(A版)》第12

条规定:"保险费为被保险产品的销售总额与保险费率的乘积。保险合同成立时,保险人以投保人书面告知保险期间内的预计销售额为基础,计算预收保险费;保险期间届满或保险合同解除后,投保人/被保险人应当将保险有效期间内被保险产品的销售总值书面通知保险人,作为计算实际保险费的依据。实际保险费若高于预收保险费,被保险人应补交其差额,反之,若预收保险费高于实际保险费,保险人退还其差额,但实际保险费不得低于所规定的最低保险费。"

(三) 事故型产品责任保险

缺陷产品致人损害的事故发生在保险期间,不论受害人是否在保险期间内向被保险人提出损害赔偿请求,保险人均应当按照保险合同约定,对被保险人依法应当承担的赔偿责任负责。例如,华泰财产保险股份有限公司《产品责任保险条款(A版)》第 4 条规定:"在保险期间内,保险合同列明的被保险人所生产、销售的产品或商品……在保险合同列明的承保区域内发生意外事故,造成使用、消费或操作该产品或商品的人或其他任何人的人身伤亡和/或财产损失,依照中华人民共和国法律(不包括港澳台地区法律)应由被保险人承担的经济赔偿责任,保险人按照本保险合同约定负责赔偿。"

(四) 索赔型产品责任保险

在实务上,产品责任保险一般为索赔型责任保险。缺陷产品致人损害,受害人在保险期间内向被保险人提出损害赔偿请求的,保险人按照保险合同约定,对被保险人依法应当承担的赔偿责任负责。依照产品责任保险合同,不论缺陷产品致人损害的事故是否发生在保险期间,也不论致人损害的缺陷产品的生产、销售是否发生在保险期间,保险人对被保险人承担保险责任,仅以缺陷产品的受害人在保险期间对被保险人提出索赔为必要。

例如,中国平安财产保险股份有限公司《产品责任保险条款》第 3 条规定:"在保险期间或保险合同载明的追溯期内,被保险人所生产、出售的产品或商品在承保区域范围内发生意外事故,造成使用、消费或操作该产品或商品的人员或其他任何人员的人身伤亡或财产损失,由受害人在保险期间内首次向被保险人提出损害赔偿请求的,依照中华人民共和国法律(不包括港澳台地区法律)应由被保险人承担的经济赔偿责任,保险人按照本保险合同约定负责赔偿。"

(五) 保险赔偿

依照我国的保险实务,被保险人因保险单所列被保险人生产、出售或分配的产品或商品发生事故,造成使用、消费或操作该产品或商品的人或其他任何人遭受人身伤害、疾病、死亡或财产损失,依法应当承担赔偿责任的,保险人在约定的赔偿限额内给予赔偿。对于被保险人因产品责任事故而支付的诉讼费用以及其他事先经保险人同意支付的费用,保险人负责赔偿。但是,被保险人对其生产或销售的产品造成第三人的间接损害而承担的赔偿责任,不在此限。

产品责任保险一般约定每次事故赔偿限额,以限定保险人的给付范围。例如,对于每次事故造成的损失,保险人在每次事故赔偿限额内计算赔偿,其中每人人身伤亡的赔偿金额不得超过每人人身伤亡赔偿限额;生产出售的同一批产品或商品,由于同样原因造成多人人身伤害、疾病、死亡或多人财产损失的,视为一次事故造成的损失。

(六) 除外责任

依照我国的保险实务,产品责任保险可以约定,被保险人因为下列原因引起的赔偿责任,保险人不承担保险责任:(1) 被保险人根据合同或者协议对其他人承担的责任;(2) 被保险人依照劳工法应当承担的责任;(3) 被保险人根据雇佣关系对雇员承担的责任;(4) 被保险产品本身的损失,包括产品的退还或回收费用;(5) 被保险人或其雇员发生的人身伤亡,或者其所有或者照管或者控制的财产的损失;(6) 被保险人故意违法生产、出售或分配的产品或商品造成任何人的人身伤害、疾病、死亡或财产损失;(7) 精神损害赔偿责任以及产品责任引起的间接损失的责任。

四 公众责任保险

(一) 公众责任保险的意义

公众责任保险(public liability insurance),是指以被保险人因违反法定义务造成他人(公众)人身伤亡或者财产损失而应当承担的赔偿责任为标的的责任保险。公众责任保险承保的危险,限于被保险人在保险期间所发生的事故致社会公众损害所承担的赔偿责任。

公众责任保险适用范围广泛,享有综合责任保险的美誉。公众责任保险,具体可以分为营业场所责任保险、电梯责任保险、建筑工程第三者责任保险、安装工程第三者责任保险、个人责任保险等。

(二) 保险责任范围

依照我国的保险实务,公众责任保险的保险责任范围为:被保险人在公众责任保险单所列业务性质范围内的营业活动,意外造成的第三人人身伤亡或财产损失，在法律上应当承担的赔偿责任。只有被保险人所为属于保险合同约定的业务性质或范围内的行为或活动，造成第三人损害而应当承担赔偿责任的，保险人才承担保险责任。被保险人造成第三人损害的行为或活动，不属于保险合同约定的业务性质或者范围内的，保险人不承担保险责任。

保险实务中，公众责任保险单不承保被保险人的以下赔偿责任：对雇员的人身损害责任、因使用机动车或航空器或船舶而引起的责任、因食物或饮料中毒而发生的责任、雇用的专家职业引起的责任、环境污染责任，以及因为契约关系而发生的赔偿责任等。① 公众责任保险不承保被保险人对其雇员的人身或者财产损害所应当承担的赔偿责任；被保险人若希望以责任保险转嫁其对雇员所承担的赔偿责任，则应当另行投保雇主责任保险。再者，公众责任保险不承保被保险人使用机动运输工具致第三人损害所承担的赔偿责任；被保险人若希望以责任保险转嫁其使用机动运输工具所承担的赔偿责任，则应当另行投保机动运输工具第三者责任保险。

（三）除外责任

保险实务中，公众责任保险合同约定的除外责任，主要有以下情形。

1. 因被保险人的故意或者异常危险引起的赔偿责任

公众责任保险合同约定的除外责任包括被保险人因为其故意造成第三者损害，包括但不限于人身和财产损失、费用，而应当承担的赔偿责任；因被保险人重大过失引起的赔偿责任。因为核反应、核子辐射、放射性污染、战争、敌对行为、军事行为、武装冲突、罢工、骚乱、暴动、盗窃、抢劫等异常危险造成第三人损失、产生费用，被保险人对之应当承担的赔偿责任。

2. 因自然灾害事故引起的赔偿责任

公众责任保险合同约定的除外责任包括因为地震、雷击、暴雨、洪水、火山爆发、龙卷风、台风、暴风等自然灾害产生损失、费用时，被保险人依法应当承担的赔偿责任。

3. 因合同引起的赔偿责任

公众责任保险合同约定的除外责任包括被保险人依照与受害人订立的协议或者合同应当承担的赔偿责任。但是，被保险人所承担的赔偿责

---

① See "Insurance," *Halsbury's Laws of England*, Vol. 25, 4th ed. （Butterworths, 1978），p. 352.

任不以其与第三人之间的协议或合同为必要的，不在此限。

4. 对被保险人雇佣人员承担的责任

公众责任保险合同约定的除外责任包括由被保险人的雇员、代理人、代表以及受委托为被保险人提供服务的人所有或照管或控制的财产发生损失、费用，或者上述人等人身受到伤亡，被保险人应当承担的赔偿责任。

5. 因特种业务活动引起的责任

公众责任保险合同约定的除外责任包括被保险人因为从事保险合同未列明的特种业务活动所引起的赔偿责任，主要有：（1）被保险人承担的专家责任，如被保险人或其雇员因为从事医师、律师、会计师、设计师、建筑师、美容师或其他专门职业所发生的赔偿责任；（2）被保险人承担的环境污染责任，如烟熏、大气污染、土地污染、水污染和其他环境污染引起的责任；（3）被保险人承担的装置或交通事故责任，如占有和使用电梯、升降机、自动梯、起重机、吊梯或其他升降装置，或者车辆、火车头、各类船只、飞机或其他运输工具引起的损失或责任；（4）被保险人承担的产品责任，如因为不洁、有害食物或饮料引起食物中毒或传染性疾病，或者有缺陷的卫生装置、售出的商品、食物或饮料存在缺陷造成损害所承担的责任。

6. 因间接损失而承担的赔偿责任

公众责任保险合同约定的除外责任包括因被保险人的行为或者活动造成第三者发生停电、停产、停业等间接损失时，被保险人应当承担的赔偿责任。

五 专家责任保险

(一) 专家责任保险的意义

专家责任保险（professional indemnity insurance），又称职业责任保险（professional liability insurance），是指以提供专家服务的被保险人因专家行为（professional's activity）致人损害而应当承担的赔偿责任为标的的责任保险。[①] 专家责任保险以专家责任为保险标的。专家责任是提供专门技能或知识服务的人员，因其服务的疏忽或过失致人损害而应当承担的民事赔偿责任。

---

① See W. I. B. Enright, *Professional Indemnity Insurance Law*（Sweet & Maxwell, 1996），p. 80.

因违反高度注意义务而产生的专家责任，不同于一般的民事责任。以特别设计的责任保险分散专家责任的风险，也有其特殊性，专家责任保险能够满足分散专家责任的实践需求。实务上运用较多的专家责任保险有医师（院）责任保险、美容院（理发师）责任保险、建筑师责任保险、评估师责任保险、拍卖师责任保险、董事（高管）责任保险、保险代理人责任保险、保险经纪人责任保险、会计师责任保险和律师责任保险等。

（二）专家责任保险的被保险人

作为被保险人的专家，是指具有特定的专门技能和知识，并以提供技能或知识服务为业的人员，主要包括律师、建筑师、医师、注册会计师、评估师、拍卖师、保险辅助人、职业经理人等。

（三）专家责任保险的类别

因保险人承担保险责任的条件的不同，专家责任保险分为索赔型专家责任保险和事故型专家责任保险。保险实务中，运用索赔型专家责任保险的为多。

索赔型专家责任保险是以第三人向被保险人索赔的事实发生在专家责任保险单约定的保险期间内为保险人给付保险赔偿金条件的保险。依照索赔型专家责任保险，保险人对"被保险人在保险单约定的保险期间，被保险人从事的任何专家业务所导致的任何索赔或者首次索赔而承担的任何民事责任（包括索赔的费用）"，承担填补损失的责任；对"被保险人在保险单约定的保险期间所发生的直接的损失，不论该损失是否因过去或现在的合伙人、董事或雇员的任何诈欺或不诚实造成"，均承担填补损失的责任。[①]

事故型专家责任保险是以第三人因被保险人的专家过失行为受损害的事实发生在责任保险单约定的保险期间为保险人给付保险赔偿金条件的保险。依照事故型专家责任保险，保险人仅对被保险人由约定的专家过失致人损害的事件引起的任何损失予以填补，但该约定的事件，仅以对第三人有所影响且在保险单约定的保险期间内所发生的事件为限。在保险单约定的保险期间内，被保险人的职业行为或疏忽引起第三人损害而应当承担赔偿责任的，保险人承担保险责任。

---

① See "Chartered Surveyors Professional Indemnity Collective Policy," in Neil F. Jones & Co, *Professional Negligence and Insurance Law* (Lloyd's of London Press Ltd., 1994), p. 131.

（四）保险责任范围

专家责任保险的保险责任范围为，被保险人因其工作疏忽或者执业过失而应当对第三人承担的损害赔偿责任。专家的工作疏忽或者执业过失应以专家的行为的性质进行判断，以利用专业化的知识或者脑力支配的技能为特征。被保险人的赔偿责任由其雇员的犯罪行为或者其他不诚实的行为所导致，诸如被保险人的雇员的盗窃或者欺骗行为，不属于专家责任保险的保险责任范围。

例如，长安责任保险股份有限公司《律师职业责任保险条款》第4条规定："被保险人在本保险单明细表中列明的追溯期或保险期限内，在中华人民共和国境内（港、澳、台地区除外）从事诉讼或非诉讼律师业务时，由于疏忽或过失造成委托人的经济损失，并在本保险期限内由委托人首次向被保险人提出索赔申请，依法应由被保险人承担经济赔偿责任的，保险人负责赔偿。"

（五）除外责任

专家责任保险的除外责任，因承保的专家身份不同而有异。

以不动产评估师综合责任保险单（Chartered Surveyors Professional Collective Indemnity Policy）约定的除外责任为例，介绍如下。（1）被保险人依照任何其他保险单有权取得填补的任何索赔或者责任；但是，以承保任何溢额责任为标的而不受争议的保险单影响的，不在此限。（2）在被保险人与其任何现在或先前的雇员之间，或者被保险人与任何雇佣被保险人的其他人之间发生争议而产生的任何索赔，以及被保险人依照服务供与或雇佣合同而对其雇员的人身损害或疾病应当承担的责任。（3）对被保险人的企业有控制权的企业、公司或者组织提出的任何索赔，或者控制该企业的合伙人或董事提出的索赔；但是，若索赔是独立的第三人提出的，则不在此限。（4）因被保险人使用任何机动运输工具而引起的任何索赔。（5）因被保险人所有的任何建筑物、房屋或者土地，以及该等财产的一部分所引起的任何索赔或损失；被保险人租赁、借用或者占有的财产引起的索赔或损失。（6）在被保险人有合理的理由怀疑存在欺诈或者不诚实而提出证据调查后，因任何人的不诚实或者欺诈而导致的索赔。（7）被保险人经营管理的任何企业导致的交易上的责任而发生的任何索赔，包括任何当事人的账户的损失。（8）被保险人依照合同或者协议而承担的任何数额的违约金责任，或者产生于任何明示保证而承担的任何责任；但是，若没有合同或者协议的约定，被保险人仍应当承担的责任，不在此限。（9）被保险人因为污染环境而直接或者间接发生的任何索赔；但是，因为被保险人的过失而造成的设计失误或者缺陷，以重新设计或者采取措施补救缺陷的费用为限，被保险人应当承担的责任，不在此限。(10) 美国法院或者加拿大法院或者其他美国或加拿大的管辖范围内的任何法院作出的判决，因执行该判决而引起的索赔。(11) 因为任何不动产的测量或评估报告而引起的索赔；但是，若该等测量或评估是由下列人员作出的，则不在此限：高级注册评估师，任何从事该等工作超过五年的人，有合格人员的监督、经保险人事先同意并由被保险人指定的人。(12) 因为发生放射性污染或者核辐射、战争、外敌入侵、敌对行动、内战、暴动等事件，被保险人应当承担的责任。①

我国保险实务上的专家责任保险同样会约定包含众多且复杂情形的除外责任。例如，长安责任保险股份有限公司《律师职业责任保险条款》第 7 条规定："下列原因造成的损失、费用和责任，保险人不负责赔偿：（一）投保人、被保险人的故意行为或非职业行为；（二）战争、敌对行为、军事行为、武装冲突、罢工、骚乱、暴乱、盗窃、抢劫；（三）政府有关当局的没收、征用；（四）核反应、核子辐射和放射性污染；（五）地震、雷击、暴雨、洪水等自然灾害；（六）火灾、爆炸。"第 8 条规定："下列原因造成的损失、费用和责任，保险人也不负责赔偿：（一）被保险人无有效律师执业证书，或未取得法律、法规规定的应持有的其他资格证书办理业务的；（二）未经被保险人同意，被保险人的在册执业律师私自接受委托或在其他律师事务所执业；（三）被保险人与对方当事人或对方律师恶意串通，损害当事人利益的；（四）被保险人被指控对委托人诽谤，经法院判决指控成立的；（五）委托人提供的有关证据文件、帐册、报表等其他资料的损毁、灭失或盗窃抢夺，但经特别约定加保的不在此限；（六）被保险人在本保险单明细表中列明的追溯日期之前发生的疏忽或过失行为。"第 9 条规定："下列损失、费用和责任，保险人不负责赔偿：（一）被保险人对委托人的身体伤害及有形财产的损毁或灭失；（二）被保险人对委托人的精神损害；（三）罚款、罚金或惩罚性赔款；（四）被保险人与他人签定协议所约定的责任，但应由被保险人承担的法律责任不在此限。（五）本保险合同中载明的免赔额或按本保险合同载明的免赔率计算的免赔额。"

---

① 参见邹海林《责任保险论》，法律出版社，1999，第 113 页下。

六　环境责任保险

（一）环境责任保险的意义

环境责任保险（environmental liability insurance），是指以被保险人污染环境而应当承担的环境赔偿或治理责任为标的的责任保险。企业对因其环境污染行为而应当承担的民事责任（包括限期治理的责任），可以投保环境责任保险。

环境责任保险在美国的发展历经了三个阶段：1966年以前，事故型公众责任保险单承保环境责任。1966年至1973年，公众责任保险单开始承保持续或渐进的污染引起的环境责任。但1973年后，公众责任保险单将故意造成的环境污染以及渐进的污染引起的环境责任排除于保险责任范围之外，被保险人若要分散其环境污染责任，必须投保专门设计的环境责任保险。[①]

（二）环境责任强制保险

环境责任强制保险，是指有污染环境的事业者或者企业依照法律规定，对其污染环境所应当承担的环境责任必须投保的保险。

对环境有危害的事业或者经营活动，国家出于公共政策的考虑，可以而且有必要实行环境责任强制保险。实行环境责任强制保险，不仅有助于保护污染环境的当事人的利益，增强其治理环境污染或者控制污染的能力，而且有助于保护因环境污染而受害的第三人的赔偿利益。德国自1991年1月1日起，依法强制推行环境损害责任保险（environmental impairment liability insurance）。我国适用环境责任强制保险是相当有限的。例如，《海洋环境保护法》（2016年）第66条规定："国家完善并实施船舶油污损害民事赔偿责任制度；按照船舶油污损害赔偿责任由船东和货主共同承担风险的原则，建立船舶油污保险、油污损害赔偿基金制度。实施船舶油污保险、油污损害赔偿基金制度的具体办法由国务院规定。"

（三）环境责任保险的日落条款

保险人对于被保险人在保险期间内污染环境致人损害的赔偿责任，承担保险责任，这是事故型环境责任保险的应有之义。保险人仅对保险单约定的保险期间内所发生的事故承担保险责任；在保险单约定的保险期间经过后所发生的事故，保险人不承担责任。但是，污染环境致人损

[①] 参见邹海林《责任保险论》，法律出版社，1999，第101页。

害的事故发生在保险期间内,而受害人的索赔经常发生在环境责任保险单约定的保险期间届满后。保险人为限制其责任承担,会在环境责任保险单中约定"日落条款"(sunset clause)。

日落条款,是指环境责任保险约定的自保险单失效之日起、被保险人以30年期间为限向保险人通知索赔的条款。这就是说,污染环境事故致人损害发生在保险期间内,受害人向被保险人提出索赔的,被保险人将索赔的事实通知保险人不得超过保险期间届满后30年;自保险单失效之日起超过30年的,即使有受害人向被保险人请求环境责任赔偿,被保险人亦不得通知保险人该索赔的事实以请求保险人承担保险责任。

(四) 索赔型环境责任保险

现代环境责任保险,基本上已经由索赔型责任保险替代了事故型责任保险。只要污染环境的受害人对被保险人提出环境责任的索赔事件发生在保险单约定的保险期间内,不论污染环境致人损害的事故是否发生在保险单约定的保险期间内,保险人均应当承担保险责任。

例如,中国大地财产保险股份有限公司《环境污染责任保险(期内索赔制)条款》第3条规定:"一、由于发生本保险合同约定的污染事故,造成第三者人身伤亡或财产损坏,依照中华人民共和国法律(不包括港澳台地区法律,下同)应由被保险人承担的经济赔偿责任,保险人按照本保险合同约定负责赔偿。二、本条约定的人身伤亡或财产损坏应当一并满足以下条件:(一)该人身伤亡或财产损坏由被保险场所中的污染事故造成;(二)该人身伤亡或财产损坏由本保险单明细表中列明的追溯期及保险期间内发生的污染事故造成;(三)被保险人对于该人身伤亡或财产损坏所承担的赔偿责任,依据生效的法院判决、仲裁裁决或经保险人同意的调解书或和解协议确定;(四)针对被保险人的索赔必须在保险期间或第二十六条提供的任何扩展报告期间内首次提出,以被保险人或保险人收到索赔通知的时间先发生者为准。对同一次污染事故引起的所有索赔,都被认为是首次向被保险人提出。对于48小时内连续发生的多次污染事故,视为一次保险事故。"

(五) 保险责任范围

一般而言,对于被保险人污染环境造成第三人人身或者财产损害,而应当承担的赔偿责任,保险人依照环境责任保险承担填补损失的责任;而且,被保险人依照法律规定应当承担的治理污染的责任(包括被保险人自有场地的治理责任),亦属于环境责任保险的保险责任范围。

例如,中国大地财产保险股份有限公司《环境污染责任保险(期内索赔制）条款》第 4 条规定："一、保险人负责承担为减轻污染事故所造成的环境损害，依法应由被保险人承担的清理费用赔偿责任。二、在收到被保险人的损失通知后，保险人有权决定是否按照环境保护法的要求，清理污染或减轻污染事故造成的环境损害。三、保险人有权决定是否评估和批准被保险人所进行的清污工作。四、付的清污费用，视同由被保险人发生，并适用第九条规定的责任限额和任何本保险合同项下适用的免赔额。五、本条约定的场所外环境损害清理费用应当一并满足以下条件：（一）在本保险单明细表中列明的追溯期及保险期间内，由承保区域中的被保险场所内发生的污染事故造成；（二）政府机构对被保险人承担污染事故清理费用的责任做出裁定后被保险人及时通知了保险人。"

（六）除外责任

环境责任保险单一般将被保险人自己的财产损失作为除外责任。被保险人自己所有或者照管的财产因为污染环境而受到损害的，保险人对之不承担保险责任。此外，对于被保险人的故意行为、战争等异常危险、自然灾害以及其他保险人不愿意承保的原因造成或引起的环境责任，保险合同也可以约定为除外责任。

例如，长安责任保险股份有限公司《环境污染责任险条款》第 7 条规定："下列原因直接或间接造成的损失、费用或责任，保险人不负责赔偿：（一）被保险人及其代表、雇员的故意行为、违法行为；（二）在本合同的追溯日以前就已发生的意外事故或已存在的污染损害；（三）投保之前投保人或被保险人就已知道或可以合理预见的索赔情况；（四）硅、石棉及其制品；（五）自然灾害；（六）战争、恐怖活动、军事行动、武装冲突、罢工、骚乱、暴动，政府的没收、征用；（七）核反应、核辐射、放射性污染。"

七 机动车责任保险

（一）机动车责任保险的意义

机动车责任保险（motor third party liability insurance），又称汽车责任保险，是指以机动车所有人或使用人因机动车事故致人损害而应当承担的赔偿责任为保险标的的保险。机动车责任保险的被保险人，为被保险机动车的所有人或者使用人，以及经保险单列明的被保险人同意而使用被保险机动车的人；机动车责任保险所承保的被保险人之赔偿责任，包括机动车事故造成的受害人的人身损失和财产损失的赔偿责任。

机动车责任保险起源于德国、瑞典、挪威。但如今各国为加强机动车交通事故受害人的保障，多以立法强制机动车的所有人或者使用人投保机动车责任保险。强制机动车责任保险在相当程度上具有保护机动车事故受害人的利益的功能。自美国马萨诸塞州1927年专门制定举世闻名的强制机动车保险法（Compulsory Automobile Insurance Law）以来，机动车责任保险逐步脱离了一般责任保险的理论和实务，并发展了机动车责任保险所独有的特殊规则，从而形成了以特别法为基础的机动车责任保险。机动车责任保险，具有保护机动车事故受害人的显著目的，始终将机动车事故受害人的保护置于机动车责任保险制度的首位。

我国实行机动车责任保险"双轨制"，即机动车商业第三者责任保险和机动车交通事故责任强制保险并存。机动车商业第三者责任保险在机动车交通事故责任强制保险的基础上，为被保险人提供保障水平更高的责任保险服务。

（二）机动车责任保险的赔偿限额

赔偿限额是被保险机动车发生交通事故时，责任保险人对每次保险事故造成的所有受害人的人身伤亡和财产损失承担的最高赔偿金额。订立保险合同时，投保人和保险人应当约定赔偿限额。机动车责任保险，虽有助于分散机动车所有人的事故责任，但更重要的目的在于保护机动车事故的受害人能够获得及时有效的赔偿。机动车所有人投保机动车责任保险，与保险人约定的保险责任限额，不得低于法定的最低保险责任限额。

（三）保险责任范围

保险期间内，被保险人或其允许的合法驾驶人在使用被保险机动车过程中发生意外事故，致使第三者遭受人身伤亡或财产直接损毁，依法应当由被保险人承担的损害赔偿责任，保险人对于超过机动车交通事故责任强制保险各分项赔偿限额以上的部分，依照机动车责任保险合同的约定，负责赔偿。第三者，是指因被保险机动车发生交通事故而遭受人身伤亡或者财产损失的人，但不包括被保险机动车本车车上人员、投保人和被保险人。

（四）除外责任

机动车责任保险项下的除外责任，原则上由保险合同约定。一般而言，除外责任的约定主要有以下三种情形。

第一，保险合同列明的可归责于被保险人一方的原因所造成的损失和费用。例如，中国保险行业协会《机动车综合商业保险示范条款》

（2014年版）第24条规定："在上述保险责任范围内，下列情况下，不论任何原因造成的人身伤亡、财产损失和费用，保险人均不负责赔偿：（一）事故发生后，被保险人或其允许的驾驶人故意破坏、伪造现场、毁灭证据；（二）驾驶人有下列情形之一者：1. 事故发生后，在未依法采取措施的情况下驾驶被保险机动车或者遗弃被保险机动车离开事故现场；2. 饮酒、吸食或注射毒品、服用国家管制的精神药品或者麻醉药品；3. 无驾驶证，驾驶证被依法扣留、暂扣、吊销、注销期间；4. 驾驶与驾驶证载明的准驾车型不相符合的机动车；5. 实习期内驾驶公共汽车、营运客车或者执行任务的警车、载有危险物品的机动车或牵引挂车的机动车；6. 驾驶出租机动车或营业性机动车无交通运输管理部门核发的许可证书或其他必备证书；7. 学习驾驶时无合法教练员随车指导；8. 非被保险人允许的驾驶人；（三）被保险机动车有下列情形之一者：1. 发生保险事故时被保险机动车行驶证、号牌被注销的，或未按规定检验或检验不合格；2. 被扣押、收缴、没收、政府征用期间；3. 在竞赛、测试期间，在营业性场所维修、保养、改装期间；4. 全车被盗窃、被抢劫、被抢夺、下落不明期间。"第25条规定："下列原因导致的人身伤亡、财产损失和费用，保险人不负责赔偿：……（二）第三者、被保险人或其允许的驾驶人的故意行为、犯罪行为，第三者与被保险人或其他致害人恶意串通的行为；（三）被保险机动车被转让、改装、加装或改变使用性质等，被保险人、受让人未及时通知保险人，且因转让、改装、加装或改变使用性质等导致被保险机动车危险程度显著增加。"

第二，保险合同列明不予赔偿的损失和费用。例如，中国保险行业协会《机动车综合商业保险示范条款》（2014年版）第26条规定："下列人身伤亡、财产损失和费用，保险人不负责赔偿：（一）被保险机动车发生意外事故，致使任何单位或个人停业、停驶、停电、停水、停气、停产、通讯或网络中断、电压变化、数据丢失造成的损失以及其他各种间接损失；（二）第三者财产因市场价格变动造成的贬值，修理后因价值降低引起的减值损失；（三）被保险人及其家庭成员、被保险人允许的驾驶人及其家庭成员所有、承租、使用、管理、运输或代管的财产的损失，以及本车上财产的损失；（四）被保险人、被保险人允许的驾驶人、本车车上人员的人身伤亡；（五）停车费、保管费、扣车费、罚款、罚金或惩罚性赔款；（六）超出《道路交通事故受伤人员临床诊疗指南》和国家基本医疗保险同类医疗费用标准的费用部分；

(七)律师费,未经保险人事先书面同意的诉讼费、仲裁费;(八)投保人、被保险人或其允许的驾驶人知道保险事故发生后,故意或者因重大过失未及时通知,致使保险事故的性质、原因、损失程度等难以确定的,保险人对无法确定的部分,不承担赔偿责任,但保险人通过其他途径已经及时知道或者应当及时知道保险事故发生的除外;(九)因被保险人违反本条款第三十四条约定,导致无法确定的损失;(十)精神损害抚慰金;(十一)应当由机动车交通事故责任强制保险赔偿的损失和费用;保险事故发生时,被保险机动车未投保机动车交通事故责任强制保险或机动车交通事故责任强制保险合同已经失效的,对于机动车交通事故责任强制保险责任限额以内的损失和费用,保险人不负责赔偿。"

第三,按照保险合同约定的免赔率计算的损失和费用。例如,中国保险行业协会《机动车综合商业保险示范条款》(2014年版)第27条规定:"保险人在依据本保险合同约定计算赔款的基础上,在保险单载明的责任限额内,按照下列方式免赔:(一)被保险机动车一方负次要事故责任的,实行5%的事故责任免赔率;负同等事故责任的,实行10%的事故责任免赔率;负主要事故责任的,实行15%的事故责任免赔率;负全部事故责任的,实行20%的事故责任免赔率;(二)违反安全装载规定的,实行10%的绝对免赔率。"

(五) 对机动车事故受害人的保护

机动车事故受害人仅为责任保险第三人,并不直接享有保险合同约定的被保险人请求保险人给付赔偿金的权利。为了有效保护机动车事故受害人的赔偿利益,我国保险法规定:"……责任保险的被保险人给第三者造成损害,被保险人对第三者应负的赔偿责任确定的,根据被保险人的请求,保险人应当直接向该第三者赔偿保险金。被保险人怠于请求的,第三者有权就其应获赔偿部分直接向保险人请求赔偿保险金。责任保险的被保险人给第三者造成损害,被保险人未向该第三者赔偿的,保险人不得向被保险人赔偿保险金。"[1]

我国保险实务对此已有积极的回应。例如,中国保险行业协会《机动车综合商业保险示范条款》(2014年版)第33条规定:"保险人对被保险人给第三者造成的损害,可以直接向该第三者赔偿。被保险人给第三者造成损害,被保险人对第三者应负的赔偿责任确定的,根据被保险人的请求,保险人应当直接向该第三者赔偿。被保险人怠于请求

---

[1] 参见《保险法》(2015年)第65条。

的，第三者有权就其应获赔偿部分直接向保险人请求赔偿。被保险人给第三者造成损害，被保险人未向该第三者赔偿的，保险人不得向被保险人赔偿。"

这就是说，发生机动车事故致第三者损害，保险人有权利向机动车事故受害人予以赔偿，并有义务在被保险人赔偿受害人之前不向被保险人支付保险赔偿金。在被保险人怠于请求保险人向机动车事故受害人支付赔偿的情形下，受害人有权直接请求保险人向自己支付保险赔偿金。

案例参考 69

雇主责任险的保险责任范围

2007 年 6 月 29 日，某加油站与保险公司订立雇主责任险保险合同，约定被保险人为某加油站，被保险人的雇员 2 人，分别为赵甲和赵乙，赔偿限额为 20 万元，保险期限为 2007 年 6 月 30 日至 2008 年 6 月 29 日。保险单特别约定，被保险人向保险公司申请保险赔偿时，须提供安监局的事故证明。雇主责任险保险条款第 1 条约定了以下内容。在本保险期限内，被保险雇员因发生下列情形而伤残或死亡，并在保险期限内首次向被保险人提出索赔，对于被保险人依照中华人民共和国法律法规应承担的经济赔偿责任，保险人依据本保险单的约定予以赔偿：……"（5）因工外出期间，由于工作原因遭受意外事故或者发生意外导致下落不明"；……。第 3 条约定了以下内容。下列原因造成的损失、费用和责任，保险人不负责赔偿：（1）投保人或被保险人的故意行为或重大过失；（2）被保险人雇员被谋杀、自杀、自残、酗酒、违反法律法规；……。同日，某加油站向保险公司承诺："我单位投保单中所填内容及员工数量均真实无误，如有误差愿接受贵司处理意见。"

2007 年 7 月 26 日，赵乙驾驶无保险的机动车追尾他车，致使赵乙当场死亡，两车不同程度受损，经交管局认定：赵乙驾驶未经检验的机动车与同车道行驶的机动车未保持安全行车距离，是导致事故发生的主要原因；赵乙的违法行为在事故中所起的作用较大，其负事故的主要责任。某加油站自赵乙死亡后，每月通过银行账户支付赵乙家属生活费 2000 元，并为其建造房屋一套。某加油站诉请保险公司给付保险赔偿金 20 万元。保险公司认为，某加油站称赵乙因公外出，无证据证实；而且，赵乙的死亡系违法驾驶车辆所致，属于保险公司的免责范围，不应当承担保险责任。

审理本案的法院认为，依照保险合同的特别约定，被保险人向保险人申请保险赔偿时，须提供安监局的事故证明，某加油站至今未提供；依据交通事故责任认定，赵乙在本起事故中，驾驶未经检验的机动车与同车道行驶的机动车未保持安全行车距离，其行为违反了道路交通安全法第13条第1款、第43条之规定，是导致事故发生的主要原因，其负事故的主要责任。本案中，赵乙系违反法律规定导致交通事故而死亡，属于保险合同约定的免责范围。遂判决驳回某加油站的诉讼请求。①

案例分析指引

1. 雇主责任保险承保的标的是何种性质的责任？其范围如何？

2. 本案中，赵乙与某加油站具有雇佣关系，其在驾驶属于某加油站的车辆过程中死亡，某加油站对赵乙的死亡是否承担基于雇佣关系而产生的赔偿责任？此项责任是否属于涉案保险单的承保标的？保险公司签发的保险单对此是否有约定？

3. 本案中，保险单特别约定被保险人向保险人申请保险赔偿时，须提供安监局的事故证明，这个约定有什么法律意义？

4. 本案中，雇主责任险保险条款约定的除外责任事由"被保险人雇员被谋杀、自杀、自残、酗酒、违反法律法规"是否存在理解上的问题，尤其是何种情形属于"违反法律法规"？对此是否应当作出解释？

5. 本案中，赵乙驾驶未经检验的车辆、未保持安全行车距离是否属于"违反法律法规"的免责情形？保险公司可以此约定不承担雇主责任险项下的保险责任吗？

案例参考 70

公众责任险的保险责任承担

2012年4月28日，喀斯特公司与平安保险公司签订公众责任保险合同，被保险人为喀斯特公司，营业场所为贵州省镇远县羊场镇高过河

---

① 参见谢宪、李有根主编《保险案例百选》，法律出版社，2012，第326~327页。

景区，保险期间为12个月，自2012年5月1日上午0时起至2013年4月30日下午24时止，每次事故赔偿限额为100万元，每人每次事故赔偿限额为20万元，每次事故财产损失限额为40万元，每次事故人身损害限额为40万元，累计赔偿限额为300万元，特别约定每次事故免赔人民币500元或损失金额的10%，以高者为准。责任范围为被保险人在本保险单明细表列明的范围内，因在其经营业务范围内的经营行为发生意外事故，造成的第三者的人身伤亡和财产损失。保险条款对保险人的免责条款进行约定并作出特别提示。合同签订后，喀斯特公司交纳保险费6万元。

2012年7月21日，游客蒋某某在喀斯特公司经营的镇远县高过河景区漂流时，因翻船落水送医院抢救治疗，后转院治疗，9月20日死亡。医院出具死亡医学证明书，载明："（a）直接导致死亡的疾病或情况：呼吸功能衰竭，（b）引起（a）的疾病或情况：肺部感染，（c）引起（b）的疾病或情况为颅内动脉瘤破裂出血并大面积脑梗"。喀斯特公司实际赔偿蒋某某家属死亡赔偿金等损失50余万元。喀斯特公司诉请平安保险公司支付保险赔偿金40万元。

一审法院认为，喀斯特公司与平安保险公司签订的保险合同为双方真实意思表示，合法有效，双方当事人均应按照合同约定履行义务。本案中，漂流是一项比较刺激且有一定危险系数的旅游项目，喀斯特公司已经在景区多处及门票上作出警示、告知，蒋某某在漂流中翻船，后因颅内动脉瘤破裂出血并大面积脑梗，其家属放弃治疗后死亡，不属于涉案保险合同中约定的意外事故，同时，保险合同中保险公司对免责条款在保险单上已作出明确说明，故保险公司不应当承担保险责任。据此，判决驳回喀斯特公司的诉讼请求。

喀斯特公司不服一审判决，提起上诉。二审法院查明的事实与一审认定的事实一致。

二审认为，蒋某某与喀斯特公司之间存在旅游合同关系。2012年7月21日，游客蒋某某在喀斯特公司经营的镇远县高过河景区漂流时，因翻船在医院治疗。医院出具的死亡医学证明书记载了导致蒋某某死亡的原因。平安保险公司未能提供证据证明蒋某某明知其患有高血压或动脉瘤而进行漂流。由于颅内动脉瘤破裂出血的原因并没有明确，也无法确认蒋某某的死亡原因是高血压引发的动脉瘤破裂出血，高血压、紧张、刺激、碰撞都有可能引起动脉瘤破裂出血。漂流过程中紧张、刺激不可避免，故不能排除紧张、刺激是造成此次颅内动脉瘤破裂出血的意外事故的原因，故一审判决蒋某某因患高血压从事一定危险系数的旅游项目，不属于保险合同约定的意外事故的认定不当。对于保险赔偿，喀斯特公司认为保险单约定每次事故人身伤害赔偿限额为40万元，而平安保险公司认为保险单中已经约定每人每次事故赔偿限额为20万元。对本次事故适用赔偿条款双方存在争议，由于保险合同为保险公司提供的格式合同，应当作出有利于投保人的认定，因本次赔偿系人身伤害赔偿，故应按保险单约定的每次事故人身伤害赔偿40万元的限额进行赔偿。据此，判决平安保险公司支付喀斯特公司保险赔偿金40万元。

平安保险公司不服二审判决，申请再审。再审法院确认一、二审查明的事实，另查明，蒋某某在镇远县人民医院2012年7月21日22时的入院医历记载：患者蒋某某由"120"急送入院，2小时前患者于高过河漂流时溺水，由救护人员救上岸后神志不清、呼之不应等。

再审法院认为，2012年4月28日，平安保险公司与喀斯特公司签订的公众责任保险，合法有效，喀斯特公司依约交纳了保险费，平安保险公司就应按照约定承担保险责任。漂流是一项存在一定风险的旅游项目，喀斯特公司作为该旅游项目的经营者已按规定在景区多处及门票上作出警示和告知，已尽到了自己的告知义务。作为旅游者的蒋某某在喀斯特公司经营的镇远高过河景区漂流时，因翻船后溺水昏迷，被送往医院救治，后转院治疗，于2012年9月20日死亡。平安保险公司和喀斯特公司都没有证据证实死者蒋某某生前就知道自己患有原发性高血压，更没有证据证实蒋某某对其死亡有主观过错，其在漂流中因意外翻船溺水昏迷，经治疗无效后死亡，该后果是喀斯特公司在其经营范围内的经营行为发生的意外事故所造成的，属于保险合同中所承保的保险事故的赔偿范围，平安保险公司应在承保范围内予以赔偿。保险单中已经约定每人每次事故赔偿限额为20万元。但是根据保险合同的约定，保险公司对每次事故总的赔偿限额为100万元，其中：财产损失限额为40万元，人身损害限额为40万元。对于最高限额与财产损失、人身损害分项限额相减后的余额为20万元，没有明确具体的赔偿项目，保险公司可酌情予以赔偿。本案中，喀斯特公司已实际赔偿蒋某某家属死亡赔偿金等损失50余万元，故其要求平安保险公司按每次事故人身损害赔偿限额40万元来赔偿并无不当。本案中，每人20万元人身损害的赔偿限额的确不足以弥补喀斯特公司实际遭受的损失，鉴于该保险合同中还有20万元余额没有说明具体的赔偿项目，保险公司可以酌情予以赔偿，且双方当事人对本次事故适用赔偿条款存在争议，二审法院对此作出有利于投保人的认定，酌定按保险单约定的每次事故人身伤害赔偿 40 万元的限额判决赔偿并无不当，予以维持。①

> **案例分析指引**

1. 本案中，有无法律事实证实被保险人喀斯特公司对于游客蒋某某的死亡承担损害赔偿责任？

2. 本案中，喀斯特公司提供的旅游服务存在瑕疵或旅游合同约定（例如漂流时翻船）导致蒋某某死亡而应当承担赔偿责任，是否应当为保险公司承担保险责任的先决条件？

3. 本案中，被保险人喀斯特公司投保的为公众责任险而非以游客为被保险人的意外伤害保险，但各方关注的焦点均在于蒋某某的死亡原因是否为意外死亡，蒋某某的死亡原因对于喀斯特公司承担赔偿责任有什么意义？

4. 本案中，涉案公众责任险条款约定每人每次事故赔偿限额为 20 万元，但为什么二审判决和再审判决均认为保险公司应当给付喀斯特公司保险赔偿金 40 万元？

第三节 责任保险第三人

一 责任保险第三人的含义

责任保险第三人，是指合同约定的被保险人以外的、因被保险人的行为而受到损害且对被保险人享有赔偿请求权的人。因为被保险人的行为而受到损害的人，对被保险人依法享有损害赔偿请求权；但其并非责任保险合同保障的直接利益人，不是责任保险合同约定利益的请求权人，不能直接享有保险合同约定的保险赔偿利益，其地位不及责任保险的投保人和被保险人，被称为责任保险第三人。

二 责任保险第三人的范围

责任保险第三人仅相对于被保险人而言，似与责任保险的保险人和投保人无关；从理论上说，责任保险的保险人有可能成为责任保

---

① 参见贵州省高级人民法院（2014）黔高民提字第 24 号民事判决书。

第三人;但投保人与被保险人并非同一人时,投保人也有可能成为责任保险第三人。认定责任保险第三人时,应当首先确定被保险人的范围;在确定被保险人后,凡不属于被保险人的其他人,原则上均可归为责任保险第三人。判断责任保险第三人的范围,应当注意以下两点。

1. 并非被保险人以外的任何人,均可为责任保险第三人

责任保险第三人的范围是相对狭小的,仅限于因保险合同约定的保险责任范围内的事故受到损害的被保险人以外的人。对可归责于保险责任范围的被保险人的行为享有损害赔偿请求权利的受害人,取得责任保险第三人的地位。因此,责任保险第三人,受被保险人的行为所产生的损害赔偿请求权的基础的限制。至于赔偿请求权的基础,为侵权责任还是合同责任,是否为责任保险承保的危险,依照责任保险单约定的保险责任范围加以确定。

2. 责任保险第三人的范围,还取决于责任保险合同的约定

责任保险第三人的范围,属于责任保险当事人意思自治的事项。责任保险合同对于责任保险第三人范围会有"特别约定"。责任保险合同基于特定的目的,会对被保险人以外的第三人进行特别的限制,将原本属于第三人范围的某些人或某类人排除于责任保险第三人之外,以缩减保险人的保险责任范围。

三 责任保险第三人的法律地位

(一) 责任保险的关系人

因为保险合同的相对性,责任保险对因被保险人致人损害而享有赔偿请求权的第三人,并不提供直接的保障。但责任保险可以为责任保险第三人约定利益。众所周知,责任保险第三人不参与责任保险合同的缔结,对责任保险合同的订立无任何意思表示,不是责任保险的当事人,可依保险法的规定或者责任保险合同的约定,直接或间接地享有责任保险合同约定的利益,充其量为责任保险的关系人。责任保险的基本目的在于保护被保险人的加害行为的受害人,受害人可以依照责任保险的约定直接取得合同约定的保险赔偿,亦可以依照法律规定直接取得合同约定的保险赔偿。

保险实务中,依照责任保险合同的约定,第三人可以享有请求保险人给付保险赔偿金的权利,取得约定的责任保险的受益人地位;依照法律的直接规定,第三人可以享有请求保险人给付保险赔偿金的权利,取

得法定的责任保险的受益人地位。①

(二) 不利益约定的禁止

责任保险可以为第三人约定利益,但不得有损害第三人任何权利的约定。特别是,在被保险人丧失清偿能力时,责任保险合同的任何约定,不得直接或间接地规避责任保险合同的效力或者变更第三人所享有的责任保险合同项下的权利或利益。被保险人丧失清偿能力时,责任保险人试图规避保险责任的任何约定均不具有法律效力。例如,保险合同约定被保险人失去清偿能力而终止保险合同的,该约定无效。②

四 责任保险第三人的请求权

责任保险第三人可否请求保险人给付保险赔偿金?这个问题取决于保险立法例的规定。原则上,责任保险第三人对保险人享有的请求给付保险合同约定的赔偿金的权利,依照其类型可以分为:附条件的请求权、基于保险人的注意义务的请求权、法定请求权。③

(一) 附条件的请求权

责任保险第三人在符合法律规定或者合同约定的条件时,可以请求保险人给付责任保险合同约定的赔偿金。责任保险的相对性并没有直接赋予第三人请求保险人给付保险赔偿金的效果,但责任保险合同的约定,或者依照第三人、被保险人和保险人之间的合意,或者依据第三人已经取得的对被保险人承担赔偿责任的判决,责任保险第三人可以直接请求保险人给付保险赔偿金。例如,责任保险的被保险人给第三者造成损害,被保险人对第三者应负的赔偿责任确定的,根据被保险人的请求,保险人应当直接向该第三者赔偿保险金。被保险人怠于请求的,第三者有权就其应获赔偿部分直接向保险人请求赔偿保险金。④

(二) 基于保险人的注意义务的请求权

被保险人致人损害而尚未向受害人作出赔偿的,保险人向被保险人给付保险赔偿金时,有照顾受害人的赔偿利益的注意义务。被保险人实际赔偿受害人之前,保险人不得向被保险人给付保险赔偿金,保险人有

---

① 参见《保险法》(2015 年) 第 65 条第 1 款。
② See "Insurance," Halsbury's Laws of England, Vol. 25, 4th ed. (Butterworths, 1978), p. 359.
③ 参见邹海林《责任保险论》,法律出版社,1999,第 230 页下。
④ 参见《保险法》(2015 年) 第 65 条第 2 款。

义务为受害人的利益控制保险赔偿金的付出，并可以直接将保险赔偿金支付给受害人。依照我国保险法的规定，责任保险的被保险人给第三者造成损害，被保险人未向该第三者赔偿的，保险人不得向被保险人赔偿保险金。① 在此情形下，责任保险第三人可以请求保险人给付保险合同约定的保险赔偿金。

（三）法定请求权

法定请求权，又称责任保险第三人的直接请求权，是指责任保险第三人依照法律规定直接请求保险人给付保险赔偿金的权利。第三人的法定请求权，源自强制责任保险法的规定。但是，我国《道路交通安全法》第 76 条以及国务院颁布的《交通事故责任强制保险条例》，均未明确交通事故受害人对于保险人的直接请求权；受害人在发生交通事故受到损害时，可否直接请求保险人给付保险赔偿金，仍存疑问。

在我国，责任保险第三人对保险人享有的直接请求权，仅限于《民用航空法》规定的受害人对保险人的法定请求权。民用航空器的经营人应当投保地面第三者责任保险。② 投保地面第三者责任保险的民用航空器的经营人，因其飞行中的民用航空器或者从其飞行中的民用航空器上落下的人或者物，造成地面第三人的人身或者财产损害的，受害人有权获得赔偿。③ 尤其是，民用航空器经营人破产时，受害人的赔偿利益的保障只能依赖于责任保险。为保护地面第三人的赔偿利益，《民用航空法》第 168 条第 1 款规定："仅在下列情形下，受害人可以直接对保险人或者担保人提起诉讼，但是不妨碍受害人根据有关保险合同或者担保合同的法律规定提起直接诉讼的权利：（一）根据本法第一百六十七条第（一）项、第（二）项规定，保险或者担保继续有效的；（二）经营人破产的。"

> **案例参考 71**

责任保险第三人的赔偿利益

2007 年 11 月 19 日，李某某与保险公司订立了机动车交通事故责任强制保险和机动车商业保险合同，其中机动车商业保险合同第三者责

---

① 参见《保险法》（2015 年）第 65 条第 3 款。
② 参见《民用航空法》第 166 条。
③ 参见《民用航空法》第 157 条。

任险保险金额为200000元，机动车损失险保险金额为70000元。2008年1月27日，李某某驾驶被保险机动车与衣某某驾驶的二轮摩托车相撞，造成两车受损、衣某某受伤的交通事故。事故发生后，经公安交通管理机关的事故认定书认定，李某某负事故的主要责任，衣某某负事故的次要责任。

2009年5月4日，衣某某提起诉讼，要求李某某、保险公司赔偿经济损失。经调解达成协议，确定保险公司在机动车交通事故责任强制保险责任限额范围内赔偿衣某某58000元，李某某赔偿衣某某21449.54元［（医疗费18978.46元+误工费9052.88元+住院伙食补助费168元+鉴定费300元）70%+精神抚慰金1500元］。调解后，李某某未支付衣某某赔偿金。另外，在该次事故中，李某某车辆受损，经保险公司核实损失价值为2640元。

李某某诉请保险公司依照机动车商业保险合同的约定给付其赔偿金21449.54元，被保险车辆的损失赔偿金为2640元。一审法院认为，民事调解确定李某某赔偿衣某某21449.54元，李某某至今未支付该赔偿金，根据《保险法》（2009年）第65条第3款"被保险人未向第三者赔偿的，保险人不得向被保险人赔偿保险金"的规定，李某某要求保险公司赔付该调解的赔偿数额不符合法律规定，保险公司的辩称理由成立，予以支持。李某某车损2640元，应由承保衣某某机动车交通事故责任强制保险的保险公司在2000元内赔付，衣某某未投机动车交通事故责任强制保险，违反《机动车交通事故责任强制保险条例》第2条的规定，应当在2000元范围内赔偿李某某，李某某可以从其应支付的赔偿金中抵扣。保险公司的抗辩理由成立，予以支持。余款640元，保险公司应在机动车商业保险合同内按约定的70%赔付，并在符合赔偿规定的金额内实行事故责任免赔率10%，保险公司应赔付李某某640×70%×90%＝403.2元。综上，依照《保险法》（2009年）第65条第3款、第14条、第23条之规定判决保险公司赔付李某某车损款403.2元，驳回李某某的其他诉讼请求。

李某某不服一审判决，提出上诉。二审诉讼中，经法院主持调解，双方自愿达成如下协议。（1）保险公司向李某某承担支付保险赔偿金人民币15000元的保险责任。该款项由保险公司一次性直接付给本案事故第三者衣某某。保险公司支付后，李某某与保险公司因本次事故产生的保险赔偿责任终结。（2）一审案件受理费403元；二审案件受理费403元，减半收取201.5元，共计604.5元，由李某某承担。上述协议，符合有关法律规定，二审法院予以确认。①

> **案例分析指引**
>
> 1. 我国保险法对于责任保险第三人的赔偿利益保护有什么规定？
> 2. 责任保险第三人对保险人有无请求给付保险金的请求权？本案中，因李某某交通肇事而取得确定的赔偿利益的衣某某，可否请求保险公司依照其签发的机动车商业保险单给付保险赔偿金？为什么？
> 3. 责任保险人承担保险责任的条件是什么？如何理解我国《保险法》（2009 年）第 65 条第 3 款的规定？
> 4. 本案中，被保险人李某某对受害人的赔偿责任已经确定，仅是尚未履行其赔偿责任，一审法院依照《保险法》（2009 年）第 65 条第 3 款判决驳回李某某的保险赔偿请求，是否符合保险法上述规定的目的？是否有损于受害人的赔偿利益？
> 5. 本案中，二审法院以调解结案，被保险人和保险公司达成的赔偿协议是否有损于受害人衣某某依法应当享有的赔偿利益？

第四节 保险责任和除外责任

一 保险责任的约定

（一）基本给付责任

责任保险为被保险人转移其赔偿责任的工具。除法律另有规定或者保险合同另有约定外，被保险人依法应向第三人承担赔偿责任时，保险人依照保险合同的约定承担给付保险赔偿金的责任。

保险人如何承担保险责任，取决于责任保险合同的约定。例如，汽车责任保险合同可以约定被保险汽车的行使区域、使用性质、有效期间、每次事故的赔偿限额、免赔额以及除外责任等事项，限定保险人的责任范围。保险人依照保险合同的约定，仅在责任限额范围内，对被保险人应承担的赔偿责任，负给付保险赔偿金的责任，但是，保险合同另有约定或者法院判决保险人超额赔偿的，不在此限。

---

① 参见山东省青岛市中级人民法院（2010）青民四商终字第 60 号民事调解书。

（二）附加给付和无偿服务

保险人在责任保险合同约定的基本给付责任外，对被保险人还应当承担附加的给付责任以及无偿服务。

附加的给付责任及无偿服务，主要包括：（1）保险人承担责任保险第三人索赔的抗辩与和解义务，并负担抗辩与和解的费用；（2）因索赔诉讼而必须出具保证的费用或者提供的担保金（bonds）；（3）被保险人应保险人要求而为特定行为支付的合理费用，如差旅费用；（4）责任保险第三人的即时医疗和急救费用；（5）为被保险人的防损提供风险检视、安全服务；（6）附加承保的医疗给付。[①]

（三）未明确排除的保险责任

一般而言，对于被保险人的下列赔偿责任，只要责任保险合同未明确约定属于除外责任，就应属保险责任范围。

（1）无过失赔偿责任。除非责任保险合同另有明文限定，因不可归责于被保险人的行为造成他人损害，或者不可预料的事故或不可抗力造成他人损害，被保险人虽无过失但依照法律规定应当承担赔偿责任的，保险人应当承担保险责任。

（2）自己过失赔偿责任。除被保险人故意造成他人损害外，因被保险人过失致人损害而应当承担的赔偿责任，不属于道德危险。因被保险人或其代理人或其受雇人的过失造成他人损害而应当承担赔偿责任的，保险人应当承担保险责任。

（3）履行道德义务所致损害的责任。被保险人因履行道德上的义务造成他人损害而应当承担赔偿责任的，保险人应当承担保险责任。因为履行道德义务所致的他人损害，属于社会善良行为造成的损害，保险人不得以保险合同的约定免除其保险责任。

（4）所有物或动物所致损害的责任。被保险人所有、占有、维护或使用的物或者所有、管理的动物致人损害而应当承担赔偿责任的，除非保险单将之约定为除外责任，保险人应当承担保险责任。[②]

（5）因为履行减损义务而支出的费用。发生保险事故的，被保险人为防止或者减少保险标的的损失所支付的必要的、合理的费用，由保险人承担；保险人所承担的费用数额在保险标的损失赔偿金额以外另行

---

① See Prentice Hall editorial staff, *Lawyer's Desk-Book*, 10th ed. (Prentice Hall, 1995), pp. 379-380.
② 参见我国台湾地区"保险法"第31条。

计算，最高不超过保险金额的数额。①

（6）因责任保险第三人索赔而支出的费用。被保险人致第三人损害的，第三人向被保险人提出索赔要求，被保险人支付的仲裁或者诉讼费用以及其他必要的、合理的费用，除合同另有约定外，由保险人承担。②

二　责任保险人的给付限度

（一）限额赔偿

责任保险人向被保险人给付保险赔偿金的，以保险合同约定的保险责任限额为限。保险人是否应当对被保险人的赔偿责任承担给付保险赔偿金的全部责任，取决于责任保险合同的约定。保险实务中，责任保险保险单主要通过以下四种形式约定责任保险人的限额赔偿：保险期间的累计最高赔偿限额、每次事故赔偿限额、每次事故每人赔偿限额和被保险人的自负额。

（1）累计最高赔偿限额。责任保险合同可以约定，在保险期间内，被保险人致人损害而承担赔偿责任不止一次的，保险人对所有的人身伤亡、财产损害所承担的赔偿责任，以保险单约定的累计最高赔偿限额为限。对于被保险人致人损害而发生的累计赔偿责任，超过合同约定的累计最高赔偿限额的，保险人对超过部分不承担保险赔偿责任。同时，保险人在保险期间累计给付的保险赔偿金达到累计最高赔偿限额时，责任保险合同终止效力。

（2）每次事故赔偿限额。责任保险合同可以约定，保险人对每次事故（one accident）所造成的被保险人的赔偿责任最多承担给付保险赔偿金的最高限额。责任保险合同约定每次事故赔偿限额的，在保险合同约定的保险期间内，发生任何一次意外事故造成被保险人应当承担赔偿责任的，保险人以每次事故赔偿限额为限，向被保险人承担保险赔偿责任；若其后又发生事故致使被保险人应当承担赔偿责任，则保险人仍以保险合同约定的每次事故赔偿限额，向被保险人承担保险赔偿责任。责任保险合同对于"每次事故"应当作出明确的描述，以避免发生在"一次事故"造成多人伤亡时出现对"每次事故"的

---

① 参见《保险法》（2015年）第57条第2款。
② 参见《保险法》（2015年）第66条。

理解歧义。[1]

（3）每次事故每人赔偿限额。责任保险合同可以约定，每次事故所造成的被保险人的赔偿责任，若有数个受害人索赔，则保险人对被保险人按每个受害人的索赔要求而分别承担给付保险赔偿金的最高限额。责任保险合同约定每次事故每人赔偿限额的，在保险合同约定的保险期间内，发生任何一次意外事故造成被保险人应当承担赔偿责任时，不论受害人为一人还是多人，保险人对每个受害人均以每次事故赔偿限额为限，对被保险人承担保险给付责任。

（4）被保险人的自负额。责任保险的自负额是被保险人致人损害后不得请求保险人给付而应当自行承担的责任保险合同约定的固定或比例金额。责任保险合同可以约定自负额，以督促被保险人提高安全防范意识而防止保险事故的发生。责任保险合同约定自负额的，当保险期间内被保险人致人损害而应当承担赔偿责任时，若自负额为固定金额，则保险人仅以超过该固定金额的赔偿责任部分，承担保险赔偿责任；若自负额为比例金额，则保险人按照合同约定的比例，承担保险赔偿责任，自负比例部分由被保险人自担。

（二）违约赔偿

发生保险事故的，被保险人请求保险人给付责任限额范围内的赔偿，保险人应当按照约定或者法律规定及时给付保险赔偿金。依照我国保险法的规定，保险人收到被保险人的赔偿后，应当及时作出核定；对属于保险责任的，在与被保险人达成赔偿协议后10日内，履行赔偿义务；保险人未及时履行合同约定的赔偿义务的，除支付保险金外，应当赔偿被保险人因此受到的损失。[2] 保险事故发生后，保险人违反保险合同拒不给付或者迟延给付保险赔偿金的，应当承担违反合同的民事责任。

责任保险人拒绝给付或迟延给付保险赔偿金，造成被保险人损失的，应当予以赔偿。保险人应予赔偿的被保险人的损失，限于被保险人实际发生的损失；保险合同对于被保险人的损失约定有违约金或者损失计算方法的，保险人应当支付违约金或者按照合同约定的损失计算方法支付赔偿金。

---

[1] 参见邹海林《责任保险论》，法律出版社，1999，第185页。
[2] 参见《保险法》（2015年）第23条。

(三) 超额赔偿责任

发生保险事故后,责任保险第三人向被保险人提出索赔的,保险人对于第三人的索赔事项有参与并控制索赔的抗辩或者和解的权利,被保险人有义务协助保险人参与索赔的抗辩与和解。在此过程中,保险人违反诚信义务,致被保险人对第三人承担的赔偿责任超过保险金额,或者其财产被查封或者被强制执行或者受到其他损失的,被保险人可以义务不履行或者侵权行为为由,要求责任保险人赔偿其超过保险责任限额的损失。于此情形下,保险人将承担超出保险责任限额的超额赔偿责任。[1]

保险人是否承担超额赔偿责任,仅与保险人参与和控制第三人索赔时有无违反诚信义务的行为相关,与保险人依照责任保险合同应否承担保险责任无直接的关联。即使保险人依照责任保险合同约定不应当承担保险责任,其参与和控制第三人索赔时违反诚信义务而应当承担赔偿责任的,也会发生超额赔偿责任的问题。例如,若保险人不合理地拒绝为被保险人进行抗辩,而被保险人因为无力支付抗辩费用而不能出庭抗辩,致使法院作出缺席判决,那么保险人恶意拒绝抗辩即成为被保险人遭受缺席判决的近因,保险人应当对被保险人因缺席判决而承担的全部责任负责,即使被保险人因缺席判决而承担的赔偿责任不属于保险责任范围,亦同。[2] 因此,保险人的超额赔偿责任,不以保险人对被保险人应当承担保险责任为条件。

三 责任保险的除外责任

保险人对被保险人致人损害的赔偿责任是否承担保险责任,应当依照法律规定和保险合同约定予以确定。被保险人对责任保险第三人应当承担的赔偿责任,依照保险法规定或保险合同的约定,不属于保险人的保险责任,或者保险人不承担给付保险赔偿金责任的,属于除外责任。

依照保险法的规定,不论责任保险合同有无约定,保险人不承担给付保险赔偿金责任的,都为法定的除外责任。责任保险的法定除外责任,主要是指被保险人故意致人损害而发生的赔偿责任。被保险人故意致人损害而承担的赔偿责任,属于道德危险,责任保险合同不仅不得将之约定为保险责任,而且在发生事故时,保险人依照保险法规定不承担保险责任。但是,在强制责任保险的情形下,依照法律规定,保险人仍

---

[1] 参见邹海林《责任保险论》,法律出版社,1999,第188页。
[2] 参见邹海林《责任保险论》,法律出版社,1999,第189页。

然应当向被保险人故意致人损害的受害人给付保险赔偿金，不得以其不承担保险责任为由对抗受害人的赔偿要求；保险人向受害人给付保险赔偿金后，则以其不承担保险责任为由，向被保险人追偿。①

再者，责任保险合同订立前已经发生的保险事故，如被保险人致人损害而承担赔偿责任的事实发生在保险合同订立前，除非保险合同约定保险人的责任具有溯及力，或者责任保险合同为索赔型责任保险合同，保险人不承担给付保险金的责任。②

此外，保险实务中，责任保险合同一般将以下情形约定为除外责任。③

（1）军事冲突。因为战争、类似战争行为、叛乱或武力侵占等事件的发生直接或间接地造成第三人损害，被保险人依法应当承担的赔偿责任。

（2）罢工暴动、民众骚乱。因为罢工暴动、民众骚乱等事件直接或间接地造成第三人损害，被保险人依法应当承担的赔偿责任。

（3）核危险。因为核反应、核辐射、放射性污染等核危险直接或间接地造成第三人损害，被保险人依法应当承担的赔偿责任。

（4）天灾。因为飓风、洪水、地震等自然原因直接或间接地造成第三人损害，被保险人依法应当承担的赔偿责任。

（5）承诺。因为被保险人的承诺或要约而对第三人增加的赔偿责任。

（6）自己所有或保管物。被保险人本人的人身所发生的损害，以及被保险人本人或家庭所有或者管理的财产因被保险人的行为而发生的损害，以及因可归责于被保险人的事由造成被保险人租借、代人保管或代售的财物发生毁损、灭失而引起的赔偿责任。

（7）保险单限制外的营业。被保险人因经营或兼营非保险单所载明的营业种类造成第三人损害，以及经营未经主管机关许可的业务或其他非法行为造成第三人损害，依法应当承担的赔偿责任。

（8）酒、药影响。被保险人或其受雇人在执行职务时，因受酒类或药剂的影响造成第三人损害，被保险人依法应当承担的赔偿责任。

（9）受雇人伤亡。除雇主责任保险外，被保险人的受雇人因执行职务而发生人身伤亡，被保险人对其应当承担的赔偿责任。

---

① 参见常敏《保险法学》，法律出版社，2012，第173页。
② 参见邹海林《责任保险论》，法律出版社，1999，第206页。
③ 参见陈云中《保险学》，五南图书出版公司，1988，第508~509页。

案例参考 72

责任保险的免责条款及其效力认定

2013年3月27日,出租公司的驾驶人熊某某驾驶被保险车辆与步行过马路的黄某某发生碰撞,致黄某某当场死亡,车辆受损。经某司法鉴定中心检验:熊某某的尿液样本检测结果为吗啡类胶体金试剂盒法检验呈阳性。公安交通管理部门作出《道路交通事故认定书》认定:熊某某驾驶机动车未按照操作规范安全驾驶且尿检吗啡类胶体金试剂盒法检验呈阳性,违反《道路交通安全法》第22条第1款和第2款"饮酒、服用国家管制的精神药品或者麻醉药品,或者患有妨碍安全驾驶机动车的疾病,或者过度疲劳影响安全驾驶的,不得驾驶机动车"之规定,是本次事故发生的根本原因。在本次交通事故中,熊某某负全部责任,黄某某不负责任。事故发生后,出租公司与黄某某的家属签订了《交通事故和解书》,协议约定一次性赔偿黄某某死亡赔偿金、丧葬费、交通费、精神抚慰金等事故全部费用共计人民币446000元,已实际履行。之后,出租公司向保险公司申请理赔遭拒。出租公司提起诉讼,请求保险公司赔付交通事故责任强制保险和商业三者险赔款共计446000元。

一审法院认为:本案争议焦点为保险车辆驾驶人熊某某驾车发生交通事故时是否存在"服用国家管制的精神药品或者麻醉药品"的免责情形以及保险公司对相关保险免责条款是否履行了明确说明义务,是否应承担保险赔偿责任。

公安交通管理部门作出的《道路交通事故认定书》认定:熊某某的尿液样本检测结果为吗啡类胶体金试剂盒法检验呈阳性,违反了《道路交通安全法》第22条第2款"饮酒、服用国家管制的精神药品或者麻醉药品,或者患有妨碍安全驾驶机动车的疾病,或者过度疲劳影响安全驾驶的,不得驾驶机动车"之规定。该《道路交通事故认定书》程序合法,双方当事人亦未提出相反证据推翻,予以采信。由于公安交通管理部门已经排除熊某某"饮酒",熊某某尿检结果为吗啡类胶体金试剂盒法检验呈阳性,故认定熊某某于事故发生时服用了国家管制的精神药品或者麻醉药品,存在保险免责情形。出租公司辩称事故发生时熊某某验尿吗啡类胶体金试剂检验呈阳性是因为吃了感冒药,证据不足,不予采信。

《道路交通安全法》第22条第2款"服用国家管制的精神药品或

者麻醉药品……不得驾驶机动车"之规定属于法律的禁止性规定。根据最高人民法院《关于适用〈中华人民共和国保险法〉若干问题的解释（二）》第10条："保险人将法律、行政法规中的禁止性规定情形作为保险合同免责条款的免责事由，保险人对该条款作出提示后，投保人、被保险人或者受益人以保险人未履行明确说明义务为由主张该条款不生效的，人民法院不予支持。"据此，保险公司对于纳入保险合同免责事项的法律禁止性规定仅负有提示义务，无须明确说明。具体到本案，保险双方约定的"驾驶人饮酒、吸食或注射毒品、被药物麻醉后使用被保险机动车"之免责条款，保险公司只须履行提示义务，该条款即生效。结合最高人民法院《关于适用〈中华人民共和国保险法〉若干问题的解释（二）》第11条第1款，保险公司在保险条款中就免责条款用黑体加粗字体予以标识，并在保险单"重要提示"栏中提示出租公司"详细阅读承保险种对应的保险条款，特别是责任免除"，即可认定保险公司已就本案免责条款向出租公司履行了保险法第17条第2款规定的提示义务，本案保险免责条款对保险双方均具有法律约束力。出租公司亦在投保单"投保人声明"栏处盖章确认："保险人已向本人详细介绍并提供了投保险种所使用的条款，并对其中免除保险人责任的条款（包括但不限于责任免除、投保人被保险人义务、赔偿处理、附则等），以及本保险合同中的付费约定和特别约定的内容向本人做了明确说明，本人已充分理解并接受上述内容，同意以此作为订立保险合同的依据；本人自愿投保上述险种。上述所填写的内容均属实。"进一步证实保险公司就本案所涉免责条款已向出租公司履行了明确说明义务。出租公司以保险公司未履行明确说明义务为由主张该免责条款不生效，依据不足，不予支持。

综上，根据最高人民法院《关于审理道路交通事故损害赔偿案件适用法律若干问题的解释》第18条规定：驾驶人服用国家管制的精神药品或者麻醉药品后驾驶机动车发生交通事故的，保险公司在交通事故责任强制保险限额范围内向受害人进行赔偿后有权向侵权人追偿。本案中出租公司已实际向受害人进行赔偿，故不存在保险公司在交通事故责任强制保险范围内承担垫付责任再向侵权人追偿的必要性，出租公司主张保险公司理赔交通事故责任强制保险，依据不足，不予支持。商业三者险属于商业自愿保险，应当根据保险合同约定确定保险公司的赔偿责任，鉴于保险双方已将"驾驶人饮酒、吸食或注射毒品、被药物麻醉后使用被保险机动车"列为除外责任且该免责条款合法有效，故对出租公司主张保险公司理赔商业三者险的诉讼请求不予支持。

出租公司不服一审判决,以保险公司应在交通事故责任强制保险范围内赔偿出租公司110000元为由,提起上诉。二审法院认为:最高人民法院《关于审理道路交通事故损害赔偿案件适用法律若干问题的解释》第18条第1款虽然规定"因'醉酒、服用国家管制的精神药品或者麻醉药品后驾驶机动车发生交通交通事故'导致第三人人身损害,当事人请求保险公司在交通事故责任强制保险责任限额范围内予以赔偿,人民法院应予支持",但该条第2款亦明确规定"保险公司在赔偿范围内向侵权人主张追偿权的,人民法院应予支持"。而在本案中,肇事车的运营商及车辆所有权人即交通事故的侵权人已实际向第三人进行了赔偿,故其现要求保险公司在交通事故责任强制保险内进行赔偿的上诉理由,于法无据,本院不予支持。原审判决事实清楚,程序合法,适用法律正确,驳回上诉,维持原判。①

案例分析指引

1. 被保险人有除外责任条款约定的免责事由的,责任保险人不承担保险责任是否因责任保险的强制与否而有所不同?本案中,被保险人的驾驶人使用机动车有吸食或注射毒品的情形,保险公司在交通事故责任强制保险的责任限额内有无赔偿责任?

2. 如何理解"法律、行政法规中的禁止性规定情形"为保险合同免责条款的免责事由?对此情形,保险人的说明义务会有什么变化?

3. 本案中,保险公司是否对将"驾驶人饮酒、吸食或注射毒品、被药物麻醉后使用被保险机动车"列为除外责任不负说明义务?是否存在保险公司未提示或未明确说明而不发生效力的情形?保险公司事实上又是如何履行说明义务的?

4. "醉酒、服用国家管制的精神药品或者麻醉药品后驾驶机动车发生交通交通事故"导致第三人人身损害的,保险公司在交通事故责任强制保险的责任限额内承担的赔偿责任为何种性质的责任?本案中,出租公司可否为赔偿请求权人?受害人应否为赔偿请求权人?同时,被保险人已对受害人作出赔偿的,受害人对保险公司是否还有责任限额内的赔偿请求权?

---

① 参见江西省南昌市中级人民法院(2015)洪民四终字第91号民事判决书。

第五节　抗辩与和解的控制

一　责任保险第三人索赔的抗辩与和解

抗辩与和解是相对于责任保险第三人的索赔而言的法律事实。责任保险第三人索赔，是指被保险人因保险责任范围内的意外事故致人损害，受害人要求被保险人承担损害赔偿责任的意思表示。就责任保险第三人的索赔，被保险人以其不承担或者减免承担赔偿责任为由，对抗责任保险第三人索赔的，称为抗辩；被保险人与责任保险第三人达成谅解而协商解决赔偿事宜的，称为和解。责任保险第三人索赔的抗辩与和解，为责任保险人承担保险责任的前提条件。

二　抗辩与和解的保险人控制

抗辩与和解涉及责任保险第三人索赔的成立与否以及被保险人承担的赔偿责任的数额。责任保险第三人要求被保险人赔偿损害的，被保险人应否承担赔偿责任，在相当程度上与被保险人的抗辩或者和解立场有关。被保险人与责任保险第三人通过抗辩或者和解解决损害赔偿事宜，会直接影响到保险人的保险赔偿责任。所以，保险人对于被保险人抗辩责任保险第三人或者与该第三人和解的立场有条件且有必要进行控制。

抗辩与和解的保险人控制，是指保险人对被保险人对抗责任保险第三人的索赔或者与该第三人和解的立场所具有约束或者支配状态。在我国，抗辩与和解的保险人控制，应当包含以下五个基本要素。

（1）责任保险第三人索赔事件的发生。保险事故发生后，责任保险第三人未向被保险人提出索赔的，自无抗辩与和解的问题发生。责任保险第三人对被保险人索赔的，是抗辩与和解的保险人控制的基础。抗辩与和解，以责任保险第三人向被保险人提出索赔为必要。

（2）抗辩与和解的控制条款。抗辩与和解的保险人控制，以责任保险合同约定的抗辩与和解的控制条款为依据，并以被保险人的名义为之。责任保险合同没有约定抗辩与和解的控制条款的，保险人难以实现对责任保险第三人索赔的抗辩与和解进行控制的目的。

（3）抗辩与和解权利事实上的让与。依照责任保险合同的约定，被保险人将自己进行抗辩与和解的权利，事实上让与给保险人，由保险人以被保险人的名义对责任保险第三人的索赔进行抗辩与和解。

(4) 抗辩与和解意思表示的独立。尽管保险人以被保险人的名义进行抗辩与和解，但抗辩与和解时所为之意思表示，是保险人独立的意思表示。保险人进行抗辩与和解的意思表示，不得损害被保险人的利益。

(5) 抗辩与和解的效果及于被保险人。责任保险第三人对被保险人提出索赔的，保险人进行抗辩与和解所产生的结果，其效力直接及于被保险人。被保险人不得以保险人控制着抗辩与和解为由，拒绝接受或者承认保险人进行抗辩与和解的结果。

三　抗辩与和解的控制条款

（一）索赔参与权条款

抗辩与和解的控制条款，构成保险人控制被保险人的抗辩与和解的基础；没有抗辩与和解的控制条款，保险人便没有理由对责任保险第三人的索赔进行抗辩与和解。抗辩与和解的控制条款，是责任保险合同约定的赋予保险人控制抗辩与和解的法律地位的条款。在我国保险实务中，责任保险合同约定的抗辩与和解的控制条款，被称为"索赔参与权条款"。

索赔参与权条款是合同约定的赋予保险人控制责任保险第三人索赔的抗辩与和解的权利的条款。例如，中国人民财产保险股份有限公司《物业管理责任保险条款》第18条规定："被保险人获悉可能发生诉讼、仲裁时，应立即以书面形式通知保险人；接到法院传票或其他法律文书后，应将其副本及时送交保险人。保险人有权以被保险人的名义处理有关诉讼或仲裁事宜，被保险人应提供有关文件，并给予必要的协助。对因未及时提供上述通知或必要协助引起或扩大的损失，保险人不承担赔偿责任。"依照索赔参与权条款，保险人对于被保险人就其和第三人之间的损害赔偿责任的有无、大小等事项，享有决定权，并享有以保险人自己的意思进行抗辩与和解的充分权利；被保险人同时对保险人的抗辩与和解承担尽其所能的协助义务。

但应当注意的是，索赔参与权条款并没有对保险人附加特别的限制或者义务，如保险人享有索赔参与权，并承担为被保险人的利益进行抗辩与和解的义务。但依照保险法规定的诚实信用原则，保险人依照索赔参与权条款进行抗辩与和解的，不得违反诚实信用原则。

（二）索赔参与权的放弃

索赔参与权产生于责任保险合同的约定，保险人可以放弃索赔参与权。放弃索赔参与权，为保险人的单方法律行为。保险人作出放弃索赔参与权的意思表示，即时发生弃权的效力。保险人放弃索赔参与权，应当向被保险人作出明确的意思表示。但是，发生以下情形的，可以认为保险人放弃了索赔参与权。（1）被保险人请求保险人给付保险赔偿金，保险人依保险合同约定的除外责任或条件，拒绝给付保险赔偿金的，视为保险人放弃索赔参与权。[1]（2）被保险人通知保险人责任保险第三人索赔的事实后，保险人就是否参与抗辩与和解经过合理期间不为相应的意思表示，视为保险人放弃索赔参与权。[2] 责任保险人放弃索赔参与权的，被保险人取得自行就责任保险第三人索赔进行抗辩与和解的地位；此后，保险人不得拒绝接受被保险人自行抗辩与和解的结果。

（三）被保险人的协助义务

保险人依照索赔参与权条款，就责任保险第三人索赔进行抗辩与和解时，被保险人有义务提供必要的协助。被保险人的协助义务的主要内容包括：（1）被保险人未经保险人的同意，不得承认赔偿责任、对受害人给付赔偿金，或与受害人进行和解；（2）被保险人致人损害的事实发生时，或者责任保险第三人提出索赔时，被保险人应当及时通知保险人其事实；（3）被保险人不得对责任保险第三人提出的索赔提供帮助；（4）被保险人应当按照保险人的要求，出庭接受询问、参与质证或提供资料、出示证据；（5）被保险人向保险人聘用的抗辩与和解的专业人员（律师）提供其所要求的其他合理的协助或帮助。

保险人进行抗辩与和解时，要求被保险人予以协助的，被保险人不得拒绝。被保险人的协助义务，依其性质，可以成为保险人承担保险责任的条件；有关协助义务的约定，构成责任保险合同的保证条款的组成部分。依照责任保险合同的约定，被保险人拒绝保险人的协助要求，或者妨碍保险人抗辩与和解的，保险人可以不承担保险责任。

四 保险人的抗辩与和解义务

保险人的抗辩与和解义务，是指被保险人受到损害赔偿起诉的，保险人承担为被保险人的利益就责任保险第三人索赔进行抗辩与和解的义务。

---

[1] See Raoul Colinvaux, *The Law of Insurance*, 5th ed.（Sweet & Maxwell, 1984），p. 405.
[2] 参见邹海林《责任保险论》，法律出版社，1999，第271页。

前已言之，在我国的保险实务中，保险人有索赔参与权。保险人不承担为被保险人进行抗辩与和解的义务。保险人的抗辩与和解义务，仅存在于我国保险法理论上。理论上的抗辩与和解义务，将对我国保险实务产生影响，并为我国建立和发展责任保险人的抗辩与和解义务的制度，提供必要的理论准备。保险人对被保险人承担抗辩与和解义务，已为责任保险发展的大趋势，可以有效地扭转被保险人在有关其损害赔偿责任的确定方面的劣势地位，在观念上符合民法追求的诚实信用和公平理念；在效果上，可以使被保险人有机会免受诉讼及其费用的牵累，更加有效地利用保险人在诉讼费用及其技巧方面的优势，使被保险人的赔偿责任的诉讼或者仲裁的费用的负担归属趋于合理化。①

责任保险人的抗辩与和解义务，是保险人对被保险人所承担的不依赖于保险给付义务的基本义务。保险人的抗辩与和解义务，源自责任保险合同的特别约定或者诚实信用原则，独立且不同于责任保险人的填补损失义务，独立于保险人的保险给付责任。一方面，保险人不履行抗辩与和解义务，在相当程度上可以成立违约行为，应当承担违约责任；另一方面，保险人不履行抗辩与和解义务，被保险人可以依照诚实信用原则，以保险人不履行义务为由，诉请侵权损害赔偿。

责任保险人违反抗辩与和解义务，第三人索赔后经确定的被保险人的损害赔偿责任，超过保险合同约定的赔偿限额，且有以下情形之一的，保险人应当承担超额赔偿责任：（1）保险人拒绝对保险责任限额内的索赔作出和解；（2）保险人对于保险责任限额内的索赔，过分讨价还价（即未接受合理的和解要约）以致和解不成立；（3）保险人过分相信被保险人的陈述而没有详加调查，误以为被保险人并无过失责任。②

五 抗辩与和解费用的负担

责任保险第三人提出索赔的，被保险人因抗辩与和解而发生的各项费用，属于保险责任范围，应当由保险人负担，但保险合同另有约定的除外。③

在立法例上，关于抗辩与和解费用的负担，存在不同的做法。（1）有

---

① 参见邹海林《责任保险论》，法律出版社，1999，第283页。
② 参见王卫耻《实用保险法》，文笙书局，1981，第330页。
③ 参见《保险法》（2015年）第66条

立法例规定,保险人负担全部抗辩与和解的费用。抗辩与和解的费用属于保险责任范围,保险人应当负担,不得约定由被保险人负担其一部或全部。(2)有立法例规定,抗辩与和解的费用的法定比例部分由保险人绝对负担。责任保险合同可以约定保险人和被保险人分担抗辩与和解的费用比例,但对于法定比例部分的费用,必须由保险人负担,不得以任何形式的约定,将之转嫁由被保险人负担。①

抗辩与和解的费用属于保险责任范围,在性质上允许责任保险合同约定抗辩与和解的负担方式或标准。因为保险责任范围可以由保险合同约定加以限制。故责任保险对于抗辩与和解的费用负担或者归属有约定的,保险人按照约定承担抗辩与和解的费用;没有约定或者约定不明的,保险人承担抗辩与和解的全部费用。

案例参考 73

被保险人对责任保险人行使索赔参与权的协助义务

圣海公司以其货车向太平洋保险公司投保机动车商业保险,其中第三者商业责任险保险金额为100万元,精神损害抚慰金责任险保险金额为50000元,保险期间为自2011年1月7日0时起至2012年1月6日24时止。2011年11月19日,被保险货车与孙某某发生交通事故。公安交警部门出具道路交通事故认定书,认定被保险车辆一方负事故的全部责任,孙某某不负事故责任。事故发生后,圣海公司支付孙某某医疗费178066.2元,未给付其他赔偿款,孙某某起诉圣海公司和永诚保险公司。法院查明孙某某因此次交通事故产生的费用包括:医疗费1789212.1元(其中178066.2元,圣海公司已给付)、护理费9800元、误工费10404元、营养费2100元、交通费2000元、住院伙食补助费2100元、司法鉴定费1300元、照相费10元、定残后的护理费233600元、残疾辅助器具费229015元、残疾赔偿金333528.75元、精神损害抚慰金31000元。判决永诚保险公司在交通事故责任强制保险责任限额内赔偿孙某某120000元;圣海公司赔偿孙某某735003.65元。

圣海公司诉请太平洋保险公司在商业第三者责任保险限额内向孙某某支付保险赔偿金735003.65元;向圣海公司支付保险赔偿金178066.2元。

---

① 参见邹海林《责任保险论》,法律出版社,1999,第278页。

一审法院认为，本案系财产保险合同纠纷。圣海公司和太平洋保险公司订立的第三者商业责任险、精神损害抚慰金责任险等险种，系双方真实意思表示，不违反法律、行政法规的强制性规定，合法有效。在保险合同有效期内，保险车辆发生交通事故导致孙某某的损失，太平洋保险公司应当按照保险合同的约定履行支付保险金的义务。依据《保险法》（2002年）第50条的规定，判决太平洋保险公司在第三者责任险限额内向圣海公司支付保险金178066.2元，在第三者责任险限额内向孙某某支付保险金735003.65元。

太平洋保险公司不服一审判决，提起上诉，理由如下。（1）圣海公司未按保险合同的约定提供必要的索赔资料，如未提供医疗费用清单、未提供驾驶人的驾驶证、从业资格证书、道路运输证和保险机动车审核合格的证明材料等，致使保险责任无法核定，太平洋保险公司依约有权不予赔偿。（2）圣海公司故意剥夺太平洋保险公司的索赔参与权。本案保险合同的性质是责任保险，圣海公司在得知第三者诉至法院后，并没有告知太平洋保险公司。甚至在第三者诉讼做出判决，太平洋保险公司要求圣海公司对不合理的判项提起上诉后，圣海公司也没有遵照执行，损害了太平洋保险公司的权益。太平洋保险公司对不合理的定残后护理费、残疾辅助器具费不负赔偿责任。二审法院查明的事实与一审查明的事实一致。

二审法院认为，太平洋保险公司对生效判决已确定的定残后护理费、残疾辅助器具费有异议，但就此并未提交足以推翻生效判决认定事实的相反证据，根据最高人民法院《关于民事诉讼证据的若干规定》第九条，对生效判决确定的定残后护理费、残疾辅助器具费，应予以确认。该费用并未超出太平洋保险公司与圣海公司签订的机动车第三者商业责任保险条款约定的赔付范围，太平洋保险公司应依照法律以及合同的约定，承担赔付责任。一审判决认定事实清楚，适用法律正确，判决驳回上诉，维持原判。①

案例分析指引

1. 什么是责任保险人的索赔参与权？责任保险合同对索赔参与权有什么约定？

---

① 参见广东省广州市中级人民法院（2014）穗中法金民终字第208号民事判决书。

2. 什么是责任保险被保险人的协助义务？责任保险人的索赔参与权因被保险人不履行协助义务而无法行使的，被保险人要承担什么法律后果？责任保险人是否享有因被保险人违反其协助义务而拒绝给付保险金的抗辩权？

3. 本案中，太平洋保险公司以被保险人违反协助义务和损害其索赔参与权为由主张不承担商业第三者责任险项下的保险责任，为什么不受二审法院的支持？

案例参考74

责任保险人对被保险人的和解赔偿额的给付责任

原告王某系个体百货商店的业主，该百货商店向某保险公司投保机动车辆保险，其中第三者综合责任险赔偿限额为人民币200000元。

2006年某月某日，原告的司机驾驶被保险车辆与案外人邱某发生碰撞，致使邱某四级附加五级和六级伤残。后经人民法院调解，王某与邱某达成协议，由王某承担邱某损失的70%即251447元。人民法院据此制作了民事调解书。后原告王某向保险公司申请理赔，要求按照民事调解书所确定的赔偿比例进行理赔，被告知赔付不能以民事调解书确定的责任比例为依据，而只能以公安局交通警察支队交通事故认定书确定的同等责任理赔。2007年5月，被告保险公司按照50%的比例向原告王某支付了赔偿金172778.78元。

原告王某遂提起诉讼要求被告保险公司支付第三者综合责任险赔偿限额20万内剩余的27221.22元（200000元-172778.78元＝27221.22元）及其利息损失171元。王某认为，民事调解书与民事判决书具有同等的法律效力，在理赔过程中不应当区别对待。相对于交通事故认定书，法院的调解书或者判决书所认定的赔偿比例理所应当更具有法律效力。被告保险公司答辩称，原告没有提供相关的资料证明其自愿承担的20%的赔偿责任是保险范围内的赔偿责任。保险公司没有参加庭审活动，不应承担赔偿义务。①

---

① 参见高燕竹《责任保险中保险人和解参与权问题探讨》，载奚晓明主编《商事审判指导》2011年第3辑，法律出版社，第168页。

> **案例分析指引**

1. 什么是责任保险人的索赔参与权？责任保险人的索赔参与权应当如何体现？

2. 责任保险人的索赔参与权在保险赔付中有什么法律意义？

3. 责任保险第三人向被保险人要求损害赔偿的，被保险人是否应当将索赔的事实通知保险人？未通知保险人的，对被保险人会产生什么不利后果？于此情形下，保险人有无拒绝给付保险赔偿金的权利？

4. 本案中，保险公司未参加交通事故受害人与被保险人的损害赔偿诉讼和解，保险公司为什么没有拒绝理赔法院作出的民事调解书确认的所有赔偿责任？

5. 假如责任保险第三人向被保险人索赔，而被保险人通知其事实但保险公司拒绝或者未参与索赔诉讼，或者虽参与索赔诉讼但不接受被保险人和第三人的和解的，保险公司应当如何承担保险责任呢？

第六节　交通事故责任强制保险

一　交通事故责任强制保险的含义

交通事故责任强制保险，是指"由保险公司对被保险机动车发生道路交通事故造成本车人员、被保险人以外的受害人的人身伤亡、财产损失，在责任限额内予以赔偿的强制性责任保险"。① 交通事故责任强制保险是我国《机动车交通事故责任强制保险条例》明文规定的机动车第三者责任强制保险，以区别于不具有强制保险特性的"机动车第三者责任险"。

《道路交通安全法》第17条规定："国家实行机动车第三者责任强制保险制度，设立道路交通事故社会救助基金。具体办法由国务院规定。"第76条规定："机动车发生交通事故造成人身伤亡、财产损失的，由保险公司在机动车第三者责任强制保险责任限额范围内予以赔偿……"上述规定为我国开展机动车责任强制保险，提供了法律上的依据。2006年3月，国务院发布《机动车交通事故责任强制保险条

---

① 参见《机动车交通事故责任强制保险条例》第3条。

例》，以"交通事故责任强制保险"统一了我国实行的机动车责任强制保险。

交通事故责任保险本质上为机动车第三者责任保险，但其为强制保险。对机动车责任保险实行强制保险，其目的或宗旨在于保障交通事故受害人的利益，以维护社会公共利益。因此，交通事故责任强制保险在平衡保险人、被保险人以及交通事故受害人的利益方面，将更多地倾向于对受害人权利的保障，以便交通事故受害人能够从保险人处获得及时、有效的经济保障和医疗救济。

二 保险责任限额法定

交通事故责任强制保险在全国范围内实行统一的责任限额。依照我国的有关规定，责任限额分为死亡伤残赔偿限额、医疗费用赔偿限额、财产损失赔偿限额以及被保险人在道路交通事故中无责任的赔偿限额。[1] 其中，无责任的赔偿限额分为无责任死亡伤残赔偿限额、无责任医疗费用赔偿限额以及无责任财产损失赔偿限额。[2] 应当注意的是，上述所称"无责任赔偿限额"中的"无责任"，是指无交通事故责任，与被保险人是否对交通事故受害人承担民事赔偿责任无关。交通事故责任由公安交通管理部门依照《道路交通安全法》以及交通事故的具体情形予以认定。

三 保险责任范围

（一）保险责任

被保险人或其允许的驾驶人员在使用被保险机动车过程中发生意外事故，致使受害人遭受人身伤亡或财产直接损毁，依法应当由被保险人承担的赔偿责任，保险人在合同约定的责任限额范围内负责赔偿。交通事故受害人，是指因被保险机动车发生交通事故遭受人身伤亡或者财产损失的人，但不包括被保险人以及被保险机动车的车上人员。[3]

被保险人在使用被保险机动车过程中发生交通事故，致使受害人遭受人身伤亡或者财产损失，依法应当由被保险人承担的损害赔偿责任，

---

① 参见《机动车交通事故责任强制保险条例》第23条。
② 参见《机动车交通事故责任强制保险条款》第6条。
③ 参见《机动车交通事故责任强制保险条例》第3条。

保险人按照交通事故责任强制保险合同的约定对每次事故在下列赔偿限额内负责赔偿：(1) 死亡伤残赔偿限额为 110000 元；(2) 医疗费用赔偿限额为 10000 元；(3) 财产损失赔偿限额为 2000 元；(4) 被保险人无责任时，无责任死亡伤残赔偿限额为 11000 元；无责任医疗费用赔偿限额为 1000 元；无责任财产损失赔偿限额为 100 元。[①]

(二) 除外责任

1. 不承担保险责任的法定事由

依照有关法律的规定，有下列情形之一，发生道路交通事故，造成受害人的财产损失的，保险公司不承担交通事故责任强制保险责任限额内的赔偿责任：(1) 驾驶人未取得驾驶资格或者醉酒的；(2) 被保险机动车被盗抢期间肇事的；(3) 被保险人故意制造道路交通事故的。但是，有前述情形发生的，道路交通事故造成受害人的人身伤亡时，保险公司在交通事故责任强制保险责任限额内应当"垫付"抢救受害人的费用，并有权向被保险人追偿。[②]

这里应当注意的是，对包括醉酒驾车在内的上述 3 种情形造成的人身损害，有关规定仅仅涉及保险公司"垫付"抢救费用的义务，并未明确规定保险公司是否应当承担交通事故责任强制保险项下的赔偿责任。

2. 不承担保险责任的约定事由

依照交通事故责任强制保险条款的规定，保险人对于因为下列原因引起的责任或损失，不承担交通事故责任强制保险责任限额内的保险责任：(1) 因受害人故意造成的交通事故的损失；(2) 被保险人所有的财产及被保险机动车上的财产遭受的损失；(3) 被保险机动车发生交通事故，致使受害人停业、停驶、停电、停水、停气、停产、通讯或者网络中断、数据丢失、电压变化等造成的损失以及受害人财产因市场价格变动造成的贬值、修理后因价值降低造成的损失等其他各种间接损失；(4) 因交通事故产生的仲裁或者诉讼费用以及其他相关费用。[③]

四 交通事故受害人的请求权

原则上，机动车责任强制保险要求保险人给付保险赔偿金的，若被

[①] 参见《机动车交通事故责任强制保险条款》第 8 条第 1 款。
[②] 参见《机动车交通事故责任强制保险条例》第 22 条。
[③] 参见《机动车交通事故责任强制保险条款》第 10 条。

保险人尚未对机动车事故受害人承担赔偿责任，保险人便不得将保险赔偿金部分或全部给付被保险人。相应地，机动车事故受害人依法取得对保险人的直接请求权的，保险人在责任限额范围内有责任直接对受害人给付保险赔偿金。

英国《道路交通法》第149条规定，保险人对肇事机动车受害人就保单持有人取得之判决负有直接的责任；机动车事故的受害人对保单持有人提起诉讼后，保单持有人在7日内应当将其索赔事项通知保险人。该法承认机动车事故受害人对保险人的直接请求权，确认保险人对机动车事故受害人的直接给付责任。

在日本，法院的判例和立法均确认机动车事故受害人对保险人的直接请求权。《机动车损害赔偿保障法》第16条第1款规定了机动车事故受害人对保险人的损害赔偿请求权，即"发生保有者损害赔偿的责任时，受害人根据政令的规定，可以在保险金额的限度内向保险人请求支付损害赔偿额"。

德国《机动车保有人强制责任保险法》第3条规定："第三人可以对保险人行使损害赔偿请求权。"

我国台湾地区"强制机动车责任保险法"第28条规定："受益人得在本法规定之保险金额范围内，直接向保险人请求给付保险金。"

《道路交通安全法》第76条和《机动车交通事故责任强制保险条例》均没有明确赋予交通事故受害人对保险人的直接请求权。在保险法理论和实务上，对于机动车事故受害人对保险人有无直接请求权，存在争议。通说认为，交通事故受害人对保险人没有直接请求权。在此情形下，保险公司虽然可以选择向被保险人或受害人赔偿保险金，但这无疑会增加受害人的索赔成本、延长受害人的索赔期限，更使受害人的赔偿利益没有制度保障。在我国，未来发展交通事故责任强制保险时，应当确立交通事故受害人对责任保险人的直接请求权。

五　保险人的追偿权

理论上，交通事故责任强制保险加重了保险公司的保险给付责任。尤其是，保险公司对交通事故的受害人承担的保险赔偿责任，不受交通事故责任强制保险合同条款或者交通事故责任强制保险合同效力欠缺的影响，除《机动车交通事故责任强制保险条例》有规定外，保险公司对于交通事故受害人的赔偿利益，不得以交通事故责任强制保险合同的约定予以排除、减少或者降低。

但是，保险公司并非社会福利机构，保险公司对交通事故的受害人承担的保险赔偿责任，若属于不应当承担的风险，则应当有合理的途径予以消化或者分解。原则上，机动车第三者责任强制保险立法在加重保险公司对交通事故受害人的保险赔偿责任时，通过保险公司对肇事机动车加害人的追偿权制度对保险公司的加重责任予以缓和。

我国有关交通事故责任强制保险的立法，对保险人的追偿权已有部分规定。例如，有下列情形之一的，保险人在交通事故责任强制保险责任限额范围内"垫付"抢救交通事故受害人的费用后，有权向致害人（包括被保险人）追偿：（1）驾驶人未取得驾驶资格或者醉酒的；（2）在被保险机动车被盗抢期间肇事的；（3）被保险人故意制造道路交通事故的。[①] 但是，上述规定的适用范围非常有限，仅以保险公司"垫付"抢救受害人的费用的情形为限，甚至都没有明确表述保险人是否应当承担赔偿责任。

交通事故责任强制保险在性质上仍为责任保险。保险人依照保险法或者保险合同约定，不承担保险责任，但无法对抗交通事故受害人的赔偿要求时，以责任限额赔偿受害人后，对被保险人应当有追偿权。理论上，在下列情形下，保险人可以向被保险人追偿。[②]

第一，保险人超额承担赔偿的。保险人超出保险单约定的保险给付限额的赔偿，有权向被保险人追偿。受强制机动车保险保障的受害人请求保险人承担保险赔偿责任的权利，因为不受保险合同条款的限制，保险公司对受害人依法取得的判决确认的任何赔偿金额，都会承担责任。如果保险人在赔偿限额以外，对受害人还应当承担给付责任，则在此情形下，保险人对其超出保险责任限额的赔偿，有权向被保险人追偿。

第二，责任保险单失去效力但保险人仍然承担赔偿责任的。被保险人违反保险合同的规定，或者违反其法定义务或担保，保险人有权解除或者终止合同，不承担保险责任，但机动车事故受害人对保险人的赔偿请求权不受影响，保险人因此而赔偿受害人的，依照其在保险合同中所应当享有的利益，其有权要求被保险人予以偿还。

第三，保险人因合同约定的除外责任不应当承担赔偿责任而承担赔偿责任的。保险人对受害人承担的赔偿责任，可以依照保险合同约

[①] 参见《机动车交通事故责任强制保险条例》第22条。
[②] 参见邹海林主编《中国商法的发展研究》，中国社会科学出版社，2008，第336页。

定的除外责任条款向被保险人追偿。例如，被保险人利用机动车故意造成第三人损害，不得请求保险人承担赔偿责任；但保险人对机动车事故受害人承担的给付责任，仍为有效且可以被强制执行；保险人向受害人给付赔偿后，可以被保险人故意致人损害为由，向被保险人追偿。

案例参考 75

交通事故责任强制保险的每次事故赔偿限额

2010年8月，刘某与保险公司订立机动车交通事故责任强制保险合同，保险公司签发保险单，该保险单载明：投保人和被保险人为刘某，保险期间为自2010年8月31日至2011年8月30日，财产损失赔偿限额为2000元。交通事故责任强制保险条款约定的保险责任为：对于被保险人在使用保险车辆过程中发生交通事故，致使受害人遭受人身伤亡或者财产损失，依法应当由被保险人承担的损害赔偿责任，保险人按照交通事故责任强制保险合同的约定，对每次事故负赔偿责任。保险公司另签发了机动车辆保险单，该保险单载明：保险公司承保第三者责任保险，责任限额为30万元；保险期间为自2010年8月31日至2011年8月30日。该保险条款约定的保险责任是：针对被保险人或其允许的合法驾驶人在使用保险车辆过程中发生意外事故，致使第三者遭受人身伤亡和财产的直接损毁，依法由被保险人承担的经济赔偿责任，保险公司对于超出交通事故责任强制保险各分项赔偿限额以上的部分，按照保险合同的规定负责赔偿。该条款还约定：发生保险事故时，保险车辆未按规定检验或检验不合格的，保险公司不负责赔偿。

2011年1月25日，刘某的司机梁某驾驶被保险车辆与他人驾驶的丰田车、本田车、夏利车连续、分别相撞。公安机关出具了3份事故认定书，认定梁某对3次碰撞事故均承担全部责任。刘某负担了丰田车的修理费16541元、本田车的修理费3万元、夏利车的修理费7035元。刘某向保险公司索赔之后，保险公司认为被保险车辆发生保险事故时未参加检验，符合合同所约定的免责情形，故拒绝赔偿。

刘某起诉保险公司称，保险公司在订立合同时未就格式条款中的免责条款向其作出明确说明，故免责条款不生效。因此，刘某要求保险公司在交通事故责任强制保险和自愿第三者责任险项下赔偿丰田车、本田车和夏利车的损失共53576元。保险公司辩称，被保险车辆在发生交通事故时没有按照有关规定参加检验，符合第三者责任险条款所约定的免责情形。因此，保险公司同意在交通事故责任强制保险的财产损失赔偿限额项下赔偿2000元，但不同意刘某的其他请求。

　　法院经审理认为，刘某与保险公司订立的保险合同有效，本案的争议焦点是：如何判定保险公司在交通事故责任强制保险和第三者责任险项下的保险责任。保险公司在本案诉讼中，没有向法院提交证据证明，该公司在订立合同时向刘某交付了自愿第三者责任险的格式条款，并且就其中的免责条款提示刘某注意、作出明确说明，依照《保险法》（2009年）第17条第1款和第2款的规定，保险公司在本案中援引的免责条款不生效，不能成为其免除保险责任的合同依据。保险公司在本案诉讼中并未向法院提交证据证明，丰田车、本田车、夏利车的修理费用中存在不合理的成分，因此刘某所承担的上述车辆的实际修理费用，即刘某向第三者依法承担赔偿责任的金额。

　　《道路交通安全法》第76条第1款规定：机动车发生交通事故造成人身伤亡、财产损失的，由保险公司在机动车第三者责任强制保险责任限额范围内予以赔偿；不足的部分，按照下列规定承担赔偿责任……。按照上述规定，刘某因被保险车辆发生交通事故依法向第三者承担的赔偿责任，保险公司应当首先在交通事故责任强制保险项下给予赔偿。交通事故责任强制保险条款约定保险责任采用了如下文字表述："保险人按照交通事故责任强制保险合同的约定对每次事故负赔偿责任。"保险公司据此主张，针对一次交通事故，无论第三者为单数还是为复数，只能以交通事故责任强制保险的财产损失赔偿限额2000元为赔偿限额。法院对此问题的意见是，《机动车交通事故责任强制保险条例》第21条第1款规定："被保险机动车发生道路交通事故造成本车人员、被保险人以外的受害人人身伤亡、财产损失的，由保险公司依法在机动车交通事故责任强制保险责任限额范围内予以赔偿。"上述规定并未采用"保险人在责任限额内对每次事故给予赔偿"的文字表述。因此，在交通事故的受害人即交通事故责任强制保险之第三者为复数的情形下，依据《机动车交通事故责任强制保险条例》上述规定所采用的词句表述，不能得出交通事故责任强制保险合同所约定之责任限额的适用范围是"每一次事故"的结论。此外《机动车交通事故责任强制保险条例》第1条规定："为了保障机动车道路交通事故受害人依法得到赔偿,促进道路交通安全,根据道路交通安全法、保险法,制定本条例。"该条规定阐述了《机动车交通事故责任强制保险条例》的立法目的在于"保障受害人依法得到赔偿"。据此法院在理解适用《机动车交通事故责任强制保险条例》第21条有关"保险责任"的规定时,应当以第三者获得赔偿之效果的优化作为出发点,并且据此作出如下判断:交通事故责任强制保险合同所约定的赔偿责任限额的适用范围,不是"每一次事故",而是"被保险人对每一个第三者依法承担的赔偿责任"。交通事故责任强制保险条款确实包含"保险人按照交通事故责任强制保险合同的约定对每次事故负赔偿责任"的内容。交通事故责任强制保险条款,由中国保险行业协会制定。保险公司与保险行业协会在开展交通事故责任强制保险业务的过程中,应当严格按照《机动车交通事故责任强制保险条例》的规定确定保险人的保险责任,不能利用制定格式条款的便利修正《机动车交通事故责任强制保险条例》的文字表述使其有利于自己而不利于保险相对人。因此,在交通事故责任强制保险条款与《机动车交通事故责任强制保险条例》有关保险责任的表述不一致的情形下,法院应当以《机动车交通事故责任强制保险条例》的文字表述作为认定保险责任的依据。另外,交通事故责任强制保险条款虽然约定"保险人按照交通事故责任强制保险合同的约定对每次事故负赔偿责任",但并未对"每次"作出更为明确的定义。法院亦无从判断"每次"究竟是指保险车辆与其他物体或人员发生的每一次物理意义上的碰撞,还是指在时间上与空间上相对集中的、具有关联性或者不具有关联性的一系列碰撞,抑或是指保险事故造成的每一名第三者的人身或者财产受到损害的独立事实。鉴于保险条款之约定的模糊性,法院决定采取其中最不利于保险公司的解释。此外,本案的实际情形是,针对被保险车辆分别与丰田车、本田车、夏利车发生碰撞的交通事故,公安机关出具了三份事故认定书,据此也可以将受争议的交通事故判定为3次而不是1次。

综上,保险公司对于丰田车、本田车、夏利车的损失,应当首先在交通事故责任强制保险的财产损失赔偿限额内,各承担2000元的赔偿责任,合计6000元。刘某实际赔偿第三者53576元,扣除上述6440元之后,余额47576元由保险公司在自愿第三者责任险项下承担赔偿责任。据此,判决保险公司赔偿刘某53576元。①

---

① 参见北京市西城区人民法院(2011)西民初字第18938号民事判决书。

> **案例分析指引**

1. 本案中，被保险车辆致 3 车受损，保险公司应当如何承担保险责任？

2. 本案中，法院判决为什么不支持保险公司依照机动车第三者责任保险约定的被保险车辆在发生保险事故时未经年检不承担保险责任的主张？

3. 本案中，应当如何解释交通事故责任强制保险条款规定的"每次事故赔偿限额"？法院在判决中解释"每次事故赔偿限额"的基本思路是什么？

4. 本案中，基于案件事实可否对"每次事故赔偿限额"做出解释？

> **案例参考 76**

醉酒驾驶的免责事由不得对抗交通事故受害人

2009 年 10 月 4 日，夏某某驾驶其所有的正三轮摩托车与于某某驾驶的电动自行车相撞，致于某某受伤。该事故交警部门认定：夏某某负事故主要责任，于某某负事故次要责任。于某某受伤后先后到数个医院治疗，后经鉴定构成 10 级伤残。夏某某的正三轮摩托车向保险公司投保了交通事故责任强制保险。因协商不成，于某某起诉夏某某、保险公司赔偿医疗费、误工费等损失合计 61211.82 元。

一审法院认为：夏某某违反交通安全法律、法规驾驶机动车与非机动车的于某某发生交通事故致于某某受伤，因夏某某驾驶的正三轮摩托车在保险公司处投保了机动车交通事故责任强制保险，故对于于某某的损失，应由保险公司在机动车第三者责任强制保险责任限额范围内予以赔偿。保险公司关于夏某某醉酒驾驶发生事故，其对包括残疾赔偿金在内的其他财产损失不予赔偿的辩解意见，缺乏法律依据不予支持。

保险公司不服一审判决，提起上诉，上诉称：夏某某的车辆虽然投保了机动车交通事故责任强制保险，但是夏某某与于某某发生该交通事故时，夏某某驾驶车辆时属于醉酒状态，按照有关法律的规定保险公司不应当承担赔偿责任。一审法院判决保险公司赔偿于某某医疗费、住院伙食补助费、误工费、护理费、交通费、残疾赔偿金、鉴定费、精神抚慰金没有法律依据,要求二审依法改判,判决保险公司对于某某不承担民事赔偿责任。

于某某答辩称:一审判决认定事实清楚,适用法律正确,按照我国《道路交通安全法》的规定,机动车发生交通事故造成人身伤亡、财产损失,由保险公司在第三者责任强制保险限额范围内给予赔偿。保险公司的上诉理由不能成立,请求二审法院驳回保险公司的上诉,维持一审判决。

二审法院认为:《机动车交通事故责任强制保险条例》的立法目的是保障机动车交通事故受害人能够得到及时赔偿和救助,防止(减少)受害人因道路交通事故而致贫,以利于我国社会主义制度的稳定和谐发展。按照《道路交通安全法》第76条的规定,只要交通事故的损失不是由非机动车驾驶人、行人故意碰撞机动车造成的,机动车发生交通事故造成人身伤亡、财产损失的,便应由保险公司在机动车第三者责任强制保险责任限额范围内予以赔偿,而不应因车辆投保人(车辆驾驶人员)的过错得不到保险公司的赔偿。保险公司在交通事故中是否免责,应根据法律及行政法规的规定,而不是保险公司与投保人之间的约定,如双方约定违反法律及行政法规的规定则属于无效条款。

在本案中,虽然夏某某醉酒后驾驶其所有的摩托车与于某某发生交通事故,但是该交通事故并不是于某某故意碰撞机动车造成的。夏某某在保险公司处投保了机动车交通事故第三者责任强制保险,而且该交通事故发生在保险合同期间内,因此保险公司应对于某某承担民事赔偿责任。《机动车交通事故责任强制保险条例》第22条,虽规定驾驶人员醉酒导致道路交通事故,造成受害人的财产损失的,保险公司不承担赔偿责任,但并未规定因道路交通事故造成的人身伤亡,其不承担赔偿责任。因交通事故而侵害受害人的人身权利,无论是受害人为救治而支出的费用,还是受害人因伤残或死亡而获得的对未来收入降低或者丧失进行弥补的残疾赔偿金、死亡赔偿金,都不属于"受害人财产损失的范畴",都是属于对受害人人身权利救济的范畴,保险公司对此都应承担民事赔偿责任。保险公司以夏某某醉酒驾驶摩托车发生事故,故其对于某某不承担民事赔偿责任的上诉理由,无法律依据,不予采信。遂判决驳回上诉,维持原判。[①]

---

① 参见江苏省徐州市中级人民法院(2010)徐民终字第1505号民事判决书。

案例分析指引

1. 如何认识交通事故责任强制保险的功能或目的？

2. 保险人以交通事故责任强制保险的责任限额对交通事故受害人承担赔偿责任的法律依据如何？

3. 交通事故造成受害人的人身损失，但有下列情形发生的，保险人是否应当承担交通事故责任强制保险责任限额内的赔偿责任？（1）驾驶人未取得驾驶资格或者醉酒的；（2）被保险机动车被盗抢期间肇事的；（3）被保险人故意制造道路交通事故的。我国法律有什么规定？

4. 交通事故责任强制保险单及其条款约定的除外事由可否对抗交通事故受害人的损害赔偿利益？本案中，为什么法院判决不支持保险公司以被保险人"醉驾"为由不承担保险责任的主张？

案例参考 77

交通事故责任强制保险的先行赔付

2008年3月31日，建明公司以其名下的货车（实际所有人为崔某某）向保险公司投保交通事故责任强制保险、车辆损失险和第三者责任保险（并不计免赔）等险种。保险期限为自2008年4月1日0时起至2009年3月31日24时止。其中，交通事故责任强制保险责任限额为死亡伤残赔偿限额110000元、财产损失赔偿限额2000元；第三者责任保险赔偿限额为500000元。2008年5月18日，建明公司驾驶员王某某驾驶被保险货车与一辆摩托车相撞，造成2人死亡、摩托车损坏的交通事故。受害人家属提起民事诉讼，法院经审理后判决：保险公司赔偿受害人亲属强制保险死亡赔偿限额共计110000元，摩托车损失1525元；崔某某赔偿两名受害人亲属赔偿金、丧葬费、被抚养人生活费、处理事故交通、误工、运尸、尸体整容以及丧葬事宜误工等费用共计58224.50元及精神损害抚慰金40000元；建明公司对崔某某的赔偿金额负连带赔偿责任。上述判决生效后，建明公司和崔某某履行了判决书确定的义务，要求保险公司进行理赔，保险公司以机动车第三者责任保险条款第7条的规定为由，即"下列损失和费用，保险人不负责赔偿：……（二）精神损害赔偿；……（七）仲裁或者诉讼费用以及其他相关费用"，拒绝赔偿。引起本案诉讼。

一审法院认为：建明公司以其货车向保险公司投保机动车交通事故责任强制保险、第三者责任险（并不计免赔），保险公司同意承保并就合同条款达成协议，其间的保险合同成立。本案建明公司、崔某某的被保险货车发生交通事故致人死亡、摩托车损坏，被生效法院判决书确定共计赔偿209749.50元，应属于机动车第三者责任保险条款第4条约定的"依法应当由被保险人承担的损害赔偿责任"。由于建明公司、崔某某依法应负的损害赔偿责任，超过交通事故责任强制保险条款中死亡伤残赔偿限额（110000元）的规定，对超过部分，保险公司应按合同约定进行赔偿。交通事故责任强制保险条款第8条规定，……保险人按照交通事故责任强制保险合同的约定对每次事故在下列赔偿限额内负责赔偿：（1）死亡伤残赔偿限额为110000元……（4）被保险人无责任时，无责任死亡伤残赔偿限额为11000元……。死亡伤残赔偿限额和无责任死亡伤残赔偿限额项下包含丧葬费、死亡补偿费、……被保险人依照法院判决或者调解承担的精神损害抚慰金。由此可知，精神损害抚慰金仅是死亡伤残赔偿内容的一部分。机动车第三者责任保险条款第4条规定："保险期间内，被保险人或其允许的合法驾驶人在使用被保险机动车过程中发生意外事故，致使第三者遭受人身伤亡或财产直接损毁，依法应当由被保险人承担的损害赔偿责任，保险人依照本保险合同的约定，对于超过机动车交通事故责任强制保险各分项赔偿限额以上的部分负责赔偿。"而根据上述"对于超过机动车交通事故责任强制保险各分项赔偿限额以上的部分负责赔偿"的约定，可以认为保险公司对包含精神损害抚慰金在内的"死亡伤残赔偿"超过限额的部分均应赔偿。此外，被保险人不仅向保险公司投保了交通事故责任强制保险，而且向保险公司投保了第三者责任保险，在交通事故责任强制保险包含精神损害抚慰金赔偿的情况下，由于交通事故责任强制保险并没有规定精神损害与其他损害的赔偿顺序，被保险人要求在交通事故责任强制保险中先就精神损害抚慰金受偿，既不违反交通事故责任强制保险条款的规定，也不违反法律规定。综上，法院关于被保险人和保险公司损害赔偿责任承担的上述判决是基于侵权责任法的、对当事人之间赔偿责任的划分，与交通事故责任强制保险的相关规定并不完全相同，不能剥夺被保险人依据保险合同的约定和法律的规定向保险公司请求赔偿损失的权利。本案被保险人请求赔偿的实际上是超出交通事故责任强制保险限额部分的损失，而不是单纯精神损害抚慰金，保险公司对此予以赔偿，既符合合同约定，也不违反法律规定，应予以支持。不能因保险公司在交通事故责任强制保险限额内对受害人家属的赔偿，免除其依据第三者责任保险合同约定应向被保险人负担的赔偿责任。判决保险公司赔付被保险人已赔偿交通事故受害人亲属的各项损失58224.50元和精神损害抚慰金40000元。

保险公司不服一审判决，提出上诉。二审法院归纳案件的争议焦点为：保险公司应否赔偿被保险人崔某某各项物质损失58224.50元、精神损害抚慰金40000元。二审法院经审理查明的事实与一审法院判决认定的事实相同。

二审法院认为，崔某某与保险公司订立的机动车交通事故责任强制保险、第三者责任险、车辆损失险，为有效合同。崔某某与保险公司在第三者责任险中约定对精神损害不予赔偿，但在交通事故责任强制保险中约定可以对精神损害请求赔偿，根据最高法院的复函，交通事故责任强制保险与第三者责任险并存时，对于精神损害赔偿与物质损害赔偿在交通事故责任强制保险中的赔偿次序，请求权人有权进行选择。优先选择精神损害赔偿的，对物质损害赔偿不足部分应当在第三者责任险中赔偿。在受害人起诉建明公司、崔某某、保险公司人身损害赔偿一案中，受害人没有在交通事故责任强制保险中选择优先赔偿精神损害，而是选择了优先赔偿物质损害，法院依据受害人的诉讼请求，判决崔某某承担超过交通事故责任强制保险赔偿限额部分的物质损害58224.50元和精神损害40000元，并无不当。崔某某在侵权诉讼中属于被告而处于被动地位，因而无权选择在交通事故责任强制保险中如何赔偿，同时也不具有要求受害人在交通事故责任强制保险中优先选择某一赔偿的抗辩权，最终受害人在前案中行使选择权导致崔某某丧失了在本案中从交通事故责任强制保险中选择优先赔偿精神损害的权利。崔某某已经足额交纳了保费，没有违约行为，保险公司应当依据公平原则赔偿崔某某所受的损失，如果不予赔偿，则对崔某某有失公平。虽然在受害人请求人身损害赔偿一案中，保险公司已在交通事故责任强制保险中赔偿了110000元的物质损害，但崔某某请求其赔偿超过交通事故责任强制保险赔偿限额部分的58224.50元物质损害和40000元精神损害，从总量上看，并未超过保险合同约定的赔偿数额（保险金额总计为500000元），对保险公司而言，仍属公正，故对于58224.50元物质损害和40000元精神损害，保险公司应予赔偿。一审法院对此认定事实清楚，依照《合同法》第5条关于公平原则的规定，判决保险公司赔付建明公司、崔某某已赔偿交通事故受害人亲属的各项损失58224.50元、精神损害抚慰金

40000 元，合计 98224.50 元。[①]

案例分析指引

1. 交通事故责任强制保险的先行赔付是源自法律的规定还是保险合同的约定？

2. 机动车发生交通事故致人损害，受害人对机动车所有人或使用人提起损害赔偿诉讼，并同时起诉保险公司的，法院判决保险公司承担交通事故责任强制保险责任限额内的赔偿责任应否以被保险人承担损害赔偿责任作为前提条件？

3. 本案中，二审法院为什么要借助于《合同法》第5条规定的"公平原则"来矫正由已经生效的判决所导致的被保险人独自承担"精神损害抚慰金40000元"的不利后果？

4. 本案中，机动车第三者责任保险条款将被保险人承担的精神损害抚慰金列为除外责任，两审法院判决中的表述仍为保险公司赔付被保险人承担的"精神损害抚慰金40000元"，这是否有违第三者责任保险条款的约定？

案例参考 78

交通事故所致精神损害抚慰金的保险理赔

2008 年 10 月 26 日，杨某某驾驶客车与胡某某驾驶的货车相撞，致使客车的乘坐人张某某受伤。公安交通管理部门作出交通事故认定书，认定胡某某负此事故的全部责任，张某某、杨某某无责任。张某某受伤住院支出医疗费及其他费用合计 78213.9 元。经司法鉴定：（1）张某某头面部损伤为 6 级伤残；（2）其颅脑损伤为 8 级伤残。

胡某成是事故货车的所有人，胡某某为其雇佣的驾驶人员。该车由保险公司承保机动车交通事故责任强制保险和机动车商业第三者责任保险（赔付限额为 200000 元）。诉讼中，经客运公司申请，法院追加胡某成、保险公司参加诉讼。并且依据张某某的申请，法院作出先予执行裁定，胡某成已支付 30000 元。审理中双方认可张某某的后期治疗需 60000 元；胡某成同意再补偿给张某某 19793.7 元，张某某同意承担一

[①] 参见河南省焦作市中级人民法院（2010）焦民三终字第 58 号民事判决书。

审诉讼费。

一审法院认为：胡某成的雇佣司机胡某某驾驶被保险货车与杨某某驾驶的客车相撞，造成乘坐人张某某受伤，胡某成的车辆负事故的全部责任，张某某和客运公司、杨某某无责，该事实清楚。因此，胡某成应当承担相应的民事赔偿责任，张某某要求赔偿因伤造成损失的合理部分的诉讼请求，法院予以支持。

《道路交通安全法》规定："机动车发生交通事故造成人身伤亡、财产损失的，由保险公司在机动车第三者责任强制保险责任限额范围内予以赔偿。"《保险法》规定："保险人对责任保险的被保险人给第三者造成的损害，可以依照法律的规定或合同的约定，直接向第三者赔偿保险金。"本案中，胡某成所有的货车在保险公司投保了机动车交通事故责任强制保险和机动车商业第三者责任保险。商业第三者责任保险是以被保险人对第三者依法应负的赔偿责任为保险标的的保险，被保险人对第三者应负的赔偿责任确定后，由保险人直接向第三者赔偿，有利于对受伤害第三者的保护和救济。因此，保险公司应在机动车交通事故责任强制保险和商业第三者责任保险责任限额内承担民事赔偿责任。

张某某因治疗支出的医疗费用为78213.9元；护理费按50天、每天20元、共2人计算，共计2000元；伙食伙补助费按50天、每天10元计算，共计500元；营养费按50天、每天10元计算，共计500元；误工费按50天、每天20元计算，共计1000元；伤残赔偿金，按照唐河县2008年度农村居民人均纯收入4454元计算，4454元×20年×53%＝47212.4元；鉴定费为780元。上述费用共计130206.3元，应予以确认。张某某请求赔偿精神损害抚慰金20000元，因伤残给其造成了精神上的伤害，故对该项请求，予以支持。依照《民法通则》第119条、《道路交通安全法》第76条、《保险法》（2002年）第50条和《最高人民法院关于审理人身损害赔偿案件适用法律若干问题的解释》、《最高人民法院关于确定民事侵权精神损害赔偿责任若干问题的解释》的有关规定，判决：保险公司在机动车交通事故责任强制保险赔偿限额范围内直接赔付张某某医疗费10000元、伤残赔偿金47212.4元，合计57212.4元；胡某成赔偿张某某医疗费68213.9元、误工费1000元、护理费2000元、伙食补助费500元、营养费500元、鉴定费780元、精神损害抚慰金20000元、后期治疗费用60000元，合计152993.9元。该赔偿款由保险公司在机动车商业第三者责任保险赔偿限额范围内赔付张某某152993.9元。

保险公司不服一审判决，提出上诉，认为鉴定费和精神损害抚慰金不应在机动车商业第三者责任保险中赔付。张某某、胡某成答辩认为，鉴定费和精神损害抚慰金应在机动车交通事故责任强制保险中赔付。二审查明事实与一审查明事实一致。

二审法院认为，本案中张某某和胡某成请求精神损害抚慰金应在机动车交通事故责任强制保险中先行赔付，按照最高人民法院《关于财保六安市分公司与李福国等道路交通事故人身损害赔偿纠纷请示的复函》（〔2008〕民一他字第25号复函）的解释，"《机动车交通事故责任强制保险条例》第3条规定的'人身伤亡'所造成的损害包括财产损害和精神损害。"当事人可以选择精神损害赔偿与物质损害赔偿在强制责任保险限额中的赔偿次序，请求权人选择优先赔偿精神损害，物质损害赔偿不足部分由商业第三者责任险赔偿。对此请求应予支持，一审对此处理不当。判决保险公司在机动车交通事故责任强制保险赔偿限额范围内直接赔付张某某医疗费10000元、伤残赔偿金27212.4元，精神损害抚慰金20000元，合计57212.4元；胡某成赔偿张某某医疗费68213.9元、伤残赔偿金20000元、误工费1000元、护理费2000元、伙食补助费500元、营养费500元、鉴定费780元、后期治疗费用60000元，合计152993.9元。该赔偿款由保险公司在机动车商业第三者责任保险赔偿限额范围内赔付张某某152993.9元。①

案例分析指引

1. 交通事故责任强制保险和机动车第三者责任保险对于交通事故所致精神损害抚慰金的保险理赔有何不同？

2. 本案中，就交通事故所致损害的保险理赔而言，法院适用民事诉讼程序有什么特点？

3. 本案中，保险公司依照机动车第三者责任保险应否承担鉴定费、精神损害抚慰金的赔付责任？

4. 精神损害抚慰金由交通事故责任强制保险先行进行赔付应当具备什么条件？

---

① 参见河南省南阳市中级人民法院（2009）南民一终字第728号民事判决书。

思考题

1. 责任保险有哪些特征？
2. 事故型责任保险和索赔型责任保险有哪些区别？
3. 责任保险有哪些主要类型？
4. 如何认识责任保险第三人的法律地位？
5. 如何理解责任保险人的和解与抗辩义务？
6. 如何认识交通事故责任强制保险的主要制度构成？

扩展阅读

1. 邹海林：《责任保险论》，法律出版社，1999，第17~66页（责任保险概述）、第214~261页（责任保险的第三人）、第288~347页（责任保险人的抗辩义务）。

2. 厦门理工学院、深圳大华联合保险经纪有限公司：《美国商业普通责任保险》，中国金融出版社，2010，第56~66页（事故发生保险责任触发机制）、第66~78页（期内索赔保险责任触发机制）。

3. 黎建飞：《保险法新论》（第二版），北京大学出版社，2014，第296~319页（责任保险合同）。

4. 汪信君、廖世昌：《保险法理论与实务》（修订三版），元照出版公司，2015，第263~270页（责任保险概说）。

5. 邹海林：《保险法学的新发展》，中国社会科学出版社，2015，第468~491页（交通事故责任强制保险）。

第八章 信用保险和保证保险

要点提示

- 信用保险的特征
- 信用保险的当事人
- 国内商业信用保险
- 保证保险
- 保证保险的被保险人
- 诚实保证保险

第一节 信用保险

一 信用保险的概念

信用保险,是指保险人对被保险人(债权人)的信用放款或信用售货提供担保而同投保人订立的保险合同。在该合同项下,投保人按照约定向保险人支付保险费,在借款人或者赊货人(债务人)不能偿付其所欠被保险人的款项时,保险人按照合同约定对被保险人承担赔偿责任。依照信用保险合同,保险人对被保险人因为债务人的信用危机而发生的损失承担保险责任。具体言之,信用保险的标的是被保险人对其债务人享有的债权,信用保险所承保的危险是被保险人的债务人的清偿能力。

实际上,信用保险属于保证担保的一种,是保险人借助保险这种法律行为而开展的担保业务。信用保险与保证担保在内容上往往不存在明显的差别,在实务上因为极为近似甚至相同,而常被混淆。信用保险与普通保证毕竟属于不同性质的法律行为。信用保险是保险行为,基本目的在于分散被保险人(债权人)债务清偿不能的危险。保险人要借助保险法规定的各项控制危险的制度工具,诸如以精算为基础的条款和费率、投保人的如实告知、道德危险不保、危险增加的通知等多种措施,以保险合同约定的方式将被保险人面对的债权不能实现的危险控制在保险人得以承受的范围内。信用保险的保险人仅对保险合同约定的有限的危险造成的被保险人债权受偿不能的损失,承担保险责任。再者,信用保险与其所承保的标的(被保险人的债权)之间,不具有从属性。

二 信用保险的地位和作用

信用危险所造成的损失,为财产上的利益的丧失,故信用保险业务属于财产保险业务。但信用保险所承保的标的具有无形财产的特点,这使得信用保险在财产保险中居于独立的地位。依照我国保险法的规定,财产保险业务包括财产损失保险、责任保险、信用保险和保证保险等保险业务。① 可见,信用保险与财产损失保险、责任保险等居于同等的地位。

任何企业所从事的全部交易能否达到其预定的交易目的,常取决于相对人的信用程度的高低。商业银行凭借借款人的信用向其放款或者贷款,生产厂家凭借商业经营者的信用售货,若借款人或者售货人的信用发生危机,例如,不能清偿债务或者拒绝清偿债务,则因为放款而对借款人享有权利的商业银行,或者因为信用售货而对商业经营者享有权利的生产厂家,将因此蒙受损失。为避免信用危机可能造成的损失,因为信用放款或者信用售货而享有权利的债权人有必要借助于信用保险,来转嫁信用危机可能造成的损失风险。于是,信用保险获得了运用。

信用保险一般被称为商业信用保险。实务上,信用保险合同主要有出口信用保险合同、投资(政治风险)保险合同以及国内商业信用保险合同等多种。

三 信用保险的当事人

在信用保险合同项下,保险人和投保人为合同的当事人。信用保险合同的投保人不能为被保证人(债务人),其仅限于被保证人(债务

---

① 参见《保险法》(2015年)第95条。

人）的相对人（债权人）。保险合同具有涉他性，除投保人外，信用保险合同应当约定被保险人。信用保险的被保险人为受保险合同保障的债权人。这就是说，信用保险的投保人同时为被保险人。信用保险的被保险人对保险人控制危险或承担责任，应当提供一切必要的协助，特别是应当向保险人提供有关被保险人的交易的资料，并许可保险人查阅与承保的交易风险有关的所有的记录、账簿等文件。被保险人违反此等协助义务的，保险人依照保险合同的约定有权拒绝承担保险责任。

信用保险合同约定的保险事故发生时，被保险人的债权受偿不能而发生损失的，保险人以合同约定的保险金额为限，向被保险人给付保险赔偿金；保险人给付保险赔偿金后，有权向被保险人的债务人（或称被保证人）或对债务不能履行负有责任的第三人追偿。[1] 前述保险人的追偿权，因其产生的依据不同，权利性质可能会有差异。保险人向被保险人给付保险赔偿金后，符合保险法规定或者合同约定的保险代位权行使条件的，可以对被保险人的债务人或负有责任的第三人行使保险代位权；或者依照被保险人向保险人转让债权的意思表示，对被保险人的债务人或者负有责任的第三人行使被保险人的债权。

四　信用保险的保险事故

信用保险的保险事故，是指合同约定的保险人承担保险责任的未清偿债务的危险及其造成的损失，包括但不限于被保险人的债务人破产或失去清偿能力所引起的损害。我国澳门特别行政区《商法典》第1020条规定："信用保险中，保险人有义务在法律及合同范围内向被保险人赔偿因被保险人之债务人不作清偿所造成之损害，包括因破产或无偿还能力而造成之损害。"

一般而言，信用保险合同约定的保险事故，主要包括以下情形：（1）债务人向法院申请破产的；（2）债务人自愿清算或者被强制清算的；（3）债务人的主要财产被法院扣押或被强制执行的；（4）债务人向被保险人明确表示不履行或者不能履行债务的；（5）债务人迟延给付超过保险合同约定的期间的；（6）债务人失踪或者下落不明，被保险人不能请求债务人清偿债务的；（7）发生影响债务人清偿债务的战争、自然灾害等异常危险的；（8）政府管制致使债务人不能清偿债务超过保险合同约定的期间的。

---

[1]　参见桂裕《保险法论》，三民书局，1981，第331页。

五　国内商业信用保险

国内商业信用保险，又称国内贸易信用保险，是指债权人因为担心债务人的还款信用而向保险人支付保险费，在债务人不能偿还借贷或者赊欠的款项时，由保险人在保险金额范围内给予赔偿而订立的保险合同。国内商业信用保险，是为促进本国商业信用的发展和健全而开展的一种保险业务，在市场经济环境下运用得较为普遍。我国保险公司普遍开展国内短期贸易信用保险，尤其是分期付款购车保证保险业务中的一部分，此类保险均为国内商业信用保险。

(一) 国内商业信用保险的当事人

国内商业信用保险的当事人，有出借款项或赊销商品的债权人和保险人。出借款项或赊销商品的债权人为投保人，同时为被保险人。出借款项或赊销商品的债权人的交易相对人（承担还款或者付款义务的债务人），不是国内商业信用保险合同的当事人或者关系人，其仅仅处于保险人向被保险人承担"商业信用保证"责任的被保证人的地位。

被保险人在因为债务人不能还款或者付款而发生损失时，有权请求保险人给付保险赔偿金；保险人应当依照合同约定给付保险赔偿金，并相应取得对债务人的求偿权。例如，苏黎世保险公司北京分公司《国内短期贸易信用保险条款》第5条规定，"作为支付赔偿金额的前提条件之一，保险人应得到代位追偿的权利；而且如果保险人提出要求，被保险人应该向保险人转让：（1）被保险人向任何其他个人或机构要求对有关损失事件进行赔偿的、与保险赔偿相对应的所有权利；（2）被保险人对作为索赔标的的所有或部分约定付款的所有权利、资格和利益，以及收款的权利；和（3）被保险人根据交易文件或关于投保交易的任何其他文件，包括任何本票和与得到保险赔偿的损失事件有关的其他有价证券协议的所有权利。此转让或代位追偿将按照要支付的赔偿金额占损失金额的比例进行。如果保险人要求转让权利，则该权利的转让将不受所有索赔、抗辩、反索赔、权利抵消以及其他妨碍的限制和约束。被保险人不得豁免债务人或任何其他第三方对作为索赔标的全部或部分约定付款的付款责任。被保险人应签署并提交所有相关的命令和文件，并采取所有一切必要的措施来保证保险人获得所转让的权利。被保险人不得做出损害保险人权利的事情。如果保险人没有要求被保险人转让权利，被保险人应保留该法定权利，并为了保险人的利益托管保险人应享有的任何权益和索赔权。"

（二）保险责任

保险人对除外责任以外的约定事由造成被保险人收回款项不能或者迟延所发生的损失，以合同约定的保险金额为限，负责予以赔偿。例如，苏黎世保险公司北京分公司《国内短期贸易信用保险条款》第1条规定："在保险期间内，被保险人发生本保险合同约定的损失，在等待期届满后，保险人按照本保险合同的规定承担赔偿责任，基于本保险合同中约定的调整、除外责任和限制条款，向被保险人支付赔偿金。"

应当注意，国内商业信用保险通常约定有累计赔偿限额条款和买方信用限额条款，以限定保险人的保险赔偿责任。累计赔偿限额是保险人在国内商业信用保险合同项下在保险期间内累计承担的最高赔偿责任。买方信用限额是保险人对被保险人与某一买方进行交易予以确认而承担赔偿责任的最高限额。

（三）除外责任

一般而言，保险人依照国内商业信用保险合同，对于下列原因造成的被保险人的损失，不承担保险责任：（1）战争、侵略、敌对行为、内战、叛乱、暴动、军事政变、罢工等异常政治风险；（2）被保险人故意违反其和债务人的约定或者故意违反法律所造成的损失；（3）合同明确约定的其他损失风险。

除外责任，事实上应当由国内商业信用保险合同予以明确约定。例如，苏黎世保险公司北京分公司《国内短期贸易信用保险条款》第4条规定："对于由以下原因直接或间接导致的任何损失，保险人将不承担赔偿责任（除外责任）：（a）被保险人或其代表严重违反本保险合同或与政府的任何合同，或被保险人在本保险合同或其投保书中所作的陈述存在重大错误，或被保险人或其代表参与任何不正当的或违法的行为。（b）被保险人或其代表通过某种方式诱使债务人不履行所投保交易的付款责任，或由于其某些行为致使国家或地方政府采取行动使得债务人不能履行所投保交易的付款责任。（c）核子反应、核辐射或放射性污染，或致命的、有毒的生物或化学元素的散发或使用，在任何情况下，包括但不限于：（1）来自核子原料或核废料或核子原料燃烧的离子化放射物或放射污染；（2）任何核装置、反应堆或其他核子装配或其核子成分的放射性的、有毒的、爆炸性的或其他危险性的或污染的物质；或（3）使用原子或核子分裂、熔化或其他类似的反应、放射性力量或物质、致命的、有毒的生物或化学元素的任何武器。（d）被保险人丧失偿还能力、破产或不履行财务责任。（e）被保险人（或被保险人的任何代理人、转包商或共同承包商）未履行其根据交易文件应该履行的责任，除非该未履行责任是由于政府针对被保险人和投保交易采取特定的行动而直接导致的，或是由于债务人未履行其根据交易文件应该履行的责任而直接导致的。（f）卖方（或卖方的任何代理人、转包商或共同承包商）未履行其根据交易文件对债务人应该履行的责任。"

六 出口信用保险

出口信用保险，是指本国出口商（投保人）向保险人支付保险费，在出口商（被保险人）不能按时收回出口产品的全部外汇时，由保险人给予赔偿而订立的保险合同。

（一）出口信用保险的适用

出口信用保险的当事人，有出口商和保险人。出口商为投保人，同时为被保险人。与出口商为交易的买方或者他国进口商，非信用保险合同的当事人或者关系人，其仅仅处于保险人向被保险人承担"信用保证"责任的被保证人的地位。

出口信用保险承保合同约定特定的出口贸易风险。例如，中国人民财产保险股份有限公司《短期出口贸易信用保险条款》第 3 条规定："本保险合同承保同时符合以下条件的出口贸易：（一）货物从中华人民共和国境内出口；（二）销售合同真实、合法、有效，应明确订立合同人、货物种类、数量、价格、付款条件及交货日期、地点及方式；（三）以信用证和非信用证为支付方式，信用期限不超过 360 天；其中，信用证应为按照约定的《跟单信用证统一惯例》开立的不可撤销的跟单信用证。"

出口商因买方或者他国进口商付汇不能或者迟延而发生损失时，有权请求保险人给付保险赔偿金；保险人应当依照合同约定给付保险赔偿金，并相应取得对买方或者他国进口商的求偿权。

（二）保险责任

保险人对出口商因为除外责任以外的事由所发生的收汇不能或者迟延的损失，以信用保险合同约定的保险金额为限，负责予以赔偿。为有效控制风险，信用保险约定有最高赔偿限额条款和信用限额条款。最高赔偿限额是指信用保险单约定的保险期间内，保险人对被保险人符合保险单约定的信用风险承担赔偿责任的累计最高赔偿额，信用限额是由保险人批复的，保险人对被保险人向特定买方出口或在特定开证的信用证项下的出口可能承担赔偿责任的最高限额。

出口商收汇不能或者迟延的损失风险，主要包括以下两种情形：商业风险和政治风险。商业风险与政治风险的具体化，取决于出口信用保险合同的具体约定。

例如，中国出口信用保险公司《短期出口信用保险统保保险条款》第2条规定："（一）商业风险，包括：1. 买方破产或者无力偿付债务，指买方破产或者买方丧失偿付能力；2. 买方拖欠货款，指买方收到货物后，违反销售合同的约定，超过应付款日仍未支付货款；3. 买方拒绝接受货物，指买方违反销售合同的约定，拒绝接受已出口的货物。（二）政治风险，包括：1. 买方所在国家或者地区颁布法律、法令、命令、条例或者采取行政措施，禁止或者限制买方以合同发票列明的货币或者其他可自由兑换的货币向被保险人支付货款；2. 买方所在国家或者地区颁布法律、法令、命令、条例或者采取行政措施，禁止买方购买的货物进口；3. 买方所在国家或者地区颁布法律、法令、命令、条例或者采取行政措施，撤销已颁发给买方的进口许可证或者不批准进口许可证有效期的展延；4. 买方所在国家或者地区，或者货款须经过的第三国颁布延期付款令；5. 买方所在国家或者地区发生战争、内战、叛乱、革命或者暴动，导致买方无法履行合同；6. 除本保单另有规定外，导致买方无法履行合同的、经保险人认定属于政治风险的其他事件。"

（三）除外责任

出口信用保险合同约定的保险人不承担保险责任的债权人收汇风险，属于除外责任。信用保险合同约定的除外责任，主要分为汇率变动所造成的损失风险、出口商或者其代理人违反法律或出口合同所造成的损失风险以及合同明确约定的其他损失风险三类。

除外责任的具体化，取决于出口信用保险合同的约定。例如，中国出口信用保险公司《短期出口信用保险统保保险条款》第3条规定："保险人对下列损失不承担赔偿责任：（一）可以及通常由货物运输保险或者其他保险承保的损失；（二）汇率变更引起的损失；（三）被保险人或其代理人的违约、欺诈及其他违法行为，或者被保险人的代理人的破产引起的损失；（四）买方的代理人破产、违约、欺诈及其他违反法律的行为引起的损失，以及银行、运输代理人或者承运人擅自放单造成的损失；（五）被保险人向其关联公司出口，由于商业风险引起的损失；（六）由于被保险人或者买方未能及时获得各种所需许可证、批准书或者授权，致使销售合同无法履行引起的损失；（七）在货物出口前，被保险人知道或应当知道本保单条款第二章第二条项下任一风险已经发生，或者由于买方根本违反销售合同或者预期违反销售合同，被保险人仍继续发货而造成的损失；（八）被保险人向发货前信用限额批复为'零'或者信用限额被撤销、失效的买方出口所造成的损失；（九）在货物出口前发生的一切损失；（十）本保单保险责任以外的其他损失。"

七　投资保险

投资保险，又称投资政治风险保险，是指投资者按照约定向保险人支付保险费，在投资者因为合同约定的投资国的政治风险而遭受投资损失时，由保险人在保险金额范围内给予赔偿的保险合同。

（一）投资保险的当事人

投资保险的当事人为请求订立保险合同的投资人和保险人。投资人作为投保人，同时为被保险人。在投资保险合同约定的政治风险发生时，投资人享有请求保险人给付保险赔偿金的权利，保险人应当依照约定承担保险责任。

（二）保险责任

一般而言，保险人以投资保险合同约定的保险金额为限，对于下列原因造成的投资损失风险，承担保险责任：（1）战争、类似战争行为、叛乱、暴动和罢工；（2）政府有关部门征用或者没收；（3）政府有关部门采取汇兑限制致使被保险人不能按照投资合同约定将属其所有并可汇出的汇款汇出。

（三）除外责任

一般而言，保险人对于下列约定原因造成的被保险人投资损失，不承担保险责任：（1）被保险人的投资项目受损后所造成的被保险人的一切商业损失；（2）被保险人或者其代表违反投资合同或者故意违反法律所造成的政府征用或者没收而发生的损失；（3）政府有关部门规定了汇出汇款期限而被保险人没有按照规定汇出汇款时造成的损失；（4）原子弹、氢弹等核武器造成的损失；（5）投资合同范围以外的任何其他财产的征用或者没收造成的损失。

（四）保险期间

保险期间，为保险人对被保险人承担给付保险赔偿金责任的起讫期间，由保险人和投保人依据需要，在投资保险合同中约定。

（五）保险赔偿金的给付

发生投资保险合同约定的保险责任范围内的投资损失的，保险人应当依照合同约定，向被保险人给付约定的保险赔偿金。但是，因为发生投资损失风险的原因不同,投资保险合同对于保险赔偿金的支付,一般约定有"保险赔款支付的滞后期间"。例如,投资保险合同可以约定,因为政府有关部门征用或者没收引起的投资损失,保险人在征用、没收发生满6个月后,给付保险赔偿金;因为战争、类似战争行为、叛乱、暴动和罢工造成的投资项目的损失,保险人在被保险人提出财产损失证明后或者被保险人投资项目终止6个月后,给付保险赔偿金;因为政府有关部门的汇兑限制造成的投资损失,保险人自被保险人提出申请汇款3个月后,给付保险赔偿金。

案例参考79

出口信用保险项下的保险责任承担

2012年1月19日,高天公司向信保公司投保出口信用保险,信保公司于2012年1月20日签发短期出口信用保险综合保险单,载明:约定保险范围为全部非信用证支付方式的出口和部分信用证支付方式的出口,保单年度有效期内最低保险费为人民币75610元,保险人收到被保险人交纳的最低保险费并不意味着保险人必然承担保险责任,被保险人还应遵守保单条款中约定的其他应尽义务。对于被保险人申请的买方信用限额,被保险人须向保险人交纳资信调查费人民币800元。保单有效期为自2012年1月19日起至2013年1月18日止。该短期出口信用保险的保险条款第4章第4条约定:"……1.被保险人应就本保单约定保险范围内的出口涉及的每一买方或每一开证行向保险人书面申请信用限额。2.批复的信用限额对其生效日后的出口有效。信用限额是由保险人批复的,保险人对被保险人向特定买方出口或在特定开证行开立的信用证项下的出口可能承担的赔偿责任的最高限额。……6.对于任一买方或开证行,如果被保险人未在出运前获得信用限额或信用限额已失效或被撤销,保险人对相应出口不承担赔偿责任。"高天公司就信保公司履行免除保险人责任条款的提示和明确说明义务,表示认可,在《投保人声明》页下方盖章确认。同日,高天公司向信保公司交纳了保险费人民币75610元和资信调查费人民币1600元。2012年1月22日、2月28日、5月21日高天公司出口了三批棉制女士短裤到美国East 8th Group公司,总价值为145731.20美元。2012年1月29日,高天公司向信保公司申请East 8th Group公司的信用限额,信保公司批复金额为零。

2012年7月27日，高天公司以双方之间保险合同成立并生效，信保公司应按照保单约定赔付为由，向原审法院提起诉讼，请求判令信保公司赔付货款损失145731.20美元，折合人民币约918107元。信保公司认为高天公司的索赔不符合保险合同的约定，保险人不承担保险责任。

原审法院审理认为：高天公司和信保公司之间的出口信用保险合同依法成立。根据保险合同的约定，信保公司承担保险责任的前提不仅是高天公司交纳了保费、信保公司签发保单，同时还包括高天公司遵循了保险条款中的其他约定。根据保险条款的约定，只有高天公司在出运前获得了特定买方的信用限额，信保公司对相应的出口才承担赔偿责任。由于高天公司未提供证据证明其在向美国East 8th Group公司出口前已获得该公司的信用限额，信保公司对高天公司的相应出口不承担赔偿责任。判决驳回高天公司的诉讼请求。高天公司不服原审法院判决，提起上诉。二审期间，双方当事人均未向法院提交新的证据。二审法院经审理认定的事实与原审法院认定的事实一致。

二审法院认为，本案双方当事人争议的焦点为本案所涉保险责任应如何适用。

首先，高天公司向信保公司投保的是短期出口信用保险综合保险，该保险条款第4条约定保险人的责任限额包括最高赔偿限额和信用限额，并对最高赔偿限额和信用限额的概念进行了定义和说明。最高赔偿限额是指在本保单年度限期内，保险人对被保险人按本保单规定申报的出口可能承担赔偿责任的累计最高赔偿额；而信用限额是由保险人批复的，保险人对被保险人向特定买方出口或在特定开证的信用证项下的出口可能承担的赔偿责任的最高限额。两者并非选择适用，也不相互排斥。高天公司主张本案中信保公司仅按最高保险赔偿限额50万美元承担赔偿责任，与合同约定不符。

其次，高天公司在投保单上记载的投保金额为100万美元，投保的主要买家是两家，出口金额各为50万美元。但投保单仅为高天公司向信保公司提交的书面要约，是高天公司要求投保的单方意思表示，保险单才是投保人与保险人之间订立的正式保险合同的书面凭证。而作为保险单组成部分的保险单明细表载明保单最高赔偿限额为50万美元。故高天公司主张其投保的是两家客户的赔偿限额各为50万美元的保险，缺乏依据。其对于保险合同签订过程的陈述，因无相关证据证明，难以采信。

再次,依照《保险法》(2009年)第30条的规定,适用针对保险格式合同提供者的不利解释原则是有前提的,只有在应用文义解释、意图解释等其他解释原则不能正确解释的情况下,才适用该原则。本案所涉保险合同的语言语义清晰,最高赔偿限额和信用限额的概念明确,信用限额申报程序的约定清楚,保险责任承担的条件确定。故高天公司主张本案应适用不利解释原则作出对其有利的解释,于法无据。

最后,对于本案所涉买家信用限额批复是否为零及相关事实的举证责任问题。保险单明细表记载:保险人收到被保险人交纳的最低保费并不意味着保险人必然承担保险责任,被保险人还应遵守保单条款中约定的其他应尽义务。保险条款第4章第4条第2项第1款约定被保险人应就本保单约定保险范围内的出口涉及的每一买方或第一开证行向保险人书面申请信用限额,即信用限额申请是被保险人的义务,而保险人的批复不为零则是其承担保险责任的前提。高天公司主张信保公司应承担保险责任,首先应举证证明其已就特定买家向信保公司申请信用限额,且保险公司的批复不为零。高天公司主张信保公司应在最高责任限额50万美元范围内对其承担赔偿责任,其无须对特定客户信用限额申请批复等事项进行举证,与事实和双方约定不符。二审期间,法庭调查了相关事实,确认高天公司曾就美国 East 8th Group 公司申请过信用限额,但信保公司的信用限额批复为零,故原审法院对相关事实的认定,并无不当。

综上,高天公司主张信保公司应按最高赔偿限额50万美元承担保险责任,无事实和法律依据,不予采纳。遂判决驳回上诉,维持原判。①

案例分析指引

1. 信用保险(出口信用保险)有什么特点?

2. 出口信用保险约定的信用限额的法律意义何在?本案中,保险单对信用限额的约定是否存在歧义?

3. 如何确定信用保险的保险标的?本案中,高天公司未向信保公司申请信用限额批复,该笔交易所产生的债权是否构成本案争议的保险合同之标的?

4. 本案中,信保公司对高天公司的出口不承担保险责任的理由有哪些?

---

① 参见浙江省宁波市中级人民法院(2013)浙甬商终字第228号民事判决书。

第二节 保证保险

一 保证保险的意义

保证保险,是指保险人作为被保险人的保证人,为之提供担保而成立的保险合同。在该合同项下,投保人按照约定向保险人支付保险费,被保证人的行为或者不行为致使被保险人(权利人)受到损失的,由保险人负赔偿责任。保证保险合同实际上属于保证合同的范畴,只不过采用了保险的形式,保证保险是一种由保险人开办的担保业务。在保证合同项下,保证人向主债权人承担保证责任后,取得对主债务人的代位权或求偿权;而在保证保险项下,保险人支付保险赔偿金,亦取得代位被保险人向主债务人求偿的权利。①

前已言之,信用保险以向被保险人(债权人)的信用放款和信用售货提供担保为目的,适用的领域相对狭小。相反,保证为一种债务履行的担保工具,借用保险这种法律行为来担保债务履行,具有更加广泛的适用空间。保证保险不仅可以用于担保债权人的信用放款和信用售货,而且可以用于担保一切债务的履行。保险实务中,保证保险可以对货物买卖、租赁、借贷、工程承包等各类型的合同提供保障。债权人为担保其信用放款或者信用售货的债权受偿,作为投保人订立的保证保险合同,即信用保险合同。在这个意义上,信用保险应当属于保证保险的组成部分,实际上,保证保险和信用保险称谓有所不同,但在担保领域,二者发挥着完全相同的功能。

二 保证保险的性质

保证保险原本是我国保险法上的无名合同。以无名合同的面貌适用的保证保险,具有担保债权人实现债权的功能,在约定的内容上又与保证担保相同或者类似,遂引起了我国理论和实务界对保证保险合同性质的巨大争议。

(一)保证保险属于保证而非保险的观点

有观点将保证保险定性于保证,并以四大理由支持该观点:(1)保证保险与保证一样均有担保债权实现的功能,均由债务人之外的其他

---

① See Raoul Colinvaux, *The Law of Insurance*, 5th ed. (Sweet & Maxwell, 1984), p.458.

人提供；（2）保证保险不具备保险的射幸性，其保险事故绝大多数是由投保人故意制造的，但保险人却仍承担责任，此与保险法道德危险不保的规定相悖，如定性为保险则难以自圆其说；（3）保险公司对保证保险的投保人享有代位权，结果使得保证保险不具有实质性分散风险的功能，亦与我国保险法规定的保险代位权适用于造成保险标的损害的第三人的制度相冲突；（4）保证保险的投保人对保险标的不具有保险利益。

（二）保证保险属于保险的观点

有观点将保证保险定性为保险，并提出了如下的主要理由：（1）保证担保的保证人是具有代为清偿债务能力的法人、其他组织或者公民；而保证保险的保险人只能是保险公司；（2）保证担保一般是无偿性合同；保证保险是有偿性合同，投保人要交纳保险费；（3）保证担保是单务合同，除了一般保证有先诉抗辩权外，连带责任保证人除主债务人的抗辩理由外不存在单独的免责理由，而保证保险是双务合同，保险人有独立的法定或约定免责事由；（4）保证担保从属于主合同；保证保险具有独立性，不从属于其他任何合同；（5）保证担保的保证人承担责任后依法取得追偿权；而保证保险的保险人承担责任后依法取得代位求偿权。此外，保证保险在保障范围、权利行使期间、承担责任的财产来源等方面亦与保证不同。

（三）保证保险性质上属于保险行为

对于保证保险的性质，产生以上争议的主要原因，是有关的理论认知混乱，有人甚至都没有弄清楚什么是保证保险。例如，将债务人作为保证保险的被保险人。这是问题的症结。再者，对于法律行为性质的分析，不能仅看法律行为的现象（包括法律行为的某些内容），应通过对法律行为内容的差异点的比较得出结论。有论点说的非常科学："界定和区分民事行为的法律性质，其依据应当是民事主体的意思表示和民事法律行为成立的标准，而不是对行为的目的或功能的推断。民事主体的意思表示，是界定和区分民事行为和民事关系性质的最直接、最基本的依据；民事法律行为成立的标准是以法律为准绳的最直接体现。"[①]

因此，仅从保证保险和保证担保存在的以上差异性特征来论证保证

---

① 参见李记华《再谈保证保险——兼与梁慧星先生商榷》，《中国保险报》2006年3月27日。

保险的性质,并非支持保证保险为保险的强有力理由,当事人在保证保险合同中的意思自治应当成为保证保险定性的核心依据。① 当事人订立合同的目的是保险,而不是进行保证担保。从保证保险合同签订的实际情况看,保险人与投保人签订的是明明白白的保险合同,双方出于真实意思表示投保保证保险、交纳保险费、承保、依法承担保险责任;即使是保险公司与银行债权人签订的保证保险合作协议,其明白无误的意思表示也是,就保证保险业务进行合作,而不是提供保证担保。保证保险只能是保险。再者,就保证保险合同约定的内容而言,虽有与保证相同或近似的内容,但当事人意思所表达的投保人的如实告知义务、危险增加的通知义务、保险金额、保险事故(保险责任范围)以及除外责任等内容,均为保证保险作为保险所特有的内容,当事人的意思已经明白无误地将其与保证相区别。因此,保证保险属于保险而非保证。

这里有必要强调的是:"作为保险业务组成部分的保证保险,在界定其法律内涵时,无须与保证担保做比较,只要弄清楚保证保险的法律结构即可。(1)保证保险的当事人为保险人和投保人。投保人可以为债务人,亦可为债权人。(2)保证保险的被保险人为保证保险的关系人,对保险人享有给付保险赔偿金的请求权。被保险人仅限于债权人或与债权人具有同等地位之其他利害关系人。(3)保证保险的保险标的为债权人的债权,债务人的债务不履行则为保证保险承保的危险(保险事故)。(4)保证保险的权利义务在保险人、投保人和被保险人之间予以分配。"②

我国保险法目前已经将保证保险明文规定为"财产保险业务"的一种。③ 这样,保证保险成为我国保险法上的有名合同,相当于对保证保险的性质争论画上了一个句号。

(四)保证保险的法律适用

保证保险为私法自治的产物,其法律适用应当以当事人的意思为准。只有在当事人的意思不清或者存在疑问时,才应当考虑如何适用法律规范的问题。我国的保险法理论和实务对于保证保险的法律适用,存在不同的认识。

---

① 参见邹海林主编《中国商法的发展研究》,中国社会科学出版社,2008,第312页。
② 参见邹海林《保险法学的新发展》,中国社会科学出版社,2015,第498页。
③ 参见《保险法》(2015年)第95条第1款。

有学者认为:"根据保证保险合同的形式与实质的关系,人民法院审理保证保险合同纠纷案件,应遵循以下法律适用原则:(一)对于保险法和担保法均有规定的事项,应当优先适用保险法的规定;(二)保险法虽有规定但适用该规定将违背保证保险合同的实质和目的的情形,应当适用担保法的规定,而不应当适用该保险法的规定;(三)对于保险法未有规定的事项,应当适用担保法的规定。"①

另有观点认为,确定保证保险合同纠纷所适用的法律,不能仅看合同的名称,还应研究其内容即当事人的约定。保证保险合同既是合同的一种,也是财产保险之一种,涉及保证保险合同的签订、解除、违约责任等时适用合同法的一般规定;在保险事故的索赔、理赔以及保险责任等方面应适用保险法的一般规定和财产保险合同的有关规定;对当事人既约定保险责任又约定保证责任的,根据债权人请求所主张的权利性质,适用担保法或保险法的规定。②

还有观点认为,保险行为受保险法调整,保证保险在性质上属于保险,不应适用担保法。保证保险关系中的当事人之间的权利义务,按照保险合同(保单)的约定确定;没有约定的,按照保险法的规定予以确定。③

保证保险已为我国保险法规范的有名保险合同,应当适用保险法。保证保险是财产保险的一种,当事人间的权利义务分配源自保证保险合同的约定,与担保法无关。保证保险合同投保人、被保险人和保险人之间因权利义务关系发生争议的,应当按照合同约定确定其相互间的权利和义务;对于保证保险合同没有约定的事项,适用保险法的有关规定。

三 保证保险的投保人和被保险人

(一) 投保人

在保证保险项下,保险人和投保人为合同的当事人。保证保险合同的投保人,可以是被保证人,如债务人作为投保人订立的确实保证保险;也可以是被保证人的相对人,如债权人作为投保人订立的诚实保证

---

① 参见梁慧星《保证保险合同纠纷案件的法律适用》,《人民法院报》2006年3月1日,第B01版。
② 参见梁冰、周洪生《保证保险合同若干法律问题探析》,《法律适用》2004年第1期。
③ 参见曹士兵《从法律关系的多样性看保证保险》,http://www.civillaw.com.cn/article/de-fault.asp? id=21459。

保险。这就是说，保证保险的投保人可以是债权人，也可以是债务人。但是，依照法律规定或者合同约定，债务人有义务提供担保的，在订立保证保险合同时，投保人只能是被保证人（债务人）。

保证保险的投保人，或为被保证人（债务人），或为被保证人的相对人（债权人）。保险实务中，因为投保人的不同，保证保险合同被划分为确实保证保险合同和诚实保证保险合同。

（二）被保险人

保险合同具有涉他性，保证保险亦不例外。除投保人外，保证保险合同应当约定被保险人。保证保险的被保险人为依照保证保险合同对保险人享有保险给付请求权的人，其只能是被保证人的相对人（债权人）。在这个意义上，被保证人（债务人）不得为保证保险的被保险人。[①] 保证保险的被保险人对保险人控制危险或承担保险责任，应当提供一切必要的协助，特别是应当向保险人提供有关被保险人的交易的资料，并许可保险人查阅与承保的交易风险有关的所有的记录、账簿等文件。被保险人违反此等协助义务的，保险人依照保险合同的约定有权拒绝承担保险责任。

四　保证保险的保险责任

被保险人的债权在保证期间内有债务人不履行或者迟延履行的情形，符合保险合同约定的条件的，保险人对被保险人未能受清偿的债权部分承担保险赔偿责任。保险人承担的保险责任，仅是保险合同约定的责任，且其保险赔偿责任与被保险人享有的债权相关，但并不从属于债权人的债权。例如，中国人民财产保险股份有限公司《高新技术企业小额贷款保证保险条款》第4条规定："在保险期间内，投保人连续三个月完全未履行与被保险人签订的《借款合同》中约定的还款义务，即为保险事故发生。"第5条规定："发生保险事故的，被保险人根据《借款合同》的约定向投保人和担保人进行追偿后，对于不足以清偿投保人的借款本金与借款利息的剩余部分，保险人按照本保险合同的约定负责向被保险人赔偿。"

但是，保险人并不对被保险人的债权受偿不能的所有风险承担责任。保证保险合同可以约定，异常危险事件的发生，如战争、敌对行为、军事行动、武装冲突、罢工、骚乱、暴动、恐怖活动等，或者被保

[①] 以被保证人作为被保险人订立的保险合同，性质上属于责任保险，与保证保险无关。

险人及其代表的故意、纵容、授意或重大过失行为或被保险人雇佣的人的故意行为,导致被保险人债权不能获得清偿的,保险人不承担保险赔偿责任。再者,保证保险合同还可以约定,被保险人的债权无效或者被撤销,或者投保人(被保险人的债务人)与被保险人恶意串通成立债权,或者投保人承诺为被保险人提供担保而未提供的,保险人不承担保险责任。

保证保险不会改变债权人(被保险人)和债务人(被保证人)的债务履行的危险负担,被保证人(债务人)对保证保险合同所承保的债务履行风险,仍然负有全部承担的责任。因此,当被保证人(债务人)不能履行债务时,保险人依照保险合同的约定向被保险人(债权人)承担保险责任后,有权向被保证人(债务人)追偿。中国人民财产保险股份有限公司《高新技术企业小额贷款保证保险条款》第32条第1款规定:"发生保险责任范围内的损失,被保险人应及时行使向投保人和担保人请求赔偿的权利。保险人自向被保险人赔偿保险金之日起,在赔偿金额范围内代位行使被保险人对投保人和担保人请求赔偿的权利,被保险人应当向保险人提供必要的文件和所知道的有关情况。"当保证保险合同没有约定时,保险人向被保险人给付保险赔偿金后,可以要求被保险人向其转让债权,并以此为基础向被保证人追偿。当然,保险人依照保险合同的约定给付保险赔偿金后,若符合保险法规定的行使保险代位权的条件,可以对被保证人(债务人)或其他负有责任的人行使保险代位权。

五 确实保证保险

(一) 确实保证保险的概念

确实保证保险,是指投保人向保险人支付保险费,在被保证人(债务人)因为无能力或者不履行义务而使被保险人(债权人)受到损失时,由保险人依照约定给付保险赔偿金的保证保险。保险实务中,确实保证保险的投保人,不以被保证人(债务人)为限,可以是被保证人(债务人)或者被保证人(债务人)的相对人(债权人)。确实保证保险的被保险人为被保证人(债务人)的相对人(债权人),保险标的为被保险人享有的债权。确实保证保险被广泛用于合同履行的担保,合同保证保险为其基本形式。

(二) 保险期间

确实保证保险的保险期间,为保险人对被保险人承担给付保险赔偿金责任的起讫期间,由保险人和投保人依据需要,在保险合同中约定。保险实务中,确实保证的保险期间有 1 个月、3 个月、6 个月、1 年等不同期间,投保人和保险人可以选择一个固定的保险期间。投保人和保险人也可以约定与债务人履行债务期间相同的保险期间。保险人仅对保险期间内发生的被保证人不履行义务的行为所造成的被保险人损失,承担保险责任。

(三) 保险事故

保证保险的保险事故,是指合同约定的保险人承担保险责任的债务不履行的危险及其造成的被保险人的损失。投保人和保险人根据保证保险承保的标的及其风险,在保证保险合同中具体约定保险事故。例如,中国大地财产保险股份有限公司《银行信贷资产转让履约保证保险条款》第 4 条规定:"本保险单明细表载明的保险期间内,被保险人转让的信贷资产中,由于借款人发生破产、重组、未能偿还借款,且担保人也未能履行代偿责任的信贷事故,造成其无法如期偿还到期借款本息,保险人负责在约定的限额内,赔偿被保险人超过累计绝对免赔额部分的贷款损失。"

但是,被保险人因债务不履行而发生的损失,如有保证保险合同约定的除外责任情形,则保险人不承担保险责任。例如,中国大地财产保险股份有限公司《银行信贷资产转让履约保证保险条款》第 5 条规定:"保险人对以下情况造成的损失不负赔偿责任:(一) 被保险人或其雇员在本保险项下存在欺诈行为;(二) 被保险人与受让信贷资产金融机构签订无效信贷资产转让合同,或该合同项下的争议导致保险人额外承担或增加赔偿责任;(三) 被保险人审核贷款申请及提供贷款时违反正常程序;(四) 被保险人与借款人签订的借款合同被依法确认为无效;(五) 被保险人在转让资产中的债权存在缺陷或瑕疵;(六) 借款、担保合同项下存在禁止转让的约定;(七) 有证据表明,在订立本保险合同之前,借款人已经存在还贷违约行为,或者由于其违法行为受到起诉;(八) 战争、敌对行动、军事行为、武装冲突、罢工、暴动、民众骚乱、恐怖活动;(九) 自然灾害和意外事故造成借款人因抵押资产的灭失和损坏而无力偿还债务;(十) 违反国家行政法规行为所致的损失;其他非保险责任造成的损失。"

(四) 保险赔偿

在发生保险责任范围内的事故时,保险人应当依照确实保证保险合同的约定,向受到损失的被保险人给付约定的保险赔偿金。保险人给付保险赔偿金时，被保险人已经从被保证人（债务人）处取得的利益，应当从应付的保险赔偿金中予以扣除。被保证人（债务人）造成被保险人损失的，若被保险人和被保证人（债务人）进行和解，应当取得保险人的同意，否则，保险人不受该和解的约束。保险人向被保险人给付保险赔偿金，依照合同约定或者法律规定相应取得代位被保险人对被保证人（债务人）的求偿权。

（五）确实保证保险的主要形式

确实保证保险广泛用于义务履行的担保，合同履行保证保险为其基本形式。保险实务中，确实保证保险主要有合同履行保证保险、司法行为保证保险和行政行为保证保险。

1. 合同履行保证保险

合同履行保证保险，是指保险人以担保债务人履行合同债务为目的，向被保险人（合同债权人）承诺给付保险赔偿金的保证保险。保险实务中，合同履行保证保险主要有投标保证保险、履约保证保险、预付款保证保险、维修保证保险、借款保证保险等具体形式。其中，履约保证保险为合同履行保证保险的基本形式。

依照履约保证保险，保险人为担保债务人履行合同义务的保证人，债权人为被保险人，债务人为被保证人，保险人以保险合同约定的保险金额为限，对被保险人（债权人）因为被保证人（债务人）的违约遭受的损失承担保险责任。但是，保险人对于保证保险合同约定的除外责任造成的被保险人的损失，不承担保险责任。

2. 司法行为保证保险

司法行为保证保险，是指为确保诉讼的正常进行而由保险人提供保证的保险。保险人对于诉讼的正常进行所承担的损失风险，主要限于三个方面，并依照保险合同的约定加以确定：担保被保释的人在规定时间出庭受审；担保承担上诉人在上诉败诉后的诉讼费用；担保由法院指定的财产保管人、破产管理人、遗嘱执行人等忠实履行其职务。

3. 行政行为保证保险

行政行为保证保险，是指保险人用于担保国家行政机关工作人员忠实履行职务的保证保险。国家机关工作人员失职或者不能忠实地履行职务，致使国家或者他人遭受损失的，保险人依照行政行为保证保险，应当承担给付保险赔偿金的责任。

六　诚实保证保险

(一) 诚实保证保险的意义

诚实保证保险，又称雇员忠诚保证保险，是指保险人以收取保险费为代价，对被保险人的雇员的不诚实行为而造成的被保险人的损失承担给付保险赔偿金责任的保险。雇主为诚实保证保险的投保人和被保险人，依照合同约定承担交付保险费的义务。雇主可以是政府机关、企业、事业单位、社会团体、个体经济组织以及其他组织。

(二) 保险责任范围

诚实保证保险的责任范围，限于被保险人的雇员的不诚实行为造成的被保险人的直接经济损失。被保险人的雇员的不诚实行为是引起保险事故发生的原因，保险合同对雇员的不诚实行为会有具体描述。一般而言，被保险人的雇员的不诚实行为，限于被保险人的雇员的盗窃、侵占、贪污、伪造证件（文书）或者票据、私用、非法挪用、非法转移、欺骗等行为。例如，安邦财产保险股份有限公司《雇员忠诚保险条款》第3条规定："在保险期间内，保险单载明的被保险人的雇员……在从事或担任保险单载明的岗位或职务时，单独或与他人共谋采取下列不诚实行为直接造成被保险人资产的损失，保险人按照本保险合同的约定负责赔偿：（一）偷盗或侵吞公司财产；（二）挪用公款；（三）篡改、伪造公司文件、票据等。"但是，对于被保险人诱使其雇员或者与雇员共谋而造成的财产或者金钱损失，以及保险合同特别约定不属于保险责任的其他损失（如间接损失）的，保险人不承担保险责任。

需要注意的是，雇员忠诚保证保险经常会约定保险人承担保险责任的赔偿限额和免赔额（率）。保险人的赔偿限额分为每次事故赔偿限额和累计赔偿限额。每次事故赔偿限额由投保人和保险人协商确定，并在保险合同中载明；累计赔偿限额以每次事故赔偿限额为基础，并与被保险人的雇员人数相关，由投保人和保险人依照实际情况确定，不得低于每次事故赔偿限额。免赔额（率）则是每次事故的免赔额（率），由投保人和保险人在订立保险合同时协商确定，并在保险合同中载明。

(三) 除外责任

雇员忠诚保证保险的除外责任，依照保险合同的约定确定。通常，被保险人的雇员所为的与其职务无关的行为造成的被保险人的损失、雇佣关系终止后经过约定期间（如6个月）始发现的雇员不诚实行为造成的被保险人的损失、保险期间届满后经过约定期间（如6个月）始发现的雇员不诚实行为造成的被保险人的损失等，可以约定为雇员忠诚保证保险的除外责任。例如，安邦财产保险股份有限公司《雇员忠诚保险条款》第5条规定："出现下列任一情形时，保险人不负责赔偿：（一）被保险人的损失是在保险期满6个月后，或在雇员死亡、被解雇或退休6个月后才发现的，以首先发生者为准；（二）被保险人的营业性质或雇佣的职责雇用条件发生变更，或者没有保险人的认可，减少雇员的报酬，或者被保险人没有切实遵守保证账目准确性的预防措施和检查。"第6条规定："由于下列原因或行为造成的任何损失、费用，保险人不负责赔偿：（一）被保险人或其代表的故意行为；（二）被保险人的雇员工作错误、疏忽、过失或经营无方；（三）被保险人的雇员向被保险人借贷；（四）被保险人的雇员从事与其职位或岗位无关的行为；（五）与被保险人的雇员无关的外界盗窃；（六）被保险人日常经营中发生信息数据的接收、输入错误；（七）战争、敌对行为、军事行动、武装冲突、恐怖活动、罢工、暴动、民众骚乱；（八）核爆炸、核辐射；（九）放射性污染及其他各种环境污染；（十）行政行为或司法行为。"

（四）保险期间

诚实保证保险的保险期间，为保险人对被保险人承担给付保险赔偿金责任的起讫期间，由当事人依据需要，在保险合同中约定。保险实务中，诚实保证保险约定的保险期间有1个月、3个月、6个月、1年等不同期间，当事人可以选择确定保险期间。诚实保证保险的当事人也可以约定长期保险期间，如10年或者20年。合同约定的保险期间，表明保险人仅对保险期间内发生的"不诚实行为"造成的损失风险，承担保险责任。

（五）保险赔偿

发生保险责任范围内的事故时，保险人应当依照诚实保证保险合同的约定，向受到损失的被保险人给付约定的保险赔偿金。保险人给付保险赔偿金时，被保险人已经从为不诚实行为的雇员处取得的利益，应当从应付的保险赔偿金中扣除。保险人向被保险人给付保险赔偿金后，依照诚实保证保险合同的约定，相应取得代位被保险人对为不诚实行为的雇员的求偿权。

（六）诚实保证保险的主要形式

诚实保证保险主要有指名保证保险、职位保证保险、总括保证保险和特别总括保证保险。

1. 指名保证保险

指名保证保险，是指以特定的个人或者群体作为被保证人的忠诚保证保险。以特定的个人或者群体作为被保证人，被保险人因为指明的被保证人的不诚实行为遭受损失时，由保险人承担给付保险赔偿金的责任。依照指名保证保险，保险人仅对保险单指明的特定被保证人的不诚实行为造成的被保险人损失承担保险责任。保险单指明的被保证人，限于保险单明示或者列表登记的被保险人的雇员。保险期间内，指名岗位的雇员变动了岗位的，被保险人应当将其事实及时书面通知保险人。

2. 职位保证保险

职位保证保险，是指以担任企业或者团体的特定职位的职员为被保证人的忠诚保证保险。其以担任企业或者团体的特定职位的职员为被保证人，而不论该职员的姓名、年龄或者性别。被保险人因担任指明的职位的任何职员的不诚实行为遭受损失时，由保险人承担给付保险赔偿金的责任。职位保证保险不列明被保证人的姓名，只限定被保证人的范围，对于担任指明的职位的任何人的不诚实行为造成被保险人损失的，保险人应当按照合同约定承担保险责任。

3. 总括保证保险

总括保证保险，是指以雇主雇佣的全体职员为被保证人的忠诚保证保险。以雇主的全体职员为被保证人，被保险人因为其雇佣的任何职员的不诚实行为遭受损失时，由保险人承担给付保险赔偿金的责任。总括保证保险为一种集体保证保险合同，无须特别列明被保证人的姓名，也不区别被保证人的职位，即使在保险期间被保证人的人数增加或者减少，保险人也不另加收保险费，已收的保险费也不退还。

4. 特别总括保证保险

特别总括保证保险，是指以特定金融机构（被保险人）的职员为被保证人的忠诚保证保险。被保险人所有的货币、有价证券、金银、珠宝以及其他贵重物品因为其雇佣的任何职员的不诚实行为遭受损失时，由保险人承担给付保险赔偿金的责任。特别总括保证保险为总括保证保险的一种，起源于英国伦敦劳合社开办的银行总括保证保险，经保险业的推广使用，被保险人现已超出银行的范围，但仍以金融机构为限。

> **案例参考 80**

保证保险被保险人的权利及其法律适用

建行葫芦岛分行以人保葫芦岛公司未按合同约定承担机动车消费贷款保证保险责任为由,将其诉至辽宁省葫芦岛市中级人民法院,请求法院判令:(1)人保葫芦岛公司承担借款本金8071602.37元及利息;(2)人保葫芦岛公司返还建行葫芦岛分行所发放的贷款中直接交纳的28户借款人的机动车保险费1131987.00元。

辽宁省葫芦岛市中级人民法院于2011年7月11日作出(2003)葫民合初字第270号民事判决,结果如下。人保葫芦岛公司在签发保险单之时对贷款购车人的资信没有尽到认真审查义务,建行葫芦岛分行对购车人的申请贷款资料亦没有尽到认真审查义务,故双方对贷款被骗事实的发生均有过错,应对贷款无法收回所造成的损失承担相应的责任。因建行葫芦岛分行所发放的贷款本金8071602.37元中包含着直接划入人保葫芦岛公司账户的机动车保险费1131987.00元,故人保葫芦岛公司所收取的机动车保险费无事实和法律依据,应返还该笔费用。遂判决:(1)人保葫芦岛公司返还建行葫芦岛分行机动车保险费1131987.00元;(2)人保葫芦岛公司赔偿建行葫芦岛分行贷款损失3122826.91元;(3)人保葫芦岛公司赔偿建行葫芦岛分行贷款利息损失2241918.81元。

建行葫芦岛分行不服上述民事判决,向辽宁省高级人民法院上诉。

辽宁省高级人民法院于2011年12月22日作出(2011)辽民二终字第115号民事判决,认为:建行葫芦岛分行与人保葫芦岛公司在开展案涉机动车消费贷款保证保险业务中,存在着同等过错,建行葫芦岛分行与人保葫芦岛公司应当在实际损失的范围内(即建行葫芦岛分行发放贷款的总额减去已还款数额,再扣除保费和扣收的经销商葫芦岛融亿亚飞汽车销售有限公司交存的保证金945744.20元后的金额)各按50%的比例分担损失。建行葫芦岛分行在其主张损失的数额中已将经销商葫芦岛融亿亚飞汽车销售有限公司交存的保证金945744.20元扣除,对此双方无异议,一审再行扣除不当。判决人保葫芦岛公司赔偿建行葫芦岛分行贷款损失3469807.69元,贷款利息损失2491020.9元;人保葫芦岛公司赔偿建行葫芦岛分行自2010年8月17日起至判决确定给付之日止贷款本金8071602.37元利息损失的50%。

保险公司以一审和二审适用法律错误为由，提出再审申请。建行葫芦岛分行未作答辩。

再审法院意见如下。（1）从原审查明的情况看，建行葫芦岛分行向人民法院提起诉讼，依据的是与人保葫芦岛公司签订的《机动车辆消费贷款保证保险业务合作协议》，主张人保葫芦岛公司承担机动车消费贷款的保证保险责任。故原审法院以保证保险纠纷进行审理并无不当，本案并不存在违反法律规定将28个普通共同诉讼合并审理的情形。（2）关于原审审理适用法律是否恰当的问题。最高人民法院对湖南省高级人民法院的《中国工商银行郴州市苏仙区支行与中保财产保险有限公司湖南省郴州市苏仙区支公司保证保险合同纠纷一案的请示报告》的复函指出，"保证保险虽是保险人开办的一个险种，其实质是保险人对债权人的一种担保行为。在企业借款保证保险合同中，因企业破产或倒闭，银行向保险公司主张权利，应按借款保证合同纠纷处理，适用有关担保的法律"，故人保葫芦岛公司主张本案应优先适用《中华人民共和国保险法》相关规定的再审理由不能被支持。（3）关于合同诈骗犯罪造成贷款损失的责任承担问题。本案中，建行葫芦岛分行与人保葫芦岛公司签订的《机动车辆消费贷款保证保险业务合作协议》，因涉及犯罪应被认定为无效。根据《中华人民共和国合同法》第58条"合同无效或者被撤销后，因该合同取得的财产，应当予以返还；不能返还或者没有必要返还的，应当折价补偿。有过错的一方应当赔偿对方因此所受到的损失，双方都有过错的，应当各自承担相应的责任"的规定，建行葫芦岛分行与人保葫芦岛公司在开展案涉机动车消费贷款保证保险业务时，均未充分履行各自应负的资信调查义务，从而导致合同诈骗犯罪得逞，原审认定建行葫芦岛分行与人保葫芦岛公司承担同等过错责任、判决人保葫芦岛公司返还根据《机动车辆消费贷款保证保险业务合作协议》收取的机动车保险费1131987.00元并无不当。裁定驳回人保葫芦岛公司的再审申请。①

案例分析指引

1. 保证保险的法律性质如何？应当如何认识保证保险的法律关系和适用的法律？

---

① 参见中华人民共和国最高人民法院（2013）民申字第1565号民事裁定书。

第八章 信用保险和保证保险

2. 本案中，法院认为保证保险的被保险人（银行）向保险人主张权利的法律依据为担保法，理由是否充分？如果保证保险合同无效，以担保法的规定处理争议是否理由更充分？

3. 本案争议的法律关系是否为保证保险项下的法律关系？一审、二审和再审法院均认为保险公司和借款人订立的保险合同因为借款人涉及刑事犯罪而无效，其法律依据如何？

4. 保证保险合同无效的，保险人应当承担什么责任？本案中，涉案保证保险合同应否无效？

思考题

1. 信用保险和保证保险有什么不同？
2. 如何认识国内商业信用保险的保险责任范围？
3. 应当从哪些方面认识保证保险的性质？
4. 保证保险的法律适用应当注意哪些问题？
5. 如何理解雇员忠诚保证保险的保险责任范围？

扩展阅读

1. 刘荣宗：《保险法》，三民书局，1995，第365～370页（保证保险）。

2. 吴庆宝主编《保险诉讼原理与判例》，人民法院出版社，2005，第337～348页（保证保险的性质与法律适用）。

3. 王林清：《保险法理论与司法适用》，法律出版社，2013，第448～470页（保证保险制度热点问题研究）。

4. 邹海林：《保险法学的新发展》，中国社会科学出版社，2015，第492～516页（保证保险规范论）。

第九章 再保险

> **要点提示**
> - 再保险的概念
> - 再保险的性质
> - 再保险的分类
> - 再保险比例责任
> - 再保险人责任的承担

第一节 再保险的意义

一 再保险的概念

再保险(reinsurance),又称分保险,是相对于原保险而言的保险,是指保险人将其承担的保险责任部分转移给其他保险人承保而订立的保险合同。[①] 将保险责任部分转移给其他保险人承保的保险人,为再保险合同的投保人,又称原保险人或者再保险分出人、再保险被保险人;接受投保人转移保险责任请求的保险人,为再保险人,又称再保险接受人或者再保险分入人。

保险实务中,再保险可以约定再保险人以再保险合同约定的保险金额为限,补偿原保险人依照原保险合同承担的任何给付责任,再保险也可以约定再保险人仅补偿原保险人依照原保险合同承担的部分给

---

① 参见《保险法》(2015 年)第 28 条第 1 款。

付责任。就再保险人分担原保险人的保险责任而言,再保险与保险人和被保险人共同分担损失的"共保保单"(policy of co-insurance)相类似。[1] 共保保单,是指对于同一风险由保险人和被保险人按照约定的比例或者份额对保险标的所发生的损失共同承担责任的保险合同。依照共保保单,除非保险合同另有约定,保险人仅仅按照其所承担的风险的份额或给付保险赔偿金的比例,对被保险人承担责任,其他损失部分则由被保险人自己承担。在某些司法管辖区内,关于"共保"的约定不受法律的保护而属于非法。[2] 但是,再保险合同毕竟不是共保保单;即使再保险合同约定再保险人仅对原保险人承担的部分保险责任承担责任,在法律上也不会发生非法的后果,且这是再保险的常态,是保险业分散特定危险事故的一种方式。再保险合同在性质上不同于共保保单。

二 再保险的功能

(一) 分散保险公司危险的功能

保险具有分散危险和消化损失的功能。保险公司所经营的保险业务,不论其标的为财产还是人身,在发生保险合同约定的事故时,保险公司都应当向被保险人或者受益人给付约定的保险赔偿金或者保险金。保险公司所承担的保险责任,在本质上也是不确定的危险,其责任一旦发生,保险公司即在经济(财务)上因为给付保险赔偿金而必然发生的不利益,具备利用保险将自己承担的保险责任转嫁给其他保险公司的必要性和条件。再保险事实上使得保险具有的"消化损失、分散危险"的功能得以进一步发挥。保险公司通过再保险将集中于自己的超出自身控制风险能力的危险,转移给其他保险公司承担,从而合理控制自己承担的保险责任。因此,再保险具有使保险公司互相转嫁危险,以防危险过于集中而确保保险公司能够正常稳健经营的功能。

(二) 减轻责任以扩大承保能力的功能

保险公司承保风险的能力受其偿付能力的限制。保险公司不得超出其偿付能力承保风险,否则,会危害保险业分散危险和消化损失的固有保障功能。国家对于保险公司有最低偿付能力的要求,保险人所承担的责任和其具有的偿付能力之间具有一定的匹配关系。保险公司的偿付能

---

[1] See John F. Dobby, *Insurance Law* (West Publishing Co., 1981), p.247.
[2] See John F. Dobby, *Insurance Law* (West Publishing Co., 1981), p.195.

力不足，在补足或者改善其偿付能力之前，保险业的经营将受到严重的限制，甚至不能承保新业务或者增加承保业务。再保险的运用，为每个保险公司增强承保能力创造了条件和机会。保险人承保任何一项业务时，都应当考虑是否会对其偿付能力产生不利的影响；保险公司承保危险时，应当以不超过其偿付能力作为条件。再保险的分出业务，在相当程度上分散了保险公司所承担的危险，使得受偿付能力限制的保险公司因为分出保险责任，所承担的危险有所减轻，可以借此承保更多的业务，其承保能力事实上获得提高；与之相对应，再保险公司通过再保险的分入业务从其他保险人处取得更多的业务，更会增厚其承保能力。在这个意义上，再保险的运用为保险公司增强承保能力创造了条件。

（三）确保保险业稳健经营的功能

再保险的运用，不仅不会减少保险公司所经营的保险业务数量，而且必然增加保险公司的业务量，并促使保险从业者所承担的法律责任危险平均化，提高保险业整体经营的安全性。通过再保险，原保险人在被保险人发生重大损失时，不必因为付出巨额赔款而影响经营，其所付出的巨额赔款，再保险人可予以相应弥补；通过再保险，原保险人在转嫁保险责任风险时，仍然可以取得再保险佣金而有适当的收益，这对于巩固保险人的偿付能力并不断扩大业务具有十分重要的意义。再者，再保险的运用，对于原保险的被保险人或者受益人切实通过保险转嫁危险，也具有显著的保障作用，特别是在原保险人丧失偿付能力的情形下，再保险可以对原保险的被保险人或者受益人的保险给付请求权的实现，提供更为直接的物质上的保障，这是保险业稳健发展并不断提升保险业的信用水准所需要的。总之，再保险的运用，有助于增强保险业经营发展的安全性和被保险人利益的保障水平，推动保险业的稳健发展。

第二节　再保险的性质与特征

一　再保险的性质

再保险以原保险合同承保的保险责任为标的。再保险人以原保险合同约定的保险责任为限，并按照再保险合同的约定向原保险人承担给付保险赔偿金的责任。关于再保险合同究竟应当属于何种性质的保险合同，存在三种不同的观点。第一种观点认为，再保险合同的性质从属于原保险合同的性质；第二种观点认为，再保险合同为财产损失保险合同；第三种观点认为，再保险合同是责任保险合同。在保险法理论和实务上，责任保险说为通说，即再保险合同为责任保险合同。[①]

（一）原保险性质说

原保险性质说认为，再保险从属于原保险，以原保险人订立的保险合同承担的保险给付责任为标的，原保险的性质决定了再保险的性质。原保险合同为财产保险，则再保险为财产保险；原保险合同为人身保险，再保险也为人身保险。

原保险性质说仅仅注意到再保险的从属性，即再保险合同从属于原保险合同，但忽略了再保险合同的独立性。再保险合同与原保险合同是各自独立的合同。前者的标的，为原保险合同约定的保险责任；后者的标的，则为原保险合同的被保险人的财产或者人身。再保险合同和原保险合同的标的存在本质上的不同，二者所分散的危险的性质不同，其分散危险的目的也不同。例如，原保险为人身保险合同时，原保险合同具有定额给付的目的，为非补偿性保险；以此为标的的再保险，目的在于填补原保险人因为给付保险金所发生的财产损失，具有填补损失的目的，具有补偿性保险的性质。因此，再保险合同的性质，与原保险合同无关。

（二）财产损失保险说

财产损失保险说认为，再保险的目的是填补原保险人因为承担保险责任所受的损失。再保险的标的为原保险人承担的保险责任。原保险约定的保险事故发生后，原保险人给付保险（赔偿）金的，再保险人应当依照再保险合同对原保险人所发生的损失承担保险责任。

将再保险合同定性为财产损失保险，不能有效实现再保险分散原保险人的保险责任的功能，再保险也不能对原保险的被保险人利益提供更周全的保护。财产损失保险填补的被保险人的损失，以被保险人因为保险事故产生的实际损失为限，保险人仅对被保险人遭受的实际损失承担保险责任。原保险合同约定的保险事故发生后，原保险人尚未向原被保险人给付保险（赔偿）金，即没有发生实际损失；尤其是，原保险人失去清偿能力而无法履行保险责任时，更没有实际损失发生。这样，再保险人无须对原保险人承担保险责任。但是，再保险作为填补损失的保险，并不是这样。财产损失保险说，不能合理解释保险实务中的再保险合同具有的特点、效用。

---

① 参见郑玉波《保险法论》，三民书局，1978，第 52 页。

(三) 责任保险说

责任保险说认为，再保险以原保险合同约定的原保险人承担的保险责任为标的；当原保险人应当承担保险责任时，再保险合同约定的保险事故即告发生，不论原保险人是否已经向原被保险人给付保险（赔偿）金，再保险人均承担向原保险人给付保险赔偿金的责任。

再保险作为填补损失的保险，具有财产保险的性质。但是，再保险究竟属于财产损失保险还是责任保险，事关再保险人的保险给付责任及其履行。前已言之，再保险如果是财产损失保险，则再保险人仅在原保险人已经承担保险责任而发生实际损失的情形下，才会承担再保险合同约定的给付义务。相反，如果再保险是责任保险，则再保险人在原保险人依照原保险合同应当向被保险人承担保险责任时，即负有再保险给付责任；即原保险人不必实际支付保险（赔偿）金，就有权请求再保险人给付约定的保险赔偿金。在美国，多数法官认为，再保险合同为责任保险合同，除非再保险合同中有非常明确的言辞说明其为财产损失保险合同。持有这一观点的非常重要的理由是，再保险合同具有保护丧失清偿能力的原保险人的功能，若将再保险合同认定为财产损失保险合同，那么在原保险人丧失清偿能力时，因为原保险人不能实际偿付被保险人的保险给付要求，即没有实际损害发生，再保险人将没有责任支付再保险赔偿。将再保险认定为责任保险，可以为原保险人提供辅助其偿付能力的保护。① 为避免保险实务中的不必要麻烦，有立法例明文规定再保险合同具有责任保险合同的性质。例如，《韩国商法典》第 726 条规定，有关责任保险的，准用于再保险合同。

(四) 我国保险法上的再保险

我国保险法对于再保险的性质，没有任何规定；而且，对于再保险是否适用有关责任保险的法律法规，亦无明文规定。我国保险法理论，多认为再保险属于责任保险。我们认为，保险合同为当事人意思自治的结果，再保险合同的性质应当依照订立再保险合同的当事人的意思确定；当事人的意思表示不明的，再保险具有责任保险的性质。

因为法律没有规定再保险合同为责任保险合同，故不能超越再保险合同当事人的意思，将再保险定性为责任保险。依照当事人意思自治的法理，当事人可以约定再保险为财产损失保险合同；再保险合同依照当事人的意思为财产损失保险合同的，再保险人仅在原保险人承担保险责

---

① See John F. Dobby, *Insurance Law* (West Publishing Co., 1981), p.249.

任后，依照再保险合同约定的保险金额，对原保险人给付保险赔偿而发生的损失予以填补。在美国的司法实务上，尽管多数法院将再保险合同解释为责任保险合同，也是以再保险合同本身欠缺明确相反的意思表示（in the absence of very explicit language ni the contract to the contrary）为条件的。[①] 所以，仅当再保险合同没有约定再保险为财产损失保险时，或者有约定但约定的内容不明时，可以将再保险合同解释为责任保险合同。

二 再保险的特征

（一）再保险承保原保险项下的保险责任

再保险的标的为原保险的部分保险责任。除法律规定不能通过再保险转移的保险责任或者再保险合同不予承保的保险责任以外，原保险人可以将其承担的原保险合同项下的保险责任，移转给再保险人承保。原保险人依照原保险承担的保险责任，为法律上或者契约上的责任，在性质上属于金钱给付责任；当原保险人的保险责任发生时，再保险人依照再保险予以承担。但是，再保险人对原保险的被保险人或者受益人并不承担直接给付保险（赔偿）金的责任，基于原保险的保险给付请求权人没有权利要求再保险人给付再保险约定的保险赔偿金。

（二）再保险承保原保险人的部分给付责任

依照我国保险法的规定，原保险人不能将其原保险承保的保险责任全部分保给再保险人，再保险仅能承保原保险约定的保险责任的一部分。因此，再保险的标的为原保险人承担的部分给付责任。

（三）再保险从属于原保险

再保险是保险人之间以分担保险责任为目的成立的保险合同。再保险以原保险合同的有效存在为前提，故有"保险之保险"的称谓。再保险不仅仅是原保险的对称，而且在实务上，二者彼此间不可分割，没有原保险，就没有再保险；没有再保险，原保险人承担的保险责任也无法通过保险继续进行分散。因为再保险从属于原保险，原保险合同的效力将直接影响再保险合同的效力。有观点认为，再保险合同在相当程度上仅仅是原保险合同的变通形式（modification），如果原保险合同因为保险人缺乏经营保险业务的能力而无效，则再保险合同同样无效或者不

[①] See John F. Dobby, *Insurance Law* (West Publishing Co., 1981), p. 249.

具有强制执行力。[1]

(四) 再保险独立于原保险

再保险虽以原保险合同为基础,再保险从属于原保险,但再保险为独立的保险合同,在原保险人和再保险人之间产生独立的保险权利义务关系。再保险合同的约定对原保险合同约定的权利义务关系,不会产生任何影响;原保险合同约定的保险权利义务关系,不因再保险合同的成立而发生任何变化。再保险人仅依照再保险合同的约定向原保险人承担保险责任,原保险人应当依照再保险合同的约定向再保险人支付保险费。因此,再保险接受人不得向原保险的投保人要求支付保险费。原保险的被保险人或者受益人不得向再保险接受人提出赔偿或者给付保险金的请求。再保险分出人不得以再保险接受人未履行再保险责任为由,拒绝履行或者迟延履行其原保险责任。[2]

第三节 再保险的类型化

一 再保险的分类

依照不同的标准,可以对再保险予以不同分类。例如,依照再保险适用的范围,可以将再保险分为广义再保险和狭义再保险;依照再保险的效力强度,可以将再保险分为临时再保险 (facultative or street reinsurance) 与合约再保险 (treaty reinsurance);依照再保险发生效力的强制性,可以将再保险分为任意再保险与法定再保险;等等。

在保险法理论上,因为再保险承保的标的范围,将再保险分为全部再保险与一部再保险。全部再保险和一部再保险的划分,在实益上较理论上的意义更加显著。但我国保险法明文规定的再保险,仅以原保险人将其承担的部分保险业务转移给其他保险人的保险为限,故全部再保险和一部再保险的划分,在我国保险法上有无实践意义,值得研究。再者,除任意再保险以外,再保险理论和实务更关注的再保险为法定再保险。法定再保险是保险人依法必须办理的再保险业务,即保险人对其承保的法定比例范围内的危险责任应当分保给其他保险人而订立的再保

---

[1] See Raoul Colinvaux, *The Law of Insurance*, 5th ed. (Sweet & Maxwell, 1984), p. 187.
[2] 参见《保险法》(2015年) 第29条。

合同。①

二 广义再保险和狭义再保险

依照保险立法例,再保险有广义再保险和狭义再保险之别。我国保险法理论对此也有争议。一种观点认为,再保险是保险人将其承保的责任以分保的形式部分转移给其他保险人而订立的保险合同;另一种观点认为,再保险是保险人以其承担的保险责任的一部或者全部作为保险标的,向其他保险人转保而订立的保险合同。

(一) 广义再保险

广义再保险,以原保险的任何保险责任为保险标的。广义再保险,并不考虑投保人(原保险人)分保的原保险的保险责任份额,包括全部再保险和部分再保险。例如,我国台湾地区"保险法"第39条规定:"再保险为保险人以其所承保之危险,转向他保险人为保险之契约行为。"保险法在美国为州法,绝大多数州保险法允许保险公司签发承保原保险的全部保险责任的再保险合同。

在我国,关于保险公司若将其承保的原保险的全部责任"分出",其他保险公司予以承保并订立保险合同的,是否违法或者无效,保险法缺乏明文规定。保险公司签发的承保其他保险公司分保的全部保险责任的保险单,虽不被称为我国保险法所规定的再保险,但这种保险单的效力并不存在瑕疵,仍然属于有效的保险合同,保险人与分出全部责任的投保人之间,依照其订立的保险合同的约定确定其相互间的权利和义务。这是我国保险法存在的问题。保险法并没有禁止保险公司将其承保的个别保险业务的全部保险责任分保给其他保险公司,却将再保险限定于部分保险责任的分保,保险实务的妥当性存疑。

(二) 狭义再保险

狭义再保险,以原保险的部分保险责任为保险标的。狭义再保险与部分再保险同义。依照狭义再保险,原保险人和再保险人不得订立以原保险的全部保险责任为保险标的的保险合同。例如,美国有些州的保险立法例禁止保险人通过再保险承保原保险人依照原保险合同承担的全部风险责任,要求原保险人保留不能通过再保险获得填补的部分风险。我国保险法明文规定的再保险,为狭义再保险或部分在保险。但这里应当说明的是,狭义再保险的存在应当以保险法禁止保险公司分保其个别保

---

① 参见《保险法》(2015年)第103条。

险业务的全部保险责任作为条件。

三　临时再保险与合约再保险

依照再保险合同成立的方式的不同，再保险可以分为临时再保险与合约再保险。临时再保险与合约再保险相互对称。临时再保险在实务中又称临时分保或者任意分保。合约再保险在实务中又称为固定分保。此外，还存在一种介于临时再保险与合约再保险之间的再保险中间形态，被称为预约再保险（open treaty reinsurance）。

（一）临时再保险

临时再保险，是指原保险人通过自由选择再保险人而承保特定原保险的部分保险责任的再保险合同。临时再保险所称"临时"，与再保险合同的效力无关，仅仅与原保险人分保其原保险合同约定的保险责任的任意性有关。在这个意义上，临时再保险是原保险人对其某个具体的保险合同约定的保险责任进行分保的个别再保险行为，不是其再保险业务的整体安排。临时再保险合同订立时，原保险人有绝对的自由去选择再保险合同的保险人以及协商保险合同的条件。由于临时再保险的任意性，再保险人在原保险人提出再保险要求时，有权决定是否接受再保险要求，以及接受再保险要求后的保险责任限额。临时再保险为原始的再保险业务的推展方式，因再保险合同逐个订立、手续复杂和成本费用较高，总体上不利于再保险业务的开展。

（二）合约再保险

合约再保险，又称固定再保险，是指原保险人与再保险人事先订立、由再保险人对于约定范围的危险单位承担一定成数或者份额的保险责任的再保险合同。依照合约再保险，原保险人对其承保的保险业务，只要属于再保险合同约定的危险范围，便自动转移给再保险人，再保险人依照再保险合同承担保险责任。合约再保险一般针对原保险人的一个险种而订立，不需针对原保险人的单个保险合同而逐个订立，再保险承保的危险类别以及再保险人保险责任的份额，不是再保险人和原保险人逐项协商确定的，而是通过一个再保险合同确定的。合约再保险的保险期限较长，实务中的再保险业务普遍采用合约再保险。保险实务中经常采用的合约再保险，主要有成数合约再保险（quota share reinsurance）、溢额合约再保险（surplus reinsurance）、超额赔款合约再保险（excess of loss reinsurance）和超额赔付率合约再保险（excess of loss ratio reinsurance）等形式。①

（三）预约再保险

预约再保险，是指原保险人与再保险人事先约定的、由原保险人依照选择或者需要将其承保的保险业务分给再保险人承保，而再保险人必须予以接受的一种再保险合同。依照预约再保险，原保险人有权决定其承保的保险业务的分出，不承担必须分出保险业务的义务，预约再保险似乎具有临时再保险的特点；再保险人在原保险人决定分出其保险业务时，必须接受原保险人分出的再保险业务，并按照预约再保险的约定对原保险人承担保险责任，预约再保险又具有合约再保险的特点，使得预约再保险不同于临时再保险。预约再保险有利于原保险人开展分保业务，但不利于再保险人开展分入业务，保险实务中一般作为合约再保险的补充加以利用。

四 比例再保险与非比例再保险

依照再保险人分担原保险责任方式的不同，再保险分为比例再保险和非比例再保险。

（一）比例再保险

比例再保险，又称分担再保险，是指再保险人按照原保险合同约定的保险金额的固定比例分担原保险责任的一种再保险合同。实务中，比例再保险以原保险人向再保险人分配保险费的比例作为承担保险责任的基础。再保险合同约定的比例，决定了再保险人从原保险人处所获得分配的保险费数额以及分担的保险责任大小。通过再保险合同约定，原保险人将收取的保险费的一部分让与再保险人，再保险人则依照其从原保险人处所受让的保险费占全部保险费的比例，承担原保险责任的同一比例的风险。依照比例再保险合同的约定，原保险人应当承担保险责任时，不论其承担的保险给付的数额，再保险人均按照再保险合同约定的比例承担保险责任。

比例再保险的具体形式可分为成数再保险和溢额再保险两种。成数再保险，又称比例分担再保险，是指原保险人与再保险人约定，原保险人将每一危险单位的保险金额依照一定的百分比分出，由再保险人接受并承担保险责任的再保险。再保险人若以合约再保险承保原保险人的保险责任，则成数再保险的比例保险责任是固定的。溢额再保险，是指原

---

① 参见陈云中《保险学》（第3版），五南图书出版公司，1984，第242页下。

保险人与再保险人约定，原保险人将每宗保险业务超出其自留额的部分分出，由再保险人接受并承担溢额部分的保险责任的再保险。

（二）非比例再保险

非比例再保险，又称超额损失再保险，是指以原保险人赔付的保险赔偿金数额或者赔付率为基础，确定原保险人的自负额和再保险人的分担额的一种再保险合同。若以原保险人的赔款额或者赔付率为计算基础，原保险人的自负额和再保险人的分担额相对于原保险责任而言，没有确定的比例，所以这类再保险被称为非比例再保险。

非比例再保险主要有超额赔款再保险与超额赔付率再保险两种基本形式。超额赔款再保险，是指再保险人以约定的最高额为限，对原保险人因每一保险事故承担的保险（赔偿）金超过其自负额的赔款部分，承担保险责任的再保险。超额赔款再保险一般用于承保巨灾危险的原保险约定的保险责任的分保。超额赔付率再保险，是指再保险人以约定的最高额为限，对于原保险人在保险期间内超过再保险合同约定的赔付率的赔款部分，承担保险责任的再保险。再保险合同约定的赔付率，是指原保险人在保险期间内的保险赔款总额与同期所收保险费的比例。

第四节 再保险人的责任与承担

一 再保险人的给付责任

再保险承保的风险，为原保险人对于原被保险人承担的赔偿或者给付责任。再保险人仅以原保险人应当承担保险责任为必要，对原保险人承担保险责任。除非再保险合同另有约定，再保险具有责任保险的性质，再保险人的给付义务，不以原保险人对原被保险人履行给付或者赔偿义务为要件；至于原保险人对原被保险人是否实际为保险金给付，与再保险人的给付义务也无关联。[①] 在这个意义上，再保险人的给付责任，发生于原保险人依照原保险合同被确定应当对原被保险人承担给付义务时。

再保险人的给付责任，存在于再保险合同约定的保险期间。只有在再保险合同约定的保险期间内，原保险人依照原保险合同应当承担保险给付责任的，再保险人才应当承担保险责任。再保险的保险期间，由原

---

① 参见施文森《保险法总论》，三民书局，1985，第219页。

保险人和再保险人约定，没有约定或者约定不明的，可以依照再保险从属于原保险的特征，以原保险的保险期间作为再保险的保险期间：原保险责任开始之日，为再保险人的保险责任开始之日；原保险的保险期间届满时，再保险合同亦告终止。

二 再保险人的给付限度

再保险人的给付责任，以再保险合同约定的赔偿限额为限。再保险对于原保险人的偿付能力的维持，具有十分重要的意义。尤其是，当原保险人丧失清偿能力而不能给付原保险合同项下的保险（赔偿）金时，即使再保险合同约定再保险人的责任限于填补原保险人所发生的实际损失，再保险人也不得以原保险人尚未给付而不存在损失为由，拒绝承担其再保险合同项下的给付责任。

这里有一个问题值得研究：当原保险人失去偿付能力时，再保险人是否有超出再保险合同约定的赔偿限额的给付责任？原则上，再保险人所承担的保险责任为限额赔偿责任，我国保险法对于再保险人超出合同约定的限额承担给付责任，没有任何规定；对于责任保险人应否超出责任保险的限额承担给付责任，亦缺乏相应的规定。因此，再保险人没有超出再保险合同约定的赔偿限额承担保险给付责任的任何义务。但英国的司法实务所持以下立场，还是值得我国司法实务参考和借鉴的：再保险具有弥补原保险人的偿付能力欠缺的功能，如果再保险合同没有明确地将再保险人的超额给付责任约定为除外责任，那么当原保险人发生支付不能或者丧失支付能力时，再保险人应当对原保险约定的保险责任的全部承担填补原被保险人损害的责任。[1]

三 再保险人的索赔参与权

再保险人的索赔参与权，是指再保险人依照约定参与原保险的被保险人对原保险人提出的索赔活动的权利。对于原保险人对原被保险人是否应当承担保险责任以及保险责任大小的问题，在告知再保险人并征得其同意前，原保险人不得以和解承认其保险责任及数额。再保险合同一般约定有再保险人的索赔参与权条款，即原保险人未经再保险人的同意，与原被保险人和解的，再保险人不受其和解的约束。

但是，我们也应当注意到，再保险合同的当事人双方均为经营保险

---

[1] See Raoul Colinvaux, *The Law of Insurance*, 5th ed. (Sweet & Maxwell, 1984), p. 189.

业务的保险人,对于再保险人的索赔参与权不能采取简单化的立场,再保险人应当尊重原保险人基于谨慎的保险人立场与原被保险人进行和解的结果。英国法院的以下做法值得我国保险实务参考:再保险合同的原保险人与原被保险人的和解,不同于责任保险合同的被保险人与第三人的和解;后者要求极为严格,而前者则强调合理(reasonable)性;在原被保险人和原保险人之间成立的有效和解,除非和解构成恶意或者随意,凡是具有合理性的和解,再保险人均应当受该和解的约束,并对和解达成的保险给付额及适当分担的和解费用,承担给付责任。①

思考题

1. 如何理解我国保险法上的再保险合同?
2. 如何认识再保险的性质?
3. 再保险人如何履行其再保险给付义务?

扩展阅读

1. 邹海林:《责任保险论》,法律出版社,1998,第 348~367 页(责任保险与再保险)。

2. 梁宇贤:《保险法新论》(修订再版),中国人民大学出版社,2004,第 164~167 页(再保险)。

3. 李玉泉主编:《保险法学——理论与实务》,高等教育出版社,2007,第 379~388 页(再保险合同)。

4. 厦门理工学院、深圳大华联合保险经纪有限公司:《美国商业普通责任保险》,中国金融出版社,2010,第 422~440 页(再保险)。

5. 崔子吉、黄平:《韩国保险法》,北京大学出版社,2013,第 200~202 页(再保险)。

6. 黎建飞:《保险法新论》(第二版),北京大学出版社,2014,第 358~365 页(再保险合同)。

---

① See Raoul Colinvaux, *The Law of Insurance*, 5th ed. (Sweet & Maxwell, 1984), pp. 189-190.

第十章 保险从业者

要点提示
- 主营保险业者
- 辅助保险业者
- 保险公司的准入许可
- 保险代理人
- 保险经纪人
- 保险公估人

第一节 保险从业者的组织形式

一 保险从业者的范围

保险业是保险从业者以实现保险制度为目的开展的营业及与该营业相关的所有活动的总称。保险业属于金融业的组成部分,国家对其实行准入许可制度。保险从业者为保险业存在和发展的基础。依照保险从业者所开展的营业性质的差异,可以将保险从业者分为主营保险业者和辅助保险业者两类。

(一) 主营保险业者

向社会公众提供保险产品的供给者,为主营保险业者,主要是指保险公司或者专业提供保险保障的其他组织体。在法律制度的构造上,主营保险业者为保险合同的一方当事人,发生保险事故时,其对被保险人或者受益人承担保险责任。

主营保险业者首先是一个组织体，它具有支配和管理保险资金的职能。保险业以社会互助为存在和发展的基础，其本质在于多数人相互帮助以分担少数人的危险。保险是社会成员集合众人的力量抵御危险的产物，没有众人力量的集合，就没有保险业。保险的经济理念要求保险人和投保人进行友好合作，并合理分担保险费用，众多投保人要共同交纳保险费以建立社会共济或者补偿基金，以作为转移或者分摊危险的物质保障。"保险的真义，在于利用自己有限的力量，配合他人的力量，结合成团体的力量，以救助自己或他人的经济准备措施。"[①] 为社会互助目的的实现，保险业在相当程度上依赖于规模庞大的经营保险业务的组织。在这一过程中，保险公司担负起了这一重任。保险公司一般具有雄厚的资本金，并具有筹措资金的组织能力，较适宜开展保险业务。在世界范围内，主营保险业者均为高度专业化的保险公司。

主营保险业者的组织形式，起源于古代中国、印度、希腊和罗马当时存在的非营利性的兄弟会（fraternal society）等互助组织。兄弟会等互助组织向其成员提供疾病或者丧葬方面的帮助。兄弟会等互助组织，在现代社会仍然存在，但已不是主营保险业者的主流形式。另外，在某些特殊的领域，个人保险机构和政府经营的公营保险机构，也发挥着非常重要的作用。在英国，除保险股份有限公司和相互保险"公司"外，法律允许个人经营保险业，此类机构以劳合社（Lloyd's Underwriters）为代表。在德国，依照公法设立的专营公务人员和教会职员的老年、残疾保障的保险经营组织，是公益性的主营保险业者；在我国台湾地区，依照"特别法"设立的经营保险业务的"中央信托局"，是不同于保险公司的公营保险机构。除上述机构以外，因为历史的原因，海运船东成立的"船东互保协会"在承保海上危险的业务方面也有积极的作用。显然，主营保险业者在类型上是多样化的。

总之，在立法例上，主营保险业者主要有：(1) 保险公司；(2) 依照特别法设立的保险组织；(3) 相互保险组织；(4) 保险合作社；(5) 依法开展保险业务的其他组织，如劳合社、船东保赔协会等。

（二）辅助保险业者

辅助保险业者，又称保险辅助人，是指依照保险法的规定，接受保险人的委托并为其利益或者受被保险人委托并为其利益而办理相关辅助保险业务的从业者。保险辅助人，客观上具有辅助保险公司开展保险业

[①] 参见吴荣清《财产保险概要》，三民书局，1992，第5页。

务的职能，具有相应的专业技能，是保险从业者的重要组成部分。辅助保险业者主要有保险代理人、保险经纪人和保险公估人。

辅助保险业者对保险业的专业化和规模化经营做出了历史性的贡献。经过长期的发展，辅助保险业者成为现代保险业的主营保险业者筹措保险基金、拓展保险业务的得力助手。我们应当注意到保险业一个变化：因为信息传递方式的不断进步，主营保险业者正在越来越多地利用直接推销保险的方式，这在一定程度上会降低辅助保险业者在保险营销、推介和售后服务方面所起的作用。但是，辅助保险业者在整个保险业的发展过程中所具有的作用，是主营保险业者无论如何也无法取代的。

我国对于辅助保险业者开展保险辅助业务，实行许可主义。在我国，辅助保险业者从事保险辅助业务，应当经保险监督管理机构的批准。经保险监督管理机构批准取得经营保险辅助业务许可证后，辅助保险业者才能向工商行政管理部门办理营业登记，开始从事保险辅助业务。申请保险辅助业务许可证，申请人应当符合保险法规定的开展保险辅助业务的各项条件，并向保险监督管理机构提交书面申请。

我国保险法对于辅助保险业者的营业准入许可、组织形式及其条件、营业登记、业务监管、业务人员的从业资格等事项，有相应的原则性规定。例如，保险代理机构、保险经纪人应当具备保险监督管理机构规定的条件，取得保险监督管理机构颁发的经营保险代理业务许可证、保险经纪业务许可证。保险专业代理机构、保险经纪人凭保险监督管理机构颁发的许可证向工商行政管理机关办理登记，领取营业执照。保险兼业代理机构凭保险监督管理机构颁发的许可证，向工商行政管理机关办理变更登记。保险代理机构、保险经纪人应当按照保险监督管理机构的规定缴存保证金或者投保职业责任保险。未经保险监督管理机构批准，保险代理机构、保险经纪人不得动用保证金。[①]

二 主营保险业者的类型

主营保险业者的组织形式，基本上为股份公司。股份公司融资能力强、资产规模庞大，符合作为保险组织抵御风险的资金要求，立法例多将之规定为主营保险业者的基本形式。但在保险实务中，主营保险业者并不限于股份有限公司，其呈现出组织形式多样化的特点。以下介绍三

---

① 参见《保险法》（2015年）第119条和第124条。

种具有代表性的主营保险业者。

（一）保险公司

保险公司是专营保险业务的股份公司或有限公司。在保险立法例上，保险公司是最为重要的主营保险业者。例如，依照韩国保险业法的规定，主营保险业者以股份有限公司和相互保险"公司"为限，但后者并非真正的保险公司。在我国台湾地区，主营保险业者主要是保险股份公司。依照我国大陆保险法的规定，主营保险业者有保险公司和其他依法设立的保险组织；[①] 保险公司则又分为股份公司和有限公司。

股份公司是依照公司法设立的、全部资本分为等额股份的企业法人。在我国，经保险监督管理机构核准，可以依照公司法设立专营保险业务的股份公司。股份公司股东众多而有充足的资本，有较强的融资能力且规模较大，为主营保险业者首选的保险公司的组织形式。有限公司是依照公司法的规定设立的、股东以其出资额为限对公司承担责任、公司以其全部财产对公司债务承担责任的企业法人。经保险监督管理机构核准，可以依照公司法设立专营保险业务的有限公司。在我国，既有的国有独资保险公司、外商投资保险公司以及其他采取有限公司组织形式的保险公司，均属于有限公司。此外，法律或者行政法规规定的相互保险组织和保险互助合作社等，为我国保险业组织形式的重要补充。

（二）相互保险组织

相互保险组织，又为相互保险"公司"或相互保险企业，是指投保人或被保险人依照保险业法自行缴存基金而设立的经营保险业务的企业。相互保险组织的成员为投保人或被保险人，其组成会员大会决定相互保险组织的重大事项；[②] 会员持有相互保险组织签发的保险单，并以互助合作方式享受相互保险组织提供的保险服务，取得参加相互保险组织年会、表决、红利（依照保险单取得）等权利。相互保险组织在其名称中必须使用"相互"或"互助"字样，依业务范围的不同，其包括一般相互保险组织、专业性相互保险组织和区域性相互保险组织等。[③]

保险法对相互保险组织没有资本金或者注册资本的要求。相互保险组织不同于保险公司；但相互保险组织应当拥有初始运营资金和建立抵御风险的共同基金。相互保险组织的初始运营资金，由主要发起会员负

[①] 参见《保险法》（2015年）第6条。
[②] 参见《相互保险组织监管试行办法》（2015年）第19条。
[③] 参见《相互保险组织监管试行办法》（2015年）第2条。

责筹集,也可以来自他人捐赠或借款,但必须是实缴货币资金。在弥补开办费之前,相互保险组织不得偿还初始运营资金。初始运营资金为债权的,在盈余公积金与未分配利润之和达到初始运营资金数额后,经会员大会表决通过,并经保险监督管理机构批准,可以分期偿还初始运营资金本金和利息。当偿付能力不足时,应停止偿还初始运营资金本息。①

再者,相互保险组织为企业法人或社团法人,其成员仅限于投保人或被保险人。在许多场合,相互保险组织虽然被称为"相互保险公司",但"相互保险公司"与保险公司的组织形式存在性质上的不同,前者不是依照公司法设立的企业法人,不能适用公司法。相互保险组织的设立应当经保险监督管理机构批准,并依法进行工商登记注册。

除保险法和行政法规对相互保险组织另有规定外,相互保险组织的准入许可、营业以及营业监管,适用或者参照适用保险法有关保险公司的规定。

(三) 保险合作社

保险合作社,又称保险互助合作社或者相互保险社,是指对于相同的风险有保险保障要求的社会成员依法设立的、相互间共同分担风险损失的保险组织。保险合作社的成员不限于投保人或被保险人,可以包括投保人以外的其他组织和个人。保险合作社为特殊的法人,管理机构为社员选举的管理委员会(理事会),管理委员会(理事会)指定代表主持社务、处理有关保险和社内财务的事项。保险合作社有股本金或资本金的要求,并同时拥有社员以交纳保险费的形式建立的赔偿基金。我国建立有农村互助保险合作社。

三 保险从业者的组织形式法定主义

保险从业者的组织形式,是指保险从业者所采用的企业组织形式。保险业为国家特许的行业,对保险从业者的组织形式实行法定主义。依照我国保险法的规定,保险从业者限于依照保险法设立的保险公司以及法律、行政法规规定的其他保险组织。保险从业者的组织形式法定主义,具有如下的法律意义。

第一,保险从业者是保险法规定的经营保险业务的机构,其他任何机构或者个人不得经营保险业务。我国保险法规定的保险从业者,主要

---

① 参见《相互保险组织监管试行办法》(2015年)第10条。

有保险公司、保险经纪机构、保险代理机构、保险公估机构、外国保险公司的分公司以及依照其他法律设立的经营商业保险业务的保险组织，如相互保险组织、保险合作社、船东保赔协会等。

第二，保险从业者应当采用保险法明文规定的企业组织形式。保险从业者不得采用保险法规定以外的企业组织形式。依照我国保险法的规定，主营保险业者的组织形式为保险公司，或为股份公司，或为有限公司；在保险公司之外，还有依法设立的相互保险组织和保险合作社，如农业互助保险合作社。辅助保险业者可以采用的企业组织形式，不限于公司，还包括以营利为目的的其他企业形式，如合伙企业、个人独资企业等。

第三，保险从业者的组织形式法定，还包括保险从业者的名称、设立、治理结构、变更、运营及其解散，均应当符合保险法的规定。例如，保险从业者应当在其名称中表明其所经营的保险业务类型，如财产保险、人寿保险、保险代理业务或者保险经纪业务；非经营保险业务的企业，不得在其名称中使用"保险"字样。我国保险法对于保险从业者所使用的名称、设立条件、治理结构、营业场所和注册事项的变更、日常经营、资金使用以及解散等事项，较其他的企业组织法（如公司法）规定了更为严格的条件，保险从业者除了应当符合相应的企业组织法规定的条件外，更应当符合我国保险法专门规定的条件。

第二节　保险公司

一　保险公司的设立条件

保险公司的设立条件，是保险法规定的保险公司设立和存续的实质要件。依照我国保险法的规定，设立保险公司应当具备下列条件。[①]

（1）发起人（主要股东）符合保险法规定的条件。保险公司的发起人或主要股东具有持续盈利能力，信誉良好，最近3年内无重大违法违规记录，净资产不低于人民币2亿元。

（2）公司章程合法。保险公司的章程应当符合保险法和公司法的规定。尤其是，保险公司的章程不得违反保险法和公司法有关公司的组织形式、注册资本、公司治理结构、资金使用和盈余分配等方面的强制

[①] 参见《保险法》（2015年）第68条。

性规定。

（3）注册资本符合保险法的规定。保险公司的注册资本，不得低于保险法规定的最低注册资本额。保险公司的注册资本为法定资本，最低限额为人民币2亿元，且为实缴货币资本。保险监督管理机构依照保险公司的业务范围和经营规模，在2亿元之上调整注册资本的最低限额的，保险公司的注册资本不得低于保险监督管理机构调整后的注册资本最低限额。[1] 例如，保险公司以2亿元人民币的最低资本金额设立的，其在住所地以外的每一省、自治区、直辖市首次申请设立分公司时，应当增加不少于人民币2千万元的注册资本；保险公司注册资本达到人民币5亿元时，在偿付能力充足的情况下，设立分公司不需要增加注册资本。[2]

（4）有称职的董事、监事和高级管理人员。保险公司的董事、监事和高级管理人员，应当具备任职专业知识和业务工作经验。具体而言，董事、监事和高级管理人员，应当品行良好，熟悉与保险相关的法律、行政法规，具有履行职责所需的经营管理能力，并在任职前取得保险监督管理机构核准的任职资格。[3] 因违法行为或者违纪行为被金融监督管理机构取消任职资格的金融机构的董事、监事、高级管理人员，自被取消任职资格之日起未逾5年的，因违法行为或者违纪行为被吊销执业资格的律师、注册会计师或者资产评估机构、验证机构等机构的专业人员，自被吊销执业资格之日起未逾5年的，不得担任保险公司的董事、监事和高级管理人员。[4] 再者，凡有下列情形之一的，亦不得担任保险公司的董事、监事、高级管理人员：（1）无民事行为能力或者限制民事行为能力；（2）因贪污、贿赂、侵占财产、挪用财产或者破坏社会主义市场经济秩序，被判处刑罚，执行期满未逾五年，或者因犯罪被剥夺政治权利，执行期满未逾5年；（3）担任破产清算的公司、企业的董事或者厂长、经理，对该公司、企业的破产负有个人责任的，自该公司、企业破产清算完结之日起未逾3年；（4）担任因违法被吊销营业执照、责令关闭的公司、企业的法定代表人，并负有个人责任的，自该公司、企业被吊销营业执照之日起未逾3年；（5）个人所负数额

---

[1] 参见《保险法》（2015年）第69条。
[2] 参见《保险公司管理规定》（2015年）第16条。
[3] 参见《保险法》（2015年）第81条第1款。
[4] 参见《保险法》（2015年）第82条。

较大的债务到期未清偿。①

（5）组织机构和管理制度健全。设立保险公司，应当建立完善的法人治理结构，包括依照我国公司法应当建立的股东（大）会、董事会、监事会以及经营管理机构（包括经理、财务负责人等高级管理人员），并合理配置法人治理结构的各组成部分的职责。再者，设立保险公司，应当具有涉及业务、财务、风险控制、资产管理等事项的健全的各项规章制度，尤其要建立完善的业务、财务、合规、风险控制、资产管理、反洗钱等制度，并有具体的业务发展计划和按照资产负债匹配等原则制定的中长期资产配置计划。②

（6）营业场所和有关设施符合保险法规定的条件。保险公司应当具有合法的营业场所，营业场所的安全、消防等设施符合国家法律规定。保险公司的营业场所、办公设备等，应当与保险公司的业务发展规划相适应，并按照保险监督管理机构的要求建立与经营管理活动相适应的信息系统。

二　保险公司的设立批准

（一）许可设立主义

国家对保险公司的设立，实行审批制度，即许可设立主义。主营保险业者并不具有设立保险公司和开展保险营业的当然权利或自由，保险公司的营业地位，在性质上属于国家依照保险法规定的条件许可的主营保险业者开展保险业务的特权。依照我国保险法的规定，设立保险公司应当经保险监督管理机构批准。保险监督管理机构审查保险公司的设立申请时，应当考虑保险业的发展和公平竞争的需要。③ 原则上，对于保险公司的设立，国家拥有自由裁量权。

保险公司的设立，应当经过筹建批准、筹建和开业批准三个阶段。设立保险公司，应当先申请筹建，保险监督管理机构批准筹建后，申请人应当在法定期限内完成保险公司的筹建，以满足保险法规定的设立保险公司的各项条件。经过筹建符合设立保险公司的法定条件，申请人可以向保险监督管理机构申请开业批准；经保险监督管理机构批准设立的保险公司，凭经营保险业务许可证向工商行政管理机关办理营业登记，

---

① 参见《公司法》（2013年）第146条第1款。
② 参见《保险公司管理规定》（2015年）第12条。
③ 参见《保险法》（2015年）第67条。

以完成保险公司的设立。①

（二）筹建批准

筹建批准，又称保险公司设立的初审，即保险监督管理机构同意申请人筹建保险公司。筹建保险公司的目的，在于促使申请人通过筹建活动使得拟设立的保险公司符合保险法规定的保险公司设立的各项条件。因此，保险公司的筹建，对于核实或者判断拟设立的保险公司是否已经满足法定的各项设立条件而言，既是手段也是目的。

申请保险公司的筹建批准，申请人应当向保险监督管理机构提出书面申请，并提交下列材料：（1）设立申请书，申请书应当载明拟设立的保险公司的名称、注册资本、业务范围等；（2）可行性研究报告，包括发展规划、经营策略、组织机构框架和风险控制体系等；（3）筹建方案；（4）投资人的营业执照或者其他背景资料，经会计师事务所审计的上一年度财务会计报告；（5）投资人认可的筹备组负责人和拟任董事长、经理名单及本人认可证明；（6）保险监督管理机构规定的其他材料，如保险公司章程草案。②

保险监督管理机构应当对筹建保险公司的申请进行审查，并在受理之日起6个月内作出批准或者不批准筹建的决定。保险监督管理机构决定不批准的，应当书面说明理由，并通知申请人；决定批准保险公司筹建的，应当向申请人发出批准筹建通知书。③

（三）筹建

筹建为申请保险公司开业批准的前提条件。自收到批准筹建通知之日起，申请人应当开始保险公司的筹建。保险公司的筹建，应当围绕前述保险公司的设立条件进行。保险公司的筹建期间为1年，自申请人收到批准筹建通知书之日起计算。保险公司的筹建应当在1年内完成。在保险公司的筹建期间，申请人不得以拟设立的保险公司为名从事保险经营活动，也不得变更筹建申请时确定的发起人或主要股东。④ 筹建期间届满，申请人未完成保险公司筹建的，保险监督管理机构的批准筹建决定自动失效。

---

① 参见《保险法》（2015年）第70条、第72条、第73条和第77条。
② 参见《保险法》（2015年）第70条和中国保监会《保险公司管理规定》（2015年）第8条。
③ 参见《保险法》（2015年）第71条。
④ 参见《保险法》（2015年）第72条和中国保监会《保险公司管理规定》（2015年）第11条。

经过筹建，拟设立的保险公司满足前述保险公司的设立条件的，申请人可以向保险监督管理机构申请保险公司的开业批准。

（四）开业批准

申请开业批准，申请人应当提交的材料包括：(1) 开业申请书；(2) 创立大会决议，没有创立大会决议的，应当提交全体股东同意申请开业的文件或者决议；(3) 公司章程；(4) 股东名称及其所持股份或者出资的比例，资信良好的验资机构出具的验资证明，资本金入账原始凭证复印件；(5) 中国保监会规定股东应当提交的有关材料；(6) 拟任该公司董事、监事、高级管理人员的简历以及相关证明材料；(7) 公司部门设置以及人员基本构成；(8) 营业场所所有权或者使用权的证明文件；(9) 按照拟设地的规定提交有关消防证明；(10) 拟经营保险险种的计划书、3年经营规划、再保险计划、中长期资产配置计划，以及业务、财务、合规、风险控制、资产管理、反洗钱等主要制度；(11) 信息化建设情况报告；(12) 公司名称预先核准通知；(13) 中国保监会规定提交的其他材料。①

保险监督管理机构应当自受理开业申请之日起60日内，作出批准或者不批准开业的决定；决定批准的，颁发经营保险业务许可证；决定不批准的，应当书面通知申请人并说明理由。② 经营保险业务许可证是国家许可保险公司经营保险业务的法定证明文件。

三 保险公司的营业登记

营业登记，是指取得经营保险业务许可证的保险公司在工商行政管理机关注册登记以示其成立的法律事实。保险公司的营业登记，其前置条件为取得经营保险业务许可证。未取得经营保险业务许可证的任何机构，均不得申请保险公司的营业登记。

保险公司的营业登记，为保险公司成立的标志。理论上，保险公司作为法人，其成立不以营业登记为必要，而营业登记为保险公司从事保险营业的前提条件，未经营业登记，取得经营保险业务许可证的保险公司，不得开展保险营业。保险监督管理机构批准保险公司开业的，申请人取得经营保险业务许可证，这足以表明保险公司已经成立。这就是说，保险公司的成立或者法人地位的取得，不以营业登记为必要。但事

---

① 参见《保险公司管理规定》（2015年）第13条。
② 参见《保险法》（2015年）第73条第2款。

实上，工商行政管理机关收到保险公司的营业登记申请后，经审查无误，应当予以核准登记，并发给保险公司企业法人营业执照；工商登记簿或者企业法人营业执照会记载保险公司的成立日期。通常，保险公司的企业法人营业执照的签发日期或记载日期，被视为保险公司的成立日期。从保险营业的角度而言，保险公司自领取营业执照之日起正式成立，并开始营业。

保险公司的营业登记，应当在申请人取得经营保险业务许可证后6个月内办理。保险公司自取得经营保险业务许可证之日起6个月内，无正当理由未向工商行政管理机关办理登记的，其经营保险业务许可证失效。①

四 保险公司的分支机构

保险公司的分支机构，是指依照我国法律设立的保险公司，在我国境内外设立、构成保险公司组成部分、不能独立承担民事责任但以自己的名义开展保险业务的机构。保险公司的分支机构，在实务中又常被称为保险公司的分公司或支公司。保险公司通过分支机构开展保险业务，可以节省设立公司的费用和运营公司的费用。保险公司对其设立的分支机构的所有活动负责。保险公司的分支机构不具有法人地位，其民事责任由保险公司承担。

保险公司设立分支机构，应当经保险监督管理机构批准。② 保险公司申请设立分支机构，应当向保险监督管理机构提交下列材料：(1) 设立申请书；(2) 分支机构设立的可行性论证报告，如拟设机构3年业务发展规划和市场分析材料，设立分支机构与公司风险管理状况和内控状况相适应的说明；(3) 拟任高级管理人员的简历及相关证明材料；(4) 保险监督管理机构规定的其他材料，如申请前连续2个季度的偿付能力报告和上一年度经审计的偿付能力报告、保险公司上一年度公司治理结构报告、申请人内控制度、申请人分支机构管理制度、申请人作出的其最近2年无受金融监督管理机构重大行政处罚的声明等。③

保险监督管理机构应当对保险公司设立分支机构的申请进行审查，

---

① 参见《保险法》（2015年）第78条。
② 参见《保险法》（2015年）第74条第1款、第79条。
③ 参见《保险法》（2015年）第75条、《保险公司管理规定》（2015年）第19条。

自受理之日起 60 日内作出批准或者不批准的决定。决定批准的，颁发分支机构经营保险业务许可证；决定不批准的，应当书面通知申请人并说明理由。① 未经保险监督管理机构批准并颁发分支机构经营保险业务许可证的，保险公司不得设立分支机构。

保险公司经批准设立分支机构的，应当凭经营保险业务许可证向工商行政管理机关办理营业登记，领取营业执照。保险公司的分支机构的营业登记，应当在保险公司取得分支机构经营保险业务许可证后 6 个月内办理。保险公司自取得分支机构经营保险业务许可证之日起 6 个月内，无正当理由未向工商行政管理机关办理登记的，其分支机构经营保险业务许可证失效。② 经批准设立的保险公司分支机构，在领取营业执照后方可营业。

五　保险公司的变更

依照保险法的规定，保险公司变更经批准的任何事项，包括但不限于保险公司的名称变更、注册资本增减、营业场所变更、分支机构的撤销、主要股东变更、公司合并或分立、章程修改（如公司组织形式的变更、业务范围的变更）等关系到保险公司的存续和稳健营业的事项，均应当在变更前取得保险监督管理机构的批准。③

除上述事项以外，保险公司有下列情形之一，应当自该情形发生之日起 15 日内，向保险监督管理机构报告：（1）变更出资额不超过有限责任公司资本总额 5%的股东，或者变更持有股份有限公司股份不超过 5%的股东，上市公司的股东变更除外；（2）保险公司的股东变更名称，上市公司的股东除外；（3）保险公司分支机构变更名称；（4）中国保监会规定的其他情形。④

六　保险公司的解散

保险公司的解散，又称保险公司的终止，是指依法设立的保险公司因为法定原因并经保险监督管理机构批准，停止其营业而永久停止从事保险业务。保险公司的解散，有自愿解散、行政解散和司法解散三种不

---

① 参见《保险法》（2015 年）第 76 条。
② 参见《保险法》（2015 年）第 77 条和第 78 条。
③ 参见《保险法》（2015 年）第 84 条、《保险公司管理规定》（2015 年）第 26 条。
④ 参见《保险公司管理规定》（2015 年）第 27 条。

同的情形。

(一) 自愿解散

保险公司因分立或合并、股东决议解散，或者出现公司章程规定的解散事由，可以申请解散；保险公司申请解散，应当经保险监督管理机构批准。① 保险公司的自愿解散，应当注意以下三点。

1. 保险公司有法定解散事由

保险公司自愿解散的法定事由，以保险公司发生分立或合并、股东决议解散以及公司章程规定的解散事由（如保险公司的存续期间届满）为限。保险公司的分立，指原保险公司的财产作相应分割而变更为两个以上的保险公司；分立又可区分为派生分立和新设分立，前者是指仍然保留原保险公司的法人地位而仅以其部分财产另设一个或数个新保险公司，后者是指原保险公司的法人资格归于消灭而成立两个或两个以上的新的保险公司。显然，保险公司因为分立而解散的，仅以保险公司的新设分立为限。保险公司的合并，指两个或者两个以上的保险公司订立合并协议而结合为一个保险公司；合并可以分为吸收合并与新设合并。两个以上的保险公司吸收合并的，被吸收的保险公司解散；新设合并的，合并各方均解散。保险公司的股东决议解散，属于保险公司的出资人自治的范畴，只要股东决议符合公司章程的规定，不违反法律的强制性规定，即可构成保险公司自愿解散的理由。但是，经营人寿保险业务的保险公司，自愿解散的法定事由仅限于保险公司的分立或者合并。②

2. 提出解散保险公司的申请

保险公司出现上述法定的自愿解散事由，若要解散保险公司，应当向保险监督管理机构提出解散保险公司的申请。申请解散保险公司的，应当提交以下材料：（1）解散申请书；（2）股东大会或者股东会决议；（3）清算组织及其负责人情况和相关证明材料；（4）清算程序；（5）债权债务安排方案；（6）资产分配计划和资产处分方案；（7）中国保监会规定提交的其他材料。③

3. 经保险监督管理机构批准

保险公司的自愿解散，应当经保险监督管理机构的批准。保险公司出现自愿解散的法定解散，申请解散但保险监督管理机构不予批准的，

---

① 参见《保险法》（2015年）第89条第1款。
② 参见《保险法》（2015年）第89条第2款。
③ 参见《保险公司管理规定》（2015年）第28条。

不得解散。

（二）行政解散

行政解散，是指保险公司因被依法撤销而解散。保险公司违法经营被依法吊销经营保险业务许可证的，或者偿付能力严重不足而危害市场秩序、损害社会公共利益的，保险监督管理机构有权撤销保险公司而强制保险公司关闭。保险公司被依法撤销的，应当解散并进行清算。[①]

保险公司因被依法撤销而解散，发生于以下两种情形。

其一，保险公司因违法经营被吊销经营保险业务许可证。保险公司有以下行为之一的，保险监督管理机构可以吊销其经营保险业务许可证：（1）超出批准的业务范围经营造成严重后果的，或者超出批准的业务范围经营，经保险监督管理机构责令限期改正，逾期不改正的；（2）在保险业务活动中为保险法明文禁止的"违反诚信原则"的行为，情节严重的；（3）未按照规定提存保证金或违反规定动用保证金，未按照规定提取或结转各项责任准备金，未按照规定缴纳保险保障基金或提取公积金，未按照规定办理再保险，违反规定运用保险公司资金，未经批准设立分支机构或者代表机构，或者未按照规定申请批准保险条款、保险费率，情节严重的；（4）违反保险法的规定，转让、出租、出借经营保险业务许可证，情节严重的；（5）编制或者提供虚假的报告、报表、文件、资料，拒绝或者妨碍依法监督检查，或者未按规定使用经批准或者备案的保险条款、保险费率，情节严重的。[②] 保险监督管理机构对保险公司作出吊销经营保险业务许可证的决定时，应当同时作出撤销保险公司的决定。

其二，保险公司的偿付能力严重不足而被依法撤销。保险公司的偿付能力低于保险监督管理机构规定标准，不予撤销将严重危害保险市场秩序、损害公共利益的，由保险监督管理机构依法作出撤销保险公司的决定，保险公司解散。

（三）司法解散

司法解散，是指保险公司不能清偿债务时，经保险监督管理机构同意，保险公司或者其债权人向法院申请破产清算，保险公司因法院依法

[①] 参见《保险法》（2015年）第149条。
[②] 参见《保险法》（2015年）第160条、第116条、第161条、第164条、第168条和第170条。

宣告破产清算而解散。①

保险公司不能清偿到期债务，并且资产不足以清偿全部债务或者明显缺乏清偿能力的，可以经申请而由法院宣告保险公司破产清算。② 但是，法院宣告保险公司破产清算的，应当经保险监督管理机构同意。未经保险监督管理机构同意，保险公司或者其债权人不得申请法院宣告保险公司破产清算。此外，保险公司不能清偿到期债务，并且资产不足以清偿全部债务或者明显缺乏清偿能力的，保险监督管理机构可以直接申请法院宣告保险公司破产清算。③ 法院裁定宣告保险公司破产清算的，应当指定管理人接管保险公司的财产和营业事务，依照《企业破产法》规定的程序清理保险公司的债权债务。

七　保险公司的清算

保险公司解散的，应当进行清算。保险公司的清算，因为解散原因的不同，分为普通清算和破产清算两种。

（一）普通清算

除保险公司被法院依法宣告破产清算外，保险公司解散的，应当成立清算组织进行清算。

经保险监督管理机构批准，保险公司自愿解散的，应当依法成立清算组进行清算。④ 保险公司自愿解散的，应当在保险监督管理机构批准解散后15日内自行成立清算组织，由清算组织负责解散的保险公司的清算事务。保险公司为有限责任公司的，其清算组由股东组成；保险公司为股份有限公司的，其清算组由董事会或者股东大会确定的人员组成。经批准自愿解散的保险公司逾期不成立清算组织进行清算的，债权人可以申请法院指定有关人员组成清算组织，进行清算。⑤ 保险公司自愿解散而自行成立清算组织进行清算的，应当接受保险监督管理机构对清算工作的监督指导。⑥

保险公司被依法撤销而解散的，由保险监督管理机构"依法及时

---

① 参见《保险法》（2015年）第90条。
② 参见《企业破产法》第2条。
③ 参见《企业破产法》第134条。
④ 参见《保险法》（2015年）第89条第3款。
⑤ 参见《公司法》（2013年）第183条。
⑥ 参见《保险公司管理规定》（2015年）第29条第1款。

组织清算组，进行清算"。① 保险监督管理机构组织的清算组，其成员由股东、有关部门以及相关专业人员组成。② 保险监督管理机构组织的清算组，负责清理行政解散的保险公司的债权债务。

保险公司因解散而进行普通清算的，清算组织应当自成立之日起10日内通知解散的保险公司的债权人，并于60日内在保险监督管理机构指定的报纸上至少公告3次。③ 保险公司的债权人接到通知书的，应当自接到清算组织的通知书之日起30日内，未接到通知书的，自公告之日起45日内，向清算组织申报其债权。债权人申报债权的，应当说明债权的有关事项，并提供证明材料。清算组织应当对申报的债权进行登记；在债权申报期间，清算组织不得对债权人进行清偿。④ 再者，清算组织还应当委托资信良好的会计师事务所、律师事务所，对公司债权债务和资产进行评估。在清算期间，保险公司存续，但不得开展与清算无关的经营活动。保险公司的财产在公司债务清偿完毕前，不得分配给股东。

清算组织成员应当忠于职守，依法履行清算义务。清算组织成员不得利用职权收受贿赂或者其他非法收入，不得侵占保险公司财产。清算组织成员因故意或者重大过失给保险公司或者债权人造成损失的，应当承担赔偿责任。

在保险公司的清算期间，清算组织行使下列职权：（1）清理保险公司财产，分别编制资产负债表和财产清单；（2）通知或者公告保险公司的债权人或者利害关系人；（3）处理与已解散的保险公司清算有关的未了结业务；（4）清缴保险公司所欠税款以及在清算过程中所产生的税款；（5）清理保险公司的债权债务；（6）处理保险公司清偿债务后的剩余财产；（7）代表公司参与民事诉讼活动、仲裁或者清算范围内的其他民事活动。⑤

保险公司清算结束后，清算组织应当制作清算报告，报公司股东（大）会或者法院确认，并报送保险监督管理机构和公司登记机关，申请注销保险公司的登记，公告保险公司终止。

---

① 参见《保险法》（2015年）第149条。
② 参见《保险公司管理规定》（2015年）第29条第2款。
③ 参见《保险公司管理规定》（2015年）第30条。
④ 参见《公司法》（2013年）第185条。
⑤ 参见《公司法》（2013年）第184条。

（二）破产清算

法院依法宣告保险公司破产清算的，应当指定管理人接管保险公司进行破产清算。

保险公司破产清算的，管理人行使以下职权：（1）接管保险公司的财产、印章和账簿、文书等资料；（2）调查保险公司的财产状况，制作财产状况报告；（3）决定清算中的保险公司的内部管理事务；（4）决定清算中的保险公司的日常开支和其他必要开支；（5）在第一次债权人会议召开之前，决定停止保险公司的营业；（6）管理和处分保险公司的财产；（7）代表保险公司参加诉讼、仲裁或者其他法律程序；（8）提议召开债权人会议；（9）法院认为应当由管理人履行的其他职责。[1]

保险公司破产清算的，管理人实施破产分配的清偿顺位，优先适用保险法的特别规定，即"破产财产在优先清偿破产费用和共益债务后，按照下列顺序清偿：（一）所欠职工工资和医疗、伤残补助、抚恤费用，所欠应当划入职工个人账户的基本养老保险、基本医疗保险费用，以及法律、行政法规规定应当支付给职工的补偿金；（二）赔偿或者给付保险金；（三）保险公司欠缴的除第（一）项规定以外的社会保险费用和所欠税款；（四）普通破产债权。破产财产不足以清偿同一顺序的清偿要求的，按照比例分配。破产保险公司的董事、监事和高级管理人员的工资，按照该公司职工的平均工资计算"[2]。保险公司破产清算时，被保险人或受益人对保险公司享有的保险给付请求权，仅仅后于劳动债权，其优先于保险公司所欠社会保险费用和税款获得清偿。

（三）清算时的人寿保险合同的转让

经营人寿保险业务的保险公司进行清算的，对其承保的人寿保险合同不应当产生影响。依照我国保险法的规定，经营有人寿保险业务的保险公司被依法撤销或者被依法宣告破产的，其持有的人寿保险合同及责任准备金，必须转让给其他经营有人寿保险业务的保险公司；不能同其他保险公司达成转让协议的，由保险监督管理机构指定经营有人寿保险业务的保险公司接受转让。[3]

因此，经营人寿保险业务的保险公司因行政解散或者司法解散而进

---

[1] 参见《企业破产法》第25条。
[2] 参见《保险法》（2015年）第91条。
[3] 参见《保险法》（2015年）第92条第1款。

行清算的,其持有的人寿保险合同和责任准备金不因保险公司的清算而终止效力,而应当转移给其他经营人寿保险业务的保险公司。人寿保险合同及责任准备金的移转,应当由清算组织或者管理人来进行。对于解散的保险公司持有的人寿保险合同及责任准备金,清算组织或者管理人在进行清算时,不得终止人寿保险合同,必须将之转移给其他经营人寿保险业务的保险公司。清算组织或者管理人转让人寿保险合同及责任准备金的,应当和接受转让的保险公司订立转让协议。清算组织或者管理人与其他经营人寿保险业务的保险公司不能达成人寿保险合同及责任准备金的转让协议的,应当及时报告保险监督管理机构,由保险监督管理机构指定经营人寿保险业务的保险公司接受人寿保险合同及责任准备金的转让。

清算组织或者管理人与其他经营人寿保险业务的保险公司订立人寿保险合同及责任准备金的转让协议,不得影响或者变更被保险人或者受益人依照人寿保险合同应当享有的利益。[①]

八 外资保险公司

外资保险公司,是指依照我国有关法律、行政法规的规定,经保险监督管理机构批准在我国境内设立和营业的下列保险公司:中外合资保险公司、外资独资保险公司和外国保险公司分公司。[②] 外资保险公司通常是外国保险公司在我国境内开展保险业务的具体形式。

外国保险公司,是指在我国境外依照其所在国法律登记设立的保险公司。非经保险监督管理机构批准,外国保险公司不得在我国境内开展任何保险业务。外国保险公司以中外合资保险公司、外资独资保险公司或者外国保险公司分公司的名义,在保险监督管理机构核定的业务范围内,在我国境内开展保险业务。外资保险公司在我国境内开展保险业务,参与我国境内的保险市场竞争,应当适用我国法律。[③]

中外合资保险公司,是指外国保险公司同中国的公司、企业在中国境内合资经营的保险公司。外资独资保险公司,是指外国保险公司在中国境内投资经营的外国资本保险公司。中外合资保险公司、外资独资保险公司的注册资本最低限额为 2 亿元人民币或者其等值的自由兑换货

---

① 参见《保险法》(2015 年)第 92 条第 2 款。
② 参见《外资保险公司管理条例》(2013 年)第 2 条。
③ 参见《保险法》(2015 年)第 183 条。

币，并应当实缴；外国保险公司不得以非自由兑换的货币出资。中外合资保险公司或外资独资保险公司的外国资本投资者，仅以外国保险公司为限；其他非保险公司的外国企业或公司，不得申请设立合资保险公司或外资独资保险公司。

外国保险公司申请设立合资保险公司或外资独资保险公司的，应当具备下列条件：（1）经营保险业务 30 年以上；（2）在中国境内已经设立代表机构 2 年以上；（3）提出设立申请前 1 年年末总资产不少于 50 亿美元；（4）所在国家或者地区有完善的保险监管制度，并且该外国保险公司已经受到所在国家或者地区有关主管当局的有效监管；（5）符合所在国家或者地区偿付能力标准；（6）所在国家或者地区有关主管当局同意其申请；（7）符合保险监督管理委员会规定的其他审慎性条件，如法人治理结构合理、风险管理体系稳健、内部控制制度健全、管理信息系统有效、经营状况良好且无重大违法违规记录等。[①]

外国保险公司分公司，是指外国保险公司经保险监督管理机构批准在中国境内设立的分公司。除非符合法律规定的开展保险业务的各项条件，并经保险监督管理机构的批准设立分公司，外国保险公司在中国境内不得直接开展保险业务。外国保险公司分公司应当拥有与不少于 2 亿元人民币等值的自由兑换货币的营运资金，该营运资金由总公司无偿拨给。外国保险公司分公司的具体业务范围、业务地域范围和服务对象范围，由保险监督管理机构核定；外国保险公司分公司只能在核定的范围内从事保险业务活动。

第三节　保险代理人

一　保险代理人的概念

保险代理人，是指根据保险人的委托，向保险人收取代理手续费，并在保险人授权的范围内代为办理保险业务的单位和个人。[②] 保险代理人是专门从事保险代理业务的辅助保险业者，独立于保险人并以自己的独立意思开展保险业务。保险代理人与我国其他法律规定的"代理人"

[①] 参见《外资保险公司管理条例》（2013 年）第 8 条和《外资保险公司管理条例实施细则》（2004 年）第 11 条。
[②] 参见《保险法》（2015 年）第 117 条。

不同，是保险法专门规定的从事保险代理业务的专业机构或者个人，为特别法规定的商事主体。保险代理人经保险监督管理机构的批准，取得经营保险代理业务许可证，方可从事保险代理业务。

保险代理机构包括专门从事保险代理业务的保险专业代理机构和兼营保险代理业务的保险兼业代理机构。保险代理人在开展具体保险业务时，必须和保险人建立代理关系。保险代理人可以为法人、不具有法人地位的其他组织，也可以为自然人。同一保险人的代理人，不以一人为限。保险人委托代理人开展保险业务的，仅能委托保险代理人。

二 保险代理人的从业方式

保险代理人经保险监督管理机构的批准，有权开展保险代理业务。保险代理人从事保险代理业务，应当依法缴存保证金或者投保职业责任保险，并领取营业执照。例如，保险专业代理公司缴存保证金的，应当按注册资本的5%缴存；保险专业代理公司增加注册资本的，应当相应增加保证金数额；保险专业代理公司保证金缴存额达到人民币100万元的，可以不再增加保证金。保险专业代理公司的保证金应当以银行存款形式或者保险监督管理机构认可的其他形式缴存。[1] 保险代理人应当有自己的名称和营业场所，设立专门账簿记载保险代理业务的收支情况。

再者，依法取得保险兼业代理许可证的其他机构，可以在保险监督管理机构核定的保险代理业务范围内，从事兼业保险代理业务。保险兼业代理机构仅能在其自身营业场所开展保险代理业务，不得在其自身营业场所外另设代理网点。

为规范保险代理市场的公平竞争，我国保险法不允许个人保险代理人同时接受两个以上的经营人寿保险业务的保险人的委托，从事保险代理业务。[2]

三 保险代理关系

保险代理人的代理行为，具有与民法上的代理相同的效果。除保险法另有规定外，保险代理适用民法关于代理的规定。保险人委托保险代理人代为办理保险业务，应当与保险代理人签订委托代理协议，依法约定双方的权利和义务。保险代理人经保险人的授权，代办保险业务，不

---

[1] 参见《保险专业代理机构监管规定》（2015年）第38条。
[2] 参见《保险法》（2015年）第125条。

论其行为或者结果是否有利于保险人，保险人均应当承担责任。[①]

保险实务中，保险代理人知悉的一切情况，均视为保险人已知悉。订立保险合同时，投保人向保险代理人所为之告知，不论保险代理人是否将相关事实转告或通知保险人，均产生与投保人对保险人已履行告知义务的相同的效力。再者，保险代理人代理保险业务时，若有以下行为，则保险人应当对其行为承担责任：（1）欺骗投保人、被保险人或者受益人；（2）对投保人隐瞒与保险合同有关的重要情况；（3）阻碍投保人、被保险人履行保险法规定的如实告知义务，或者诱导其不履行保险法规定的如实告知义务；（4）向投保人、被保险人或者受益人承诺给予其保险合同规定以外的其他利益；（5）利用行政权力、职务或者职业便利以及其他不正当手段强迫、引诱或者限制投保人订立保险合同等"欺骗投保人、被保险人、受益人"的行为[②]。

四 保险代理人的权限

保险人仅对保险代理人实际授权范围内的行为承担责任。保险代理人的权限，依照保险人和保险代理人之间的委托代理协议确定。保险人对保险代理人的权限加以限制的，此项限制效力及于任何知其限制事实而与该保险代理人为交易的投保人。一般而言，保险人对保险代理人的权限加以限制的，应当通知善意的第三人；否则，保险人不得以保险代理人超越代理权为由对抗善意第三人。

保险代理人应当在保险人的授权范围内为代理行为（办理保险业务）。但是，保险代理人没有代理权、超越代理权或者代理权终止后，以保险人名义订立合同或者代办保险业务，使投保人有理由相信其有代理权的，该代理行为有效。[③] 投保人有理由相信，是指投保人订立保险合同时已尽必要的注意而不知道或者不应当知道保险代理人没有代理权、超越代理权或者代理权终止的情形。当然，保险代理人无代理权、超越代理权或者代理权终止后，以保险人名义订立合同或者代办保险业务，不能成立表见代理，保险人也不予以追认的，对保险人不发生效力。

---

① 参见《保险法》（2015年）第126条、第127条第1款。
② 参见《保险专业代理机构监管规定》（2015年）第43条。
③ 参见《保险法》（2015年）第127条第2款。

五　保险代理人的登记管理

保险人和保险代理人均为专业的保险从业者，其间的代理关系，除见证于其相互间订立的委托代理协议外，还应当用其他合理的方式向社会公示。为强化保险公司的责任意识，并加强对保险代理人的约束和指导，我国保险法要求，保险公司委托保险代理人开展保险代理业务的，应当建立保险代理人登记管理制度。[1] 保险公司的保险代理人登记管理，为保险公司委托保险代理人开展保险业务的法定义务，核心内容是明确保险公司对保险代理人的指导、培训以及监督，并设立保险代理人登记簿。

保险代理人登记簿，是保险公司制作、用于记载保险公司委托的各保险代理人的基本情况的书面文件。保险公司的保险代理人登记簿，应当存放于保险公司的公开营业场所，向社会开放以供查阅。

第四节　保险经纪人

一　保险经纪人的概念

保险经纪人是基于投保人的利益，为投保人与保险人订立保险合同提供中介服务，并依法收取佣金的机构。保险经纪人提供服务的对象为投保人，而非保险人；保险经纪人的服务内容为保险经纪服务，而非代理服务；保险经纪人的组织形式限于机构，个人不能作为保险经纪人开展保险经纪业务；保险经纪人因其服务而有权收取佣金。在这些意义上，保险经纪人有其自身的职业定位，属于特别法规定的商事主体。

理论上，保险经纪人开展保险经纪业务时，既非投保人的代理人，亦非保险人的代理人，其只是为保险合同的订立提供中介服务的人。但保险经纪人的服务对象为投保人，并应当为投保人的利益提供专业的经纪服务。在这一点上，保险经纪人居于中间人的法律地位，保险合同的订立与保险经纪人的中介服务有关，但并非保险经纪人的中介行为之结果。保险经纪人的服务内容，在于代替投保人向保险公司洽商保险合同，而不包括代表投保人直接订立保险合同，保险合同仍需投保人自己与保险公司订立。保险合同订立后，保险经纪人可以将保险人作成的保

---

[1] 参见《保险法》（2015年）第112条。

险单交予投保人，还可以代替保险公司向投保人收取保险费。但在保险实务中，保险经纪人经常居于投保人的代理人地位，保险经纪人与投保人之间订立有委托合同，依照约定为投保人拟订投保方案、选择保险公司以及办理投保手续；协助被保险人或者受益人进行索赔；或者为投保人提供防灾、防损或者风险评估、风险管理咨询服务。

依照我国保险法的规定，保险经纪人以机构为限。[①] 依照保险业的准入许可制度，从事保险经纪业务应当经保险监督管理机构批准，缴存保证金或者投保职业责任保险，并领取营业执照。保险经纪人应当有自己的名称和营业场所，设立专门账簿记载保险经纪业务的收支情况。

二 保险经纪人的从业方式

保险经纪人开展保险经纪业务，独立于保险人和投保人。保险经纪人只为投保人和保险人提供订立保险合同的中介服务，属于辅助保险业者的一种。保险经纪人可以采取公司形式，也可以采取其他企业形式，但我国保险法仅对采取公司形式的保险经纪人有相应的规定。以公司形式设立保险经纪人，保险监督管理机构根据保险经纪人的业务范围和经营规模，可以调整其注册资本的最低限额，但保险经纪公司的注册资本不得少于人民币 5000 万元，且必须为实缴货币资本。[②] 保险经纪人应当采取有限责任公司或者股份有限公司的形式，公司名称中应当包含"保险经纪"字样。在我国保险市场中，保险经纪人即经保险监督管理机构批准设立的保险经纪公司及其分支机构。

设立保险经纪公司，其股东、发起人应当信誉良好，最近 3 年内无重大违法记录；依据法律、行政法规规定不能投资企业的机构或者个人，不得成为保险经纪公司的发起人或者股东。[③] 保险经纪公司的高级管理人员，应当品行良好，熟悉保险法律、行政法规，具有履行职责所需的经营管理能力，并在任职前取得保险监督管理机构核准的任职资格；保险经纪公司的经纪从业人员，应当具备保险监督管理机构规定的资格条件，取得保险监督管理机构颁发的资格证书。

保险经纪人开展保险经纪业务，应当按照保险监督管理机构的规定

---

① 参见《保险法》（2015 年）第 118 条。
② 参见《保险法》（2015 年）第 120 条、《保险经纪机构监管规定》（2015 年）第 8 条。
③ 参见《保险经纪机构监管规定》（2015 年）第 7 条和第 9 条。

缴存保证金或者投保职业责任保险。未经保险监督管理机构批准，保险经纪人不得动用保证金。① 保险经纪公司缴存保证金的，应当按注册资本的5%缴存，保险经纪公司增加注册资本的，应当相应增加保证金数额；保险经纪公司保证金缴存额达到人民币100万元的，可以不再增加保证金。保险经纪公司的保证金应当以银行存款形式或者中国保监会认可的其他形式缴存。② 保险经纪公司投保职业责任保险的，应当确保该保险持续有效。保险经纪公司投保的职业责任保险对一次事故的赔偿限额不得低于人民币500万元，一年期保单的累积赔偿限额不得低于人民币1000万元，同时不得低于保险经纪机构上年营业收入的2倍。职业责任保险累计赔偿限额达到人民币5000万元的，可以不再增加职业责任保险的赔偿额度。③

三　保险经纪人佣金的收取

保险经纪人提供保险中介服务，依法有权收取佣金。保险经纪人基于投保人的利益，为保险合同的订立提供中介服务，但在保险实务中，保险经纪人通常向承保的保险人收取佣金，而不是向投保人（被保险人）收取佣金。有立法例对保险经纪人向保险人收取佣金事由进行了明文规定。如我国台湾地区"保险法"第9条规定，保险经纪人"向承保之保险业收取佣金"。

我国保险法对保险经纪人如何收取佣金，没有做出十分明确的规定。理论上，保险经纪人收取的佣金，在性质上属于保险经纪人提供保险中介服务而应当取得的劳务收入。依照为谁服务向谁收取的原则，因保险经纪服务而受益的人负有支付佣金的义务。因保险经纪服务的真正受益的人为保险公司，且保险公司支付保险经纪人的佣金，可以计入保险公司开展保险业务的成本，故保险经纪人的佣金应当由保险人负担。在保险实务中，保险经纪人通常以接受保险公司委托的方式开展保险经纪业务，保险经纪佣金由保险人负担。

四　保险经纪人的责任

保险经纪人基于投保人的利益进行保险中介活动，不论保险经纪人

---

① 参见《保险法》（2015年）第124条。
② 参见《保险经纪机构监管规定》（2015年）第38条。
③ 参见《保险经纪机构监管规定》（2015年）第37条。

事实上是否受保险公司委托或者与保险公司之间存在协议关系，其均以自己的名义对其经纪行为独立承担民事责任。保险经纪人非保险人的代理人，保险人对保险经纪人的保险经纪行为不承担责任。保险经纪人基于投保人的利益办理保险经纪业务，应当尽职尽责，尽善良管理人的注意义务为保险经纪行为，并对自己的行为负责。例如，保险经纪人在提供保险合同的洽商经纪服务时，应当向投保人明确提示保险合同中免除保险人的责任、退保及其他费用扣除、现金价值、犹豫期等条款。①

在保险实务中，保险经纪人从事保险经纪活动，应当与委托人签订书面委托合同，依法约定双方的权利义务及其他事项。保险经纪委托合同不得违反法律、行政法规及保险监督管理机构的有关规定。保险经纪人在洽商保险合同时，不论是否与投保人或者被保险人订立书面的保险经纪委托合同，保险经纪人与投保人或者被保险人之间均存在事实上的受托关系；保险经纪人居于受委托人的地位，基于投保人或者被保险人的利益的计算，与保险人洽商保险合同的订立，并对因其经纪行为失当而造成的投保人或者被保险人的损害承担民事责任。

保险经纪人应当就其过错对投保人或者被保险人承担民事责任。尤其是，保险经纪人因过错给投保人、被保险人造成损失的，应当承担赔偿责任。② 保险经纪人的民事责任属于专家责任，是保险经纪人违反其高度注意义务而应当承担的民事责任。具体而言，保险经纪人在开展经纪业务的过程中，有下列欺骗投保人、被保险人、受益人的行为，致使投保人、被保险人或者受益人受到损害的，应当承担赔偿责任：（1）隐瞒或者虚构与保险合同有关的重要情况；（2）误导性销售；（3）伪造、擅自变更保险合同，销售假保险单证，或者为保险合同当事人提供虚假证明材料；（4）阻碍投保人履行如实告知义务或者诱导其不履行如实告知义务；（5）未取得投保人、被保险人的委托或者超出受托范围，擅自订立或者变更保险合同；（6）虚构保险经纪业务或者编造退保，套取佣金；（7）串通投保人、被保险人或者受益人骗取保险金；（8）其他欺骗投保人、被保险人、受益人的行为。③

---

① 参见《保险经纪机构监管规定》（2015年）第35条。
② 参见《保险法》（2015年）第128条。
③ 参见《保险经纪机构监管规定》（2015年）第43条。

第五节　保险公估人

一　保险公估人的概念

保险公估人是指接受委托，专门从事保险标的或者保险事故评估、勘验、鉴定、估损理算等业务，并按约定收取报酬的辅助保险业者。保险公估人作为辅助保险业者，以取得保险监督管理机构的批准为必要，故其为特别法规定的商事主体。

保险公估人提供服务的对象可以为投保人（被保险人或受益人），也可以为保险人，或者投保人（被保险人或受益人）和保险人双方。保险公估人开展公估业务时，居于受委托人的地位。保险公估人的服务内容为保险标的或者保险事故的评估、勘验、鉴定、估损理算等，对此等事项，保险公估人应当作出"独立、客观、公平、公正"的判断，不受委托人或者其他任何人的影响或干涉。[①] 在这一点上，保险公估人接受委托人的委托，但并非委托人的代理人，而是以其独立的意思表示对委托人提供保险公估服务，故保险公估人应当以专业的水准履行其在委托合同中所承担的义务，否则，将构成合同义务不履行而应当承担违约责任。

依照我国保险法的规定，保险公估人原则上以机构为限。[②] 依照保险业的准入许可制度，从事保险公估业务应当经保险监督管理机构批准，取得经营保险公估业务许可证，并领取营业执照。经营保险公估业务许可证的有效期为3年，保险公估人应当在有效期届满30日前，向保险监督管理机构申请延续。[③] 保险公估人应当有自己的名称和营业场所，建立专门账簿以记载保险公估业务收支情况，并建立完整规范的业务档案。[④]

二　保险公估人的从业方式

保险公估人开展保险公估业务，独立于保险人和被保险人。保险公

---

① 参见《保险法》（2015年）第129条第2款。
② 参见《保险法》（2015年）第129条第2款。
③ 参见《保险公估机构监管规定》（2015年）第18条。
④ 参见《保险公估机构监管规定》（2015年）第31条。

估人只为被保险人或者和保险人提供委托合同约定的专业公估服务,其营业行为属于保险业的辅助业务。所以,保险公估人为营利性的商事组织,因其服务而有权收取报酬;保险公估人按照其与委托人的约定,收取服务报酬。

依照我国保险法的相关规定,保险公估人的组织形式限于机构,个人不能作为保险公估人开展保险公估业务。保险公估人可以采取公司(有限责任公司或股份有限公司)或者合伙企业的组织形式。① 应当注意,保险公估人采取公司的组织形式的,无法定最低注册资本和实缴资本的要求,其注册资本以全体股东认缴的出资额为准。② 但是,保险公估机构的股东、发起人或者合伙人应当信誉良好,最近3年无重大违法记录,依据法律、行政法规规定不能投资企业的单位或者个人,不得成为保险公估机构的发起人、股东或者合伙人。③ 保险公估人及其分支机构的名称中应当包含"保险公估"字样。在我国保险市场中,保险公估人即经保险监督管理机构批准设立的保险公估机构及其分支机构。

在我国,保险公估人的负责人(如公司董事长、执行董事或执行合伙人)或者高级管理人员,应当品行良好,诚实守信,熟悉保险法律、行政法规,具有履行职责所需的专业知识和经营管理能力。

但是,有下列情形之一的,不得担任保险公估人的负责人和高级管理人员:(1)担任因违法被吊销许可证的保险公司、保险中介机构的董事、监事或者高级管理人员,并对被吊销许可证负有个人责任或者直接领导责任的,自许可证被吊销之日起未逾3年;(2)因违法行为或者违纪行为被金融监督管理机构取消任职资格的金融机构的董事、监事或者高级管理人员,自被取消任职资格之日起未逾5年;(3)被金融监督管理机构决定在一定期限内禁止进入金融行业的,期限未满;(4)因违法行为或者违纪行为被吊销执业资格的资产评估机构、验证机构等机构的专业人员,自被吊销执业资格之日起未逾5年;(5)受金融监督管理机构警告或者罚款未逾2年;(6)正在接受司法机关、纪检监察部门或者金融监督管理机构调查。④

再者,凡有下列情形之一的,亦不得担任保险公估公司的董事、

---

① 参见《保险公估机构监管规定》(2015年)第7条。
② 参见《保险公估机构监管规定》(2015年)第9条。
③ 参见《保险公估机构监管规定》(2015年)第8条和第10条。
④ 参见《保险公估机构监管规定》(2015年)第21条。

监事、高级管理人员：（1）无民事行为能力或者限制民事行为能力；（2）因贪污、贿赂、侵占财产、挪用财产或者破坏社会主义市场经济秩序，被判处刑罚，执行期满未逾五年，或者因犯罪被剥夺政治权利，执行期满未逾 5 年；（3）担任破产清算的公司、企业的董事或者厂长、经理，对该公司、企业的破产负有个人责任的，自该公司、企业破产清算完结之日起未逾 3 年；（4）担任因违法被吊销营业执照、责令关闭的公司、企业的法定代表人，并负有个人责任的，自该公司、企业被吊销营业执照之日起未逾 3 年；（5）个人所负数额较大的债务到期未清偿。①

三　保险公估人的责任

保险公估人从事保险公估业务，应当与委托人签订书面委托合同，依法约定双方的权利义务及其他事项。委托合同不得违反法律、行政法规及保险监督管理机构的有关规定。保险公估人及其从业人员与保险公估活动当事人一方有利害关系的，应当告知其他当事人；公估活动当事人有权要求与自身或其他评估当事人有利害关系的保险公估人或者其从业人员回避。保险公估人应当尽职尽责，尽善良管理人的注意义务为保险公估行为，并对自己的行为负责。保险公估人居于受委托人的地位，基于委托人的利益的计算，独立实施保险标的或者保险事故的评估、勘验、鉴定、估损理算等行为。保险公估人对因其公估行为中的过错造成的委托人的损害，承担赔偿责任，即"因故意或者过失给保险人或者被保险人造成损失的，依法承担赔偿责任。"②

依照我国相关规定，保险公估人在办理保险公估业务时，不得为下列欺骗投保人、被保险人、受益人或者保险人的行为：（1）向保险合同当事人出具虚假或者不公正的保险公估报告；（2）隐瞒或者虚构与保险合同有关的重要情况；（3）冒用其他机构名义或者允许其他机构以本机构名义执业；（4）从业人员冒用他人名义或者允许他人以本人名义执业，或者代他人签署保险公估报告；（5）串通投保人、被保险人或者受益人，骗取保险金；（6）通过编造未曾发生的保险事故或者故意夸大已经发生的保险事故的损失程度等进行虚假理赔；（7）其他

---

① 参见《公司法》（2013 年）第 146 条第 1 款。
② 参见《保险法》（2015 年）第 129 条第 3 款。

欺骗投保人、被保险人、受益人或者保险公司的行为。[①] 因此，保险公估人若有以上行为造成被保险人或者保险人损失的，应当承担损害赔偿责任。

思考题

1. 保险从业者应当如何区分？
2. 保险公司和相互保险组织有什么区别？
3. 保险公司的设立条件主要有哪些？
4. 如何理解保险代理人的法律地位？
5. 保险法对保险经纪人的从业方式有什么限制性的规定？
6. 如何理解保险公估人的法律责任？

扩展阅读

1. 陈荣宗：《保险法》，三民书局，1995，第64~70页（保险契约之辅助人）。
2. 江朝国：《保险法基础理论》，中国政法大学出版社，2002，第121~124页（保险人）、第140~151页（保险代理人）和第151~152页（保险经纪人）。
3. 李玉泉：《保险法》（第二版），法律出版社，2003，第277~289页（保险组织的形式）。
4. 林群弼：《保险法论》（增订二版），三民书局，2003，第705~710页（保险合作社）。

[①] 参见《保险公估机构监管规定》（2015年）第41条。

第十一章 保险营业的监督管理

要点提示

- 保险营业的范围
- 保险监督管理机构
- 保险营业的准入许可
- 保险分业经营
- 保险条款和费率的审批与备案制度
- 保险营业报告制度
- 保险公司的偿付能力
- 保险准备金
- 保险资金及其运用
- 保险公司的整顿
- 保险公司的接管

第一节 保险营业的监督管理基本制度

一 保险营业的范围

保险营业,是指保险从业者所从事的保险、再保险以及与保险有关联的业务活动。保险营业是一种以营利为目的的商业活动。

保险营业的范围,实行法定主义。保险从业者只能经营法律明文规定的保险业务,不得经营法定的保险业务以外的其他业务。依照我国保险法的规定,主营保险业者所能够经营的保险业务,有人身保险和财产保险两大类；人身保险包括人寿保险、健康保险、意外伤害保险等保险业务，财产保险包括财产损失保险、责任保险、信用保险和保证保险等保险业务。除此以外，主营保险业者还可以经营保险监督管理机构批准的与保险有关的其他业务。① 保险监督管理机构批准的与保险有关的业务，主要是指保险公司向投保人（被保险人）提供的保单质押借贷业务、向投保人（被保险人）提供的与保险连结的投资（理财）业务、企业年金管理业务②和保险资金运用业务等。

二 保险营业的监督管理的意义

保险营业的监督管理，是指保险监督管理机构依法对保险营业的准入许可和保险从业者的营业行为所进行的监督和管理。保险监督管理机构实施保险营业的监督管理，应当以保险法的规定为依据，遵循依法、公开、公正的原则，以实现维护保险市场秩序，保护投保人、被保险人和受益人的合法权益的基本目标。③

保险作为分散危险的特种行业，在相当程度上发挥着保险从业者管理社会危险的公共职能。尤其是在现代，保险业已经发展为一国金融业的重要组成部分，保险营业对于国家的金融稳定具有更为积极的作用，在化解金融风险方面更具意义。因此，保险营业的监督管理通常将其置于国家金融业的监督管理的大格局之下进行。

保险营业的监督管理，在内容上主要涉及保险营业的市场准入许可和保险从业者的营业活动监督管理两个重要方面。保险营业的市场准入许可，包括但不限于保险营业市场准入的标准或条件、保险从业者的设立与批准、保险从业人员的任职资格、保险营业的范围核准等内容。保险营业的市场准入许可以保险公司及其分支机构的筹建和设立批准为核心。保险从业者的营业活动监督管理，包括但不限于保险条款和费率的审批或者备案、保险从业者保险营业行为的合法性与合规性的日常监督管理以及主营保险业者的偿付能力不足时的行政强制措施等。

保险营业的监督管理，在方法上主要涉及保险监督管理机构履行监督管理职能的各项措施。为此，保险监督管理机构应当实施保险条款和

---

① 参见《保险法》（2015年）第95条第1款。
② 如保险公司根据国家有关规定从事的企业年金基金受托管理、账户管理、投资管理等有关业务。
③ 参见《保险法》（2015年）第133条。

费率的审批和备案管理,监控主营保险业者的偿付能力,监督主营保险业者的保险准备金的提取和适用,监督保险资金运用,与保险公司董事、监事和高级管理人员进行监督管理谈话,以及对偿付能力不足的主营保险业者采取整顿或接管等行政强制措施。① 尤其是,保险监督管理机构依法履行职责,可以采取下列措施:(1)对保险从业者进行现场检查;(2)进入涉嫌违法行为的发生场所调查取证;(3)询问当事人及与被调查事件有关的单位和个人,要求其对与被调查事件有关的事项作出说明;(4)查阅、复制与被调查事件有关的财产权登记等资料;(5)查阅、复制保险从业者以及与被调查事件有关的单位和个人的财务会计资料及其他相关文件和资料;对可能被转移、隐匿或者毁损的文件和资料予以封存;(6)查询涉嫌违法经营的保险从业者以及与涉嫌违法事项有关的单位和个人的银行账户;(7)对有证据证明已经或者可能转移、隐匿违法资金等涉案财产或者隐匿、伪造、毁损重要证据的,经保险监督管理机构主要负责人批准,申请人民法院予以冻结或者查封。②

保险营业的监督管理,以国际保险监督管理机构的行政处罚或者行政强制措施作为保障。保险从业者和其他人的行为违反保险业法及其相应的行政法规时,保险监督管理机构基于其行政处罚的职能,对不法行为人应当处以相应的行政处罚,包括但不限于查处和取缔不法保险活动、没收违法所得、警告、罚款、责令改正不法行为、限制保险业务范围、吊销保险业务许可证、撤销直接责任人员的执业资格等。

三 保险监督管理机构

政府对保险营业的监督管理,属于国家管理金融业的一个重要方面。对保险营业实施严格的监督管理,既是政府的权力也是政府的责任。为落实保险营业的监督管理的有效性,不同法域的国家或地区均设立有相应的国家或者地方保险监督管理机构,具体承担监督管理保险营业的政府职能。因为不同法域的金融监管体制的差异,政府监管保险营业的机构设置及其职能也会存在差异。

在英国,保险营业原先由贸易与工业部监督管理。贸易与工业部设

---

① 参见《保险法》(2015年)第135条、第136条、第137条、第139条、第152条、第140条、第144条等。

② 参见《保险法》(2015年)第154条。

立有保险局，具体负责对保险营业的监管。但是，金融业的混业经营促使英国政府改革了监管金融业的机构，合并了所有的监管金融业务的机构，成立了专门的金融服务局。自2001年10月1日开始，英国的保险营业统一由金融服务局负责监管。在美国，保险营业由各州依照其保险业法自行设立机构予以监管，全美国共有50个州、哥伦比亚特区和4个托管区分别设立了55个保险监督管理机构，简称保险监督局，负责对各自辖区内的保险营业进行监督管理。在德国，保险营业的监督管理机关，为德国财政部所属的联邦保险监督局，联邦保险监督局依法对保险营业实施监督管理。在法国，保险营业的监督管理机关的设置与德国类似，为财政部所属的国家保险委员会，由国家保险委员会全面履行政府监督管理保险营业的职能。在日本，保险营业的监督管理属于大藏省的职权范围，大藏省拥有监督管理保险营业的全部职能，其下辖的银行局的保险部具体负责监督管理保险营业行为。

我国保险营业的监督管理机构，经历了一段由混业监管向分业监管的演变过程。起初，中国人民银行负责监管我国的保险业，其后，保险营业又转归财政部监管管理，目前则由专门设立的中国保险监督管理委员会监督管理。

1995年，我国保险法规定国务院金融监督管理部门对保险业实施监督管理，[①] 这为我国实施保险营业的分业监管创造了条件。1998年11月14日，国务院决定成立中国保险监督管理委员会；同年11月18日，中国保险监督管理委员会正式成立，作为国务院直属事业单位，依照国务院授权履行政府监督管理保险营业的行政管理职能。中国保险监督管理委员会，简称中国保监会，对依法监督管理保险营业负有全面的责任。

依照我国法律的相关规定，中国保险监督管理委员会的职能主要有：（1）依法制定和执行保险业发展的方针和政策；（2）起草有关保险业的法律、法规；依照法律和行政法规，制定和实施监管保险业的规章；（3）审批、核发相应的保险业务许可证，监管保险从业者；（4）审批和备案主营保险业者拟定的保险条款和保险费率；（5）监管主营保险业者提取保险准备金、公积金和保险保障基金；（6）监控主营保险业者的最低偿付能力，并对偿付能力不足的主营保险业者实施重点监管；（7）监督管理主营保险业者的资金运用；（8）整顿和接管偿付能

[①] 参见《保险法》（1995年）第8条。

力发生危险的主营保险业者；(9) 监督检查保险从业者的日常经营状况，如检查保险公司的业务状况、财务状况，或者查询保险公司在金融机构的存款等。(10) 对违法、违规的保险营业行为采取行政强制措施，如责令改正违法行为、罚款、限制业务范围、责令停业整顿、没收违法所得、吊销经营保险业务许可证等。

四 保险营业的准入许可制度

保险营业实行准入许可制度。保险营业应当在保险准入许可制度的框架内进行。经保险监督管理机构批准设立的保险从业者，仅能在核准的业务范围内从事保险营业。

法定的保险业务范围，并不表明保险从业者均可以经营。保险从业者可以经营什么样的保险业务，取决于保险监督管理机构的批准。例如，保险公司设立时章程规定的经营范围，应当经保险监督管理机构批准，经批准的保险业务范围严格限定了保险公司营业行为的边界，保险公司不得超出批准的保险业务范围从事营业。保险公司要扩大（变更）保险业务范围的，应当经保险监督管理机构批准。再者，主营保险业者经营人身保险或者财产保险的再保险业务，也应当经保险监督管理机构批准；经保险监督管理机构批准，保险公司可以经营人身保险和财产保险的再保险分出业务和分入业务。① 分出保险是保险公司将自己直接承保的保险业务部分转让给其他保险公司承保而开展的保险业务。分入保险是保险公司接受其他保险公司承保的部分保险业务而开展的保险业务。再保险分入业务，由再保险公司及其分支机构经营。经保险监督管理机构批准成立的再保险公司，包括经保险监督管理机构批准在我国境内开展业务的外国再保险公司分公司。

五 保险分业经营制度

保险营业实行分业经营，即同一保险人或者经营人身保险业务，或者经营财产保险业务；除非保险法另有规定，同一保险人不得同时经营人身保险业务和财产保险业务。我国曾经实行严格的保险分业经营制度，即"同一保险人不得同时兼营财产保险业务和人身保险业务"。② 目前，我国实行缓和的保险分业经营制度，即"保险人不得兼营人身

---

① 参见《保险法》（2015年）第96条。
② 参见《保险法》（1995年）第91条第2款。

保险业务和财产保险业务。但是，经营财产保险业务的保险公司经保险监督管理机构批准，可以经营短期健康保险业务和意外伤害保险业务"。① 缓和的保险分业经营制度，使得经营财产保险业务的保险公司可以兼营短期健康保险业务和意外伤害保险业务。

20世纪以前，保险分业经营可以说是绝大多数国家和地区监督管理保险营业的一种通行做法，甚至成为保险立法规制主营保险业者开展保险业务的一个重要工具。实行保险分业经营的理由主要有以下两点。(1) 人身保险和财产保险的不同属性决定了二者不宜兼营。由于人身保险业务和财产保险业务固有的风险存在较大的差异，人身保险和财产保险的经营技术要求完全不同，这使得它们在承保规则、保险费的计算基础、风险的测定与评估、保险金的给付方法、保险公司偿付能力的维持等方面，存在很大差异。同一保险公司难以在财务和技术层面完全应对由于人身保险和财产保险的差异而形成和存在的各种经营风险。(2) 允许保险公司兼营财产保险与人身保险业务，对保险公司的偿付能力会产生潜在的不利影响。允许人身保险和财产保险业务兼营，客观上势必会扩大保险公司的业务范围，增加保险公司的资金负担，相应降低保险公司的偿付能力，最终会影响到被保险人和受益人的利益、社会公益。② 而保险分业经营可以有效防止保险公司偿付能力不足的危险发生，即阻断保险公司混用兼营保险业务而收取的财产保险费和人寿保险费所积累的不同性质的基金，以稳定保险公司对长期人寿保险的偿付能力。

因为现代保险业的发展，保险混业经营已经不再是影响主营保险业者的偿付能力的负面因素。况且，保险分业经营在世界范围内并未获得普遍的认同。英国、德国、瑞士等国颁布的保险业法，并无禁止保险公司兼营财产保险业务和人身保险业务的规定。尤其是，自20世纪中叶以来，承保多种风险的综合保单，诸如财产保险或者责任保险加保被保险人的医疗给付的保单，在国际上已获得承认，对保险集团经营各类保险也有专门的法律进行规制，对于保险分业经营的限制，出现逐步放松的趋势。③ 因此，严格的保险分业经营制度，并非国际保险业的潮流或

---

① 参见《保险法》（2015年）第95条第2款。
② 参见陈云中《保险学》，五南图书出版公司，1984，第196页；郑玉波：《保险法论》，三民书局，1978，第230页。
③ 参见王卫耻《实用保险法》，文笙书局，1981，第458页。

者保险业发展的趋势。在如此的环境下，我国保险法规定缓和的保险分业经营制度，允许经营财产保险业务的保险公司兼营短期健康保险业务和短期意外伤害保险业务，相当程度上顺应了放松保险分业经营管制的国际趋势。

保险分业经营制度对处于起步阶段的我国保险业的正常经营、优化保险市场分散危险的功能和健全保险市场的竞争机制，或许具有一定的积极意义。但是，当我们将保险分业经营的关注点集中于人寿保险和财产保险存在的差别上时，仅因保险公司就人寿保险和财产保险收取保险费形成的基金性质不同而难以混用，就简单地禁止保险公司兼营人身保险业务和财产保险业务，似有理由不充分之嫌。人寿保险业务以外的其他人身保险业务，如普通的伤害保险、疾病保险业务等，在性质上均不同于人寿保险业务，在经营上与财产保险业务并无本质的差异，不加区别地排除保险公司兼营，理由更加不充分。[①] 我国的保险分业经营制度已经有所缓和，允许经营财产保险业务的保险公司经保险监督管理机构批准，经营短期健康保险业务和意外伤害保险业务。我们还应当注意到，我国的保险分业经营制度是改革保险混业经营制度的产物，虽然其促进了保险市场的竞争，但20世纪90年代拆分混业经营的保险公司的成本代价则是巨大的。我国保险业现已迈进发展壮大的历史阶段，主营保险业者能够且应当清晰地区分人身保险业务和财产保险业务，并依照保险法及其相关的规定，按照保险业务的不同类型提取和结转责任准备金、依照资金的来源采取不同的方法使用保险资金，这样足以在主营保险业者的经营制度上实现人身保险和财产保险业务的分别经营与核算，并接受保险监督管理机构的偿付能力监管。因此，主营保险业者兼营人身保险业务和财产保险业务，并不会对其偿付能力造成必然的负面影响。我国实行的保险分业经营制度是否符合我国保险业发展的历史和自身规律，仍然值得研究。

再保险业务是否受保险分业经营的限制？有学者认为，保险公司经营的再保险业务，只能为财产保险再保险或者人身保险再保险的一种，且再保险业务应与其原保险业务一致，即财产保险公司只能经营财产再保险业务，人身保险公司只能经营人身再保险业务，二者不得兼营。[②]

---

① 参见邹海林《保险法》，人民法院出版社，1998，第587页下。
② 参见董开军主编《中华人民共和国保险法释义》，中国计划出版社，1995，第218页；于新年等：《最新保险法条文释义》，人民法院出版社，1995，第231页。

再保险业务是否受保险分业经营制度的限制，有必要区分以下两种不同情形予以说明。①

第一种情形为再保险公司经营的分入业务，其不受保险分业经营制度的限制。再保险业务一般由再保险公司经营。对于再保险公司而言，因为其所从事的保险业务主要为分入保险业务，再保险公司仅对分出保险的保险公司所承担的保险合同项下的给付责任承担保险责任，并不对直接保险的被保险人（受益人）承担责任，不存在人身保险分入业务和财产保险分入业务的性质上的差异性，可以同时经营人身保险和财产保险的再保险分入业务。我国保险法并没有规定再保险公司经营再保险业务，只能选择人身保险的再保险分入业务或者财产保险的再保险分入业务，保险监督管理机构也没有要求再保险公司经营再保险业务实行分业经营。在保险实务中，经保险监督管理机构批准，再保险公司可以经营下列全部或部分业务：（1）接受财产保险公司的再保险分出业务；（2）接受人身保险公司的再保险分出业务；（3）经中国保监会批准接受境内保险公司的法定分保业务；（4）办理转分保业务；（5）经营国际再保险业务。② 再保险公司兼营人身保险和财产保险的再保险分入业务具有合法性和实践妥当性基础。再者，"再保险业务分为寿险再保险和非寿险再保险。保险人对寿险再保险和非寿险再保险应当单独列账、分别核算。"③ 这是对再保险公司同时经营"寿险再保险和非寿险再保险"分入业务的直接表达。因此，再保险公司可以经营人身保险和财产保险的再保险分入业务，不受保险分业经营制度的限制。

第二种情形是再保险公司以外的保险公司，因其保险业务实行分业经营，其所从事的再保险业务相应受到保险分业经营制度的限制。例如，经营人身保险业务的保险公司，经批准所从事的再保险分出业务，以其直接保险业务为基础，只能为人身保险业务的分出保险，不具有从事财产保险业务的再保险分出业务的基础；经营财产保险业务的保险公司，除可以兼营短期意外伤害保险和健康保险业务外，仅能从事财产保险的再保险分出业务。再者，再保险公司以外的保险公司申请经营再保险分入业务的，不得同时经营人身保险的再保险分入业务和财产保险的

---

① 参见常敏《保险法学》，法律出版社，2012，第253~254页。
② 参见《保险公司管理规定》（2004年）第47条。
③ 参见《再保险业务管理规定》（2015年）第9条。

再保险分入业务。

第二节 保险条款和费率的审批与备案制度

一 审批与备案制度的法律依据

主营保险业者有权自行拟定保险条款和保险费率。主营保险业者在拟定保险条款和保险费率时，应当按照保险监督管理机构的规定，公平、合理拟定保险条款和保险费率，不得损害投保人、被保险人和受益人的合法权益。① 主营保险业者拟定的保险条款和保险费率，应当符合下列基本要求：（1）结构清晰、文字准确、表述严谨、通俗易懂；（2）要素完整，不失公平，不侵害投保人、被保险人和受益人的合法权益，不损害社会公众利益；（3）保险费率按照风险损失原则科学合理厘定，不危及保险公司偿付能力或者妨碍市场公平竞争；（4）保险费率可以上下浮动的，应当明确保险费率调整的条件；（5）保险法等法律、行政法规和保险监督管理机构规定的其他要求。② 为了加强对保险营业的指导和规范，保护社会公众利益和防止不正当竞争，保险监督管理机构依法审批和备案主营保险业者拟定的保险条款和保险费率。保险公司使用的保险条款和保险费率如果违反法律、行政法规或者国家有关规定，保险监督管理机构有权责令保险公司停止使用，限期修改；情节严重的，保险监督管理机构有权在一定期限内禁止保险公司报送新的保险条款和保险费率。③

依照我国保险法的规定，关系社会公众利益的保险险种、依法实行强制保险的险种和新开发的人寿保险险种等的保险条款和保险费率，应当报保险监督管理机构批准。保险监督管理机构审批时，应当遵循保护社会公众利益和防止不正当竞争的原则。其他保险险种的保险条款和保险费率，应当报送保险监督管理机构备案。④

二 人身保险条款和费率的审批与备案

原则上，关系社会公众利益的人身保险险种、依法实行强制保险的

---

① 参见《保险法》（2015年）第114条第1款。
② 参见《财产保险公司保险条款和保险费率管理办法》（2010年）第26条。
③ 参见《保险法》（2015年）第136条。
④ 参见《保险法》（2015年）第135条第1款。

人身保险险种、保险监督管理机构规定的新开发的人寿保险险种以及保险监督管理机构规定的其他人身保险险种的保险条款和保险费率，主营保险业者应当依照规定报送保险监督管理机构审批。前述以外的其他人身保险险种的保险条款和保险费率，主营保险业者应当报送保险监督管理机构备案。①

（一）保险条款和费率的审批

对于应当审批的人身保险险种的保险条款和费率，主营保险业者在保险营业中使用该条款和费率前，应当报送保险监督管理机构审批。报送保险条款和保险费率审批的，主营保险业者应当依照保险监督管理机构的规定提交齐全的审批材料。例如，主营保险业者报送审批保险条款和保险费率的，应当提交下列材料：（1）人身保险条款和保险费率审批申请表；（2）人身保险条款和保险费率审批报送材料清单表；（3）保险条款；（4）保险费率表；（5）相关精算报告；（6）总精算师声明书；（7）法律责任人声明书；（8）保险条款和保险费率的说明材料，包括保险条款和保险费率的主要特点、市场风险和经营风险分析、相应的管控措施等；（9）保险监督管理机构规定的其他材料。②

保险监督管理机构收到报送的保险条款和保险费率审批申请后，对于申请材料齐全的申请，应当受理。根据需要，保险监督管理机构对审批的保险条款和保险费率，可以组织专家评审或者组织听证。保险监督管理机构经审查，对于报送审批的保险条款和保险费率应当作出批准或者不予批准的决定。主营保险业者对保险监督管理机构不予批准的决定，可以向法院提起行政诉讼，或者修改未获批准的保险条款和保险费率以重新报送保险监督管理机构审批。③

（二）保险条款和费率的备案

除应当审批的人身保险险种的保险条款和费率外，主营保险业者拟定的保险条款和保险费率，在保险营业中使用后，以不超过 10 日为限，应当报送保险监督管理机构备案。④ 报送保险监督管理机构备案保险条款和保险费率的，应当依照保险监督管理机构的规定提交齐全的备案材

---

① 参见《人身保险公司保险条款和保险费率管理办法》（2015 年）第 20 条。
② 参见《人身保险公司保险条款和保险费率管理办法》（2015 年）第 23 条。
③ 参见《人身保险公司保险条款和保险费率管理办法》（2015 年）第 27 条、第 28 条、第 29 条和第 32 条。
④ 参见《人身保险公司保险条款和保险费率管理办法》（2015 年）第 33 条。

料。例如，主营保险业者报送保险条款和保险费率备案的，应当提交如下材料：（1）保险条款和保险费率备案报送材料清单表；（2）保险条款；（3）保险费率表；（4）相关精算报告；（5）总精算师声明书；（6）法律责任人声明书；（7）保险监督管理机构规定的其他材料。报送分红保险、投资连结保险、万能保险保险条款和保险费率备案的，除上述材料外，主营保险业者还应当提交下列材料：（1）财务管理办法；（2）业务管理办法；（3）信息披露管理制度；（4）业务规划及对偿付能力的影响；（5）产品说明书。①

主营保险业者变更已经备案的保险条款和保险费率，改变其保险责任、险种类别或者定价方法的，应当将保险条款和保险费率重新报送保险监督管理机构备案。②

（三）违反审批和备案的法律责任

主营保险业者未按照规定申请批准、备案或者使用人身保险条款、保险费率的，由保险监督管理机构责令限期改正，处以罚款；情节严重的，可以限制其业务范围、责令停止接受新业务或者吊销保险业务许可证。③

三 财产保险条款和费率的审批与备案

（一）财产保险条款和费率的审批

原则上，对于关系社会公众利益的财产保险险种、依法实行强制保险的财产保险险种的保险条款和保险费率，主营保险业者应当依照规定报送保险监督管理机构审批。保险监督管理机构在审批上述财产保险条款和保险费率时，应当遵循保护社会公众利益和防止不正当竞争的原则，遵循与偿付能力监管、公司治理结构监管、市场行为监管协调配合的原则。④

在保险实务中，保险公司应当将下列财产保险险种的保险条款和保险费率报送保险监督管理机构审批：（1）依法实行强制保险的险种；（2）保险监督管理机构认定的关系社会公众利益的险种。保险公司修改经审批的保险条款或者保险费率的，应当重新报送保险监督管理机构

---

① 参见《人身保险公司保险条款和保险费率管理办法》（2015年）第21条和第22条。
② 参见《人身保险公司保险条款和保险费率管理办法》（2015年）第35条。
③ 参见《保险法》（2015年）第164条、第169条和第170条。
④ 参见《财产保险公司保险条款和保险费率管理办法》（2010年）第5条和第6条。

审批。①

主营保险业者报送财产保险的保险条款和保险费率审批的，应当提交下列材料：（1）申请文件；（2）审批表一式两份；（3）保险条款和保险费率文本；（4）保险条款和保险费率的说明材料，包括保险条款和保险费率的主要特点、市场风险和经营风险分析；（5）保险费率精算报告，包括精算假设、方法、公式和测算过程；（6）精算责任人声明书；（7）法律责任人声明书；（8）符合格式要求的报送材料的电子文本；（9）保险监督管理机构规定的其他材料。② 主营保险业者修改经批准的保险条款或者保险费率的，重新报送审批时，除应当提交上述材料外，还应当提交修改原因及修改前后的内容对比说明。③

对于应当报送审批的财产保险条款和保险费率，在保险监督管理机构批准前，主营保险业者不得在营业活动中使用该条款和费率。④ 对于经保险监督管理机构重新批准的财产保险条款和费率，主营保险业者不得在新订立的保险合同中使用原保险条款和保险费率。主营保险业者使用保险协议承保的，如协议内容对经批准的保险条款或者保险费率予以修改的，应当报送保险监督管理机构审批。⑤

（二）财产保险条款和费率的备案

除应当审批的财产保险险种的保险条款和费率外，对于其他财产保险险种的保险条款和保险费率，主营保险业者应当在保险营业使用后10个工作日内，将其报送保险监督管理机构备案。主营保险业者对已经备案的保险条款中的保险责任或者保险费率进行修改调整的，应当重新报送保险监督管理机构备案。⑥ 保险监督管理机构重新备案后，主营保险业者不得在新订立的保险合同中使用原保险条款和保险费率。主营保险业者使用保险协议承保的，如协议内容对经备案的保险条款或者保险费率予以修改的，应当报送备案。⑦

主营保险业者报送财产保险条款和保险费率备案的，应当提交下列

---

① 参见《财产保险公司保险条款和保险费率管理办法》（2010年）第7条和第9条。
② 参见《财产保险公司保险条款和保险费率管理办法》（2010年）第8条。
③ 参见《财产保险公司保险条款和保险费率管理办法》（2010年）第9条。
④ 参见《财产保险公司保险条款和保险费率管理办法》（2010年）第12条。
⑤ 参见《财产保险公司保险条款和保险费率管理办法》（2010年）第28条和第29条。
⑥ 参见《财产保险公司保险条款和保险费率管理办法》（2010年）第13条。
⑦ 参见《财产保险公司保险条款和保险费率管理办法》（2010年）第28条和第29条。

材料:(1)备案表一式两份;(2)保险条款和保险费率文本;(3)法律责任人声明书;(4)精算责任人声明书;(5)符合格式要求的报送材料的电子文本;(6)保险监督管理机构规定的其他材料。①

(三)违反审批和备案的法律责任

主营保险业者未按规定申请批准、备案或者使用财产保险条款、保险费率的,由保险监督管理机构责令限期改正,处以罚款;情节严重的,可以限制其业务范围、责令其停止接受新业务或者吊销其保险业务许可证。②

第三节 营业报告和营业检查制度

一 营业报告制度

保险公司有义务向保险监督管理机构报告其营业状况,并接受保险监督管理机构的监督检查。依照我国保险法的规定,主营保险业者应当按照保险监督管理机构的规定,报送有关报告、报表、文件和资料。主营保险业者应当报告的内容主要有营业报告、精算报告、财务会计报告、偿付能力报告、合规报告等报告、报表、文件和资料,其偿付能力报告、财务会计报告、精算报告、合规报告及其他有关报告、报表、文件和资料必须如实记录保险业务事项,不得有虚假记载、误导性陈述和重大遗漏。③

再者,保险公司应当按保险监督管理机构的规定,建立对关联交易的管理和信息披露制度,真实、准确、完整地披露财务会计报告、风险管理状况、保险产品经营情况等重大事项。④ 在保险实务中,保险公司的股东大会、股东会、董事会就公司的重大事项作出决议的,应当在决议作出后30日内向保险监督管理机构报告。⑤

二 营业检查制度

保险监督管理机构对于保险从业者拥有十分广泛的营业状况检查的

---

① 参见《财产保险公司保险条款和保险费率管理办法》(2010年)第14条。
② 参见《保险法》(2015年)第164条、第169条和第170条。
③ 参见《保险法》(2015年)第86条。
④ 参见《保险法》(2015年)第108条和第110条。
⑤ 参见《保险公司管理规定》(2015年)第67条。

权力。营业状况的检查，可以是对保险从业者的营业场所的现场检查、涉嫌违法行为的调查、查阅和复制被调查者的文件资料、查询涉嫌违法的被调查者的银行账户以及采取冻结或查封措施等。①

一般而言，保险监督管理机构对保险从业者的营业状况的检查，主要包括对保险从业者的日常业务状况、财务状况以及资金运用状况的检查，并要求保险从业者在规定的期限内提供有关的书面报告和资料。例如，保险公司的业务范围及其保险经营活动的合法与合规、保险公司的再保险业务开展情况、保险公司的分支机构或代表机构的活动情况、保险公司的准备金提取和留存的合法与合规、保险公司的最低偿付能力状况、保险公司的资金运用合法与合规等，通常是保险监督管理机构进行营业状况监督检查的重点。

再者，根据保险营业监督管理的需要，保险监督管理机构有权要求保险公司的股东、实际控制人在指定的期限内提供有关信息和资料。保险公司的股东利用关联交易严重损害公司利益，危及公司偿付能力的，保险监督管理机构有权责令其改正，并限制其股东权利。② 根据保险营业监督管理的需要，保险监督管理机构有权对保险公司的董事、监事、高级管理人员进行监督管理谈话，并要求其就保险公司的业务经营、风险控制、内部管理等有关重大事项作出说明；③ 保险公司的董事、监事、高级管理人员应当按照保险监督管理机构的谈话要求，作出如实说明。当保险公司出现危及偿付能力的重大风险时，保险监督管理机构可以对该公司直接负责的董事、监事、高级管理人员和其他直接责任人员采取以下措施：（1）通知出境管理机关依法阻止其出境；（2）申请司法机关禁止其转移、转让或者以其他方式处分财产，或者在财产上设定其他权利。④

第四节　保险公司的偿付能力

一　保险公司的偿付能力的意义

保险公司的偿付能力，是指保险公司承担保险责任所应当具有的经

---

① 参见《保险法》（2015年）第154条。
② 参见《保险法》（2015年）第150条和第151条。
③ 参见《保险法》（2015年）第152条。
④ 参见《保险法》（2015年）第153条。

济补偿或者支付能力,即保险公司有足够的或者充分的现金或流动资产,以保证负债到期时能够如期清偿债务的能力。简单地说,保险公司的偿付能力就是保险公司偿还债务的能力或者资本充足率。

保险公司存在的基本目的是管理和分散危险。管理和分散危险以偿付能力充足为必要。保险事故发生时,保险公司应当具有充足的资金向被保险人或者受益人为保险(赔偿)金给付。所以,维持保险公司的偿付能力,不仅是保险业稳健经营和发展的必要条件,而且是切实保护被保险人或者受益人利益的前提。

二 影响保险公司的偿付能力的因素

保险公司的偿付能力,不仅受保险行业自身的竞争环境的影响,而且受保险从业者的自身经营状况的影响。在一定意义上,保险行业的竞争环境是客观的,不受保险从业者的保险营业行为左右,尽管会对保险公司的偿付能力产生影响,但并非影响保险公司偿付能力的最为直接的因素。

保险公司的自身的保险营业及其经营状况,是影响保险公司偿付能力的最为直接的的因素。一般而言,影响保险公司的偿付能力的因素主要有以下几个。

(1)保险公司的承保能力。保险公司的承保能力与其资产规模及其运营水平相关。保险公司承保危险的业务状态应当与其资产和营业水平相适应,不能为了多收保险费或者盲目扩大资产规模,超出其承保能力开展保险业务。任何保险公司的承保能力都是有限的,谨慎和稳健经营的保险公司开展保险业务,都不会超出其承保能力。

(2)损失概率计算的准确性和可靠性。保险公司对损失风险的概率计算的准确性,与其保险基金的建立和偿付能力的维持成正比;损失概率计算越准确,保险基金的建立越有保障,保险公司的偿付能力越加稳定。所有的保险公司均应当聘用合格的精算专业人员,并建立符合法律要求的精算报告制度。

(3)保险公司提取的保险准备金规模。保险公司在每个财务年度,均应当依照保险监督管理机构的规定提取各种责任准备金,以不断增强保险公司的偿付能力。保险公司提取的保险准备金规模,应当足以支付发生保险事故时保险公司所承担的赔偿或者给付责任。保险公司的偿付能力会随着其提取的保险准备金规模的增大而增强。

(4)保险公司的资金运用状况。保险资金是保险公司补偿被保险人的损失或者向被保险人或受益人承担保险给付义务的物质基础。安全有效地运用保险公司的资金,使保险公司的资产能够保值和增值,成为保险公司维持和增强其偿付能力的重要举措。

(5) 保险公司的经营管理水平。保险公司的经营管理水平影响保险公司的效益。保险公司的经营应当合法、合规,通过其符合法律规定的公司治理结构的高效运营,不断提升保险公司的实力。经营管理水平高的保险公司,不仅可以赢得市场,更重要的是能够确保其偿付能力。保险公司若经营不善,将不仅影响保险公司的盈利能力,甚至可能造成保险公司亏损,直接危害保险公司的偿付能力。

三 保险公司偿付能力监管体系

对保险公司的偿付能力监督管理,是现代保险监督管理制度建设的核心。我国保险法要求保险监督管理机构建立健全保险公司偿付能力监管体系,对保险公司的偿付能力实施监控。[1] 保险监督管理机构有责任建立保险公司偿付能力监管体系,并按照偿付能力监管体系的要求,对保险公司的偿付能力实施监控。

自2003年开始,保险监督管理机构实质性地启动了保险公司偿付能力监管体系的建设,到2007年底,基本上构建起了具有中国特色的保险公司偿付能力监管制度体系。2008年6月,保险监督管理机构发布《保险公司偿付能力管理规定》。我国建立的保险公司偿付能力监管体系,是"以风险为基础的动态偿付能力监管标准和监管机制",保险监督管理机构担负综合评价和监督检查保险公司偿付能力,并依法采取监管措施的职责。[2] 保险公司偿付能力监管体系由保险公司的最低偿付能力指标、偿付能力评估、偿付能力报告、偿付能力管理和偿付能力监管等多项制度构成。保险公司偿付能力监管体系在推动保险公司树立资本管理理念、提高经营管理水平、防范风险和促进我国保险业的发展方面发挥了积极的作用。

保险公司偿付能力监管体系经过我国保险业监管实践的不断完善和丰富,在制度设计和实施的科学性与有效性方面已经具有了更多的中国元素,现已发展为第二代偿付能力监管制度体系。2016年1月1日,我国已经开始全面实施《保险公司偿付能力监管规则(第1号—第17

---

[1] 参见《保险法》(2015年)第137条。
[2] 参见《保险公司偿付能力管理规定》(2008年)第5条。

号)》。第二代偿付能力监管制度体系要对保险公司建立健全全面风险管理制度、提高行业风险管理和资本管理水平发挥更加积极的作用。其通过细化风险分类、准确计量各类风险，将保险公司偿付能力与风险状况紧密联系起来，提高偿付能力制度对风险的敏感程度，以充分反映保险公司的风险状况。第二代偿付能力监管制度体系对保险公司偿付能力监管提出了：（1）资本充足的定量监管要求，包括资产负债评估标准、实际资本标准、最低资本标准、资本充足率标准和监管措施等；（2）与偿付能力相关的定性监管要求，包括公司全面风险管理要求、监管部门对公司资本计量和风险管理的监督检查等；（3）与偿付能力相关的信息披露要求，包括对监管部门的报告要求和对社会公众的信息公开披露要求。

四 最低偿付能力

最低偿付能力，是指保险公司继续保险营业所必须具有的符合最低标准的偿付能力。依照我国保险法的规定，保险公司应当具有与其业务规模和风险程度相适应的最低偿付能力。保险公司的认可资产减去认可负债的差额不得低于保险监督管理机构规定的数额；低于规定数额的，应当按照保险监督管理机构的要求采取相应措施达到规定的数额。[1]

在我国的保险实务中，保险公司的最低偿付能力标准为：偿付能力充足率或者资本充足率不低于100%。资本充足率，是指保险公司的实际资本与最低资本的比率。[2]

保险公司的实际资本，是指保险公司在持续经营或破产清算状态下可以吸收损失的财务资源。实际资本等于认可资产减去认可负债后的余额。认可资产，是指处置不受限制，并可用于履行对保单持有人赔付义务的资产。不符合前述条件的资产，为非认可资产。认可负债，是指保险公司无论在持续经营状态还是破产清算状态下均需要偿还的债务，以及超过监管限额的资本工具。不符合前述条件的负债，为非认可负债。[3] 保险监督管理机构对于认可资产和认可负债一般以列举法进行识别。

---

[1] 参见《保险法》（2015年）第101条。
[2] 参见《保险公司偿付能力管理规定》（2008年）第3条。
[3] 参见《保险公司偿付能力监管规则第1号：实际资本》第4条、第8条和第16条。

保险公司的最低资本，是指保险监督管理机构基于审慎监管目的，为使保险公司具有适当的财务资源，以应对各类可量化为资本要求的风险对偿付能力的不利影响，要求保险公司应当具有的资本数额。最低资本由三部分组成：（1）量化风险最低资本，即保险风险、市场风险、信用风险对应的最低资本；（2）控制风险最低资本，即控制风险对应的最低资本；（3）附加资本，包括逆周期附加资本、国内系统重要性保险机构的附加资本、全球系统重要性保险机构的附加资本以及其他附加资本。[1]

偿付能力低于最低偿付能力标准的，为偿付能力不足的保险公司，保险监督管理机构可以根据具体情况对其采取下列监管措施：（1）责令增加资本金、办理分出业务；（2）限制业务范围；（3）限制向股东分红；（4）限制固定资产购置或者经营费用规模；（5）限制资金运用的形式、渠道和比例；（6）限制增设分支机构；（7）责令拍卖资产、转让保险业务；（8）限制董事、监事和高级管理人员的薪酬水平和在职消费水平；（9）限制商业性广告；（10）责令停止开展新业务；（11）调整负责人及有关管理人员；（12）接管；（13）保险监督管理机构认为必要的其他监管措施。[2]

五　维持保险公司偿付能力的措施

（一）保险公司的风险和业务规模的限制

保险公司不能超出其承保能力开展保险业务。依照我国保险法的规定，限制保险公司的风险和业务规模的措施，主要有以下几项。

1. 财产保险业务自留保险费的限制

财产保险公司当年自留的保险费多少，与保险公司承担的保险责任的程度，为正比例关系。保险公司收取的财产保险费越多，其所承担的保险标的的风险责任就越大。为了有效控制财产保险公司承担风险责任的程度，确保其在发生保险事故时有足够的偿付能力，我国保险法规定经营财产保险业务的保险公司当年自留保险费不得超过其实有资本金加公积金总和的 4 倍。[3]

---

[1] 参见《保险公司偿付能力监管规则第 2 号：最低资本》第 3 条和第 5 条。
[2] 参见《保险法》（2015 年）第 138 条和第 144 条；《保险公司偿付能力管理规定》（2008 年）第 38 条。
[3] 参见《保险法》（2015 年）第 102 条。

2. 自负责任的法定再保险

保险公司承保业务的自负责任超过保险法或者保险监督管理机构规定的限制的，应当办理法定再保险。例如，保险公司对每一危险单位，即对一次保险事故可能造成的最大损失范围所承担的责任，不得超过其实有资本金加公积金总和的10%；超过的部分应当办理再保险。[①] 保险监督管理机构对保险公司办理其自负责任再保险有规定的，保险公司应当按照规定办理再保险，以降低保险公司的自负责任程度。

（二）法定备偿资金的提取

为维持保险公司的偿付能力，保险公司依照保险法的规定应当提取的法定备偿资金，主要有以下几项。

（1）保险准备金。保险准备金又称责任准备金，是指保险公司为了承担保险业务项下的各项给付责任而从保险费收入中提取和结转的资金准备基金。保险准备金因其用途的不同，分为未到期责任准备金和未决赔款准备金。保险准备金构成保险公司的财产（资金）的重要部分，但在资产负债表上体现为保险公司的负债。保险准备金的提取和结转，对于维持保险公司的正常营业和保险公司的偿付能力，具有实质性的意义。保险公司应当依法提取和结转保险准备金，并保证提取和结转的保险准备金的真实性和充足性。

（2）保证金。保证金，指保险公司成立后，应当依法提取并向保险监督管理机构指定的金融机构缴存的、用于担保保险公司清算时的偿付能力的资金。所有依法成立的保险公司，都应当按照其注册资本总额的20%提取保证金，存入保险监督管理机构指定的银行，除公司清算时用于清偿债务外，不得动用。[②]

（3）公积金。公积金又称公司的储备资金，是指公司在资本之外所应当提取和保留的资金。提取公积金，是公司巩固公司财产基础或者信用的重要措施。[③] 依照公积金的提取是否为法律所强制规定，公司的公积金可以分为法定公积金和任意公积金。法定公积金，是指公司按照法律规定的比例必须提取的公积金。任意公积金，又称任意盈余公积金，是指公司依照章程或股东（大）会决议在法定公积金外自由提取

[①] 参见《保险法》（2015年）第103条。
[②] 参见《保险法》（2015年）第97条。
[③] 参见郑玉波《公司法》，三民书局，1980，第154页。

的公积金。保险公司应当依法提取公积金。① 保险公司在分配当年税后利润时，应当提取利润的10%列入公司法定公积金；法定公积金累计额在保险公司注册资本的50%以上的，可以不再提取。保险公司从税后利润中提取法定公积金后，经股东会或者股东大会决议，还可以从税后利润中提取任意公积金。保险公司的法定公积金不足以弥补以前年度亏损的，在提取法定公积金之前，应当先用当年利润弥补亏损。② 保险公司提取的公积金，可以用于弥补公司亏损，或者用于扩大公司经营规模或者用于增加公司资本金。但是，法定公积金转为保险公司的资本时，所留存的该项公积金不得少于转增前保险公司注册资本的25%。③

（三）保险资金运用的限制

保险公司运用保险资金应当遵循安全性原则，以此为基础实现保险公司资产的保值增值。为了落实保险资金运用的安全性原则，有必要限制保险资金运用的领域和方法。依照我国保险法的规定，保险资金运用必须稳健，遵循安全性原则，限于下列形式：（1）银行存款；（2）买卖债券、股票、证券投资基金份额等有价证券；（3）投资不动产；（4）国务院规定的其他资金运用形式。④

（四）危险控制方法和制度的健全

保险公司应当依法建立和健全各种危险控制方法或制度，以控制和防范危险的发生。保险公司缺乏合法、合规的危险控制方法或制度，不仅影响保险公司对承保危险的判断和管理，而且直接危害保险公司在保险事故发生时的偿付能力。依照我国保险法的规定，危险控制方法的健全主要有以下内容。

1. 精算与合规报告制度

保险公司应当聘用经保险监督管理机构认可的精算专业人员，建立精算报告制度。保险公司应当聘用专业人员，建立合规报告制度。保险公司的精算报告和合规报告所记载的信息应当真实、准确、完整，不得有虚假记载、误导性陈述或者重大遗漏。⑤

---

① 参见《保险法》（2015年）第99条。
② 参见《公司法》（2013年）第166条。
③ 参见《公司法》（2013年）第168条。
④ 参见《保险法》（2015年）第106条第1款。
⑤ 参见《保险法》（2015年）第85条和第86条。

2. 危险单位的划分与巨灾风险的安排

保险公司对危险单位的划分应当符合国家的有关规定，并将其划分方法报送保险监督管理机构备案。再者，保险公司对于巨灾风险的防范，应当有预先的安排，并做成方案或计划；保险公司的巨灾安排计划，应当报送保险监督管理机构备案。①

3. 偿付能力管理和报告制度

保险公司应建立偿付能力管理体系，将影响保险公司偿付能力的因素均纳入其偿付能力管理体系，予以综合风险管理。保险公司应当按照保险监督管理机构规定的"偿付能力监管制度体系"的要求，编制偿付能力报告，并确保报告信息真实、准确、完整、合规。保险公司的偿付能力报告，包括偿付能力季度报告、偿付能力季度快报和偿付能力临时报告。② 保险公司的偿付能力临时报告，主要是指保险公司"出现偿付能力不足"的报告、影响保险公司偿付能力的重大事项报告以及"出现重大流动性风险"的报告。③ 保险公司应当将其偿付能力报告报送保险监督管理机构。

4. 重大事项报告制度

重大事项报告制度又称保险公司偿付能力临时报告制度。保险公司对其日常经营活动过程中发生的重大事项，应当真实、准确、完整并及时地报告保险监督管理机构。④ 在我国保险实务中，保险公司发生下列对偿付能力产生重大不利影响的事项的，应当自该事项发生之日起5个工作日内向保险监督管理机构报告：（1）重大投资损失；（2）重大赔付、大规模退保或者遭遇重大诉讼；（3）子公司和合营企业出现财务危机或者被金融监督管理机构接管；（4）外国保险公司分公司的总公司由于偿付能力问题受到行政处罚、被实施强制监管措施或者申请破产保护；（5）母公司出现财务危机或者被金融监督管理机构接管；（6）重大资产遭受司法机关冻结或者受到其他行政机关的重大行政处罚；（7）对偿付能力产生重大不利影响的其他事项。⑤

---

① 参见《保险法》（2015年）第104条。
② 参见《保险公司偿付能力监管规则第16号：偿付能力报告》第3条。
③ 参见《保险公司偿付能力监管规则第16号：偿付能力报告》第74条、第75条和第76条。
④ 参见《保险法》（2015年）第110条。
⑤ 参见《保险公司偿付能力监管规则第16号：偿付能力报告》第75条。

第五节 保险准备金

一 保险准备金的提取

按照险种不同，保险准备金分为寿险责任准备金和非寿险责任准备金。按照性质和功能不同，保险准备金又可以分为未到期责任准备金和未决赔款准备金等。对人寿保险而言，其因为保险期间较长，采取均衡交纳保险费的方式。投保人交付的均衡纯保费在合同早期大于自然保费，在合同后期又小于自然保费。但投保人在合同早期交付的保险费中多于支出的部分不是盈利，而是负债。保险公司应当将之提取储备以为将来给付的履行，此即寿险责任准备金。寿险责任准备金以未到期责任准备金为主。非寿险责任准备金主要是保险公司对非人寿保险业务提存的准备金，可分为未到期责任准备金和未决赔款准备金等。

对于保险准备金的提取，我国保险法曾对之作出直接规定。除人寿保险业务以外，经营其他保险业务，应当从当年自留保险费中提取未到期责任准备金；提取和结转的数额，应当相当于当年自留保险费的50%；经营有人寿保险业务的保险公司，应当按照有效的人寿保险单的全部净值提取未到期责任准备金。保险公司应当按照已经提出的保险赔偿或者给付金额，以及已经发生保险事故但尚未提出的保险赔偿或者给付金额，提取未决赔款准备金。[①]

保险公司应当提取保险准备金，事关保险公司的日常经营稳定和偿付能力维持，由保险法直接规定保险准备金的提取方法，欠缺灵活性。随着我国监管保险公司偿付能力的技术方法和理念的转变，保险准备金的提取应当与保险公司的经营风险建立更加密切的联系，应以维持保险公司动态的偿付能力为基础，我国保险法将保险准备金的提取和结转明确规定为保险公司的法定义务，保险公司应当根据保障被保险人利益、保证偿付能力的原则，提取各项责任准备金；同时我国保险法授权保险监督管理机构规定保险准备金的提取和结转办法。[②] 这就在相当程度上增强了保险准备金提取和结转的灵活性。

---

① 参见《保险法》（1995年）第93条和第94条。
② 参见《保险法》（2015年）第98条。

二 人寿保险的未到期责任准备金

原则上，未到期责任准备金，一般在每一会计年度决算时，按照下一年度仍然有效的保险合同的保险费之和提取。因为未到期保险责任的期间和计提方法的差异，未到期责任准备金相应被区分为短期责任准备金和长期责任准备金。短期责任准备金，是指保险公司为保险期间在1年以内（含1年）的保险合同项下尚未到期的保险责任而提取的准备金。例如，短期人寿保险合同、短期意外伤害保险合同和短期健康保险合同的未到期责任准备金，以其财务报表的账面价值为准计提。长期责任准备金，是指保险公司为保险期间在1年以上（不含1年）的人身保险合同项下尚未到期的保险责任而提取的责任准备金。人寿保险的未到期责任准备金一般特指长期责任准备金。

理论上，对于人寿保险，保险公司依照收支相等的原则提取未到期责任准备金，即保险公司将依照其收取的人寿保险的保险费和利息之和减去过去给付的本利余额予以计算，或者由将来应给付的保险单的现金价值减去将来可收入的保险费现值予以计算。[1] 人寿保险的未到期责任准备金的计算方法，分为追溯法和预期法。追溯法是根据以前历年已经缴纳的纯保费的累积值与已经给付保险金的累积值的差额计提责任准备金的方法。预期法是以将来保险金给付的现值与将来可收取的预期保费的现值的差额计提责任准备金的方法。

按照我国保险法的有关规定，对于人寿保险，保险公司应当按照有效的人寿保险单的全部净值提取未到期责任准备金。[2] 经营人寿保险业务的保险公司原则上仍以其所有有效的人寿保险单的净值之和为基准提取未到期责任准备金。全部有效的人寿保险单的净值之和，就是保险公司在这部分业务中所收入的纯保险费及利息，减去应付的保险金、扣除应支付的费用后的结余部分。

在保险实务中，人寿保险的未到期责任准备金，包括长期的寿险合同（含年金保险）、长期健康保险合同和长期意外伤害保险合同项下的责任准备金，其计算公式为：未到期责任准备金 = 最优估计准备金 + 风险边际。最优估计准备金由现金流现值和选择权及保证利益的时间价值构

---

[1] 参见江朝国《保险法上责任准备金之浅释》，《中兴法学》1992年第33期，第214页。

[2] 参见《保险法》（1995年）第93条。

成。现金流现值应以保险合同产生的预期未来净现金流为基础进行评估。预期未来净现金流等于预期未来现金流出减预期未来现金流入的差额。风险边际应采用资本成本法或保险监督管理机构认可的其他方法计算。[①]

三 非人寿保险的未到期责任准备金

原则上，非人寿保险业务的保险公司，应当按照国家规定，遵循非人寿保险精算的原理、方法和谨慎性原则，评估各项准备金，并根据评估结果，准确提取和结转未到期责任准备金。具体而言，对于非人寿保险的其他保险业务，保险公司依照其自留保险费的数额按照一定的比例提取未到期责任准备金。自留保险费，是指保险人承保的非人寿保险的全部保险业务所收取的保险费（包括再保险费收入），扣除因为分保而付出的再保险费的余额。保险公司按照自留保险费的固定比例提取非人寿保险的未到期责任准备金，因为不同种类的保险业务，提取未到期责任准备金的比例会有所不同。

理论上，非人寿保险责任准备金计算方法分为年平均估算法、月平均估算法、日平均估算法等。年平均估算法是假定每年中所有保险单是逐日开出，且每天开出的数量和保险金额大体均匀。保险公司当年的准备金数额是当年保费收入总额的一半。月平均估算法是较普遍使用的简便方法。假定全年承保业务量平均，同时承保当月内保费有效天数是15天，从而将一年分为24个半月计算应当提取的准备金。日平均估算法是根据有效保单的天数计算未到期责任准备金。

在保险实务中，保险公司应当建立精算制度，指定精算责任人负责准备金的提取工作。对于非寿险的保险业务，未到期责任准备金是指在准备金评估日为尚未终止的保险责任提取的准备金，包括保险公司为保险期间在1年以内（含1年）的保险合同项下尚未到期的保险责任提取的准备金，以及为保险期间在1年以上（不含1年）的保险合同项下尚未到期终止的保险责任提取的长期责任准备金。未到期责任准备金的提取，应当采用下列方法之一：（1）二十四分之一法（以月为基础计提）；（2）三百六十五分之一法（以天为基础计提）；（3）对于某些特殊险种，根据其风险分布状况可以采用的其他更为谨慎、合理的方法。未到期责任准备金的提取方法一经确定，不得随意更改。保险公司

[①] 参见《保险公司偿付能力监管规则第3号：寿险合同负债评估》第2条、第4条、第7、第8条和第21条。

在提取未到期责任准备金时，应当对其充足性进行测试；未到期责任准备金不足时，要提取保费不足准备金。①

四 未决赔款准备金

未决赔款准备金，是指保险公司为支付已经发生的保险事故的赔款预先提取的准备资金。保险公司在会计年度决算前，对已经提出的保险赔偿或者给付金额以及已经发生保险事故但尚未提出的保险赔偿或者给付金额，应当进行估算并提取未决赔款准备金。未决赔款准备金都是按照已经提出的保险赔偿或者给付金额，或者已经发生保险事故但尚未提出保险赔偿或者保险给付的估算额提取的，对于人身保险和财产保险而言，保险公司提取未决赔款准备金没有差异。

一般而言，因为存在以下情形，保险公司应当提取未决赔款准备金：(1) 保险公司已知保险事故发生的事实，但投保人、被保险人或者受益人尚未通知保险公司的；(2) 投保人、被保险人或者受益人已将保险事故的发生通知保险公司，但被保险人或者受益人尚未向保险公司提出索赔的；(3) 被保险人或者受益人已向保险公司提出保险赔偿或者保险给付，但保险公司尚未核实并决定予以赔付的；(4) 被保险人或者受益人已经向保险公司索赔，保险公司已经核实保险责任并确定赔付金额但尚未付出赔款的。

一般而言，保险公司应当按照已经提出的保险赔偿或者给付金额，以及已经发生保险事故但尚未提出的保险赔偿或者给付金额，提取未决赔款准备金。例如，被保险人已经提出保险赔偿或者给付金额的，保险公司应当按照其提出的赔偿额提取未决赔款准备金；已经发生保险事故但被保险人尚未提出赔偿或者给付的，保险公司按照不超过当年实际赔款支出额的 4% 计提未决赔款准备金。②

在保险实务中，对于未决赔款准备金的提取，保险监督管理机构要求保险公司经谨慎评估后，按照其选取的方法提取：对已发生已报案的未决赔款准备金，应当采用逐案估计法、案均赔款法或者保险监督管理机构认可的其他方法谨慎提取；对已发生未报案的未决赔款准备金，应

---

① 参见《保险公司非寿险业务准备金管理办法（试行）》（2004 年）第 11 条和第 12 条。
② 参见《保险公司管理规定》（2004 年）第 77 条。【2004 年《保险公司管理规定》已失效，2015 年修订版现行有效】

当根据险种的风险性质、分布、经验数据等因素采用至少下列两种方法进行谨慎评估，并选取评估结果的最大值确定最佳估计值提取：（1）链梯法；（2）案均赔款法；（3）准备金进展法；（4）B-F法等。①

第六节 保险公司的资金

一 保险资金的意义

保险公司的资金，简称保险资金，是指保险公司的资本金、公积金、未分配利润、各项准备金及其他资金。② 保险资金为保险公司偿付能力的物质基础。在保险公司的资金中，除部分资金有其特定目的或者用途、不能用于直接投资或者间接投资以外，其余资金均可以而且有必要用于投资以产生收益。合理、合规运用保险资金，可以增强保险公司的资金储备，提升保险公司的偿付能力。

保险公司积累资金，一方面依靠保险费收入形成的利润，另一方面则依赖于运用保险资金而取得投资收益。能否充分、有效和安全地运用保险资金，直接关系到保险公司的偿付能力的维持，更关系到能否有效维护被保险人或者受益人的合法利益，甚至关系到保险行业对社会承担的公益责任以及保险行业自身的生存环境。保险营业的蓬勃发展，不仅使得保险公司积累了规模庞大的资金，而且将保险公司推向了资本运作的前台，使得保险公司成为投资市场的重要力量。保险资金运用事实上已经发展成为主营保险业者开展的重要业务。

二 保险资金的运用原则

保险资金运用以安全为必要。"安全性不仅是法律规定保险公司的资金运用方式和比例的基础，而且是保险公司运用资金的出发点和归宿。"③ 保证保险公司的资金运用符合安全原则，重要的考量因素就是保险公司的资金运用是否稳健。依照保险法的规定，保险公司的资金运用必须稳健，遵循安全性原则。④ 稳健运用保险资金，基本目的在于实

---

① 参见《保险公司非寿险业务准备金管理办法（试行）》（2004年）第13条和第14条；《健康保险管理办法》（2006年）第36条和第37条。
② 参见《保险资金运用管理暂行办法》（2014年）第3条。
③ 参见邹海林《保险法教程》（第二版），首都经济贸易大学出版社，2004，第234页。
④ 参见《保险法》（2015年）第106条第1款。

现保险资金运用的平稳健康,即保险资金运用的项目有利于保险资金的保值增值,或者无害于保险资金的保值增值。

保险资金运用的安全原则,至少有以下两层含义。

第一,安全原则是国家限制保险资金运用的基础。保险资金运用不能完全交给市场来决定,或者由保险公司自己判断保险资金运用的方式或领域,因为如此,将难以确保保险资金运用的安全性。保险资金运用首先应当牢固树立风险意识,国家应当严格限定保险资金运用的领域,以管控和降低保险资金的投资风险,禁止保险资金投资于高风险的项目或者行业,或者风险相对难以评估的项目或者行业。例如,保险资金,除经保险监督管理机构批准外,仅能运用于我国境内的投资项目,不能用于我国境外的投资项目;保险资金仅能投资于我国法律规定或者保险监督管理机构认可的行业或项目。这就是说,凡违反法律规定运用保险资金,或者将保险资金投资于国家禁止投资的项目或行业的,即违反保险资金运用的安全原则。保险法限定保险资金的投资对象,是实现保险资金运用的安全原则的根本措施。依照我国保险法的规定,保险公司的资金运用限于下列形式:(1)银行存款;(2)买卖债券、股票、证券投资基金份额等有价证券;(3)投资不动产;(4)国务院规定的其他资金运用形式。①

第二,安全原则是评价保险公司稳健运用保险资金的工具。保险公司运用保险资金投资于国家规定可以投资的对象,或者按照国家规定的投资比例运用保险资金,并不意味着保险资金运用就是安全的。保险公司运用资金必须稳妥,只有稳妥,才谈得上安全。保险公司运用保险资金,必须稳妥选择投资方式,不得以追求效益而忽视高风险的方式进行投资。因此,保险公司在运用保险资金投资时,必须对投资项目和投资环境等进行全面的科学分析和风险评估,采取必要的措施以防保险资金的损失,确保保险资金的投资能够顺利收回并获得保值增值。这样,保险公司就应当建立健全保险资金运用的管理制度和内部控制机制。② 保险公司仅有合法合规运用保险资金的主观努力和行为,但未有健全的保险资金运用的管理制度,诸如资产配置相关制度、投资研究、决策和授权制度、交易和结算管理制度、绩效评估和考核制度、信息系统管理制度以及风险管理制度等,是不符合保险资金运用的安全原则的。

---

① 参见《保险法》(2015年)第106条第2款。
② 参见《保险资金运用管理暂行办法》(2014年)第35条。

三 保险资金的投资范围和比例限制

(一) 保险资金的投资项目和比例限制

保险资金的投资项目包括银行存款、债券、股票、证券投资基金、不动产、企业股权和其他金融产品等。因为上述投资而形成的保险资产，被划分为流动性资产、固定收益类资产、权益类资产、不动产类资产和其他金融资产等5大类。基于监管保险资金运用和防范系统性风险的考虑，保险监督管理机构为保险资金运用于上述5大类资产规定了上限比例，并规定可以根据情况调整保险资金运用的投资比例。[1]

依照我国的有关规定，保险资金的投资比例限制主要有以下几项。(1) 投资权益类资产的账面余额，合计不高于本公司上季末总资产的30%，且重大股权投资的账面余额，不高于本公司上季末净资产。账面余额不包括保险公司以自有资金投资的保险类企业股权。(2) 投资不动产类资产的账面余额，合计不高于本公司上季末总资产的30%。账面余额不包括保险公司购置的自用性不动产。保险公司购置自用性不动产的账面余额，不高于本公司上季末净资产的50%。(3) 投资其他金融资产的账面余额，合计不高于本公司上季末总资产的25%。(4) 境外投资余额，合计不高于本公司上季末总资产的15%。[2]

(二) 银行存款

保险公司将其资金存入银行，可以确保正常的利息收益，实现保险资金运用的适度保值和增值。银行存款为保险资金运用的基本形式之一。但是，银行存款的利率一般较低，且不能保全因为货币贬值或者通货膨胀所引起的资金损失，保险资金存入银行以实现保值、增值的空间相对较小。因此，银行存款不能作为保险资金运用的主要形式。

保险资金办理银行存款的，应当选择符合下列条件的商业银行作为存款银行：(1) 资本充足率、净资产和拨备覆盖率等符合监管要求；(2) 治理结构规范、内控体系健全、经营业绩良好；(3) 最近三年未发现重大违法违规行为；(4) 连续三年信用评级在投资级别以上。[3]

(三) 债券

债券的特点在于利率固定、期限较长、投资回报率相对较高。政府

---

[1] 参见《保险资金运用管理暂行办法》(2014年) 第16条。
[2] 参见《关于加强和改进保险资金运用比例监管的通知》(2014年)。
[3] 参见《保险资金运用管理暂行办法》(2014年) 第7条。

债券和金融债券有国家或者政府财政作为后盾,其信用可靠、安全程度相对较高,为保险资金投资的良好品种。保险资金投资的债券,应当达到保险监督管理机构认可的信用评级机构评定的,且符合规定要求的信用级别;符合这一要求的债券主要包括政府债券、金融债券、企业(公司)债券、非金融企业债务融资工具以及符合规定的其他债券。①

保险公司投资债券的,应当符合下列条件:(1)具有完善的公司治理、决策流程和内控机制,健全的债券投资管理制度、风险控制制度和信用评级体系;(2)已经建立资产托管、集中交易和防火墙机制,资金管理规范透明;(3)合理设置债券研究、投资、交易、清算、核算、信用评估和风险管理等岗位,投资和交易实行专人专岗;(4)具有债券投资经验的专业人员不少于2人,其中具有3年以上债券投资经验的专业人员不少于1人;信用评估专业人员不少于2人,其中具有2年以上信用分析经验的专业人员不少于1人;(5)建立与债券投资业务相应的管理信息系统。②

依照我国的有关规定,保险公司投资中央政府债券、准政府债券、有担保的企业(公司)债券,可以按照资产配置要求,自主确定投资总额;投资无担保的非金融企业(公司)债券的余额,不应超过该保险公司上季末总资产的50%。保险公司投资下列单品种债券,其投资份额受发行额的比例限制:(1)同一期单品种金融企业(公司)债券和有担保的非金融企业(公司)债券的份额,不超过该期单品种发行额的40%;(2)同一期单品种无担保的非金融企业(公司)债券的份额,不超过该期单品种发行额的20%。③

(四) 股票

股票的流通性高,变现容易,而且具有估值和预测风险的市场基础,适合保险公司的资金投入。保险资金投资的股票,主要包括公开发行并上市交易的股票和上市公司向特定对象非公开发行的股票。符合保险监督管理机构专门规定的,保险公司可以投资创业板上市公司股票和以外币认购及交易的股票。但是,保险公司不得买入被交易所实行"特别处理"、"警示存在终止上市风险的特别处理"的股票。④

---

① 参见《保险资金运用管理暂行办法》(2014年)第8条。
② 参见《保险资金投资债券暂行办法》(2012年)第4条。
③ 参见《保险资金投资债券暂行办法》(2012年)第12条、第13条和第14条。
④ 参见《保险资金运用管理暂行办法》(2014年)第9条和第15条。

投资上市公司股票，有权参与上市公司的财务和经营政策决策，或能够对上市公司实施控制的，纳入股权投资管理，遵循保险资金投资股权的有关规定。例如，实现控股的股权投资，应当运用资本金。①

依照我国的有关规定，保险公司投资股票应当符合下列条件：（1）上季度末偿付能力充足率不低于120%；（2）投资蓝筹股票的余额不低于股票投资余额的60%。符合投资股票条件的保险公司，经向保险资金的管理机构备案，投资单一蓝筹股票的余额占上季度末总资产的比例上限为10%；投资权益类资产的余额占上季度末总资产比例达到30%的，可增持蓝筹股票，增持后权益类资产余额不高于上季度末总资产的40%。②

（五）证券投资基金

证券投资基金的流通性高，变现容易，并具有估值和预测风险的市场基础，适合保险公司的资金投入。保险公司可以投资的证券投资基金，包括上市交易的证券投资基金和未上市交易的证券投资基金。但是，保险公司投资的证券投资基金，其基金管理人必须符合以下条件：（1）公司治理良好，净资产连续3年保持在人民币1亿元以上；（2）依法履行合同，维护投资者合法权益，最近3年没有不良记录；（3）建立有效的证券投资基金和特定客户资产管理业务之间的防火墙机制；（4）投资团队稳定，历史投资业绩良好，管理资产规模或者基金份额相对稳定。③

依照我国的有关规定，保险资金投资于股票和股票型基金的账面余额，合计不高于保险公司上季末总资产的20%。④

（六）不动产

保险资金投资的不动产，是指土地、建筑物及其他附着于土地上的定着物。不动产具有投资的经济价值，不动产的信用属于长期信用，故投资不动产具有安全性。保险资金投资于不动产，有助于促进社会经济的发展，国家鼓励保险公司投资于城市住宅的兴建、都市改建、其他公用事业的基础建设，以加速社会公益事业的发展，为社会谋取福利。⑤

---

① 参见《保险资金投资股权暂行办法》（2010年）第14条。
② 参见《关于提高保险资金投资蓝筹股票监管比例有关事项的通知》（2015年）。
③ 参见《保险资金运用管理暂行办法》（2014年）第10条。
④ 参见《保险资金运用管理暂行办法》（2010年）第16条。
⑤ 参见王家福主编《社会主义商品经济法律制度研究》，经济科学出版社，1992，第307页。

不动产投资，主要有土地开发、商品房建设、高速公路、机场、港口、码头、桥梁和其他不动产投资业务。例如，国家扶持城镇居民的"保障房"建设，保险公司投资于"保障房"建设，可以取得长期信用保障，能够确保资金运用的安全、资金的适度保值和增值。保险资金可以间接方式投资公共租赁住房和廉租住房项目，该类项目应当经政府审定，权证齐全合法有效，地处经济实力较强、财政状况良好、人口增长速度较为稳定的大城市。[①]

在我国保险实务中，保险资金可以投资基础设施类不动产、非基础设施类不动产及不动产相关金融产品。保险资金投资的不动产，仅限于商业不动产，办公不动产，与保险业务相关的养老、医疗、汽车服务等不动产及自用性不动产。[②]

依照我国的有关规定，保险公司投资非自用性不动产的，可以使用自有资金、责任准备金及其他资金。但是，保险资金运用应当符合以下比例规定。（1）投资不动产的账面余额，不高于本公司上季度末总资产的10%，投资不动产相关金融产品的账面余额，不高于本公司上季度末总资产的3%；投资不动产及不动产相关金融产品的账面余额，合计不高于本公司上季度末总资产的10%。（2）投资单一不动产投资计划的账面余额，不高于该计划发行规模的50%，投资其他不动产相关金融产品的，不高于该产品发行规模的20%。[③]

保险公司投资购置办公用房、培训中心、后援中心、灾备中心等自用性不动产，可以使用资本金、资本公积金、未分配利润等自有资金；保险公司投资购置自用性不动产的账面余额，不得高于该公司上年末净资产的50%。[④]

再者，不动产缺乏流动性，不动产投资的变现及其运用，受不动产市场的制约，不利于及时回收资金；而且，因为不动产市场受经济形势的变化、市政计划的变更、建筑成本和土地价值的变化等因素的影响，投资不动产同样面临着损失风险。[⑤] 保险资金不得投资于现金流回报预

---

① 参见《关于保险资金投资股权和不动产有关问题的通知》（2012年）。
② 参见《保险资金投资不动产暂行办法》（2010年）第2条和第13条。
③ 参见《关于保险资金投资股权和不动产有关问题的通知》（2012年）；《保险资金投资不动产暂行办法》（2010年）第14条。
④ 参见《关于保险资金投资股权和不动产有关问题的通知》（2012年）；《保险资金投资不动产暂行办法》（2010年）第36条。
⑤ 参见陈云中《保险学》，五南图书出版公司，1984，第227页。

期较低的不动产。例如，保险公司不得投资不具有稳定现金流回报预期或者资产增值价值、高污染等不符合国家产业政策的不动产。①

(七) 企业股权

保险资金可以投资于未上市的公司的股权。未上市的公司，包括在我国境内依法设立和注册登记的股份有限公司和有限责任公司。保险资金可以直接投资企业股权或者间接投资企业股权。

当保险公司投资于实现控股的企业股权时，仅以下列企业的股权为限：(1) 保险类企业，包括保险公司、保险资产管理机构以及保险专业代理机构、保险经纪机构；(2) 非保险类金融企业；(3) 能源企业、资源企业；(4) 与保险业务相关的企业，如与保险业务相关的养老、医疗、汽车服务、现代农业、新型商贸流通等企业。保险资金不得投资不符合国家产业政策、不具有稳定现金流回报预期或者资产增值价值、高污染、高耗能、未达到国家节能和环保标准、技术附加值较低等的企业股权。不得投资创业、风险投资基金。不得投资设立或者参股投资机构。②

保险公司运用保险资金实现控股的股权投资，应当运用资本金；其他直接投资股权，可以运用资本金或者与投资资产期限相匹配的责任准备金；间接投资股权，可以运用资本金和保险产品的责任准备金。人寿保险公司运用万能、分红和投资连结保险产品的资金，财产保险公司运用非寿险非预定收益投资型保险产品的资金，应当满足产品特性和投资方案的要求。保险公司不得运用以借贷、发债、回购、拆借等方式筹措的资金投资企业股权。③

依照我国的有关规定，保险公司投资未上市企业股权、股权投资基金等相关金融产品，账面余额两项合计不得高于本公司上季末总资产的10%。其中，账面余额不包含保险公司以自有资金直接投资的保险类企业股权。直接投资股权的账面余额，不得超过本公司净资产，除重大股权投资外，投资同一企业股权的账面余额，不得超过本公司净资产的30%。保险公司投资同一股权投资基金的账面余额，不应高于该基金发行规模的20%；保险集团（控股）公司及其保险子公司，投资同一股

---

① 参见《保险资金运用管理暂行办法》(2014年) 第15条。
② 参见《关于保险资金投资股权和不动产有关问题的通知》(2012年)；《保险资金投资股权暂行办法》(2010年) 第12条。
③ 参见《保险资金投资股权暂行办法》(2010年) 第14条。

权投资基金的账面余额，合计不应高于该基金发行规模的 60%，保险公司及其投资控股的保险机构比照执行。①

(八) 其他适合保险资金投资的金融产品

在我国，其他适合保险公司投资的金融产品，主要有商业银行理财产品、银行业金融机构信贷资产支持证券、信托公司集合资金信托计划、证券公司专项资产管理计划、保险资产管理公司项目资产支持计划、其他保险资产管理产品；境外品种主要包括不具有银行保本承诺的结构性存款，以及其他经保险监督管理机构认定属于此类的工具或产品等。

依照我国的有关规定，保险公司投资理财产品、信贷资产支持证券、集合资金信托计划、专项资产管理计划和项目资产支持计划的账面余额，合计不应高于该保险公司上季度末总资产的 30%。保险公司投资基础设施投资计划和不动产投资计划的账面余额，合计不应高于该保险公司上季度末总资产的 20%。保险公司投资单一理财产品、信贷资产支持证券、集合资金信托计划、专项资产管理计划和项目资产支持计划的账面余额，不应高于该产品发行规模的 20%；投资单一基础设施投资计划和不动产投资计划的账面余额，不应高于该计划发行规模的 50%；保险集团（控股）公司及其保险子公司，投资单一有关金融产品的账面余额，合计不应高于该产品发行规模的 60%。②

第七节　保险保障基金

一　保险保障基金的意义

保险保障基金，是指主营保险业者依法缴纳形成的、用于救助被保险人（含受益人）、保单受让公司或者处置保险业风险的行业救助基金。保险保障基金的目的在于及时提供充足的储备资金，以保障被保险人或者受益人的利益，并在主营保险业者出现经营困难时扶助其稳健经营。保险保障基金由主营保险业者依照保险法的规定缴纳形成，但已不属于主营保险业者的资产，由依法设立的保险保障基金公司管理和使用。

---

① 参见《关于保险资金投资股权和不动产有关问题的通知》（2012 年）；《保险资金投资股权暂行办法》（2010 年）第 15 条。
② 参见《关于保险资金投资有关金融产品的通知》（2012 年）。

保险保障基金分为财产保险保障基金和人身保险保障基金，经营财产保险业务的保险公司应当缴纳财产保险保障基金，经营人身保险业务的保险公司应当缴纳人身保险保障基金。

依照我国保险法的规定，保险公司应当缴纳保险保障基金。保险保障基金应当集中管理，并在下列情形下统筹使用：（1）在保险公司被撤销或者被宣告破产时，向投保人、被保险人或者受益人提供救济；（2）在保险公司被撤销或者被宣告破产时，向依法接受其人寿保险合同的保险公司提供救济；（3）国务院规定的其他情形，如保险监督管理机构认定保险公司存在重大风险，可能严重危及社会公共利益和金融稳定的。[①]

二　保险保障基金公司

保险保障基金公司，是指依法设立的负责保险保障基金的筹集、管理和使用的专门机构。2007年10月，经国务院批准，我国设立了国有独资的中国保险保障基金有限责任公司，依法负责保险保障基金的筹集、管理和使用。保险保障基金公司解散须经国务院批准。

保险保障基金公司依法从事下列业务：（1）筹集、管理、运作保险保障基金；（2）监测保险业风险，发现保险公司经营管理中出现可能危及保单持有人和保险行业的重大风险时，向保险监督管理机构提出监管处置建议；（3）向保单持有人、保单受让公司等个人和机构提供救助或者参与对保险业的风险处置工作；（4）在保险公司被依法撤销或者依法实施破产等情形下，参与保险公司的清算工作；（5）管理和处分受偿资产；（6）国务院批准的其他业务。

保险保障基金公司设立董事会，并应当按照公司法的规定设立有关组织机构，完善公司治理。出于依法救助保单持有人和保单受让公司、处置保险业风险的需要，经保险监督管理机构会商有关部门制定融资方案并报国务院批准，保险保障基金公司可以多种形式融资。保险保障基金公司与保险监督管理机构建立保险公司信息共享机制。中国保监会定期向保险保障基金公司提供保险公司财务、业务等经营管理信息。保险监督管理机构认定存在风险隐患的保险公司后，应向保险保障基金公司提供该保险公司财务、业务等专项数据和资料；保险保障基金公司对所

[①] 参见《保险法》（2015年）第100条；《保险保障基金管理办法》（2008年）第16条。

获悉的保险公司各项数据和资料负有保密义务。

三 保险保障基金的筹集

保险保障基金公司负责筹集保险保障基金。依照我国的有关规定，保险保障基金的来源主要有：(1) 境内保险公司依法缴纳的保险保障基金；(2) 保险保障基金公司依法从破产保险公司清算财产中获得的受偿收入；(3) 捐赠；(4) 上述资金的投资收益；(5) 其他合法收入。[①]

保险保障基金的主要来源为保险公司每年按照保险业务收入的比例提取并缴存的资金。保险公司应当按照下列规定，对经营的财产保险业务或者人身保险业务缴纳保险保障基金。(1) 非投资型财产保险按照保费收入的0.8%缴纳。投资型财产保险，有保证收益的，按照业务收入的0.08%缴纳；无保证收益的，按照业务收入的0.05%缴纳。(2) 有保证收益的人寿保险按照业务收入的0.15%缴纳，无保证收益的人寿保险按照业务收入的0.05%缴纳。(3) 短期健康保险按照保费收入的0.8%缴纳，长期健康保险按照保费收入的0.15%缴纳。(4) 非投资型意外伤害保险按照保费收入的0.8%缴纳。投资型意外伤害保险，有保证收益的，按照业务收入的0.08%缴纳；无保证收益的，按照业务收入的0.05%缴纳。[②]

保险公司应当及时、足额向保险保障基金公司专户缴纳保险保障基金。当保险公司缴纳的保险保障基金余额达到其总资产的国家规定的比例时，可以暂停缴纳保险保障基金。例如，财产保险公司的保险保障基金余额达到公司总资产6%的，可以暂停缴纳保险保障基金；人身保险公司的保险保障基金余额达到公司总资产1%的，可以暂停缴纳保险保障基金。一旦保险公司的保险保障基金余额减少或者总资产增加，其保险保障基金余额占总资产比例不能满足国家规定的比例要求，即应当自动恢复缴纳保险保障基金。[③]

但是，保险公司经营的下列业务不属于保险保障基金的救助范围，不缴纳保险保障基金：(1) 保险公司承保的境外直接保险业务；(2) 保险公司的再保险分入业务；(3) 由国务院确定的国家财政承

---

① 参见《保险保障基金管理办法》(2008年) 第13条。
② 参见《保险保障基金管理办法》(2008年) 第14条。
③ 参见《保险保障基金管理办法》(2008年) 第15条。

担最终风险的政策性保险业务;(4)保险公司从事的企业年金受托人、账户管理人等企业年金管理业务;(5)保险监督管理机构会同有关部门认定的其他不属于保险保障基金救助范围的业务。[①]

四 保险保障基金的管理和使用

保险保障基金由保险保障基金公司集中管理和统筹使用。保险保障基金公司设立专户收存保险公司缴纳的保险保障基金。保险保障基金的资金运用限于银行存款,买卖政府债券、中央银行票据、中央企业债券、中央级金融机构发行的金融债券,以及国务院批准的其他资金运用形式。保险保障基金公司可以委托专业的投资管理机构对保险保障基金进行投资管理,并对委托投资管理的保险保障基金实行第三方托管。

保险保障基金公司对每一保险公司缴纳的保险保障基金及其变动情况均进行单独核算,对财产保险保障基金和人身保险保障基金分账管理、分别使用。财产保险保障基金仅用于向财产保险公司的保单持有人提供救助,以及在保险监督管理机构认定存在重大风险的情形下,对财产保险公司进行风险处置。人身保险保障基金仅用于向人身保险公司的保单持有人和接受人寿保险合同的保单受让公司提供救助,以及在保险监督管理机构认定存在重大风险的情形下,对人身保险公司进行风险处置。

符合使用保险保障基金的条件的,由保险监督管理机构拟定风险处置方案和使用办法,会商有关部门后,报经国务院批准。保险保障基金公司按照风险处置方案和使用办法的规定,负责办理登记、发放、资金划拨等具体事宜。

第八节 保险公司的整顿

一 保险公司整顿的意义

整顿,是指保险公司不能限期改正其违法行为而由保险监督管理机构成立整顿组以监督保险公司纠正其违法行为的行政强制措施。整顿保险公司的目的在于监督保险公司彻底纠正其危害资本充足率的行为。

保险公司未依照保险法规定提取或者结转各项责任准备金,或者未

[①] 参见《保险保障基金管理办法》(2008年)第25条。

依照保险法规定办理再保险，或者严重违反保险法关于资金运用的规定的，保险监督管理机构有权责令其限期改正，并可以责令其调整负责人及有关管理人员。保险监督管理机构作出限期保险公司改正的决定后，保险公司逾期未改正的，保险监督管理机构可以决定选派保险专业人员和指定该保险公司的有关人员组成整顿组，对公司进行整顿。①

保险公司有危害资本充足率的行为，不仅有害于保险业的稳定健康发展，而且有害于国家对保险业的监督管理秩序。故对于保险公司所为任何有害于资本充足率的行为，应当予以及时纠正。如果保险监督管理机构纠正保险公司有害于偿付能力的行为不能奏效，整顿便是强制保险公司纠正其不法行为的有效措施。

二 保险公司整顿的条件

依照我国保险法的规定，整顿的具体条件如下：（1）保险公司有危害资本充足率的不法行为，包括未按照保险法规定提取或者结转各项准备金、未按照保险法规定办理再保险或者严重违反保险法关于资金运用的规定的行为；（2）保险监督管理机构已经作出责令保险公司限期改正的决定；（3）保险公司逾期未改正其危害资本充足率的不法行为。

保险公司符合以上3个条件的，保险监督管理机构可以作出整顿保险公司的决定。

三 保险公司整顿的实施

保险公司符合整顿的条件的，保险监督管理机构可以作出整顿的决定。整顿决定应当载明被整顿公司的名称、整顿理由、整顿组成员和整顿期限。在作出整顿决定时，保险监督管理机构应当选派保险专业人员和指定该保险公司的有关人员组成整顿组。整顿组负责要求被整顿保险公司具体落实各项整顿措施。对保险公司进行整顿的决定，应当予以公告。

被整顿的保险公司在整顿期间，继续其保险营业；但应当接受整顿组的监督，执行保险监督管理机构决定的事项。除责令保险公司限期纠正其不法行为外，保险监督管理机构还可以就以下事项作出决定：（1）责令保险公司停止接受新业务；（2）责令保险公司停止部分原有业务；（3）责令保险公司调整资金运用；（4）责令保险公司

---

① 参见《保险法》（2015年）第139条和第140条第1款。

调整负责人及有关管理人员。①

整顿组具有监督被整顿保险公司的日常业务的职能。整顿组有权监督被整顿的保险公司的负责人及有关管理人员行使职权。

四 保险公司整顿的终结

保险公司经过整顿已经纠正其危害资本充足率的不法行为，恢复正常经营活动的，整顿目标实现。整顿目标实现的，整顿组应当将整顿的结果报告保险监督管理机构，并建议结束对保险公司的整顿。保险公司经整顿已纠正其危害资本充足率的不法行为，恢复正常经营状况的，由整顿组提出报告，经保险监督管理机构批准，结束整顿，并由保险监督管理机构予以公告。②

在整顿期间，保险公司偿付能力严重不足的，整顿组应当向保险监督管理机构建议结束对保险公司的整顿，并相应采取如下措施。

（1）撤销保险公司。保险公司偿付能力低于保险监督管理机构规定标准，不予撤销将严重危害保险市场秩序、损害公共利益的，保险监督管理机构可以作出撤销该保险公司的决定，并依法组织清算组进行清算。

（2）接管保险公司。保险公司的偿付能力严重不足，或者有严重危及偿付能力的情形的，保险监督管理机构可以作出接管保险公司的决定，并依法成立接管组，接管保险公司的财产和营业。

（3）申请保险公司破产。保险公司不能清偿到期债务，并且资产不足以清偿全部债务或明显缺乏清偿能力的，保险监督管理机构可以向法院申请对该保险公司进行重整或者破产清算；保险公司有明显丧失清偿能力可能的，保险监督管理机构可以向法院申请对该保险公司进行重整。

第九节 保险公司的接管

一 保险公司接管的意义

接管，是指当保险公司的偿付能力严重不足或者偿付能力受到严重

---

① 参见《保险法》（2015年）第142条。
② 参见《保险法》（2015年）第143条。

危害时，由保险监督管理机构成立接管组全面接收和支配保险公司财产和营业的行政强制措施。接管的目的是对被接管的保险公司采取必要措施，恢复保险公司的偿付能力，维持保险公司的正常经营，以保护被保险人的利益。

保险公司有下列情形之一的，保险监督管理机构可以对其实行接管：（1）公司的偿付能力严重不足的；（2）违反保险法规定，损害社会公共利益，可能严重危及或者已经严重危及公司的偿付能力的。被接管的保险公司的债权债务关系不因接管而变化。

保险公司的接管不同于保险公司的整顿。接管是保险监督管理机构直接干预保险公司经营的行政措施，接管组取代保险公司的法人治理结构，负责保险公司的全部经营活动。

二　保险公司接管的条件

接管的目的在于通过接管恢复或者维持保险公司的最低偿付能力。保险监督管理机构作出接管保险公司的决定，仅以保险公司的偿付能力不足为必要。

但是，并非保险公司的偿付能力不足，就一定要对保险公司进行接管；接管并非恢复保险公司偿付能力的唯一措施。同时应当注意的是，保险公司的资本充足率不低于100%，也并不表明保险公司不会被接管。当保险公司违法经营情节严重，不接管不足以防止保险公司发生偿付能力严重不足的危险时，也有必要对保险公司予以接管；通过接管保险公司，可以恢复保险公司的正常经营和保护被保险人和受益人的利益。

三　保险公司接管的实施

保险公司符合接管的条件的，保险监督管理机构可以作出接管的决定。在作出接管决定时，保险监督管理机构应当指定成立接管组，负责保险公司财产和营业事务的接管。接管组，应当由保险监督管理机构派出的人员、保险专业人员以及其他有关人员组成，具体人选由保险监督管理机构决定。

接管决定应当载明被接管公司的名称、接管理由、接管组成员和接管期限。接管决定指定的接管期限届满，可以延长，但接管期限最长不得超过2年。对保险公司进行接管的决定，应当予以公告。自保险监督管理机构公告接管保险公司之日起，保险公司的债务人或者财产持有人，需要清偿债务或者交付财产的，应当向接管组清偿债务或者交付财产；保险公司的债权人，应当通过接管组行使权利。

在接管期间，由接管组决定被接管的保险公司是否继续保险营业；继续保险营业确有必要的，可以继续保险营业。在接管期间，接管组可以报请保险监督管理机构对保险公司直接负责的董事、监事、高级管理人员和其他直接责任人员采取以下措施：（1）通知出境管理机关依法阻止其出境；（2）申请司法机关禁止其转移、转让或者以其他方式处分财产，或者在财产上设定其他权利。

四 保险公司接管的终止

接管保险公司的目标实现，如被接管的保险公司已经恢复正常经营能力的，接管组应当报请保险监督管理机构决定终止接管。[①]

在接管期间，保险公司偿付能力严重不足或者有严重不足的危险的，接管组应当报请保险监督管理机构终止接管，并相应采取如下的措施。

其一，撤销保险公司。保险公司偿付能力低于保险监督管理机构规定标准，不予撤销将严重危害保险市场秩序、损害公共利益的，保险监督管理机构可以作出撤销该保险公司的决定，并依法组织清算组进行清算。

其二，申请保险公司破产。保险公司不能清偿到期债务，并且资产不足以清偿全部债务或者明显缺乏清偿能力的，保险监督管理机构可以向法院申请对该保险公司进行重整或者破产清算；保险公司有明显丧失清偿能力可能的，保险监督管理机构可以向法院申请对该保险公司进行重整。

思考题

1. 如何理解我国保险法规定的保险分业经营制度？
2. 保险监督管理机构的主要职责有哪些？
3. 什么是保险营业的报告制度？
4. 保险条款的审批和备案的法律意义何在？
5. 我国保险法规定的维持保险公司的偿付能力的措施有哪些？

---

① 参见《保险法》（2015年）第147条。

6. 什么是未到期责任准备金?
7. 如何认识保险资金运用的原则?
8. 如何管理和使用保险保障基金?
9. 如何认识整顿和接管保险公司的意义?

┆扩展阅读┆

1. 李玉泉主编《保险法学——理论与实务》,高等教育出版社,2007,第468~470页(保险监管的概念和目的)。

2. 王伟编著《保险法》,格致出版社、上海人民出版社,2010,第339~357页(保险业的审慎监管)。

图书在版编目(CIP)数据

保险法 / 邹海林著. -- 北京：社会科学文献出版社，2017.10
（法学研究生高级教材）
ISBN 978-7-5201-1459-2

Ⅰ.①保… Ⅱ.①邹… Ⅲ.①保险法-中国-高等学校-教材 Ⅳ.①D922.284

中国版本图书馆 CIP 数据核字（2017）第 240063 号

法学研究生高级教材
保险法

著　　者 / 邹海林

出 版 人 / 谢寿光
项目统筹 / 芮素平
责任编辑 / 沈安佶　郭瑞萍

出　　版 / 社会科学文献出版社·社会政法分社（010）59367156
　　　　　地址：北京市北三环中路甲 29 号院华龙大厦　邮编：100029
　　　　　网址：www.ssap.com.cn

发　　行 / 市场营销中心（010）59367081　59367018
印　　装 / 三河市尚艺印装有限公司

规　　格 / 开　本：787mm×1092mm　1/16
　　　　　印　张：36.25　字　数：628 千字
版　　次 / 2017 年 10 月第 1 版　2017 年 10 月第 1 次印刷
书　　号 / ISBN 978-7-5201-1459-2
定　　价 / 89.00 元

本书如有印装质量问题，请与读者服务中心（010-59367028）联系

▲ 版权所有 翻印必究